成长不可逆转　细节不容忽视

优秀孩子成长细节 全书

若水◎编著

细节决定家庭教育的成败

北方妇女儿童出版社
·长春·

图书在版编目（CIP）数据

优秀孩子成长细节全书/若水编著 . —长春：北
方妇女儿童出版社，2014.11
ISBN 978－7－5385－8710－4

Ⅰ.①优…　Ⅱ.①若…　Ⅲ.①青少年教育　Ⅳ.
①G775

中国版本图书馆 CIP 数据核字（2014）第 257231 号

优秀孩子成长细节全书
YOUXIU HAIZI CHENGZHANG XIJIE QUANSHU

出 版 人	刘　刚	
策　　划	师晓晖	
编　　著	若　水	
责任编辑	王天明	
开　　本	787mm×1125mm　1/10	
印　　张	60.8	
字　　数	765 千字	
印　　刷	北京德富泰印务有限公司	
版　　次	2014 年 11 月第 1 版	
印　　次	2014 年 11 月第 1 次印刷	
出　　版	北方妇女儿童出版社	
发　　行	北方妇女儿童出版社	
地　　址	长春市人民大街 4646 号	
	邮　编：130021	
电　　话	总编办：0431－85644803	
	发行科：0431－85640624	
定　　价	78.00 元	

前言 P R E F A C E

　　位于伦敦泰晤士河畔的威斯敏斯特大教堂地下室的墓碑林中，有一块扬名世界的墓碑。其实它十分普通，质地粗糙的花岗岩，造型一般，同那些达官显贵的墓碑相比，它更是微不足道，并且它的主人至今姓名不详。

　　但这块墓碑却名扬全球，每一个到过威斯敏斯特大教堂的人，必定会来拜谒它，他们都被这个墓碑深深震撼着，准确些说，他们都被这块墓碑上的碑文深深震撼着：

When I was young and free and my imagination had no limits, I dreamed of changing the world.

As I grew older and wiser, I discovered the world would not change, so I shortened my sights somewhat and decided to change only my country, But it seemed immovable.

As I grew into my twilight years, in one last desperate attempt, I settled for changing only my family, those closest to me, but alas, they would have none of it.

And now as I lie on my deathbed, I suddenly realize: If I had only changed myself first, then by example I would have changed my family.

From their inspiration and encouragement, I would then have been able to better my country, and who knows, I may have even changed the world.

　　少年时，意气风发，踌躇满志，当时曾梦想改变世界，但当我年事渐长，阅历增多，发现自己无力改变世界。于是，我缩小了范围，决定先改变我的国家，可这个目标还是太大了。接着我步入了中年，无奈之余，我将试图改变的对象锁定在最亲密的家人身上。但天不遂人愿，他们个个还是维持原样。当我垂垂老矣之时，终于顿悟：我应该先改变自己，用以身作则的方式影响家人。若我能先当家人的榜样，也许下一步就能改善我的国家，再以后，我甚至可能改造整个世界。

　　长眠在墓碑之下的人，想把自己老了才弄明白的道理告诉人们：无论你拥有多大的梦想，也要从现在开始做起。即使你想要改变世界，也要先改变自己。只有自己先改变了，才可能影响到身边的一些人跟着改变；身边的一些人改变了，更多人才可能会跟着改变……正是在这个意义上说，只有先改变自己，才有可能改变世界。

但我们常有"不识庐山真面目，只缘身在此山中"的感慨，越是想要改变自己，越是难以跳出自己的思维来看待自己。特别是刚刚有自我意识的年轻人，想要冷静地分析自己，实在不是一件容易的事情。

罗马不是一天建成的，一个优秀的人也不是一夜之间造就的。每天积累一点点，便有了一个神圣庄严的罗马；每天进步一点点，才有了改天换地的本事。很多人在年轻的时候都有扭转乾坤的梦想，但缺少的只是细节上的改变。

无论是从内在的修身立志、智慧思考、性格养成上，还是从外在的高效学习、能力打造、孝顺父母、健康交往上，都有需要我们处处留心的细节。

泰戈尔说过："当鸟翼系上黄金时，就飞不远了。"要想长大、成熟，要想飞得更高、更远，唯有把问题解决掉，才不至于"让鸟翼系上黄金"。如果我们不能认清问题的根源及其危害，并坚持不懈地挑战和克服人生困局，积极主动地去寻找解决问题的方法，就只能碌碌无为，和那只永远飞不高、飞不远的鸟儿没有两样。

如果你一味逃避问题，甚至视遇到的困惑、问题为无足轻重，你所收获的只会是人生的黯淡风景。

《圣经》中说道："如果田地的麦子避开了所有的考验，麦子就会变得十分无能。对于一粒麦子，努力奋斗是不可避免的，一些风雨是必要的，烈日更是必要的，甚至蝗虫也是必要的，因为它们可以唤醒麦子内在的灵魂。"时常反思，才能让我们的心智不断成熟，才能让我们拥有更宽广的成长空间。

当然，一个优秀的青年也离不开父母的教育和影响。一个成功的人背后，肯定有一个了不起的家庭。因此，父母在孩子的成长过程中具有重要的作用。

俄国著名教育学家马卡连科说："教育必须从细节开始。"父母是孩子的第一任老师，是孩子灵魂的设计师，与其挖空心思为孩子设计远大前程，不如从一点一滴培养孩子的细节修养开始。

细节决定家庭教育的成败。青少年时期正是人生观、世界观、价值观逐渐形成的最具可塑性的关键时期，对于每个家长来说，无论是对孩子在品质形成、性格缔造上呕心沥血的大爱，还是在衣食住行、日常起居上悉心关怀的小爱，任何细微之处，都有可能改变孩子的一生。

《优秀孩子成长细节全书》是一本适合青少年和父母共同阅读的成长指南，全书分为上、下两篇，上篇"青少年完美细节全集"全面梳理了青少年的成长问题，为塑造青少年的品格、培养积极正确的心态、培养创新能力、学会抵御挫折、树立正确的人生观和金钱观等提供了切实可行的方法和指导，为青少年点亮了一盏智慧之灯，使其具有优秀的品德、良好的习惯、健全的人格和健康的心态。下篇"一个好家庭胜过100

所好学校"从父母教育孩子的视点出发，对青少年教育问题的本质进行了深刻探讨，为每一个家长解决家教难题提供了有效的指导。本书道理深刻、技巧实用，是一部内容最全面、最具体的青少年成长秘籍。每一个看似不起眼的细节，都有可能改变孩子的成长之路，扭转孩子的人生方向。只有从细节出发，经过不断的打磨和努力，才能最终到达成功的彼岸。

　　一方面是孩子积极地完善自我，从内到外地提升自己；另一方面是家长积极地改变自己的教育方法，在相互的配合和鼓励中，才有了优秀的教育效果，优秀的孩子。

目录 CONTENTS

上篇 青少年完美细节全集

立世修身篇

性格养成篇

高效学习篇

人性弱点篇

成长修行篇

上篇

青少年完美细节
全集

立世修身篇

第一章
诚实是一生中最宝贵的财富

诚乃做人之本，立业之基

诚实的人，任何时候都值得我们去信赖。对一个处处为他人着想，绝不为个人利益放弃诚实的人，人人都会真诚接纳他，愿意和他交往。诚实，也是我们个人获取众人支持的基石，拥有一颗诚实的心，再加上言出必行的信用，所有的人都会为你敞开大门。

有这样一个商人，他从事的是绳索贩卖业务。由于资金有限，经营规模非常小。但他是一个非常聪明的人，想出了一个办法来改善经营状况。

他先从一家生产麻绳的厂家买进麻绳，每根麻绳的进价是五毛，照理说加上运输费、保管费、搬运费，每根麻绳卖出去的价格肯定要高于五毛钱。可是他却又以每根麻绳五毛钱的价格卖给了其他的工厂和零售商，自己不但一分钱没赚，还赔上了一大笔钱。后来，人们都知道有一个"做赔本买卖"的商人，于是订货单像雪片一样飞到他的手中，他的名字也像长了翅膀一样飞到人们的耳朵里。

他找到生产麻绳的厂家，说："过去的一年里，我从你们厂购买了大量的麻绳，而且销路一直不错。可我都是按进价卖出去的，赔了不少钱，如果我继续这样做的话，没几天我就要破产了。"

厂商看到他给客户开的收据发票，大吃一惊，头一次遇到这种甘愿不赚钱的生意人。厂商感动不已，于是一口答应以后每条绳索以4角5分的价格供应给他。

他又来到他的客户那里，很诚实地说："我以前为了扩大自己的影响，原价出售麻绳，到现在为止，我是1分钱也没赚你们的。但若长此下去，我只有破产这一条路了。"他的诚实感动了客户，客户心甘情愿地把货价提高到了5角5分钱。

这样两头一交涉，一条绳索就赚了1角钱。他当时一年有1000份订货单，利润就相当可观，几年后他从一个穷光蛋摇身一变，成为有名的绳索大王。

古往今来，商人成功的秘诀只有一个字，那就是"诚"，同样，做人成功的秘诀也只有一个字，那就是"实"。以诚心感动人，自己才能成功。而高尚的情操和纯洁的品质也注定能让人赢得信任和回报。所以说诚信是一种品格，同时是我们立身的根本。它往往能够在不经意间为我们换来更多的利益。在任何时候，都不能为了个人利益而放弃诚实。那些常为一己之利表现不诚实的人不会获得真正的成功。

美国著名的百万富翁、钢铁大王安德鲁·卡内基曾经说过："世界上很少有伟大的企业，如果有，那就一定是建立在最严格的诚信标准之上的。"信用不仅仅是一种素质，同时也是一种潜在资本，在很多时候，它能帮你打开成功的局面，让你在众人的帮助中站起来，不会陷入孤立的绝境。

有一次，美国亨利食品加工工业公司总经理亨利·霍金士突然从化验室的报告单上发现：他们生产食品的配方中，起保鲜作用的添加剂有毒，这种毒的毒性并不大，但长期食用会对身体有害。另一方面，如果食品中不用添加剂，则又会影响食品的鲜度，对公司将是一大损失。

亨利·霍金士陷入了两难的境地，诚实与欺骗之间他到底该怎样抉择？最终，他认为应以诚对待顾客，尽管自己有可能面对各种难以预料的后果，但他毅然决定把这一有损销量的事情向社会宣布，说防腐剂有毒，长期食用会对身体有害。

消息一公布就激起了千层浪，霍金士面临着相当大的压力，不仅自己的食品销路锐减，而且所有从事食品加工的老板都联合了起来，用一切手段向他施加压力，同时指责他的行为是别有用心，是为一己之私利，于是他们联合各家企业一起抵制亨利公司的产品。在这种自己食品销量锐减、又面临外界抵制的困境下，亨利公司一下子跌到了濒临倒闭的边缘。在苦苦挣扎了4年之后，亨利·霍金士的公司已经危在旦夕了，但他的名声却家喻户晓。

后来，政府站出来支持霍金士，在政府的支持下，加之亨利公司诚实经营的良好口碑，亨利公司的产品又成了人们放心满意的热门货。由于政府的大力支持，加之他诚实对待顾客的良好声誉，亨利公司在很短时间里便恢复了元气，而且规模扩大了两倍。因此，亨利·霍金士也一举登上了美国食品加工业第一的位置。

在诚信与欺骗之间，霍金士没有因为暂时的利益而选择欺骗，而是顶住重重压力，退而居守"诚信"。在许许多多成就大事的人物当中，诚实守信总是和他们成功的事业交错在一起。要取得成功就必须得到他人的支持，而要得到他人的支持首先要得到他人的信任，而信任必然来自你自己是否"诚实守信"，它是做大事的前提，是你最终获得成功的立业之基。诚实真的是一笔值得珍惜的财富。时时把"诚"放在心里，才能够把心激活，看到别人所看不到的，想到别人所想不到的，这是成功者最大的特征。

诚实是一个人最起码的品质

Google 副总裁李开复曾面试过一位求职者。他在技术、管理方面都相当出色。但是，在谈论之余，他表示，如果李开复录取他，他甚至可以把在原来公司工作时的一项发明带过来。随后，他似乎觉察到这样说有些不妥，特作声明，那些工作是他在下班之后做的，他的老板并不知道。

这一番谈话之后，李开复想：不论他的能力和工作水平怎样，这样缺乏诚信的人一定不能录用他。这样的人缺乏最基本的处世准则和最起码的职业道德——"诚实"和"讲信用"。如果雇佣这样的人，谁能保证他不会在这里工作一段时间后，把在这里的成果也当做所谓"业余之作"而变成向其他公司讨好的"贡品"呢？

人无信不立。一个人在为人处事上，如果不能够树立一个诚实可靠的形象，那么终其一生，也很难有所成就。诚信是一个人做人的根本。一个人失去了信用，就会失掉别人的信赖，也会因此而失掉成功的机遇。在一个人成功的道路上，诚实的品格往往比能力更重要。

李开复很重视一个人诚信的品质，在与大学生交流的时候，他常常要求大家做一个诚信的人，所以在面试的时候才会很重视选择具有诚信品质的人，由此可见诚实对于一个人来说是多么的重要。

青少年朋友们一定还记得那个关于"狼来了"的故事吧。这个故事能流传下来，就是因为它蕴涵了深刻的关于诚信的道理。在现实生活中，失去诚信就不仅仅是损失几只羊了。诚信是一个人最起码的品德，是一个人立足于社会的基础和前提条件，如果一个人没有诚信，就好像一座大楼没有地基一样，是不牢固的。

杭州市 6 所职业学校的 10 名学生给上海地铁运营公司领导写了一封信，信封中夹带着 10 元钱，信上说：我们将（买票时）少交的金额寄还给贵公司。原来，这 10 名学生在上海乘坐地铁时，买错了票，出站时无法通过闸机。由于不熟悉情况，加上时间紧，10 人直接越过闸机出了站。回住地后他们发现是因为当时每人少买了 1 元车票才导致出不了站，于是大家一致决定：集体补上少交的钱。

这封来信在上海地铁运营公司引起较大反响。上海地铁每天迎送乘客 100 多万人次，不时出现逃票、漏票现象，这 10 元补票款牵出的是 10 名杭州学生诚信为本的价值观。

青少年作为 21 世纪的接班人，面对各种各样的机会和竞争，讲诚信就显得尤为重要。但是，一些青少年却把诚信当儿戏，考试作弊、简历掺假、欠助学贷款不还，甚至称坚守原则的人是"傻子"。有的青少年有时会为了所谓的面子而答应别人去做自己做不到的事情，这样做或许是出于帮助人的好心，但是，一旦你自己办不到，就会给别人带来伤害，也会降低自己的诚信度。因此，在生活中，我们要学会判断，不能轻易对别人许诺。一旦答应了别人的事情，就一定要做到。

一个人不仅要对他人讲诚信，对自己也要讲诚信。承诺别人的，要信守，承诺自己的，也要信守。真实地面对自己，真实地面对别人，真实地面对社会，不屈从于自己的内心欲望，不屈从于自己内心的恐惧，不掩饰自己的错误。

在某著名学府流传着这样一则有趣的故事：一位教公共英语的老外，上课特别认真，为了教好中国学生，还特地和几个同事合编了一本配合教材的参考书。学期期末考试的时候，中国老师都要按照习惯划划重点，但这位老外却没有划重点，而是打开他们编的参考书的最后一课，学了一篇《关于诚实》的文章，文章中有一段令人终生难忘的话："听说作弊在中国是一种普遍现象，很多学生都作弊。可我不相信！因为，一个作弊的民族怎么可能进步和强大！而中国正一天天地进步，一天天地强大。"

课文的最后还说："即使你真的作弊了，我们也不会戳穿你，我们还会装作没有看见，眼睛故意向别处看，因为，生活本身对作弊者的惩罚要严厉得多！孩子，你的信誉价值连城，你怎么舍得为一点点考分就把它出卖了呢？"

诚实、守信是无价的。没有了诚信，人们就再也不会相信你，没有了诚信，社会将会抛弃你，信守诚信是走向成功的必备条件！

一个人要想做到诚信，赢得他人的信任，一般要做到以下几点：

1. 注意小节

许多人不注意在小事上守信用，比如借东西不还，与人约会却迟到甚至失约，答应替人办某事却迟迟不见动静……这样的小事多了，别人怎么看你且不说，你自己就会养成不守信用的习惯，以后遇到大事也会失信于人，给自己事业的发展埋下隐患。

2. 不要轻易许诺

真做不到，就真诚地说"不"，这才是诚信的态度。什么事都拍胸脯，或碍于情面而答应别人，不但给自己增加不必要的负担，而且办不到的结果还会使自己失信于人。当然，这不是说我们不要帮助别人，而是说在做出承诺之前要量力而行。

3. 注意自我修养

与人交往时必须诚实无欺——这是获得他人信任的最重要条件。要善于自我克制，做事必须诚恳认真，建立起良好的信誉；应该随时设法纠正自己的缺点；行动要踏实可靠，做到言出必行。

诚实做人，远离谎言

备受关注的美国第四届全国拼字大赛在华盛顿如期举办了，在这次比赛中，一个来自南卡罗来纳州的冠军——11岁的罗莎莉·艾略特格外引人注目，她凭借实力一路过关斩将，进入了决赛。

当有人问她"招认"（avowal）这个词如何拼写时，她用她那轻柔的南方口音回答的不是特别清楚，使得评委们难以判断她第一个字母说的到底是 A 还是 E。

评委们商议了几分钟之后，他们决定将录音带倒带后重听，但是仍然无法确定她的发音是 A 还是 E。

解铃还须系铃人，评委们觉得确实难以辨清小女孩的发音。

最后，主评委约翰·洛伊德决定，将问题交给唯一知道答案的人。于是他走到小女孩面前，和蔼地问罗莎莉："你的发音是 A 还是 E？"

其实，罗莎莉根据他人的低声议论，已经知道这个词的正确拼法应该是 A，但她还是毫不迟疑地按实回答，她发音错了，发的是字母 E。

主评委约翰·洛伊德听后很震惊，又和蔼地问罗莎莉："我想你大概已经知道了正确的答案，完全可以获得冠军的荣誉，为什么还说出了错误的发音？"

罗莎莉天真地回答："我愿意做个诚实的孩子。"

她的话令在场的评委和观众非常感动。

当她从台上走下来时，所有的观众都为她的诚实而热烈鼓掌。

第二天，有一篇报道这次比赛的短文：《在冠军与诚实中选择》。短文中写道："罗莎莉虽没赢得第四届全国拼字大赛的冠军，但她的诚实却感染了所有的观众，赢得了所有观众的心。"

做人最要紧的就是诚实，一个人不诚实，别人就不相信你，失信于人，就不会有威信，就什么事情也干不成了。罗莎莉的做法说明，诚实的品行比任何荣誉和礼物都可贵，靠说谎得来的表扬或者奖赏都是暂时的。

我们在生活中，千万不要因为做错事怕受到打骂，用说谎来掩盖自己的错误，到最后，说谎的后果只会让你比受到惩罚更痛苦。如果你不愿意或者不能做某件事时，就直接说出来。说谎只会让自己承受失败的苦果。也不要因为一次奖励，一个面子，把一件本来不是自己做好的事情套在自己头上，更不能把自己做错的事情赖在别人头上。要记住，无论在家里还是在学校，都要保持自己诚实的一面，绝不说谎骗人。

"真理、正直、公平和高贵是永远分不开的，"一个美国著名的政治家给他的儿子写信说，"谎言来自卑鄙、虚荣、懦弱和道德的败坏。谎言最终会被揭穿，说谎者令人鄙视。没有正直、公平和高尚，就没有人能够取得真正的成功，能赢得他人的尊敬。说谎的人迟早都会被发现，甚至比他自己想象得还要快。你真正的品格一定会为人所知晓，一定会受到公正的评价。"

一本西部杂志讲了一个有趣的故事。一个人在火车上坐下后，把自己的包裹和行李放在了旁边的座位上。后来，车上人越来越多，车厢越来越拥挤。这时，有一位先生问他旁边的座位是否有人。他说："有人。那人刚刚去了吸烟车厢，他一会儿就回来。你看，这些东西就是他的。"但这位先生怀疑他所说的话，就说："好吧，我坐在这儿等他回来。"于是，这位先生把行李和包裹拿下来，放在了地板上和行李架上。这个人怒目而视，却什么话也说不出来。因为那位在吸烟车厢的人是他编造出来的。不久，这个人到站了，他开始收拾自己的东西。但那位先生说："对不起，你说过这些行李是一个在吸烟车厢的人的。我有义务替他保护这些行李不被你拿走，因为你说这些行李不是你的。"这个人发怒了，他开始骂人，却不敢去碰那些行李。乘务员被叫来了，他听了这两个人的话后说："那好吧。我来掌管这些行李，我会把它放到这一站。如果没有人认领，那就是你的。"乘务员对着那个为了占座位而否认是自己行李的人说。在乘客们的哄笑声和鼓掌声中，这个人没带行李就灰溜溜地下了车。他刚下车，火车就开动了。第二天，他拿到了自己的行李。为了霸占一个不属于他的座位，他撒谎了，为此也受到了惩罚。

太阳是最好的消毒剂，诚实地待人处世，不仅对个人的心理健康有益，而且有助于消除人际间的种种猜疑，有利于增进人际间的互信与团结。如果一个人一开始就有坚定的意志，保证他所说的每一句话都是完全真实的，他的每一个诺言都要兑现，每一个约定都要忠实地遵守；如果他把自己的声誉看做无价之宝，觉得全世界的人们都在注视着他，他不能说一丝一毫的谎话；如果他在人生之初就有这样的立场，那么他就会最终获得无上的声誉，获得所有人的信任，成为一个高贵的人。

说了就要努力做——信守承诺

美国总统华盛顿曾经说过："自己不能胜任的事情，切莫轻易答应别人，一旦答应了别人，就必须实践自己的诺言。"

公元前4世纪，在意大利，有一个名叫皮斯阿司的年轻人触犯了国王，被判绞刑，在某个法定的日子中将被处死。皮斯阿司是个孝子，在临死之前，他希望能与远在百里之外的母亲见最后一面，以表达他对母亲的歉意，因为他不能为母亲养老送终了。他的这一要求被告知国王。国王被他的孝心所感动，允许他回家，但是他必须为自己找个替身，暂时替他坐牢。这是一个看似简单其实近乎不可能实现的条件。有谁肯冒着被杀头的危险替别人坐牢，这岂不是自寻死路。但，茫茫人海，就有人不怕死，而且真的愿意替别人坐牢，他就是皮斯阿司的朋友达蒙。

达蒙住进牢房以后，皮斯阿司回家与母亲诀别。人们都静静地观望着事态的发展。日子一天天过去了，皮斯阿司还没有回来，刑期眼看就快到了。人们一时间议论纷纷，都说达蒙上了皮斯阿司的当。行刑日是个雨天，当达蒙被押赴刑场之时，围观的人都在笑他的愚蠢，幸灾乐祸者大有人在，刑车上的达蒙面无惧色，慷慨赴死。

追魂炮被点燃了，绞索也已经挂在达蒙的脖子上。胆小的人吓得紧闭双眼，他们在内心深处为达蒙深深地惋惜，并痛恨那个出卖朋友的小人皮斯阿司。就在这千钧一发之际，在淋漓的风雨中，皮斯阿司飞奔而来，他高喊着："我回来了！我回来了！"

这一幕太感人了，许多人都以为自己是在梦中。这个消息宛如长了翅膀，很快便传到了国王耳中。国王闻听此言，也以为这是谎言，便亲自赶到刑场，他要亲眼看一看自己优秀的子民。最终，国王万分喜悦地为皮斯阿司松了绑，并亲口赦免了他的刑罚。

这个震撼人心的故事告诉我们，诚信的力量何等巨大！信守诺言，你将在孤独时得到友情的温暖，你将在困境中得到人们的援手。诚信，是一个人的形象和品牌，以此推销自己，你便会在事业上、婚姻上获得成功。

香港首富李嘉诚曾讲过这么一个有趣的小故事：

"20 世纪 50 年代，我刚做塑胶花的时候，常在皇后大道中看到一个行乞的外省妇人，四五十岁，很斯文的样子。她从不伸手要钱，但我每次都给她钱。一天，我问她会不会卖报纸，她说有同乡干这行，我便让她带同乡来见我，我想帮她做这小生意。在约好的那天，有个客户刚好要到我工厂参观，客户至上，我必须接待。交谈时，我突然说：'Excuse me！'便匆匆离开。客人以为我上洗手间，其实我跑出工厂，飞车奔向约定地点。途中，违反交通规则的事差不多全做了，但好在没有失约。见到那妇人和她的同乡，问了一些问题后，就把钱交给了她。她问我姓名，我没说，只要她答应我一件事，就是要努力工作，不要再让我看见她在香港任何地方伸手向人要钱。"

"事后，我又飞车回工厂，客户正着急，他说：'为什么洗手间里找不到你。'我笑一笑，这事就过去了。"

一件小小的事，却折射出杰出人物身上的诚信光彩。生活中，一些青少年有意无意地忘了自己的承诺，以为无足轻重。其实不然，许下诺言，就一定要去实现它，这是你在这个社会立足的根本。你一再地违背自己的诺言，就没有人会再相信你，在别人眼里你也就成了一个十足的小人。跟你打交道的时候，别人会一直在想："这小子会不会又想骗我？还是别搭理他吧！"一个说话不算话的人，就像一个骗子。不仅欺骗了别人的感情，伤了别人的心，更可能失去更多人的信任。试想，在这个人际关系十分重要的社会里，没有了朋友，你还能做什么？随着我国诚信制度的建立、健全，一个人的诚信将与他的生存能力直接挂钩。未来社会将会这样：不诚信者，寸步难行。

信守承诺应从一点一滴做起，无论答应别人的事情是多么的细小，都不要忽略它。当你许诺的时候是否想过"我真的能履行诺言吗？"这句话，当感到自己做不到时，你最好不要轻率地向别人许诺。在已经许诺了以后，你就应该认真地对待，努力地去实现它。即使是一个小小的承诺，比如"明天把书还给你"，在你完全可以做到的情况下也不要掉以轻心。如果你做不到你曾许诺过的事，就应该及时地通知对方。你充足的理由和真诚的歉意会使别人原谅你的，同时也可避免不必要的误解和名誉上的损失。

用诚实赢得尊重

古罗马著名哲学家西塞罗曾经说过："没有诚实，何来尊严？"诚实是一种正直的品格，它可以让一个人的心灵变得尊贵，品格变得高尚。

1829 年，年方 20 岁的门德尔松开始了他第一次的旅行演出生涯。他的足迹遍及了欧洲各个文化名城，当他到英国演出时，由于他的艺术才华，伦敦人对他的演奏佩服得五体投地，他的演出轰动了整个伦敦。消息很快传到了维多利亚女皇那里，女皇也想见见这位年轻的天才音乐家。

于是维多利亚女皇热诚地邀请门德尔松进宫，并特意在白金汉宫为他举行了盛大的招待会。为答谢女皇的盛情，门德尔松为女皇演奏了几支曲子。晴朗的夜晚，一弯明月悬挂在白金汉宫的上空，人们静静地欣赏着，为他精彩的演奏所倾倒。女皇也听得入了迷。

当门德尔松刚刚演奏完《伊塔尔兹》一曲，维多利亚女皇便不禁连声称赞这支曲子作得好，并说："单凭你能写出这样动人的曲子，就可以证明你是一个十分了不起的音乐天才！"参加招待会的其他人更是赞不绝口。听到这赞扬声，门德尔松不但没有高兴，脸反而一下子红到耳根，急忙说道："不，不，不，这支钢琴曲不是我作的。"所有在场的人都不相信，认为他这样说是太谦虚了。女皇说："你太自谦了，只有你这样的天才，才能谱出如此优美动听的曲子。"但是，门德尔松却认真地向女王和在场的人们解释道："这支曲子真不是我写的，而是我妹妹芬妮亚的作品。"

原来，门德尔松出生在德国一个有名的知识分子家庭，很多名人都是他家的常客。在这些人的影响下，他和妹妹从小就对艺术有着浓厚的兴趣。妹妹芬妮亚天资聪慧，因而也成了一个相当出色的作曲家。只是由于门德尔松的家庭不赞成用女人的名字发表作品，所以妹妹才用了门德尔松的名字。

虽然别人并不知道这件事，可是诚实的门德尔松却不欺世盗名，在大庭广众面前公布了这支曲子的真正作者。门德尔松的诚实使他赢得了维多利亚女皇以及在场每个人的尊重，也正是这种诚实的品质使他能够在天才的光环下仍然保持谦虚认真、勤奋不懈的创造态度，为后世留下了大量淳朴典雅、清新自然的音乐作品。

诚实的品格来自于一颗正直无私的心。诚实是一种能够打动心灵的品质，诚实的美德即便是从小孩子身上表现出来，也会在周围的人中产生积极的影响。

"去吧，孩子，我把你交给上帝了。"小卡特的母亲这样告诉他，在给了他40个银币之后，母亲又让他发誓，无论什么时候都不要撒谎，"孩子，可能在接受上帝的审判之前，我们再也没机会见面了。"

这个年轻人离开家去赚钱了。但是几天之后，他们一行人遇上了强盗抢劫。

"你身上有钱吗？"一个强盗问他。

"有40个银币缝在我的外衣里面。"小卡特老实地回答，但是这个回答却令强盗们狂笑起来。

"你身上到底有多少钱？"另一个强盗恶狠狠地问道。这个老实的年轻人又重复了他刚才的回答。但是，根本没有人将他的话放在心上，就是因为他说得太坦白了，反而没有人相信了。

"到这边来，孩子，"强盗团伙的首领说，他早就注意到了他的两个手下盘问的这个年轻人，"告诉我，你身上到底有没有钱？"

"我已经告诉过你的两个手下了，我的衣服下面缝了 40 个银币，但他们看来并不相信我。"

"把他的外衣掀起来。"强盗首领命令道，很快地，那些银币就被搜了出来。

"你为什么要说出来？"那伙强盗诘问他。

"因为我不能背叛我的母亲，我向她发过誓——我永远都不能撒谎。"

那伙强盗听到这句话，都被感动了。那位首领对他说："孩子，你虽然年纪轻轻，但却对向你母亲作的承诺如此认真，而我的所作所为与你有天壤之别。尤其是我作为一个成年人，对于上帝赋予我的责任怎么能如此熟视无睹呢？把你的手伸给我，我要按在你的手上重新发誓。"他说到做到，他的手下也被深深地打动了。

"在犯罪的时候，你是我们的首领，"他的一个下属说，"那么，最起码，在走上正轨的道路上，你也是我们的领袖。"那人也握住男孩子的手，像他的首领那样重新发誓。然后，这些人一个接一个地效仿他们的首领，在男孩子的面前重新发起了誓。

诚实的品格能够打动心灵，虽然它未必能够产生像这则故事中那样惊人的效果，但无论如何，周围的人是能够感受到这种关注的影响的。每个人都从心底尊重那些内心诚实、不说谎言的人。

诚信做人，你将收获更多

在许多人心里，认为"老实的人吃亏"，"老实就是无用的代名词"，这种偏见是非常有害的。曾经有人说过，"诚实的人从不为自己的诚实而感到后悔"，也有无数事实证明，诚实的人并不吃亏，诚实的人往往会因为自身的正直而得到更多。

从前有一位贤明而受人爱戴的国王，把国家治理得井井有条。国王年纪逐渐大了，但膝下并无子女。最后他决定，在全国范围内挑选一个孩子收为义子，培养成未来的国王。

国王选子的标准很独特，给孩子们每人发一些花种子，宣布谁如果用这些种子培育出最美丽的花朵，谁就成为他的义子。

孩子们领回种子后，开始精心地培育，从早到晚，浇水、施肥、松土，谁都希望自己能够成为幸运者。

有个叫雄日的男孩，也整天精心地培育花种。但是，十天过去了，半个月过去了，花盆里的种子连芽都没冒出来，更别说开花了。

国王决定观花的日子到了。无数个穿着漂亮的孩子涌上街头，他们各自捧着开满鲜花的花盆，用期盼的目光看着缓缓巡视的国王。国王环视着争奇斗艳的花朵与漂亮的孩子们，并没有像大家想象中的那样高兴。

忽然，国王看见了端着空花盆的雄日。他无精打采地站在那里，国王把他叫到跟前，问他："你为什么端着空花盆呢？"

雄日抽咽着，他把自己如何精心侍弄，但花种怎么也不发芽的经过说了一遍。没想到国王的脸上却露出了最开心的笑容，他把雄日抱了起来，高声说："孩子，我找的就是你。"

"为什么是这样？"大家不解地问国王。

国王说："我发下的花种全部是煮过的，根本就不可能发芽开花。"

捧着鲜花的孩子们都低下了头，他们全部另播下了其他的种子。

世界上假的东西很多，它们在一时间也确实蒙蔽了不少人，但假的终究是假的，经不起真实的考验。无论身边的人如何弄虚作假，我们一定要坚守住自己内心的诚信。诚实的人会因为自己诚实的品格而获得奖赏。

汤姆是一个10岁的小男孩，他是一个勤劳懂事的孩子，上学之余，还给附近的邻居送报纸，以赚取他所需要的零用钱。

在他送报的客户中，有一位叫贝勒太太的老夫人。贝勒太太是一位慈祥而又充满爱心的老人，她曾为小汤姆上了难忘的一课。汤姆从来都没忘记过这件事，他希望有一天能把它传授给别人，让人们也从中得到教益。

在一个风和日丽的午后，汤姆和一个小朋友躲在贝勒太太家的后院里，朝她的房顶上扔石头。他们饶有兴味地注视着石头像子弹一样飞出去，又像彗星一样从天而降，并发出很响的声音。他们觉得这样玩很开心、很有趣。

汤姆又拾起一枚石头，也许因为那块石头太滑了，当他掷出去的时候，一不小心，石头偏了方向，一下子飞到贝勒太太后廊的一面窗户上。当他们听到玻璃破碎的声音时，就像兔子一样从后院逃走了。

那天晚上，汤姆一夜都没有睡着，一想到贝勒太太家的玻璃就很害怕，他担心会被她抓住。很多天过去了，一点动静都没有。他确信已经没事了，但内心的犯罪感却与日俱增。他每天给贝勒太太送报纸的时候，她仍然微笑着和他打招呼，而汤姆却觉得很不自在。

汤姆决定把送报纸的钱攒下来，给贝勒太太修理窗户。三个星期后，他已经攒下7美元，他计算过，这些钱已经足够了。他写了一张便条，把钱和便条一起放在一个信封里。他向贝勒太太解释了事情的来龙去脉，并且说出了自己的歉意，希望能得到她的谅解。

汤姆一直等到天黑才小心翼翼地来到贝勒太太家，把信封投到她家门口的信箱里。他的灵魂感到一种赎罪后的解脱，重新觉得自己能够正视贝勒太太的眼睛了。

第二天，他又去给她送报纸，这次汤姆坦然地对她说了一声："您好，夫人!"她看起来很高兴，说了"谢谢"之后，就递给汤姆一样东西。她说："这是我给你的礼物。"原来是一袋饼干。在这袋饼干的下面，汤姆突然发现了一个信封。他小心地将信封打开，发现里面装了 7 美元纸钞和一张彩色信笺。信笺上大大地写着一行字："诚实的孩子，我为你感到骄傲。"

汤姆因为自己的诚实获得了贝勒太太的一袋饼干和一句衷心的鼓励，这些让小汤姆明白了一个道理：诚实的人终将获得奖赏。

忠于内心的使命感

"对真理之神的忠诚，胜过其他所有的忠诚。"甘地曾经如是说。忠诚来自于内心的使命感，不论人心与世风如何变化，忠诚这一优良的品质，都永远焕发着它的光芒，一个忠诚于自己内心使命的人，无论在什么情况下都不会轻易放弃自己的职责，更不会背叛自己的组织。

在一个雪天的傍晚，莫里斯少校匆忙地走在回家的路上。当他路过公园时，他看见一个小男孩在哭泣。莫里斯走了过去，敬了一个军礼，然后说："下士先生，我是莫里斯少校，你站在这里干什么?"

"报告少校先生，我在站岗。"小男孩停止了哭泣，回答说。

"雪下得这么大，天又这么黑，公园门也要关了，你为什么不回家?"莫里斯问。

"报告少校先生，这是我的责任，我不能离开这里，因为我还没有接到命令。"小男孩回答。

"那好，我是中士，我命令你现在就回家。"

"是，少校先生。"小男孩高兴极了，还向莫里斯回敬了一个不太标准的军礼。

小男孩的举动深深打动了莫里斯，他的倔强和坚持看起来似乎有些幼稚，但这个孩子所体现的对使命的信守和忠诚却是很多成年人都无法做到的。

使命感是一种强大的动力。忠于内心的使命感，你就会拥有无穷的动力去战胜困难，走向胜利。一个忠于自己的事业和内心使命的人，无论多么小的一件事，他们都会竭尽全力去做。青少年要拥有成功的人生，就应当忠于内心的使命，不要养成逃避责任和玩忽职守的坏习惯。

但在培养忠诚品质的过程中需要注意的是，真正的忠诚不是愚忠，而是要明辨是非，是要有原则地服从，而不是盲目听从他人的指挥。只知道一味地服从并不是真正的忠诚，那只是盲目的忠诚和形式上的忠诚，有时候，这样的忠诚往往会带来严重的后果。

一家报纸报道，有一位喝多了酒的老人在散步时不小心掉进了某一化肥厂旁的水沟里，当一些好心的路人试图下水沟救那位老人时，老人养的一只狗纵身跳进水沟，而且朝着准备救助的人们狂吠。它瞪着一双眼睛，不让任何人接近老人。

那只狗十分雄壮和凶猛。为了不激怒这只已经急红了眼的狗，人们只好暂时放弃救助老人的行动。人们不知道这只狗究竟怎么了，为什么不让人们去救助它的主人。就在路人无计可施之时，围观的人越来越多了。在围观的群众里面，有人提出，可能这只狗以为别人想要伤害它的主人，所以它才不想让别人接近老人。

于是围观的人群都自行散开，以免进一步激怒那只狗，同时有一些人赶快就近寻找一些救助工具，还有一些人则去打电话报警，希望警察能够驱走这只护主心切的狗。

正在这时，人们看到那只狗用尽力气将老人从水沟中拖出。因为老人的身体有些重，而且又不省人事，所以狗拖起来很是辛苦。为了把主人"救"出水沟，那只狗一会儿紧紧咬住主人的胳膊，一会儿又用力地撕扯主人的大腿。离事发地点较近的一些人看到老人的身体已经被狗咬伤了多处。

焦急的人们想要阻止那只狗的行为，可是又差一点遭到狗的猛烈袭击。而且人们发现，周围的人越是接近老人，那只狗的行为就变得越发狂躁，老人因此面临的危险也就越大。人们只能看着老人被狗拖拉和撕扯着。过了一会儿，人们看到，那只狗居然将老人拉出了河沟。

看到奄奄一息的老人，周围有人想将他马上送到医院救治。可是这只狗仍然坚守在老人身边不让任何人救助，无论周围的人用什么东西引诱，这只狗都不肯走开。

当接到报警的警察赶到出事地点时，那只性情凶猛的狗依然"不屈不挠"地守在老人身边，而且仍旧以一副凛然不可侵犯之势与警察对峙。看到已经被狗在拖拽的过程中撕扯得血肉模糊的老人，无奈之下，警察只好先将那只"誓死保护主人不受侵犯"的狗打死。之后，随同警察一起赶来的医护人员迅速将老人抬到医院，可是老人最终还是没能得救，原因是失血过多，耽误了救治的最佳时机。

这个故事带给我们很大的震撼和思考：任何一种忠诚，都必须有着合理而明确的目标，而且还要讲究科学的方式，否则这样的忠诚就会与善良的初衷相违背。缺少理智的忠诚，虽然有着良好的初衷，但是却只重过程而不顾结果，没有人能够承受得起。

第二章
以勇气和责任推开成功之门

把苦难和失败当做人生中一道独特的风景

苦难可以激发生机，也可以扼杀生机；可以磨炼意志，也可以摧垮意志；可以启迪智慧，也可以蒙蔽智慧；可以高扬人格，也可以贬低人格。这完全取决于每个人本身。苦难就像一柄双刃剑，它能让强者更强，练就出色而几近完美的人格，但是同时它也能够将弱者一剑削平，从此倒下。

帕格尼尼，世界超级小提琴家。他是一位在苦难的琴弦下把生命之歌演奏到极致的人。

4岁时患了一场麻疹和强直性昏厥症。7岁患上严重肺炎，只得大量放血治疗。46岁因牙床长满脓疮，拔掉了大部分牙齿。其后又染上了可怕的眼疾。50岁后，关节炎、喉结核、肠道炎等疾病折磨着他的身体与心灵。后来声带也坏了。他仅活到57岁，口吐鲜血而亡。

身体的创伤不仅仅是他苦难的全部。他从13岁起，就在世界各地过着流浪的生活。他曾一度将自己禁闭，每天疯狂地练琴，几乎忘记了饥饿和死亡。

像这样的一个人，这样一个悲惨的生命，却在琴弦上奏出了最美妙的音符。3岁学琴，12岁首场个人音乐会。他令无数人陶醉，令无数人疯狂！

乐评家称他是"操琴弓的魔术师"。歌德评价他："在琴弦上展现了火一样的灵魂。"李斯特大喊："天哪，在这四根琴弦中包含着多少苦难、痛苦与受到残害的生灵啊！"苦难净化心灵，悲剧使人崇高。也许上帝成就天才的方式，就是让他在苦难这所大学中进修。

苦难，在这些不屈的人面前，会化为一种礼物，一种人格上的成熟与伟岸，一种意志上的顽强和坚韧，一种对人生和生活的深刻认识。然而，对更多人来说，苦难是噩梦，是灾难，甚至是毁灭性的打击。

其实对于每一个人，苦难都可以成为礼物或是灾难。你无须祈求上帝保佑，菩萨显灵。选择权就在你自己手里。一个人的尊严所在，就是不轻易被苦难压倒，不轻易因苦难放弃希望，不轻易让苦难占据自己蓬勃向上的心灵。

在巴西，男孩子要做的一件事就是踢球，贝利很小的时候便和小伙伴们一起光着脚玩起了足球。

贝利与伙伴们都是贫穷人家的孩子，他们买不起球。但困难没有阻挡他们踢球的热情，于是他们就自己做了一个：先找一只最大的袜子，塞满了破布或旧报纸，然后把它尽量揉成球形，最后外面用绳子扎紧。他们的球越踢越精，球里面塞的东西也越来越多，越来越重。

7岁那年，贝利的姑姑送给他一双半新的皮鞋。他把这双鞋当成了宝贝，只有星期日上教堂才舍得穿，穿上它感到很神气。他特别记得这一双鞋是因为有一天他穿着它踢球，结果鞋踢坏了，为这还他挨了妈妈的罚。他本来只是想知道穿着鞋踢球是什么滋味！

也就是从7岁起，贝利经常去体育场，一边看球一边替观众擦鞋挣钱。贝利8岁时进入包鲁市的一所学校学习。他仍然光着脚踢球，不管严冬，还是酷暑。他的球技在日复一日的磨炼中已经让许多大人刮目相看了。人们开始带着赞美叫他"贝利"了。

如果幸福是人生的目标，那么，苦难就是达到这一目标所必不可少的条件。要享受成功的快乐就必须能够承受痛苦和挫折。事实上，人生从来没有真正的绝境，无论遭受多少艰辛与苦难，只要一个人仍具有坚持信念的勇气，那么，总有一天，他能走出困境，让生命重新开花结果。

1948年，牛津大学举办了一个题为"成功的秘诀"的讲座，邀请丘吉尔前来演讲。演讲的那一天，会场上人山人海，全世界各大新闻机构的记者都到齐了。

上台后，丘吉尔用手势止住掌声，说："我的成功秘诀有三个：第一是，绝不放弃；第二是，绝不、绝不放弃；第三是，绝不、绝不、绝不放弃。我的演讲结束了。"

说完他就走下了讲台。

会场上沉寂了一分钟后，突然爆发出热烈的掌声，久久不息。这成为他最著名的一次演讲。

可见，不轻言放弃，再难的事也能成功。没有恒心，遇到困难就中途放弃，则一事无成，再容易的事也会成为困难的事。

生活中，青少年朋友面对失败、厄运时，不妨试试如下建议：

1. 认清失败的本质。如何看待失败，完全是一个态度问题，只要你不服输，失败就不是定局。检讨失败，吸取教训。

2. 把失败看做是学习的机会，毅力要与行动结合，告诉自己："我一定能做到!"如果你一遇到困难就认为无法解决，那么就真的不会找到出路，因此一定要拒绝"无能为力"的想法。不要钻牛角尖。如果遇到一个难以解决的困难，不妨先停下来，找出原因，然后再重新开始。

3. 看清自己的弱点。从失败中学习，最难的是找出并正视导致失败的个人弱点。这个过程需要有真正坦诚的个性。一旦你看清自己的弱点，就要开始努力克服。

要记住，成功是一连串的奋斗。千万不要把失败的责任推给你的命运。如果你失败了，那么继续奋斗吧!

泥泞的路上才能留下脚印

当人们竭尽全力却依然要面临失败的结局，当面临一切束手无策、宣告绝望的结局之时，勇气便惠然来临，帮助人们取得胜利、获得成功。

因为凭着无坚不摧的勇气而做成的事业是神奇的。当一切力量都已消失了、一切才能宣告失败时，勇气却依然坚守阵地。依靠忍耐力，依靠持久心终能克服许多困难，甚至最后做成许多原本已经认为是不可完成的事情。

当人人都停滞不前的时候，只有具有勇气的人才会坚持去做，人人都因感到绝望而放弃的信仰，只有具有勇气的人才会坚持着，继续为自己的信仰坚持。所以，具有这种卓越品质的人，才能最终获得良好的声誉和理想的实现。

我们在这个世界上生存，有许多事情仍然是个未知数，但也已有许多的未知被人们的胆量与智慧变成已知，并被人类所利用，为人类的生存服务。未来的世界是我们的，我们必须去开拓和探索，这是社会的要求和使命。人生的第一次尝试便是开拓和探索，也是人生存必备的能力。鲁迅说过："世上本没有路，走的人多了也便成了路。"第一个去走的人一定是勇敢的人。我们何不去做勇敢的第一人呢?

鉴真和尚刚刚剃度遁入空门时，寺里的住持让他做了寺里谁都不愿做的行脚僧。

有一天，日已三竿了，鉴真依旧大睡不起。住持很奇怪，推开鉴真的房门，见床边堆了一大堆破破烂烂的芒鞋。住持叫醒鉴真问："你今天不外出化缘，堆这么一堆破芒鞋做什么?"

鉴真打了个哈欠说："别人一年一双芒鞋都穿不破，我刚剃度一年多，就穿烂了这么多的鞋子，我是不是该为庙里节省些鞋子?"

住持一听就明白了，微微一笑说："昨天夜里落了一场雨，你随我到寺前的路上走走看看吧。"

寺前是一座黄土坡，由于刚下过雨，路面泥泞不堪。

住持拍着鉴真的肩膀说："你是愿意做一天和尚撞一天钟，还是想做一个能光大佛法的名僧？"

鉴真说："我当然希望能光大佛法，做一代名僧。"

住持捻须一笑："你昨天是否在这条路上走过？"鉴真说："当然。"

住持问："你能找到自己的脚印吗？"

鉴真十分不解地说："昨天这路又干又硬，小僧哪能找到自己的脚印？"

住持又笑笑说："今天我俩在这路上走一遭，你能找到你的脚印吗？"

鉴真说："当然能了。"

住持听了，微笑着拍拍鉴真的肩说："泥泞的路才能留下脚印，世上芸芸众生莫不如此啊。那些一生碌碌无为的人，不经风不沐雨，没有起也没有伏，就像一双脚踩在又干又硬的大路上，脚步抬起，什么也没有留下；而那些经风沐雨的人，他们在苦难中不停跋涉，就像一双脚行走在泥泞里，他们走远了，但脚印却印证着他们行走的价值。"

鉴真惭愧地低下了头。

选择泥泞的路才能留下脚印，不经历风雨，没有起伏的人总想在一片坦途上行走，终究不会有任何收获。

拿破仑·希尔说："每种逆境都含有等量利益的种子。"你想想：过去你似乎有巨大的困难或不幸的经历，但它们却鼓舞你去夺取属于你的成功和幸福。这是为什么呢？是你的斗志，是困难和不幸激发了你的斗志，使你不但没有被打败，反而获得了更大的动力，从而取得新的成功。

1914 年 12 月，大发明家爱迪生的实验室在一场大火中化为灰烬。损失超过 200 万美元。那个晚上，爱迪生一生的心血成果在极为壮观的大火中付之一炬。

大火最凶的时候，爱迪生的儿子在浓烟和灰烬中发疯似的寻找他父亲。他终于找到了爱迪生：他正平静地看着火中的实验室，脸在火光的摇曳中闪着光。爱迪生看见儿子就大声嚷道："你母亲去哪儿了？去，快去把她找来，她这辈子恐怕再也见不着这样的场面了。"

第二天早上，爱迪生看着一片废墟说道："灾难自有它的价值，瞧，这不，我们以前所有的错误都给大火烧得一干二净，感谢上帝，这下我们又可以从头再来了。"

火灾刚过去三个星期，67 岁的爱迪生就开始着手推出他的第一部留声机。

成功的人都明白，没有人能一步登天。真正使他们出类拔萃的，是他们一步接一步往前迈进，不管路途多崎岖，勇敢的他们是不会轻易被打败的。泥泞的路上才留得下他们努力前行的脚印，而脚印印证了他们行走的价值，记载了他们辉煌的人生历程。

带着勇气上路

有一个叫珍的女孩，她老是说将来要做演说家，可是当老师给她机会，叫她去讲台的时候，她就开始怀疑自己的能力，没有信心和勇气。

而她们班上一位说话结结巴巴的男孩却步伐迅速而坚定地走上讲台。当时同学们都带着怀疑的眼神，虽然他讲的时候少不了打打结巴，但他铿锵有力的话语，加上丰富的感情，赢得了大家的热烈掌声。

他讲完后，老师说："他非常有勇气地战胜了自己，我们都应该向他大家学习，从他的演讲中，我们也能感觉到他的渴望，我打算培养他，参加这次全省的演讲比赛。大家觉得应该没问题吧？"

珍不服气地站起来："我读课文比他好，只不过你没同我们说这次有全省演讲比赛……老师可以给我一次机会吗？"

老师看她认真的样子便说："你说机会来的时候会告诉你吗？只要你真的比他好，我给你机会让你和他竞争。"她想了想："还要竞争？虽然我读得是比他流利，但如果我没有感情色彩，或者……那岂不是更丢脸……"于是她找了个借口："我还是把机会让给他，下次……"

谁知本班一位调皮的男生看出了她的心思，于是就说了句："没有开刀的危险和打算开刀的勇气，哪来康复的希望和喜悦？"同学们都笑了，只有她脸红了。

在现实生活中，许多事情都需要勇气作支撑，放弃需要勇气，拒绝需要勇气，尝试需要勇气，冒险需要勇气……甚至连说话都需要勇气。一个人如果缺乏勇气，就失去了承担责任的基础，就只能生存于他人的庇护之下，无法面对人生的任何压力和挑战。

勇气是一种滋补剂，它是世界上最好的精神药物——如果以一种充满希望、充满自信的精神进行学习、工作的话；如果期待着自己的伟业，并且相信能够成就这番伟业的话；如果能让自己尽早展现出自己的勇气，并带着勇气上路的话——任何事情都不能阻挡我们前进。在前行的道路上可能会遇到让我们灰心失望的失败，但那只是暂时性的，胜利最终会握在手中。

春天到了。两颗种子躺在肥沃的土里，开始了下面的对话。

第一颗种子说："我要努力生长！我要向下扎根，还要'出人头地'，让茎叶随风摇摆，歌颂春天的到来……我要感受春晖照耀脸庞的温暖，还有晨露滴落花瓣的喜悦。"于是它努力向上生长。

第二颗种子说："我没那么勇敢。我若向下扎根，也许会碰到硬石。我若用力往上钻，可能会伤到我脆弱的茎。我若长出幼芽，难保不会被蜗牛吃掉。我若开花结果，只怕小孩子看了会将我连根拔起。我还是等情况安全些再做打算吧。"

于是它继续瑟缩在土里。

几天后，一只母鸡在庭院里东啄西啄，这颗种子就这样进了母鸡的肚子。

人，就要像第一颗种子一样，要对自己的能力充满信心，勇于挑战生活中的一切艰难困苦。对任何事情都兢兢业业、无所畏惧、永不退缩地去做，永远富有勇气和决断力。这样，我们才能坚强地去克服种种困难，发挥出聪明才智。

迈克·乔丹在高中时连篮球队都没办法进去，教练看乔丹打球以后，对他说："你技术不太好，你以后不能打大学篮球，更不可能进 NBA。"一般人听到这句话也许会自卑，也许以后会没勇气再打球。而乔丹却没因为这而自卑，他想打球的强烈欲望及迸发出的勇气使他坚定地说："教练，如果你觉得我身高不够高，我会想办法长高，如果你觉得我技术不够好，只要你让我跟这些球员一起练球，我不出场比赛，我宁愿帮所有的人提行李，他们流汗的时候，我帮他们递毛巾，他们汗滴到地上的时候，我拿毛巾擦地板，我只求跟这些球员练球，我也一定会学好、练好各项技术。"教练见他有这么大的勇气和决心，加上他这么好的态度，于是答应了他的请求。后来，他强烈的动机和激情在最短的时间内采取最大量的运动促使他长到 1.98 米，也使他获得了惊人的成绩。如今，迈克·乔丹曾经 10 次获得 NBA 的得分王，表示他的进攻能力在篮球场上是所向无敌的；10 次得 NBA 最佳防守前五名，表示他的防守也是滴水不漏，传球助攻也是 NBA 前十名，所以我们叫他"空中飞人"。

如果乔丹因为先天的不足开始自卑、丧失勇气，还会有今天一等一的能力、技巧和地位吗？当然也就不会有如此的命运。

优秀的人和成功的人，不是因为他们比别人更少经历困难和痛苦，而是他们身上流淌着强者的血液。别人不敢去做，他能要求自己去试试；别人不愿去做，他能要求自己说"让我来"，这样别人不能做的事情，他慢慢就会做了。

勇于冒险，没有尝试就没有成功

成功意味着冲破平庸，而其中的一条捷径就是——敢于冒险。石油大王哈默说过，"不会冒险的人永远也不会取得成功。"惧怕失败，不冒风险，平平稳稳地过一辈子，虽然可靠，虽然平静，但只是一个悲哀而无聊的人生，一个懦夫的人生，其中最令人痛惜的就是，你自己葬送了自己的潜能。因此，与其平庸地过一生，不如勇敢去冒险和闯荡，做一个敢于冒险的英雄。

有两位少年去求助一位老人，他们问着相同的问题："我有许多的梦想和抱负，但总是笨手笨脚，无从下手，不知道如何才能实现自己的目标。"老人给他们一人一颗种子，细心地交代："这是一颗神奇的种子，谁能够妥善地保存它的价值，谁就能够实现他的理想。"

几年后，老人碰到了这两位少年，顺便问起种子的情况。

第一位少年谨慎地拿着锦盒，缓缓地掀开里头的棉布，对着老人说："我把种子收藏在锦盒里妥善地保存着。为了这颗种子能够完整地保存，我为它专门建了一个恒温室。"老人听后，失望地点了点头。接着第二位少年，汗流浃背地指着旁边的一座山丘道："您看，我把这颗神奇种子埋在土里灌溉施肥，现在整座山丘都长满了果树，每一棵果树都结满了果实，原来的一颗种子现在变为了千万颗。这就是我实现这颗神奇种子价值的方法。"

老人关切地说："孩子们，我给的并不是什么神奇的种子，不过是一般的种子而已。如果只是守着它，永远不会有结果；只有用汗水灌溉，才能有丰硕的成果。让种子生根发芽，虽然会有被风霜雨雪侵蚀的危险，但正由于经历了这些锤炼，生命才焕发出神奇的力量，种子的价值才真正得到了实现和延续。"

不敢冒险去做，其实是冒了更多的险。有些人很聪明，对不测因素和风险看得太清楚了。不敢冒一点险，结果聪明反被聪明误，所以永远只能过一种平庸的生活。

勇于尝试可以让你发现机会，化危机为转机。有些在平时看似"不可能"的事情，在你的尝试中也可能变成现实。正如一位成功人士所说的那样，尝试可以创造奇迹。

一次，一艘远洋海轮不幸触礁，沉没在汪洋大海里，幸存下来的九位船员拼死登上一座孤岛，才得以幸存下来。但岛上除了石头以外没有任何东西，更严重的是，在烈日的暴晒下，每个人口渴得冒烟，水成为最珍贵的东西。

尽管四周是水——海水，可海水又苦又涩又咸，根本不能用来解渴。九个人唯一的生存希望是老天爷下雨或别的过往船只发现他们。等啊等，没有任何下雨的迹象，渐渐地，八个船员支撑不下去了，他们纷纷渴死在孤岛。

当最后一位船员快要渴死的时候，他实在忍受不住地扑进海水里，"咕嘟咕嘟"地喝了一肚子。船员喝完海水，一点儿觉不出海水的苦涩味，相反觉得这海水又甘又甜，非常解渴。于是他每天靠喝这里的海水度日，终于等来了救援的船只。

后来人们化验这水发现，这儿由于有地下泉水的不断翻涌，所以海水实际上全是可口的泉水。

冒险与收获常常是结伴而行。险中有夷，危中有利，要想有卓越的人生，就要敢冒险。石油大王哈默的成功就告诉我们这样一个道理：幸运喜欢光顾勇敢的人，巨大的风险往往能够带来巨大的成功。

1956年，58岁的哈默购买了西方石油公司，开始大做石油生意。石油是最能赚大钱的行业，竞争尤为激烈。初涉石油领域的哈默要想建立起自己的石油王国，无疑面临着极大的竞争风险。

首先碰到的是油源问题。1960年石油产量占美国总产量30%的得克萨斯州已被几家大石油公司垄断，哈默无法插手；沙特阿拉伯是美国埃克森石油公司的天下，哈默难以染指；如何解决油源问题呢？1960年，当花掉1000万美元的勘探基金而毫无结果时，哈默再一次冒险接受了一位青年地质学家的建议。旧金山以东一片被德士古石油公司放弃的地区，可能蕴藏着丰富的天然气，并建议哈默的西方石油公司把它租下来。哈默又千方百计地从各方面筹集了一大笔钱，投入了这一冒险的工程。当钻到860米深时，终于钻出了加利福尼亚的第二大天然油田，估计价值在2亿美元以上。

哈默成功的事实告诉我们敢想敢做敢于尝试，才能取得成功。与其不尝试而失败，不如尝试了再失败，不战而败是一种极端怯懦的行为。如果想成为一个成功者，就必须具备坚强的毅力，以及勇气和胆略。年轻人的前途充满了机遇和挑战，不畏惧困难和失败，勇敢地接受挑战，敢于冒险和尝试，你就能够拥有一个精彩成功的人生。

承担责任是不会褪色的光荣

名将刘易斯曾经说："尽管责任有时让人厌烦，但不履行责任，只能是懦夫，不折不扣的废物。"无论生活中还是工作中，敢于承担责任是一种永远不会褪色的光荣，而同时，不敢承担责任的人，是没有立足于社会和发展自我的机会的。一个懦弱的人，必须培养和树立责任心，才有可能勇敢地承担责任，才有可能去做自己想做的事，否则会畏首畏尾，永远走不出黑暗。

每个人都喜欢与敢于承担责任的人相处、共事和生活。然而生活中却常常有推卸责任的事情发生。

刘洁和王浩是同事，他俩工作一直都很认真，也很努力。老板也对他俩很满意，可是一件事却改变了两个人的命运。

一次，刘洁和王浩一同把一件很贵重的古董送到码头。没想到送货车开到半路却坏了。因为公司有规定：如果不按规定时间送到，他们要被扣掉一部分奖金。于是，力气大的刘洁，背起古董，一路小跑，他们终于在规定的时间赶到码头。这时，心存小算盘的王浩想，如果客户看到我背着邮件，把这件事告诉老板，说不定会给我加薪呢，于是他对刘洁说："先把古董交给我，你去叫货主吧。"

当刘洁把邮件递给他的时候，他一下没接住，古董掉在了地上，成为碎片。他们都知道古董打碎了意味着什么，没了工作不说，可能还要背负沉重的债务。果然，老板对他俩进行了十分严厉的批评。

在他们等待处罚的过程中，王浩避开刘洁，一个人走到老板的办公室，对老板说："老板，不是我的错，是刘洁不小心弄坏的。"

老板把刘洁叫到了办公室，刘洁把事情的原委告诉了老板。最后他说："这件事是我们的失职，我愿意承担责任。另外，王浩的家境不好，请求老板酌情考虑对他的惩罚。我会尽全力弥补我们所造成的损失。"

接下来的几天，他们就等待处理的结果。终于有一天，老板把他们叫到了办公室，对他们说："公司一直对你俩很器重，想从你们两个当中选择一个人担任客户部经理，没想到出了这样一件事，不过也好，这会让我们更清楚哪一个人是合适的人选。我们决定请刘洁担任公司的客户部经理。因为，一个勇于承担责任的人是值得信任的。王浩，从明天开始你就不用来上班了。"

"其实，古董的主人已经看见了你们俩在递接古董时的动作，他跟我说了他看到的事实。还有，我更看重的是问题出现后你们两个人的反应。"老板最后说。

王浩推卸责任最终落得个失业的下场。你也会像他一样不敢承担责任，害怕灾难降临吗？但是你的不负责任决定了你被淘汰的结果。灾难就是喜欢不敢承担责任的人，老板就是喜欢敢于承担责任的人。

现实生活中，有人为了躲避痛苦，而选择逃避问题、逃避责任。其实，成长就是要经历无数挫折与失败，能够忍受痛苦、承担责任的人，他的生活才能平平安安、顺顺利利。如果一个人不能在重大的事情上接受生命的挑战，他就不可能有平和，不可能有快乐的感觉，同样，也不可能摆脱这些困扰。

你的内心深处有一种别人听不到的声音，而你自己却无法将这个声音平息下来："你缺少勇气，你没有勇气，你逃跑了，你是逃兵。"

与其受这种声音的困扰，还不如以普通的方式忍受不快。或者接受，或者不接受，我们每个人都必须作出选择。

一个人可以用以下四种方法中的一种来对待生命：可以逃跑；可以游移不定；可以将其接受，随波逐流；还可以用信仰和目标紧紧抓住生命，超越生命。

面对竞争，面对压力，面对坎坷，面对困厄，有人选择了逃避，有人选择了面对和征服，结果不言而喻，越是逃避越是躲不开失败的命运，越是敢于迎头而上，越是能够品尝到成功的甘甜。

那么，怎样做才能克服逃避心理呢？

首先，要克服自己的怯懦心理。很多人逃避责任不是因为没有能力，而是因为内心存在怯懦心理。因此，要克服逃避心理，必须先克服自己的怯懦心理。

其次，告别懒惰。懒惰是逃避者的一大通病，任何懒惰的人都不会获得成功。

再次，切实负起责任。一个总是逃避的人，必须培养和树立责任心，才有可能勇敢地承担责任，才能去做自己想做的事，否则会畏首畏尾，永远走不出黑暗。不论遇到什么问题，哪怕是面临失败，也不要灰心丧气，要勇敢地正视它，以积极的态度寻找应变的方法。一旦问题解决了，自信心也会随之增加，逃避的行为就会消失。

生命在责任中开出花朵

人生好比一个旅程，从拥有生命的那一刻起，我们就载上了一种叫生存的使命与责任，这不仅仅是为我们的生存负责，更是为其他人的生命负责。这样，负责的灵魂就能闪耀出异常夺目的光辉。在危难的时刻，责任感甚至可以挽救一个人的生命。

有一个由业余登山爱好者组成的登山队，他们要对世界第一峰——珠穆朗玛峰发起进攻。虽然人类攀登珠峰已经不止一次了，但这是他们第一次攀登世界最高峰。队员们既激动又信心十足，他们有决心征服珠穆朗玛峰。

经过考察后，他们选择自己状态很好、天气也很好的一天出发了。攀登一直很顺利，队员们彼此互相照应，没有出现什么问题，高原缺氧的情况也基本能够适应，在预定时间，他们到达了1号营地。大家都很高兴，因为一个良好的开始，就等于成功了一半。

第二天，天气突然发生了变化，风很大，还有雪。登山队长征求大家的意见，要不要回去，因为要确保大家的生命安全。生命只有一次，登山却还有机会。但是大家都建议继续攀登，登山本来就是对生命极限的一种挑战。

于是，登山队继续向上攀登。尽管环境很恶劣，但是队员征服自然，征服珠穆朗玛峰的信心却十足，大家小心翼翼地向上攀登。"队长，你看！"一个队员大喊，大家循声望去，在离他们很远的地方发生了雪崩。虽然很远，但雪崩的巨大冲击力波及到了登山队，一名队员突然滑向另一边的山崖，还好，在快落下山崖的那一刻，他的冰锥紧紧地插进了雪层里，他没有滑落下去，但他随时有可能被雪崩的冲击力推下去。

情况十分危险，如果其他队员来营救山崖边的队员，有可能雪崩的冲击力会将别的队员冲下山崖。如果不救，这名队员将在生死边缘徘徊。队长说："还是我来吧，我有经验，你们帮我。大家把冰锥都死死地插进雪层里，然后用绳子绑住我。""这很危险，队长。"队员们说。"已经没有犹豫的时间了，快！"队长下了死命令。大家迅速动起手来，队长系着绳子滑向悬崖边，他拼命地拉住了抱住冰锥的队员，其他队员使劲把他俩往上拉。就在下一轮雪崩冲击到来之前，队长救出了这名队员。全队沸腾了，经过了生死的考验，大家变得更坚强了。

最终，登山队征服了珠峰。站在山峰上，他们把队旗插在山峰的那一刻，也把他们的荣誉和责任留在了世界上最纯净的地方。后来，队长说："当时我也非常恐惧，知道随时可能尸骨无还，但我认为，我有责任去救他，我必须这么做。责任的力量太大了，它战胜了死亡和恐惧。真的。"

责任可以战胜死亡和恐惧，可以让一个人变得勇敢和坚强。面对困难和危险，牢记心中的责任，你就能够从中汲取战胜困难的勇气和力量。即使是在日常生活中，责任感也同样能够让平凡的生命展现出动人光亮的一面。

怀特先生在市郊买下了一套新居。迁入新居几天后，有人敲门来访，怀特先生打开房门一看，外面站着一位邮差。

"上午好，怀特先生！"他说起话来有种兴高采烈的劲头，"我的名字是麦克，是这里的邮差。我顺道来看看，向您表示欢迎，介绍一下我自己，同时也希望能对您有所了解，比如您所从事的行业。"麦克中等身材，蓄着一撮小胡子，相貌很普通。尽管外貌没有任何出奇之处，他的真诚和热情却溢于言表。这真让人惊讶：怀特先生收了一辈子的邮件，还从来没见过邮差做这样的自我介绍，但这确实使他心中一动。

一天，怀特先生出差回来，刚把钥匙插进锁眼，突然发现门口的擦鞋垫不见了。难道连擦鞋垫都有人偷？不太可能。转头一看，擦鞋垫跑到门廊的角落里了，下面还遮着什么东西。事情是这样的：在怀特先生出差的时候，快递公司误投了他的一个包裹，放到沿街再向前第五家的门廊上。幸运的是，有邮差麦克。看到怀特的包裹送错了地方，他就把它捡起来，送到怀特的住处藏好，还在上面留了张纸条，解释事情的来龙去脉，又费心地用擦鞋垫把它遮住，以避人耳目。

麦克不仅仅是在送信，他现在做的是别人分内应该做好的事！他的行为使怀特先生大为感动。麦克是一个金光灿灿的例子，人性化的贴心服务正该如此，他为所有渴望在工作中有所作为的人树立了榜样。

这名普通的邮差具有一种难能可贵的品质，那就是负责。他把自己的工作做得有声有色，秉承一种对客户负责的态度，他做到了最好。负责，使平凡变得光彩夺目，使普通变得异常出色。对事、对人负责是我们永远要学习的品德。

对小事负责才能担当大任

"一屋不扫，何以扫天下"，一个人不愿意做小事，不愿意对小事负责，就不可能在大事面前担当责任。就像罗曼·罗兰曾说过的那样——在这个世界上，最渺小的人和最伟大的人同样有一种责任。

卡菲瑞先生回忆比尔·盖茨小时候，写下这样一段文字：

1965 年，我在西雅图景岭学校图书馆担任管理员。一天，有同事推荐一个四年级学生来图书馆帮忙，并说这个孩子聪颖好学。

不久，一个瘦小的男孩来了，我先给他讲了图书分类法，然后让他把已归还图书馆却放错了位置的图书放回原处。

小男孩问："像是当侦探吗？"我回答："那当然。"接着，男孩不遗余力地在书架的迷宫中穿来插去，小休时，他已找出了三本放错地方的图书。

第二天他来得更早，而且更不遗余力。干完一天的活后，他正式请求我让他担任图书管理员。又过两个星期，他突然邀请我上他家做客。吃晚餐时，孩子母亲告诉我他们要搬家了，搬到附近一个住宅区。孩子听说要转学，担心地说："我走了谁来整理那些站错队的书呢？"

我一直记挂着他。但没过多久，他又在我的图书馆门口出现了，并欣喜地告诉我，那边的图书馆不让学生干，妈妈又把他转回我们这边来上学，由他爸爸用车接送。"如果爸爸不带我，我就走路来。"

其实，我当时心里便应该有数，这小家伙决心如此坚定，内心充满责任感，则天下无不可为之事。不过，我可没想到他会成为信息时代的天才、微软电脑公司大亨、美国首富——比尔·盖茨。

从中我们可以看出，许多伟大或杰出人物身上，总有优于常人之处或早或迟地显示出来。比尔·盖茨对待图书馆工作这样的小事，就已经表现出一种超乎同龄人的责任感，这也是他日后能取得卓越成就的一个重要原因。

一位大公司的老板曾经讲过这样的故事。有个人来他公司应聘，经过交谈，他觉得那个人其实并不适合他们公司的工作，因此，他很客气地和那个人道别。那个人从椅子上站起来的时候，手指不小心被椅子上跳出来的钉子划了一下。那人顺手拿起老板桌子上的镇纸，把跳出来的钉子砸了进去，然后和老板道别。就在这一刻，老板突然改变了主意，他留下了这个人。

事后，这位老板说："我知道在业务上他也许未必适合本公司，但他的责任心的确令我欣赏。我相信把公司交给这样的人我会很放心。"

对小事负责才能够在未来的社会中担当大任。家庭和学校是我们培养责任感的最好地方。无论在家庭和学校，我们都要主动去做一些小事情，去充当一些有意义的角色，体会自己的行为对集体所产生的重要性，同时也培养战胜自己弱点、增长各种能力的信心。

艾森豪威尔小时候的家庭境况不错。后来父亲的生意破产，欠下一笔数目不小的债务，家里的日子开始拮据起来。艾森豪威尔的母亲是一名勤快乐观的女性。她巧妙地在3间屋子里给6个孩子安置舒适的床铺，安排孩子们轮流值日、做家务，让他们学会帮厨、洗碗和洗衣；学会修剪果树，采摘果实，并把它们储存过冬；学会给菜园除草、堆草垛；学会喂鸡、挤牛奶。

在全家人的共同劳动中，孩子们不仅可以体会到劳动的乐趣，更领悟到对家庭的责任。反思自身，在家庭中，我们应主动承担一些力所能及、与自己年龄相当的劳动任务。可以和父母谈谈建设家庭的计划，在我们大一些后，甚至可以与父母商讨家庭财政安排。

比如，可以从家庭理财开始，可以和父母商量一下，了解家里每月有多少固定收入，每月计划开支的金额和实际支出的数目、家庭有哪些方面的投资、准备投资的方向、家庭所需大件商品的购买与否等等，与此同时，还可以参与家庭采购，如买菜等等，以便与实际有所接触。在参与理财之后，对当家理财有亲身的体会，就能有效地改变自己原先对家庭经济状态漠不关心的态度，也能对市场、物价、商品和家庭等方面情况有所了解和认识，并丰富这方面的知识。要知道，人需要多方面的知识和实践，而当家理财这方面的知识又是我们今后所不可缺少的。那么，提前接触这方面的知识又有什么坏处呢？至于担心因此而影响学习，显然是多余的。

总之，无论是在学校还是在家中，点滴的小事都可以培养出我们的责任感。做好身边的每一件小事，从中培养自己的能力和责任心，我们就能够在未来的社会中担当责任。

第三章
自尊和自省是人立于世的重要根基

废除骨子里的奴性

在现实生活中，有这样的人，他们自己看不起自己，自己作践自己，自己愿意与人为奴，供人驱使，而且，表现得比自卑的人更为严重，他们会因此而扭曲自己的性格，改变自己的正确看法，做出违心之举；他们会动辄迷失自己，任人任意驱使；他们会在权势者面前唯唯诺诺、小心翼翼，给自己徒增苦恼。这样的人，生来就带有一种"奴性"。

奴性的人喜欢仰人鼻息，看人眼色行事，以溜须拍马为能事。他根本没有自我意识，根本想不到自己也是个堂堂正正的人。只有将骨子里的奴性废除掉，才能捍卫自己的尊严，才能够克服重重困难，获得辉煌的人生。

一年冬天，美国加州的一个小镇上来了一群逃难的流亡者，善良好客的当地人家家生火做饭，款待这群逃难者。镇长约翰给一批又一批的流亡者送去粥食，这些流亡者接到东西个个狼吞虎咽，连一句感谢的话也来不及说。只有一个年轻人例外，当约翰镇长把食物送到他面前时，这个骨瘦如柴、饥肠辘辘的年轻人问："先生，吃您这么多东西，您有什么活儿需要我做吗？"

约翰镇长想，给一个流亡者一顿果腹的饭食，每一个善良的人都会这么做。于是，他说："不，我没有什么活儿需要你来做。"

这个年轻人听了约翰镇长的话之后显得很失望，他说："先生，那我便不能随便吃您的东西，我不能没有经过劳动，便平白得到这些东西。"

约翰十分赞赏地望着这个年轻人，但他知道这个年轻人已经两天没有吃东西了，又走了这么远的路，可是不给他做些活儿，他是不会吃下这些东西的。约翰镇长思忖片刻说："小伙子，你愿意为我捶背吗？"那个年轻人便十分认真地给他捶背。捶了几分钟，约翰镇长便站起来说："好了，小伙子，你捶得棒极了。"说完将食物递给年轻人，他这才狼吞虎咽地吃起来。

约翰镇长微笑地注视着那个青年说："小伙子，我的庄园太需要人手了，如果你愿意留下来的话，那我就太高兴了。"

那个年轻人留了下来，并很快成为约翰镇长庄园的一把好手。两年后，约翰镇长把自己的女儿詹妮许配给了他，并且对女儿说："别看他现在一无所有，可他将来100％是个富翁，因为他有尊严！"

尊严无价。一个人若失掉了尊严，做人的价值和乐趣就无从谈起。尊严是一个人做人的根本，无论在什么时候，我们都应当挺直做人的脊梁，用行动捍卫自己的尊严。自尊，是人的一种美德，是无价的，是人最珍贵、最高尚的东西。尊严是一种甚至比生命更为可贵的东西，有时值得我们用尽一切去维护。

有一天，杨格博士和几位贵妇人乘坐游艇，泛舟泰晤士河上。他吹着长笛，尽量逗那些贵妇人快活。这时，离游艇不太远的地方，有只被军官们占用的船。博士看到那只军官船向游艇靠近时，就不吹长笛了。于是军官当中有人问他，为什么他要把长笛收进口袋里不吹了。

"我把长笛放进口袋里，与我把它从口袋里拿出来是同样的理由，都是为了使自己高兴。"博士回答说。

那位军官怒气冲冲地威胁说，要是他不立刻把他的长笛掏出来吹，那就不客气了，要把他扔进河里。博士怕吓着那些贵妇人，便忍气吞声地拿出他的长笛吹起来。

傍晚时分，他又遇见了那个对他粗暴无礼的军官，于是他朝那军官走去，说："今天，我是为了避免引起我的同伴和你的同伴的烦恼，才服从你那傲慢的命令的。现在为了使你真正相信，一个普普通通的人，也会像一个披着军服的人那样有勇气。明天一早，就在此地，我们来一场决斗吧。"那个军官同意了。

第二天早晨，这两个决斗者在约好的时间里，在指定的地方碰面了。军官正站在准备决斗的位置上。就在那个时候，博士举枪瞄准了他。

"干什么？"军官说，"你想暗杀我吗？"

"不是的！"博士说，"不过，你得在这儿跳一分钟的舞。否则，你就会是一个死人了。"

接着是一场小小的争执。可是博士似乎是如此暴怒、如此坚决，军官只好被迫屈服了。

当他跳完舞的时候，杨格说：

"昨天，你违反我的意愿，逼着我吹长笛；今天，我违反你的意愿，强迫你跳舞。现在，我们两人的事儿都以游戏的方式了结了。"

尊严也好，人格也罢，在一个正直的人身上是不容丝毫侵犯的，它甚至超越于生命，是人之为人的根本。尊严就好比是一个人挺立着的脊梁，也是人活在世上最根本的支撑。如果一个人连尊严都丢失了，便也失去"主心骨"，只能坍塌下来，成为一个爬行的"人"，在地上匍匐前行。

尊重自己才能赢得别人的尊重

俄国作家契诃夫曾写过一篇小说，名为《小公务员之死》。小说讲，有一个小公务员有次不小心打了一个喷嚏，口水溅到了前排一位官员的脑袋上。小公务员十分惶恐，赶紧向官员道歉，那官员没说什么。小公务员不知官员是否原谅了他，散戏后又去道歉。官员说："算了，就这样吧。"这话让小公务员心里更不踏实了。他一夜没睡好，第二天又去赔不是。官员不耐烦了，让他闭嘴、出去。小公务员心想，这下子得罪官员了，他又想去道歉。就这样，因为一个喷嚏，小公务员背上了沉重的心理负担，最后，他死了。

这是一个看似荒诞的悲惨故事，我们在为小公务员的死惋惜的同时，也为他的软弱和缺乏自尊而叹息。

自尊自爱是一个独立自主的人所必备的品格。智利作家尼高美德斯·古斯曼说过："尊严是人类灵魂中不可糟蹋的东西。"俄国作家陀思妥耶夫斯基也说过："如果你想受人尊敬，那么首要的一点就是你得尊敬你自己。"只有这样，只有自我尊敬，你才能赢得别人的尊敬。一个人无论地位和才干如何平凡，只要懂得尊重自己，就能够赢得别人的尊重。

乔治·萧伯纳是20世纪爱尔兰著名的戏剧作家，他写过许多享有世界声誉的作品，深受各国人民的喜爱。

一次，萧伯纳代表英国去苏联参加一个活动。当他在大街上散步时，见到一位可爱的俄罗斯小姑娘，胖乎乎的脸蛋，长长的辫子，俏皮极了。他忍不住停下脚步，把自己当成一个孩子一样，和小姑娘玩了起来。小姑娘也很喜欢这个和蔼可亲的外国人，和他高兴地玩了起来。

玩了很长时间，萧伯纳该走了。分别的时候，萧伯纳俯下身，一只大手放在小姑娘的脑袋上，说："你回去可以告诉你妈妈，就说今天陪你玩的，是世界上有名的剧作家萧伯纳。"

他原以为小姑娘听完以后会高兴地跳起来，没想到，小姑娘听到后却十分平静，她拉着萧伯纳的手，抬起头天真地说："哦，我不像你那么出名，我只是一个和别人一样的小姑娘而已，不过，你回去时可以告诉别人，就说今天陪你玩的，是苏联的一位小姑娘。"

萧伯纳听了，心里愣了一下，他意识到自己有些太自以为是了，同时也深深地佩服这位小姑娘自信的神情。

从那以后，每当说起此事，萧伯纳还会说，这位俄罗斯小姑娘是他的老师，他一辈子都忘不了她。

自尊是一种平等的要求，一个人如果狂妄自大，那就是对别人的不平等，当然，这样的人也不会赢得别人的尊重。自尊是一种平和淡定的心态，既不自傲，也无须自卑，是以一种不卑不亢的态度去对待周围的每一个人。

阿勒克斯·洛伊是法国一位著名的电影明星，有一次他到一个汽车检修站去修车，负责为他修车的是一个年轻的女修车工。她熟练灵巧的双手和年轻俊美的容貌一下子吸引了他。

整个巴黎都知道他，但这个姑娘却没有表示出丝毫的惊讶和兴奋。"您喜欢看电影吗？"他不禁问道。

"当然喜欢，我是个电影迷。"修车女工边忙手上的活边回答。

她手脚麻利，半小时不到，她就修好了车。

"先生，您的车修好了，您可以开走了。"

洛伊依依不舍地说道："小姐，您可以陪我去兜兜风吗？"

"对不起先生，我还有自己的工作要做。"她回答得很有礼貌。

"这同样是您的工作。您修的车，难道不亲自检查一下吗？"

"好吧，是您开还是我开？"

"当然我开，是我邀请您的嘛。"

车跑得很好。姑娘说："看来没有什么问题，请让我下车好吗？我还有其他的工作。"

"怎么，您不想再陪陪我吗？我再问您一遍，您喜欢看电影吗？"阿勒克斯·洛伊觉得不可思议，难道这个修车女工真的不认识自己吗？

"我回答过了，喜欢，而且我是个电影迷。"

"您不认识我？"

"怎么不认识，您一来我就认出，您是当代影帝阿勒克斯·洛伊。"

"既然如此，您为何对我这样冷淡？"

"不，您错了。我没有冷淡，只是没有像别的女孩子那样狂热。您有您的成绩，我有我的工作。您今天来修车，就是我的顾客，我就要像接待顾客一样地接待您，为您提供最好的修车服务。将来如果您不再是明星了，再来修车，我也会像今天一样接待您，为您提供服务。人与人之间不应该是这样的吗？"

洛伊沉默了，在这个普通修车女工的面前，他清楚地感觉到了自己的浅薄与狂妄。

正如这位年轻的修车女工所说的那样，人与人之间是互相平等的。无论是明星还是普通人，都应当保持一颗平和的心态，平等地对待身边的人，只有这样才能做到自尊和尊重别人。

守护你的尊严

卢梭曾经说："每一个正直的人都应该维护自己的尊严。"自尊，是人的一种美德，是无价的，是人最珍贵的、最高尚的东西。我们可以贫穷，可以困苦，但无论如何，都不能失去做人的尊严。

阿里是世界上最著名的拳击冠军。他出生在一个穷苦的黑人家庭，靠刻苦训练取得了骄人的战绩。1960 年，阿里代表美国出赛，在奥林匹克运动会上获得了重量级金质奖章。

二十世纪五六十年代的美国，黑人受到的歧视非常严重，阿里自以为为美国争得了荣誉，黑人地位能有所提高。但是，偶然的一件事改变了他的想法。

奥运会奖章为美国赢得了荣誉，阿里本人更是十分珍惜，连睡觉都挂在脖子上。一天，阿里和一位朋友到一家食品店买东西，里面正好坐着几个白人流氓，其中一人喊道："黑鬼，滚出去！"阿里的朋友激动地说："他是奥运会冠军！"并把金牌高高举起来。阿里忍住了，他退了出来。不过，这几个流氓并不善罢甘休，他们骑着摩托车把两人拦在一座桥上。"黑鬼，把你的金牌交出来！"其中一个流氓叫嚷着。

这次，阿里再也不能忍受了，他和朋友把这伙流氓打得抱头鼠窜。事后，阿里默默地把金牌摘下来，低头看了看它，然后把它抛进了河里。他的朋友急了："那是你用血汗得来的啊！"阿里沉重地说："它不是金的，是假的……"

从此以后，阿里的拳击生涯中多了一份动力：为提高黑人地位而战，打败那些不可一世的白人选手！

尊严无价，一个人失掉了尊严，做人的价值和乐趣就无从谈起，当一个人正直人格形成的关键期时，一定要在内心树立起捍卫自身尊严的意识。当你的尊严受到冒犯的时候，一定要告诉自己：没有什么事比捍卫尊严更重要。

老作家许行在《最准确的回答》中讲过这样一个故事：

敌伪时期，我16岁，报考沈阳一所日本人办的中等专业学校。这所学校以教育有方出名。报考人很多，因之录取也很严。笔试合格之后，还要面试。

面试考啥？报考者都不得而知。

我跟许多年龄相仿的小青年在外边排队等候。对前边进去出来的人都很关心，总想摸个底，却又不便问，但见有的竟捂着半边脸出来，痛得龇牙咧嘴，不知怎么回事。

临到我了，被叫进去。对面坐着3个日本人，像神像一样庄严。居中的是一年近五旬的老者，两边是两个中年人。他俩仿佛一文一武，武者留一撮小胡，颇似日本军人，文者倒也慈眉善目，但不失考试官的威严。

我挺胸阔步走到中间站住。

"坐下。"胡子命令说。

"是。"我挺直腰板坐下。

"你为什么想到这来上学？"中间的老者发问。

"想当公司经理。"因为这是一所培养企业人才的专科学校。

"这里是培养雇员的地方。"老者严肃地对我说。

"我从雇员干起。"

"一定能当经理吗？"

"一定能。"

"好家伙，野心可不小。"

"这不是野心，这是志向。"我反驳了一句。

"你知道当经理的条件吗？"老者并未生气，依然平静地问。

"知道，熟悉业务，善于应酬，不怕吃苦。"我在一本书上见到过，说主要就这3条。"好！"老者对我的回答可能感到满意，他对旁边两人说。

又问了几个问题后，小胡子对我蓦地一声令下："立正！"

"是。"我迅速起立。

"向前两步走。"

我正步走到他们3位前边，立正站在那里。这时，小胡子站起来，突然，出手重重地抽了我一记耳光子！

"这是什么滋味？"他问。

我因看前边有人捂着脸出去，思想上已有准备，至此灵机一动，用尽全身力气，马上狠狠回敬了他一记耳光子，并且挺起胸脯，理直气壮地回答："就是这个滋味！"

"好！"中间老者伸出了大拇指说。

出来后，同外边等待面试的人一说，他们抓住我扔起来老高。特别是前边挨了打的，好像也跟着解了恨。

发榜时，我名列前茅，被录取了。

故事令读者大喊痛快。尊严，尤其是满腔热血的青少年的尊严，岂容他人践踏？

一个人，即使是一个弱者，如果能唤醒自己心底的尊严，他将会获得重新积聚力量的机会和重新审视自己的能力。

当然，自尊不等于唯我独尊，不等于刚愎自用，更不等于自负、自夸、自命清高。一个人若总是过于自爱自贵，最后总会遭受失败。

青少年朋友，无论今后是春风得意，还是贫困、潦倒，你都要保持做人的尊严，唯有你自己自爱、自尊、自敬，才会得到他人的尊敬。因为你把自己看成什么样的人，你在别人的眼里就是什么样的人。

尊重他人就是尊重自己

尊重他人，是一个人走向文明的起点。尊重他人是做人的基本美德。一切不文明的行为都是不尊重他人的表现。将心比心，凡事不仅要为自己想，也要为别人着想，你有自尊，人家也有，你尊重别人、爱护别人，别人才会尊重你、爱护你。

也许你曾遇见过或者听说过，有人问路时言语不礼貌，人家就会不理睬，甚至故意指错方向让他吃苦头；和人家一起办事情，如果傲慢无礼，人家就不会合作。我们每个人都有自尊心，都希望别人友好地对待自己，尊重自己，因此，尊重他人是人与人接近的必要且首要的态度。一个不懂得尊重别人的人当然也不会赢得别人的尊重。

有一天，一位中年妇女领着一个小男孩走进了一座豪华的写字楼下面的花园里，并在一张长椅上坐下来。这座写字楼是一个知名国际集团的总部。而这位中年妇女就是这家公司的一名主管人员。她不停地在跟男孩说着什么，似乎很生气的样子。不远处有一位头发花白的老人正在修剪灌木。

忽然，中年妇女从随身挎包里揪出一团白花花的卫生纸，一甩手将它抛到老人刚剪过的灌木上。老人诧异地转过头朝中年妇女看了一眼。中年妇女也满不在乎地看着他。老人什么话也没有说，走过去拿起那团纸扔进一旁装垃圾的筐子里。

过了一会儿，中年妇女又揪出一团卫生纸扔了过来。老人再次走过去把那团纸拾起来扔到筐子里，然后回原处继续工作。可是，老人刚拿起剪刀，第三团卫生纸又落在了他眼前的灌木上……就这样，老人一连捡了那中年妇女扔的六七个纸团，但他始终没有因此露出不满和厌烦的神色。

"你看见了吧！"中年妇女指了指修剪灌木的老人对男孩说，"我希望你明白，你如果现在不好好上学，将来就跟他一样没出息，只能做这些卑微低贱的工作！"

老人放下剪刀走过来，对中年妇女说："夫人，这里是集团的私家花园，按规定只有集团员工才能进来。"

"那当然，我是集团所属一家公司的部门经理，就在这座大厦里工作！"中年妇女高傲地说着，同时掏出一张证件朝老人晃了晃。

"我能借你的手机用一下吗？"老人沉吟了一下说。

中年妇女极不情愿地把手机递给老人，同时又不失时机地开导儿子："你看这些穷人，这么大年纪了连手机也买不起。你今后一定要努力啊！"

老人打完电话后把手机还给了妇人。很快一名男子匆匆走过来，恭恭敬敬地站在老人面前。老人对那个男子说："我现在提议免去这位女士在集团的职务！"

"是，我立刻按您的指示去办！"那个男子连声应道。

老人吩咐完后径直朝小男孩走去，他用手抚了抚男孩的头，意味深长地说："我希望你明白，在这世界上最重要的是，要学会尊重每一个人。"说完，老人撇下三人缓缓而去。

中年妇女被眼前骤然发生的事情惊呆了。她认识那个男子，他是集团主管任免各级员工的一个高级职员。"你怎么会对这个老园工那么尊敬呢？"她大惑不解地问。

"你说什么？老园工？他是集团总裁詹姆斯先生！"

"啊，他是总裁？！"

中年妇女一下子瘫坐在长椅上。

尊重他人，除了要平等待人之外，还要尊重他人的职业。而这位中年妇女虽然身为一个国际集团的主管，却不懂得这个道理，结果吃亏的还是她自己。

有这么一则小故事，读来耐人寻味。

有一个人经过热闹的火车站，看到一个双腿残障的人摆设铅笔小摊，他漫不经心地丢下了一百元，当做施舍。

但是走了不久，这人又回来了，他抱歉地对这位残疾人说："不好意思，你是一个生意人，我竟把你当成一个乞丐。"

过了一段时间，他再次经过火车站，一个店家的老板在门口微笑喊住他。

"我一直期待你的出现，"那个残疾人说，"你是第一个把我当成生意人看待的人，你看，我现在算是一个真正的生意人了。"

由此可见，尊重他人能给人带来意想不到的惊喜。尊重他人的职业尊严，既是一种对他人劳动价值的肯定，促使他人更加热爱自己的职业，更好地为社会服务，也是一种对自己的约束和鞭策，促使自己把工作做好，以报答别人为自己付出的劳动。所以对于别人从事的职业，我们都要投去理解的目光，对于别人为自己付出的劳动，都要深情地道一声"谢谢"，这样才能使我们的生活更加和谐、更加温馨。

唯自省的人才能有进步

一个人之所以能够不断地进步，在于他能够不断地自我反省，找到自己的缺点或者做得不好的地方，然后不断改正，以追求完美的态度去做事，从而取得一个又一个的成功。

英国著名小说家狄更斯的作品是非常出色的。但是他对自己却有一个规定，那就是没有认真检查过的内容，绝不轻易地读给公众听。每天，狄更斯会把写好的内容读一遍，每天去发现问题，然后不断改正，直到六个月后读给公众听。

与此相同，法国小说家巴尔扎克也会在写完小说后，花上一段时间不断修改，直到最后定稿。这一过程往往需要花费几个月甚至几年的时间。正是这种不断自我反省、自我修正的态度，让这两位作家取得了非凡的成就。

富兰克林是美国著名的科学家、物理学家和社会活动家，他的一生在很多领域都取得了杰出的成就，不仅发明过双焦距透镜，而且还参与起草了美国《独立宣言》。他的成功除了他的天才勤奋之外，从《富兰克林自传》中我们还了解到他成功的另一个秘诀："一日三省吾身"的自我激励。他依靠每天反省自己是否做到了 13 种道德标准，从而暗示自己、提醒自己、告诫自己、激励自己，不断地向成功人生努力。这对于我们现代人的成长仍然有很积极的启示。

富兰克林所列举的 13 种品德以及他给每种品德所注的箴言（自我暗示）如下：

（1）节制——食不过饱，饮酒不醉。

（2）寡言——言必于人于己有益，避免无益的聊天。

（3）生活有序——置物有定位，做事有定时。

（4）决心——当做必做，决心要做的事应坚持不懈。

（5）俭朴——用钱必须于人或于己有益，换言之，切戒浪费。

（6）勤勉——不浪费时间，每时每刻做些有用的事，戒掉一切不必要的行动。

（7）诚恳——不欺骗别人，思想要纯洁公正，说话也要如此。

（8）公正——不做损人利己的事，不要忘记履行对人有益而又是你应尽的义务。

（9）适度、避免极端——人若给你应得的处罚，你应当容忍。

（10）清洁——身体、衣服和住所力求清洁。

（11）镇静——勿因小事或普通的不可避免的事故而惊惶失措。

（12）贞节——克制自己的欲望，珍惜自己的身体，不过于放纵自己。

（13）谦虚——仿效耶稣和苏格拉底。

富兰克林将上述13种品德写在了一个笔记本上，并制成一个小册子，每日都要对着小册子逐条反省自己的行为。他在自己的自传中提到了这种方法，他写道：

"我的目的是养成所有这些美德的习惯。我认为最好还是不要立刻全面地去尝试，以致分散注意力，最好还是在一个时期内集中精力掌握其中的一种美德。当我掌握了那种美德以后，接着就开始注意另外一种，这样下去，直到我掌握了13种为止。因为先获得的一些美德可以便利其他美德的培养，所以我就按照这个主张把它们像上面的次序排列起来。……"

富兰克林的经验告诉我们，自省可以帮助一个人取得进步。经验可以变成商品，变成钱财，变成货币，经验是价值之源。然而只有记录下来的经验，经过认真思索沉淀的经验，才能将它们转变为有价值的东西。一个人命运上的差别不是由他们的遭遇决定的，而是由他们对待遭遇的态度决定的。为了能做一些对生活有益的事，我们必须从遭遇中汲取有价值的信息。

理想的反省时间是在一段重要时期结束之后，如周末、月末、年末。在一周之末用几个小时去思索一下过去7天中出现的事件。月末要用一天的时间去思索过去一个月中出现的事情，年终要用一周的时间去审视、思索、反省生活中遇到的每一件事。

自我反省的时间越勤越有利。假如你一年反省一次，你一年才知道优缺点，才知道自己做对了什么，做错了什么。假如你一个月反省一次，你一年就有了12次反省机会。假如你一周反省一次，你一年就有54次反省机会。假如你一天反省一次，你一年就有365次反省机会。反省的次数越多，犯错的机会就越少。

自我反省能让自己知道明天应该做什么，应该如何去做，可以让自己不再盲目地生活。

那么，我们该反省什么呢？

1. 人际关系。你今天有没有做不利于人际关系的事？在与某人的争执中你是否也存在不对的地方？对某人说的那句话是否得体？某人对你不友善是否有什么特殊意义？

2. 做事的方法。今天所做的事，处理是否恰当？是否有不妥之处？怎样做才会更好？有没有补救措施？

3. 生命的进程。反省到目前为止，你做了些什么事，有无进步？时间有无浪费？目标完成了多少？

如果你真的做到了经常反省自己，相信你的人格会不断得到完善，才能会得到最大程度的发挥，成功也就离你不远了。

自省——跳出身外审视自己

　　人生本来就是一个不断实验，充满错误的过程。一个善于自省的人能够不断总结自己的行为，在错误中学习和成长。在一个人成长的过程中，经验的作用是无价的，只有经验才是真正的价值之源。一个人的经验可以借助于他的反省变成能力，变成成绩，变成财富。如果你真的能够做到经常反省自己，你的人格就会得到不断地完善，才能也会得到最大程度的发挥。

　　一个人如果能随时反复诘问自己过去的转变，就可以找出以往看待事物的观点是对还是错，若是正确，则往后当然可以继续以此眼光去面对这个世界，万一是错的，也可以加以修正。如此，则可以帮助你往后以正确的习惯去看待周遭的事物。

　　曾经有一个人很不满意自己的工作，他愤愤地对朋友说："我的领导一点也不把我放在眼里，改天我要对他拍桌子，然后辞职不干。"

　　"你对那家贸易公司完全弄清楚了吗？对于他们做国际贸易的窍门完全搞通了吗？"他的朋友反问。

　　"没有！"

　　"我建议你好好地把他们的一切贸易技巧、商业文书和公司组织完全搞通，甚至连怎么修理复印机的小故障都学会，然后辞职不干。"他的朋友建议，"你把他们的公司当作免费学习的地方，什么东西都通了之后，再一走了之，不是既出了气，又有许多收获吗？"

　　那人听从了朋友的建议，从此便默记偷学，甚至下班之后，还留在办公室研究写商业文书的方法。

　　一年之后，那位朋友偶然遇到他。

　　"你大概多半都学会了，可以准备拍桌子不干了吧？"

　　"可是我发现近半年来，老板对我刮目相看，最近更总是委以重任，又升官、又加薪，我已经成为公司的红人了！"

　　"这是我早就料到的！"他的朋友笑着说，"当初你的老板不重视你，是因为你的能力不足，却又不努力学习。而后你痛下苦功，进步神速，当然会令他对你刮目相看的。"

　　正确的自省总能使你进步。每个人要经常跳出自身反省自己，取出自己的心，一再检视它，这样才能真正了解自己。

大多数人就是因为缺乏自省习惯，不晓得自己这些年以来的转变，才会看不清楚自己的本质。而一个不晓得自身变化的人，就无法由过去的演变经验来思考自己的未来，当然只能过一天算一天。

人非圣人，孰能无过。人生允许出现错误，但不能允许同样的错误犯第二次，人的一生如果充满着错误，那么他的结果就无法正确。犯错不可怕，可怕的是不知道错在哪里。

从失败中求得成功，从错误中发现正确是我们认识事物的途径之一。毫无疑问，在生活中出现错误也不是毫无用处，毫无价值的。假若在过去的昨天、今天做错了某些事，经由自我反省，就不会让它再次出现在明天中。

能够时时审视自己的人，一般来讲，他的过错都非常少，因为他会时时考虑：我到底有多少力量？我能干多少事？我该干什么？我的缺点在哪里？为什么失败了或成功了等等。这样做就能轻而易举地找出自己的优点和缺点，为以后的行动打下基础。

有一个青年，有一天在街角的小店借用电话。他用一条手帕，盖着电话筒，然后说："是王公馆吗？我是打电话来应征做园丁工作的，我有很丰富的经验，相信一定可以胜任。"电话的接线生说："先生，恐怕你弄错了，我家主人对现在聘用的园丁非常满意，主人说园丁是一位尽责、热心和勤奋的人，所以我们这儿并没有园丁的空缺。"

青年听罢便有礼貌地说："对不起，可能是我弄错了。"跟着便挂了电话。小店的老板听了青年人的话，便说："年轻人，你想做园丁的工作吗？我的亲戚正要请人，你有兴趣吗？"

青年人说："多谢你的好意，其实我就是王公馆的园丁。我刚才打的电话，是用以自我检查，确定自己的表现是否合乎主人的标准而已。"

在生活中，不断做自我反省，才可以令自己立于不败之地。

一般地说，自省心强的人都非常了解自己的优劣，因为他时时都在仔细检视自己。这种检视也叫做"自我观照"，其实质也就是跳出自己的身体之外，从外面重新观看审察自己的所作所为是否为最佳的选择。这样做就可以真切地了解自己了，但审视自己时有个需要保证的前提是，自我审视的角度必须是坦率无私的，这样才能获得一个客观的结果。

遇到问题，从自己身上找原因

有一只色彩斑斓的大蝴蝶，常嘲笑对面的邻居——一只懒惰的小灰蝶。

"瞧，他的衣服真脏，永远也洗不干净，总是灰突突的，还有斑点，看看我，一身的衣服多漂亮，飞到哪儿，都是人们眼里的宠儿，在公园里，小孩们追着我，单身的男子说希望将来的女朋友像我一样漂亮，甚至有几只小蜜蜂追着我不放，以为我是一朵飘舞的美丽的鲜花呢。"大蝴蝶喋喋不休地向朋友们炫耀着自己的美丽，嘲笑着邻居小灰蝶的懒惰与丑陋。

　　直到有一天，有个明察秋毫的朋友到他家，才发现对面的小蝴蝶并非懒惰，而是他本身的衣服就是灰色的，但大蝴蝶却始终坚持自己的观点。

　　这位朋友只好把大蝴蝶带到医院眼科检查，医生说："大蝴蝶的眼睛已高度近视了。"

　　其他蝴蝶纷纷说："他应该反省一下，其实是自己有问题。"

　　一个善于自省的人遇到问题往往会反求诸己，从自己的身上找原因，而不是总把问题推到别人身上。

　　布森是一位优秀的电影制片人，但却先后被 3 家公司革职，在不断地被革职后他才体会到大机构生活对他不合适。他在好莱坞晋升为 20 世纪霍士公司第二号人物，后来建议摄制《埃及妖后》，不料这部影片卖座奇惨。接着公司大裁员，他也被裁掉了。

　　在纽约，他在新阿美利坚文库任编纂部副总裁，但是几位东主延聘了一位局外人，而他和这人意见不合，于是又被开除。

　　回到加州，他又进了 20 世纪霍士公司，在高层任职 6 年，不过董事局不喜欢他所建议拍摄的几部影片，他又一次被革职。

　　布森开始仔细检讨自己的工作态度。他在大机构做事一向敢言、肯冒险，喜欢凭直觉处事。这些都是当老板的作风。他痛恨以委员会的方式统筹管理，也不喜欢企业心态。

　　分析了失败的原因之后，布森自立门户，摄制了一系列受人欢迎的影片，如《大白鲨》、《裁决》、《天茧》等。

　　面对一次次挫败，布森并没有把失败的原因推到别人身上，也没有怨天尤人，而是仔细地反省自身，从自己身上找原因，最后终于自立门户，获取了事业的成功。这个事例告诉我们，当一个问题出现后，问题并不在别的地方，很可能就出在我们自己身上。

　　有这样一则寓言：

　　一只狐狸在跨越篱笆时滑了一下，幸而抓住一株蔷薇才不致摔倒，可它的脚却被蔷薇的刺扎伤了，流了许多血。

受伤的狐狸很不高兴地埋怨蔷薇说:"你也太不应该了,在我向你求救的时候,你竟然趁机伤害我!"

蔷薇回答说:"狐狸啊,你错了!不是我故意要伤害你,我的本性就带刺,是你自己不小心,才被我刺到了。"

在我们的周围,也有很多这样的人,他们在遭遇挫折或犯了错误的时候,不是反躬自省,而是责怪或迁怒别人。

他们是缺乏自省思维的人,责怪别人的结果丝毫无益于解决问题。因此,一个真正具有自省思维的人,在这样的时刻更多地会从自己身上寻找原因,而不是将责任推给别人。

我们应当把自己对自省思维的培养,渗入到生活中的每一件事当中。这种培养和要求有助于训练我们健康地对待贪婪和享受的习惯。做一个自我约束能力强的人,对一生都是有好处的。

积极心态篇

第一章
快乐的心态让一年四季遍布阳光

心态决定人生

著名诗人席慕蓉说过："有一个方法可以让自己好看，就是尽量保持快乐的心境。"不仅仅是样貌，甚至连人生的轨迹都和心态紧密相连，不同的心态会导致不同的人生境遇。

有两只狐狸，结伴出来闲逛。忽然一个很大的葡萄园出现在它们眼前，园内果实累累，每颗葡萄看起来都很可口，让它们垂涎欲滴。

葡萄园的四周围着很密集的铁栏杆，狐狸们想从栏杆的缝隙钻进园内，却因身体太胖了，钻不过去。于是其中一只狐狸决定减肥，让自己瘦下来。它在园外饿了三天三夜后，果然变苗条了，真是皇天不负苦心人，它终于顺利钻进了葡萄园内。而另外一只嫌减肥太过痛苦，从一开始就放弃了。

钻进葡萄园的狐狸在园内大快朵颐。葡萄真是又甜又香啊！不知吃了多久，它终于心满意足了。

但当它想溜出园外时，却发现自己又因为吃得太胖而钻不出栏杆，于是只好又在园内饿了三天三夜，瘦得跟原先一样时，才顺利地钻出园外。

没有钻进葡萄园的那只狐狸，看到整个过程，讥讽道："空着肚子进去，又空着肚子出来，何必呢，真是白忙一场啊！"

而从葡萄园钻出来的那只狐狸却说："可是，我吃到了香甜的葡萄，那可真是一次享受啊。你呢？"

心态不同，对于同样一件事情的看法自然不同。同样，不同的心态，产生的后果也自然不同。

有一个女儿经常对她的父亲抱怨，说她的生命是如何如何痛苦、无助，她是多么想要健康地走下去，但是她已失去方向，整个人惶惶然，只想放弃。她已厌烦了抗拒、挣扎，但是问题似乎一个接着一个，让她毫无招架之力。

当厨师的父亲，二话不说，拉起心爱的女儿的手，走向厨房。他烧了三锅水，当水滚了之后，他在第一个锅里放进萝卜，第二个锅里放了一颗蛋，第三个锅中则放进了咖啡。

充满狐疑的女儿望着父亲，不知所以，刚要张口询问，父亲温柔地握着她的手，示意她不要说话，静静地看着滚烫的水以炽热的温度烧滚着锅里的萝卜、蛋和咖啡。

一段时间过后，父亲把锅里的萝卜、蛋捞起来各自放进碗中，把咖啡滤过倒进杯子，问："宝贝，你看到了什么？"女儿说："萝卜、蛋和咖啡。"

父亲把女儿拉近，要女儿摸摸经过沸水烧煮的萝卜，萝卜已被煮得软烂；他要女儿拿起蛋，敲碎薄硬的蛋壳，细心观察这颗水煮蛋；然后，他要女儿尝尝咖啡，女儿笑起来，喝着咖啡，闻到浓浓的香味。

女儿谦虚恭敬地问："爸，这是什么意思？"

父亲解释，这三样东西面对相同的逆境，也就是滚烫的水，反应却各不相同，原本粗硬、坚实的萝卜，在滚水中却变软了、变烂了；这个蛋原本非常脆弱，它那薄硬的外壳起初保护了它液体似的内容物，但是经过滚水的沸腾之后，蛋壳内却变硬了；而粉末似的咖啡却非常特别，在滚烫的热水中，它竟然改变了水。

"你呢？我的女儿，你是什么？"

父亲慈爱地摸着虽已长大成人，却一时失去勇气的女儿的头："当逆境来到你的面前，你做何反应呢？你是看似坚强的萝卜，但痛苦与逆境到来时却变得软弱，失去力量？或者你像是一颗蛋，有着柔顺易变的心？你是否原是一个有弹性、有潜力的灵魂，但是却在经历死亡、分离、困境之后，变得僵硬顽固？也许你的外表看来坚硬如旧，但是你的心和灵魂是不是变得又苦又倔又固执？或者，你就像是咖啡？咖啡将那带来痛苦的沸水改变了，当它的温度升高到一百多度时，水变成了美味的咖啡，当水沸腾到最高点时，它就愈加美味。

"如果你像咖啡，当逆境到来，一切不如意时，你就会变得更好，而且将外在的一切转变得更加令人欢喜，懂吗？我的宝贝女儿？你要让逆境摧折你，还是你来转变，让身边的一切人和事物感觉更美好、更善良？我相信你能做出最好的选择。"

有一位伟人曾经说过："要么你去驾驭生命，要么是生命驾驭你。你的心态决定谁是坐骑，谁是骑师。"不要让你的心态使你成为一个失败者。成功是由那些抱有积极心态的人所取得，并由那些以积极的心态努力不懈的人所保持。

要知道，任何事物都有健康的一面和消极的一面，心态也不例外，如果你的心态是健康的，你看到的就是乐观、进步、向上的一面，你的生活、工作、人际关系及周围的一切就都是成功向上的；如果你的心态是消极的，你所见到的就只有悲观、失望、灰暗，你的前途也很可能随之黯淡无光。

心是快乐的根

终南山麓，水清草美。据说这一带出产一种快乐藤，凡是得到这种藤的人，一定喜形于色、笑逐颜开，不知烦恼为何物。

曾经有一个人，历尽千辛万苦，终于找到了这棵快乐藤。但他并没有得到预想中的快乐，反而感到一种空虚和失落。

他把自己的疑问告诉了借宿处的老人。老人一听就乐了，说："其实，快乐藤并非终南山才有，人人心中都有。只要你有快乐的根，无论走到天涯海角，都能够得到快乐。"

"那么，什么是快乐的根呢？"

"心就是快乐的根。"

其实，快乐就在我们心里。当你跋山涉水寻找快乐时，为什么不往自己心里找一找呢？快乐就在身边，快乐就在我们心里。

一个人快乐与否，不在于他拥有什么，而在于他怎样看待自己所拥有的。在求学的日子里，我们不要总是拿着自己的缺点和别人的优点比，这样我们永远不会看到自己的长处，不懂得肯定自己的快乐。要知道快乐是一种积极的生活态度，谁都无法让我们无忧无虑地生活，谁都无法阻止我们在学习中寻找乐趣。只有战胜忧愁，认清自我的位置，才能享受快乐。

龙王与青蛙一天在海滨相遇，青蛙问龙王："大王，你的住处是什么样的？"龙王说："珍珠砌筑的宫殿，贝壳筑成的阙楼，屋檐华丽而又气派，厅柱坚实而又漂亮。"龙王说完，问青蛙："你呢？"青蛙说："我的住处绿藓似毡，娇草如茵，清泉潺潺。"

说完，青蛙又问龙王："大王，你高兴时如何？发怒时又怎样？"龙王说："我若高兴，就普降甘露，使五谷丰登；若发怒，则风起云涌、电闪雷鸣，叫千里以内寸草不留。那么，你呢，青蛙？"青蛙说："我高兴时，就面对清风朗月，呱呱叫上一通；发怒时，先瞪眼睛，再鼓肚皮，最后气消肚瘪，万事了结。"

每个人都要扮演一定的社会角色，或者是主角，或者是配角。主角有主角的活法，配角有配角的生活，不要一味地羡慕别人，小角色也有自己的生活乐趣，而这些乐趣是别人所不能体会的。如果你是班长，就要扮演好班长的角色，认真组织每一次活动。如果你是班里的一员，就要积极参加班集体的活动，为营造一个良好的班集体贡献自己的力量。

在我们身边每天都有快乐的事情发生，就看你有没有察觉到。正如有句话所说："你的生活中不是没有快乐，而是你缺少了一双发现快乐的眼睛。"

拉姆先生俯身去亲 6 岁的儿子杰克并道晚安。杰克皱了皱眉说："爸爸，您忘了问我今天最快乐的事情是什么。"

"你说吧。"拉姆先生在床沿坐下。杰克脸贴着枕头小声说："捉到一条鱼。这是第一次，爸爸。"

这个习惯怎样开始，为什么开始，拉姆先生已记不起来了，可是这种睡前的仪式给了拉姆先生不少安慰。

每天脑子静下来的时候，问问自己："今天最快乐的事情是什么？"一天也许很忙，甚至充满苦恼，但无论日子过得怎样，总有一件"最快乐"的事情。

平平淡淡的小事，往往能够给我们带来许许多多的快乐。睡前回忆一下一天最快乐的事情，能让人带着愉快的心情入睡，轻松地结束一天，并为第二天的好心情奠定基础。在睡觉之前，想一想今天克服了哪些难题，想一想你是怎样让同班同学感受到快乐的，回忆一下老师对我们无微不至的关怀，这些都能让我们的心感到温暖。当把感受快乐变成生活中的一部分，你会发现，原来生活无时无刻不充斥着快乐的分子。

一天清晨，在一列老式火车的卧铺车厢中，有五个男士正挤在洗手间里刮胡子。

经过了一夜的疲困，隔日清晨通常会有不少人在这个狭窄的地方漱洗一番。此时的人们多半神情漠然，彼此间也不交谈。

就在此刻，有一个面带微笑的男人走了进来，他愉快地向大家道早安，但没有人理会他的招呼。之后，当他准备开始刮胡子时，竟然自若地哼起歌来。他的这番举止令有些人感到极度不悦，于是有人冷冷地、带着讽刺的口吻问这个男人：

"喂！你好像很得意的样子，怎么回事啊？"

"是的，你说得没错。"男人回答，"我是很得意，我真的觉得很快乐。"然后，他又说道："我是把使自己觉得快乐这件事，当成一种习惯罢了。"

青春年少的我们，要养成快乐的习惯，这样忧愁就不再有，烦恼就不再来；当快乐成为一种习惯，生命的每一个瞬间都会留下欢声笑语的足迹；当快乐成为一种习惯，无论多么平凡的事情都会在你的生活画卷中留下精彩的一笔。

好心态助你踏上成功的阶梯

大概是 40 年前，福建某贫穷的乡村里，住了兄弟两人。他们忍受不了穷困的环境，便决定离开家乡，到海外去谋发展。大哥好像幸运些，到了富庶的旧金山，弟弟到了比中国更穷困的菲律宾。

40 年后，兄弟俩又幸运地聚在一起。今日的他们，已今非昔比了。做哥哥的，当了旧金山的侨领，拥有两间餐馆、两间洗衣店和一间杂货铺，而且子孙满堂，有些承继衣钵，有些成为杰出的工程师或电脑工程师等科技专业人才。

弟弟呢？居然成了一位银行家，拥有东南亚相当数量的山林、橡胶园和银行。经过几十年的努力，他们都成功了。但为什么兄弟两人在事业上的成就，却有如此大的差别呢？兄弟聚头，不免要谈谈分别以来的遭遇。哥哥说，我们中国人到了白人的社会，没有什么特别的才干，唯有用一双手煮饭给白人吃，为他们洗衣服。总之，白人不肯做的工作，我们华人统统顶上了，生活是没有问题的，但事业却不敢奢望了。例如我的子孙，书虽然读得不少，也不敢妄想，唯有安安分分地去担当一些中层的技术性工作来谋生。

看见弟弟这般成功，做哥哥的，有些羡慕弟弟的幸运。弟弟却说，幸运是没有的。初来菲律宾的时候，担任些低贱的工作，但发现当地的人有些是比较愚蠢和懒惰的，于是便顶下他们放弃的事业，慢慢地不断收购和扩张，生意便逐渐做大了。

一个人能否成功，并不是由环境决定的，关键在于他的态度。心态控制了一个人的行动和思想。同时，心态也决定了自己的视野、事业和成就。成功人士与失败者之间的差别是，成功人士始终用最积极的思考、最乐观的精神和最辉煌的经验支配和控制自己的人生。失败者则恰好相反，他们的人生是受过去的种种失败与疑虑所引导支配的。

古代，有一个举人进京赶考，住在一个店里。考试前两天他做了三个梦，第一个梦是自己在墙上种白菜；第二个梦是下雨天，他戴了斗笠还打伞；第三个梦是跟心仪已久的表妹躺在一起，但是背靠着背。

这三个梦似乎有些深意，举人第二天就赶紧去找算命的解梦。算命的一听，连拍大腿说："你还是回家吧！你想想，高墙上种菜不是白费劲吗？戴斗笠打雨伞不是多此一举吗？跟表妹躺在一张床上，却背靠背，不是没戏吗？"

举人一听，觉得如同掉进了万丈深渊。他回到店里，心灰意冷地收拾包袱准备回家。店老板非常奇怪，问："明天就要考试，你怎么今天就要回乡呢？"

举人如此这般说了一番，店老板乐了："哟，我也会解梦的。我倒觉得，你这次一定要留下来。你想想，墙上种菜不是高种（中）吗？戴斗笠打伞不是说明你这次有备无患吗？跟你表妹背靠背躺在床上，不是说明你翻身的时候就要到了吗？"

举人一听，觉得更有道理，于是振奋精神参加考试，果然考中了。

一件事情可以有截然不同的解读，我们为什么不把它往好的方面解读，而偏偏要解读成让我们丧气的东西呢？要记住，心境不同，结果自然不同，我们的潜意识对现实生活往往具有意想不到作用。

一阵暴风雨过后，天气逐渐转晴。一只被风雨击落的蜘蛛艰难地向墙角已经支离破碎的蜘蛛网爬去。

然而，被雨水浇湿的墙壁却变得异常光滑，蜘蛛在潮湿的墙壁上艰难地爬行，当它爬到一定的高度，就会突然掉落下来。但是蜘蛛并没有因此而放弃，它还是一次次地向上爬，又一次次地掉下来……

这时，有一个人从墙边慢悠悠地走过，当他看到这种情形时，不禁联想到了自己的一生。他叹了一口气，自言自语道："我的一生不正如这只蜘蛛吗？一次次地失败，还这样固执地从头再来，只是这般忙忙碌碌而无所得，又有什么用啊！"于是，他日渐消沉，对生活彻底丧失了信心。

第二个人看到了这个场景，他很遗憾地说："这只蜘蛛真是愚蠢啊，为什么不从旁边干燥的地方绕一下爬上去呢？不仅省时间，还省力气。我以后可不能像它那样愚蠢，一定要学会走捷径，这样才能活得潇洒啊！"后来，他变得更加聪明起来，懂得从侧面来思考问题。

第三个人被蜘蛛屡败屡战的精神所感动了。"虽然是一只小小的蜘蛛，却具有一种不屈不挠的生活态度。"他这样想。于是，他变得更加坚强起来。

悲观主义者，轻易便被失败打倒，因为他们看不到生活的积极面，结果只能是自甘消沉；拥有良好心态的人，懂得思考，善于吸收优点，自然会走上成功的道路。培养良好心态，将使你紧随成功的步伐向前迈进。

想开了是天堂，想不开是地狱

生活中，不少青少年因高考落榜而精神萎靡，因失恋而痛苦忧伤，因无法适应快节奏的工作而丧失斗志……这些心理多半是他们意志薄弱、心态不成熟的一种表现。而这些异常的心理、悲观的心态往往导致痛苦的人生，往往影响青少年对环境的正确看法。悲观者实际上是以自己悲观消极的想法看待客观世界，在悲观者心中，现实是或多或少被丑化了的。现在社会上许多人，对未来和生活，常常持有一种悲观的迷茫心理。对自己的过去，不管有无成败，不管是否辉煌，都一概加以否定，心理上充满了自责与痛苦，嘴上有说不完的遗憾。对未来缺乏信心，一片迷茫，以为自己一无是处，什么事都干不好，认知上否定自己的优势与能力，无限放大自己的缺陷。

有时候，同一件事，想开了是天堂，想不开就是地狱。正如法国作家大仲马说过的那样："烦恼与欢喜、成功和失败，仅系于一念之间。"

俄国作家契诃夫写过这样一篇文章：

生活是极不愉快的玩笑，不过要使它美好却也不是很难。为了做到这点，光是中头彩赢了 20 万卢布、得了"白鹰"勋章、娶个漂亮女人、以好人出名，还是不够的——这些福分都是无常的，而且也很容易习惯。为了不断地感到幸福，甚至在苦恼和愁闷的时候也感到幸福，那就需要：第一，善于满足现状；第二，很高兴地感到"事情原来可能更糟呢"。这是不难的：

要是火柴在你的衣袋里燃起来了，那你应当高兴，而且感谢上帝：多亏你的衣袋不是火药库。

要是有穷亲戚上别墅来找你，那你不要脸色苍白，而要喜气洋洋地叫道："挺好，幸亏来的不是警察！"

如果你的妻子或者小姨练钢琴，那你不要发脾气，而要感谢这份福气：你是在听音乐，而不是听狼嗥或者猫的音乐会。

你该高兴，因为你不是拉长途马车的马，不是旋毛虫，不是猪，不是驴，不是茨冈人牵的熊，不是臭虫。

你要高兴，因为眼下你没有坐在被告席上，也没有看见债主在你面前。

如果你不是住在边远的地方，那你一想到命运总算没有把你送到边远的地方去，你岂不觉着幸福？

要是你有一颗牙痛起来，那你就该高兴：幸亏不是满口的牙痛起来。

你该高兴，因为你居然可以不必读《公民报》，不必坐在垃圾车上，不必一下子跟三个人结婚。

要是你给送到警察局去了，那就该乐得跳起来，因为多亏没有把你送到地狱的大火里去。

要是你挨了一顿桦木棍子的打，那就该蹦蹦跳跳，叫道："我多么运气，人家总算没有拿带刺的棒子打我！"

要是你的妻子对你变了心，那就该高兴，多亏她背叛的是你，不是国家。

依此类推，朋友，照着我的劝告去做吧，你的生活就会欢乐无穷了。

让我们学一学吧！青少年朋友，也许，你确有难言的烦恼，以致使你对以后的人生失去多半的兴趣，但是你却可以用另外一把钥匙去打开快乐之门——改变你忧闷不堪的心情。

励志大师卡耐基为我们提供了以下 4 个步骤来消除我们生活中的烦恼：

你担忧的是什么？

你能怎么办？

你决定怎么做？

你什么时候开始做？

乐观的人生，带给你的是永远的自信和隐不去的笑容。而自信和微笑带给你的是充满朝气的个人形象与和蔼可亲的交际性格。

乐观是一种美好的品格，青少年朋友，我们应营造追求快乐的环境，培养自己乐观的性格。

1. 让自己获得更多的友谊。你要创造条件让自己建立起良好的人际关系，学会怎样进行愉快融洽的人际交往。

2. 让自己行使更多的自主权。把握生活中的各种机会，自己决定选择什么不选择什么。

3. 调整好心态。当陷入痛苦或忧虑之中时，可以采取听音乐、阅读、骑自行车或与朋友交谈等方法，让自己从失望中振作起来，尽快恢复愉快的心情。

4. 控制自己的欲望。欲壑难填，当一个人物质占有欲太强，就极有可能"欲火焚身"，因此，应正确对待自己的物质追求，控制自己的物质占有欲。

5. 培养广泛的兴趣和爱好。为自己多寻求、开发良好的兴趣和爱好，积极参加各种有益的活动，就能使自己快乐起来。

多给自己积极的心理暗示

积极的人在每一次忧患中都看到一个机会，而消极的人在每个机会中都看到某种忧患。

约翰·伍登是全美所公认的史上最称职的篮球教练之一，曾经有记者问他："伍登教练，请问你如何保持这种积极的心态？"

伍登很愉快地回答："每天我在睡觉以前，都会提起精神告诉自己'我今天的表现非常好，而且明天的表现会更好。'"

"就只有这么简短的一句话吗？"记者有些不敢相信。

伍登惊讶地问道："简短的一句话？这句话我可是坚持了20年！重点和简短与否没关系，关键是在于你有没有持续去做，如果无法持之以恒，就算是长篇大论也没有帮助。"

的确，积极的心态能够催人上进，激发人潜在的力量。时刻鼓励自己，给自己积极的暗示，有助于我们走出困境，保持积极进取的精神。

有两个人到外地打工，一个去上海，一个去北京。可是在候车厅等车时都又改变了主意。因为邻座的人议论说，上海人精明，外地人问路都收费；北京人质朴，见吃不上饭的人，不仅给馒头，还送旧衣服。

去上海的人想，还是北京好，挣不到钱也饿不死，幸亏车还没到，不然真掉进了火坑。

去北京的人想，还是上海好，给人带路都能挣钱，还有什么不能挣钱的？我幸亏还没上车，不然真失去一次致富的机会。

于是，他们在退票处相遇了，互相换了票。原来要去北京的得到了上海的票，去上海的得到了北京的票。

去北京的人发现，北京果然好。他初到北京一个月什么也没干，竟然没有饿着。不仅银行里的纯净水可以白喝，而且大商场里欢迎品尝的点心也可以白吃。

去上海的人发现，上海果然是个可以发财的城市，干什么都可以挣钱。带路可以赚钱，开厕所可以赚钱，弄盆凉水让人洗脸可以赚钱。只要想点办法，再花点力气都可以赚钱。凭着乡下人对泥土的感情和认识，第二天，他在建筑工地装了十包含有沙子和叶子的土，以"花盆土"的名义，向不见泥土而爱花的上海人兜售。当天就净赚了 50 元钱。一年后，凭着"花盆土"他竟然在大上海拥有了一间小小的门面。

一天，他又有了一个新的发现：一些商店楼面亮丽而招牌较黑，一打听才知道清洁公司只负责洗楼而不洗招牌。他立即抓住这一空当，买了梯子、水桶和抹布，办起一个小型清洁公司，专门负责擦洗招牌。如今他的公司越做越大，自己做起了老板。

不久前，他坐火车去北京考察清洁市场。在北京车站，当他要把喝空了的饮料罐丢进垃圾桶时，一个捡破烂的人把手伸了过来，向他要饮料罐。就在递罐时，两人都愣住了，因为 5 年前，他们曾经换过一次票。

积极心态引领成功的人生。消极心态只能给人带来失败和沮丧。心理学家认为，任何人都能拥有积极的心态和乐观的精神。天生悲观或者正深陷消极情绪的人，通过学习以及自我调控也能拥有乐观积极的心态。首先，你要学会控制情绪反应，留意并积累生活和工作中的各种经验，尽量使它们都能带给你正面情绪。你还可以有意识地结交心态积极乐观的人，像他们一样养成从任何事中寻找事物积极因素的习惯，直到它成为你的本能。

日本零售集团"八佰伴"的创造人和田一夫的乐观心态，也是他多年坚持"心灵训练"的成果。他曾说："如果想真正获得人生幸福的话，就需要有'没关系，一切都会好起来的'这种豁达的想法。"这种心灵的训练是很有必要的。从他涉足商场初期，他就一直坚持写"光明日记"，记录每天让他感到快乐的事。和田一夫说："如果想使自己的命运得以好转的话，就必须不断地用积极向上的语言来鼓励自己，并使自己保持开朗的心情。这是非常重要的。"

除了"光明日记"外，和田一夫还独创了"快乐例会"。即在每月的工作例会中，和田一夫规定：在开会前每个人要用 3 分钟的时间，从这个月发生的事情中找出 3 件快乐的事情告诉大家。"刚开始的时候，大家很难找出 3 件快乐的事。后来养成习惯后，别说是 3 件，人人都想发表 10 件快乐的事。每月这样延续下来，人人都逐渐露出了笑脸。"和田一夫对自己的成绩很自豪，这种别开生面的方式，的确有效地调动了员工的乐观情绪。

思维方式也是有惯性的，也许开始时，你需要勉强自己才能做到乐观。但当这种思考方式养成习惯时，你就能自然而然地变成一个积极开朗的人，总能看到事情光明的一面，就像和田一夫以及他的员工一样，在有意识的"心灵训练"中，战胜悲观、失望等负面情绪，充满信心地面对种种困难，微笑着面对自己的生活。

不必事事追求完美，计较得失

以平常心待事，说起来容易做起来难。我们平凡人的一生，会有得意、失落、成功、失败，也会有属于自己的辉煌和挫折。而我们的情绪和心境，会随之起起落落，有时前途无量，有时又跌入万丈深渊；有时迷茫无助，有时又柳暗花明。

所以，要以平常心做事，不攀比，不虚荣，沿着自己期望的目标，一步一个脚印地往前走，心平气和，不浮躁，不刻意对每件事都锱铢必较追求完美，人生就会充实而美好。

有一只木车轮因为被砍下了一角而伤心郁闷，它下决心要寻找一块合适的木片重新使自己完整起来，于是离开家开始了长途跋涉。不完整的车轮走得很慢，一路上阳光柔和，它认识了各种美丽的花朵，并与草叶间的小虫攀谈，当然也看到了许许多多的木片，但都不太合适。

终于有一天，车轮发现了一块大小形状都非常合适的木片，于是马上将自己修补得完好如初。可是欣喜若狂的轮子忽然发现，眼前的世界变了，自己跑得那么快，根本看不清花儿美丽的笑脸，也听不到小虫善意的鸣叫，车轮停下来想了想，又把木片留在了路边，自个儿走了。

所以有时失也是得，得即是失。当我们有所失落的时候，生活才更加完整。从这个故事我们也可以渐渐体会到，许多苦恼的根源来自人们心中的一个误解：必须做到尽善尽美，才能获得别人的好感。当人们踏上追寻完美的不归之路时，生活便渐渐变成了专门为他们捕捉过失的陷阱。所以我们总是因怀疑自己做得不够好而愧疚和担心，担心爱我们的人会因此对我们感到失望，结果却适得其反。

人们当然要为其既定的目标积极努力，但无论怎样的生活都不会是一块无瑕的玉，环境的变化往往出乎你的意料。谁又能时时刻刻应付自如？

在人的一生，总会有许多或大或小的成功与失败。有的人因为一时的成功而沾沾自喜，固步自封，停滞不前；有的人因为一时的失败而心灰意冷，一蹶不振。人生需要放眼长远，超越成败得失，塑造平常心态。以平常心视不平常事，则事事平常。从人生的根本意义来理解，冒险失败胜于安逸平庸。轰轰烈烈地奋斗一生，即使到头来失败了，他的一生仍然是有价值的。

成功是人人向往的，但成功之后并不是什么问题都没有了，成功有时也会给人带来严重的障碍，而其根源就在于人们没能用平常心来正确看待成败得失。

美国著名心理学家和心理治疗医生卡瑟拉讲了这样一个病例：

在奥斯卡金像奖发奖仪式次日的凌晨3：00时，她被奥斯卡奖获得者克劳斯从沉睡中唤醒。克劳斯认为他所获得的成功"是由于碰巧赶上了好时间、好地方，有真正的能人在后边起了作用"的结果。他不相信自己获得奥斯卡奖是多年锤炼和勤奋工作的结果。尽管他的同事通过评选公认他在专业方面是最佳的，但他却不相信自己有多么出色和创新的地方。克劳斯进门后举着一尊奥斯卡奖的金像哭着说："我知道再也得不到这种成绩了。大家都会发现我是不配得这个奖的，很快都会知道我是个冒牌的。"

在卡瑟拉的经历中这样的事例还很多，他认为，这些严重影响成功的症状是由于缺乏平常心而引起的。

同样，每一次失败都是一次超越的机会，如果逃离失败，躲避失败，就会把一个人的活力与成长力剥夺殆尽，形同一个行尸走肉。所以，失败是超越自我的重要推动力，没有失败过的人，是从来没有做过事的人。

爱迪生在发明蓄电池的过程中，曾先后经历了5万余次的失败。面对一大堆失败的试验数据，助手们既灰心又沮丧。一个助手对继续试验感到厌烦和疑虑，他问爱迪生："这么多失败难道没告诉您什么吗？"爱迪生只是平淡地回答："是的，我知道了不起作用的东西有5万件。"

有时，失败来自于难以预知的偶然性因素。虽然人们付出了很多，但都在离成功只有一步之遥时发生了意料之外的事情，以致功亏一篑，即所谓的"谋事在人，成事在天"。这话是说谋事与成事的关系。

失败是大自然对人类的严格考验，是超越自我前的演习，它借此烧掉人们心中的残渣，使之变得更为纯净，可以经得起严格的考验。超越成败得失，以平常心看待结果，以平常心看待偶然因素，以平常心收拾残局，为未来继续努力，才能超越自我，才有可能赢得更大的成功。

每天送给自己一个希望

成功学大师拿破仑·希尔说："没有任何东西能够换取希望对于人的价值。当我们面对失败的时候，当我们面对重大灾难的时候，我们都应该将人生寄托于希望，希望能够使我们淡忘自己的痛苦，为我们汲取继续走向成功的力量。"

在一个偏僻的村落里，有一位历尽沧桑的老人。她几乎经历了一个女人所能遭遇的一切不幸。然而她却用一颗满盛着希望的心灵演绎了一个幸福美丽的人生。18岁时，她嫁给了邻村的一个生意人，可刚结婚不久，丈夫外出做生意，便一去不返。当时，她已经怀上了孩子。

丈夫不见踪影几年以后，村里人都劝她改嫁，但她没有走。她说丈夫生死不明，也许在很远的地方做了大生意，没准哪一天发了大财就回来了。她被这个念头支撑着，带着儿子顽强地生活着。她甚至把家里整理得更加井井有条。

这样过去了十几年，在她儿子17岁的那一年，一支部队从村里经过，她的儿子跟部队走了。儿子说，他到外面去寻找父亲。

不料儿子走后又是音信全无。有人告诉她说儿子在一次战役中战死了，她不信，一个大活人怎么能说死就死呢？她甚至想，儿子不仅没有死，而是做了军官，等打完仗，天下太平了，就会衣锦还乡。她还想，也许儿子已经娶了媳妇，给她生了孙子，回来的时候是一家子人了。

尽管儿子依然杳无音信，但这个想象给了她无穷的希望。她是一个小脚女人，不能下田种地，她就做绣花线的小生意，勤奋地奔走四乡，积累钱财。她告诉人们，她要挣些钱把房子翻盖了，等丈夫和儿子回来的时候住。

有一年她得了大病，医生已经判了她死刑，但她最后竟奇迹般地活了过来，她说，她不能死，她死了，儿子回来到哪里找家呢？

这位老人一直在村里健康地生活着，过了百岁的年龄，她依然还做着她的绣花线生意，她天天算着，她的儿子生了孙子，她的孙子也该生孩子了。这样想着的时候，她那布满皱褶与沧桑的脸上，即刻会变成像绣花线一样绚烂多彩的花朵。

希望是引爆生命潜能的导火索，是激发生命激情的催化剂。每天给自己一个希望，我们将活得生机勃勃、激昂澎湃，哪里还有时间去叹息、悲哀，将生命浪费在一些无聊的小事上呢？

每天给自己一个希望，我们就能够充满士气地面对自己的生活，而不是将时间花费在无尽的悲哀和苦闷上，生命有限但希望无限，每天给自己一个希望，我们就能够拥有一个丰富多彩的人生。

有一位医生医术精湛，生活幸福美满，但不幸的是，在某一天，身体一向很健康的他却被诊断患有癌症，这对他可谓当头一棒。他一度情绪低落，最终他不但接受了这个事实，而且他的心态也为之一变，变得更宽容、更谦和、更懂得珍惜所拥有的一切。在勤奋工作之余，他从没有放弃与病魔搏斗。就这样，他已平安度过了好几个年头。有人惊讶于他的事迹，就问他是什么神奇的力量在支撑着他。这位医生笑盈盈地答道："是希望，几乎每天早晨，我都给自己一个希望，希望我能多救治一个病人，希望我的笑容能温暖每个人。"这位医生不但医术高明，做人的境界也很崇高。

希望来自于一颗乐观豁达的心，心怀希望的人，无论自己面临多么恶劣的环境，都能够对未来充满希望。

在美国有一所小学，据统计，该校毕业生在当地警察局的犯罪记录最低，这是为什么？一位研究者通过对该校毕业生的问卷调查，得到了一个奇怪的答案——因为该校的学生都知道铅笔有多少种用途。

在这所学校，新生入学后接受的第一堂课就是：一支铅笔有多少种用途。在课堂上，孩子们明白了铅笔不仅有写字这种最普通的用途，必要时还能用来作尺子画线；作为礼品送人表示友爱；当做商品出售获得利润；笔芯磨成粉后可作润滑粉；演出时也可临时用于化妆；削下的木屑可以做成装饰画；一支铅笔按相等的比例锯成若干份，可以做成一副象棋，可以当做玩具车的轮子；在野外探险时，铅笔抽掉芯还能被当成吸管喝石缝中的泉水；在遇到坏人时，削尖的铅笔还能当做自卫的武器……

通过这一课，学生们懂得了：拥有眼睛、鼻子、耳朵、大脑和手脚的人更是有无数种用途，并且任何一种用途都足以使一个人生存下去。这种教育的结果是，从这所学校毕业的学生，无论他们的处境如何，都生活得非常快乐，因为他们永远对未来充满希望。

一支小小的铅笔有无数种用途，它可以用来画线，做礼品，做润滑粉，甚至还可以用来自卫。同样，我们身体的每一个部分比如眼睛和耳朵也有许多用途，任何一种用途都可让我们生存下去。明白了这个道理，无论处境如何，我们都可以保持积极乐观的心态。

第二章
用热忱点燃生命的激情

热情是一笔财富

热情，是一种无法抗拒的力量。每一个深陷困境、备受折磨的人都不能没有它。

对生活充满热情的人都有着积极的心态、积极的精神状态。在人群当中，热情是用一种极富感染力的表达方式来表示对别人的支持的。拥有热情的人，无论碰到什么事情，都能够以积极的心态去面对、去行动。

热情的人，往往是积极的人。热情不是来自外在空间的力量，而是自信、热忱、乐观、激情在人的内心翻转，最后有机地综合而来的。

剑桥郡的世界第一名女性打击乐独奏家伊芙琳·格兰妮说："从一开始我就决定一定不要让其他人的观点阻挡我成为一名音乐家的热情。"

她成长在苏格兰东北部的一个农场，从8岁起她就开始学习钢琴。随着年龄的增长，她对音乐的热情与日俱增。但不幸的是，她的听力却在渐渐地下降，医生们断定是由于难以康复的神经损伤造成的，而且断定到12岁，她将彻底耳聋。可是，她对音乐的热爱却从未停止过。

她的目标是成为打击乐独奏家，虽然当时并没有这么一类音乐家。为了演奏，她学会了用不同的方法"聆听"其他人演奏的音乐。她只穿着长袜演奏，这样她就能通过她的身体和想象感觉到每个音符的震动，她几乎用她所有的感官来感受着她的整个声音世界。

她决心成为一名音乐家，而不是一名耳聋的音乐家，于是她向伦敦著名的皇家音乐学院提出了申请。

因为以前从来没有一个聋学生提出过申请，所以一些老师反对接收她入学。但是她的演奏征服了所有的老师，她顺利地入了学，并在毕业时荣获了学院的最高荣誉奖。

从那以后，她的目标就致力于成为第一位专职的打击乐独奏家，并且为打击乐独奏谱写和改编了很多乐章，因为那时几乎没有专为打击乐而谱写的乐谱。

至今，她作为独奏家已经有十几年的时间了，因为她很早就下了决心，不会仅仅由于医生诊断她完全变聋而放弃追求，因为医生的诊断并不意味着她的热情和信心不会有结果。

热情的人总是面对朝阳，远离黑暗。因而，他们不仅性格光辉灿烂，而且命运也是铺满阳光，即使是危难之时，他们也总是转危为安。因为不仅命运之神青睐他们，人们也愿意把友谊奉送给感染自己的人。热情像是真善美的使者，热情的人就像一只吉祥的鸟儿，传递给人间幸运的福音。

热情的源自对生活的热爱和信赖，它可以通过各种方式表现出来。只要我们用积极和宽容的态度对待生活，由衷地欣赏、热爱并赞美我们所见到的每一个人和每一件事，我们周围的人就能体会到我们的热情。

热情会为成功的形象增加魅力的光环，是人一生中宝贵的财富。只要将热情时刻藏驻于心，你改变现状的日子就不会长久。

人的一生中会遇到各种各样的困难和挫折，逃避是解决不了问题的，唯有以乐观、热忱的精神才能直面生活的挑战。

无论是谁，心中都会有一些热忱，而那些渴望成功的人们的内心世界更像火焰一样熊熊燃烧，这种热忱实际上是一种可贵的能量。即使两个人具有完全相同的才能，必定是更具热情的那个人会取得更大的成就。

戴尔·卡耐基便是生活的强者，他不仅克服了生活中的种种障碍，而且在自己的演讲生涯中创造了非凡的业绩。

在戴尔·卡耐基的生活中始终充满着乐观的情绪，每一次失败不仅没有击倒他，反而增强了他与困难作斗争的信心、勇气、力量和经验。他乐观热忱的精神也感染着他周围的人，包括他的朋友、同学和学生，甚至只见过他一面的人，也会为他的精神所鼓舞。

戴尔·卡耐基在课堂上比较喜欢引用纽约中央铁路公司前总经理的人生名言："我愈老愈更加确认热忱是胜利的秘诀。成功的人和失败的人在技术、能力和智慧上的差别并不会很大，但如果两个人各方面都差不多，拥有热忱的人将会拥有更多如愿以偿的机会。一个人能力不够，但是如果具有热忱，往往一定会胜过能力比自己强却缺乏热忱的人。"卡耐基觉得这句话清晰地反映了自己的观点，他在总结前人经验的基础上，把热忱注入了学员的灵魂中。

生活需要热情，工作需要热情。热情是一种执着，更是一种乐观，一个拥有热情的人，便有了源动力。他就能跨越任何困难和折磨，攀上辉煌的高峰。用热情面对工作和生活，你就能解决各种人生难题，走向成功。

让热情尽情沸腾

人生可以没有其他东西，但是不能没有热情，一旦没有了热情，人生之树便枯萎了。热情是人类天然真情和率直感情发展到足够强烈程度的自然表现，是人类对自身及周围各类对象的真情关注，以及受外来影响而激发出的强烈真情。

热情是一把火，它可以燃烧起成功的希望，改变一个人的命运，卡耐基对此深有体会。卡耐基在他的著作中多次讲到这样一个故事：

"在我 9 岁的时候，我的父亲便娶继母进门。当时我们是居住在弗吉尼亚州乡下的贫苦人家，而她则来自较好的家庭。

我的父亲一边向她介绍我，一边说：'多希望你注意这个全县最坏的男孩，他可能会在明天早晨以前就拿石头扔你。'

我的继母走到我面前，并托起我的头看着我，接着，她看着我的父亲说：'你错了，这不是全县最坏的男孩，而是最聪明但还没有找到发泄热情地方的男孩。'

我们就凭着她这一段话而开始建立友谊，也就是这段友谊，使我创造了成功的二十八项黄金法则，并将这些法则的影响力发扬光大。在她来之前，没有人称赞过我聪明。我的父亲和邻居们都认定我是坏男孩，而我也真的表现一些坏行为给他们看，但是我的继母就只说了那一句话，便改变了一切。

她还改变了许多事情，她鼓励我的父亲去念牙医学校，而我父亲也从那所学校光荣毕业。她把我们家迁到县府所在地，以便父亲的牙科诊所在那里会有较好的生意，而我和兄弟也可接受较好的教育。我的父亲最初反对这些建议，但最后还是屈服在她的热情之下。

当我 14 岁时，她给我一部二手打字机，并且告诉我她相信我会成为一位作家。我了解她的热情，而且我也很欣赏她的那股热情，我亲眼看到她的那股热情是如何改善我们的家庭生活。我接受她的想法，并开始向当地的一家报社投稿。我不是唯一得到我继母恩惠的人，我的父亲最后成为城里最富裕的人，而我的兄弟之中有物理学家、牙医师、律师和大学校长。"

热情与你成功过程之间的关系，就好像汽油和汽车引擎之间的关系一样，热情是行动的动力。它能不断地注入你心灵引擎的汽缸中，并在汽缸内被明确目标发出的火花点燃并爆炸，继而推动信心和个人进取心的活塞。热情是一股力量，它和信心一起将逆境、失败和暂时挫折转变成行动。然而此变化的关键在于你控制思维的能力，因为稍有不慎，你的思绪就会从积极转变成消极。借着控制热情，你可以将任何消极表现和经验转变成积极表现和经验。

西方成功学之父塞缪尔·斯迈尔斯的公司办公桌和家里的镜子上都挂着同样一块牌子，上面写着同样的座右铭：

> 你有信仰就年轻，
> 疑惑就年老；
> 有自信就年轻，
> 畏惧就年老；
> 有希望就年轻，
> 绝望就年老；
> 岁月使你皮肤起皱，
> 但是失去了热情，
> 就损伤了灵魂。

这是对热情最好的赞词。热情可以保养灵魂，培养并发挥热情的特性，我们就可以给我们所做的每件事情加上火花和趣味。

热情就像汽油一样，如果能善用它，它就会做一些有意义的工作；如果用之不当的话，就可能出现可怕的后果。

热情是世界上最大的财富。它的潜在价值远远超过金钱与权势。热情摧毁偏见与敌意，摒弃懒惰，扫除障碍。热情是行动的信仰，有了这种信仰，我们就会无往不胜。就我们的未来而言，热情比滋润麦苗的春雨还要珍贵。时间飞逝，热情不绝，我们一定会变得对自己、对世界更有价值。

当日历一页页翻过，年轻总有一天会不再年轻。年轻多好啊，我们身上有不可抗拒的魅力，热情洋溢，像高山上的泉水。在热情者的眼中，没有黑暗的前途，没有无处可逃的陷阱。我们忘记了世界上还有一种叫做失败的东西，我们深信不疑的是，世界等待我们的到来，等待我们去点燃真理、热情与美丽的火种。

身体健康是产生热情的基础。一个人如果行动充满了活力。他的精神和情感也会充满了活力。很多推销员、教师、商界高级人物、专业人士以及其他很多人，每天一早起来就做些体能活动，像柔软操、慢跑或骑自行车等等，这不但可以增进他们的健康，而且可以提高他们一天活动的精力和热情。

让我们的内心也充满热情吧，对生活、对别人、对未来，如果能做到这一点，成功与致富的机遇一定会降临到我们身上！

用热情融化心底的冷漠

在我们的日常生活中，冷漠的人随处可见，看到需要救助的人转身就走的有之，遇到坏人行凶躲避忍让的有之，面对别人的伤痛怡然自得的有之……这些也是缺乏热忱的表现。

一个人在热忱缺失的情况下，没有高兴，没有忧伤，一味冷漠下去，只会让自己变成一个感情和思维逐渐僵化的人，一个逐渐走下坡路的人。冷漠并非人的天生本能，大多数的冷漠者是在后天生活的环境中逐渐遇事冷漠，并最终把冷漠处世作为人生哲学的。

据媒体报道，2006 年 4 月 28 日，一位老人在北京某花鸟鱼虫市场散步，突然发病，蹲在地上，现场过往行人很多，但没有一个人出手施救。

直到晚间，老人才被保安人员才发现，但老人已经死亡。

试想，如果在这些过路者中有一位是这位老人的亲人或朋友呢？或许老人的命运就完全不同了吧。常常有一些人走出家门的前一分钟，还在喜笑颜开地高谈阔论，在后一分钟的电梯里，脸上就又立刻挂满了冰霜。改变就这样在不知不觉中发生。只是为什么一定要有这样的改变呢？

在和家人相处的时光，我们毫不吝啬地分享彼此的欢乐和哀愁，家人、朋友在生活中出现什么问题，我们都愿意热情地鼎力相助。因为他们是我们所熟识的人，我们与他们的生活总是有着千丝万缕的联系，我们关爱家人就像是关爱我们自己。不过，这种关爱应该在热忱的引导下，可以更广泛地体现在陌生人的身上。

某医院里，有两个重病人同住在一间病房里。房子很小，只有一扇窗子可以看见外面的世界。其中一个病人的床靠着窗，他每天下午可以在床上坐一个小时。另外一个人则终日都得躺在床上。

靠窗的病人每次坐起来的时候，都会描绘窗外的景致给另一个人听。从窗口可以看到公园的湖，湖内有鸭子和天鹅，孩子们在那儿撒面包片，放模型船，年轻的恋人在树下携手散步，人们在绿草如茵的地方玩球嬉戏，顶上则是美丽的天空。

另一个人倾听着，享受着每一分钟。一个孩子差点跌到湖里，一个美丽的女孩穿着漂亮的夏装……朋友的诉说几乎使他感觉到自己亲眼目睹了外面发生的一切。

在一个晴朗的午后，他心想：为什么睡在窗边的人可以独享外面的风景呢？为什么我没有这样的机会？他越是这么想，越觉得不是滋味，就越想换位子。这天夜里，他盯着天花板想着自己的心事，另一个人忽然醒了，拼命地咳嗽，一直想用手按铃叫护士进来。但这个人只是旁观而没有帮忙——他感到同伴的呼吸渐渐停止了。第二天早上，护士来时那人已经停止了呼吸，他的尸体被静静地抬走了。

过了一段时间，这人开口问护士，他是否能换到靠窗户的那张床上。他们搬动他，将他换到了那张床上，他感觉很满意。人们走后，他用肘撑起自己，吃力地往窗外张望……

窗外只有一堵空白的墙。几天之后，他在自责和忧郁中死去。他看到的不仅是一堵冷漠的墙，还有自己丑恶的心灵。

马丁·路德·金说："最终，我们记住的不是敌人的恶语，而是朋友的沉默。"

俗话说，在家靠父母，出门靠朋友。走出家门，我们就成为一个独立的个体。不论是今天走进学校，还是明天走上工作岗位，每一个新朋友的获得都是一个由陌生到熟悉的过程。随身带着一颗感恩的心，无论处于什么样的环境我们都能感到轻松自在。只要平时让自己脸上多一些笑容的同时，对对方多一点感激，我们的心门也就随之打开了。

正如在心里种人爱，恨就会自然消亡一样，消融冷漠需要培养热情，需要注入感激。比如，我们可以多培养一些兴趣爱好，主动深入地去了解更多的事物，带着热情做事情，常常微笑，多想想他人的好处等等。具体来说，我们不妨按照以下几个步骤来培养一颗热情的心：

1. 深入了解每个问题。要对什么事情都富有热情，要学习更多你目前尚不热爱的事物。了解越多，越容易培养兴趣。有兴趣就有热情，自然就驱赶了冷漠。

2. 做事要充满热情。你热心不热心或有没有兴趣，都会很自然地在你的行为上表现出来，没有办法隐瞒。比如，微笑活泼一点，眼睛要配合你的微笑才好，当你对别人说"谢谢你"的时候，也要真心实意、充满热情。

3. 你的谈话要真挚热情。当你说话时能自然而然渗入真挚热情，就已经拥有引人注意的良好能力了。因此，说话热情的人都会受到欢迎。当你说话很有热情时，你自己也会变得很有热情。你必须时时刻刻活泼热情，这样才能消除冷漠。

从现在开始，携带一颗热情的心上路，打开你尘封的心，释放心中的爱吧，你的生命会因此而精彩。

用热情温暖周围的世界

　　一个人热情的能力来自于一种内在的精神特质。你唱歌，因为你很快乐，而在唱歌的同时你又变得更快乐。热情就像微笑一样，是会传染的。

　　上大学半年多了，同学们从没见汤姆笑过，这引起了班长杰克的注意。平时汤姆从不和别人主动聊天，也不爱说话，只顾一个人低头学习。半年来除了学校他几乎没去过其他的地方，由于他性格孤僻，同学们给他起了一个外号叫"孤独大侠"。

　　有一次，汤姆的一个亲戚来看他，杰克才从汤姆的亲戚那里了解了他的不幸。原来汤姆很小的时候父母在一次车祸中丧生，由于没有了生活的依靠，汤姆和妹妹不知道该怎么活下去。幸好远方的舅舅闻讯赶来，把兄妹俩接到了舅舅家。舅妈是一个好生事端的人，对汤姆和妹妹十分苛刻，动不动就责骂甚至动手打他们。

　　一次妹妹发高烧，舅舅不在家，汤姆求舅妈带妹妹去看病，舅妈不理他，等舅舅回来后把妹妹送到了医院，可妹妹的眼睛再也看不见东西了。从此以后，他再也不愿意和别人说话，除了妹妹，可……

　　杰克知道一切后，主动找汤姆谈话，杰克说："汤姆，我为你的不幸深表同情，希望我能帮助你。"汤姆只是看看他，没有说话。可是杰克并没有放弃对他的帮助，他把汤姆的事告诉了同学们，并让大家一起想办法，让汤姆快乐起来。

　　因为汤姆的拒绝，谁也没想到更好的办法。杰克忽然想到汤姆的妹妹是发烧导致的失明，也许能治好，于是他请教了医生。医生告诉他要看什么情况，一般情况下是可以治好的。

　　这一点希望燃烧了杰克的心，他回去组织同学策划捐款行动，然后背着汤姆把他的妹妹接到医院。经过检查，医生说可以治好，这让他和同学们也高兴不已。

　　这段时间汤姆见同学们都怪怪的，而且他们都用一种异样的眼光看他，以为是杰克把他的事向同学们宣扬开而导致的，于是对杰克更加冷漠。

　　直到一天，杰克对汤姆说："汤姆，门口有人找你。"汤姆疑惑不解，因为平时从来没有人找过他，但他还是向门口走过去。当他看见自己的妹妹时，眼睛湿润了，妹妹也流下了高兴的泪水，"那是你吗，我的妹妹？"

　　"是的。哥哥，我是你的妹妹。"汤姆再也控制不住自己的感情，跑过去抱住了妹妹。

　　"怎么，你的眼睛？"

　　"是的，我可以看见你了！"

汤姆不解地问："到底发生了什么事？"

妹妹把发生的一切告诉了汤姆，汤姆一切都明白了。从此，汤姆和杰克成了好朋友，他的性格也逐渐变得开朗起来。

发自内心的热情，往往能造成震撼人心的效果，能给人带来阳光，带来温暖。热情确实是人生最珍贵的资产。

热情是一股力量，它和信心一起将逆境、失败和暂时挫折转变成为行动。借着控制热情你可以将任何消极表现和经验转变成积极表现和经验。

真正的热情意味着你相信你所干的一切是有目的的。你坚信不疑地去实现你的目的，你有火一样燃烧的愿望，它驱使你去达到你的目标，直到你如愿以偿。

热忱的态度，是做任何事必需的条件。我们都应该深信此点。任何人，只要具备这个条件，都能获得成功，热情是开启任何成功之门的钥匙，是你着手任何一件事须迈出的第一步。有意识地培养热忱的态度，使自己常有热情的习惯，坚定地迈出第一步吧！

1. 养成积极自我对话的方式。如："我是最好的"，"我是最棒的"，"我充满着激情"。

2. 养成使用正面、积极词语的习惯。比如，不说"我不行"，而说"我可以"，不说"我试试看"，而说"我会"等正面词汇代替负面词汇。

3. 舍得，放下，忘了。太多的人每天花很多时间想着过去的创伤。不要把你的精力浪费在这些地方。用你的明智去学会原谅，然后遗忘吧。

4. 尽可能多的做好事。从来没有人在生活富足和所得财产里找到恒久的满足。真正的快乐来自慈善行为、慷慨的付出和感恩的心态。

5. 光明思维，乐观态度。

6. 在团体里去寻找热情和快乐。世界著名潜能大师博恩·崔西说："一个人的幸福快乐80％来自于与他相处的人，20％来自于自己的心灵。"一个正面、积极的团队是你热情的源泉，可以召集一些思想积极的人，每个月聚会一次，一起讨论达成目标的方法，彼此激发脑力。

7. 活在当下。最重要的是把每一天、每个晚上都变成最棒的时刻。时间一旦过去，就会永远消失。

8. 情绪左右动作。要有不一样的情绪，就要有不一样的动作。

9. 角色假定。假定自己是自己心里向往或是崇拜的人的样子。

10. 披风原理。披风一般是领袖、大人物穿的衣服，穿上披风会有一种自豪感。

充满热忱，成功就会上门

人的一生中会遇到各种各样的困难和折磨，逃避是解决不了问题的，唯有以乐观热忱的精神去迎接生活的挑战。若你能保有一颗热忱之心，生活就会给你带来奇迹。

热忱是发自内心的一种情绪，经常会被一些人表现在眼睛里或行动上。对事物保持热忱的人，做事的品质总会比别人好，行动力也比别人强。只要对人保持热忱，别人就会喜欢你。你对别人感兴趣，别人也会对你感兴趣。所以，不论做任何事情，千万不要失去你的热忱，不论跟谁在一起，都要做一个最主动、最热忱的人。

世界从来就有美丽和兴奋的存在，她本身就是如此动人，如此令人神往，所以我们必须对她敏感，永远不要让自己感觉迟钝、嗅觉不灵，永远也不要让自己失去那份应有的热忱。成功学的创始人——拿破仑·希尔指出，若你能保有一颗热忱之心，那是会给你带来奇迹的。热忱是富足的阳光，它可以化腐朽为神奇，给你温暖，给你自信，让你对世界充满爱。

有一家名为永丰栈的牙医诊所，是一家标榜着"看牙可以很快乐"的诊所。院长吕晓鸣医师说："看牙医一定是痛苦的吗？我与我的创业伙伴想开一个让每一个人快乐、满足的牙医诊所。"这样的态度加上细心地考虑患者真正需求，让永丰栈牙医诊所和一般牙医诊所很不一样。

当顾客一进门时，迎面而来的是30平左右的宽敞舒适的等待区。看牙前，可以在轻柔的音乐声中，坐在沙发上，先啜饮一杯香浓的咖啡。

真正进入看牙过程，还可以感受到硬件设计的贴心：每个会诊间宽畅明亮，一律设有空气清洁机。漱口水是经过逆渗透处理的纯水，只要是第一次挂号看牙，一定会替病患者拍下口腔牙齿的全景X光片，最后还免费洗牙加上氟。一家人来的时候，甚至有一间供全家一起看牙的特别室。软件方面，患者一漱口，女助理立即体贴地主动为患者拭干嘴角。拔牙或开刀后，当天晚上，医生或女助理一定会打电话到病患者家里关心病人的状况。一位残障人士陈国仓到永丰栈牙医诊所拔牙，晚上回家正在洗澡，听到电话铃响，艰难地爬到客厅接电话。听到是永丰栈关心的来电，他感动得热泪盈眶，说："这辈子我都被人忽视，从来没有人这样关心过我。"

从一开始就想提供令就诊者感动的服务，吕晓鸣热情洋溢的态度赢得了市场，也增强了竞争力，在同一行业中没有谁能及得上他们的影响力。虽然诊所位于商业大楼的6楼，但永丰栈牙医诊所一开业就吸引了媒体竞相报道，还有客人从很远的地方来看诊。吕晓鸣在竞争激烈的市场中，创造出了牙医师的附加价值。

无论做什么工作，无论境况如何，一个人都要对生活充满热忱。因为热情可以为你带来成功的机遇。

同样，热情可以让一个人更受欢迎。一个人最让人无法抗拒的魅力就在于他的热情。一个人是否热情，决定了人们是否喜欢他、亲近他、接受他，热情的品质影响着一个人生活的每一个方面。"热情"成为一个优秀形象所具备的基本品质，正如有人曾说过的那样："如同磁铁吸引四周的铁粉，热情也能吸引周围的人，改变周围的情况。"

一个人表现的是热情还是冷酷，决定了他在社交场上是被人喜爱还是排斥。仔细地回想一下我们身边热情的人，就不难理解热情在社交和工作中有着多么强烈的感染和吸引人的力量。

心理学家认为，热情的人之所以被人们喜欢是因为热情的品质包含了更多的个人内容，它让人们联想到与之相关的其他优良品质和特性，这正是"光环效应"的反映。一旦我们被热情所吸引，我们就会认为热情的人真诚、积极、乐观。热情感染着我们的情绪，带给我们美妙的心境，让我们感到愉快和兴奋。

热情能带来幸运和成功，因为人们都喜爱热情的人，对他们也宽容，容易满足他们的要求。

正因为热情的感染和蛊惑力，政治家们不惜一切代价，用充满了激情的语言、精力旺盛的姿态、热情洋溢的面部表情、生动的身体语言等来表现自己的热情，来赢得选民的喜爱。热情的政治家，轻易就会博得选民的喜爱，丘吉尔、肯尼迪、里根、克林顿、托尼·布莱尔等这些 20 世纪的领袖，无不具备热情的品质。

是热情还是冷漠，或许能够在关键的时刻成为决定我们成功与否的砝码。

热情是造就奇迹的火种

美国政治家亨利·克莱曾经说过："遇到重要的事情，我不知道别人会有什么反应，但我每次都会全身心地投入其中，根本不会注意身外的世界。那一时刻，时间、环境、周围的人，我都感觉不到他们的存在。"

一位著名的金融家也有一句名言："一个银行要想赢得巨大的成功，唯一的可能就是，它雇了一个做梦都想把银行经营好的人作总裁。"原来是枯燥无味、毫无乐趣的职业，一旦投入了热情，立刻会呈现出新的意义。

在进入这个香港人投资的家具厂之前，她先后干过不少工作——承包过农田，搞过运输，倒卖过袜子，还卖过雪糕。但是，都没有挣到钱。对于一个离了婚又带着孩子的女人来说，既没出众的长相，又无骄人的学历，生活的确不易。

她被分在材料车间，都是干些杂活，但她还是十分珍惜，也干得格外卖力且出色。有一次，一个本地木材商因质量问题与公司发生激烈冲突，她主动请缨，最后把事情处理得非常妥帖，为公司挽回了大笔损失。她由此得到了老板的赏识，并第一次赢得额外奖金。

她高兴了很久。但是，现实马上将她拉回到愁眉苦脸的状态中——需要补充的是，她来这个公司已经大半年时间了，基本上没有露过笑脸。而且，天天穿着那套老旧的工作服，就更别提化妆打扮了。

后来，车间领班荣升为经理助理。在大家眼中，空缺的位置非她莫属。但是很意外，老板提拔了另外一个人。老板把她叫去，说："你怎么每天都没有笑容呢？"她说："就咱们眼前这些活还需要笑吗？"老板忽然显得严肃起来："是的，依我看，确实是干什么都需要笑，你要是会微笑，付出同样的努力，就能比别人收获更多。相反，呆板会消损你的努力——我之所以把领班这个位置安排给另外一个人，就是因为她比你乐观。有时候，微笑也是一种力量啊。"

于是，她开始试着用微笑来面对身边的一切，许多熟人见了，都惊叹她的改变，并欣慰于她日渐好转的处境。

充满热情的人喜欢时常露出笑容，故事中的"她"如果能充满热情，时常面带微笑，机会可能早就降临到她头上了。

一个受热忱支配的年轻人，他的感觉也会因之变得敏锐，可以在别人看不到的地方发现动人的美丽，这样，即使再乏味的工作、再艰难的挑战，都可以坚韧地承受下来。

狄更斯曾经说过，每次他构思小说情节时，几乎都寝食不安，他的心完全被他的故事所萦绕、所占据，这种情形一直要持续到他把故事都写在纸上才算结束。为了描写一个场景，他曾经一个月闭门不出，最后再来到户外时，他看起来面容憔悴，简直像一个重病人一样。笔下的那些人物让狄更斯成天魂牵梦萦，茶饭不思。

无独有偶，伟大的作曲家莫扎特也是一个十分热忱的人。

有一个年龄只有 12 岁的小男孩钢琴弹得非常熟练。

一次，他问莫扎特："先生，我想自己写曲子，该怎么开始呢？"

莫扎特说道："哦，孩子，你还应该再等一等。"

"可是，您作曲的时候比我现在的年龄还小啊？"小孩不甘心地继续问。

"是啊是啊，"莫扎特回答说，"可我从来不问这类问题。你一旦到了那种境界，自然而然就会写出东西来的。"

有人认为"成功"、"潜能"这些充满诱惑力的字眼都是属于那些资质好的人，事实证明，每一个孩子身上或多或少都有一些将来可以成就大器的潜质，不仅那些反应敏捷、聪明伶俐的孩子是这样，那些相对木讷甚至看起来有些愚钝的孩子也有这样的潜质。他们一旦产生了热忱，凭借这种热忱的力量，原先人们在他们身上看到的"愚钝"也会慢慢消失。

盖斯特原本只是一个无名小辈，但她第一次在舞台上露面时，立刻就让人感觉到她的前途不可限量。她演唱时所投入的热忱，使听众几乎都像被催眠了一样。结果，她登台演出不到一星期，就成为了众人喜爱的明星，开始了独立的发展。她有一种提高演唱技艺的强烈渴望，于是，她把自己全部的心智都用在了这一方面。

爱默生曾说："人类历史上每一个伟大而不同凡响的时刻，都可以说是热忱造就的奇迹。"穆罕默德就是一个例子：他带领阿拉伯人，在短短的几年内，从无到有，建立起了一个比罗马帝国的疆域还要辽阔的帝国。虽然他们的战士没有什么盔甲，却有一种崇高的理念在背后支撑着，所以其战斗力丝毫不亚于正规的骑兵部队；他们的妇女也和男子一样在战场上纵横驰骋，杀得罗马人溃不成军。他们武器虽然落后，粮草严重不足，但军纪严明，从来不去抢夺什么酒肉，而是靠着小米大麦最后征服了亚洲、非洲和欧洲的西班牙。他们的首领用手杖敲一敲地，人们简直比看到一个人拿着刀枪还要害怕。

每个人都蕴藏着巨大的力量，只要我们运用自身的热忱，就能将此力量充分发挥出来，并创造出一个又一个奇迹。

点燃热情，全力以赴心中的梦

美国作家爱默生说过："一个人，当他全身心地投入到自己的工作之中，并取得成绩时，他将是快乐而放松的。但是，如果情况相反的话，他的生活则平凡无奇，且有可能不得安宁。"

一个对自己充满激情的人，无论他目前的境况如何，从事什么工作，他都会认为自己所从事的工作是世界上最神圣、最崇高的一项职业；无论工作是多么的困难，或是质量要求多么高，他都会始终一丝不苟、不急不躁地去完成它。

当一个人对自己的工作充满激情的时候，他便会全身心地投入到自己的工作之中。

这时候，他的自发性、创造性、专注精神等便会在工作的过程中表现出来。

当贝特格刚转入职业棒球界不久，便遭到有生以来最大的打击，他被约翰斯顿球队开除了。他的动作无力，因此球队的经理要他走人。经理对他说："你这样慢吞吞的，根本不适合在球场上打球。贝特格，离开这里之后，无论你到哪里做任何事，若不提起精神来，你将永远不会有出路。"

贝特格没有其他出路，因此去了宾州的一个叫切斯特的球队，从此他参加的是大西洋联赛，一个级别很低的球赛。和约翰斯顿队 175 美元相比，每个月只有 25 美元的薪水更让他无法找到激情。但他想："我必须激情四射，因为我要活命。"

在贝特格来到切斯特球队的第三天，他认识了一个叫丹尼的老球员，他劝贝特格不要参加这么低级别的联赛。贝特格很沮丧地说："在我还没有找到更好的工作之前，我什么都愿意做。"

一个星期后，在丹尼的引荐下，贝特格顺利加入了康州的纽黑文球队，在那一刻，他在心底暗暗发誓，我要成为整个球队最具活力、最有激情的球员。这一天成为他生命里最深刻的烙印。每天，贝特格就像一个不知疲倦的铁人奔跑在球场，球技也提高得很快。

在一次联赛中，贝特格的球队遭遇实力强劲的对手。在快要结束比赛的最后几分钟里，由于对手接球失误，贝特格抓住这个千载难逢的机会，迅速攻向对方主垒，从而赢得了决定胜负的至关重要的一分。

发疯似的激情让贝特格有如神助，它至少起到了三种效果：第一，使他忘记了恐惧和紧张，掷球速度比赛前预计的还要出色；第二，他"疯狂"般的奔跑感染了其他队友，他们也变得活力四射，他们首先在气势上压制了对手；第三，在闷热的天气里比赛，贝特格的感觉出奇的好，这在以前是从来没有过的。

从此，贝特格每月的薪水涨到了 185 美元，和在切斯特球队每月 25 美元相比，他的薪水在 10 天的时间里猛增了 700%，这一度让他产生不真实的感觉，他简直不知道还有什么能让自己的薪水涨得这么快，当然除了"激情"。

激情是高水平的兴趣，是积极的能量、感情和动机。你的心中所想决定着你的劳动果实。当一个人确实产生了激情时，你可以发现他目光闪烁，反应敏捷，性格好动，浑身都有感染力。这种神奇的力量使他以截然不同的态度对待别人，对待人生，对待整个世界。

真正的热情意味着你相信你所干的一切是有目的的。你坚信不疑地去实现你的目的，你有火一样燃烧的愿望，它驱使你去达到你的目标，直到你如愿以偿。

多丽·帕顿出生在田纳西州赛维县一个只有两间房的木棚里，她在 12 个孩子中排行第四。全家靠她父亲在一小块山地上辛勤劳作来勉强糊口。多丽·帕顿生来并不比别人强。她在早年过着山里人最贫穷的生活，木棚为家，洗刷操劳，困苦不堪。然而，多丽赋予了自己某种特别的东西，她不愿成为拖儿带女的山里妇人。

她从孩提时代开始学习歌唱，5岁就能谱出歌词，她母亲替她写下来。7岁时，多丽·帕顿用旧乐器的残件制作了自己的吉他。第二年，一位叔叔送给她一把真正的吉他。她一直坚持练唱。

上高中了，她没有什么漂亮衣服，但她有了自己的梦想，她有热情。她的一个妹妹后来回忆说："多丽向别人讲自己的梦想，一点也不害羞。在我们生活的山区，没有一个人这样想过，孩子们当然会笑话她。"

多丽·帕顿后来一辈子都在歌唱。她成了第一位唱片销售百万以上的明星。她的热忱永无停息。

一个没有热情的人不可能始终如一、高质量地完成自己的工作，更不可能做出创造性的业绩。如果你失去了热情，那么你永远也不可能从不利的环境中走出来，永远也不会拥有成功的事业与充实的人生。所以，从现在开始，对你的人生倾注全部的热情吧！

第三章
自信和坚定是摘取成功硕果的手杖

自卑和自信仅一步之遥

世上大部分不能走出生存困境的人都是因为对自己信心不足，他们就像一颗脆弱的小草一样，毫无信心去经历风雨，这就是一种可怕的自卑心理。所谓自卑，就是轻视自己，自己看不起自己。自卑心理严重的人，并不一定是其本身具有某些缺陷或短处，而是不能悦纳自己，总是自惭形秽，常把自己放在一个低人一等，不被自我喜欢，进而演绎成别人也看不起自己的位置，并由此陷入不能自拔的痛苦境地，心灵笼罩着永不消散的愁云。

湖南有一位大学生，毕业后被分配在一个偏远闭塞的小镇任教。看着昔日的同窗有的分配到大城市，有的分配到大企业，有的投身商海。而他充满梦想的象牙塔坍塌了，烦琐的现实，好似从天堂掉进了地狱。自卑和不平衡感油然而生，从此他不愿与同学或朋友见面，不参加公开的社交活动。为了改变自己的现实处境，他寄希望于报考研究生，并将此看做唯一的出路。但是，强烈的自卑与自尊交织的心理让他无法平静，在路上或商店偶然遇到一个同学，都会好几天无法安心，他痛苦极了。为了考试，为了将来，他每每端起书本，却又因极度的厌倦而毫无成效。据他自己说："一看到书就头疼。两分钟一个英语单词记不住；读完一篇文章，头脑仍是一片空白。最后连一些学过的常识也记不住了。我的智力已经不行了，这可恶的环境让我无法安心，我恨我自己，我恨每一个人。"

几次失败以后他停止努力，荒废了学业，当年的同学再遇到他，他已因过度酗酒而让人认不出了。他彻底崩溃了，短短的几年成了他一生的终结。

一个怀有自卑情结的人，往往坐失良机。当大好的人生机遇出现在眼前时，自卑者往往不敢伸手一抓，不敢奋力一搏。未战心先怯，白白贻误良机。

更重要的是，具有自卑情结，会造成人格和心理的卑怯，不敢面对挑战，不敢以火热的激情拥抱生活，而是卑怯地自怨自艾。久而久之，积卑成"病"，失去应有的雄心和志气。

其实，自卑情结有的时候可以转化为巨大的动力，有的时候可能转化为巨大的消极因素，关键看你如何对待它。这种转化就是把自卑转化为自信。观念一旦转变，自卑就变成自信了。

一切靠自己打天下，谋身立命，创建生活，这是一个多么骄人的品格。当你有了一个成功的人生时，这是值得你回顾的一个人生意味。对于一个有点心理障碍，有点缺陷就自卑的人，可以告诉他：不必自卑。当你战胜了这些心理障碍，你肯定比别人富有。因为你对心理的体验能力绝对要比其他人更深刻，你有了解自己心理和了解别人心理的能力，消除了自卑，缺陷反而促成了你的成功。如果让你去寻找这个世界上最优秀的人，你会到哪里寻找？其实，在这个世界上，你时刻都要坚信这一点：最优秀的人就是你自己。要相信自己，才能做自己命运的主宰。

风烛残年之际，智者知道自己时日不多了，就想考验和点化一下他的那位平时看来很不错的助手。他把助手叫到床前说："我需要一位最优秀的承传者，他不但要有相当的智慧，还必须有充分的信心和非凡的勇气。这样的人选直到目前我还未见到，你帮我寻找和发掘一位好吗？"

"好的，好的。"助手很温顺、很诚恳地说："我一定竭尽全力地去寻找，以不辜负您的栽培和信任。"

那位忠诚而勤奋的助手，不辞辛劳地通过各种渠道开始四处寻找了。可他领来一位又一位，都被智者一一婉言谢绝了。有一次，病入膏肓的智者硬撑着坐起来，抚着那位助手的肩膀说："真是辛苦你了，不过，你找来的那些人，其实还不如你……"

半年之后，智者眼看就要告别人世，最优秀的人选还是没有眉目。助手非常惭愧，泪流满面地坐在病床边，语气沉重地说："我真对不起您，令您失望了！"

"失望的是我，对不起的却是你自己，"智者说到这里，很失望地闭上眼睛，停顿了许久，又不无哀怨地说："本来，最优秀的人就是你自己，只是你不敢相信自己，才把自己给忽略、给耽误、给丢失了……其实，每个人都是最优秀的，差别就在于如何认识自己、如何发掘和重用自己……"话没说完，一代哲人就永远离开了这个世界。

那位助手非常后悔，甚至整个后半生都在自责。

"相信自己，我就是主宰"，这是成功人士的座右铭。我们现在可能不是想象中的某种"人才"，但也要相信自己有潜力成为那样的人。自卑于现状裹足而行的，永远不可能成就自己。只有自信者，才会努力塑造自己，向着成功迈进。

告诉自己"我能行"

由于生理缺陷、家庭条件、学历、才能、生活挫折等各种原因的影响，青少年容易披上自卑的阴影。自卑，即一个人对自己的能力、品质等做出偏低的评价，总觉得自己不如人、悲观失望、丧失信心等。自卑是一种消极的心理状态，是实现理想或某种愿望的巨大的心理障碍。

当"毛孩"于镇环从容面对电视前的观众侃侃而谈时，谁也想不到他是在自卑中长大的。当他面对自己浑身的毛不能出门时，他说他甚至想到了自杀。从小到大他成了稀罕物，在别人的指指点点中，他看见自己在他人心中的怪异。自卑差点淹没了他，但强烈地活下去的念头就像沙漠中的一线碧绿，让他生出希望。于镇环说有一天他懂得了换个角度去想，不再以别人的眼光看自己，他认为自己是特别的，自己的那身毛是上苍赐予他的，他更要好好地活着。于是他学会了不在乎，并且找到了自己的长处，当他以自己的歌声终于赢得了世人对他的认可时，于镇环找回了自信。他开始相信上帝对每一个活着的生命都是公平的。

人是由来自父亲的23个染色体和来自母亲的23个染色体偶然结合而成。每一个染色体有几百个基因，任何一个基因变了，人也就变了。也就是说，这个世界上诞生你的几率只有300万亿分之一，假设你有300万亿个兄弟姐妹，那么你还是你，总有地方与他们不同。正如这个世界上有那么多的树叶，但绝对找不到两片完全相同的。所以，我们每一个人都应该珍惜自己、热爱自己。我们每个人都是太阳下面的一个新生事物，我们应该呼吸属于自己的一份氧气，占有属于自己的一份空间，充分地相信自己。

自信正是一种美妙的生活态度，正如一位成功者说："以前当我一事无成时，我怀疑我的能力，被自卑感所打倒，于是我觉得生活痛苦、黯淡无光；后来我取得了一些成就，恢复了对自己的信心，于是思想上也变得乐观、豁达，从而我的生活也随之变得美好了。"

而自卑是一种心理暗示，给你这种暗示的，正是你自己。你给自己贴了失败者的标签，就注定自己的一生是失败的！有人说：自卑像一把潮湿的火柴，再也燃不起兴奋的火花。长期被自卑笼罩的人，不仅斗志易被腐蚀，心理失去平衡，而且生理也会出现失调和病变的现象。

自卑的人，总哀叹事事不如意，老拿自己的弱点比别人的强处，越比越气馁，甚至比到自己无立足之地。有的人在旁人面前就脸红耳赤，说不出话；有的人遇上重要的会面就口吃结巴；有的人认为大家都欺负自己因而厌恶他人。因此，若对自卑感处置不妥，无法解脱，将会使人消沉，甚至走上邪路，坠入黑暗的深渊，或走上自毁的道路。不良少年为了逃避自卑感会加入不良集团。

因而，如果你发现自己自卑，就要用理性的态度把它铲除掉。其实铲除自卑并不难，只要我们拥有驱除自卑的灵丹妙药——自信。以下就是一些树立自信心的方法：

1. 每天照三遍镜子

清晨出门时，对着镜子修饰仪表，整理着装，务必使自己的外表处于最佳状态。午饭后，再照一遍镜子，修饰一下自己，保持整洁。晚上就寝前洗脸时再照照镜子。这样，一整天你都不必为自己的仪表担心，而会一心去工作、学习。

2. 参加集会时，坐在前面

坐在前排，是培养自信的一个好方法。坐在前面比较显眼，没错！虽然坐在前排较醒目，但是别忘了想不醒目而成功是不可能的。成功本身就很显眼，引起别人注意可以增强你的心理承受能力。

现在起，你可以在参加各种集会时尽量以坐在前排为原则。只要走入人群，就坐到人群的最前面去。如果你能养成自动坐到前面的习惯，那么，这种习惯会带给你无限自信。

3. 和别人谈话时，注视对方的眼睛

凝神注视对方，等于告诉对方："我是正直的人，对你绝不隐瞒任何事情。我对你说的话，是我打心底里相信的事情。我没有任何恐惧感，我对自己充满了信心。"

4. 微笑，给自己更多自信

微笑是自信缺乏者的特效药，微笑能给自己带来自信，使你祛除恐惧与烦恼，击碎消沉的意志。微笑能唤起对自我的认同，当你微笑时，说明你看重自己和自己的状态，对自己感到满意，这将有助于你更上一层楼；你微笑，在别人看来你是一位大方开朗的人，无形中会让对方产生好感并吸引对方，由此更能赢得别人的尊重。

5. 走出自信

经常用一些新的姿势走路，这对自信形象的树立既简单又有效。比如，你可以比别人快 20% 的速度走路，一个人步伐的加快将大大地促进自己心态的调整和改变。走

路姿势是你是否自信的外在表现，因此，如果你自信，不妨时刻提醒自己：抬头！挺胸！走快点！步子迈大点！

相信自己是最棒的

土耳其有句谚语："每个人的心中都隐伏着一头雄狮。"不言而喻，这头雄狮就是你自己，雄狮一旦从沉睡中醒来，你就会势不可挡，所以每个人都可以做最棒的自己。

比尔·盖茨的成功看起来似乎是商业达尔文主义和全球资本主义联姻下的奇迹，是自由竞争和市场强权双重杠杆游戏下的神话。但从另一个角度看，他那种与生俱来的自信、进取以及持之以恒的积极心态给了他无比的动力，激励他从容应对生活的挑战，并最终成为全球最年轻的白手起家的亿万富豪。

盖茨曾就读于西雅图的公立小学和私立的湖滨中学。在那里，他表现出了在软件方面的极大兴趣，并且在 13 岁时开始编写计算机程序。

1973 年，盖茨考进了哈佛大学。在那里他和现在微软的首席执行官史蒂夫·鲍尔默住在一起。在哈佛的时候，盖茨为第一台个人计算机开发了 BASIC 编程语言的一个版本。

大学三年级，盖茨从哈佛退学，全身心投入其与童年伙伴艾伦于 1975 年合伙组建的微软公司。盖茨深信个人计算机将是每一部桌面办公系统以及每一个家庭的非常有价值的工具，并根据这一信念开始为个人计算机开发软件。

盖茨有关计算机行业的预见及自信一直是微软公司在软件业界获得成功的法宝。盖茨积极地参与微软公司关键的管理和战略性的决策，并在新产品的技术开发中发挥着重要的作用。他的相当一部分时间用于会见客户和通过电子邮件与微软公司的全球雇员保持联系。

在盖茨的带领下，微软的使命是不断地提高和改进软件技术，并使人们更加轻松、更经济有效、更有趣味地使用计算机。微软公司拥有长期的发展战略，并投入大量资金到研究与开发中。不断进取是盖茨对自己和微软公司的要求。

他本人自始至终都是一个以工作狂而著称的人，即使到了 39 岁结婚的时候，他还经常加班工作到晚上 10 点以后。尽管微软公司一向以员工习惯性加班和拼命工作而闻名，但那些员工还是心悦诚服地说，他们之中没有谁能比盖茨付出的多。更重要的是他那种对事业执著的、坚持不懈的奋斗，谁都难以企及。

盖茨自己曾经不止一次地说过："微软是我永远的情人。"其实，在通往微软帝国辉煌的道路上，盖茨经历过无数次痛苦和无奈的选择，当求学、爱情、婚姻和事业发生矛盾或者冲突的时候，他都会毫不犹豫地放弃学位、心爱的女人，而选择微软和自己的事业，因为他坚信自己在这一行是最棒的。

这一切，带给他的是永垂千古的辉煌成就：白手起家创立微软公司，31岁时成为有史以来最年轻的亿万富翁（后来这个记录被打破）；39岁时身价一举超越华尔街股市大亨沃伦·巴菲特而成为世界首富；同年，以一票之差击败通用电器的杰克·韦尔奇，被《工业周刊》评选为"最受尊敬的CEO"。微软公司上市之后，市值也节节攀高，超越波音、IBM，接着又超过三大汽车公司市值总和，直至突破5000亿大关超越通用电器（GE），成为全球市场价值最高的公司，年营业额超过世界前50名软件企业中其他49家的总和。即使在2002年被美国司法部和19州围追堵截的境况下，仍被评为"最受尊崇的公司"。

盖茨和微软，创造了20世纪最美丽的财富神话，吹响了信息时代最嘹亮的号角，尽管在这个过程中充满了刀光剑影的厮杀和不平等的残酷竞争。盖茨是魔鬼还是天使，微软是新科技的缔造者，还是商业规则的破坏者，现在还没有谁能下一个公正的结论，但有一点是毋庸置疑的：盖茨不是靠幸运取得成功的，微软也不是建立在偶然基础上的软件帝国；盖茨是电脑天才，但更是一个能激励自己的天才；他在微软的成长过程中付出的心血和汗水，他非凡的事业心、自信心和进取心，他高瞻远瞩的眼光和异常敏锐的市场嗅觉以及他持之以恒的奋斗是常人无法超越的。

青少年朋友，请告诉你自己：你是最棒的！

你不是随意来到这个世上的，你的出生就是一个奇迹，你为什么不能再创造奇迹呢？你要竭尽全力成为群峰之巅，将你的潜能发挥到最大限度。同样是人，别人成功，你为什么不能？别人富有，你为什么不能？上帝从不偏心，我们都有健全的四肢和大脑，你为什么不可以过你想过的生活？你为什么不可以拥有积极的人生观，使生命更富有朝气？你为什么不可以帮助那些在苦难中挣扎的人们，使他们重新找到自己的人生坐标，走上成功、幸福的康庄大道？

生命只有一次，你焉能寄希望于来生？你要让生命中的每一分钟都有价值，你不要辜负上天赐给你的生命权利。你若不利用时间，就会被时间耗尽。你只有在春季里播下希望的种子，在夏季里辛勤地耕耘，才可以在秋季里收获生命的果实，而当雪花飘飞的冬季悄悄来临时，你可以自豪地向世界宣告：我是最棒的！

自信多一分，成功多十分

自信是我们战胜困难，取得成功的重要动力。自信是成功的助燃剂，自信多一分，我们的成功就可以多十分。

世界酒店大王希尔顿，用 200 美元创业起家，有人问他成功的秘诀，他说："信心。"

拿破仑·希尔说："有方向感的自信心，令我们每一个意念都充满力量。当你有强大的自信心去推动你的致富巨轮时，你就可以平步青云。"

美国前总统里根在接受《SUCCESS》杂志采访时说："创业者若抱有无比的信心，就可以缔造一个美好的未来。"

自信是成功不可少的条件。而当机会来临的时候，我们是否能把握住，往往取决于我们是否有足够的自信。

麦克是《纽约时报》的一位著名记者，当他第一次来《纽约时报》面试时，他紧张兮兮地等在办公室门外，申请材料已经送进去了。过了一会儿，门开了，一个小职员出来："主任要看您的名片。"而麦克从来就没有准备过什么名片，灵机一动，他拿出一副扑克抽出一张黑桃 A 说："给他这个。"

半个小时后，麦克被录取了。黑桃 A 真是一张好牌。麦克若是没有足够的自信，怎敢用它当名片？

鲍勃·卢斯曾被 40 位著名的运动员评为美国运动史上最伟大的运动员。他们认为他善用他的天才，他给予运动界的冲击是无与伦比的。至于他为何会这么伟大，大家一致认为那是因为他自信十足。

有一次，在世界冠军赛争夺战中，大家就等着他击出一支全垒打而获得冠军。后来，他在对方投出两分球而未挥棒后，第三球终于击出了一支全垒打，全场观众为之疯狂。

事后，在休息室里，有位队友问他万一第三球失败的话怎么办？

"哦……我从未想到这点。"他回答道。

这就是自信，相信你能完成你的目标。有自信的人会说："我能干，我可以跟环境配合。不只如此，我还能赢得这场生活游戏。"

人是自己命运的舵手，自信就是指引人生小舟航向的罗盘。

人生前途的成败得失和幸福与否，关键在于是否树立了坚定的自信心。一个人心中充满了自信，他的前程必然是一片坦途。这一点美国旅馆大王、世界级的巨富威尔逊的经历可给我们以启示。

威尔逊在创业之初，全部家当只有一台分期付款赊来的爆米花机，价值 50 美元。第二次世界大战结束后，威尔逊做生意赚了点钱，便决定从事地皮生意。如果说这是威尔逊的成功目标，那么，这一目标的确定，就是基于他对自己的市场需求预测充满信心。

当时，在美国从事地皮生意的人并不多，因为战后人们一般都比较穷，买地皮修房子、建商店、盖厂房的人很少，地皮的价格也很低。当亲朋好友听说威尔逊要做地皮生意时，异口同声地反对。

而威尔逊却坚持己见，他认为反对他的人目光短浅。他认为虽然连年的战争使美国的经济很不景气，但美国是战胜国，它的经济会很快进入大发展时期。到那时买地皮的人一定会增多，地皮的价格会暴涨。

于是，威尔逊用手头的全部资金再加一部分贷款在市郊买下很大的一片荒地。这片土地由于地势低洼，不适宜耕种，所以很少有人问津。可是威尔逊亲自观察了以后，还是决定买下这片土地。他的预测是：美国经济会很快繁荣，城市人口会日益增多，市区将会不断扩大，必然向郊区延伸。在不远的将来，这片土地一定会变成黄金地段。

后来的事实正如威尔逊所料。不出三年，城市人口剧增，市区迅速发展，大马路一直修到威尔逊买的土地的边上。这时，人们才发现，这片土地周围风景宜人，是夏日避暑的好地方。于是，这片土地价格倍增，许多商人竞相出高价购买，但威尔逊不为眼前的利益所惑，他还有更长远的打算。后来，威尔逊在自己这片土地上盖起了一座汽车旅馆，命名为"假日旅馆"。由于它的地理位置好，舒适方便，开业后，顾客盈门，生意非常兴隆。从此以后，威尔逊的生意越做越大，他的假日旅馆逐步遍及世界各地。

威尔逊的经历告诉我们，一个人的成败和他的自信心息息相关。如果一个人时刻对自己充满自信，能够坚定不移地去做自己心中认定的事情，那么即使他才能平平，也可以取得卓越的成就。

坚韧是一种精神

李书福是国产吉利牌汽车集团的董事长。1997年，当李书福开始造汽车的时候，中国的汽车市场已经被大众、通用、标致、丰田这样的跨国巨头蚕食得一片狼藉，根本没有国产自主品牌的立足之地。但当时李书福不顾亲友反对，决意投资5亿元资金进军汽车行业，并抛出一句"汽车不过就是四个轮子加两张沙发"的疯话，无疑让跨国巨头们贻笑大方。在此之前的1996年，李书福改装两辆奔驰造车的故事在当地更是引起轰动，甚至有人去问他这两台改装车的卖价。

李书福不止一次地对《第一财经日报》表示，他要打造一家百年汽车公司，要让吉利的车走遍全世界，而不是让外国车走遍全中国。为了实现他的造车梦，他还曾到国家各部门游说，当某官员曾告诉他"民营企业干汽车无异于自杀"时，他豪壮地说，"那你就给我一次跳楼的机会吧"，可见他对自己梦想的执著。以前他把造车自嘲为"自杀"，而今他已经有底气对世人宣告他的光荣与梦想。

世界首富比尔·盖茨认为，巨大的成功靠的不是力量而是韧性。如今社会的竞争常常是持久力的竞争，有恒心有毅力的人往往能够成为笑到最后、笑得最好的人。

英特尔公司总裁格鲁夫说过："只有偏执狂才能生存。"引申开来，"偏执"在某种程度上不就是要执著于某一个方面吗？这句话如今被许多人接受并且传诵，甚至成为他们的座右铭。在这个高速发展的经济时代，正是像李书福这样执著于自己想法并坚持下去的人才能取得巨大的成功，所以青少年要有执著的精神和坚强的毅力，这是我们赢得美好未来的必要条件，若是半途而废，浅尝辄止，那么梦想永远只能是梦想。

美国淘金热时，杰克的叔叔也在西部买到一块矿地。辛苦几周后，他发现了闪闪发光的金矿，但他需要用机器把金矿弄到地面上来。他很镇静地把矿坑掩埋起来，除掉自己的脚印，火速赶回老家，把找到金矿的消息告诉亲戚和邻居。大家凑了一笔钱，买来所需的机器，托人代送。这位叔叔和杰克也动身回到矿区。

第一车金矿挖出来了，送到一处冶金工厂，结果证明他们已经挖到了科罗拉州最富的一个矿源。只要挖出几车金矿，就可以偿还所有债务，然后大赚特赚。

叔叔和杰克高高兴兴地下坑工作，带着无限的希望出坑来。但在这时，发生了他们意想不到的事，金矿的矿脉竟然不见了，黄金没有了。他们继续挖下去，焦急地想要挖出矿脉来，但毫无收获。最后他们放弃了。然而根据一位工程师的计算，只要从杰克和他叔叔停止挖掘的地点再往前挖90公分，就能找到金矿。

果然，后来有人在工程师所说的那个地方找到了金矿。请工程师的人是一位售货员，他把从矿坑中挖出来的金矿出售，获得了几百万美元。他之所以能够发财，主要是因为他懂得寻找专家协助，而不轻易放弃。

这件事过了很久之后，杰克先生获得了成功，赚进了超过他损失金钱的数倍。这是他在从事推销人寿保险以后取得的。

杰克没有忘记在距离金矿90公分远的地方停下，而损失了一大笔财富，所以现在他吸取了这个教训。他说："我在距离金矿90公分远的地方停下来，如今，在我向人们推销人寿保险的时候，绝不因为对方说'不'就停下来。"

杰克后来成为一位每年推销100万美元以上人寿保险的优秀推销员。他锲而不舍的精神，应归功于挖矿时轻易放弃的教训。

卡勒先生曾经说过："许多青年人的失败，都应归咎于他们没有恒心。"的确如此，大多数青年，虽然都颇有才情，也都具备成就事业的能力，但他们缺少恒心、缺少耐力，只能做一些平庸安稳的工作，一旦遭遇些微小的困难、阻力，就立刻退缩下来，裹足不前。可见，不屈不挠、百折不回的精神，是获得胜利的基础。

一旦你拥有坚韧的精神和永不言弃的品质，不论在任何地方，你都不难找到一个适当的职位。坚持到底，这是成功的必然之路，唯有坚持，才能有丰收的果实。

换种思维考虑，困难其实就意味着机会，解决问题，你就能够实现成功。如果我们能够看清困难背后的现实意义，抱着执著的心态去面对每一项任务，一步一步地坚持努力，那我们终将克服这些困难，远大的目标也会在这一步一步的努力中最终得以实现。所以，我们青少年要想获得成功，拥有美好的未来，就需要像李书福那样拥有坚韧、执著的精神，才能克服重重困难，挖到我们想要的金矿。

认定了就风雨兼程

大家都听过精卫填海的故事吧？直到今天，你如果到了东海边，还会看见一种脑袋上带着花、白嘴红爪的小鸟在海上飞来飞去，那就是精卫。一只小小的鸟，抱定了要填海挽救众生的性命，于是它风雨兼程，即使刮风下雨它也不放弃，这种精神，在现在的生活、学习中更需要。

1932年，男孩读初中二年级。因为是黑人，他只能到芝加哥读中学，家里没有那么多钱。那时，母亲做出了一个惊人的决定——让男孩复读一年。她则为50名工人洗衣、熨衣和做饭，为孩子攒钱上学。

1933年夏天，家里凑足了那笔血汗钱，母亲带着男孩踏上火车，奔向陌生的芝加哥。在芝加哥，母亲靠当佣人谋生。男孩以优异的成绩中学毕业，后来又顺利地读完大学。1942年，他开始创办一份杂志，但最后一道障碍，是缺少500美元的邮费，不能给订户发函。一家信贷公司愿借贷，但有个条件，得有一笔财产作抵押。母亲曾分期付款好长时间买了一批新家具，这是她一生最心爱的东西。但她最后还是同意将家具作了抵押。

1943年，那份杂志获得巨大成功。男孩终于能做自己梦想多年的事了：将母亲列入他的工资花名册，并告诉她算是退休工人，再不用工作了。那天，母亲哭了，男孩也哭了。

后来，在一段反常的日子里，男孩经营的一切仿佛都坠入谷底。面对巨大的困难和障碍，男孩已无力回天。他心情忧郁地告诉母亲："妈妈，看来这次我真要失败了。"

"儿子，"她说，"你努力试过了吗？"

"试过。"

"非常努力吗？"

"是的。"

"很好。"母亲果断地结束了谈话，"无论何时，只要你努力尝试，就不会失败。"

果然，男孩渡过了难关，攀上了事业新的巅峰。这个男孩就是享誉世界的美国《黑人文摘》杂志创始人、约翰森出版公司总裁、拥有三家无线电台的约翰·H·约翰森。

约翰森的经历告诉我们：命运全在搏击，奋斗就是希望。认定了就要风雨兼程。同样，坚定的信念在困难的时刻更能突显神奇的力量，助你披荆斩棘，斩断生命中的枷锁，重获新生。

14世纪，苏格兰在与英格兰军队的战斗中，连续六次都失败了。国王布鲁斯不得不率领部下躲进了森林和群山深处。森林里的生活是十分艰苦的，这里没有粮食，没有药品，士气低落到了极点。

一个阴郁的雨天，布鲁斯躺在深山中的一间简陋的茅屋里，听着棚顶上淅淅沥沥的下雨声，他感到疲惫无力，心烦意乱。他一遍又一遍地问自己，难道就这样向英格兰人认输吗？

正当他万念俱灰的时候，猛一抬头，他看见一只蜘蛛在他头顶的屋角上正忙着来回织网。布鲁斯注视着这只蜘蛛慢慢地、小心翼翼地劳作着。眼见这只蜘蛛连续六次试图把那纤细的蛛丝从这一道横梁连到另一道横梁上去，结果六次都失败了。

"哎，可怜的小东西！"布鲁斯暗自叹息道，"你也知道失败是什么滋味了吧。"

但是，眼前的这只小蜘蛛并没有像布鲁斯那样灰心丧气，只见它更加小心谨慎地开始做第七次努力，在柔弱的细丝上摆动着身体，最终把蛛丝稳妥地带到了另一道横梁上，而且牢牢地粘在那儿了。

"啊！成功了！它成功了！"布鲁斯兴奋得从地上跳了起来，"蜘蛛是我的榜样！我要学蜘蛛！我也要做第七次尝试！"他边喊边冲出了茅屋，迅速地把垂头丧气的战士们召集起来。

"我的勇士们！快，快围过来！我要告诉你们一件事，这是一只蜘蛛带给我的启示。我知道，如果第七次又失败了，这只蜘蛛也还是会继续努力的。我看不出它有任何沮丧和灰心，只是不屈不挠地朝着自己的目标奋斗。难道我们还不如这只小小的动物吗？不！我们要同敌人进行第七次、第八次、第九次乃至无数次的斗争，直至把英格兰军队赶出我们的国家为止。我相信，只要我们坚持斗争，胜利是一定会属于我们的。"

布鲁斯的一番话深深地打动了战士们，他们决心紧跟国王，重整旗鼓。布鲁斯又组成了一支勇敢的苏格兰军队，决心再同敌人进行第七次战斗。

1322年，战斗又打响了。

就这样，苏格兰人凭借坚韧的毅力，终于战胜了强大的英格兰军队，把侵略者赶出了苏格兰。

拿破仑曾经说过："我们应当努力奋斗，有所作为。这样我们就可以说，我们没有虚度年华，并有可能在时间的沙滩上留下我们的足迹。"青少年有的是时间，有的是青春，不要因一次的挫折就把自己彻底否定，只要你重新站起来，努力再努力，你就可以拥有成功。

坚定信念，坚忍不拔

由无坚不摧的持久心而做成的事业是神奇的。当一切力量都已逃避了，一切才智宣告失败时，持久心却依然坚守阵地。依靠忍耐力、依靠持久心终能克服许多困难。

伯纳德·帕里希在18岁时离开故乡，去追求自己的事业。按他自己的说法，那时候他"一本书也没有，只有天空和土地为伴，因为它们对谁都不会拒绝"。当时他只是一个不起眼的玻璃画师，然而，满腔的艺术热情促使他勇往直前。

一次，他被精美的意大利杯子完全迷住了，他过去的生活就这样完全被打乱了。此后，他经年累月地把自己的全部精力都投入到对瓷釉各种成分的研究中。因为从这时候起，他内心完全被另一种激情占据了——他决心要发现瓷釉的奥秘，看看它为什么能赋予杯子那样的光泽。

为了改进自己的试验，帕里希亲自动手用砖头建了一个玻璃炉。终于，到了决定试验成败的时候了，他连续高温加热了6天。可出乎意料的是，瓷釉并没有熔化，但他已经一文不名了。他只好通过向别人借贷来买陶罐和木材，并且想方设法找到了更好的助熔剂。准备就绪之后，他又重新生火，然而，直到燃料耗光也没有任何结果。他跑到花园里，把篱笆上的木栅栏拆下来充当柴火，但依然不能奏效；然后是他的家具，但仍然没有起作用。最后，他把餐具室的架子都一并砍碎，扔进火里，奇迹终于发生了：熊熊的火焰一下子把瓷釉熔化了。

秘密终于被揭开了。事实再次证明了这一点：锲而不舍，金石可镂。

勤快的人能笑到最后，耐跑的马才会脱颖而出。滴水穿石，绳锯木断。如果三心二意，哪怕是天才，终有疲惫厌倦之时；只有仰仗持久心，点滴积累，才能看到成功之日。

对于暂时的困难、短暂的痛苦，一般人是能够忍受的，但当希望较小而痛苦又旷日持久时，就唯有拥有持久心态者才能坚持。卡耐基指出："世界上大部分的重大事情，都是由那些在似乎一点希望也没有时，仍继续努力的人们所完成的。"在行动的最后阶段，更是对意志的考验，俗话说："行百里者半九十。"因为越到最后越觉得精疲力竭，只有拥有相当的持久心，才能一以贯之。

一个慈祥、和蔼、诚恳和乐观的人，再加上富有持久心的卓越品质，实在是非常幸运的，没有什么比竭尽全力、坚定意志去完成自己既定目标的人，更能获得他人的钦佩和敬仰。而那些意志不坚定，缺乏持久心的人，往往就要为别人所轻视，最终逃脱不了失败的命运。著名的作家芬妮·赫斯特的奋斗史就是一部有关信念的历程史。

芬妮·赫斯特 1915 年底带着成为一位名作家的梦想来到了纽约，但纽约给她的第一份礼物就是失败。她邮出去的文章都被退回。但她没有放弃，仍怀着梦想不停地写作，走遍了纽约的大街小巷，奔波于各个杂志社、出版社之间。当希望还是很渺茫的时候，她没有说："我放弃，算你赢了。"而是说："很好，纽约，你可能打倒了不少人，但是，绝不会是我，我会逼你放弃。"

她没有像别人那样，碰到一次退稿就放弃了，因为她决心要赢。4 年之后，她终于有一篇故事刊登在周六的晚报上，之前该报已经退了她 36 次稿。

随后，她得到的回报更是一发而不可收。出版商开始络绎不绝地出入她的大门。再后来是拍电影的人也发现了她。

事实上，很多人在失败后不是没有尝试过通过其他手段继续努力，他们也采取过行动，也有过辉煌的奋斗史。他们没有成功的原因之一就是他们让自己的奋斗永远成为历史了。他们轻言放弃。他们一切辉煌的过去，都因为放弃而黯然失色。他们正干得轰轰烈烈、红红火火的时候，突然发生了一个变故，使其遭受了损失和挫折。大多数未成功者都是在这个时候很轻易地就放弃了。于是奋斗者的行列中再也找不到他们的身影，他们的豪迈和自豪永远地成为了历史。他们没有成功可以炫耀，只能去炫耀历史。

我们不妨分析一下成功者，我们会发现他们走过的道路，都与失败顽强地抗争过，当挫折降临的时候，他们都坚定地说一句"还要干，绝不放弃"，都是以铮铮铁骨挺了过来。

成功只属于坚忍不拔并为之付出汗水的人。因为成功者大多会以这种精神来创造未来。也许你身处劣势，但如果你坚持不懈，黄土也会变成金子，沙漠也会变成绿洲。

智慧思考篇

第一章
思考＋记忆，加速人生之舟前行的马达

思考是一种深入的力量

一个人如何保持在生活里具有创意的快乐，对事物有精深的感受，有博大的思想，在生活中却又精确、清晰而有条理呢？——那就是思考。

詹姆斯·艾伦曾说："当一个人在思考时，他就因此而存在。"这指出了人存在的全部意义，那就是懂得思考。人是在思考中成长起来的，一个人的一言一行、喜怒哀乐、性格习惯等等，无不是思考使然。这就像幼小的种子不断地萌发，然后长成参天大树，树上的每一片叶子、每一朵花、每一颗果实，都含有这个种子的信息。同样的道理，人的行为也带有心灵思考的痕迹。

美国一位工程师和一位逻辑学家是莫逆之交。一次，两人相约赴埃及参观金字塔。到埃及后，有一天，逻辑学家住进宾馆后，便写起自己的旅行日记。工程师则徜徉在埃及的街头，忽然耳边传来一位老妇人的叫卖声："卖猫啊，卖猫啊！"

工程师顺着声音找去发现，在老妇人身旁放着一只黑色的雕塑猫，标价500美元。这位妇人解释说，这只玩具猫是祖传宝物，因孙子病重，不得已才出卖以换取住院治疗费。工程师用手一举猫，发现猫很重，看起来似乎是用黑铁铸就的。不过，那一对猫眼却是珍珠的。

于是，工程师就对那位老妇人说："我给你300美元，只买下两只猫眼吧！"

老妇人琢磨了一下，觉得行，就同意了。工程师回到了宾馆，高兴地对逻辑学家说："我只花了300美元竟然买下两颗硕大的珍珠！"

逻辑学家一看这两颗大珍珠，绝不止300美元，少说也值上千美元，忙问朋友是怎么一回事。当工程师讲完缘由，逻辑学家忙问："那位妇人还在那里吗？"

工程师回答说："她还坐在那里。想卖掉那只没有眼珠的黑铁猫！"

逻辑学家听后，忙跑到街上，给了老妇人200美元，把猫买了回来。

老朋友见后，嘲笑道："你呀，花200美元买个没眼珠的铁猫！"

逻辑学家却独自坐下来摆弄、琢磨这只铁猫，突然，他灵机一动，用小刀刮铁猫的脚，当黑漆脱落后，露出的是黄灿灿的一道金色的印迹，他高兴地大叫起来："不出我所料，这猫是纯金的！"

原来，当年铸造这只金猫的主人，怕金身暴露，便将猫身用黑漆漆过，俨然如一只铁猫。

对此，工程师十分后悔。此时，逻辑学家转过来笑着对他说："你虽然知识很渊博，可就是缺乏深入思考，分析和判断事情不全面、不深入。你应该好好想一想，猫的眼珠既然是珍珠做成，那猫的全身会是不值钱的黑铁所铸吗？"

正如逻辑学家所说的，思考能够带来智慧，促进原有的知识产生一股力量，可以吸引、带来财富，更可以带来思考过后收获的愉悦。

一个普通人，由平庸变成伟大一点也不出人意料。他只不过是在别人尚不觉察和思考时及时调整了自己的思考角度，改变了自己的思考和行为方式，而且实事求是地及时采取了行动而已。

一位名叫威廉·丹佛斯的人，小时候很瘦弱，他告诉朋友，他的志向也不远大。他对自己的感觉很差，加上瘦弱的身体，这种不安全感加深了。

但是，后来一切都改变了。他在学校里遇到一位好老师。有一天，这位老师私下把他叫到一旁说："威廉，你的思想错了！你认为你很软弱，就真会变成这样一个人。但是，事实并非一定会这样，我敢保证你是一个坚强的孩子。"

"你是什么意思？"这个小男孩问，"你能吹牛使自己强壮吗？"

"当然可以！你站到我面前来。"

小丹佛斯站到老师的面前去。"现在，就以你的姿势为例。它说明你正想着自己弱的一面。我希望你做的是考虑自己强的一面，收腹挺胸。现在，照我所说的做，想象自己很强壮，相信自己会做得到。然后，真正去做，敢于去做，靠自己的双腿站在世上，活得像个真正的男子汉。"

小丹佛斯照着他的话去做了。后来，他成为一家名为希瑞纳的公司的老总。人们最后一次见到他时，他已经85岁，仍然精力充沛、健康、有活力。他对人们讲的最后一句话是："记住，要站得直挺挺的，像个大丈夫！"

百年哈佛有句大家熟悉的谚语："一天的思考，胜过一周的蛮干。"要想我们的行动、生活更有力量，就需要进行积极思考。积极思考是一种思维模式，它使我们在面临弱势的情形时仍能寻求最好的、最有利的结果。换句话说，在追求某种目标时，即使举步维艰，仍有所指望。事实也证明，当你往好的一面想时，你便有可能获得成大事的能力。积极思考是一种深思熟虑的过程，也是一种主观的选择，更是一种积极进取的标志！

多问几个为什么，就多几分把握

美籍华人李政道教授一次在同中国科技大学少年班学生座谈时指出："为什么理论物理领域做出贡献的大都是年轻人呢？就是因为他们敢于怀疑，敢问。"他还强调说："一定要从小就培养学生的好奇心，要敢于提出问题。"

爱因斯坦说："提出一个问题比解决一个问题更重要。"能否提出独特的问题对一个人的创造能力是非常重要的。一个人善于动脑和思考，就会不断发现问题。对一个青少年而言，学会提问更是学习积极主动的表现，有疑而问，由问而思，有利于培养创新精神和创造能力；相反，如果提不出问题，说明你的学习过程还不够深入，对自身能力的培养还不到位。

爱因斯坦小时候发育比较迟缓，到了三四岁时还不大会说话。但是，他小小的脑袋里却装满了各种各样稀奇古怪的问题。他经常托着下巴，一副全神贯注思考的模样。他经常想："雨为什么会从天上掉下来？月亮为什么不会从天上掉下来？"

爱因斯坦四五岁时，爸爸给了他一个罗盘。他特别喜欢这个玩具，于是总是爱不释手地反复摆弄。渐渐地，爱因斯坦发现了一个奇怪的现象：罗盘的指针轻轻抖动、转动，但是只要一旦静止，涂着红色的一端总是指着北方，而另一端总是指着南方。

"这是为什么呢？"爱因斯坦陷入了思考。

于是，他开始不断地尝试，他先是小心翼翼地转动罗盘，想偷偷地让罗盘指针指向别的方向。但是，罗盘仿佛早就猜出了他的心思，让爱因斯坦失望的是，红色的一端仍然固执地指向北方。他继续琢磨着妙招，他突然猛转身子，想让罗盘措手不及，但等指针停来时，罗盘上红色的一端还是指向北方。

"真奇怪！"小爱因斯坦惊讶极了。

"为什么它总是指向南北，而不指向东西呢？"他喃喃地向自己提出了一个许多小朋友没有想到的问题。

这个罗盘显然紧紧地抓住了他的心，他为罗盘的指南性着了迷，也为自己提出的罗盘问题着了迷。他一个人玩着，尝试着，他痴痴地思考着，整天精神恍惚，甚至是沉默不语，他的父母还以为他生病了呢！

终于，他找到了一个答案："这根针的周围一定有什么东西在推着它！"他终于想到了是因为罗盘的周围藏着某个神秘的东西。

古人云："学贵有疑"、"学则须疑。"提问是获取知识的重要途径，去积极思考、积极主动地提问。学会提问，须经历一个从敢问到善问的过程。多参与社会实践活动，丰富自己的知识，与他人多交流、相处，提高自己的胆量，敢于在众人面前表现自己。

养成善于自我提问的习惯，能提出有价值的问题，是心到的结果，是解决问题的前提。从某种意义上说，学习的过程是一个不断提出问题、不断解决问题的过程。要养成"非思不问"的习惯，善于提问是建立在多思的基础上，这样提出来的问题才会是高质量的。而在你多提问的过程中，你也就多了几分把握，多了几成成功。

青少年要想成就大事，首先得学习思考，思考你自己，向自己提问题，只有这样才能在问题中把握方向，你成功的路才会越走越轻松！

我们都有思考、分析、储存大量的知识、发展智慧、评估、将知识做各种组合的能力，但这些能力，并没有得到真正的开发，据科学家证实，像爱因斯坦、苏格拉底和爱迪生这些天才，他们也只用了不到10％的脑力。

如何运用和发展你的思考能力呢？以下方法可供你尝试：

1. 清洗你的思想。把所有不定和自我失败的思想过滤掉，并一直以积极、肯定的方式来思考问题。

2. 警觉训练。你的思想会因训练而成长，使你的"思维雷达"不断工作。

3. 培养你的理解力，让自己去做一些新的组合游戏。

4. "喂饱"你的思想。读、听和观察一切事情，要确定你的脑子一直有东西在输入。

5. 培养好奇心。对你不懂的事提出问题来，发展你的想象力。

6. 组织你的思想。实践你已知道的事，发现你所不知道的事。

7. 要有开放的心，绝不视任何主意为无用。倾听跟你观点不同的人的建议，任何人都有东西让你去学。

8. 客观地实践，永远肯去查明跟你不同的意见或方法。

9. 训练你的思想来为你工作。让你的脑子做你要它做的事，而且当你要它做的时候才做。

10. 培养常识，真正的智慧是学以致用。

不做他人思想的附庸

人生好比一张白纸，你可以在白纸上用不同的色彩描画你未来的蓝图。但是，如果你漫无目的地画，你手中的画笔就会被人夺走。爱因斯坦曾经说过："要是没有能独立思考和独立判断的有创造能力的个人，社会的向上发展就不可想象。"

一个人如果总感觉自己不如别人，尽管他实际上可能是有能力的，但他的表现也确实不如别人，因为思想主宰行动。一个人心里是怎么想的，他的行为就会反映出来，没有任何伪装能够把这种感觉长期遮盖起来。

也就是说，一个人如果觉得自己没有独立做事的能力，不可能超越其他的人，那么他就真的不会独立，只能跟在别人的身后。

有位才女不但琴棋书画无所不通，口才与文采也是无人可比。大学毕业后，在学校的极力推荐下，才女去了一家小有名气的杂志社工作。谁知就是这样的一个让学校都引以为自豪的人物，在杂志社工作不到半年就被炒了鱿鱼。

原来，在这个人才济济的杂志社内，每周都要召开一次例会，讨论下一期杂志的选题与内容。每次开会很多人都争先恐后地表达自己的观点和想法，只有才女总是悄无声息地坐在那里一言不发。她原本有很多好的想法和创意，但是她有些顾虑，一是怕自己刚刚到这里便"妄开言论"，被人认为是张扬，是锋芒毕露；二是怕自己的思路不合主编的口味，被人看作幼稚。就这样，在沉默中她度过了一次又一次激烈的讨论会。有一天，她突然发现，这里人们都在力陈自己的观点，似乎已经把她遗忘在那里了。于是她开始考虑要扭转这种局面。但这一切为时已晚，再没有人愿意听她的声音了，在所有人的心中，她已经根深蒂固地成了一个没有实力的花瓶人物。最后，她终于因自己的过分沉默而失去了这份工作。

让自己仅仅是跟在别人身后的理由真是太多了，但是如果没有敢于突破的勇气，不做自己想做的事，只会成为平庸者。而敢想就会有欲望，欲望一旦被利用就是力量。

保罗·盖蒂在取得成功前有过3次失误。第一次是在保罗·盖蒂年轻的时候，他买下了一块他认为相当不错的地皮，根据他的经验和判断，这块地皮下面会有相当丰富的石油。他请来一位地质学家，对这块地进行考察。专家考察后却说："这块地不会产出一滴石油，还是卖掉为好。"盖蒂听信了地质专家的话，将地卖掉了。然而没过多久，那块地上却建成了高产量的油井，原来盖蒂卖掉的是一块石油高产区。

保罗·盖蒂的第二次失误是在 1931 年。由于受到大萧条的影响，经济很不景气，股市狂跌。盖蒂认为美国的经济基础是好的，随着经济的恢复，股票价格一定会大幅上升。他于是买下了墨西哥石油公司价值数百万美元的股票。随后的几天，股市继续下跌，盖蒂认为股市已跌至极限，用不了多久便会出现反弹。然而他的同事们却竭力劝说盖蒂将手里的股票抛出，这些被大萧条弄怕了的人们的好心劝说，终于使盖蒂动摇了，最终将股票全数抛出。可是后来的事实证明，盖蒂先前的判断是正确的。

保罗·盖蒂最大的一次失误是在 1932 年。他认识到中东原油具有巨大的潜力，于是派出代表前往伊拉克首都巴格达进行谈判，以取得在伊拉克的石油开采权。和伊拉克政府谈判的结果是，他们获取了一块很有前景的地皮的开采权，价格只有几十万美元。然而正在此时，世界市场上的原油价格产生了波动，人们对石油业的前景产生了怀疑，普遍的观点是，这个时候在中东投资是不明智的。盖蒂再一次推翻了自己的判断，令手下终止在伊拉克的谈判。

1949 年盖蒂再次进军中东时，情况和以先已经大不相同，他花了 1000 多万美元才取得了一块地皮的开采权。

保罗·盖蒂的 3 次失误，使他白白损失了一笔又一笔的财富。他总结自己这些年的失败说："一个杰出的商人应该坚信自己的判断，不要迷信权威，也不要见风使舵。在大事上要有自己的主见，以正确的思维方法战胜一切！"

在以后的岁月中，保罗·盖蒂吸取教训，屡战屡胜，最终成为全美的首富。

如果你总躲在别人的背后，那么你只能一辈子碌碌无为。

青少年朋友大可不必把自己的命运交给别人来决定，青少年要学会独立思考，要想成功，必须把思考的权利掌握在自己手里。

明确记忆意图，增强记忆效果

很多青少年都有这样的体会：课堂提问前和考试之前看书，记忆效果比较好，这主要是因为他们记忆的目的明确，知道自己该记什么，到什么时候记住，并知道非记住不可。这种非记住不可的紧迫感，会极大地提高记忆力。

原南京工学院讲师韦钰到德国进修，靠着原来自修德语的一点基础，仅用了四个月的时间就攻下了德语关，表现出惊人的记忆能力。这种惊人的记忆力与"一定要记住"的紧迫感有关，而这种紧迫感又来自韦钰正确的学习目的和研究动机。

韦钰的事例证明，记忆的任务明确，目的端正，就能发掘出各种潜力，从而取得较好的记忆效果。一般来说，重要的事情遗忘的可能性比较小，就是这个道理。

不少人抱怨自己的记忆能力太差，其实这主要是在于学习的动机和目的不端正，学习缺乏强大的动力，不善于给自己提出具体的学习任务，因此在学习时，就没有"一定要记住"的紧迫感，注意力就不容易集中，使得记忆效果很差。

反之，有了"一定要记住"的认识，又有了"一定能记住"的信心，记忆的效果一定会好的。

心理学家做过这样一个实验：他们请老师给两个班的同学布置了默写课文的作业，都说第二天测验，第二天果真测验了，结果两个班成绩差不多。测验后，只告诉一班同学两星期后还要测验一次，二班同学不知道。两个星期后又进行测验，一班同学的成绩比二班同学要好得多（一班同学在测验前也没有复习）。这说明，并不是一班同学比二班同学更聪明，记忆更好，而是由于老师在第一次测验后，对一班提出更长久的记忆目标，结果一班同学就记得长久些。

基于以上原因，青少年朋友在记忆之前应给自己提出识记的任务和要求。例如，在读文章之前，预先提出要复述故事的要求；去动物园之前，要记住哪些动物的外形、动作及神态，回来后把它们画出来，贴在墙壁上。这就调动了在进行这些活动中观察、注意、记忆的积极性。

另外，光有目的还不行，如很多学生在考试之前，花了很多时间记忆学习，但考试之后，他努力背的那些知识很快就忘记了，因此，记忆时提出的目的还应该是长远的、有意义的、有价值的、有一定难度的。记忆目标是由记忆目的决定的。要确定记忆目标，首先要明确记忆的目的，即为了什么去进行记忆，然后根据记忆目的确定具体的记忆任务，并安排好记忆进程。对于较复杂的、需要较长时间来进行记忆的对象来说，应把制定长远目标和制定短期目标相结合，把长远目标分成若干不同的短期目标，通过跨越一个个短期目标去实现长远目标。

明确记忆目标，主要不是一个记忆的技巧问题，而是人的记忆动机、态度、意志的问题。在强大的动机支配下，用认真的态度和坚强的意志去记忆，这就是明确记忆目标的实质。青少年懂得记忆的意义后，便会对记忆产生积极的态度。

确定记忆意图还要注意以下两个方面：

1. 要注意记忆的顺序

例如，记公式，首先要理解公式的本质，而后通过公式推导来记住它，再运用图形来记住公式，最后是通过做类型题反复应用公式，来强化记忆。有了这样一个记忆顺序，就一定会牢记这些数学公式。

2. 记忆目标要切实可行

在记忆学习中，确立的目标不仅应高远，还要切实可行。因为只有切实的目标才真正会激发人们为之奋斗的热情，才使人有信心、有把握地把目标变为现实。

总之，要使自己真正成为记忆高手，成为记忆方面的天才，你首先要做的就是要有一个明确的记忆意图。

找到记忆的诀窍

目前，随着"神童"的不断涌现，神奇记忆、天才记忆、魔力记忆等纷纷登场。其实，只要按照记忆规律，科学地去进行记忆，那么青少年的记忆力就能很快增强。下面介绍几种记忆方法，以供青少年朋友参考：

1. 三字法

马克思具有非凡的记忆力，即使在谈话时，也可随时指出书中的有关引文或数字。他的秘诀只有三个字：博、记、读。

博：由于马克思一生博览了各国的历史、哲学、政治经济学和文学等书籍，学识渊博。因此，对书中的理论问题领会快，理解深，记得牢。

记：有时马克思一个片段要看上好几遍，并在疑难地方用铅笔做出记号，重点记忆。当发现作者有错误的地方，就打上个问号或惊叹号。发现重要段落和语句，就用横线标出来或将它摘录下来。

读：马克思在青少年时代，就对语言特别感兴趣，他用外国语背诵海涅、歌德、但丁和莎士比亚等名人的诗歌作品，借以锻炼自己的记忆力。每隔一段时间，他就重读一次他的笔记本和书中的摘句，用来巩固记忆。

2. 反遗忘法

德国心理学家日耳曼·艾滨浩斯经过反复实验，发现遗忘是有规律的，将其绘成一条曲线，这就是著名的艾滨浩斯遗忘曲线。该曲线认为，识记过的事物，第一天后被遗忘的最多，遗忘率达 55.8%，保存率仅为 44.2%；一个月以后的保留量为 21.9%。自此以后就基本上不再遗忘了。这条曲线形象地表明了遗忘的一个重要规律是先快后慢。

遗忘的反面就是记忆，遗忘的少，记忆的就多，它们是成反比关系的。为了减少遗忘，每天所学过的各门知识，当天就要及时复习，学完一个单元后再复习一遍，考试前再复习一遍，这样对所学过的知识就能很好地记住了。

3. 理解记忆法

对材料在理解的基础上进行加工处理后再进行记忆是理解记忆法的基本条件。有些材料，如科学概念、范畴、定理、法则和规律、历史事件、文艺作品等，都是有意义的。青少年记忆这类材料时，一般都不要采取逐字逐句死记硬背的方式，而是首先理解其基本含义，即借助已有的知识经验，通过思维进行分析综合，把握材料各部分的特点和内在的逻辑联系，使之纳入已有的知识结构，以便保持在记忆中。

4. 多感官记忆法

要记忆外部信息，必先接受这些信息，而接受信息的"通道"不止一条，有视觉、听觉、动觉、触觉等。有多种感觉、知觉参与的记忆，叫做多感官记忆法。这种记忆方法效果比单一记忆强得多。

多感观记忆法动员脑的各部分协同合作，来接收和处理信息。这种方法在掌握各种语言文字的过程中效果最显著。因为不论哪一种语言，学习目的总是为了读、写、听、说，这四种能力恰恰涉及信息输入和输出的四种不同的感官通道。因此，青少年在学习语文、外语等课程时，最好采用感官记忆法。

5. 快乐记忆法

学习前先想想愉快的事情，看看令人愉快的东西，听听令人愉快的音乐，会有助于心情的平静，从而提高记忆力。把学习与自己的抱负联系起来，把学习与想象中的成功的喜悦联系起来，会大大提高记忆力。

6. 刺激大脑法

要使我们的脑细胞永葆青春，关键在于要常常给予刺激。观察一下我们的日常生活，这种情况也可以立刻得到理解。像松下幸之助那样的企业家或者政治家和学者等，都经常处于接受新刺激的环境中，所以过了 70 岁还是朝气蓬勃、机智敏锐。可是，我们也能看到，由于不是处于上述环境中，有的人不到 60 岁就已经神志不清了。更有甚者，有的人不到 40 岁就开始变得痴呆了。

7. 联想记忆法

联想，就是当人脑接受某一刺激时，浮现出与该刺激有关的事物形象的心理过程。

一般来说，互相接近的事物、相反的事物、相似的事物之间容易产生联想。用联想来增强记忆是一种很常用的方法。美国著名的记忆术专家哈利·洛雷因说："记忆的基本法则是把新的信息联想于已知事物。"

例如，气球、天空、导弹、苹果、小狗、闪电、街道、柳树等8个词，你可以发挥自己的奇特想法，把它们串联起来：我被气球吊上天空，骑在一颗飞来的导弹上，导弹射出一个苹果，掉在小狗头上，小狗受惊后像一道闪电似的奔跑，窜过街道，撞在柳树上，死了。这样联系起来后，8个词的记忆就易如反掌了。

8. 观察记忆法

经过辛苦的查询和一番周折而拜访了一次朋友的家以后，往往比看地图或听人告诉更不易忘记地址。这是因为，用眼睛观察比看图或耳闻都能更清楚地记住目的地。

同样，就高尔夫球和麻将的规则来说，实际到球场去打球，或到牌桌上去打牌，比读书记忆得更快。这是因为，仔细地观察会提高记忆力。

另外，还有一些较适用的方法：直观形象记忆法，如电视教学；归纳记忆法，即对知识进行条理化、系统化归纳，诸如示意图、表格、摘要等；联系实际记忆法，如做实验，看标本；分解记忆法：即将整体分解为个体，先记住个体，再连贯起来记住整体；重复记忆法：安排复习时间，不断重复练习；顺口溜记忆法：将要记的内容编成顺口溜加以记忆等。

提高记忆力，需要注意的一个要点是，针对不同的记忆内容选择适合的方法，并注意劳逸结合，才能最有效地提高记忆力。

用思维导图发掘你惊人的记忆力

思维导图是运用图文结合的技巧，表达发射性思维的有效的思维工具。放射性思考是人类大脑的自然思考方式，每一种进入大脑的资料，不论是感觉、记忆或是想法，包括文字、数字、符码、食物、香气、线条、颜色、意象、节奏、音符等，都可以成为一个思考中心，并由此中心向外发散出成千上万的关节点，每一个关节点代表与中心主题的一个联结，而每一个联结又可以成为另一个中心主题，再向外发散出成千上万的关节点，而这些关节的联结可以视为你的记忆。思维导图是最能善用左右脑的功能，借颜色、图像、符码的使用，有效增强你的记忆能力，最高效地提高你的记忆速度的思维方式。

让我们举一个简单的例子来说明这个观点：

　　上课听讲一般都需要记笔记，笔记常常不能及时将课堂上老师讲的内容进行归纳总结，课堂上的笔记也仅仅是对老师讲解内容的机械复制（而且这种复制常常是不完全的），相互之间没有关联、没有重点。等到课后再想总结，由于时过境迁，对授课内容记忆已经不再完全，课堂笔记便成为残缺不全的、不系统的知识记录，对于今后复习的价值已经不大。

　　而如果你采用"思维导图"为工具记录笔记，那么将老师讲解的一些可信内容记下来，并且将这些核心内容之间的联系用线条连接起来。此时，你的思维重点、思维过程以及不同思路之间的联系就可以清晰地呈现在图中。这样的课堂笔记不仅能够迅速帮你进行归纳总结，而且整堂课的授课过程也被形象地记录在图中，以后复习时，只需将这幅图从头到尾再过一遍，那么当时的授课情景就会在你的脑海里重现一遍，这对于今后的复习无疑也是极大的帮助。

　　与传统记忆方法不同的是，采用思维导图记忆法更易于在关键词之间产生清晰合适的联想，人会处在不断有新发现和新关系的边缘，鼓励思想不间断和无穷尽地流动，这样大脑不断地利用其皮层技巧，越来越清醒，越来越愿意接受新事物，记忆力和联想力都得到了发展。

　　那么该如何绘制思维导图呢？

　　1. 拿到课本例如《背影》用大约 10 分钟的时间，对于所要记忆的内容作一个整体的了解，根据书本的目录做一张思维导图。

　　2. 根据课本的目录、自己对课本内容的难易度了解，把自己准备投入的时间分配到书的各个章节，并把它标注到我们刚刚完成的思维导图上。时间 5 分钟。

　　3. 选取书中的第一章，浏览《背影》课本的内容，并用彩色铅笔把书中看到的关键词、概念、名词解释，用不同的颜色进行标注。看完第一遍后，再顺着我们刚才标注的关键词，再一次进行快速阅读。如果有遗漏的内容，及时作出标注。时间 10 分钟至 30 分钟。

　　4. 根据自己标注的关键词制作思维导图，如有不清楚的内容，可以作出标记，继续阅读下面的内容，直至整个本章的思维导图做完。如果本章的内容分节太多或内容量太大，可以分成几张思维导图来制作。时间大约 10 分钟。

　　5. 学完文章后，需要检测自己对本章的知识掌握的情况如何。可以拿出一张空白纸，合上书本，根据自己的记忆和理解画出思维导图。画完后，把它与自己通过看课本做的思维导图，进行比较和对照，看看哪些知识和内容自己已经掌握，然后对相应的内容进行强化学习。

　　6. 依次按照上面的 2 到 5，分别作出其他文章的思维导图的学习和复习。

　　7. 把所有的内容完成的思维导图汇总成一张大的思维导图，对这张图进行复制，并做本书的总的知识的掌握。

　　在我们平常的学习过程中，我们就应该注意把课堂和书本的知识，把它们用思维导图整理好。临近考试时，把学习笔记进行小结，并制成思维导图。然后把思维导图上色，突出重点，并为每门功课制作一张巨大的、总的思维导图，还可在每门课程各章节中插入一些事例，以帮助自己加强记忆。通过这种方式，就能弄清楚一些更详细内容是在何处以何种方式连接起来的。此外，对课程也有更好的整体认识，这样，就可以十分精确地回忆，"蜻蜓点水"般地在该门课程的各个章节之间穿行。

坚持每周复习一次思维导图，越临近考试就要越有规律。试着不看书或者不看其他的任何笔记来回忆思维导图，并简要地画出自己所能记忆的知识以及对这门课程的理解的思维导图，并将这些思维导图与总的思维导图进行对比，找出其中的差别。然后再进一步做整理和修正，加强对于还未掌握好的那部分的记忆。

利用最有效的时间记忆

提高记忆力中最直接、也最好实现的小窍门在于——利用最有效的时间记忆，也就是说，如果你晚上的记忆最佳，那就利用晚上的时间记忆。

青少年朋友们认为想要保证高效的学习首先就要保证的是有良好的作息时间规律，而"利用最有效的时间记忆"看似和保证良好作息时间之间存在矛盾，但其实不然。虽然建议青少年朋友们最好不要熬夜，晚上一定要充分休息，主要是因为熬夜伤害身体，全身的各个器官无法得到妥善休息，从而影响记忆与学习，但任何事情都不能一概而论。

一般来说，看书 50 分钟，就应该让自己休息 10 分钟，可以起身做个伸展运动，到处走动走动，喝点水，让自己深呼吸，或者轻轻闭上眼睛，完全放松 10 分钟。但如果此时你记忆得非常投入，就不必拘泥于"现在一定要起身休息"的原则，因为有时候在非常投入的阶段被打断，注意力和集中力很难恢复原有的水平，结果休息反而使你的记忆效率打了折扣。

记忆时间、睡眠时间、休闲时间的安排应该灵活，不必迷信固定的生理时钟。有些人会说："我愈到晚上精神愈好，记忆效率愈佳！"也有些人对这种情形不以为然，认为晚上不睡觉是有碍健康的，应该强迫自己调回"正常"的生理时钟。但强迫自己调整有可能会招来更严重的反效果——白天精神涣散，夜晚早早就躺在床上翻来覆去，结果使睡眠质量更加低下。

其实，一日中的最佳记忆时间因人而异，大体来讲，主要有百灵鸟型、猫头鹰型、亦此亦彼型及混合型四种。

1. 百灵鸟型

有些习惯于"日出而作，日落而息"的人感悟到，一到白天就像百灵鸟那样欢快——脑细胞进入高度兴奋状态，记忆效率在某一时间段特别高。据说，艾青的最佳写作时间是上午 8～9 点钟。有的人最佳记忆时间是在上午 8 至 10 点钟，午睡后的 2 至 3 点钟的记忆效率也很高。

2. 猫头鹰型

有些习惯于夜战的人感悟到，一到夜间就像猫头鹰那样活跃——脑细胞进入高度兴奋状态，记忆效率在某一时间段特别高。

中国有些名人待夜幕一降临便身心俱安，养成了夜间写作的习惯，像鲁迅、巴金、何其芳等。法国作家福楼拜有挑灯写作、彻夜不眠的习惯，以致通宵亮着的灯光竟然成了塞纳河上的航标。

3. 亦此亦彼型

有些人则感悟到，起床后或临睡前的一段记忆时间效率最高，思维也最敏捷。

中国的姚雪垠、陈景润等习惯于早晨 3 点钟开始工作。

美国小说家司格特说过，觉醒和起床之间的半小时才是非常有助于他发挥创造性的工作的黄金时刻。

达·芬奇喜欢在睡觉前或睡醒后，独自于黑暗中躺在床上，将自己已研究过的物体的轮廓以及其他经过深思熟虑而理解了的事物，运用想象回忆一遍，以加深印象。

4. 混合型

有些人既有百灵鸟的最佳记忆时间段，又有猫头鹰型的最佳记忆时间段，即一日内有两个最佳时间段。

美国有人对一百多名医院护士进行了每日中不同时间段的记忆功能测验，结果发现：一些人的最佳记忆时间是上午的 8 至 10 点钟和晚间的 8 至 10 点钟。

他们的感悟是，经过一夜睡眠，大脑疲劳的细胞得到充分的休息，对事物的反应、联想都很敏捷，思维能力较强；夜间安静，注意力易于集中，思维迅捷。

总之，根据自己的生理特点找出可以让自己达到最高记忆效率的时间，这样记忆才能达到最佳效果。这里介绍一种方法可以测定你的最佳记忆时间：

将一天的学习时间按小时分为若干时区。选择四五组（每组 20 个，音节长短、难度相当）未学过的外语单词，分别在早晨、上午、下午和晚上各有代表性的时区进行背诵，并分别记录背诵的时间或次数。24小时后再分别复查自己各时区的记忆成绩。复查时用重学法记下重学所用的时间或次数；用回忆法记下回忆的成绩，计算回忆量（与原来记忆总量的百分比）。这样，将前次所用时间或次数与后次的记忆成绩作比较，各时区中两者的比值为优的，那就是你的最佳记忆时区。

第二章
摆脱思维定式，拨开云雾见青天

冲出经验的怪圈

拿破仑一生中令人叹服的一大战绩，就是成功地跨越了高峻的阿尔卑斯山，以出奇制胜的方式把奥地利军队打得落花流水，顷刻间土崩瓦解。

当时人们都认为，阿尔卑斯山是"天险"，没有一支军队可以翻越。但拿破仑心中早拟好了翻越的具体方案，据此对士兵加以训练，因此他率领军队成功地越过了天险。

当位于阿尔卑斯山另一边的奥地利军队，发现数万法军正在逼近首都时，他们甚至以为这支军队是"天降神兵"！当奥军准备调兵迎战时，却为时已晚。

拿破仑善于出奇制胜，赢得了无数次的大小胜利。而导致他最终垮台的原因，却正是因为他曾经赢得了太多的战争。赢的次数多了，人就会自满，并且会用以前的经验来应付新的战争。可是事实证明，经验并不足以应付纷繁复杂的新情况，将经验套用在新形势上，无异于缚住了自己的手脚，等于作茧自缚，自毁前程。

当法军入侵俄国时，俄国大将库图佐图创造了一个焦土战术。这是拿破仑以前从未碰到过的，所以在俄军面前简直不知所措，无所适从。

每当看到法军，俄军便向后撤，并把所有他们认为可能落入法军手中的房屋和补给品统统烧掉。法军一直在追，俄军一直在退，沿途法军所见的尽是熊熊烈火。

拿破仑率军队追到莫斯科时，发现首都也是一片火海，克里姆林宫居然也被俄军给点燃了。拿破仑感到俄国人简直疯了！不过，他很快发现，法军找不到任何粮食和驻扎的房屋，从法国运送的补给品也遥遥无期。当时正值冬天，法军饥寒交迫，根本无法立足。

拿破仑此时才发觉形势十分不妙，便匆匆下令撤军。可是为时已晚，俄军反退为进，转守为攻，追击法军。在仓皇撤退的路途中，士气低落的法军又遭到俄军的追击，终于在滑铁卢战败投降。

拿破仑所遭受的惨败，完全是盲目照搬自己以前成功经验的缘故。因此可以说，拿破仑不是败在敌军的手上，而是败在他自己的手上，是他成功的经验给他带来了失败的结果。

每个人都有各种各样的经验，同时又会从别人那里看到很多经验。对于经验，必须辩证地看待，灵活地运用。因为经验是一个既有用又无用、既有利又有害的东西，用得好可以使你继续成功，用得不好则会让你一败涂地。人既不能完全拒绝经验，也不要轻易上了经验的当。

古希腊有一个"戈迪阿斯之结"的故事：

凡是来到弗里吉亚城的朱庇特神庙的外地人，都会被引导去看戈迪阿斯王的牛车。人们都交口称赞戈迪阿斯王把牛轭系在车辕上的技巧。

"只有很了不起的人才能打出这样的结。"其中有人这样说。

"你说得很对，但是能解开这结的人更了不起。"庙里的神使说。

"为什么呢？"

"因为戈迪阿斯不过是弗里吉亚这样一个小国的国王，但是能解开这个结的人，将把全世界变成自己的国家。"神使回答。

此后，每年都有很多人来看戈迪阿斯打的结。各个国家的王子和政客都想打开这个结，可总是连绳头都找不到，他们根本就不知从何着手。

戈迪阿斯王已经死去几百年之久，人们只记得他是打那个奇妙的结的人，只记得他的车还停在朱庇特的神庙里，牛轭还是系在车辕的一头。

有一位年轻国王亚历山大，从遥远的马其顿来到弗里吉亚。他征服了整个希腊，他曾率领不多的精兵渡海到过亚洲，并且打败了波斯国王。

"那个奇妙的戈迪阿斯结在什么地方？"他问。

于是有人领他到朱庇特神庙，那牛车、牛轭和车辕都还原封不动地保留着原样。

亚历山大仔细察看这个结。他对身边的人说："过去许多人打不开这个结，都是陷入了一个窠臼，都认为只有找到绳头才能将结打开，我不相信我不能打开这个结。我也找不到绳头，可是那有什么关系？"说着，他举起剑来砍，把绳子砍成了许多节，牛轭就落到地上了。

亚历山大说："这样砍断戈迪阿斯打的所有的结，有什么不对？"

接着，他率领他那人马不多的军队踏上了征战亚洲之路。

没有人能够因跟随经验而获得成功。哪怕他是跟随一个伟大的成功者。做事的资本不能从抄袭、模仿中得来。亚历山大之所以成功地做了亚洲王，就是因为他坚持自己的实践。

囿于经验不敢创新的人我们称之为"先例的奴隶"或者"先例的崇拜者"，因为他们把困难当做不可能，总是在说"这不会做，那不可能"，殊不知，世界上哪一件新事物不应归功于古往今来的先例破坏者呢？现代人生活中的种种安适、便利、奢华、幸福，又有哪一件不曾经是这些先例的破坏者们脑海中的产物？

突破定势思维

很多时候，阻碍我们进步和创新的并不是未知的知识，而是已知的知识。要培养自己的创新能力，我们就应当突破自己的思维定势，学会换一个角度看事物。下面一个小故事形象地说明了思维定势对人判断力的影响。

李凡是一所中学的心理辅导老师。一天，他对某中学的一个特长班的学生做了一次智力测试，结果发现这个班的学生得分很高，智商属于"天赋极高"之列。面对这群日益骄傲的少年，刚公布完答案的李老师笑了。他对同学们说："嗨，同学们，我来出一道题考考你们的智力，出一道思考题，看你们能不能回答正确？"

教室里安静下来，同学们纷纷表示同意。李老师便开始说思考题："有一位聋哑人，想买几根钉子，就来到五金商店，对售货员做了这样一个手势：左手食指立在柜台上，右手握拳做出敲击的样子。售货员见状，先给他拿来一把锤子，聋哑人摇摇头。于是售货员就明白了，他想买的是钉子。"

李老师接着说："聋哑人买好钉子，刚走出商店，接着进来一位盲人。这位盲人想买一把剪刀，请问：盲人将会怎样做？"

不少同学随口答道："盲人肯定会这样——"他们伸出食指和中指，做出剪刀的形状。听了同学们的回答，李老师开心地笑起来："是吗？这是正确答案吗？盲人想买剪刀，只需要开口说'我买剪刀'就行了，他为什么要做手势呀？"

同学们沉默了，只得承认自己的回答错误。而李老师在考问他们之前就认定他们肯定要答错。如果走不出自己的思维定势，即使有一个高高的智商分数也不会拥有高智能，当然更不会培养出创新的品质。

突破定势思维是打开创新之门的钥匙。日本丰田汽车公司的创造人丰田喜一郎说过这样的话："如果我取得了一点成功的话，那是因为我对什么问题都倒过来思考。"

犹太人以善于经商而闻名世界。他们在商业上的成功不仅得益于他们的精明和勤奋，而且还和他们善于打破常规思维的创新品质有关。有一个例子很好地展示了犹太人善于打破常规、积极创新的一面。

有一天，一个犹太人走进纽约的一家银行，来到贷款部，大模大样地坐了下来。

"请问先生有什么事情吗？"贷款部经理一边问，一边打量着来人的穿着：豪华的西服、高级皮鞋、昂贵的手表，还有领带夹子。

"我想借些钱。"

"好啊，你要借多少？"

"1美元。"

"只需要1美元？"

"不错，只借1美元。可以吗？"

"当然可以，只要有担保，再多点也无妨。"

"好吧，这些担保可以吗？"

犹太人说着，从豪华的皮包里取出一堆股票、国债等，放在经理的写字台上。

"总共50万美元，够了吧？"

"当然，当然！不过，你真的只要借1美元吗？"

"是的。"说着，犹太人接过了1美元。

"年息为6％。只要您付出6％的利息，一年后归还，我们就可以把这些股票还给你。"

"谢谢。"

犹太人说完，就准备离开银行。

一直在旁边冷眼观看的分行长，怎么也弄不明白，拥有50万美元的人，怎么会来银行借1美元这种事情。他慌慌张张地追上前去，对犹太人说：

"啊，这位先生……"

"有什么事情吗？"

"我实在弄不清楚，你拥有50万美元，为什么只借1美元呢？你要是想借30万、40万美元的话，我们也会很乐意的……"

"请不必为我操心。只是我来贵行之前，问过了几家金库，他们保险箱的租金都很昂贵。所以嘛，我就准备在贵行寄存这些股票。租金实在太便宜了，一年只需花6美分。"

贵重物品的寄存按常理应放在金库的保险箱里，对许多人来说，这是唯一的选择。但犹太商人没有囿于常理，而是另辟蹊径，找到让证券等锁进银行保险箱的办法。从可靠、保险的角度来看，两者确实是没有多大区别的，除了收费不同。由此可见，创新就在于你能不能从一些常规的思维或者是一些已成定论的事实中跳出来，换个角度来看问题。

很多人不敢打破常规的思维方式，所以他们走不出宿命般的可悲结局，而一旦走出了思维定势，也许可以看到许多别样的人生风景，甚至可以创造新的奇迹。

成功不是命，而是创造性思维的结果。每个人都渴望成功，只有打破常规思维，才能突破常规生活。只要积极思考，发挥创新思维，你就能在平凡的生活中找到成功路，实现成功梦想。

掌握几种思维方法

思维方法，简单地说就是思路，就是思考问题的路线、途径。思考问题都要遵循一定的路线途径，也就是都要运用一定的思维方法。碰到困难时，学会用正确的思维方法去思考，往往很轻易就找到了解决的方案。下面，我们简要地介绍三种常用的思维方法，供青少年朋友参照。

1. 发散思维法

发散思维又叫辐散思维、求异思维。根据已有信息，从不同角度不同方向思考，从多方面寻求多样性答案的一种展开性思维方式。

发散思维是不依常规，寻求变异，对给出的信息从不同角度、向不同方向、用不同方法或途径进行分析和解决问题的。没有想象和联想思维能力，就无法形成发散思维。发散思维是创新思维最重要的成分之一。

在一次欧洲篮球锦标赛上，保加利亚队与捷克斯洛伐克队相遇。当比赛剩下 8 秒钟时，保加利亚队以 2 分优势领先，一般说来，已稳操胜券。但是，那次锦标赛采用的是循环制，保加利亚队必须赢球超过 5 分才能取胜。可是，仅用剩下的 8 秒钟再赢 3 分，谈何容易。

这时，保加利亚队的教练突然请求暂停。许多人对此举付之一笑，认为保加利亚队大势已去，被淘汰是不可避免的，教练即使有回天之力，也很难力挽狂澜。

暂停结束后，比赛继续进行。这时，球场上出现了众人意想不到的事情，只见保加利亚队员突然运球向自家篮下跑去，并迅速起跳投篮，球应声入网。这时，全场观众目瞪口呆，全场比赛时间到。但是，当裁判宣布双方打成平局需要加时赛时，大家才恍然大悟。保加利亚队这出人意料之举，为自己创造了一次起死回生的机会。加时赛的结果，保加利亚队赢得了 6 分，如愿以偿地出线了。

2. 联想思维法

联想思维是指人们在头脑中将一种事物的形象与另一种事物的形象联系起来，根据它们之间共同或类似的规律，从而解决问题的思维方法。

1944 年 4 月，苏军决定歼灭盘踞在彼列科普的德军，解放克里木半岛。4 月 6 日，已进入春季的彼列科普突降大雪，放眼望去，大地一片银装素裹。苏联集团军炮兵司令在暖融融的掩蔽体里，注视着刚进来的参谋长，只见他双肩落满了一层薄薄的雪花，其边缘部分在室内的暖气中开始融化，清晰地勾画出肩章的轮廓。司令员突然联想到：天气转暖，故军掩体内的积雪也将融化，为了避免泥泞，他们肯定要清除掩体内的积雪，暴露其兵力部署。于是，司令员立即命令对德军阵地进行连续侦察和航空摄像。苏军只用了 3 个多小时，就从敌军前沿阵地积雪出现湿土的情况中，推断出敌人的兵力部署。苏军立即调整了进攻力量，一举突破防线，解放了克里木半岛。

3. 超前思维法

超前思维，是指多角度、全方位地分析事物的历史和现状，从现实出发，认识未来，把握未来的发展趋势，获得常人不能得知的信息，从而提前做出正确判断的思维方式。它一旦被人们所掌握，就会对事业成功起巨大的推动作用。

二战后，战胜国决定在美国纽约建立联合国。可是，在寸土寸金的纽约，要买一块地皮，刚刚成立的联合国机构还身无分文。让世界各国筹资，牌子刚刚挂起，就要向世界各国搞经济摊派，负面影响太大。况且刚刚经历了第二次世界大战的浩劫，各国政府都财库空虚，甚至许多国家都是财政赤字居高不下。联合国对此一筹莫展。

听到这一消息后，美国著名的家族财团洛克菲勒家族经过商议，便马上果断出资 870 万美元，在纽约买下一块地皮，将这块地皮无条件赠予了这个刚刚挂牌的国际性组织——联合国。同时，洛克菲勒家族亦将毗连这块地皮的大面积地皮全部买下。

对洛克菲勒家族的这一出人意料之举，当时许多美国大财团都吃惊不已，870 万美元，对于战后经济萎靡的美国和全世界，都是一笔不小的数目，而洛克菲勒家族却将它拱手赠出了，而且什么条件也没有。这条消息传出后，美国许多财团主和地产商名流纷纷嘲笑说："这简直是蠢人之举！"并纷纷断言："这样经营不出 10 年，著名的洛克菲勒家族财团便会沦落为著名的洛克菲勒家族贫民集团！"

但出人意料的是，联合国办公大楼刚刚建成完工，毗邻它四周的地价便立刻飙升，相当于赠款数十倍、近百倍的巨额财富源源不断地涌进了洛克菲勒家族财团。这种结局，令那些曾经讥讽和嘲笑过洛克菲勒家族捐赠之举的财团和商人们目瞪口呆。

洛克菲勒家庭的超前思维，真令人拍案叫绝。

展开想象的翅膀

想象力是创造的源头，爱因斯坦说过："一切创造性劳动都是从创造性的想象开始的。"事实证明，许多新发明或者新创新就是在原有事物的基础上经过联想而裁减、增加、改造而成。可以说，没有了想象力，人类就不会有创造。

对于青少年而言，好奇心是求知的原动力，探索欲是成长的催化剂，而想象力就是创新的翅膀，是创造力中最宝贵的品质，是不可缺少的创新智慧。衡量我们创新思维能力高低的一个重要标准，就是想象能力的高低！

想象是创新的基础，想象是创新的源泉，想象是创新的翅膀。可以说，没有想象，就没有创新，创新的每一个环节都离不开想象力的作用。

大家都知道在衣服、鞋子上有一种一扯即开的"免扣带"，它以方便省时而大受现代人的欢迎。说到它的发明就要提到一个叫马斯楚的瑞典人的故事。

马斯楚就是"免扣带"的发明人，这个发明纯属偶然。

1948 年的一天，他和朋友兴致勃勃地去登山。登上顶峰后，他们随便坐在草地上吃午餐。这时，马斯楚突然觉得臀部又痛又痒。他知道这又是鬼针草的"恶作剧"，于是坐不住了，不耐烦地把鬼针草一根一根地从裤子上摘下来，但总也摘不干净。回家后，他把残留在裤子上的鬼针草取下来，想弄清楚它为什么"粘"人，结果发现鬼针草的结构十分特殊，粘在裤子上拍不下来。马斯楚顿生一想："如果模仿它的结构，做一种纽扣或别针，那该多好！"

一念之间，一项新发明创造诞生了。马斯楚先生制成了一种合上就不易分开的布，即一块布织成许多钩子，另一块布织成很多圆球，两者合起来，产生拉链的效果。他将其命名为"免扣带"，申请了专利，然后与一家织布公司合作生产。由于"免扣带"的使用范围很广，马斯楚足足赚了 3 亿多美元。

想象力是智力活动富于创造性的重要条件。作家的人物构思、艺术家的勾画创作、工程师的蓝图设计、科学家的发明创造、实践家的技术革新，都离不开想象这一心理过程，也正是想象力激励着他们获得成功的。

想象力和其他能力一样，都有待于后天的开发和培养，如果平时不重视想象力的培养，想象力就会逐渐枯萎。

美国著名的教育家何利思·曼恩有一次参观纽约市的一所公立高中时，走进一间

高三的教室，拿起粉笔，在黑板上画一个实心的小圆。他问学生："这是什么？"90％以上的学生都说那是一个点，其他的学生则说是一个句号。

曼思在小学三年级学生的教室里又重复一次这个实验。结果出现了 27 种不同的答案，从"我爸爸的秃头"到"上帝的眼睛"都有。

小学三年级和高三学生的答案为什么出现这么大的差异？答案就是，右脑充分发展所致。1981 年罗杰·史派瑞因为发现人的大脑分为左右两半球，各有不同功能，而获得诺贝尔奖。我们的左脑职司逻辑、线性及分析性思考；而右脑则控制想象力、创造力及冲动性思考。左右两半球虽然各司其职，但运作却相辅相成。例如：当我们想到某人时，右脑的运作使我们想到他的脸，左脑则使我们联想到他的名字。

遗憾的是，我们在学校所受的教育，鼓励的是左脑的活动（例如记诵一些已发生的事实，然后来填写试卷），较少鼓励右脑的活动（创意思想等）。结果是，我们左脑的发展胜过右脑的发展。

那么，我们如何在日常的生活和学习中培养自己的想象力呢？

首先，为了有效地锻炼自己的想象力，可以经常想象自己所不了解的一些事物的细节。比如在只知道一个故事的梗概时，不妨尽可能地多去揣想一些它的具体细节，尽力把它"填充"为一个有血有肉、完整、生动的故事。

其次，多参加一些需要发挥想象力的竞赛与游戏活动。另外，经常看看电影、电视，以及欣赏包括漫画在内的各种文艺作品，也可以使扩充想象得到有效的训练。

再次，聪明伶俐、想象力强的人都能把一件看似平常的事物加以扩展，经常和这样的人接触，也会培养自己的想象力。人在年少时期的想法不受任何社会观念的影响和束缚，一般都富有想象。而随着年龄的增长，在生活中逐步学会了各种各样的"规则"以后，如果不是有意识地培养想象力，这种天性便很容易在长大的过程中越来越弱。正如著名的法国画家毕加索所说："每个儿童都是艺术家，关键是他长大后如何才能仍然是一个艺术家。"当你感到自己的想象力不强时，不妨多同聪明伶俐、善于想象的同龄人接触，也许你受益匪浅。

用发散思维激活大脑的潜在能量

发散思维可以激发出你思维的潜在能量，让你的思维像旋转水龙头一样由一点向四周发散。通过新知识、新观念的重新组合，往往就能产生更多、更新的答案、设想或解决问题的办法。

发散思维要求人们的思维向四方扩散，无拘无束、海阔天空，甚至异想天开。因此，发散思维又称为辐射思维、扩散思维。它是指人在思考问题时，思维以某一点为中心，沿着不同的方向、不同的角度，向外扩散的一种思维方式。

天底下许多事物，如果你仔细观察它们，就会发现一些共通的道理，这就是事物之间的相关性。下面我们就来看一个事例。

福特汽车是美国最重要的汽车品牌之一，在全球的销售量也名列前茅。在创立之时，创办人亨利·福特一直思考着，如何大量生产，降低单位成本，并提高在市场的竞争力。

有一天晚上，亨利·福特对孩子说完三头小猪如何对抗野狼的故事后，他突然有个想法，他可以去猪肉加工厂看看，或许会有一些新的发现。他参观了几家猪肉加工厂后，发现里面的作业采用天花板滑车运送肉品的分工方式，每个工人都有固定的工作，自己的部分做完后，将肉品推到下一个关卡继续处理，这样，肉品加工生产效率非常高。

亨利·福特立刻想到，肉品的作业方式也可以运用在汽车制造上。他之后和研发小组设计出一套作业流程，采用输送带的方式运送汽车零件，每个作业员只要负责装配其中的某一部分，不用像过去那样负责每部车的全部流程。亨利·福特所采用的分工作业，的确达到了他原先的要求，使得福特汽车成功地提高了全球的市场占有率，同时也变成以后不同车厂的作业标准。

他山之石，可以攻玉。我们常常可以在一些不相关的事物上，找到灵感的启发，这就是一种异中求同的归纳能力。当我们能在看来似乎毫无关联的对象中，找出更多的相同道理，也就代表着我们能发掘更多的创意题材。因为这些相通之处，往往是其他人没有发现的，这也正是我们的成功机会。

杰出青少年往往会撇开众人常用的思路，善于尝试多种角度的考虑方式，从他人意想不到的"点"去开辟问题的新解法。所以，当我们提倡大家要进行发散性的思维训练，其首要因素便是要找到事物的这个"点"进行扩散。

华若德克是美国实业界的大人物。在他未成名之前，有一次，他带领属下参加在休斯敦举行的美国商品展销会。令他十分懊丧的是，他被分配到一个极为偏僻的角落，而这个角落是绝少有人光顾的。

为他设计摊位布置的装饰工程师劝他干脆放弃这个摊位，因为在这种恶劣的地理条件下，想要成功展览几乎是不可能的。

华若德克沉思良久，觉得自己若放弃这一机会实在是太可惜了。可不可以将这个不好的地理位置通过某种方式得以化解，使之变成整个展销会的焦点呢？

他想到了自己创业的艰辛，想到了自己受到展销大会组委会的排斥和冷眼，想到了摊位的偏僻，他的心里突然涌现出偏远非洲的景象，觉得自己就像非洲人一样受着不应有的歧视。他走到了自己的摊位前，心中充满感慨，灵机一动：既然你们都把我看成非洲难民，那我就打扮一回非洲难民给你们看！于是一个计划应运而生。

华若德克让设计师为他设计了一个古阿拉伯宫殿式的氛围，围绕着摊位布满了具有浓郁非洲风情的装饰物，把摊位前的那一条荒凉的大路变成了黄澄澄的沙漠。他安排雇来的人穿上非洲人的服装，并且特地雇用动物园的双峰骆驼来运输货物，此外他还派人定做大批气球，准备在展销会上用。

展销会开幕那天，华若德克挥了挥手，顿时展览厅里升起无数的彩色气球，气球升空不久自行爆炸，落下无数的胶片，上面写着："当你拾起这小小的胶片时，亲爱的女士和先生，你的运气就开始了，我们衷心祝贺你。请到华若德克的摊位，接受来自遥远非洲的礼物。"

这无数的碎片洒落在热闹的人群中，于是一传十，十传百，消息越传越广，人们纷纷集聚到这个本来无人问津的摊位前。极旺的人气给华若德克带来了非常可观的生意和潜在机会，而那些黄金地段的摊位反而遭到了人们的冷落。

从上述案例中我们可以看出，发散思维有着巨大的潜在能量，它通过搜索所有的可能性，激发出一个全新的创意。这个创意重在突破常规，它不怕奇思妙想，也不怕荒诞不经。沿着可能存在的点尽量向外延伸，或许，一些在常规思路出发看来根本办不成的事，其前景便很有可能柳暗花明、豁然开朗。所以，在你平日的生活中，多多发挥思维的能动性，让它带着你在思维的广阔天地任意驰骋，或许你会看到平日见不到的美妙风景。

打破常规，敢于标新立异

创新作为一种最灵动的精神活动，最忌讳的就是呆板和教条，任何形式的清规戒律，都会束缚其手脚，使其无法大展所长，只有敢于打破常规标新立异的人，才能真正有所作为，才能敞开胸怀拥抱成功。

天才大都是能够自创法则的人。随着时代的发展，尤其是网络的普及，在如今瞬息万变的现代社会中，传统和经验的意义已经远远没有过去那么重要了，时代更加突出了创新的意义，创新重于经验！

对于年轻人来说，更是如此。年轻人要想成功，就必须敢于标新立异，推陈出新。在这里，美国商界奇才尤伯罗斯为我们做出了一个很好的榜样。

1984年以前的奥运会主办国，几乎是"指定"的。对举办国而言，往往是喜忧参半。能举办奥运会，自然是国家民族的荣誉，还可以乘机宣传本国形象，但是以新场馆建设为主的大规模硬软件投入，又将使政府负担巨大的财政赤字。1976年加拿大主办蒙特利尔奥运会，亏损10亿美元，当时预计这一巨额债务到2003年才能还清；1980年，前苏联莫斯科奥运会总支出达90亿美元，具体债务更是一个天文数字。奥运会几乎变成了为"国家民族利益"而举办，为"政治需要"而举办。赔老本已成奥运定律。最好的自我安慰就是：有得必有失嘛！直到1984年洛杉矶奥运会，美国商界奇才尤伯罗斯接手主办奥运，运用他超人的创新思维，改写了奥运经济的历史，不仅首度创下了奥运史上第一巨额盈利纪录，更重要的是建立了一套"奥运经济学"模式，为以后的主办城市如何运作提供了样板。

鉴于其他国家举办奥运的亏损情况，洛杉矶市政府在得到主办权后即做出一项史无前例的决议：第23届奥运会不动用任何公用基金。因此而开创了民办奥运会的先河。

尤伯罗斯接手奥运之后，发现组委会竟连一家皮包公司都不如，没有秘书、没有电话、没有办公室，甚至连一个账号都没有。一切都得从零开始，尤伯罗斯决定破釜沉舟。他以1060万美元的价格将自己的旅游公司股份卖掉，开始招募雇佣人员，把奥运会商业化，进行市场运作。

第一步，开源节流。

尤伯罗斯认为，自1932年洛杉矶奥运会以来，规模大、虚浮、奢华和浪费成为时尚。他决定想尽一切办法节省不必要的开支。首先，他本人以身作则不领薪水，在这种精神感召下，有数万名工作人员甘当义工；其次，延用洛杉矶现成的体育场；最后，把当地的3所大学宿舍做奥运村。仅后两项措施就节约了数以10亿计的美金。

第二步，举行声势浩大的"圣火传递"活动。

奥运圣火在希腊点燃后，在美国举行横贯美国本土的1.5万公里圣火接力跑。用捐款的办法，谁出钱谁就可以举着火炬跑上一程。全程圣火传递权以每公里3000美元出售，1.5万公里共售得4500万美元。尤伯罗斯实际上是在卖百年奥运的历史、荣誉等巨大的无形资产。

第三步，别具一格的融资、盈利模式。

尤伯罗斯创造了别具一格的融资和盈利模式，让奥运会为主办方带来了滚滚财源。尤伯罗斯出人意料地提出，赞助金额不得低于500万美元，而且不许在场地内包括其空中做商业广告。这些苛刻的条件反而刺激了赞助商的热情。一家公司急于加入赞助，甚至还没弄清所赞助的室内赛车比赛程序如何，就匆匆签字。尤伯罗斯最终从150家赞助商中选定30家。此举共筹到1.17亿美元。

最大的收益来自独家电视转播权转让。尤伯罗斯采取美国三大电视网竞投的方式，结果，美国广播公司以2.25亿美元夺得电视转播权。尤伯罗斯又首次打破奥运会广播电台免费转播比赛的惯例，以7000万美元把广播转播权卖给美国、欧洲及澳大利亚的广播公司。

门票收入，通过强大的广告宣传和新闻炒作，也取得了历史最高水平。

第四步，出售与本届奥运会相关的吉祥物和纪念品。

尤伯罗斯联合一些商家，发行了一些以本届奥运会吉祥物山姆鹰为主要标志的纪念品。通过这四步卓有成效的市场运作，在短短的十几天内，第 23 届奥运会总支出 5.1 亿美元，盈利 2.5 亿美元，是原计划的 10 倍。尤伯罗斯本人也得到 47.5 万美元的红利。在闭幕式上，国际奥委会主席萨马兰奇向尤伯罗斯颁发了一枚特别的金牌，报界称此为"本届奥运最大的一枚金牌"。

尤伯罗斯的故事告诉我们，创新具有强大的力量，它可以变废为宝，化腐朽为神奇。青少年是最具有创新精神的群体，是具有保守思想最少的群体，是最勇于开拓进取的群体，是最勇于打破常规的群体，是创新思维最为活跃、精力最充沛、最好动脑筋、创造欲最旺盛的群体。

如果找不到解决办法，那就改变问题

一件事情如果找不到解决的办法怎么办？一般的人也许会告诉你："放弃。"但善于运用逆向思维的青少年却会这样说："找不到办法，那就改变问题!"

在 19 世纪 30 年代的欧洲大陆，一种方便、价廉的圆珠笔在书记员、银行职员甚至是富商中流行起来。制笔工厂开始大量生产圆珠笔。但不久却发现圆珠笔市场严重萎缩，原因是圆珠笔前端的钢珠在长时间的书写后，因摩擦而变小，继而脱落，导致笔芯内的油泄露出来，弄得满纸油渍，给书写带来了极大的不便。人们开始厌烦圆珠笔，不再用它了。

一些科学家和工厂的设计师们为了改变"笔筒漏油"这种状况，做了大量的实验。他们都从圆珠笔的珠子入手，实验了上千种不同的材料来做笔前端的"圆珠"，以求找到寿命最长的"圆珠"，最后找到了钻石这种材料。钻石确实很坚硬，不会漏油。但是钻石价格太贵，而且当油墨用完时，这些空笔芯怎么办？

为此，解决圆珠笔笔芯漏油的问题一度搁浅。后来，一个叫马塞尔·比希的人却很好地将圆珠笔做了改进，解决了漏油的问题。他的成功是得益于一个想法：既然不能延长"圆珠"的寿命，那为什么不主动控制油墨的总量呢？于是，他所做的工作只是在实验中找到一颗"钢珠"在书写中的"最大用油量"。然后每支笔芯所装的"油"都不超过这个"最大用油量"。经过反复的试验，他发现圆珠笔在写到两万个字左右时开始漏油，于是就把油的总量控制在能写一万五六千个字。超出这个范围，笔芯内就没有油了，也就不会漏油了，结果解决了这个重大的难题。这样，方便、价廉又"卫生"的圆珠笔又成了人们最喜爱的书写工具之一。

其实，现实生活有时候往往如此，无论你做了多少研究和准备，有时事情就是不如你所愿。如果你尽了一切努力，还是找不到一种有效的解决办法，那就不妨像马塞尔·比希那样，从反方向思考出发，寻找解决问题的最佳途径，试着改变这个问题。这也是逆向思维的一种运用。

逆向思维是以悖逆常规的思维方法解决问题的思维方式，也就是转换视角，从相反的方向去寻求答案。有时候，直接从问题的正面入手并不能解决问题，这时我们就要冲破旧思维的束缚，从现有的思路返回，从与它相反的方向寻找解决问题的办法。

当你面对一个史无前例的问题，沿着某一固定方向思考而不得其解时，灵活地调整一下思维的方向，从不同角度展开思路，甚至把事情整个反过来想一下，那么就有可能反中求胜，捧得成功的果实。

宋神宗熙宁年间，越州（今浙江绍兴）闹蝗灾。庄稼颗粒无收。新到任的越州知州赵汴，面临着一场整治蝗灾的艰巨任务。灾荒之年，粮食比金银还贵重，一时间，越州米价飞涨。

面对此种情景，僚属们都沉不住气了，纷纷来找赵汴，求他拿出办法来。大家议论纷纷，但有一条是肯定的，就是依照惯例，由官府出告示，压制米价，以救百姓之命。

赵汴听了大家的讨论后，沉吟良久，才不紧不慢地说："今次救灾，我想反其道而行之，不出告示压米价，而出告示宣布米价可自由上增。""啊？"众僚属一听，都目瞪口呆，但官令如山倒，唯有服从。

这时，附近州县都纷纷贴出告示，严禁私增米价。而越州则贴出不限米价的告示，于是，四面八方的米商纷纷闻讯而至。头几天，米价确实增了不少，但买米者看到米上市的太多，都观望不买。然而过了几天，米价开始下跌，并且一天比一天跌得快。

米商们想不卖再运回去，但一则运费太贵，增加成本，二则别处又限米价，于是只好忍痛降价出售。这样一来，越州的米价虽然比别的州县略高点，但百姓有钱可买到米。而别的州县米价虽然压下来了，但百姓排半天队，却很难买到米。所以，这次大灾，越州饿死的人最少，受到朝廷的嘉奖。

僚属们这才佩服了赵汴的计谋，纷纷来请教其中原因。赵汴说："市场之常性，物多则贱，物少则贵。我们这样一反常态，告示米商们可随意加价，米商们都蜂拥而来。吃米的还是那么多人，米价怎能涨上去呢？"原来奥妙在于此。

思维逆转本身就是一种灵感的源泉。遇到问题，我们不妨多想一下，能否朝反方向考虑一下解决的办法。反其道而行是人生的一种大智慧，当别人都在努力向前时，你不妨倒回去，做一条反向游泳的鱼，去寻找属于你的路径。

第三章
创新思维，站在全新的角度看世界

拒绝模仿，让"金点子"飞翔

创新作为一种最灵动的精神活动，最忌讳的就是呆板和教条，任何形式的清规戒律，都会束缚其手脚，使其无法大展所长，只有敢于挑战传统、打破常规之人，才能真正有所作为，才能敞开胸怀拥抱成功。要想成功，就必须走出自己的路来，老跟在别人屁股后面，最后只能落个"跟屁虫"的臭名，所以青少年一定要有自己的个性，个性是区别大众的，伟大的剧作家莎士比亚曾说过："你是独一无二的。"这是对个性的肯定，大多数成功的人都是有个性的，他们都是根据自己的个性去思考自己的未来，去设计成功的路线和方法。一个人要想成功，就必须拒绝模仿，让"金点子"在脑中激荡进而飞翔。

我们时常认为，只有诗人、发明家等才具有"创造性的想象力"。其实，我们做每一件事时，我们的想象力都是有创造性的。原因何在，究竟想象力如何推动创造机能，历代的伟大思想家都无法找到答案，但他们皆承认这一事实，而且能善加利用。拿破仑有一次说道："想象力可统治整个世界。"格林·克拉克也说过："人类所有天赋之中，最像神的就是想象力。"想象力这种天赋，是人类活动的最大源泉，也是人类进步的主要动力……毁坏了这种天赋，人类将停滞在野蛮的状况中。一个人一生的成就，全归功于他能建设性地、积极性地利用想象力。

青少年朋友应该还记得司马光砸缸的故事吧！

司马光，北宋陕西夏县人，曾任宰相，是一名杰出的史学家。俗话说："三岁看老，麦地看苗。"司马光自幼聪慧非凡。

有一天，他在花园里和一群小朋友玩耍，大家正玩得高兴的时候，突然，一个小朋友扑通一声，掉进一口盛满浇花水的大缸里，他拼命地挣扎着，小脑袋忽而露出水面，忽而被水淹没，眼看就要淹死了！

周围没有一个大人，小朋友有的急得啼哭喊叫，有的惊呼着跑去找大人。情况万分危急，小朋友的生命危在旦夕！

这时的小司马光却临危不慌，立刻有了主意。他在附近抱起一块大石头，猛地向大缸砸去，只听"哗啦"一声，大缸肚子出现了一个窟窿，水哗哗地流了出来。

缸里的小朋友得救了！

小司马光智救小朋友的故事，迅速传开，家喻户晓。

试想，如果当时司马光不积聚"金点子"，恐怕就会少一个生命，也会少一个千古佳话，"金点子"应该是随时积攒随时开放的。

普天之下的人都敬仰那种有勇气在众人面前抬起头来的人，那种能够大步向前、善于表现自我的人。所以，人人都应为自己闯出道路，发扬自己的才能，否则将永远不会闻名于世。而唯有惊人的创新，才会吸引他人的注意。

无论你从事何种职业，千万不要去模仿他人、追随他人。不要做人家已做过的事情，要做那些新奇独特的事情。要让别人承认，你所做的事业是空前绝后的伟大创新。

你该立志，不管你在世界上成就之大小，但凡有所成就，一定要是开创性的成就。不要害怕以自己特殊的、勇敢的方式，来显露你自己的真面目。要知道，创新才是力量，才是生命，而模仿就是死亡。

能够使自己的生命延长的人，绝不是由于模仿，而是由于创造；不是由于追随，而是由于领导。你应当立志做一个有主张的人、一个有思想的人、一个时刻求改进的人、一个创新的人，这样的人，无论如何都可以立足于社会。

因循守旧者的典型特征是抱着自己的老观念不放，不去主动接受新事物，进行脑力革命。这本身就是思维上的惰性所致。想成功的人必须学会时刻"洗脑"，摈弃因循守旧，创新求变才会成功。我们有很多人常抱怨自己脑子太笨，这是因为不开动脑筋，在过去的思维模式中打转转。

青少年朋友应该努力创新，去做一个时代的新人，不要害怕自己成为"创始人"。一味地模仿前人其实是极愚拙的做法，因为大自然赋予每一个人、每一样东西一种特殊的品质：每一个人天然地应该做一项创造性的工作。如果去抄袭他人，做他人已做过的工作，便是对自己天赋品质的抛弃，便是对自己神圣职责的背离。

没有一个一味模仿他人的人，能够成就大业。抄袭不能获得成功，模仿也不能获得成功，能使人获得成功的，唯有创新。愈是模仿他人的人，愈容易失败。因为能力是潜伏于个人的身体里面的，只有通过创新发挥潜能，才能成就伟大的事业。

创新能力会为自己的前进开辟道路，与别人用同样方法做事的人，虽然你具有卓越的才干，却总难以引起大众的注意。

青少年无论做什么事都要有创新精神，多开动脑筋，让出其不意的"金点子"尽情地在你脑海中飞翔吧！

创新思维——突破思维的枷锁

有效的创新会撞击出人生火花，成为突击生存的梦想和手段。谁有创新思想，谁就会成为赢家；谁要拒绝创新，谁就会平庸。一个有着思考创新习惯的人，绝对拥有闪亮的人生。

有一次，阿伟应邀到一位朋友家做客，发现他家有一个很大的玻璃鱼缸，里面摆了许多奇形怪状的石头，石缝中寄养着成双成对的小虾。问过方知，这种生长在南方海礁中的小虾，自幼就有一雌一雄钻进石头缝隙中的习性，稍加装饰，就可作为观赏产品出售。

阿伟仔细欣赏了一番，激发起他的灵感：龟，在人们的心目中有着特殊含义，它象征着久远、长寿、吉祥等，如果将龟用小虾的生存方式饲养，便是从一而终，坚贞不变的实体象征，可以喻为相伴永久、幸福美满、健康长寿，必是一种极有卖点的新婚或祝寿礼品。

于是，阿伟订购了一批口小肚大的圆形玻璃缸，买来幼小的七彩龟，将一雌一雄放在里面饲养。不到半年，它们已长得不能再从缸口取出来。于是他便设计出以"偕老同心"、"永世不离"等命名的漂亮装饰拿出去销售，立即在市场上成了非常畅销的结婚、祝寿礼品。后来，他专门开办了一个七彩龟饲养场，供不应求。

同样一对彩龟、一只玻璃缸、几斤清水，稍给思维来点创新，销量便大为增加，为阿伟带来巨大的收益。

常规思维的惯性，又可称之为"思维定势"，这是一种人人皆有的思维状态。当它在支配常态生活时，似乎有某种"习惯成自然"的便利，所以不好说它的作用全不好。但是，当面对创新的事物时，如若仍受其约束，就会形成对创造力的障碍。

许多习以为常、耳熟能详、理所当然的事物充斥着我们的生活，使我们逐渐失去了对事物的热情和新鲜感。经验成了我们判断事物的唯一标准，存在的当然变成了合理。随着知识的积累、经验的丰富，我们变得越来越循规蹈矩，越来越老成持重，于是创造力丧失了！想象力萎缩了！思维定势已成为人类超越自我的一大障碍。

而标新立异者常常能突破人们的思维常规，反常用计，在"奇"字上下工夫，拿出出奇的经营招数，赢得出奇的效果。

在伦敦，一家名不经传的小饭店在激烈的竞争中竟独占鳌头，终日门庭若市。直接原因是该店的广告十分引人注目："本店饮食卫生无与伦比——汤菜中任何时候见不到一根毛发！"吸引许多顾客进饭店一瞧，原来饭店的全体人员一律秃顶！

创新指的是开拓、认识新领域的一种方法，简单地说，创新思维就是指有创见的思维，是人们在已有经验的基础上，从某些事实中更深一步地找出新点子，寻求新答案的思维。

创新思维是潜伏在你头脑中的金矿，它绝不是什么天才之类的独特力量和神秘天赋。创新思维运用于你的头脑，可以顺利解决大到宏伟的计划，小到日常纠纷中的难题。

对于试图成大事的人来说，必须明白：人们为了取得对尚未认识的事物的认识，总要探索前人没有运用过的思维方法，寻求没有先例的办法和措施去分析认识事物，从而获得新的认识和方法，从而锻炼和提高人的认识能力。

我们必须明确那些不能突破自身局限的人，之所以在许多场合毫无起色，是因为固守常规性思维，从而决定了自己不可能成大事。创新性思维的核心是创新突破，而不是过去的再现重复。在实践过程中，运用创新性思维，提出的一个又一个新的观念，形成的一种又一种新的理论，做出的一次又一次新的发明和创造，都将不断地增加一个人成为成大事者的能力。

为了培养自己创新思维的能力，也为了让创造性思维结出丰硕的成果，请你这样做：

1. 要随时把新的想法记下来。你不妨一想到认为自己以后可能用得着的新点子，就马上记下来，就像记者采访随身带一个记事本。虽然不可能件件都用得上，但起码你拥有了许多"矿石"，有了这么多"矿石"，还愁炼不出好东西来吗？当创新的思维翩翩来临时，你千万不要让它无缘无故地飞走了！

2. 经常审视你曾有过的创新思维。经常翻看你的记录本，将有价值的想法留下，没意义的删除，很现实的就马上应用起来。

3. 不断总结完善你的创新思维。对你的新想法要不断增加它的范围和深度，把相关的想法连接起来，从各种角度去分析、研究，说不定会从中提炼出一个博大、新颖、极具价值的大策划呢。

可以说，"人人都是创造之人"。是否能够发挥出创造性是成功者与平庸者的分水岭，一个人的成功与否关键取决于自身的思想素质，而不是环境。

打开创造力的闸门

我们知道，创新能力是人的能力中最重要、最宝贵、层次最高的一种能力。凡是能想出新点子、创造出新事物、发现新路子的思维都属于创新思维，创新思维是一切创新活动的开始。爱因斯坦曾说："人是靠大脑解决一切问题的。"青少年要学好、用好创新思维，融会贯通，充分激发出自己的创新潜能。

有人说创新思维就是指有创见的思维，它是人们在已有经验的基础上，从某些事物中更深一步地找出新点子，寻求新答案的思维；也有人说创新思维是指对事物间的联系进行前所未有的思考，从而创造出新事物的思维方法；还有人说创新思维是一切具有崭新内容的思维形式的总和……不管是哪种解释，总之一句话，凡是能想出新点子、创造出新事物、发现新路子的思维都属于创新思维。

一个风雨交加的日子，有一个穷人到富人家讨饭。

"滚开！"仆人说，"不要来打搅我们。"

穷人说："求求你让我进去，我只想在你们的火炉上烤干衣服而已。"仆人以为这不需要花费什么，就让他进去了。

突然，这位穷人请求厨娘给他一个小锅，以便他"煮点石头汤喝"。

"石头汤？"厨娘说，"我想看看你怎样能用石头做成汤。"于是她就答应了。穷人于是到路上拣了块石头洗净后放在锅里煮。

"可是，你总得放点盐吧。"厨娘说，于是她给他一些盐，后来又给了豌豆、薄荷、香菜。最后，又把收拾到的碎肉末都放在汤里。

当然，你也许能猜到，这个可怜人后来把石头捞出来扔出去，美美地喝了一锅肉汤。

如果这个穷人对仆人说："行行好吧！请给我一锅肉汤。"那么他的下场肯定是被轰走。

创新并不是天才的特权，创新只在于找出新的改进方法。任何事情，只要能找出把事情做得更好的方法，就能取得更大的成功。

创新是文明进化永恒的动力。洛克菲勒有句名言："如果你想成功，你应开辟出一条新路，而不要沿着过去的成功的老路走……即使你们把我身上的衣服剥得精光，一个子也不剩，然后把我扔在撒哈拉沙漠的中心地带，但只要有两个条件——给我一点时间，并且让一支商队从我身边经过，那要不了多久，我就会成为一个新的亿万富翁。"世界上因创新而成功的人数不胜数。

松下幸之助在创业之初就是因为一个小小的创新获得成功的。

松下是由生产电插头起家的，由于插头的性能不好，产品的销路大受影响，不多久，他就陷入了三餐难继的困境。

一天，他身心俱疲地独自走在路上，一对姐弟的谈话引起了他的注意。

姐姐正在熨衣服，弟弟想读书，却无法开灯（那时候的插头只有一个，用它熨衣服就不能开灯，两者不能同时使用）。

弟弟吵着说："姐姐，您不快一点开灯，叫我怎么看书呀？"

姐姐哄着他说："好了，好了，我就快烫好了。"

"老是说快烫好了，已经过 30 分钟了。"

姐姐和弟弟为了用电，一直吵个不停。

松下幸之助想："只有一根电线，有人熨衣服，就无法开灯看书；反过来说，有人看书，就无法熨衣服，这不是太不方便了吗？何不想出同时可以两用的插头呢？"

他认真研究这个问题，不久，就设计出了两用插头。

试用品问世之后，很快就被卖光了，订货的人越来越多，简直供不应求。他只好增加工人，并扩建了工厂。松下幸之助的事业从此步入正轨，并如日中天地发展着。

比尔·盖茨认为"创新是一种力量，是幸福的源泉"。英国著名哲学家罗素则把创新看作"快乐的生活"。前苏联教育家苏霍姆林斯基也认为"创新是生活中最大的乐趣，幸福是在创新中诞生的"。他在《给儿子的信中》曾提到："生活的最大乐趣寓于与艺术相似的创造性劳动之中，寓于高超的技艺之中。如果这个人热爱自己的事业，那么他一定会从他的事业中得到很多美好的事物，而生活快乐也就寓于此。"以上种种论点都揭示了创新与幸福的内在联系，说明了创新是生活幸福的动力。

幸福来源于物质生产和精神生产的实践中，由于感受到所追求目标的实现而得到精神上的满足。然而，怎样才能得到这样的满足呢？答案是劳动和创新。人们的需要是不断发展和提高的，低层次的需要满足了，又会产生高层次的需要。要满足人们不断提高的需要，实现人们的幸福追求，就要靠创新。

搞点小发明

生活中，许多青少年朋友爱开动脑筋，搞一些小发明，这项活动有趣而有益。历史上，任何发明都源自爱思考的头脑。

二战期间，新式武器的发展使战斗愈加残酷，大批伤兵被运到后方。

一天，法将军亚得里安去医院看望伤兵，一位伤兵向他讲述了受伤的过程。原来，在德国炮击时，这个士兵正在厨房值日，炮弹劈头盖脸地打来，弹片横飞，他在匆忙之中将铁锅举起来扣在头上，结果很多同伴都被炸死了，而他只受了点轻伤。

亚得里安由此联想到如果战场上人人都有一顶铁帽子不就可以减少伤亡了吗？于是，他立即指定了一个小组进行研究，制成第一代钢盔，并在当年装备了部队。据统计，在第二次世界大战中，世界各国的军队由于装备了钢盔，使几十万人幸免于难。

由此可见，小发明的作用不小吧！

在我们的身边，有无数发明的机会，这需要我们做有心人。

有个公务员叫杰克，繁忙的工作之余最大的爱好便是溜冰。收入微薄的杰克为到溜冰场溜冰花费了不少钱，手头非常拮据。杰克最向往冬天，因为冬天可以到冰天雪地"免费"溜冰。可是春天一来，这些天然溜冰场便消失了。

有什么补救的办法呢？杰克针对"冰天雪地"冥思苦想，除了想到人工制造冰场的方案外，也没有什么好的办法。即使有了人工冰场，皮夹子空空的杰克也只能望场兴叹。

一天，杰克的头脑中突然闪过一个念头：我干嘛老在"冰场"上兜圈子呢？溜冰不就是一个溜字吗？只要能让人的身体溜来溜去，不就是一种乐趣吗？

于是，杰克开始集中思考怎样让人"溜"起来。他在观察了会溜的玩具汽车后，突然一个灵感涌上来："要是在鞋子底面装上轮子，能不能代替冰鞋？这样的话，一年四季都可以溜冰了。"

经过几个月的努力，杰克终于把这种鞋做出来了。不久，他便与人合作开了一家工厂，专门生产这种被称为旱冰鞋的产品。他做梦也没想到，产品一问世，就成为世界性商品。没几年的工夫，杰克就赚进了100多万美元。

因为一个灵感，杰克发明了旱冰鞋，不仅方便了他人，自己也因此得到了丰厚的回报。

发明，并非只是爱迪生等大发明家的专利。只要善于留意生活，善于动脑，善于动手，人人都可以搞点小发明。

四川曾有两位同学发明了"银行卡多密码系统"，这是他们在看报纸时，看到抢劫者逼迫持卡人说出银行卡密码的报道时想到的，而且他们设计的这套保护系统已经得到了银行的认可。

青少年发明的那些与日常生活联系紧密、实用可行的作品，尤其受人们欢迎。例如"防盗逃生两用窗"消除了目前普遍使用的防盗窗在遭遇火灾时所起到的"副作用";"拖地机器人"可以模仿人的拖地、清洗、绞干等动作，都非常实用。

上海在建杨浦大桥时，因桥高使引桥很长且占地太多。为了解决这个矛盾，设计单位广泛征求解决矛盾方案。结果许多方案中最好的是一位小学生设计的，他把引桥设计成盘旋上升式。后来，人们建造大桥时采用了他的方案。

2005 年 9 月，在北京举办的第 15 届发明展览会青少年作品展区里，充满创意的小发明成为此次展览会的一大亮点。

对于免擦自动黑板、去油汤勺、公用净鞋器、交警机器人、汽车误踩油门机械智能补救系统等，专家指出：青少年创意发明有较高水平。

能从生活中一些不起眼的小事引出发明创造思想火花的人都是爱动脑子的人。这是一种联想的感悟，是一种创造性思维的魅力，是对生活的一种深刻理解，也是一种稍纵即逝的冲动。感悟是科学发明的"激光"。一旦这种"激光"闪现了，你就要善于运用它去撞击科学发明的大门，敢于去吃第一只"螃蟹"。那些纸上谈兵式的人物，是难于领略创造发明者的喜悦的。

下面提出的几点可以供你参考：

1. 从好奇开始，提出疑问，并阅读大量书籍，从中借鉴吸收、获取创意。

2. 根据生活中的经验，展开想象的翅膀，积极思考，大胆推测。

3. 以认真的态度对待实验，不马虎，严格论证。

4. 积极与他人合作，互相交流经验。

5. 要以诚实的态度看待自己，能改正错误的观念、假设或前提。

勇于创新，就不要畏惧失败

创新意味着机会，同时也意味着风险。创新求变意味着一定的风险，而对不可知的未来，人们承受压力的程度也大不相同。有的人对失败有一种天生的恐惧心理，或者怕丢面子，或者怕失去原有利益，归根到底，是不能正确认识失败。青少年要养成创新的品质，就不要畏惧失败。

1942 年 2 月 12 日中午，英国海军和空军重兵布防的英吉利海峡上空，一架英国战斗机在例行巡逻。突然，飞行员发现有一队德国舰队大摇大摆地从远处开了过来，他立即将这一发现向司令部报告。英国司令部的军官们大惑不解：德国舰队怎么可能在大白天从英吉利海峡通过，是不是飞行员搞错了？英国人忙于思考和争论，却没顾及到时间正一分分溜走。直到过了近一个小时，又一架英军侦察机发现德舰已经闯入海峡最窄也是最危险的地段了，并且正在全速行驶。

英军指挥官们这才意识到敌情的严重性，等他们判定真相，调集部队，下令进攻时，德国舰队已然远离了最危险的地段，给其致命打击的机会已然丧失。整个下午，英军虽然不断出动飞机、驱逐舰对德国舰队进行拦截，但由于仓促上阵，反而被严阵以待的德军给予了沉重打击。就这样，德国人在英国人的眼皮底下，将驻泊在法国布雷斯特港内的舰队顺利地移至挪威海面，增强了那里的战斗力。

原来，这一切都是德军为完成这次战略转移精心策划的大胆行动。因为从法国到挪威有两条路线可走，一条是向西绕过英伦诸岛北上，这条航线路途遥远，费时费力，如果遭遇兵力占绝对优势的英国军队，后果将不堪设想；另一条航线则是直穿英吉利海峡，但此处有英海、空军的重兵布防，同样是危机重重。

最后，德军指挥官经过反复权衡后，决定在英国根本没有想到的情况下，出其不意地闯过英吉利海峡，在夜间出发，白天通过英吉利海峡最危险的多佛和加莱之间的地段。

这一大胆冒险的行动果然成功，庞大的德国舰队在飞机的掩护下，在英国人认为绝不能的时候出现，在英军来不及判断和阻挠的情况下，明目张胆地闯过英吉利海峡，给英国人上了一堂生动的战争教学课。

这场战役带给我们一个启示：创新与风险并存，如果你要创新，就不能畏惧失败。

威尔士是美国东北部哈特福德城的一位牙科医生，是西方世界医学领域对人体进行麻醉手术的最早试验者。在威尔士以前，西方医学界还没有找到麻醉人体之法，外科手术都是在极残酷的情况下进行的。

后来，在英国化学家戴维发现笑气以后，1844 年，美国化学家考尔考察了笑气对人体的作用，带着笑气到各地做旅行演讲，并做笑气"催眠"的示范表演。这天他来到美国东北部哈特福德城进行表演，不料在表演中发生了意外。那是在表演者吸入笑气之后，由于开始的兴奋作用，病人突然从半昏睡中一跃而起，神志错乱地大叫大闹着，从围栏上跳出去追逐观众。在追逐中，由于他神志错乱，动作混乱，大腿根部一下子被围栏划破了个大口子，鲜血涌泉般地流淌不止，在他走过的地上留下一道殷红的血印。围观的观众早被表演者的神经错乱所惊呆，这时又见表演者不顾伤痛向他们追来，更是惊吓不已，都惊叫着向四周奔去，表演就这样匆匆收了场。

这场表演虽结束了，但表演者在追逐观众时腿部受伤而丝毫没有疼痛的情状，却给牙科医生威尔士留下了非常深刻的印象。于是他立即开始了对氧化亚氮麻醉作用进行实验研究。

1845 年 1 月，威尔士在实验成功之后，来到波士顿一家医院公开进行无痛拔牙表演。表演开始，威尔士先让病人吸入氧化亚氮，使病人进入昏迷状态，随后便做起了拔牙手术。但不巧，由于病人吸入氧化亚氮气体不足，麻醉程度不够，威尔士的钳子夹住病人的牙齿刚刚往外一拔，便疼得那位病人"啊呀"一声大叫起来。众人见之先是一惊，随之都对威尔士投去轻蔑的眼光，指责他是个骗子，把他赶出了医院。

威尔士表演失败了，他的精神也崩溃了。他转而认为手术疼痛是"神的意志"，于是他放弃了对麻醉药物的研究。

可是他的助手摩顿与其不同，他拿出勇气开始了自己的探索。1846年10月，他在威尔士表演失败的波士顿医院当众再做麻醉手术实验。结果在众目睽睽之下，他获得了成功。

由此可见，在创新的道路上，往往有失败和风险同行。成功属于能够不畏艰险，善于从失败中汲取经验并坚持到底的人。

失败往往是成功之母，只要态度正确、运用得当，失败常常孕育出成功的创新。

培养创新能力的步骤

培育创新能力要克服创新障碍，更要懂得方法。那么该如何培育创新能力呢？下面的三个步骤将给你提供帮助。

1. 全面深入地探讨创新环境

创新不是在真空中产生，而是来自艰苦的工作、学习和实践。想要获得创新，就要全面深入地探讨创新环境，为创新准备"土壤"。

亚历山大·弗莱明发现青霉素的过程，可以说是对这一步骤的最好的说明。发现青霉素从表面上看来，似乎是一系列偶然的巧合。虽然弗莱明多年来一直试图发现防止细菌传染的方法，但是，直到有一天，他鼻子里的一滴黏液恰巧掉在了一个盘子里，而在这个盘子里，恰巧盛有他一直用来做实验的溶液。这两种液体的混合导致了抗生素的初步产生，但是，它的效力还很弱。7年以后，一只四处游荡的孢子飘进了他开着的窗户，落在了他实验室内盛有相同溶液的盘子里，才最终导致了我们今天熟悉的抗生素，即青霉素。

2. 让脑力资源处于最佳状态

在对创新环境有了全面的认识之后，就可以把你的精力投入到你手头的工作上来了。要为你的工作专门腾出一些时间，这样你就能不受干扰，专注于你的工作了。当人们专注于创新的这个阶段时，他们一般就完全意识不到发生在他们周围的事，也没有了时间的概念。当你的思维处于这种最理想的状态时，你就会竭尽全力地做好你的工作，挖掘以前尚未开发的脑力资源——一种深入的、"大脑处于最佳工作状态"的创新思路。

3. 运用技巧促使新思维产生

创新的思考要求你的大脑松弛下来，创新的灵魂看着一件事，盯着另一件事，在这些事情之间寻找联系，从而产生不同寻常的可能性。为了把你自己调整到创新的状态上来，你必须从你熟悉的思考模式以及对某事的固定成见中摆脱出来。为了用新的观点看问题，你必须能打破看问题的习惯方式。为了避免习惯的束缚，你可以用以下几种技巧来活跃你的思维：

（1）群策攻关法

群策攻关法是艾利克斯·奥斯伯恩于1963年提出的一种方法，它建立在与他人一起工作从而产生独特的思想，并创造性地解决问题这种方式所具有的力量的基础上。

在思考的时候要善于借鉴他人的观点，因为创造性的观点往往是多种思想交互作用的结果。你也可以通过运用你思想无意识的流动以及你大脑自然的联想力，来迸发出你自己的思想火花。

（2）创造"大脑图"

"大脑图"是一个具有多种用途的工具，它既可用来提出观点，也可用来表示不同观点之间的多种联系。你可以这样来开始你的"大脑图"：在一张纸的中间写下你主要的专题，然后记录下所有你能够与这个专题有联系的观点，并用连线把它们连起来。让你的大脑跟随这种建立联系的活动，自由地运转。你应该尽可能快地工作，不要担心次序或结构。让其自然地呈现出结构，要反映出你的大脑自然地建立联系和组织信息的方式。一旦完成了这个工作，你能够很容易地在新的信息和你不断加深理解的基础上，修改其结构或组织。

（3）让梦刺激你的创新思维

弗洛伊德认为，梦是通向无意识的捷径，是发现创新思维的丰富和肥沃的土壤。除了从你的日常生活中获取思想之外，梦也表达了你内心深处思想过程的逻辑和情感，而它们与你创新的"本质"紧紧相连。梦具有情感的力量、生动的图像以及不寻常的联结，它可以作为你创新思维的真正的催化剂。可以在你的床边放一个便笺簿，把你所能回忆起来的梦的情景记下来。记录完你做的梦以后，要想办法破译你做的梦的含义，同时让梦的内容刺激你的创新思维。

（4）留出充裕的酝酿时间

把精力专注于你的工作任务之后，创新的下一个阶段就是停止你的工作，为创新思想留出酝酿时间。虽然你有意识的大脑已经停止了积极的活动，但是，你的大脑中无意识的方面仍继续在运转——处理信息、使信息条理化、最终产生创新的思想和办法。

（5）追踪创造性的思想火花

创造性的思想火花一出现，很令人振奋，然而，这个时刻只是标志着创新的开始，而不是结束。拿出需要的时间，付出努力，才能使思想火花成为现实，就如发明家爱迪生说："天才是百分之一的灵感和百分之九十九的汗水。"

当你运用你的创造性的思考能力提出创新的观点后，接下来你必须运用你批判的思考能力对你的观点进行评价和再加工，并制定出切实可行的实施计划。然后，你需要有落实计划的决心，并克服在实施过程中遇到的不可避免的困难。依据这五种方法，你就可以培育你的创新能力，可以在实践中不断地创新，运用创新来达到成功。

创新要注重知识的积累

俗话说："巧妇难为无米之炊。"创新虽然是一种创造性的行为，但是却离不开一定的知识基础。知识是创新的根本，离开了知识，创新只能是闭门造车。因此，一个人若想力图创新，必须及时更新旧知识，汲取新知识，如今是知识经济时代，需要的人才是善于学习的人，欣赏的组织是学习型的组织，唯有懂得学习的人，才是知识真正的主人，方能做到融会贯通，举一反三。

现在许多知名企业在选择新进人员时，不像纯技术时代那样看重专业，而是用能力测试来选择善于学习的人，他们的理论是，既然一个人已经知道了怎么去学习，又何愁他学不会相关的专业知识呢？所以，在这个激烈变革的时代，知识才是创新真正的源泉。一个人要想让知识成为自己创新的基础和动力，可以从下面几个方面入手：

1. 不断提高自身的学习能力

学习能力主要指的是人们更新知识、不断进步的能力。这如同那根能够点石成金的手指，而相应的，知识如同金子，有再多的金子也不如拥有那个手指，因为那意味着永不贬值的"黄金"。

学习能力意味着我们应该明白从什么途径获得知识，知道在什么时间去进行"充电"，以及怎样最有效、最快地掌握知识。关键的是，怎样在实践中理解知识、运用知识、类推知识。如果我们能在上述各方面加强实力，取长补短，则一定会让自己的学习能力更上一层楼。

2. 要培养综合运用知识的能力

综合运用知识的能力指的是人们在实践过程中用来解决问题的能力，或者是从生活和工作中获取知识的能力。它是创新的灵魂，否则，创新只能是纸上谈兵，永远不可能实现或者运用。有的创新显然需要经过正规教育的专业知识，比如，计算机行业、医师、机械，但是，也有的创新仅仅用生活中的简单常识就足够了。所以，应用知识不是局限在学校里的，生活中也有许多机会，只要你有一双明亮的眼睛和一个聪明的头脑，那么，世界将是你的。

知识是死的，创新是活生生的过程，因而如何将知识转化为可用的东西是人们的创新中必备的能力。从根本上说，它是创新能否成功的决定性因素。如何运用知识，就其本身来说不是专门积累知识或者吸取知识，而是关于怎样把知识转化为效果、效益，使知识发挥作用的过程和能力。

3. 要注意学习和借鉴他人的智慧

创新需要积极学习和借鉴他人的智慧，著名的物理学家、诺贝尔奖的获得者杨振宁就是一个善于向他人学习的人。杨振宁博士大学毕业初出茅庐时，"两眼一抹黑"，不知从何处下手。可是，他很聪明，马上就去请教诺贝尔奖得主费米博士，很快得到了费米博士的指导。后来，费米又把他介绍给青年物理学家特勒。在费米和特勒的帮助和指导下，杨振宁没有辜负他们的希望，经过 10 多年的钻研，终于发现了"宇称不守恒"定律，一举夺得了诺贝尔物理奖。

从别人那里学习知识，借鉴别人的经验也是有讲究的，这里提供几点建议：

首先，要把握重点。即充分考虑自己的才能和爱好去加以选择。自己的才能如何？优势是什么？不足的地方又是什么？要做到心中有数。注意力不行的，就要学习人家如何集中注意力的技术；自制力不行的，就要向人家学习驾驭情感、控制行为的诀窍；记忆力不行的，就要学习人家培养记忆力的方法。

其次，要注重理解。"知其当然"，还要"知其所以然"。阿基米德为什么能发现皇冠的秘密？曹冲称象的方法是根据什么？都要从理论上把它搞清楚。吸取不是机械地吸取，要在理解的基础上吸取，如果囫囵吞枣，就会"消化不良"。

最后，要懂得创造性运用。吸取的目的是为了更好地创造，因此，吸取之后我们要会运用。医学上的叩诊，是 100 多年前奥地利医生奥恩布鲁格发明的。他父亲是个酒商，只需用手一敲酒桶，就能知道桶内有多少酒。由此，奥恩布鲁格联想到人的胸腔和酒桶相似，如用手敲胸腔，不也能诊断出里面的毛病吗？经过他反复实验，叩诊的方法诞生了。这位医生用的就是迁移原理。

在你身旁充斥着你想象不到的机会和方法，我们盼望你能像你的模仿者那样开始思考，经常留意那些有杰出成就者的模式。如果某人表现突出，心里要立刻跳出一句话："他是怎么办到的？"我们也希望你能不断地追求卓越，从你所看的每件事里挖掘特点，并学到实现的做法，那么只要你愿意，便能有相同的成就。

能力打造篇

第一章
自立＋自制＝成功自卫队

抛开拐杖才能跑起来

依赖心理源于人类发展的早期。幼年时期儿童离开父母就不能生存，在儿童印象中，保护他、养育他、满足他一切需要的父母是万能的，他必须依赖他们，总怕失去了这个保护神。这时如果父母过分溺爱，不让他们有长大和自立的机会，久而久之，在子女的心目中就会逐渐产生对父母或权威的依赖心理，成年以后依然不能自主。缺乏自信心，总是依靠他人来做决定，终生不能负担起选择采纳各项任务、工作的责任，形成依赖型人格。

生活中这样的例子屡见不鲜，有一个家喻户晓的民间故事极具代表性。

有一对夫妇晚年得子，十分高兴，把儿子视为掌上明珠，捧在手上怕摔，含在口里怕化，什么事都不让他干，儿子长大以后连基本的生活也不能自理。一天，夫妇要出远门，怕儿子饿死，于是想了一个办法，烙了一张大饼，套在儿子的颈上，告诉他想吃时就咬一口。等他们回到家里时，儿子已经饿死了。原来他只知道吃颈前的饼，不知道把后面的饼转过来吃。

这个故事讥讽得未免有些刻薄，但现实生活中类似的现象也不能说没有，特别是如今多数家庭都是独生子女，父母、爷爷奶奶、外公外婆都视其为宝贝，孩子日常生活严重依赖亲人，造成长大以后生活自理能力极差。

　　对于成大事者而言，拒绝依赖他人是对自己能力的一大考验。这就是说，依附于别人是肯定不行的，因为这是把命运交给别人，而失去做大事的主动权。从来没有一个等候帮助，等着别人拉一把，等着别人的钱财，或是等着运气降临的人能够真正成就大事。只有自强、自立、自尊的人才能打开成功之门。

　　一家大公司的老板说，他准备让自己的儿子先到另一家企业里工作，让他在那里锻炼锻炼，吃吃苦头。他不想让儿子一开始就和自己在一起，因为他担心儿子会总是依赖他，指望他的帮助。在父亲的溺爱和庇护下，想什么时候来就什么时候来、想什么时候走就什么时候走的孩子很少会有出息。只有自立精神能给人以力量与自信，只有依靠自己才能培养成就感和做事能力。

　　美国石油家族的老洛克菲勒，有一次带他的小孙子爬梯子玩，可当小孙子爬到不高不矮时，他原本扶着孙子的双手立即松开了，于是小孙子就滚了下来。这不是洛克菲勒的失手，更不是他在恶作剧，而是要小孙子的幼小心灵感受到：做什么事都要靠自己，就是连亲爷爷的帮助有时也是靠不住的。

　　人，要靠自己活着，而且必须靠自己活着，在人生的不同阶段，尽力达到理应达到的自立水平，拥有与之相适应的自立精神。这是当代人立足社会的根本基础，也是形成自身"生存支援系统"的基石。因为缺乏独立自主个性和自立能力的人，连自己都管不了，还能谈发展与成功吗？即使你的家庭环境所提供的"先赋地位"是处于天堂云乡，你也必得先降到凡尘大地，从头爬起，以平生之力练就自立自行的能力。因为不管怎样，你终将独自步入社会，参与竞争，你会遭遇到远比家庭生活要复杂得多的生存环境，随时都可能出现你无法预料的难题与处境。你不可能随时动用你的"生存支援系统"，而必须靠顽强的自立精神克服困难，坚持前进！

　　有这样一个青年，出来闯世界，在别人眼中，似乎是很独立、很有主见的人；可实际上，他之所以出来，是因为别人叫他出来。出来之后，当然得找工作，可他根本不会自己去找，而总希望由别人带着去。别人带着去当然可以，可是别人总不能一直带着他，一旦没有人管他，他就不知所措，一筹莫展。

　　后来他总算找到了工作，是给一个摆服装摊的老板做跟班。带他出来的人很奇怪，怎么做起了人家的跟班，不是有很多合适的工作可以挑选吗？他说，什么工作都得他去动脑筋，他去主动地做，他最怕这个。他宁愿做人家的跟班，人家叫他做什么，他就做什么。

试想，要是那个摆服装摊的老板不要他了呢？

要是不要他，他肯定会找到另一个可以追随的人。今天他是服装摊老板的随从，明天他可能是某个小官僚的秘书；今天他可能是人家的秘书，明天他可能是人家的佣人。

有着这样的依赖心理，他怎么能够独立成事呢？他怎么能够成为一个事业成功的人呢？说到底，他出来闯荡世界，又有什么意义呢？

他出来闯荡世界之前，是想跟着人家的。他以为人家成功了，他这个跟在后面的人，也会跟着成功。这个青年，就这样带着依赖心理闯荡。结果呢？可想而知，他不可能闯出什么名堂来。

对于这样的人，对于依赖心理如此严重的人，奉劝他们一句：及早掉头，要相信自己，甩开依赖的拐杖。只有这样，才能真正地跑起来，找到自己的人生位置。

对生活负责就是对自己负责

"在我的生活里，我就是主角。"这是台湾作家三毛的自信之言。

我们要做生活的主角，不要将自己看做是生活的配角。要做生活的编导、主角，而不要让自己成为生活的观众。我们要做自己命运的主宰。心理学家布伯曾用一则犹太牧师的故事阐述一个观点：凡失败者，皆不知自己为何；凡成功者，皆能非常清晰地认识他自己。失败者是一个无法对情境做出确定反应的人。而成功者，在人们眼中，必是一个确实可靠、值得信任、敏锐而实在的人。

成功者总是自主性极强的人，他总是自己担负起生命的责任，而绝不会让别人虚妄地驾驭自己。他们懂得必须坚持原则，同时也要有灵活运转的策略。他们善于把握时机，摸准"气候"，适时适度、有理有节。如有时需要"该出手时就出手"，积极奋进，有时则需稍敛锋芒缩紧拳头，静观事态；有时需要针锋相对，有时又需要互助友爱；有时需要融入群体，有时又需要潜心独处；有时需要紧张工作，有时又需要放松休闲；有时需要坚决抗衡，有时又需要果断退兵；有时需要陈述己见，有时又需要沉默以对；有时要善握良机，有时又需要静心守候。

亚瑟到一家广告公司面试。他对自己的能力和经验很自信，因为他专业成绩好，年年都拿奖学金，而且在学校里也是出类拔萃的人物。

广告公司在这座大厦的20层。这座大厦管理很严，两位精神抖擞的保安分立在两个门口旁，他们之间的条形桌上有一块醒目的标牌："来客请登记"。

　　他上前询问："先生，请问2010房间怎么走？"保安抓起电话，过了一会儿说："对不起，2010房间没人。"他忙解释："不可能吧？我刚才还跟他们打过电话，再说今天是他们面试的日子，您瞧，我这儿有面试通知。"

　　那位保安又抓起电话。"对不起，先生，2010还是没人。我们不能让您上去，这是规定。"时间一秒一秒地过去，他心里虽然着急，也只有耐心地等待，同时祈祷该死的电话能够接通。已经超过约定时间10分钟了，保安又一次彬彬有礼地告诉他电话没通。他当时压根也没想过第一次面试就吃了这样的"闭门羹"。面试通知明确规定："迟到10分钟，取消面试资格。"即使打通也不可能参加面试了。

　　他犹豫了半天，只得自认倒霉地回到了学校。晚上，他收到一封电子邮件："先生，您好！也许您还不知道，今天下午我们就在大厅里对您进行了面试，很遗憾您没通过。您应当注意到那位保安先生根本就没有拨号。大厅里还有别的公用电话，您完全可以自己询问一下。我们虽然规定迟到10分钟取消面试资格，但您为什么立即放弃却不再努力一下呢？祝您下次成功！"

　　生活中很多人都有出色的学习成绩，却缺乏生活的能力。他没有细心观察的能力，也没有全面考虑问题的能力，大厅还有别的电话，他却没有注意，更不懂变通，规定说10分钟后取消面试资格，他就不再去努力试一下。没有生活能力的人是可悲的，只能走向失败。

　　小彭从小学到高中毕业，学习成绩一直名列前茅，深得学校老师的称赞和父母的厚爱。父母为了让他集中精力读书，成为一个有出息的人，家中什么活儿都不让他干，做饭、洗碗、洗衣服等事，从不让他插手，甚至连他的床铺也是父母替他收拾的，每次吃饭都是母亲把饭端到他跟前。因此，到他十七八岁时，和他同岁的孩子，什么活都能干，而他却连叠被子、洗碗之类的基本家务活都不会干。

　　参加高考后，小彭以全县第一名、全省第三名的优异成绩考入了全国重点大学。同年8月，小彭以无比兴奋的心情，跨进了令人向往的大学。然而，开始大学生活没多久，由于他没有起码的生活能力，自己不会买饭，不会洗衣服，不能独立生活，小彭感到十分苦恼。尽管同学们也给了他一些帮助，但还是解决不了他的实际生活问题。在这种情况下，他只好向校方申请休学。学校根据他入学后的实际情况，批准了他的申请。

　　第二年开学时，学校给他寄去了复学通知书。但谁也没有料到，接到复学通知书的小彭，居然因惧怕离开父母后自己不能独立生活而悲观厌世，在这种思想的驱使下，他纵身从五楼跳了下去，过早结束了自己的生命。

这个悲剧告诉我们：人，不可缺失自理能力。自理，是青少年成人、成才和自身发展的需要，是面向未来的重要素质，也是迈向成熟的第一步。

自食其力才能赢得尊严

许多人不敢独立自主，是因为他们总是爱贬低自己，似乎很乐意暗示自己是一个渺小的人，一个毫无价值的人，觉得自己与别人相比简直就如一根稻草无足轻重，因而做任何事都显得无精打采，毫无斗志。这些人垮在了自己身上存在的缺点和毛病上，这是因为自我贬低无异于降价处理自己！如果你认为自己满身缺点和毛病；如果你自认为是一个笨拙的人，是一个总是面临不幸的人；如果你承认你绝不能取得其他人所能取得的成就，那么，你只会因为自我贬低而失败。

的确，其他人对我们的评价与我们自身的状况、成就有很大的关系，而我们不可能摆脱这种关系。因而，一个独立自主的人，从不降价处理自己，尽可能地依靠自己的能力，来实现生命的价值。

从前，老虎并不像现在这样威风，相反他是所有动物中最弱小的一个。因为捕捉不到动物，常常是饥一顿、饱一顿。狮王把所有的小动物都召集起来说："老虎是我们中的一员，我们不能眼睁睁地看着他饿肚子而不管不问。我建议，大家都伸出友谊之手，拉他一把，帮他渡过难关。"

于是，动物们都给老虎送去了好吃的东西，唯有猫什么东西也没有送。

狮王不高兴地对猫说："大家都为老虎送了东西，你怎么什么都不送呢？"

猫说："你们送给他的东西虽然很多，但总有一天会吃完的，我要送给他一件永远吃不完的礼物。"

狮王不屑地说："算了吧，你除能送几只老鼠外，还能送什么呢？"

猫回答说："以后你会看到的。"

几个月以后，狮王又来到老虎家。好家伙！老虎家里里外外到处都挂着好吃的东西。

狮王问："这些东西都是猫送的？"

"不，"老虎说，"他送的礼物要比这些东西贵重千万倍！"

狮王好奇地问："那究竟是什么东西？"

老虎说："他教我练壮了身体，又教我学会了捕食的本领。"

　　"噢!"狮王从头到尾把老虎打量了一番说，"难怪你那么崇拜他呢，连衣服也和他穿得一模一样!"

　　再多的好东西都比不上一身本领。要想在社会上立足，就要摆脱依赖他人的想法，不断提高自身的能力，练就一身谋生的好本领。这样才能为自己赢得尊严。一个在穷困中仍然能够保持自立精神，不依靠别人的施舍生活的人，最终必将获得人生的成功。

　　杰克7岁那年，他的父亲去世了，他还有一个两岁大的妹妹，母亲为了这个家整日操劳，但是赚的钱难以让这个家的每个人都能填饱肚子。看着母亲日渐憔悴的样子，杰克决定帮妈妈赚钱养家，因为他已经长大了，应该为这个家贡献一份自己的力量了。

　　一天，他帮助一位先生找到了丢失的笔记本，那位先生为了答谢他，给了他1美元。

　　杰克用这1美元买了3把鞋刷和1盒鞋油，还自己动手做了个木头箱子。带着这些工具，他来到了街上，每当他看见路人的皮鞋上全是灰尘的时候，就对他们说："先生，我想您的鞋需要擦油了，让我来为您效劳吧!"

　　他对所有的人都是那样有礼貌，语气是那么真诚，以至于每一个听他说话的人都愿意让这样一个懂礼貌的孩子为自己的鞋擦油。他们实在不愿意让一个可怜的孩子感到失望，他们知道这个孩子肯定是一个懂事的孩子，面对这么懂事的孩子，怎么忍心拒绝他呢!

　　就这样，第一天他就带回家50美分，他用这些钱买了一些食品。他知道，从此以后每个人都不需要再挨饿了，母亲也不用像以前那样操劳了，这是他能办到的。

　　当母亲看到他背着擦鞋箱，带回来食品的时候，她流下了高兴的泪水，"你真的长大了，杰克。我不能赚足够的钱让你们过得更好，但是我现在相信我们将来可以过得更好。"妈妈说。

　　就这样，杰克白天工作，晚上去学校上课。他赚的钱不仅为自己交了学费，还足够维持母亲和小妹妹的生活了。他知道，"工作不分贵贱，只要是靠自己的劳动赚来的钱就是光荣的"。

　　靠别人的施舍或者资助而生活的人，无法赢得别人的尊重，而他本人也体会不到劳动的价值和快乐。一个人只有自食其力才能够为自己赢得尊严，因此，青少年要摆脱依赖他人的想法，尝试着用自己的双手来养活自己。

不要成为情绪的奴隶

有自制力不仅仅是人的一种美德，在一个人成就事业的过程中，自制力也是一项决定成败的关键素质。

有人说：一个人要想在事业上取得成功，务必戒奢克俭，节制欲望，只有有所放弃，才能有所获得。自制不仅仅是在物质上克制欲望，对于一个想要取得成功的人来说，精神上的自制力也是非常重要的。衣食住行毕竟是身外之物，不少人都能自制，甚至是尽善尽美地克制，但精神上的、意志力上的自制却非人人都能做到。

想要成功必须使消极的情绪得到有效的控制，否则，人的生活质量、工作成效和事业成就将无法保证。米开朗基罗曾说："被约束的才是美的。"对于情绪来说也是如此，一个人的情绪如果不能得到有效的调控，那么，人就有可能成为情绪的奴隶，成为情绪的牺牲品。

芬妮是一个脾气暴躁、容易出现情绪波动的女孩，经常因为小事和别人吵架，她的人际关系因此愈来愈紧张，结果男友也难以忍受她的坏脾气，和她分手了。终于有一天，她觉得自己已经处于崩溃边缘。

她打电话向她的一个朋友詹森求救。詹森向她保证："芬妮，我知道现在对你来说是有点糟，可是只要经过适当的指引，一切就会好转。"

"你现在的第一件事是让自己安静下来，好好地享受一下宁静的生活，在你发脾气之前，不妨想想，究竟是哪一点触动了你？"

"你可以拥有两种思考，一种是让每件事情都在脑海里剧烈地翻搅，另一种则是顺其自然，让思想自己去决定。"说着，詹森拿出了两个透明的刻度瓶，然后分别装了一半刻度的清水，随后又拿出了两个塑料袋，分别装着是白色和蓝色的玻璃球。詹森说："当你生气的时候，就把一颗蓝色的玻璃球放到左边的刻度瓶里；当你克制住自己的时候，就把一颗白色的玻璃球放到右边的刻度瓶里。"

此后的一段时间内，芬妮一直照着詹森的建议去做。后来，在詹森的一次造访中，两个人把两个瓶中的玻璃球都捞了出来。他们发现那个放蓝色玻璃球的水变成了蓝色。原来，这些蓝色玻璃球是詹森把水性蓝色涂料染到白色玻璃球上做成的，这些玻璃球放到水中后，蓝色染料溶解到水中，水就呈现了蓝色。詹森借机对芬妮说："你看，原来的清水投入'坏脾气'后，也被污染了。你的言语举止，是会感染别人的，就像玻璃球一样。当心情不好的时候，要控制自己。否则，坏脾气一旦投射到别人身上的时候，就会对别人造成伤害，再也不能回复到以前。所以一定要控制好自己的言行。"

慢慢地，芬妮已学会把自己当成一个思想的旁观者，来看清自己的意念。一旦有了不好的想法就很快发现，想法失控的时候就及时制止。这样持续了一年，她逐渐能够信任自己并且静观其变，生活也步入常轨，并重新得到了一位优秀男士的爱，美好在她的生活中渐渐展现。

任情绪控制、受坏情绪摆布的人往往是生活的弱者，当你要发脾气的时候，应该做的第一件事就是尽量让自己安静和放松下来，想一想目前出现了什么情况，而不是顺其自然让脾气发作，被情绪牵着走。

有一天，陆军部长斯坦顿怒气冲冲地来到林肯那里，抱怨一位少校公开指责他偏袒下属。林肯建议斯坦顿立即写一封信回敬那位少校。

"可以狠狠地骂他一顿。"林肯说。

斯坦顿立刻写了一封措辞激烈的信，然后拿给总统看。

"对了，对了。"林肯高声叫好，"要的就是这个！好好教训他一顿，真写绝了，斯坦顿。"但是当斯坦顿把信叠好装进信封里时，林肯却叫住他，问道："你要干什么？"

"寄出去呀。"斯坦顿有些摸不着头脑了。

"不要胡闹。"林肯大声说，"这封信不能发，快把它扔到炉子里去。凡是生气时写的信，我都是这么处理的。这封信写得好，写的时候你已解了气，现在感觉好多了吧，那么就请你把它烧掉，再写第二封信吧。"

和别人生气的时候，要注意合理控制自己的情绪，既不要把自己的愤怒压抑在心底，也不要直接将愤怒发泄给别人，而要找出一个缓解愤怒情绪的合理步骤，让自己的情绪缓一缓，等自己的内心平静了再做决定。

除了愤怒情绪之外，忧郁、失望、苦闷等消极情绪也是阻碍我们走向成功的重要因素。一个人要取得成功，就要学会合理地控制自己的消极情绪。

要知道，一个人成功的最大障碍不是来自外界，而是自身，除了力所不能及的事情做不好之外，自身能做的事不做或做不好，那就是自身的问题，是自制力的问题。如果你能够恰当地掌握好情绪，那么将在别人心目中留下"沉稳、可信赖"的形象，你的人生也必定会因此而受益匪浅。

控制自己让你更强大

有自制力不仅仅是人的一种美德，而且在一个人成就事业的过程中，自制力也是一项决定成败的关键因素。自制对于青少年的成长和进步来说，有着十分重要的意义和作用。斯威夫特说过，只有自制的人才能拥有真正的美德。控制自己能够让一个人变得更强大。青少年要想成为能够主宰自己命运的强者，就必须学会克制自己，管理自己。

一个人要成就大的事业，就不能随心所欲、感情用事，对自己的言行应有所克制，这样才能使自己的错误、缺点得到抑制，不致铸成大错。高尔基说过："哪怕是对自己的一点小小的克制，也会使人变得强而有力。"德国诗人歌德说："谁若游戏人生，他就一事无成，不能主宰自己，永远是一个奴隶。"一个人要想成为能够主宰自己命运的强者，成就一番事业，就必须对自己有所约束、有所克制。

球王贝利从小就显现出非凡的足球天赋，他常常踢着特制的"足球"——用一个大号袜子塞满破布和旧报纸，然后尽量捏成球形，外面再用绳子捆紧。贝利经常光着黑瘦的脊梁，在家门前那条坑坑洼洼的小街，赤着脚练球。尽管他经常摔得皮开肉绽，但他始终不停地向着想象中的球门冲刺。

渐渐地，贝利有了些名气，许多认识不认识的人常常跟他打招呼，还向他递烟。像所有未成年人一样，贝利喜欢吸烟时的那种"长大了"的感觉。

有一次，当贝利在街上向别人要烟的时候，父亲刚好从他身边经过，父亲的脸色很难看，贝利低下头，不敢看父亲的眼睛。因为，他看到父亲的眼睛里有一种忧伤，有一种绝望，还有一种恨铁不成钢的怒火。

父亲说："我看见你抽烟了。"

贝利不敢回答父亲，一言不发。

父亲又说："是我看错了吗？"

贝利盯着父亲的脚尖，小声说："不，你没有。"

父亲又问："你抽烟多久了？"

贝利小声为自己辩解："我只抽过几次，几天前才……"

父亲打断了他的话，说："告诉我味道好吗？我没抽过烟，不知道烟是什么味道。"贝利说："我也不知道，其实并不太好。"说话的时候突然绷紧了浑身的肌肉，手不由自主地往脸上挡去，因为，他看到站在他跟前的父亲猛地抬起了手。

但是，那并不是贝利预料中的耳光，父亲把他搂在了怀中。

父亲说："你踢球有点天分，也许会成为一名优秀的运动员，但如果你抽烟、喝酒，那就到此为止了。因为你将不能在 90 分钟内保持一个较高的水准。这事由你自己决定吧。"

父亲说着，打开他瘪瘪的钱包，里面只有几张皱巴巴的纸币。父亲说："你如果真想抽烟，还是自己买的好，总跟人家要，太丢人了，你买烟需要多少钱？"

贝利感到又羞又愧，眼睛里涩涩的，可他抬起头来，看到父亲的脸上已是泪水纵横……

后来，贝利再也没有抽过烟。他凭着自己的勤学苦练，终于成了一代球王。

自制对于一个人的成长进步，有着十分重要的意义和作用。一个人心智成熟的人，必定能控制住自己的情绪与行为。而这种成熟感来自个人成长和发展的强烈渴望。有了这样的愿望，人们才能形成如何有效地管理自己的思想、言论和行动的意识，才能自觉地去管理自己。

我们每个人都应当树立自我管理意识，在心中要有培养自我管理意识的紧迫感。这种紧迫感不能是别人强加的，必须是自己切身感觉到的。

首先，这种紧迫感来自个人成长和发展的强烈渴望。有了这样的愿望，人们才能形成如何有效地管理自己的思想、言论和行动的意识，才能自觉地去管理自己。反之，一个人自己没有成长和发展自己的愿望，当然不会产生如何管理自己的意识。

其次，这种紧迫感来自对社会现实的深刻认识。当今的社会，管理正在作为一门科学迅速应用于人们生活的各个领域，整个社会的经济管理、政治管理、思想管理、法律管理、道德文化管理等正在走向科学化，越来越多的人已经开始把管理科学运用于人生过程之中。人们盲目对待人生的时代正在宣告结束，人生正在朝着科学化的方向前进。科学化的人生需要科学的自我管理。人们如果能清醒地看到这一点，就会产生一种觉悟，即自己不科学地管理自己，就会失去人生的主动权，就会被别人远远地抛在后边。有了这种觉悟，就会主动地发展自己。

掌控好情绪的开关

歌德说过："一个人，即使驾着的是一只脆弱的小舟，但只要舵掌握在他手中，他就不会任凭波涛的摆布，而有选择方向的主见。"

情绪是人对事物的一种最浮浅、最直观、最不用脑筋的情感反应。它往往只从维护情感主体的自尊和利益出发，不对事物做复杂、深远和智谋的考虑，这样的结果，常使自己处在很不利的位置上或为他人所利用。

"东边日出西边雨"不仅是对一种自然现象的客观描述，而且也是青少年情绪特点的形象比喻：一边是情绪逐渐地趋向成熟、愉悦、平静、稳定，积极的情绪因素不断增加；一边是情绪问题陆续地出现，厌学、抑郁、焦虑、冷漠，诸如此类的情绪给我们的成长与发展罩上了阴影。有的阴影随着时间的推移而自然消逝，可有的阴影却需要施加人为的驱散力量，促使各类情绪问题的顺利解决。

青少年正处于身体发育或社会经验形成的增长时期，情绪波动比较大，容易发怒。青少年时期的人就像一部正在磨合的汽车，对情绪的控制远远没有到达得心应手的境界，经常会因为一点小事耿耿于怀，也经常由于"不顺心"、"不如意"而怨天尤人、意志消沉。

这些都是正常的现象，因为我们正处在思维以及人生观的"大碰撞"时期。另外，这些也是不正常的现象，因为人若是不能有效地控制自己的情绪，就变得和动物没有什么区别了。

其实，我们情绪的"开关"就掌握在自己手上，是我们自己而不是别人在控制我们的情绪。在同样的负担下，谁的情绪更好、身体更健康，取决于谁更善于控制这些"开关"，从而保持一种积极健康的情绪。

韩信在青年时期穷困潦倒，被人瞧不起。一天，一个屠夫指着韩信的鼻子说："你敢在我身上扎两刀吗？如果不敢，那么请从我的胯下爬过去。"真是欺人太甚！韩信听罢，不禁怒从心头起，想狠狠地教训教训他。但转念一想，我韩信为何要跟一个屠夫一般见识，来日方长，于是一咬牙，一狠心，便从屠夫的胯下钻了过去。后来，韩信被刘邦拜为大将，他不但没有杀掉这个屠夫，反而赏之以金，委之以官，使其深受感动，不仅消除了私怨，最后还成了舍命保韩信的勇士。

韩信的度量可谓大矣，忍耐之心可谓强矣！"士可杀而不可辱"是世人皆知的至理名言，但韩信还是忍受着奇耻大辱，心一横从屠夫胯下钻过去；飞黄腾达后，不但不杀这个侮辱自己的人，反而委之以官，这是令常人难以想象的。正是他的克己忍让，感化了屠夫，赢得了敌对者，屠夫才成了韩信的忠诚部下。

忍让、控制情绪并不是软弱可欺，而是一种大气与远见。控制情绪不是一件非常容易的事情，因为我们每个人心中永远存在着理智与感情的斗争。自我控制、自我约束也就是要求我们按理智判断行事，克服追求一时情绪满足的本能愿望。一个真正具有自我约束的人，即使在情绪非常激动时，也能够做到这一点。

我们每个人都在努力做使自己生活更有意义的事，并且在向着未来的目标奋进。但是，生活在现实的世界中，我们绝不应该采取仅使今天感到愉快而丝毫不顾及明天可能发生的后果的态度。我们的情绪大都容易倾向于获得暂时的满足，所以我们要善于做好自我约束。因此，在追求一种有意义的生活时，我们应当努力控制自己的情绪，使自己向好的一面发展。

青少年，问一问自己，你常常头脑发热吗？你曾经因冲动犯傻吗？你试过控制自己的情绪吗？这里我们介绍几种控制自己情绪的方法：

1. 正确评价自己

任何情绪和情感的产生都有其根源，有时它隐藏得很深，我们很难觉察，但是它却似一只无形的手，牢牢地把握着情绪的方向和发展，我们只有紧紧抓住这只无形的手，才能从被动转为主动，才能使情绪控制在自己理智所及的范围之内。有时候，情绪和情感发生的原因十分简单和明显，但我们却可能故意避开这种伸手可及的原因，找出许多次要的无关宗旨的理由，因为要正确地找出某些情绪的原因常常是使人痛苦的。例如，当我们内心受到严重的伤害时，我们不敢也不愿承认自己之所以受到伤害是由于自己本身的脆弱和无能，我们可能曲折而迂回地从外界去找原因，或把自己完全置于无辜的位置，以求得内心的平衡。不敢正视自己，不敢正确评价自己，阻碍着我们对自己进行理智的认识和评价。青少年一定要克服这种毛病。

2. 转移，换个环境

当我们受到无法避免的痛苦打击时，长期沉浸在痛苦之中，既于事无补，不能解决任何问题，又影响自己的学习和工作、损害健康，所以我们应该尽快地把自己的注意力转移到那些有意义的事情上去，转移到最能使你感到自信、愉快和充实的活动上去。这一方法的关键是尽量减少外界刺激，尽量减少它的影响和作用。

3. 品尝各种愉快的生活体验

每一个人的生活中都包含各种体验，青少年朋友可以多回忆积极向上、愉快的生活体验，这有助于克服不良情绪，保持乐观的心理状态。

比如说一次考试失利，不要总是沉浸在懊丧里自怨自艾。也许有些题目你的答案正确，可是分数高的同学却没有做出来，这说明你还是有能力的，成绩不好不过是暂时的。在这种情况下，振作精神，客观冷静地找出原因要比灰心丧气好得多。

同样，我们要有意识地搜集能让我们快乐的生活片断，将它们剪辑到我们的记忆中，并时时在脑海的荧幕里播放。

4. 学会换位思考

有一句话说得好，保持情绪的最好方法就是多看看比我们还不幸的人。悲观的失败者视困难为陷阱，乐观的成功者视困难为机遇，结果就有两种截然相反的生存轨迹。

凡事从好处想，就会看到希望，有了希望才能增添我们生存的勇气和力量。面对不良情绪困扰的时候，我们不妨换个角度想想，别人能做到的，我们为什么做不到呢？

从他律到自律，长大成人的过程

作为新时代的青少年，每个人都应随时随地遵守社会的行为规范，懂得作为社会的一分子，应约束自己的行为，不给他人造成伤害。唯有如此，我们的每个社会成员才可以享受平等、幸福的生活。

一个人要成就大事业，就不能随心所欲、感情用事，对自己的言行应有所克制，这样才能使较小的错误、缺点得到抑制，不致铸成大错。高尔基说："哪怕是对自己的一点小小的克制，也会使人变得强而有力。"自制能力是在日常生活中和工作中善于控制自己情绪和约束自己言行的一种能力。一个意志坚强的人是能够自觉控制和调节自己言行的。如果一辆汽车光有发动机而没有方向盘和刹车的调节，汽车就会失去控制，不能避开路上的各种障碍，就有撞车的危险。一个想要有所成就的人如果缺乏自制力，就等于失去了方向盘和刹车，必然会"越轨"或"出格"，甚至"撞车"、"翻车"。

如果一个人有比较强的自制能力，那么这个人一定能够战胜自我，远离祸害，做到快快乐乐。如果不幸遇到祸害，他一定能够泰然处之，化祸为福。可见，自制对平安快乐的人生是极其重要的。

这里有一些方法和习惯能够帮助你成长为一个有较强自制力的人：

1. 多进行自我分析

对自己多分析，找出自己在哪些活动中、何种环境中自制力差，然后拟出培养自制力的目标步骤，有针对性地培养自己的自制力；二是对自己的欲望进行剖析，扬善去恶，抑制自己的某些不正当的欲望。

2.提高动机水平

心理学的研究表明，一个人的认识水平和动机水平会影响一个人的自制力。一个成就动机强烈、人生目标远大的人，会自觉抵制各种诱惑，摆脱消极情绪的影响。他考虑任何问题，都着眼于事业的进取和长远的目标，从而获得一种控制自己的动力。

3.从日常生活小事做起

人的自制力是在学习、生活工作中的千百万小事中培养、锻炼起来的。许多事情虽然微不足道，却影响到一个人自制力的形成。如早上按时起床、严格遵守各种制度、按时完成学习计划等，都可积小成大，锻炼自己的自制力。

4.绝不让步迁就

培养自制力，要有毫不含糊的坚定和顽强。任何事情，只要意识到它不对或不好，就要坚决克制，绝不让步和迁就。另外，对已经做出的决定，要坚定不移地付诸行动，绝不轻易改变和放弃。如果执行决定半途而废，就会严重地削弱自制力。

5.进行自我暗示和激励

自制力在很大程度上就表现在自我暗示和激励等意念控制上。意念控制的方法有：在你从事紧张的活动之前，反复默念一些建立信心、给人以力量的话，或随身携带座右铭，时时提醒、激励自己；在面临困境或诱惑时，利用口头命令，如"要沉着、冷静"，以组织自身的心理活动，获得精神力量。

6.经常进行自省

如当学习时忍不住想看电视时，马上警告自己管住自己；当遇到困难想退缩时，马上警告自己别懦弱。这样往往会唤起自尊，战胜怯懦，成功地控制自己。

很多年前就有一首歌曾经唱红了大江南北，歌词中有这么一句话："这个世界很精彩，这个世界很无奈。"相信很多人，尤其是青少年朋友应该对这句话感受很深。

　　"这个世界很精彩"，因为这个世界本来就五彩缤纷、生动绚烂，你可以自由徜徉在自己感兴趣的领域内。而"这个世界很无奈"，因为生活在社会中的人们会受到很多他律——来自外界的规定和约束。这些他律会让人感觉到自己并没有那么自由。其实，世界就是这样，在自由与规约中并行前进。如果用客观的眼光来看，其实这些精彩与无奈是可以中和的，而这个中和的过程也就是一个人从自律走向他律的过程。首先要学会自我约束，这样有助于形成一个宽松和谐的氛围，而在这个宽松和谐的氛围内，一些外界制定的必要的规定又往往能够更好地维护个人的自由。因此，这个世界并不那么"无奈"，关键是看自己怎么选择和处理。

　　正如德国诗人歌德所说的那样："谁若游戏人生，他就一事无成，不能主宰自己，永远是一个奴隶。"那么，从青少年时期就学会自律，这样往往能够帮助人成功地适应他律，而在这一过程中，自由并没有失去，而是在不断地得到稳固，最终受益的也一定是自己。

第二章
抵御挫折，风雨过后有彩虹

挫折是大自然的计划

著名诗人摩根有一篇名为《当大自然征召某人时》的诗，当中有这样几句——

当大自然征召某人时，

刺激这个人，

训练这个人。

当大自然想要塑造某个人

让他扮演最高贵的角色；

它全心全意渴望

创造一个如此伟大及勇敢之人

让全世界予以赞扬——

当大自然想要造就某人，

推动一个人，

唤醒这个人；

当大自然想要命令一个人

执行将来的意愿；

它以所有的技巧加以尝试

以全部心力渴望

完整而伟大地将他创造出来……

我们深信，挫折是大自然的计划，大自然就是通过这种方法，来考验人类，促使他们在磨难中不断成长。大自然偏爱那些努力奋斗的孩子，把高尚的品格、瞩目的成就和优越的地位作为他们战胜挫折的回报。

困境是人生的另一所大学。我们常常羡慕那些含着金汤匙出生的人，他们的老爸不是某某某，就是认识某某某；他们有钱有势，连上学都坐宝马车。但事实上，未经挫折磨炼洗礼的人是很难有所作为的。

从前有一对夫妻，结婚多年一直没有孩子。或许是他们的诚心感动了老天，婚后的第十年，终于生了个儿子。夫妻俩整日开心得合不拢嘴，把孩子取名叫阿龙，希望他将来功成名就，成为人中之龙。

小阿龙长得白白胖胖，爸妈把他无微不至地捧在手心里，舍不得让他遭受到任何一点碰撞。

"孩子，走路时记得要看着脚下，当心别跌倒了。尤其是在瓷砖地板上走路，那上面又湿又滑，特别容易滑倒。还有，走山路时也要看脚下，一不小心踩滑了，说不定你会从山顶上摔下去的。"父母预想了各种状况，总是对着阿龙谆谆教诲，不希望孩子发生意外。

这对慈祥的父母在阿龙25岁那年先后去世了。言犹在耳，阿龙没有忘记父母亲千交代、万叮咛的嘱咐，时时刻刻都遵循着父母的指示：当他在街上走路，在山上踏青，在春天的草原里漫游，在神秘的森林里踌躇时，他都小心翼翼地注意不让自己被任何东西绊倒。

从小到大，他几乎从来没有跌倒过，也从来没有扭伤过，更没有碰伤过头，就连踏到水坑的机会也没有。

只是，这样的步步小心并没有使他步步高升，他一直专注于自己的脚下，无论是蓝色的天空、明亮的彩霞，或是闪烁的星星、城市的灯火、人们的笑容，对他而言都只是惊鸿一瞥的影像，他从来不曾凝神留心地细看过。

终其一生，阿龙并没有功成名就，成为人中之龙；他最大的成就，充其量只是从未摔倒而已。

大自然让人们在奋斗的过程中不断成长、壮大与进步。未经磨难，一个人是不可能成功的。一个人从生到死，就是一连串的成长与考验，并从每一次面对挑战的经验中累积智慧。爱默生说过："放手去做，你就会有力量。"

迎接磨难并予以克服，你就会拥有所需的足够力量与智慧。如果一个人总是生活在一帆风顺的环境中，没有经历过挫折的磨炼和洗礼，就好像温室里的花朵，一旦脱离了优越的成长环境，就会面临自下而上的困境。森林中最强壮的树木，并未受到严密的保护，它们必须和环境搏斗，和周围的树木争夺养分才得以生存。

汤姆的祖父以制作马车为生。每回整地播种时，他总会留下几棵橡树，任凭它们在空旷的田地里承受风吹雨打。他这样告诫汤姆：

"那些大自然里努力求生存的橡树，比森林里受到保护的同伴更坚实，更具韧性。祖父用那些饱经风霜的橡木制作车轮，弯成弧形的零件，不必担心会断裂。因为它们受过磨难，有足够的力量承受最沉重的负担。

磨难同样可以强化人们的意志。大多数的人希望一生平坦顺利，然而，未经磨难与考验，往往会庸庸碌碌过一生。

我们应该勇于面对逆境，努力奋斗，才会有更多机会。

磨难迫使我们向前进，否则我们将停滞不前；它引导我们通过考验，获得成功。未经磨难，无法得到任何有价值的东西，人生是不断奋斗的过程，勇于面对困难，克服困难，继续迎接下一个挑战的人，就是最后的赢家。"

汤姆祖父的话指出了挫折在我们人生成长过程中的意义。苦难是人生的大学，挫败是成长的阶梯。伟大人物无一不是由苦难而造就的，一个人如果好逸恶劳，就无法战胜困难，也绝不会有什么前途。一个成功人士说："生前没有经历困难的人，他的生命是不完整的。"

困境好像运动器械，可以锻炼人，使人体格强健，所以，困境是我们成就事业最有利的基础。安德鲁·卡内基说："一个年轻人最大的财富莫过于出生于贫穷之家。"困境本是困厄人生的东西，但经过奋斗而脱离困境，便是无比的快乐。

把挫折燃烧成动力

美国 NBA 决赛有一段很有意思的电视广告。在广告里，迈克尔·乔丹走进体育馆，向热情的球迷们打招呼。你可以听出他自言自语的声音。在此辉煌的时刻，他在回忆一生中遭遇的挫折。他想起念中学时被开除出篮球队的情形，想到在职业棒球赛上的失败，想到他在 NBA 生涯中 38 次没有拿下决胜的一分。在广告的最后，乔丹对着镜头说："这就是我成功的原因。"多么震撼人心的哲理！

如果你还未曾遇到挫折，你也许习惯于一种懒散的状态，随波逐流，几乎不想或不愿去冒险，去挑战，以免让自己品尝到挫折的滋味。这将会使你失去可贵的进取心。你或许在学习和爱情上有过较小的挫折，但这不是一种刻骨铭心的失败，因此你对此可能不会留有深刻印象。可以这么说：几乎每个人都拥有相等的机会。没有一个人命中注定要过一种失败的生活，也没有一个人命中注定总会一帆风顺。机遇要靠自己去探索，去把握，去牢牢地抓住。要想成功，就要敢于冒险，敢于面对挫折，并要有战胜挫折的勇气。

英国的索冉指出："挫折不该成为颓丧、失志的原因，应该成为新鲜的刺激。"唯一避免遇到挫折的方法是什么事都不做，没有失败，没有挫折，就无法成就伟大的事。

一只蚌跟它附近的另一只蚌说，"我身体里边有个极大的痛苦。它是沉重的，圆圆的，我遭难了。"

另一只蚌怀着骄傲自满情绪答道："赞美上天也赞美大海，我身体里边毫无痛苦。我里里外外都很健全。"

这时有一只螃蟹经过，听到了两只蚌的谈话，它对那只里里外外都很健全的蚌说："是的，你是健全的，然而，你的邻居所承受挫折的痛苦，乃是一颗异常美丽的珍珠。"

造成痛苦的砂粒在蚌体内形成了可爱的珍珠。痛苦的时间越长，珍珠的价值越大。宝贵的生命是由挫折创造出来的，价值大小与挫折带来的痛苦成正比。

天下哪有不劳而获的事？如果能利用种种挫折，把它"燃烧"起来，化为动力，来促使你更上一层楼，那么一定可以实现你的理想。

教授们知道，从学生对于成绩不及格的反应可以推测出他们将来的成就。有一位教授讲过一件这样的事。

几年前，他给了毕业班的一个学生不及格，这件事对那个学生打击很大。因为他早已做好毕业后的各种计划，现在不得不取消，真的很难堪，他只有两条路可走：第一是重修，下年度毕业时才能拿到学位，第二是不要学位，一走了之。

在知道自己不及格时，他非常失望，并找到这位教授要求通融一下。在知道不能更改后，他大发脾气，向教授发泄了一通，这位教授等他平静下来后，对他说："你说的大部分都很对，确实有许多知名人物几乎不知道这一科的内容，你将来很可能不用这门知识就获得成功，你也可能一辈子都用不到这门课程里的知识，但是你对这门课的态度却对你大有影响。"

"你是什么意思？"这个学生问道。

教授回答说："我能不能给你一个建议呢？我知道你相当失望，我了解你的感觉，我也不会怪你。但是请你用积极的态度来面对这件事吧。这门课非常非常重要，如果不由衷培养积极的心态，根本做不成任何事情。请你记住这个教训，5年以后就会知道，这是使你收获最大的一个教训。"

后来这个学生又重修了这门功课，而且成绩非常优异。不久，他特地向这位教授致谢，并非常感激那场争论。

"这次不及格真的使我受益无穷。"他说，"看起来可能有点奇怪，我甚至庆幸那次没有通过。因为我经历了挫折，并尝到了成功的滋味。"

我们都可以从挫折中汲取教训，好好利用，就可以对挫折泰然处之。

世界上有无数人，一辈子浑浑噩噩、碌碌无为，他们对自己一直平庸的解释不外是"运气不好"、"命运坎坷"、"好运未到"，这些人仍然像小孩那样幼稚与不成熟，他们只想得到别人的同情，简直没有一点主见。由于他们一直不能从挫折中激励自己，吸取教训，才始终发现不到他们变得更伟大、更坚强的机会。

挫折能激发人的意志力，伴随着你的物质和精神的成长。遇到挫折之时正是播撒成功种子的最好季节。面对挫折绝不要低下头，不管挫折有多大，都要再次崛起。坚持奋斗，直到收获成功的回报！

如果做任何事情都一帆风顺，那么，人生还有什么喜悦可言？只有不断地面对挫折，挑战它，战胜它，成功之后的欢乐才更能打动人，这样的人生才更加丰富多彩。

笑对挫折，做命运的主宰

有这样一个故事：草地上有一个蛹，被一个小孩发现并带回了家。过了几天，蛹上出现了一道小裂缝，里面的蝴蝶挣扎了好长时间，身子似乎被卡住了，一直出不来。天真的孩子看到蛹中的蝴蝶痛苦挣扎的样子，十分不忍。于是，他便拿起剪刀把蛹壳剪开，帮助蝴蝶脱蛹出来。然而，由于这只蝴蝶没有经过破蛹前必须经过的痛苦挣扎，以致出壳后身躯臃肿、翅膀干瘪，根本飞不起来，不久就死了。

这个小故事也说明了一个人生的道理，要得到欢乐就必须能够承受痛苦和挫折。这是对人的磨炼，也是一个人成长必经的过程，正所谓："若非一番寒彻骨，怎得梅花扑鼻香？"

其实，适度的挫折对人生的成长具有一定的积极意义，它可以帮助人们驱走惰性，促使人奋进。挫折又是一种挑战和考验，生活中许多轻度挫折是意志力的"运动场"，当你大汗淋漓地跑完全程，克服了生活的挫折，就会获得愉快的体验。

　　莲娜有一个悲惨的童年，10 岁时母亲因病去世，由于父亲是一个长途汽车司机，经常不在家，也无法提供莲娜正常的生活所需。因此，莲娜自从母亲过世以后，就必须自己洗衣做饭，照顾自己。

　　然而，老天爷并没有特别关照她。当她 17 岁时，父亲在工作中不幸因车祸丧生。从此莲娜再也没有亲人能够倚靠了。

　　可是，噩梦还没有结束，在莲娜走出悲伤，开始独立养活自己之时，却在一次工程事故中，失去了左腿。

　　然而，一连串意外与不幸，反而让莲娜养成了坚强的性格。她独立面对随之而来的生活不便，也学会了拐杖的使用，即使不小心跌倒，她也不愿伸手请求人们帮忙。

　　最后，她将所有的积蓄算了算，正好足够开一个养殖场。

　　但老天爷似乎真的存心与她过不去，一场突如其来的大水，将她的最后一丝希望都夺走了！

　　莲娜终于忍无可忍了，她气愤地来到神殿前，怒气冲冲地责问上帝："你为什么对我这么不公平？"

　　上帝听到责骂，现身后满脸平静地反问："哪里不公平呢？"

　　莲娜将她的不幸，一五一十地仔细说给上帝听。

　　上帝听完了莲娜的遭遇后，又问："原来是这样啊！的确很凄惨，那么，你干吗还要活下去呢？"

　　莲娜听到上帝这么嘲讽她，气得颤抖地说："我不会死的！我经历了这么多不幸的事，已经没有什么能让我感到害怕。总有一天我会靠着自己的力量，创造自己的幸福！"

　　上帝这时转身朝向另一个方向，"你看！"他对莲娜说，"这个人生前比你幸运许多，他可以说是一路顺风地走到生命的终点。不过，他最后一次的遭遇却和你一样，在那场洪水里，他也失去了所有的财富。不同的是，他之后便绝望地选择了自杀，而你却坚强地活了下来！"

　　人生之路，不如意事常八九，一帆风顺者少，曲折坎坷者多。成功是由无数次失败构成的。在追求成功的过程中，还须正确面对失败。乐观和自我超越就成为能否战胜自卑、走向自信的关键。正如美国通用电气公司创始人沃特所说："通向成功的路，即把你失败的次数增加一倍。"但失败对人毕竟是一种"负性刺激"，总会使人产生不愉快、沮丧、自卑的情绪。

　　要战胜失败所带来的挫折感，就要善于挖掘、利用自身的"资源"。应该说当今社会已大大增加了这方面的发展机遇，只要敢于尝试，勇于拼搏，就一定会有所作为。虽然有时个体不能改变"环境"的"安排"，但谁也无法剥夺其作为"自我主人"的权利。屈原被放逐乃赋《离骚》，司马迁受宫刑乃成《史记》，就是因为他们无论什么时候都不气馁、不自卑，都有坚韧不拔的意志。有了这一点，就会挣脱困境的束缚，迎来光明的前景。

若每次失败之后都能有所"领悟"，把每一次失败都当做成功的前奏，那么就能化消极为积极，变自卑为自信。作为一个现代人，应具有迎接失败的心理准备。世界充满了成功的机遇，也充满了失败的风险，所以要树立持久心，以不断提高应付挫折与干扰的能力，调整自己，增强社会适应力，坚信失败乃成功之母。

成功之路难免坎坷和曲折，有些人把痛苦和不幸作为退却的借口，也有人在痛苦和不幸面前寻得复活和再生。只有勇敢地面对不幸和超越痛苦，永葆青春的朝气和活力，用理智去战胜不幸，用坚持去战胜失败，我们才能真正成为自己命运的主宰，成为掌握自身命运的强者。

挫折是强者的起点

挫折是弱者的绊脚石，却是强者成功的起点。生活中的机遇并非一成不变地向我们走来，它们像脉冲一样有起有伏，有得有失。每当人们坐在一起相互安慰时总是说黑暗过后必有黎明，这才是隐匿在生活中的真谛。一个生命的强者，会把各种挫折和厄运当做另一个起点。

在某个地方有一家很大的农户，其户主被称为耶路撒冷附近最慈善的农夫。每年拉比都会到他家访问，而每次他都毫不吝惜地捐献财物。

这个农夫经营着一块很大的农田。可是有一年，先是受到风暴的袭击，整个果园被破坏了。随后，又遇上一阵传染病，他饲养的牛、羊、马全部死光了。债主们蜂拥而至，把他所有的财产扣押了起来。最后，他只剩下一块小小的土地。

这位农夫的太太却对丈夫说："我们时常为教师建造学校，维持教堂，为穷人和老人捐献钱，今年拿不出钱来捐献，实在遗憾。"

夫妇俩觉得让拉比们空跑一趟，于心不安，便决定把最后剩下的那块地卖掉一半，捐献给拉比。拉比非常惊讶在这样的状况下，还能收到他们的捐款。

有一天，农夫在剩下的半块土地上犁地，耕牛突然滑倒了，他手忙脚乱地扶起耕牛时，却在牛脚下挖出个宝物。他把宝物卖了之后，又可以和过去一样经营果园农田了。

第二年，拉比们再次来到这里，他们以为这个农夫还和以前一样贫穷，所以又找到这块地上来。附近的人告诉他们："他已经不住在这里了，前面那所高大的房子，就是他的家。"

拉比们走进大房子，农夫向他们说明了自己在这一年所发生的事，并总结道：只要不惧怕困难，并保持感恩的心，必定会赢得一切的。

这位农夫的经历告诉我们，面对挫折，绝不能害怕、胆怯。去做那些你害怕的事情，害怕自然会消失。狼如果因为遭遇过挫折而胆怯害怕，这个种群就不可能继续生存下去。

人生如行船，有顺风顺水的时候，自然也有逆风大浪的时候。这就要看掌舵的船夫是不是高明了。高明的船夫会巧妙地利用逆风，将逆风也作为行船的动力。人生、事业的发展也一样。如果你能始终以一种积极的心态去对待你人生中可能遇到的"逆风大浪"，并对其加以合理的利用，将被动转化为主动，那么，你就是人生征途上高明的舵手。

所有的人都会有失败的时候，重要的是当你犯了错误的时候，是否会及时承认错误并且想办法去弥补它。不要被失败所困，花点时间找出失败的原因，并从中汲取教训。如果你不能摆脱失败的阴影，那么你将会裹足不前。

一件事情上的失败绝不意味着你的整个人生都是失败的，失败只是暂时的受挫，不要把它当成生死攸关的问题。永远保持积极的心态，你将离成功更近一些。

相传康熙年间，安徽青年王致和赴京应试落第后，决定留在京城，一边继续攻读，一边学做豆腐以谋生。可是，他毕竟是个年轻的读书人，没有做生意的经验，夏季的一天，他所做的豆腐剩下不少，只好用小缸把豆腐切块腌好。但日子一长，他竟忘了有这缸豆腐，等到秋凉时想起来了，但腌豆腐已经变成了"臭豆腐"。王致和十分恼火，正欲把这"臭气熏天"的豆腐扔掉时，转而一想，虽然臭了，但自己总还可以留着吃吧。于是，就忍着臭味吃了起来，然而，奇怪的是，臭豆腐闻起来虽有股臭味，吃起来却非常香。

于是，王致和便拿着自己的臭豆腐去给自己的朋友吃。好说歹说，别人才同意尝一口，没想到，所有人在捂着鼻子尝了以后，都赞不绝口，一致公认这豆腐美味可口。王致和借助这一错误，改行专门做臭豆腐，生意越做越大，而影响也越来越广，最后，连慈禧太后也慕名前来尝一尝美味的臭豆腐，对其大为赞赏。

从此，王致和与他的臭豆腐身价倍增，还被列为御膳菜谱。直到今天，许多外国友人到了北京，都还点名要品尝这所谓"中国一绝"的王致和臭豆腐。

因为腌豆腐变臭这次失败，改变了王致和的一生。所以在人生路上，遇到失败时我们要学会转个弯，把它作为一个积极的转折点，选择新的目标或探求新的方法，把失败作为成功的新起点。

成功者与失败者最大的不同，就在于前者珍惜失败的经验，他们善于从失败中吸取教训，寻找新的方法，反败为胜，获得更大的胜利；后者一旦遭遇失败的打击就坠入痛苦的深渊中不能自拔，每天闷闷不乐，自怨自艾，直至自我毁灭。

学会从失败中获取经验，你就会获得最后的成功。

挫折只会让你的生命更精彩

卡耐基说："欲望是开拓命运的力量，有了想要获取成功的欲望，还需要有挫折去考验你是否承受得了更大的成功"。

人生中失败并不可怕，可怕的是你没有发现失败背后的经验，运动名将李宁有一句名言："所有的失败，与失去自己的失败比起来，都是微不足道的。"就让那些微不足道的失败，来铺垫我们的人生吧。

1983年，第22届世界体操锦标赛在匈牙利的布达佩斯举行。此时的李宁已经是闻名天下的"体操王子"，与童非同为中国男子体操队的重量级选手，一同出征世锦赛，众人也对他寄予了厚望。

转眼就到了最后一项比赛，这一场比赛将决定谁是最终的强者，夺得团队冠军。中国队的最后一项比赛是单杠，由李宁和童非二人压轴。首先出场的是李月久、李小平、许志强和娄云，前三人都夺得9.9分，而娄云仅得了9.75分，引得全场哗然。这样一来，压在李宁和童非肩上的担子便更重了。李宁甫一上场，现场便报以热烈的掌声，只要有李宁在，人们就还存有一分希望。但是这一次，李宁再次让大家大吃一惊。

李宁跃上单杠，开始做动作，一开始还比较顺利：前跨、后转、倒立、空翻、飞旋……动作流畅自然，似乎无懈可击，但众人眼前忽然一闪，只见李宁在做腾跃动作时没能抓住杠子，从杠上掉了下来。现场顿时响起一片惊呼声，有些观众甚至捂起了眼睛，不敢相信眼前的一切。最后，李宁的得分仅为9.45分，堪称惨淡！

好在最后出场的童非发挥稳当，一举夺得9.9分，稍稍挽回李宁所造成的损失。最终，中国队以0.1分的微弱优势战胜苏联队，首次夺得团队冠军。这是体操史上一次经典的战役，李宁却因为自己的失误而无颜享受这样的光荣，回国之后他不断提醒自己不要自大和疏忽，认真吸取上次的惨痛教训，为来年的奥运会做准备。

事实证明，李宁是真正的硬汉，虽然会有败绩，却从不服输，而是以更加凶猛的攻势卷土重来。一年后，在那场永远为华人铭记的洛杉矶奥运会上，李宁一举夺得三金、二银、一铜，再创体操历史上的奇迹，一洗前耻，也为中国体育代表团立下了赫赫战功。

这就是李宁，一个可以被打倒，却不会被打败的英雄；这就是李宁，一个知耻而后勇，时刻准备再创辉煌的"体操王子"。所以，我们要相信知耻而后勇所激发出来的潜力，它会让我们努力进取，获得成功。同样，挫折是检验证明意志的最好时机。

乔布斯刚出生，就被父母遗弃了。幸运的是，洛杉矶的一对好心的夫妻收留了他。乔布斯聪明、顽皮，学习成绩也很十分出众。

由于童年在著名的"硅谷"附近度过，从小耳濡目染，他也渐渐迷恋上了电子学。在一次聚会中，乔布斯第一次见到了电脑，几乎是一见钟情，他开始了自己的电脑研发之路。

21岁的愚人节那天，乔布斯和朋友在家中的仓库里签署了一份合同，决定成立一家电脑公司。由于乔布斯偏爱苹果，他就给电脑起了一个名字——苹果。但在当时，乔布斯的经营理念就是一个异类，加上电脑行业的大哥大IBM公司也开始推出了个人电脑，苹果公司节节惨败，乔布斯成了这一失败的"替罪羔羊"。董事会决议撤销了他的经营大权，他几次想夺回权力均未成功，便愤然离开了。

没有乔布斯，苹果的形势未见起色。而乔布斯很快便开始了自己的又一次创业，他创办了"Next"电脑公司。

由于苹果坚持自己的封闭性，使用苹果电脑的人就必须使用与它相配套的程序，这种"捆绑式"的销售让很多喜欢苹果电脑的人望而却步，因为使用者必须适应电脑，而不是电脑适应人。

十二年之后的圣诞节前夕，全球各大计算机报刊的头版头条上都出现一则新闻："苹果收购Next，乔布斯重回苹果"。超人归来的乔布斯，正因他的公司成功制作第一部电脑动画片《玩具总动员》而名声大振。苹果公司上下都将乔布斯视为大救星，乔布斯的境遇也和当年出走时完全不一样了。

危难之际，乔布斯果敢地进行了大刀阔斧的改革。他改组了董事会，抛弃旧怨，与苹果公司的宿敌微软公司握手言欢，乔布斯因此再度成为《时代》周刊的封面人物，苹果的命运也逐渐走向光明。

再也没有人说乔布斯是苹果公司的罪人了，相反，大家都称赞他是苹果的救世主，比任何时候都更加信任他。因为在离开苹果之后，乔布斯用行动证明了他的实力，新公司的成绩已经说明了一切。

也许你曾经被人误解，或者正在经历像乔布斯曾经经历的那种委屈。请不要气馁，也不用花太多的时间去解释什么。因为挫折正是证明自己的机会，如果你能把握现在的挫折，从中站起来，质疑你的声音就会自然消失。

挫折让人生更精彩，我们现在所经历的一切，都会成为人生中重要的一部分，慢慢走出一条属于自己的道路来。

用笑脸迎接挫折

困难和挫折是人生中不可避免的。有的人成功了，是因为他们能够坚强地面对，而有的人失败了，是因为他们面对困难一蹶不振，失去了继续拼搏的勇气。伟大的发明家爱迪生说过，厄运对乐观的人无可奈何，面对厄运和打击，乐观的人总会选择笑脸迎接挫折。

杰克也是一个具有超强乐观精神的人。他的心情总是特别好，而且对任何事情总是有正面的看法。

有一天，杰克出事了。他清晨出去锻炼时，忘记了关门。他回来时发现有3个人正在他家偷窃，其中一个歹徒因为紧张而对他开了枪。幸运的是，歹徒匆忙离开了，好心的邻居迅速把杰克送进了急救室。经过18个小时的抢救和几个星期的精心照料，杰克出院了。

事情发生后6个月，一个朋友去看杰克，问他近况如何，他答道："我快乐无比。想不想看看我的伤疤？"朋友弯下腰看了看他的伤疤，问道："当歹徒来时，你想些什么？"

"第一件在我脑海中浮现的事是，我应该关好门。"杰克答道，"当我躺在地上时，我对自己说：有两个选择，一是死，一是活。我选择了活。"

"你不害怕吗？你有没有失去知觉？"朋友又问道。

杰克回答说："医护人员都很好。他们不断告诉我，我会好的。但当他们把我推进急诊室后，我看到他们脸上的表情，从他们的眼中，我读到了'他是个死人'。我知道我需要采取一些行动了。"

"你采取了什么行动？"朋友紧追不舍地问。

"有个很可爱的护士大声问我问题，她问我有没有对什么东西过敏。我马上答：'有的。'这时，所有的医生、护士都停下来等着我说下去。我深深地吸了一口气，然后大声说道：'子弹！我对子弹过敏！'在一片大笑声中，我又说道：'我选择活下去，请把我当活人来医治，而不是死人。'"

杰克活了下来，一方面要感谢医术高明的医生，另一方面得感谢他那惊人的乐观态度。

我们在成长和生活中也会遇到各种障碍、困难，遭遇很多失败、痛苦。在挫折面前，有的人会出现暴怒、恐慌、悲哀、沮丧、退缩等情绪，影响了学习和工作，损害了身心健康。而有的人却能够像杰克一样笑对挫折，善于把不利条件化为有利条件，摆脱失败，走向成功。

安德鲁是石油界的一位知名人物，不仅仅是由于他成功地开采了石油，还由于他对事业的执著追求，以及面对工作中的逆境时的坚强乐观。

安德鲁是一个年过 60 岁的老人，他自认为他是一个遭受失败最多的人。他是一个热衷于石油的开采者，他说他一生中每打 4 口井，就有 3 口是枯井。可是他依然从逆境中走了出来，成了一个身价超过 2 亿美元的富翁。安德鲁自己回忆说："当年我被学校开除后，就跑到德克隆斯的油田找了一份工作。随着经验的逐渐丰富，我便想自己当一名独立的石油勘探者。那时候，每当我手里有钱了，我就自己租赁设备，做石油勘探。在连续的两年里，我一共开采了将近 30 口井，但全部都是枯井。当时，我真的失望极了。"安德鲁的确陷入了困境，都快接近 40 岁了，他依然一无所获。但是，他不但没有被逆境难倒，反而更加勤奋努力。他开始研读各种与石油开采有关的书籍，吸取了丰富的理论知识。等理论知识掌握得非常充分的时候，他又开始卷土重来，租好设备，找好地皮，又一次进行石油开采。但是，这一次没有遇到枯井，而是汩汩直冒的石油。

安德鲁正是由于积极乐观地面对逆境，没有对现实失去信心，反而取得了成功。由此可见，在逆境面前，充满希望才能有机会取得成功。

乐观的人在遭受挫折打击时，仍坚信情况将会好转，前途是光明的。其实，谁都有面临困难与逆境的时候，关键是看我们怎样处理。有些人在逆境中永远消极，成为一个永远的失败者；而有些人却能够积极地面对逆境，冲出重围，走向成功。

卡耐基认为，逆境是人生中不可避免的事件。既然逆境是不能避免的，那就让我们从逆境中找到动力吧，让逆境成为推动我们走向成功的动力。我们应该将逆境视为成功的预兆。卡耐基说过："困难与挫折其实是上天故意安排来考验我们的，其实它就是成功的化身。成功与失败把握在我们自己手中。"

因此，面对苦难和挫折，你要抬起头来，笑对它，相信"这一切都会过去，今后会好起来的"。希望是不幸者的第二灵魂。向往美好的未来，是困难时最好的自我安慰。在多难而漫长的人生路上，我们需要一颗健康的心，需要绚烂的笑容。苦难是一所没人愿意上的大学，但从那里毕业的，都是强者。

学会从失去中获得，不要放弃人生的希望

在人的一生中，许多事都不是自己所能够把握的，我们不要苛求自己能做到完美。在生命中，每时每刻都会有所失，在这个时候，我们必须学会多从失去中获取。

有个叫阿巴格的人生活在内蒙古草原上。有一次，年少的阿巴格和他爸爸在草原上迷了路，阿巴格又累又怕，到最后快走不动了，爸爸就从兜里掏出 5 枚硬币，把一枚硬币埋在草地里，把其余 4 枚放在阿巴格的手上，说："人生有 5 枚金币，童年、少年、青年、中年、老年各有一枚，你现在才用了一枚，就是埋在草地里的那一枚，你不能把 5 枚都扔在草原里，你要一点点地用，每一次都用出不同来。当你失去一枚金币，你就要有所得。这样才不枉人生一世。今天我们一定要走出草原，你将来也一定要走出草原。世界很大，人活着，就要多走些地方，多看看，不要让你的金币没有用就扔掉。"在父亲的鼓励下，那天阿巴格走出了草原。长大后，阿巴格离开了家乡，成了一名优秀的船长。

一位旅客去三峡旅游，站在船尾观赏两岸景色时，不小心将手提包掉落在江中，包中有不少钞票，他不假思索地跃身投水捞包，虽然包抓到手中，可人再也没有出来。这位旅客如果学会习惯失去，就不至于连生命也赔进去。

人赤条条地来到这个世界，又手握空拳地离去。人的一生不可能永久地拥有什么，一个人获得生命后，先是童年，接着是青年、壮年、老年。然而这一切又都在不断地失去，在你得到一些东西的同时，其实你也在失去另一些东西。所以说人生的获得本身就是一种失去。

人生在世,有得有失,有盈有亏。有人说得好,你得到了名人的声誉或高贵的权力,同时,就失去了做普通人的自由;你得到了巨额财产,同时就失去了淡泊清贫的欢愉;你得到了事业成功的满足,同时也失去了眼前奋斗的目标。我们每个人如果认真地思考一下自己的得与失,就会发现,在得到的过程中也确实不同程度地经历了失去。整个人生就是一个不断地得而复失的过程。一个不懂得什么时候该失去什么的人,就是愚蠢可悲的人。

要知道失去是不可避免的,但你一定要学会从失去中获取,懂得从失去中获取的人,不论生活中出现什么样的恶劣状况,他都能从容应对,他的生命一定会更充实。同样,苦难能毁掉弱者,同样也能造就强者。因此,在任何时候都不要放弃希望。

罗勃特·史蒂文森说过:"不论担子有多重,每个人都能支持到夜晚的来临;不论工作多么辛苦,每个人都能做完一天的工作,每个人都能很甜美、很有耐心、很可爱、很纯洁地活到太阳下山,这就是生命的真谛。"确实如此,唯有流着眼泪吞咽面包的人才能理解人生的真谛。因为苦难是孕育智慧的摇篮,它不仅能磨炼人的意志,而且能净化人的灵魂。如果没有那些坎坷和挫折,人绝不会有这么丰富的内心世界。苦难能毁掉弱者,同样也能造就强者。

城市被围,情况危急。守城的将军派一名士兵去河对岸的另一座城市求援,假如救兵在明天中午赶不回来,这座城市就将沦陷。

整整两个时辰过去了,这名士兵才来到河边的渡口。

平时渡口这里会有几只木船摆渡,但是由于兵荒马乱,船夫全都避难去了。

本来他是可以游泳过去的,但是现在数九寒天,河水太冷,河面太宽,而敌人的追兵随时可能出现。

他的头发都快愁白了,假如过不了河,不仅自己会当俘虏,整个城市也会落在敌人手里。万般无奈,他只得在河边静静地等待。

这是一生中最难熬的一夜,他觉得自己都快要冻死了。

他真是四面楚歌、走投无路了。自己不是冻死,就是饿死,要么就是落在敌人手里被杀死。更糟的是,到了夜里,起了北风,后来又下起了鹅毛大雪。他冻得缩成一团,甚至连抱怨自己命苦的力气都没有了。

此时,他的心里只有一个念头:活下来!

他暗暗祈求:上天啊,求你再让我活一分钟,求你让我再活一分钟!也许他的祈求真的感动了上天,当他气息奄奄的时候,他看到东方渐渐发亮。等天亮时他惊奇地发现,那条阻挡他前进的大河上面,已经结了一层冰壳。他往河面上试着走了几步,发现冰冻得非常结实,他完全可以从上面走过去。

他欣喜若狂,牵着马从上面轻松地走过了河面。

有些人一遇挫折就灰心丧气、意志消沉，甚至用死来躲避厄运的打击。这是弱者的表现，可以说生比死更需要勇气。死只需要一时的勇气，生则需要一世的勇气。每个人的一生中都可能有消沉的时候，居里夫人曾两次想过自杀，奥斯特洛夫斯基也曾用手枪对准过自己的脑袋，但他们最终都以顽强的意志面对生活，并获得了巨大的成功。可见，一时的消沉并不可怕，可怕的是在消沉中不能自拔。

　　做一个生命的强者，就要在任何时候都不放弃希望，我们最终会等到转机来临的那一天。

第三章
珍惜时间，果断行事

零碎时间可以成就伟大事业

片刻的时间比一年的时间更有价值，这是无法变更的事实。时间的长短与重要性和价值并不成正比。偶然的、意想不到的 5 分钟就可能影响你的一生。但谁又能预料这个重要时刻在什么时候来临呢？随时珍惜你的零碎时间，也可以成就你伟大的事业。

朱自清先生的散文《匆匆》里这样写道："洗手的时候，日子从水盆里过去；吃饭的时候，日子从饭碗里过去；默默时，便从凝然的双眼前过去。我觉察它去得匆匆了，伸出手遮挽时，它又从遮挽着的手边过去；天黑时，我躺在床上，它便伶伶俐俐地从我身上跨过，从我的脚边飞去了。等我睁开眼和太阳再见，这又算溜走了一日。我掩着面叹息。但是新来的日子的影儿，又开始在叹息里闪过了。"

有这样一个年轻人，他出门的时间比在家的时间还要多，有时乘火车，有时坐轮船，但无论到什么地方，他总是随身携带着一包书籍，以供随时阅读。一般人浪费的零碎时间，他都能用来自修、阅读。结果，他对于历史、文学、科学以及其他各国的重要学问，都有相当的见地，成为一个学识渊博的人，从而促成了自己一生的成功。但是，大多数人却在浪费自己的宝贵零碎时间，甚至在那些时间里去做对身心有害的事情。

从一个人怎样利用他的零碎时间上，怎样消磨他冬夜黄昏的时间上，就可以预言他的前途。可以看出他是否具有自强不息，随时求进步的精神，充分利用零碎时间是一个人卓越超群的标志，更是一个人成功的征兆。

一个人，只要能利用有限的零碎时间去读书，总会取得很大的成就，可恰恰相反，很多人却浪费了这些空闲时间，到头来等待他的肯定不会是成功。

宋代著名文学家欧阳修就是个挤时间的高手。他说他读书特别注意利用"三上"，就是"马上、枕上、厕上"。古人远行大多骑马，因此马上的时间便是欧阳修用来读书的时间；枕上是指临睡前的时间，欧阳修也常常夜读；而厕上是指上厕所的时候。当然，从健康与卫生的角度，欧阳修的做法也许不太科学，但他珍惜时间、勤奋读书的态度却值得我们学习。

在挤时间方面，著名数学家杨乐、张广厚是我们的典范。他们为了节约看报的时间，改在吃饭的时间用收音机听新闻；为了节约吃饭的时间，他们在喝热粥的时候，改用小碗喝。这样的挤时间，真称得上是争分秒、惜光阴了。

有些人是把挤出的时间累积到一起进行学习——白天利用零散时间把该处理的日常琐事抓紧做完，于是晚上学习的时间就挤出来了。在所有可积累起来的学习时间中，早晨和晚上的时间是最好的，因为这两段时间比较长、比较完整，环境比较安静，脑子又比较清醒，适于读书、思考、钻研问题。因此，古人有"一日之计在于晨"、"闻鸡起舞"的佳话；也常有"灯下漫笔"、"夜读拾零"之类的书文。

有些同学好不容易在书桌旁静下心来开始学习，不一会儿就发现一本重要的参考书不在手边，得回过头去找书；一会儿又发现做作业画图用的尺子、圆规不见了……这样零零碎碎地浪费了不少时间。而善于挤时间的同学，在学习之前先把学习中要用的工具书、作业本、文具等准备得一应俱全，以免受耽误，节约出更多的时间用于学习。

在车上时，在等待时，都可用于学习，用于思考，用于简短地计划下一个行动等。把零碎时间用来从事零碎的工作，从而最大限度地提高工作效率。充分利用零碎时间，短期内也许没有什么明显的感觉，但积年累月将会有惊人的成效。

鲁迅先生是"把别人用来喝咖啡的时间都用在了写作上"。

达尔文说："我从来不认为半小时是微不足道的很小的一段时间。完成工作的方法，是爱惜每一分钟。"

三国时期的董遇是个大学问家，他告诉去找他求学的人先"读书百遍"，之后才可能"其义自见"。当求学者抱怨说"没有时间"时，他回答说："当以'三余'，即'冬者岁之余，夜者日之余，阴雨者晴之余'也。"要充分利用寒冬、深夜和雨天学习。在古代人们就已经知道利用余暇时间来做学问了。现代人的生活节奏越来越快，许多人都常常感到时间紧张，根本没有时间干许多重要的事。而鲁迅先生曾说过："时间就像海绵里的水，只要愿挤，总还是有的。"实际上正是如此。

同样的，如果你觉得自己缺乏思考问题的空闲时间，不妨试着坚持每天睡前挤出十几分钟的时间，一旦形成了习惯，长期坚持下去就很容易了。要记住，没有利用不了的时间，只有自己不利用的时间。

小心时间陷阱，警惕时间"窃贼"

时间是宝贵的，浪费一分一秒都是犯罪。富兰克林说过："切勿坐耗时间，须知每时每刻都有无穷的利息，日计不足，岁计有余。"但是人们往往在不知不觉中与时间擦身而过，浪费了时间却还蒙在鼓里。这是中了时间的陷阱，因为时间是会伪装的，它伪装得越深沉，那你的时间被偷窃的就越多。

那时间是怎样扮演"窃贼"欺骗人类的呢？

1. 做事情漫不经心

有些时间管理者对时间漫不经心，抱着随便打发的无所谓态度，这是缺乏人生价值观念的表现。其口里经常念叨的是：做点什么呢？打发打发无聊的时间。而且在时间管理上，就是有事业心的人，有时也会因漫不经心而丧失时间。因此，要追求高速，就要特别注意漫不经心给我们设下的陷阱。

2. 不会自我约束

每个人都有兴趣偏好，喜欢做那些自己感兴趣的事，并乐此不疲，越是年轻人，这种偏好表现得越强烈。我们都可能有这方面的感受，当看到一本精彩的散文而入迷的时候会手不释卷，不顾其他；当球迷球兴正浓时会放弃本来打算要做的事。这些首先满足自身欲望的行为方式，常常使我们掉进时间陷阱，把该办的事拖延下来，造成了整个计划的被动。

因此，要跨越时间陷阱，就必须努力培养自我约束能力，改掉不良嗜好。要能抵抗兴趣偏好的诱惑，哪怕正在进行的活动是如此令人愉快，应该结束时就要适可而止；哪怕有的事情是自己乐意做的，只要它比起其他事情来还不那么紧迫和重要，就应该毫不犹豫地放下它。

3. 遇事墨守成规

有些人工作起来，从不知变通。对于这种情况，只要采取果断的办法，轻、重、缓、急分类处置，对可办可不办的事交由别人去办；对可阅可不阅的，不去阅览；抓住重要的事情认真处理，对次要的则快刀斩乱麻，才会卸掉重压，以更多的时间去做更重要的事。

4. 凡事喜欢亲力亲为

产生事事亲为的原因很多，主要在于：首先是不知道时间运筹术，即不知道自己有多少时间，不知道过多地把工作包揽到自己身上自己能否胜任，不知道有些不重要的琐事由自己来做是否值得，不知道自己的任务是统领全局而不是亲力亲为。其次是按自己的行为模式要求旁人，错误地注重表现而忽略结果。再次是只看到节省时间于一时一事，只看到自己动手可以免掉督促、检查和交代的时间，没有看到一旦让别人去做之后，再碰到类似的工作，就可以不再亲自动手，最终会为自己赢得更多的时间。

因此作为时间管理者，要是你希望把时间纳入掌握之中，就不能有亲历亲为的念头。否则你将会失去生活乐趣，繁重的工作会压得你喘不过气来。

5. 等待

生活中有许多时间都消磨在等待中了。等待的确是白白浪费时间，但我们也可以把它看作是一种超脱了日常的繁忙而得到的一份额外的时间馈赠。养成随身携带钢笔、明信片和邮票的习惯。当你在医院候诊室等着看病时，就可以利用这一小时的时间给朋友们写信，或带一本书看。你也可以带着一个笔记本，这样当别人无聊地一遍遍翻着旧杂志的时候，你的一部著作说不定就在这里诞生了呢？

6. 做些无望的空想

我们的生命时常消耗在对明天的期待上。这样我们就忘记了要好好利用眼前的时光。而时间是一去不复返的。为什么因焦急地盼望下周或明天就不珍惜现有的时间？如果我们能深刻理解现在是联结过去和将来的重要环节，我们就能更生气勃勃地利用眼前的光阴了。我们真应该说："谢谢你，今天。"

7. 犹豫不决

悬而未决的问题缠身往往会影响你的工作，使你在能自由支配的宝贵时间里变得心不在焉。关键不在于你是否有问题要解决，而在于它们是不是你一个月或一年前就已经有的老问题。如果是长期以来一直没解决的问题，那么它们消耗了你多少时间和精力啊？你至少应该解决一些这类老大难的问题，使自己舒舒服服地生活下去。

当你拿不定主意时，其实完全可以缩小你的选择面，迅速做出决定。干脆、果断至少可以在生活的某一方面使你受益匪浅。

8. 不停地看电视

最近一项调查表明：在美国，普遍家庭平均每天看电视的时间在 7 小时以上。虽然看电视是一种人们开心解闷的消遣活动，但是太耗费我们的时间了。为了避免那些毫无意义的节目，最好的办法是事先看看节目报，挑选那些你感兴趣的节目，而把省下来的时间更有效地加以利用。

9. 做事无的放矢

攻读一个学位要多长时间？完成一项工作要多少时间？你能照料多大面积的菜园？你有多少个晚上能用来参加社会活动？你还想做更多的事吗？精心地制定你的计划是减轻负担，节省时间的关键。

用好 80/20 法则

1897 年，意大利经济学家帕累托偶然注意到英国人的财富和收益模式，于是潜心研究这一模式，并于后来提出了著名的 80/20 法则，即二八法则。

帕累托研究发现，社会上的大部分财富被少数人占有了，而且这一部分人口占总人口的比例与这些人所拥有的财富数量具有极不平衡的关系。于是，帕累托从大量具体的事实中归纳出一个简单而让人不可思议的结论：如果社会上 20％ 的人占有社会 80％ 的财富，那么可以推测，10％ 的人占有了 65％ 的财富，而 5％ 的人则占有了社会 50％ 的财富。

这样，我们可以得到一个让很多人不愿意看到的结论：一般情况下，我们付出的 80％ 的努力，也就是绝大部分的努力，都没有创造收益和效果，或者是没有直接创造收益和效果。而我们 80％ 的收获却仅仅来源于 20％ 的努力，其他 80％ 的付出只带来 20％ 的成果。

显然，80/20 法则向我们揭示了这样一个道理，即投入与产出、努力与收获、原因与结果之间，普遍存在着不平衡关系。小部分的努力，可以获得大的收获。起关键作用的小部分，通常就能主宰整个组织的产出、盈亏和成败。

80/20 法则告诉人们一个道理，就是要把自己的精力放在自己的主要目的上，这是提高一个人工作和生活效率的关键。80/20 法则对工作的一个重要启示便是：避免将时间花在琐碎的多数问题上，因为就算你花了 80％ 的时间，你也只能取得 20％ 的成效。你应该将时间花在重要的少数问题上，因为解决这些重要的少数问题，你只需花 20％ 的时间，即可取得 80％ 的成效。

安德烈是一个十分珍惜时间的人，他从来不浪费一秒钟的时间，只要时间允许，他就一定在拼命工作。所有知道他的人都说："看，安德烈真是太会珍惜时间了！"人们都知道，为了能成为一名出色建筑师，他拼命地想要抓住每一秒钟的时间。

每天，他把大量的时间用在设计和研究上，除此之外，他还负责很多方面的事务，时间长了，他自己也感觉到很累。而其实，在他的时间里，有很大一部分时间都浪费在管理其他乱七八糟的事情上。无形中，他增加了自己的工作量。

有人问他："为什么你的时间总是显得不够用呢？"他笑着说："因为我要管的事情太多了！"

后来，一位学者见他整天忙得晕头转向的，但仍然没有取得令人骄傲的成绩，便语重心长地对他说："人大可不必那样忙！"

"人大可不必那样忙？"这句话给了他很大的启发，就在他听到这句话的一瞬间他醒悟了。他发现自己虽然整天都在忙，但所做的真正有价值的事实在是太少了！这样做对实现自己的目标不但没有帮助，反而限制了自己的发展。

从睡梦中惊醒的安德烈除去了那些偏离主方向的分力，把时间用在更有价值的事情上。很快，他的一部传世之作《建筑学四书》问世了。该书至今仍被许多建筑师们奉为"圣经"。

他的成功只是因为一句话："人大可不必那样忙！"

花一点时间去印证 80/20 法则，几分钟也好，几小时也行。找出在时间的分配与所得的成就（或快乐）两者之间，是否真的有一种不平衡现象。你最有生产力的 20% 的时间，是不是创造出了 80% 的价值？你 80% 的快乐，是不是来自生命中 20% 的时间？

当我们把 80/20 法则应用到时间管理上时，就会出现以下假设：一个人大部分的重大成就——包括一个人在专业、知识、艺术、文化或体能上所表现出的大多数价值，都是在他自己的一小段时间里达成的。在创造出来的东西与花在创造活动上面的时间这两者之间，有极大的不平衡，不论这时间是以天、星期、月、年或一生为单位来度量。如果快乐能测度，则大部分的快乐都发生在很少的时间内，而这种现象在多数的情况里都会出现，不论这时间是以天、星期、月、年或一生为单位来度量。

用 80/20 法则来表述就是，80% 的成就是在 20% 的时间内达到的；反过来说，剩余的 80% 时间，只创造了 20% 的价值。一生中 80% 的快乐，发生在 20% 的时间里；也就是说，另外 80% 的时间，只有 20% 的快乐。

如果承认上述假设，也就是上述假设对你而言属实的话，那么我们将得到 4 个令人惊讶的结论。

结论一：我们所做的事情中，大部分是低价值的事情。

结论二：我们所有的时间里，有一小部分时间比其余的多数时间更有价值。

结论三：若我们想对此采取对策，我们就应该彻底行动。只是修修补补或只做小幅度改善，没有意义。

结论四：如果我们好好利用20%的时间，将会发现，这20%是用之不竭的。

我们对于时间的品质及其扮演的角色所知甚少。许多人用直觉即可明白这个道理，而千百个忙碌的人并不知道学习管理时间，他们只是瞎忙。我们必须改一改我们对待时间的态度。

守时就是最大的礼貌

时间如同金钱，越是懂得利用的人，越感觉它的价值；越是贫穷的人，越感觉它的可贵。问题是当我们富有时，往往不知如何利用而任意挥霍，真正需求的时候，却已经所剩无几了。

摩根每天上午9点30分准时进入办公室，下午5点回家。有人对摩根的资本进行了计算后说，他每分钟的收入是20美元，但摩根认为不止这些。所以，除了与生意上有特别关系的人商谈外，他与人谈话绝不超过5分钟。

要想赢得时间，就必须做到恪守时间。

守时就是遵守对时间的承诺，是对自己和别人生命的尊重，是一个有助于打动别人的简单方法，守时是信誉，也是最大的礼貌。时间是生命的计量符号，是生命的格式特征，不守时就是对生命的践踏；守时即惜时，是珍爱生命、尊重生命的表现。时间可以成就一个人，成功的秘诀在于守时，有时间观念，这是一种信用。

德国哲学家康德计划去拜访老朋友威廉·彼特斯，他在动身前曾写信给彼特斯，说自己将于3月2日上午11点钟之前到达。

康德第二天早上租了一辆马车前往彼特斯的家。老朋友的家住在离小镇12英里远的一个农场里，小镇和农场中间隔了一条河。当马车来到河边时，细心的车夫告诉他说，桥坏了，不能过河。

康德下了马车，看了看桥，中间的确已经断裂了。河面虽然不宽，但水很深，而且表面结了冰。

"附近还有别的桥吗？"康德焦急地问。

车夫回答说："有，先生。在上游6英里远的地方还有一座桥。"

康德看了一眼怀表，已经10点钟了。

"如果要赶到那座桥，我们以平常速度什么时候可以到达农场？"

"我想大概得 12 点半。"

康德又问："如果我们经过面前这座桥，以最快速度什么时间能到达？"

车夫回答说："最快也得用 40 分钟。"

康德跑到河边的一座很破旧的农舍里，客气地向主人打听："请问你这间房子要多少钱才肯出售？"

农妇大吃一惊："您买如此简陋的破房子，究竟是为什么？"

"不要问为什么，您愿意还是不愿意？"

"那就给 200 法郎吧！"

康德付了钱，说："如果您能马上从破房上拆下几根长木头，20 分钟内把桥修好，我将把房子还给您。"

农妇把两个儿子叫来，让他们按时修好了桥。

马车平安地过了桥，飞奔在乡间的路上，10 点 50 分康德赶到了老朋友的家。

在门口迎候的彼特斯高兴地说："亲爱的朋友，您可真守时啊！"

康德在与老朋友相会的日子里，根本没有对其提起为了守时而买房子、拆木头过河的经过。

后来，彼特斯在无意中听到那个农妇讲了此事，便很有感慨地给康德写了一封信。信中说道："您太客气了，还是一如既往地守时。其实，老朋友之间的约会，晚一些时间是可以原谅的，何况您还遇到了意外。"

一向一丝不苟的康德，在给老朋友的回信中写了这样的一句话："在我看来，在一定意义上说，无论是对老朋友，还是对陌生人，守时就是最大的礼貌。"

守时就是遵守承诺，按时到达要去的地方，没有例外，没有借口，任何时候都做到。如果你对别人的时间不表示尊重，你别指望别人会尊重你的时间。如果你不守时，你就没有影响力或没有道德的力量。但守时的人会取得职员、助手、货商、顾客……每一个人的好感。

守时就是诚实守信，诚实守信是一种美好的品德，更是做人的基本原则。近年来，诚实守信在社会上的被重视程度逐渐提高。

约会准时问题是我们最常遇到的诚信问题之一。每逢节假日，朋友约好了出去是常事。事先我们都会定好时间和地点，可是到了时间后，总会有人迟到甚至不去。"路上堵车"、"起晚了"、"自行车坏了"……迟到者总是有千万条理由——搪塞焦急等待着他们的人。以如此草率的态度对待每次朋友间的约定，久而久之，这些人离背信弃义就不远了。其实，若是你真的有事情会影响你赴约，早一些告诉同行的人就会避免类似的局面出现，而你也算是坚持了诚信的原则。

生活中类似的问题还有许多，对于小事不加以重视的我们就这样一次次抛弃了诚信。我们在今后要做的，就是在小事上提高自己的注意力，将诚信的原则渗透到我们生活中的每一个细节。特别需要引起注意的是，在生活中，我们也许有过失信于人的经历，有些人会因此"破罐破摔"地反复践踏诚信，但我们真正应当以亡羊补牢的态度在今后的生活中努力改变自己失信的习惯。

优柔寡断是成功的大敌

世间最可怜的就是那些遇事举棋不定、犹豫不决、莫知所趋的人；也就是那些自己不能抉择，而唯人言是听的人。

对于那些总是摇摆不定、犹豫不决的人来说，世界上没有什么东西能帮助他们形成迅速决断的行动习惯。因此，一个人永远不要在冥思苦想中一会儿提出问题的这一方面，一会儿又提出问题的那一方面。试图面面俱到、万事平衡的人做出的无益而琐碎的分析，是抓不住事物的本质的。决策最好是决定性的、不可更改的，一旦做出之后就要用所有的力量去执行，就算有时候会犯错，也比某些人那种事事求平衡，总是思来想去和拖延不决的习惯要好。当我们致力于形成一种处变不惊、快速决策的习惯时，哪怕在最初的一段时间里这种做法显得有些机械，它也会让我们产生对自己判断力的信心。

东晋名相谢安就是一位做事从容不迫、处变不惊的人。有一次，他和朋友们一起坐船在海上游玩，忽然，狂风骤起，白浪滔天，船被颠簸得东倒西歪，船上的人都吓得面无血色，紧紧地抓着船舷，动也不敢动，只有谢安面不改色，依然如故，还迎着风浪吟唱呼啸。船夫倒是有雅趣的人，以为谢安在这样的风浪中行船很高兴，就继续费劲地向前划船。这时狂风恶浪越来越猛，船夫却只顾划船，别人都害怕得实在不行了，但又碍于面子，不好意思要求回去，这时谢安才不紧不慢地说道："像这样的天气，还要把船划到哪儿去玩？"船夫这才掉过船头往回划。大家对谢安遇难不乱的气度非常钦佩。

习惯于犹豫的人，对于自己完全失去自信，所以在比较重要的事件面前，他们总难决断。有些素质、人品及机会都很好的人，就因为寡断的个性，一生一事无成。威廉·沃特曾经说过："如果一个人永远徘徊于两件事之间，对自己先做哪一件犹豫不决，他将会一件事情都做不成。"

如果一个人原本做了决定，但在听到自己朋友的反对意见时犹豫动摇、举棋不定——在一种意见和另一种意见、这个计划和那个计划之间跳来跳去，像风向标一样摇摆不定，每一阵微风都能影响它，那么，这样的人肯定是个性软弱、没有主见的人，他在任何事情上都只能是一无所成，无论是举足轻重的大事还是微不足道的小事，概莫能外。他不是在一切事情上积极进取，而是宁愿在原地踏步，或者说干脆是倒退。古罗马诗人卢坎笔下描写了一种具有恺撒式坚忍不拔精神的人，实际上也只有这种人才能获得最后的成功——这种人会首先聪明地请教别人，并与他人进行商议，然后果断地决策，再以毫不妥协的勇气和坚强的意志力来执行他的决策。

墙头草般左右不定的人，无论他在其他方面有多强大，在生命的竞赛中，他总是容易被那些坚持自己意志且永不动摇的人挤到一边，因为后者明白自己想要做什么并立刻着手去做。甚至可以这样说，连最睿智的头脑都要让位于果敢的判断力。毕竟站在河的此岸犹豫不决的人，是永远不会渡登彼岸的。

一些伟大的人物都是一些果敢决策的高手，即使面对突然变故，仍然镇定自若，该出手时就出手。而有些人简直是无可救药的狐疑寡断。他们不敢决定各种事件，因为他们不知道这决定的结果究竟是好是坏，最终把事情给耽搁了。

该出手时不出手，究其原因，就是怕犯错，而怕犯错，又是一个人易犯的大错。犹豫不决是避免责任与犯错的一种"方法"，它有一个谬误的前提：不做决定，不会犯错。

犹豫不决的人有两种类型，第一种类型的人尽量不做太多的决定，而且尽量拖延决定，他们根本做不了事情，因为他们一点也没有行动。第二种类型的人习惯仓促地做决定，但他们所做的决定大都不成熟，而且一定半途而废，他们时常在冲动与考虑欠周的行动之间自寻麻烦。

世间最可怜的，是那些遇事举棋不定、犹豫不决、不知所措的人，是那些自己没有主意、不能抉择、依赖别人的人。这种主意不定、自信不坚的人，也难于得到别人的信任。假使你有寡断的倾向，你应该立刻奋起击败这个恶魔，因为它足以破坏你各种进取的机会。

果断是积累成功的资本

果断，是指一个人能适时地做出经过深思熟虑的决定，并且彻底地实行这一决定，在行动上没有任何不必要的踌躇和疑虑。果断是成大事者积累成功的资本。

果断的个性，能使我们在遇到困难时，克服不必要的犹豫和顾虑，勇往直前。有的人面对困难，左顾右盼，顾虑重重，看起来思虑全面，实际上渺无头绪，不但分散了同困难作斗争的精力，更重要的是会销蚀同困难作斗争的勇气。果断的个性在这种情况下，则表现为沿着明确的思想轨道，摆脱对立动机的冲突，克服犹豫和动摇，坚定地采纳在深思熟虑基础上拟定的克服困难的方法，并立即行动起来同困难进行斗争，以取得克服困难的最大效果。

果断的个性，能够帮助我们在执行学习计划的过程中，克服和排除同计划相对立的思想和动机，保证善始善终地将计划执行到底。思想上的冲突和精力上的分散，是优柔寡断的人的重要特点。这种人没有力量克服内心矛盾着的思想和情感，在执行计划过程中，尤其是在碰到困难时，往往长时间地苦恼着该怎么办，怀疑自己所作决定的正确性，担心决定本身的后果和实现决定的结果，老是往坏的方面想，犹犹豫豫，因而计划老是执行不好。而果断的个性，则能帮助我们坚定有力地排斥上述这种胆小怕事的、顾虑过多的庸人自扰，把自己的思想和精力集中于执行计划本身，从而加强自己实现计划、执行计划的能力。

果断的个性，可以使我们在形势突变的情况下，很快地分析形势，当机立断，不失时机地对计划、方法、策略等等做出正确的改变，使其能迅速地适应变化了的情况。而优柔寡断者，一到形势发生剧烈变化时就惊慌失措，无所适从。他们不能及时根据变化了的情况重新做出决策，而是左顾右盼，等待观望，以致坐失良机，常常被飞速发展的情势远远抛在后面。

可见，果断的个性在青少年的生活和学习方面是很重要的。

果断的个性，是勇敢、大胆、坚定和顽强等多种意志素质的综合。

果断的个性，是在克服优柔寡断的过程中不断增强的。人有发达的大脑，行动具有目的性、计划性，但过多的事前考虑，往往使人们犹豫不决，陷入优柔寡断的境地。实际上，事前追求百分之百的把握，结果却常常是一个真正有把握的办法也拿不出来。果断的人在做出决定时，开始也可能不是什么"万全之策"，只不过是诸想法中较好的一种。但是在执行过程中，他可以随时依据变化了的情况对原方案进行调整和补充，从而使原来的方案逐步完善起来。当消除那些不必要的顾虑后真正下决心干起来，做着做着事情就做顺了。

果断的个性，是在克服胆怯和懦弱的过程中实现的。果断要以果敢为基础，特别是在情况紧急时，要求人们当机立断，迅速地做出决定并且执行决定。比如在军事行动中就需要这样，因为，战机常在分秒之间，要抓住战机就必须果断。今天从事社会主义现代化建设事业同样需要果敢。大方向看准了，有七分把握，就要果断地下定决心。

果断的个性，要从干脆利落、斩钉截铁的行为习惯开始养成。无论什么事情，不行就是不行，要做就坚决做。生活中不少事情确实既可以这样又可以那样，遇上这样的小事，就不必考虑再三，大可当机立断。否则，连日常的生活琐事也是不干不脆、拖泥带水，你又怎么能够培养出果断的性格来呢？

要果断，还必须经常地排除各种内外部的干扰。果断不是一时的冲动，它必须贯穿于行为的所有三个环节（确定目的、计划和执行），在确定目的的时候需要同各种动机进行斗争，这时果断表现为能够抑制和目的相反的意向，抑制错误的动机，保证做出正确的决断。

当然，果断并不等于轻率。有人认为，果断就是决定问题快，实际上，在情况不要求立即行动，或者对于行动的方法和结果未加足够的考虑就仓促地采取决定，这并不是果断，而是轻率、冲动和冒失，是意志薄弱的表现。这种表现在优柔寡断的人身上可以观察出来，因为深思熟虑对于一个优柔寡断的人来说，乃是一个复杂而痛苦的过程，所以总想力求尽快地从中解脱出来，他的行动常常是仓促的、急躁的和莽撞的。果断的人采取决定时的迅速，和意志薄弱的人的仓促决定毫无共同之处。

必须把果断和武断加以区别。有的人刚愎自用，自以为是，遇到事情既不调查研究，也不深思熟虑，就说一不二地定下来，贸然从事。从表面看，好像果断得很，可实际上却同果断南辕北辙。果断并不排斥深思熟虑和虚心听取别人意见，正因为多想、多问、多商量，才能使人们对事情更有把握，从而更加果断。自以为是、主观武断的人，有果断的外表，无果断的实质，往往把事情办坏，是我们应当努力加以避免的。

凡事要果断

乌力吉小时候和小朋友去树林中捕山鸡。他们这一次采用了新方法：把木箱子用木棍支起，在木棍上系上绳子一直接到他们隐藏的草丛之中。只要山鸡飞下来去啄食撒在箱子下面的谷粒，乌力吉他们一拉绳子就可以把山鸡罩起来而抓到山鸡了。

他们隐藏起来，观察动静。一会儿，飞来了一群山鸡，共有 11 只。大概是山鸡太饿了，不一会儿就有 8 只山鸡走到了箱子下面。一个朋友让乌力吉拉绳，可他犹豫地说："再等一会儿，这样更稳妥一些。"

他们等了一会儿，非但那 3 只没有进去，反而又走出了 4 只。朋友劝他拉绳子，乌力吉说再有一只走进去才拉绳子。但是接着却又走出来两只。如果这时候拉绳子，还能套住 1 只，但是乌力吉担心剩下了一只，拉绳子也未必能罩住它。不幸的是，最后一只山鸡好像感到不妙，也走出来了。

结果乌力吉一只山鸡也没捕到。他应该从这次教训中得出一个道理：优柔寡断，只能使机会稍纵即逝。犹豫不决的人在机遇面前，没有果断力、没有信心，他们的一生也就注定要平庸。

成功的人能迅速地做出决定，并且不会经常变更；而失败的人做决定时往往很慢，且经常变更决定的内容。当遇到事情时，多听取他人意见以资参考固然重要，但决定如何处理的终究还是自己，要为此事负责也是自己。没有快刀斩乱麻的气魄，有时会错失良机。所以，一旦我们确立目标，行动一定要果断、迅速。

那些能够迅速做出决定的人从来都不怕犯错误。不管他犯过多少错误，与那些懦夫和犹豫不决的人相比较，他仍然是一个胜者。那些怕犯错误而裹足不前的人，那些害怕变化和风险而犹豫彷徨的人，那些站在小溪边，直到别人把他推下去才肯游泳的人，永远都无法到达胜利的彼岸，永远都无法摘取胜利的硕果。

当然，决断并非一意孤行的"盲断"，也非逞一时之快的"妄断"，更非一手遮天的"专断"。决断除了要有客观的"事实"根据，见解高超的预见性外，同时更要有决心与魄力。人生充满了选择，不管是读书、创业或婚姻，我们总要在几个可供"选择"的方案中，做出决断。对于我们所选择的结果究竟是好是坏，也往往没有明确的答案。机会难得，想再回头重新来过，是绝不可能的。因此，我们可以说：决断是各种考验的交集。那么怎样培养果断、决断的性格呢？

1. 要认识到英明的决断是抓住机会的保障

凡是"成功"立业者，在其人生的旅途中，很少有能一步登天的。他们依靠机智和过人的眼光，在充满困顿与挫折、失败的环境中做出扭转乾坤的决定，终于柳暗花明，攀登上事业的顶峰。

2. 必须有自己独到的见识

一般而言，生活和工作中所面临的问题都是"多元"的，单纯的问题或是例行公事，只要有相当的常识与经验，就可驾轻就熟、妥善地加以处理。至于错综复杂、牵涉较广的问题，除了要具备专业知识的素养外，更要有整体性的策略性思考。既不能被眼前的压力所慑服，又不被利害关系所迷惑，而要秉持公平、客观的态度，做应有的理性分析。因此，有自己独到的"见识"相当重要。

3. 必须有过人的见解和魄力

人的见识愈高愈远，就会有曲高和寡的现象。尤其是一般人常满足于现状，陶醉于既有成就的美梦中，任何太激进的做法都会被视为"异端"，遭到反对。这时若要力排众议，断然扫除"人为"的障碍，就必须具有胆识和实践能力。

4. 立场超然，当局不迷

人是有感情的动物，中国社会尤其讲究人情关系。一个人若是摆脱不了人情的包围，而身陷人事旋涡时，决断则常有偏差。

5. 反面思考寻求最佳决断

决策者应该是集"众智"的人。尽管他做决策要有相当的魄力，但他绝不能专断与独断，而应广泛请教，以求集思广益，甚至多听反对者或不满者的意见。

6. 培养"第六感"的敏锐性

很多事情都是一瞬间决定胜负的，到底如何抓住那一刹那的机会，这需要你触动每一个感官机能，培养你的敏锐性。

决断就是努力向前。时光在飞逝，唯有放眼天下，正视眼前的挑战，我们才能运用我们所拥有的决断智慧，迎接时代的挑战。

性格养成篇

第一章
善良和谦虚让品性更闪亮

善良是源于内心的一股山泉

善良是一种难得的品质，我们所能感受到的善良，有时像天使背部一片洁白轻柔的羽毛，让人感受到温暖，让人感觉到希望；有时又像大力神赫拉克勒斯宽阔而结实的胸膛，让人感到无比的振奋，让人感到无比的力量。善与正直、爱心、悲悯为伍，与邪恶、阴毒、冷漠为敌，柔软时的善良，可以融化冷傲的冰川；坚硬时的善良，可以穿透任何顽固的岩石。

善良是人性中的至纯至美，一切伪善、奸笑、冷酷、麻木在它面前都会退避三舍，任何顽固的丑恶都只能在阴暗角落里对善良咬牙切齿。善良啊，它是酷热中一股清凉的风，它是严寒里一团温暖的火，它是青黄不接别人悄然送来的一担粮食，它是久旱不雨从天而降的甘霖，它是你负重上坡时后背的推手，它是你快坠落悬崖时伸过来的一条缆绳，它是你穷困潦倒时没有署名的一张汇款，它是你富甲一方时的一句忠告，它是你失意时几句真诚的安慰，它是你得意时一串逆耳的话语……甚至，它只是一个真诚的、淡淡的微笑。

善的价值无可估量，像一粒种子生发出百倍千倍甚至上万倍的善良的果实。

一个男孩与他的妹妹相依为命。父母早逝，她是他唯一的亲人，所以男孩爱妹妹胜过爱自己。然而灾难再一次降临在这两个不幸的孩子身上。妹妹染上重病，需要输血，但医院的血液太昂贵，男孩没有钱支付任何费用，尽管医院已免去了手术费，但不输血妹妹仍会死去。

作为妹妹唯一的亲人，男孩的血型和妹妹相符。医生问男孩是否勇敢，是否有勇气承受抽血时的疼痛。男孩开始犹豫，10 岁的大脑经过一番思考，终于点了点头。抽血时，男孩安静地不发出一丝声响，只是向着邻床上的妹妹微笑。抽血完毕后，男孩声音颤抖地问："医生，我还能活多长时间？"医生正想笑男孩的无知，但转念间又被男孩的勇敢震撼了：在男孩 10 岁的大脑中，他认为输血会失去生命，但他仍然肯输血给妹妹。在那一瞬间，男孩所做的决定是付出了一生的勇敢，并下定了死亡的决心。

医生的手心渗出汗，他紧握着男孩的手说："放心吧，你不会死的，输血不会丢掉生命。"男孩眼中放出了光彩："真的？那我还能活多少年？"

医生微笑着，充满爱心地说："你能活到 100 岁，小伙子，你很健康！"男孩高兴得又蹦又跳。他确认自己真的没事时，就又挽起胳膊——刚才被抽血的胳膊，昂起头，郑重其事地对医生说："那就把我的血抽一半给妹妹吧，我们两个每人活 50 年！"

所有的人都震惊了，这不是孩子无心的话语，这是人类最无私、最纯真的诺言。

我们心中的善良，就像雪山脚下的淙淙细流，每一滴都是圣洁纯净的雪水的聚合体。汇集成溪的善良之水，一路欢歌，荡涤着沿途的污浊、腐朽、风尘，理直气壮地汇入人生的江河大海。清澈的水来自雪山之巅，人的善良来自干净的心底。因为没有人能阻止你成为善良朴实的人，除非你自己不愿意成为这种人。

在生活中，你心中有善，你就能成为好人；你心中有恶，你就会成为恶人。从本质上讲，我们每个人的一生，都是由自己的心灵造就的。内心正直、胸怀雅量，才能包容万物，才能以美好善良之心看待万物。

那么，如何培养善心呢？简单来说，凡是小事，不要太过计较，要原谅别人的过失；不如意的事来临时，泰然处之，不为所累；受人讥讽，不要睚眦必报；学习吃亏，便宜让给别人；多看别人的优点，少盯着别人的缺点。

播下善良的种子

善良是世界上最可爱的东西，也是世界无时无刻不在呼唤的。

善良就如天使的翅膀，可以带来绚烂和美丽。只因你善良的回眸，可能就会使一颗在寒冬中挣扎的心享受到春的明媚。善良又如沙滩上的粒粒细沙，看似平凡琐碎，但又无处不在，于细微处见精神。

一天凌晨，一辆超载的卡车撞进了一栋民房里。顷刻间，房屋倒塌，卡车内的几个人当场死亡，房屋里也埋了5个人。

由于是凌晨时分，附近居民面对惨祸束手无策。在等待救助人员时，废墟里的一个人将头露在了外面。由于失血过多，他的呼吸越来越微弱。

这时候，一个青年男子俯身对那个探出头的人喊道："不要闭上眼睛！要坚强，你可以和我说说话，但千万不要闭上眼睛。"那个被埋者的眼睛睁开了，眼神中隐藏着一丝恐惧和一丝谢意。

年轻男子和那个被埋着的人说着话，问他：你今年多大年龄了？在哪里工作啊？做什么工作啊……

救援人员终于赶到了，被埋的男子被送往医院抢救。有人问喊话的年轻男子和被埋者是什么关系，喊话的年轻男子说道："我不认识他，我开出租车路过这里。"

原来，灵魂最美的乐章是善良。相逢不必曾相识，是内心的善良让这位年轻的男子帮助受伤的男子。

善行是人类一切行为中最感天动地的，也是最有感染力的行为。人们几乎可以不用任何语言，就可让他人感受到行善者心中强烈的爱，以及阳光般的温暖。相信善的存在，做善良的人，有一天这温情也能感染到你。

善良不仅是物质上的给予，也是对人心灵与精神的关怀。当别人尴尬的时候，报以一个宽容的微笑；当别人紧张的时候，给他一点鼓励的掌声。这样平凡的举动，对别人来说就是善良的理解。

他对这个冷漠的世界已经彻底失去了希望，除了死他找不到其他解脱的方法。一天，他来到一家商店，想买一把水果刀，准备杀掉仇人之后自绝于世。

他反复试着刀锋，终于选定了一把。正待离开，售货员忽然叫住了他，把刀要了回来。他冷冷地站在那里，困惑地看着她往刀锋上一层一层地缠着纸巾，缠好之后，她手握刀锋，将刀柄一方朝着他，把刀递到他的手里。

"你这是干什么？"他问。

"这样就不容易碰伤人了。"女孩笑道。

"其实你不用管那么多，只需要卖刀就行了。"

"这里卖出的刀是用来削水果还是做别的，确实和我没关系，但我希望大家都能生活得好一些。"女孩说。

他拿起刀走出了商店，心里忽然十分温暖。原来这世界上还有人不为任何利益地关心着他。虽然不多，但一点点也就足够珍贵了。

那天下午，他买了许多水果，仔细地用那把刀削着。他边吃边流泪，回想着那个陌生女孩的善意规劝，如果不是她，他的命运恐怕就要改写。自此，这把刀成了他警诫自己的法宝。

当内心绝望的时候，陌生人一句温暖的话，一个善意的举动，就能点燃内心对美好的信任和追求。这就是善良的力量，它能将人从痛苦的深渊中拯救出来，让人看到生活中光明的一面。也许平时我们所说的每一句话，每一个动作都能影响到他人，我们每一个人都有责任去传递友善，有一天这友善会回到我们的身上。

杰瑞特别喜欢帮助别人，甚至对陌生人也是如此。有一次，他的朋友追问其缘由，他说这缘于自己一生中最重要的一个决定。

那是一个晚上，他忙完工作独自驾车回乡下看望母亲，路上看到了一辆出了车祸的摩托车。他在犹豫要不要帮助那个人，最后他想还是算了吧，多一事不如少一事。

这时，母亲给她打来了电话，叮嘱他开车时一定要慢点，注意安全。他的父亲死得早，是母亲含辛茹苦把他和哥哥抚养大的，所以兄弟俩很孝顺。

挂了母亲的电话，他的头脑中总萦绕着刚才路边的那个人，心想：那人是否也有老母亲正在担心，正在盼儿子回家呢？

这个念头一出现，顿时像一片阴云紧紧地罩住了杰瑞的心。他立刻掉转车头向回驶去。"帮那个人一下吧，就算是为了自己更坦然地面对母亲！"他想。他真的做了一个正确的决定：那个出车祸的男子是他的哥哥。

我们每个人在遇到困难时都希望遇到善良的人伸出援助的双手，那么，当别人遇到困难的时候，我们也应该主动伸出那双援助的手。也许只是共撑一把雨伞，共听一首音乐，或者是找一个话题和他聊聊，都能让人感受到温暖和美好。播撒一颗善心的种子，收获的将是爱的森林。

帮助别人等于帮助自己

助人即是助己，真正爱心的付出是不应当追求回报的。一个充满爱心，经常帮助别人的人也会经常得到他人的帮助，虽然他最初并不指望会有所回报。

佛莱明是一个穷苦的农夫。有一天，当他在田里工作时，听到附近泥沼里有人发出求救的哭喊声，他放下农具，跑到泥沼边，发现一个小孩掉到粪池里，于是他跑过去把这个小孩从粪池中救了出来。

　　隔天，有一辆崭新的马车停在农夫家，车里走出一位优雅的绅士。他自我介绍是那被救小孩的父亲。绅士说："我要报答你，你救了我小孩的生命。"佛莱明说："我不能因救你的小孩而接受报酬。"

　　就在那时，佛莱明的儿子走进茅屋，绅士问："那是你的儿子吗？"农夫很骄傲地回答说："是。"绅士说："我们订个协议，让我带走他，并让他接受良好的教育。假如这小孩像他父亲一样，他将来一定会成为一位令你骄傲的人。"

　　农夫答应了。后来农夫的小孩从圣玛利亚医学院毕业，并成为举世闻名的佛莱明·亚历山大爵士，也就是盘尼西林的发明者。他在1944年受封骑士爵位，并且获得诺贝尔奖。

　　数年后，绅士的儿子染上肺炎，什么能救活他呢？盘尼西林。那绅士是谁呢？是上议院议员丘吉尔。他的儿子是谁？是英国政治家丘吉尔爵士。

　　施爱予人，我们也能够因此而获得别人的帮助，如果你以一颗爱心去对待自己周围的人，那么，别人也会以同样的爱来回报你。

　　很多年前，在一个旅馆的大厅里，走进了一对老夫妇，外面雷雨交加，天色也不早了，两个人便走到旅馆大厅的前台，想订一间客房。

　　前台有一个年轻人在值班。"很抱歉，"他回答道，"我们饭店已经被参加会议的团体包下了。往常碰到这种情况，我们都会把客人介绍到另一家饭店，可是这次很不凑巧，据我所知，另一家饭店也客满了。"

　　他停了一会儿，接着说："在这样的晚上，我实在不敢想象你们离开这里，却又投宿无门的处境。如果你们不嫌弃，可以在我的房里住一晚，虽然不是什么豪华套房，却十分干净。我今晚就待在这里完成手上的工作，反正晚班督察员今晚是不会来了。"

　　这对老夫妇因为造成柜台服务员的不便，显得十分不好意思，但是他们谦和有礼地接受了服务员的好意。第二天早上，当老先生下楼来付住宿费时，这位服务员依然在当班，但他婉言拒绝道："我的房间是免费借给你们住的，我全天待在这里，已经赚取了很多额外的钟点费，那个房间的费用本来就包含在内了。"

　　老先生说："你这样的员工，是每个旅馆老板梦寐以求的，也许有一天我会为你盖一座旅馆。"

　　年轻的柜台服务员听了笑了笑，并没在意，他明白老夫妇的好心，但他只当它是个笑话。

　　又过了好几年，那个柜台服务员依然在同样的地方上班。有一天他收到老先生的来信，信中清晰地叙述了他对那个暴风雨夜的记忆。老先生邀请柜台服务员到纽约去拜访他，并附上了一张来回机票。

　　几天之后，他来到了曼哈顿。站在坐落于第五大道和三十四街间的豪华建筑前，他见到了老先生。老先生指着眼前的大楼解释道："这就是我专门为你盖的饭店，我以前曾经提过，记得吗？"

"您在开玩笑吧！"年轻人不敢相信地说，"都把我搞糊涂了！为什么是我？您到底是谁？"年轻的服务员显得很慌乱，讷讷地问。

老先生很温和地微笑着说："我的名字叫威廉·渥道夫·爱斯特。这其中并没有什么别的意思，只因为我认为你是经营这家饭店的最佳人选。"

这家饭店就是著名的渥道夫·爱斯特莉亚饭店的前身，而这个年轻人就是乔治·伯特，他成为这家饭店的第一任经理。

帮助别人等于帮助自己。你的每一次善举、每一个爱心最终都会成为你幸福的回忆，带给你生活的希望与动力。正如一句谚语所说的："送人玫瑰，手有余香。"付出的爱心不仅温暖了别人，也会温暖自己。要记住，帮助别人就是帮助自己，真正的爱心并不追求得到什么，但最终仍会得到回报。

气怕盛，心怕满

孙兴是一名名牌大学毕业生，他到一家大公司去应聘，结果被录用了。他主动找到公司人事主管，说自己不怕苦累，只是希望能到挣钱多的岗位上工作，原因是，自己是农村来的大学生，几年大学下来，花光了家里的所有积蓄不算，还欠着外债。人事主管很同情他，把他分配到了营销部当推销员。尽管孙兴是个新手，但他吃苦耐劳、聪颖好学，一年下来，得到的薪金倒比其他部门的员工多出好几倍，由此，他也就下定决心在营销部干下去。时间长了，他渐渐发现了营销部里一些工作上的疏漏，管理也不规范，因此他除了不断加强与客户的联系外，还把心思用到了营销部的管理上，还经常向经理提出一些意见，希望凭借自己的才能得到上司的赏识。对此，经理总是回答说："你提出的意见很好，可我现在实在太忙了，抽不开身，等改进工作之后再慢慢来吧。"

经过几次和经理谈话，孙兴发现一个秘密，那就是营销部墙上的组织结构图表中有副经理一名，可他到营销部已近半年，却从未见过副经理，难怪部里有些工作无人管理呢。随后，孙兴通过打听了解到，营销部经理的薪金有时高过公司副总经理，副经理的薪金也高过推销员的几倍，于是，他萌发了觊觎营销部副经理一职的想法。想了就干，"初生牛犊不怕虎"嘛，有抱负又何惧众所周知？于是在一次营销部全体员工会议上，他坦陈了自己的想法，经理当众表扬并肯定了他。可没想到，自那次会议后，孙兴的处境却越来越被动了。

他初来乍到，并不知道那个副经理之职，已有许多人在暗中等待和争夺，迟迟没有定下来的原因就在于此。而孙兴的到来，开始并未引起人们的关注，因他只是个小雏，羽翼未丰，不足刮目，但时间一长，他频频问鼎此事，又加之他有学历，人们便感到他的威胁了。这次他又公然地要争这个职位，无疑是捅了马蜂窝，大家越看他越可恶，一时间，控告他的材料堆满了经理的办公桌，什么孙兴不讲内部规定踩了我客户的点；他泄漏了我们的价格底线；他抢了我正在谈判中的生意……这些控告中的任何一项都是一个推销员所承受不了的。

于是，为了安定部里的情绪，不致影响营销任务，经理经与人事部门商定，不久，一纸通牒令下，孙兴也就"心不甘，情不愿"地离开了该公司。

"志当存高远"，一个年轻人，志向就应该远大高尚。但是，如果自恃有远大抱负，就目空一切，咄咄逼人，那只会招来更多人的厌恶、鄙视和攻击。失去了别人的支持和帮助，再大的志向、再高的才能又有什么用呢？孙兴的遭遇对于当代许多人来说，实在是一堂生动的教育课。平常倒不如把这些高远的志愿埋在心里，谦虚做人，平和行事，这样一来，避免了纷争，反倒便利于立身、处世，大家何乐而不为呢？

俗话说，气怕盛，心怕满。这是因为盛气就会凌人，心满就不求上进。真正成功的人都是极力做到虚怀若谷、谦恭自守的。如果一个人成功的时候，还能保持清醒的头脑，而不趾高气扬，他往往会取得更大的成功。如果你的计划很远大，很难一下子达到。那么，在别人称赞你的时候，你就把现在的成功与你那远大的计划比较一下，相比将来的宏伟蓝图，你现在的成功还只是万里长征的第一步，根本不值得去夸耀。这样一想，你就不会对此前的一点小成就沾沾自喜了。

洛克菲勒在谈到他早年从事煤油业时，曾这样说道："在我的事业渐渐有些起色的时候，我每晚把头放在枕头上睡觉时，总是这样对自己说：'现在你有了一点点成就，你一定不要因此自高自大，否则，你就会站不住，就会跌倒的。因为你有了一点开始，便俨然以为是一个大商人了。你要当心，要坚持着前进，否则你便会神志不清了。'我觉得我对自己进行这样亲切的谈话，对于我的一生都有很大的影响。我恐怕我受不住我成功的冲击，便训练我自己不要为一些愚蠢的思想所蛊惑，觉得自己有多么了不起。"

我们开始成功的时候，能够在成功面前保持平常心态，能够不因此而自大起来，这实在是我们的幸运。对于每次的成功，我们只能视其为一种新努力的开始。我们要在将来的光荣上生活，而不要在过去的冠冕上生活，否则终有一天会付出代价的。

放低姿态才有可能赢得未来

　　周文王是商末西方诸侯之首，他是一个很有心计、很善于招纳人才的君主。为了做好兴周灭商的准备，他在政治上广泛收罗人才，礼贤下士。他为了得到一个理想的驰骋天下、总揽全局的帅才，日思夜想。有一天晚上，他做了一个梦，梦见自己到天帝面前去求人才，天帝没有说话，却从其身后窜出一只带翅膀的黑熊，此物十分威武精神，连飞带跑地到了他的面前，向他侃侃而谈兴国之道，治国之策。

　　第二天，文王决定要到郊外去打猎。当文王等人信步走到溪边，看见一个老人端坐在潭边垂钓，此人长须飘拂，仪态安详怡然，文王见此人形象和梦里的飞熊形象有许多相似之处，见他一本正经，目不斜视地垂钓，走到近旁也不敢惊动。

　　过了一会儿，老人把鱼竿向上一提，没见提上鱼来，却见尾端系着一个直钩，文王情不自禁地说："直钩钓鱼能钓上来吗？"老人慢条斯理地说："我做事从不强求，愿者上钩嘛。"

　　文王见此人见识不凡，便上前深施一礼，并问起他的姓名。在交谈中文王才知道他姓姜名尚，又名牙，人称姜子牙。此人曾在商都朝歌屠牛卖肉，又在各处卖酒，一直贫困潦倒，连妻子也离他而去另嫁他人，年过花甲仍无用武之地。

　　他听说文王礼贤下士，就来投奔。但无人引见，只好天天在渭水边钓鱼，等待时机，他与文王一番谈话很有见地。文王丝毫不因为他的贫贱而产生傲慢心理，他说："当年我的先祖太公曾说过，将来一定会有圣人来到我们这里，帮助我们兴旺发达起来。先生恐怕就是那位圣人吧？从我们太公起，到先父，到我，盼望您很久了。"

　　于是姜子牙随文王回国都，尽心辅佐周文王和周武王。而因为文王渭水屈身访贤，传遍全国，许多有本事的人知道文王礼贤下士，纷纷前来归附。文王对所有贤士都很恭敬、信赖，不讲地位、身份、贵贱，使众谋士鞠躬尽瘁忠心辅助文王。而姜子牙也是率领着千军万马，打败殷纣王，建立了周朝。

　　平等待人，别人才愿意接纳你，你才能够赢得别人的尊重和团结。如果你总是以居高临下的姿态去对待别人，你就会失去很多愿意和你做朋友的人。为人处世，应该要学会放低姿态，收敛锋芒。

　　为人处世一定要把握一个度，无论你有多么傲人的资本，多么出众的才智，你都不要把自己看得太了不起，不要认为自己是救国济民，一呼百应的圣贤君子，别人缺了你就不行，更不要到处争强好胜，非把人逼到"无脸见人"的边缘才善罢甘休，而是应收敛你的锋芒，平和你的心态，平平淡淡地处世，这样你才能在人生路上一路走好。

保持谦逊的习性

古人云："满招损，谦受益。"一个懂得谦逊的人，他懂得人生无止境，事业无止境，知识无止境。

为了启发人们谦虚处世，俄国作家列夫·托尔斯泰也做了一个很有意义的比方："一个人就好像是一个分数，他的实际才能好比分子，而他对自己的估价好比分母，分母越大，则分数的值越小。"

一个人不管自己有多丰富的知识，取得多大的成绩，推而广之，或是有了何等显赫的地位，都要谦虚谨慎，不能自视过高。应心胸宽广，博采众长，不断地丰富自己的知识，增强自己的本领，进而创出更大的业绩。如能这样，则于己、于人、于社会都有益处。

古希腊的著名哲学家苏格拉底，不但才华横溢，而且喜爱奖励后进，运用著名的启发谈话启迪青年智慧。每当人们赞叹他的学识渊博、智慧超群的时候，他总谦逊地说："我唯一知道的就是我自己的无知。"

音乐大师贝多芬曾谦逊地说自己："只学会了几个音符。"

一次，有人去问爱因斯坦，说："您在物理学界可谓是空前绝后了，何必还要孜孜不倦地学习呢？"爱因斯坦并没有立即回答他这个问题，而是找来一支笔、一张纸，在纸上画上一个大圆和一个小圆，对那位年轻人说："目前情况下，在物理学这个领域里可能是我比你懂得略多一些。正如你所知的是这个小圆，我所知的是这个大圆，然而整个物理学知识是无边无际的。对于小圆，它的周长小，即与未知领域的接触面小，他感受到自己的未知少；而大圆与外界接触的这一周长大，所以更感到自己的未知东西多，会更加努力地去探索。"

像爱因斯坦所指出的那样，不懂得谦虚的人，最喜欢的就是用自己的长处和别人的短处相比，喜欢挑别人的毛病，总觉得自己很优秀。这样的人，很难主动去学习别人身上的优点，只要自己稍微取得一点成绩就会兴高采烈，而一碰到挫折就会灰心丧气。这样的人，常常遭遇失败。

由于骄傲，"力拔山兮气盖世"的项羽，最终败在了他所轻视的刘邦手下；由于自大，"过五关斩六将"的关羽败走麦城。

在民国时期，有一次，伦敦举行中国名画展，组委会派人去南京和上海监督选取博物院的名画，蔡元培与林语堂都参与其事。法国汉学家伯希和自认是中国通，在巡行观览时滔滔不绝，不能自已。为了显示自己的内行，伯希和对蔡先生说这张宋画绢色不错，那张徽宗鹅无疑是真品，以及墨色、印章如何等等。林语堂注意观察蔡先生的表情，他不表示赞同和反对意见，只是客气地低声说："是的，是的。"一脸平淡冷静的样子。后来伯希和若有所悟，闭口不言，面有惧色，大概从蔡元培的表情和举止上他担心自己说错了什么，出了丑自己还不知道呢！林语堂后来在谈到蔡元培先生时还就伯希和一事感叹说："这是中国人的涵养，反映外国人卖弄的一幅绝妙图画。"

以上的故事告诉我们：人，贵有自知之明。谦虚谨慎才不致将自己置于不利的处境。

孔子年轻的时候，曾经拜老子为师请教学问。在谈到怎样为人处世时，老子说了一句话："良贾深藏若虚，君子盛德容貌若愚。"这句话的意思就是：善于做生意的人，总是把珍贵的宝贝隐藏起来，不让人轻易看到；有修养、品德高尚的人，往往在表面上显得很愚笨。

老子的这句话中其实隐含着做人的深刻道理，他是在告诫人们：不要傲慢无礼，务必谦虚谨慎；过分自高自大或对人炫耀自己的能力，是非常有害的。

谦逊不是要我们觉得自己渺小，而是为了更好地了解自己，给自己一个准确的定位，并能发挥自己的特长，规避自己的弱点，成就自己的人生。

所以，人立身处世，必须谦虚谨慎，温良恭让，善于隐匿，虚怀若谷，不矜功自伐，不肆意张扬，这样才能很好地保护自己，并受到别人的欢迎和拥戴。

生活中，青少年朋友如何保持谦逊呢？

1. 诚恳地对待每一个人。

2. 了解别人的优点，同时学会理解别人的不足。

3. 建立内在的自我价值，任谁的打击也不要动摇。

4. 即使自己的确才学过人，也要顾及他人的自尊。记住，尺有所短，寸有所长，别人未必没有比你强的地方。

第二章
勤劳和专注的孩子最迷人

懒惰会让你一事无成

懒惰，从某种意义上讲就是一种堕落、具有毁灭性的东西，它就像一种精神腐蚀剂一样，慢慢地侵蚀着你。一旦背上了懒惰的包袱，生活将是为你掘下的坟墓。

《颜氏家训》说："天下事以难而废者十之一，以惰而废者十之九。"惰性往往是许多人虚度时光、碌碌无为的性格因素，这个因素最终致使他们陷入困顿的境地。惰性集中表现为拖拉，就是说可以完成的事不立即完成，今天推明天，明天推后天。许多大学生奉行"今天不为待明朝，车到山前必有路"。结果，事情没做多少，青春年华却在这无休止的拖拉中流逝殆尽了。

"业精于勤荒于嬉"。产生惰性的原因就是试图逃避困难的事，图安逸，怕艰苦，积习成性。人一旦长期躲避艰辛的工作，就会形成习惯，而习惯就会发展成不良的性格倾向。比尔·盖茨说："懒惰、好逸恶劳乃是万恶之源，懒惰会吞噬一个人的心灵，就像灰尘可以使铁生锈一样，懒惰可以轻而易举地毁掉一个人，乃至一个民族。"这给我们敲响了警钟。

城市附近有一个湖，湖面上总游着几只天鹅，许多人专程开车过去，就是为了欣赏天鹅的翩翩之姿。

"天鹅是候鸟，冬天应该向南迁徙才对，为什么这几只天鹅却终年定居，甚至从未见它们飞翔呢？"渐渐地，有人这样问湖边垂钓的老人。

"那还不简单吗？只要我们不断地喂它们好吃的东西，等到它们长肥了，自然无法起飞，而不得不待下来。"

圣若望大学门口的停车场，每日总看见成群的灰鸟在场上翱翔，只要发现人们丢弃的食物，就俯冲而下。

它们有着窄窄的翅膀、长长的嘴、带蹼的脚。这种"灰鸟"原本是海鸥，只为城

180

市的垃圾易得，而宁愿放弃属于自己的海洋，甘心做个清道夫。

湖上的天鹅，的确有着翩翩之姿，窗前的海鸥也实在翱翔得十分优美，但是每当看到高空列队飞过的鸿雁，看到海面乘风破浪的鸥鸟，就会为前者感到悲哀，为后者的命运担忧。

鸟因惰性而生死殊途，人也会因惰性而走向堕落。如果想战胜你的慵懒，勤劳是唯一的方法。对于人来说，勤劳不仅是创造财富的根本手段，而且是防止被舒适软化、涣散精神活力的"防护堤"。

有位妇人名叫雅克妮，现在她已是美国好几家公司的老板，分公司遍布美国 27 个州，雇用的工人达 8 万多。

而她原本却是一位极为懒惰的妇人，后来由于她的丈夫意外去世，家庭的全部负担都落在她一个人身上，而且还要抚养两个子女，在这样贫困的环境下，她被迫去工作赚钱。她每天把子女送去上学后，便利用余下的时间替别人料理家务，晚上，孩子们做功课时，她还要做一些杂务。这样，她懒惰的习性就被克服了。后来，她发现很多现代妇女都外出工作，无暇整理家务。于是她灵机一动，花了 7 美元买清洁用品，为有需要的家庭整理琐碎家务。这一工作需要自己付出很大的勤奋与辛苦。渐渐地，她把料理家务的工作变为一种技能。后来甚至大名鼎鼎的麦当劳快餐店居然也找她代劳。雅克妮就这样夜以继日地工作，终于使订单滚滚而来。

有些人终日游手好闲、无所事事，无论干什么都舍不得花力气、下工夫，但这种人的脑子可不懒，他们总想不劳而获，总想占有别人的劳动成果，他们的脑子一刻也没有停止活动，他们一天到晚都在盘算着去掠夺本属于他人的东西。正如肥沃的稻田不生长稻子就必然长满茂盛的杂草一样，那些好逸恶劳者的脑子中就长满了各种各样的"思想杂草"。

"无论王侯、贵族、君主，还是普通市民都具有这个特点，人们总想尽力享受劳动成果，却不愿从事艰苦的劳动。懒惰、好逸恶劳这种本性是如此的根深蒂固、普遍存在，以至于人们为这种本性所驱使，往往不惜毁灭其他的民族，乃至整个社会。为了维持社会的和谐、统一，往往需要一种强制力量来迫使人们克服懒惰这一习性，不断地劳动。由此就产生了专制政府。"英国哲学家穆勒这样认为。

那些生性懒惰的人不可能在社会生活中成为一个成功者，他们永远是失败者；成功只会光顾那些辛勤劳动的人们。懒惰是一种恶劣而卑鄙的精神重负。人们一旦背上了懒惰这个包袱，就只会整天怨天尤人，精神沮丧、无所事事，这种人完全是无用的人。

勤奋的人总能享受"累"的快乐

丁亮，创智集团的董事长，一个温文尔雅的年轻人，在短短的 10 年时间里，在软件行业里创造了一个又一个骄人业绩，推动了中国软件产业的发展。

丁亮的骨子里有着湖南人特有的争强好胜、勤奋、积极、不服输的个性。他乐观向上、真诚自信。记者们给这位"少帅"的评语是：冷静而不乏激情，睿智而不失幽默。他的自我评价则是："别人会觉得我工作起来像机器人，精力旺盛，不断看，不断学，不断总结，不断更新。人家觉得这样工作会累死，但是我觉得挺有追求，挺充实的。"

"谁不想睡安稳觉？谁不想早上睡到八九点？如果你要求的仅仅是得过且过，当然可以。但如果你想做成一番事业，就不能！凌晨一两点时给你打电话，手机拨不通拨你家里的电话：'喂，我们这个程序有点问题呀，你能不能帮我们改一改？'特别是冬天，从热乎乎的被窝里起来接这样的电话，你的心情怎样？真想把电话给砸了！但转念想想，我们为企业做软件方案，说到底就是 4 个字：服务意识！我们只有不断地强调它，抓牢它，让每一个员工克服自身的惰性，积极为客户服务，并且把这种意识变成创智软件园员工脑海里的潜意识、骨子里的基因，我们的企业才能实现腾飞。同样是一个车桥，同样是一个表壳，为什么德国人、瑞士人造得就那么精致漂亮、无可挑剔，而我们却做得这么粗糙，拿不出手？惰性！就是我们太多人无法丢掉这个惰性，才无法成就事业。小至企业，大到国家，我们每一个人都要下大力气，把骨子里的惰性打掉，我们才能比现在更加成功！"

在勤劳的人的眼里，学习和工作带来的是充实和快乐，而在懒惰的人眼里，带来的只能是痛苦和疲累。懒惰的人会认为学习和工作是一份压力，会让自己深陷痛苦之中，这样的心态必然不会给他们带去快乐；而勤奋的人往往乐在其中，因而才更可能到达成功的彼岸。

有一天，老鹰对鸡说："咱们俩飞上天吧，天空非常美丽，可以看到地上的一切，那有多好哇！"

"我连十步远的地方都飞不了，怎能飞上天呢？"鸡胆怯地说。

"这是因为我们的翅膀还不硬。俗话说，'百炼成钢'，只要咱们好好练，一定能飞上天空。"老鹰还是鼓励鸡说。

这样，鸡和鹰在一起练习飞翔。

在练习的过程中，鸡又懒惰又没有毅力，它认为练习飞翔的过程就是一个痛苦折磨的过程。稍微一累，就蹲在那里不动了。

　　而老鹰，不怕苦不怕累，只要飞到空中，就不轻易下来。在飞翔的过程中，它能俯视广阔的大地，还能享受美丽的蓝天。

　　老鹰在空中对鸡说："快练吧！天空可美啦，咱们俩一块儿飞翔吧！"鸡说："那样多累呀！我还是老老实实在地上待着吧！这样也不用再忍受痛苦的折磨了。"

　　从此，鸡和鹰分开了，一个在地上，一个在天上。

　　勤奋的鹰在练习飞翔的过程中，体会到了飞翔的快乐，能够俯视广阔的大地，还能和无边的蓝天做伴。其实，在日常生活中做每一件事情都应该如此，要时时体验工作和学习的乐趣，不要把工作和学习当做负担，要善于发现每一件事情给我们带来的快乐，这样我们就不会被生活所累，这是一个勤奋的人所能享受到的充实和快乐。

　　实际上，青少年朋友们只要能做到以下几点，我们就能养成一种勤奋的习惯，就能像丁亮那样，享受忙碌的工作和生活带给我们充实的快乐。

　　1. 不满足于现状，保持一颗进取心。进取心是一种永不停息的自我推动力，它会使我们的人生更加崇高。拥有进取心之后，那些不良的恶习也没有滋生的环境和土壤，久而久之，懒惰的习性就会逐渐消失，就会积极地去做事儿，带着愉悦的心情去做事儿。

　　2. 学会肯定自己，勇敢地把不足变为勤奋的动力。学习、劳动时都要全身心投入争取最满意的结果。无论结果如何，都要看到自己努力的一面。这样才能给自己足够的自信坚持下去，这样才能继续努力地生活。

　　3. 时刻不忘激发自己的兴趣。兴趣是勤奋的动力，一个人对某项事物产生了兴趣，便会积极主动地投入，消除怠惰。当你在勤奋努力做事情的时候，激发出自身的兴趣，是一件很让人欣慰的事情。因为兴趣会让我们很愉悦，这样就会牵引我们更主动前行。

美好的生活要靠勤劳获取

　　很久以前，有一个叫汉克的年轻人，一心想成为一个富翁。他觉得成为富翁的捷径便是学会炼金之术。

　　因此，他把自己所有的时间、金钱和精力都花在寻找炼金术这件事情上。很快他就花光了自己的全部积蓄，家中也因此变得一贫如洗，连饭都没得吃了。妻子无奈，跑到父亲那里诉苦。她父亲决定帮女婿改掉恶习。

　　于是他叫来汉克并对他说："我已经掌握了炼金之术，只是现在还缺少一样炼金的东西……"

"快告诉我还缺少什么？"汉克急切地问道。

"那好吧，我可以让你知道这个秘密。我需要三公斤香蕉叶的白色绒毛。这些绒毛必须是你自己种的香蕉树上的。等到收齐绒毛后，我便告诉你炼金的方法。"汉克回家后立刻将已荒废多年的田地种上了香蕉。为了尽快凑齐绒毛，他除了种以前就有的自家的田地外，还开垦了大量的荒地。当香蕉长熟后，他便小心地从每张香蕉叶下刮收白绒毛。而他的妻子和儿女则抬着一串串香蕉到市场上去卖。就这样，十年过去了。汉克终于收集够了三公斤绒毛。这天，他一脸兴奋地拿着绒毛来到岳父的家里，向岳父讨要炼金之术。

岳父指着院中的一间房子说："现在你把那边的房门打开看看。"

汉克打开了那扇门，立即看到满屋金光，竟全是黄金，他的妻子儿女都站在屋中。妻子告诉他这些金子都是他这十年里所种的香蕉换来的。面对着满屋实实在在的黄金，汉克恍然大悟。

美好的生活要靠勤劳获取。只有脚踏实地，靠自己的双手辛勤劳动，才能够让自己过上好的生活。只有靠自己的汗水和辛勤劳动换来的生活才是最真实、最美好的生活。俗话说，天下没有免费的午餐，要想收获美好的果实，就必须付出辛勤的劳动。

许多年前，一位很有智慧的老国王召集了他的大臣，要求他们："我要你们编一本《古今智慧录》留传给子孙。"接受任务的大臣离开后，工作了很长时间，最后终于完成了一套12卷的巨作。国王看了说："各位先生，我相信这些都可以称得上是古今智慧的结晶，但是太多了，我想没人会愿意把它读完。精简点！"

这些大臣又努力工作了一段时间，几经删减，写成了一卷书。可国王还是认为太长，又命令他们再浓缩。从一册到一章，从一章到一段，最后一段变成了一句："天下没有免费的午餐。"国王看后终于满意了，也很得意。"各位先生，"他说，"这的确是古今智慧的结晶，我们全国各地的人只要知道这个真理，大部分的问题就可以解决了。"

日本有一句著名的谚语：除了阳光、空气是大自然的赋予，其余的一切都要靠劳动才能获得。

克莱门斯的老师玛丽是一位虔诚的基督徒，每次上课之前，她都要领着孩子们进行祈祷。有一天，玛丽老师给孩子们讲解《圣经》，当讲到"祈祷，就会获得一切"的时候，小克莱门斯忍不住站了起来，他问道："如果我祈祷上帝，他会给我想要的东西吗？""是的，孩子，只要你愿意虔诚地祈祷，你就会得到你想要的东西。"

小克莱门斯当时的梦想是得到一块很大很大的面包，因为他从来没有吃过那样诱人的面包。而他的同桌，一个金头发的小姑娘每天都会带着一块这么诱人的面包来到学校。她常常问小克莱门斯要不要尝一口，小克莱门斯每次都坚定地摇头，但他的心是痛苦的。

放学的时候，小克莱门斯对小姑娘说："明天我也会有一块大面包。"回到家后，小克莱门斯关起门，无比虔诚地进行祈祷。但当他第二天起床后，发现面包并没有到来。他决定每天晚上坚持祈祷，一定要等到面包降临。

后来，金头发的小姑娘笑着问小克莱门斯："你的面包呢？"

小克莱门斯已经无法继续自己的祈祷了。他告诉小姑娘，上帝也许根本就没有看见自己在进行多么虔诚的祈祷，小姑娘笑着说："原来祈祷的人都是为了一块面包，但一块面包用几个硬币就可以买到，人们为什么要花费这么多的时间去祈祷，而不是去赚钱买面包呢？"

小克莱门斯终于明白，只有通过实际的工作才能获得自己想要的东西。于是他带着对生活的坚定信心走向了新的道路。

多年以后，小克莱门斯长大成人，当他用笔名马克·吐温发表作品的时候，他已经是勤奋而且多产的作家了。他再没有祈祷，因为在无数个艰难的日子中，他都记着：不要为卑微的东西祈祷！只有自己通过努力和辛勤的汗水换来的收获才是最真实的。

瞻前顾后只能使你停滞不前

在困境之中的人想要改变现状，更需要一心一意的专注精神，如果总是瞻前顾后，那你将会停滞不前。人处于困境之中，更应该专注，一心一意地去做改变现状的工作，如果你还是瞻前顾后，左顾右盼，那你永远也不能改变不利的现状。

成就一番事业，实现人生价值，是一切有志者的追求。然而，通向成功的道路往往并不平坦，影响成功的因素复杂多样。现实生活中常常会看到这样的情形：有的人对学业、工作、事业专心致志、不懈努力，不受外界诱惑的干扰，扎扎实实地向着既定目标迈进，最终获得了成功；而有的人却耐不住寂寞，经不起诱惑，好高骛远、见异思迁，对学业、工作、事业缺乏一种执著精神，结果是一事无成。无数事实说明，专注是走向成功的一个重要因素。

有些成功，不需要太强的实力，需要的往往是专注；有些失败，并非缺乏良好的时机，缺乏的往往是坚持。有一则寓言故事，也许更能说明这个道理：

从前，有一对仙人夫妻，喜欢下围棋，他们常常到山上下棋。一只猴子，经年累月地躲在树上，看这对仙人下棋，终于练就了高超的棋艺。

不久，这只猴子下山来，到处找人挑战，结果，没有人是它的对手。最后，只要是下棋的人，一看对手是这只猴子，就甘拜下风，不战而逃。

国王终于看不下去了，全国这么多围棋高手竟然连一只猴子也敌不过，实在是太丢脸了。于是国王下诏：一定要找到人来战胜这只猴子。

其实，猴子的棋艺卓绝，举国上下，根本没有人是它的对手。那该怎么办呢？

这时，有一个大臣自告奋勇地说要与猴子下一盘。国王问："你有把握吗？"他说绝对有把握。但是，在比赛的场地桌上一定要放一盘水蜜桃。

比赛开始了，猴子与大臣面对面坐着，在比赛的桌子旁边放着一盘鲜嫩的水蜜桃。整盘棋赛中，猴子的眼睛盯着这盘水蜜桃，结果，猴子输了。

所谓专注，就是集中精力、全神贯注、专心致志。可以说，人们熟悉这个词就像熟悉自己的名字一样。然而，熟悉并不等于理解。从更深刻的含义上讲，专注乃是一种精神、一种境界。"把每一件事做到最好"，就是这种精神和境界的反映。一个专注的人，往往能够把自己的时间、精力和智慧凝聚到所要干的事情上，从而最大限度地发挥积极性、主动性和创造性，努力实现自己的目标。特别是在遇到诱惑、遭受挫折的时候，他们能够不为所动、勇往直前，直到最后成功。与此相反，一个人如果心浮气躁、朝三暮四，就不可能集中自己的时间、精力和智慧，干什么事情都只能是虎头蛇尾、半途而废。缺乏专注的精神，即使立下凌云壮志，也绝不会有所收获，因为"欲多则心散，心散则志衰，志衰则思不达也"。

专注源于强烈的责任感。只有讲责任、负责任，才能凝聚忠诚和热情，激发干劲和斗志。韩愈说："业精于勤荒于嬉，行成于思毁于随。"古往今来，那些真正能干事、能干成事者，莫不具有敢担大任的胸怀和勇气。强烈的责任感，是专注的原动力。

专注来自淡泊和宁静。一个人在为工作和事业奋斗的过程中，困难和挫折在所难免，孤独和寂寞也在所难免。面对这些情况时，要能做到不受干扰、专注如一，关键是保持淡泊和宁静。经验表明，对一件事情，专注一时者众，而始终专注者寡。这其中的一个重要原因就在于，一般人很难长期耐得住寂寞、经得起考验。任何一个成功者的背后，都有着坚持不懈的执著追求和艰苦劳动。诸葛亮说："淡泊以明志，宁静而致远。"唯有保持淡泊和宁静，才能坚定信念和追求，做到专注和执著。

一个人生活在社会中，面对纷繁复杂的世界，要想成就一番事业，就必须努力克服各种消极因素的影响。一个人如果总是瞻前顾后，左思右想，就永远不可能取得成功。只有集中精力于自己的目标，才会在事业上脱颖而出，取得骄人的成就。拿破仑·希尔认为，衡量一个人做事是否成功，并不在于他们各自做了多少工作，而是在于他是否专注于自己的工作和人生目标，并从中挖掘出多少自身的价值，来为这个目标服务。

成功只在于专心做一件事儿

生活中，避免失败获得成功是没有捷径的，但是如果你能坚持专心做一件事情，你获得成功的几率就会大一些。马云在与青少年交流的时候，就跟他们讲要有专心做事的态度，这样才会在成长的路上少走弯路。实际上在阿里巴巴发展的过程中，马云一直都很重视专心做一件事儿的态度。

2005 年 12 月 6 日至 16 日，在中央电视台经济频道举办的"2005 中国经济年度人物评选创新"论坛上，马云应邀在北京大学中国经济研究中心演讲，他再次重申了专心致志地做好一件事的坚决态度。

马云不知道以后阿里巴巴是什么样子，但是在未来的三年到五年，他仍然会围绕电子商务发展自己的公司，阿里巴巴绝对不能离开这个中心。十年的创业告诉他，阿里巴巴永远不能追求时尚，不能因为什么东西起来了就跟着起来。

在这次演讲中，他将他和阿里巴巴所做的事情，确定为公司的发展目标——通过互联网帮助国外企业进入中国，帮助中国企业出口。这个目标显然不是一两年内就可以达成的。但马云一直坚持"专心做一件事"，坚持一切皆为目标服务，他的内心始终十分清楚，他想告诉所有人，创业、做企业，其实很简单。一个强烈的欲望就是，自己想做什么事情，想改变什么事情，想清楚之后，就永远坚持这一点。

实际上像马云那样坚持只做一件事情的态度是很难的，特别是正处于成长期间的我们，往往由于他人的建议和看法影响了自己坚持专心做一件事情的决心。但事实上，只有将全部注意力集中在你要做的一件事上，你才有可能做成这件事，取得成功。

卡朗是一家服装设计公司女士职业服装的首席设计师，她的公司以女性管理人员为主要顾客。由于卡朗不把时间花在其他服装（例如牛仔裤或泳装）的设计上，致使她成为该类服装的主要设计师。

布鲁斯特专心致力于一件单一工作：写一系列名为"追忆过去"的小说，就是这份专注，使他成为 20 世纪的主要小说家之一。

特蕾莎修女专注于减轻印度穷人的痛苦，就从这个个人使命开始，她已在全世界200 多个地区付出了她的努力，并获得诺贝尔奖。虽然她的计划范围有所扩大，但是，她绝不会放弃她所专注的对象。

生活经验告诉我们，轻易接受建议是危险的，旁人的建议，不一定能使我们变成自己想要成为的样子，反而容易被操纵成别人理想的样子。这样我们就不能成为我们自己，做自己想做的那种人。

"无论做任何事情，开始时，最为重要的是不要让那些总爱唱反调的人破坏了你的理想。"芭芭拉·格罗根指出。这世界上爱唱反调的人真是太多了，他们随时随地都可能会列举出个理由，说你的理想不可能实现，在这种情况下你一定要坚定自己的立场，相信自己的力量，不要因为他人的评价而放弃自己内心的想法，坚持专心地做自己的事儿就好。

哈代是一个发明家，但他周围的朋友和同事都认为他是一个满脑子怪念头的"傻瓜"。当他发现电影发明的原理之后，便从电影胶卷的转盘中产生了灵感：他让胶卷上的画面一次只向前移动一格，以便老师能够有充足的时间详细阐述画面里的内容。

这个想法让哈代受到不少嘲笑，但是他没有因此退缩，经过反复试验之后，哈代终于成功地实现了让画面与声音同步进行的目标，创造了"视听训练法"。

另外，作为一名游泳运动员，哈代曾经两度入选美国奥运会游泳代表队，也曾经连续三届获得"密西西比河十英里马拉松赛"的冠军。哈代在游泳的时候，觉得大家在比赛时使用的游泳姿势不好，决心加以改变。

但是，当他把想法告诉教练时，教练认为他的想法太过荒唐，立刻加以拒绝。一位游戏冠军也告诫他不要冒险尝试，以免不小心在水里淹死。

当然，哈代还是没有理会他们的告诫，仍然不断地挑战传统游泳的姿势，最后终于发明了自由式，现在成为国际游泳比赛的标准姿势之一。

世界上成功的人之所以成功，不是因为他们幸运，避开了失败的可能，而是因为他们能专心地做自己想做的事儿，不因为别人的评价而改变自己的想法。只有相信自己内心的想法，努力去实现它，这样，你才能取得人生的胜利。在人生成长的道路上我们要认真对待每一件要做的事情，专注于一件事儿，这样就会避开失败的暗礁，一步步走向成功。

防止注意力分散的经验之谈

要想成功，必须保证自己的注意力集中，这是成功者的告诫。注意力是专注的代名词，甚至在一种极特别的情形之下，只要我们能找到每一个专心的对象，我们就可以摘取成功的桂冠。

拉尔维出生于德国法兰克福的一个犹太人家庭，从小喜欢绘画和音乐。但他的父母是犹太人，对犹太人深受各种歧视和迫害心有余悸，不断敦促儿子不要学习和从事那些涉及意识形态的行业，要他专攻一门科学技术。

　　在父母的教育下，拉尔维进入大学学习时，放弃了原来的爱好，进入斯特拉斯堡大学医学院学习。拉尔维是一位勤奋志坚的学生，他不怕从头学起，他相信，专心致志必定会成功。带着这种思维，他很快进入了角色，用心于医学课程的学习。

　　大学毕业后，拉尔维先后在欧洲及美国一些大学从事医学专业研究，在药理学方面取得较大进展。由于他在学术上的成就，1921 年，奥地利的格拉茨大学特聘请他为药理教授，专门从事教学和研究。在那里他开始了神经学的研究，通过对青蛙迷走神经的试验，第一次证明了某些神经合成的化学物质可将刺激从一个神经细胞传至另一个细胞，又可将刺激从神经元传到应答器官。他把这种化学特质称为乙醚胆碱。1929 年他又从动物组织中分离出该物质。

　　拉尔维对化学传递的研究成果是一个前人未有的突破，对药理及医学都做出了重大贡献，因此，1936 年他获得了诺贝尔生理与医学奖。

　　拉尔维的成功告诉我们，找自己感兴趣的事做，注意力已经集中了百分之八十。
　　兴趣可以抓住人的注意力，有了兴趣，你的注意力还会分散吗？

　　福特在很小的时候就对机械产生了兴趣，由于父亲不支持他的爱好，几次因与父亲的意见不统一而发生争执，但父亲的意见根本就改变不了福特的兴趣。自 1879 年 12 月起，福特就自己到当时的机械制造业繁盛的底特律给人打工。

　　3 年后，福特凭自己学到的知识，决心放弃外面的工作，自己做出一番事业。于是他回到家自己开了一家小工厂，在这期间福特做些小机械，以帮助父亲的农场完成某些人力所不能及的工作。一些小成功使福特的信心备受鼓舞，决心要更好更快地向自己设定的目标奋进。

　　由于看到了查尔斯·杜耶 1893 年在芝加哥世博会上展出的由汽油作动力的车子，福特决心自己制造一辆更好的汽车。但福特遇到了很多知识原理上的问题，于是他决定再次去底特律的爱迪生电灯公司学习电学原理。

　　在爱迪生公司工作期间，他充分利用业余时间来实现自己的目标——制造一辆汽车。经过无数次的失败和实验，福特自己制造的第一辆汽车终于在 1896 年 6 月面世了。车虽很简陋，但这个成功却再次鼓励了福特的决心。他坚信：只要努力向自己的目标奋进，就一定会成功！

　　福特在后来道路的选择上遇到了难题。爱迪生工厂要以每月 500 元的薪金和可分红利的条件聘他去做生产部门的总监，但附带条件是要专业专职，不得再分心研究汽车。而底特律汽车公司的董事长要请他去当工程师，但月薪只有200元。面临两种选择，福特认真地评估了自己，对自己热爱的事业和高薪两个方面做了全面细致的分析，最终决心选择自己当初选定的目标——汽车事业。

在与这家汽车公司合作期间，福特并没有放弃向更高目标发展的信心。他给自己设定了更远大的目标，决心戒除满足现状的惰性心理，积极地寻求和实现更宏伟的蓝图。

在1901年密歇根举行的汽车大赛上，福特将自己用近一年时间设计的26匹马力的赛车开上赛场，并以优异的成绩击败了上届赛车冠军温登，荣登冠军的宝座。

由于赛车的胜利，福特的名字一夜之间响遍美国。1903年，在各方的帮助和福特的努力下，一个给世界汽车行业带来巨大影响的福特汽车公司诞生了。

由此可见，给自己定一个目标，那你的注意力自然而然也就不会分散。

以下是防止注意力分散的经验之谈：

1. 给自己定一个准确的目标。

2. 找出自己的爱好兴趣。

3. 把你的注意力集中在某个具体、令人愉快、平静的事物上。如一幅画、一件摆设等。

4. 一旦你感到大脑有点僵化，不能很好地思考问题或不能集中注意力时，就应停止你手中的工作，让大脑得到片刻休息。例如，站起来，走一会儿，喝杯水，跟别人交谈几句，看一些有趣的读物，呼吸一些新鲜空气等。

5. 清除头脑中分散注意力、产生压力的想法，使自己完全沉浸于此时此刻，以便专心于所必须做的事。

6. 听听轻音乐。工作时或在家中听一些能使你放松的音乐，这有助于你保持一种积极的、富有成效的思考状态。

第三章
培养勤俭理财的好习惯

成由节俭败由奢

古人云："俭，德之共也；侈，恶之大也。"告诫我们要杜绝奢侈浪费，培养节约的美德。节俭不仅是积累财富的一块基石，也是许多优秀品质的根本。节俭不仅适用于金钱，而且也适用于生活中的每一件事。节俭可以提升个人的品性，是一个人在许多方面都卓越不凡的一个标志。勤俭节约是我们中华民族的传统美德，只有勤俭节约才能致富，挥霍无度，坐吃山空最终受苦受穷的还是自己。

很早以前，有户姓张的人家，有两个小子，老大叫张勤，老二叫张俭。日子过得平平常常，在村里是中等户。

有一年，老头儿得了病，日久天长就下不了炕。张勤对爹说："爹，有你在，俺兄弟俩也不轻易分家。将来剩下俺俩，这个家怎么个分法？"

老头儿一想，也是，兄弟大了得分家。就把两个小子叫到跟前说："咱家的光景你们也知道，爹没置下多少东西，就几亩地和这点房子。家好分：地按好坏搭配着分，分房子时再搭配。"

老大问兄弟："咱爹说的中不？"

"中，中，咱们兄弟俩，你好了也等于我好，我好了也等于你好。"

就这样，兄弟俩按照爹说的把家分了。老人的病一天比一天加重，不久咽了气。兄弟俩从此就各支各的锅台，各过各的日子。

张勤这人从小爱劳动，又勤快。常说：聚宝盆家家有，就凭你劳动两只手。但他有一个毛病：花钱大手大脚的，不懂节俭。结果，日子也不见得好过起来。

张俭这个人，肚里有点文化，知道细着过日子，就是有一样不好：懒散。光知道吃得俭，穿得俭，一切都省着用，就是不知道勤劳。他每天早晨睡懒觉，晚上又早早睡了，胖得看上去挺富态。地里的庄稼种一葫芦打两瓢，日子过得一天不如一天。

这事被他们舅舅知道了，这天舅舅来了，把兄弟两个叫到一块儿说："张勤、张俭，都说说你们的日子是怎么过的？"哥哥张勤说："我会勤谨。"弟弟张俭说："我会节俭。""叫我看，你们兄弟俩合到一块儿吧，你在外边辛勤劳动，他在家里节俭着过，日子一定过得好上加好。"张勤、张俭仔细一琢磨：是这个道理。从此，兄弟俩又合了伙。一个辛勤劳动，一个细着花费，日子越过越富，慢慢成了远近有名的富户人家。

这就是"勤俭节约"这个成语的由来。

古今中外，很多有识之士都十分重视节俭，竭力避免生活中的奢侈和浪费。尤其是在对待自己子女的教育上，更是注重他们节俭品质的培养。

季文子是春秋时期鲁国重臣，他是当时执掌鲁国大权的三家大夫之一——季孙氏的杰出人物，手里握着大半个鲁国，权高位重。但是他行为谨慎，讲求节俭，生活上从不浮夸奢侈。他虽然身为重臣，却从来不准自己妻妾花钱打扮，连衣服都不许穿丝帛料子的，只能穿自己织的粗布衣裳家里驾车的那几匹马，只喂草料，一点也不许加粮食。

鲁国的另一家执政大夫孟叔氏，有个贵公子，叫子服宅。年轻人爱奢华，可不像父辈那么节俭，对自己的这位伯父季文子的行为颇不以为然，终于有一天按捺不住，耻笑道："先生贵为上卿，是我国的两朝老臣，可如今妾不衣帛，马不食粟。吃穿如此寒酸，你就不怕有损咱们国家声威呀？""我也喜欢豪华漂亮，我也懂得奢侈享受，"季文子说，"可是，我看见国中百姓，不少人还吃糠咽菜，破衣烂衫，我因此不敢放纵自己。百姓食不饱腹，衣不遮体，我去打扮妻妾，拿粮食喂马，这哪是国家重臣做的事？"最后，他掷地有声地说："我听说能为国争光靠的是伦理道德，国富民强，没听说用妻妾车马来为国增辉的。"事后，季文子又把这件事透露给子服宅的父亲孟献子，一向节俭的孟献子怒不可遏，整整关了儿子七天禁闭。子服宅闭门思过，终于痛改前非，厉行节俭。

节俭可以帮一个人走向成功，浪费只能让一个人变得懒惰和不思进取。节俭不仅是积累财富的一块基石，也是许多优秀品质的根本所在。节俭可以提升个人的品性，厉行节俭对人的其他能力也有很好的助益。节俭在许多方面都是卓越不凡的一个标志。节俭的习惯表明人的自我控制能力，同时也证明一个人不是其欲望和弱点的不可救药的牺牲品，他能够支配自己的金钱，主宰自己的命运。

我们知道一个节俭的人是不会懒散的，他有自己的一定之规。他精力充沛，勤奋刻苦，而且比起那些奢侈浪费的人更加诚实。

如果养成了节俭的习惯，那么就意味着你具有控制自己欲望的能力，意味着你已开始主宰自己，意味着你正在培养一些最重要的个人品质，即自力更生、独立自主，以及聪明机智和独创能力。换而言之，就表明你有追求，你将会是一个卓有成就的人。

懂得节俭才能创造更多的财富

节俭是致富的秘诀。一个人只有懂得节俭，才能创造出更多的财富。

19世纪石油巨头众多，最后却只有洛克菲勒独领风骚，其成功绝非偶然。有关专家在分析他的创富之道时发现，精打细算是他取得成就的主要原因。

洛克菲勒踏入社会后的第一个工作，就是在一家名为休威·泰德的公司当簿记员，这为他以后的数字生涯打下了良好的基础。由于他勤恳、认真、严谨，不仅把本职工作做得井井有条，还有几次在送交商行的单据上查出了错误之处，为公司节省了数笔可观的支出，因此深得老板的赏识。

后来，洛克菲勒拥有了自己的公司，他更加注重成本的节约，提炼每加仑原油的成本也要计算到小数点后的第3位。他每天早晨一上班，就要求公司各部门将一份有关净值的报表送上来。

经过多年的商业洗礼，洛克菲勒能够准确地查阅报上来的成本开支、销售以及损益等各项数字，并能从中发现问题，并以此来考核每个部门的工作。

1879年，他质问一个炼油厂的经理："为什么你们提炼一加仑原油要花1分8厘2毫，而东部的一个炼油厂干同样的工作却只要9厘1毫？"他甚至连价值极微的油桶塞子也不放过，他曾写过这样的回信：

"……上个月你汇报手头有1119个塞子，本月初送去你厂10000个，本月你厂使用9527个，而现在报告剩余912个，那么其他的680个塞子哪里去了呢？"

一分钟微不足道，但它是财富得以生长的种子。如果我们想拥有娇艳的鲜花，吃上新鲜的蔬菜，就必须播种，把种子播种在肥沃的土壤里，一心一意地培植。如果我们足够幸运，或许可以栽上一株就要长成的花，否则，我们非得去播种，才会有收获。

每一个硬币都是一棵财富之树的种子，是人人羡慕、人人渴望拥有的财富之树的种子。如果你幻想自己拥有一棵这样的树，如果你想年老的时候能够过上安逸的生活，从现在开始，认真地对待每一个硬币吧！

有两个年轻人，小A和小B，都是刚毕业的大学生。有一天，他们在路上偶然相遇了，说起工作的事情，两个人都对未来充满了希望，他们来到纽约后，就开始不断地寻找机会。

有一天，两人同行时，有一枚硬币躺在地上，小 A 看也不看就抬着头过去了，而小 B 却毫不犹豫地把那枚硬币捡了起来。小 A 看着小 B 不由得露出了鄙夷的神情，心想："真没出息，一枚硬币也要捡，哪像干大事业的人！"

小 B 却想："看着钱白白地从身边溜走，怎么能成就事业呢？"

两个人又同时走进一家小公司。工作很累，工资也低，小 A 不屑一顾地走了，而小 B 却高兴地留了下来，努力地工作着。

小 A 换了一家又一家的公司，他在不断努力地寻找着机会。

两年后的一天，两人在街上相遇了。小 B 由于努力地工作，已经干出了一番事业，自己成了老板，而小 A 却仍然没有一份固定的工作。

小 A 很不理解地问："你是一个连硬币都捡的人，这么没出息，怎么可能做出一番事业来呢？"

小 B 说："像你这样的人注定不能成功，因为你连一枚硬币都不要，只是一味地盯着大钱，而大钱总是在明天啊！小钱都抓不住，怎么能抓住大钱呢？"

"如果他有一定的才华和头脑，"菲利普·阿莫说，"一个节俭、诚实和有经济头脑的年轻人根本不会走投无路，相反他会拥有很多财富。"当被问到什么品质使他成功的时候，阿莫说："我个人的看法，节俭是关键原因。我从妈妈的教育中获益匪浅，我继承了苏格兰先辈们的优秀传统。他们都很节俭。"

罗素·塞奇说："每一个年轻人都必须明白，除非他养成节俭的习惯，否则根本不能积聚财富。在开始的时候，即使节约几分钱也强过不做任何储蓄；随着时间的推移，他将会发现拿出一部分作为积蓄不是很困难的事，做起来易如反掌。那些能够这样做并且持之以恒的人将会有一个完美的人生。有的人总是悲叹自己没有变得富裕起来，那是因为他花掉了全部积蓄。"

懂得节俭才能创造更多的财富，青少年要想取得成功，不妨从培养自己节俭的习惯入手，从小事做起，从自我做起，为将来的成功奠定坚实的基础。

用实践来奉行勤俭的理念

在奢靡之风渐盛的今天，节俭已不再被一些人视为美德，在那些富而骄、贵而奢的人眼里，家境清贫者节俭，被讥笑为"穷酸"；家境富有者节俭，被讥笑为"守财奴"；高居官位者节俭，被讥笑为"傻帽"。"古人以俭为美德，今人乃以俭相诟病。嘻，异哉！"世风如此，令人不禁想起司马光之叹。

有人说我们现在的生活水平已经大大提高了，不用再节俭了。随着社会的发展和时代的进步，人们生活水平不断提高，消费观念也在不断改变。在物质产品日益丰富的今天，"食无求饱，居无求安"的传统观念已逐步退出历史舞台，消费至上、享受第一的思想观念渐渐粉墨登场。但是我们更应该看到，汹涌而至的消费浪潮，使人们的视线都集中到只知享乐上，因此不劳而获的事情就不断地发生。人一旦沉迷于这种生活方式，贪婪、攀比、从众、追时髦、喜新厌旧等等就会随之而来，谓之穷奢极欲，而这就是一切罪恶的因缘。而节俭却可以让我们如出淤泥而不染的荷花，谓之俭以养德，让我们在物欲横流的社会，保持一颗纯净的心。奢华虽然给人一种繁荣、热闹，但是这种繁荣的背后却是一种难言的荒凉。而节俭却能让人平静、让人豁达，给人的是一种人格的魅力。

晏子是春秋时期齐国著名的政治家，虽然他当宰相多年，但生活一直十分节俭。平常只是穿一件有几个补丁的旧袍子，补丁的颜色与袍子的颜色也极不协调，看上去十分刺眼。

有人问他："您身为宰相，衣服这么破了，为什么不换一件新的呢？"晏子笑着回答说："衣服是为了挡风御寒的，何必穿得那么豪华呢，这件袍子虽然旧了一点，可穿在身上一点也不觉得冷，何必要扔掉它呢？那不是很可惜吗？"

晏子不但品德高尚，还特别善于治理国家，因此齐景公极为尊重他。晏子住的房屋也十分简陋，齐景公知道后，就想给他建一座新的，于是他便将这个想法告诉了晏子。

晏子急忙回答说："大王，多谢您对臣子的关心，可是我的祖辈一直在此居住，跟他们相比，我很平庸，没有理由去住豪华的房子。再说我家附近就是市场，买起东西来也比较方便。我在这里居住感到十分的惬意。"

齐景公一听，顿时对这位节俭质朴的臣子肃然起敬。没过多久，齐景公就趁晏子出使晋国的机会，派人将他的那座破旧房屋修建一新了。为了改善房子四周的环境，官吏们还强令周围的平民统统搬往别处。从晋国回来，晏子发现自己的旧房子不见了，四周的居民也不见了，他马上明白了其中的原委。

于是他赶紧到宫中去拜见齐景公，并再次陈述自己的想法。紧接着，他便吩咐手下将新房拆掉，恢复原来的模样。同时，他还派人请原先的邻居搬回原来的住处，并挨家挨户地亲自去道歉。

回到家之后，晏子再三嘱咐家人："我活着要和这些平民百姓住在一起，跟他们一起生活，死了之后，也要跟他们为伴。"晏子去世时，家人按照他的愿望，将他安葬在自家那简陋的院子里。

晏子的勤俭节约的精神，让人敬佩。节俭往往涉及自己的利益，好像是对自己的苛刻，所以也就成了"纸上谈俭"。因此，每一个青少年都要克服这种思想，用切切实实的行动来奉行节俭的理念。

这里给广大青少年朋友介绍一种既能拯救自己又能节约的方法，那就是经常给自己的收支记账，按月份和类别，简单记录每天的开支情况，合理分配生活费用；将生活费用按所需分成若干部分，留一部分做课外学习辅导，留一部分做后备资金。这样，一个有秩序、有条理的人能事先知道他需要什么，之后就会用必要的手段来获得它。他的预算就会平衡，他的花销也可以保持在收入线以内。养成记账的习惯，很显然可以知道自己把钱花在了什么地方，是该花的还是不该花的都一清二楚，而且慢慢地也就养成了该花的花、该省的省的好习惯。

另外，青少年也可以开一个个人储蓄账户，采用跟银行约定的零存整取的方式，每月定期从生活费中拿出几十元存入银行，或者将每个月用剩的钱全部存入银行，这样一学期下来也有不少的结余。这种零存整取的方式对学生存钱有一定约束力，也有利于养成节俭的好习惯。

钱应用在点子上

如何将钱用在点子上，也需要智慧。花钱不能简单地理解为消费，更不能看成是挥霍，它同时也包含着投资的意思。可以说，从如何花掉一元钱中，都能看出你对金钱的认知态度，反映出你的钱商的一个侧面。

按照泰森自己咬牙切齿的说法，经纪人唐·金骗走了自己总收入的三分之一；第二任妻子莫尼卡为了离婚的赡养费几乎把自己榨干；那些和自己各种龌龊官司有关的人，包括律师和受害人，都从他身上捞足了油水。而媒体普遍认为，归根结底，奢华糜烂、挥霍无度的生活，平时出手太过阔绰，才是其迅速破产的重要原因。

拳王泰森有着几亿美元的身家，在鼎盛时期所积累的财富，是一个普通美国人需要工作七千六百年才能拥有的。但他最后也因为2700万美元的债务不得不申请破产，实在是令人难以置信。泰森在一年时间里光手机费就花了超过23万美元，办生日宴会则花了41万美元。他想到英国去花100万英镑买一辆F1赛车，后来弄明白F1不能开到街道上，只能在赛场跑道里开才作罢，最后把这100万英镑变成了一只钻石金表，可才戴了不到十来天，就随手送给了自己的保镖。甚至动辄有几万、十几万美元的巨额花费，连自己都搞不明白去处。

可见，用不到点儿上，即使你拥有多少财富，也将流失殆尽。

青少年朋友也许都做过诸如"给你100万，你怎么去花"的测试题，其实这是对你的钱商的一种检验。有的人觉得这是意外之财，不花白不花，花了也白花，于是就在很短的时间内挥霍一空，最后又变成一文不名的穷光蛋，甚至还因此欠下了债。有人也意识到这是意外之财，但他懂得钱能生钱的道理，重视这个天赐良机，用这100万在不长的时间里又挣了100万，结果将原来的100万归还给别人之后，拥有了自己的100万。这才叫会花钱。

中国人讲"把钱花在刀刃上"，就是如何实现金钱的价值最大化的意思。中国人习惯于贫困的生活，一向主张勤俭节约，反对奢侈浪费；另一方面又爱面子，讲排场，出手时很大方慷慨；但终其一生也没有积累下什么资产。这是传统小农经济条件下的消费观念。

如今，校园里许多青少年不懂得把钱花在点儿上，跟起了"高消费"的流行风。

1. 吃。很多同学一日三餐保证丰富之外，又增添了第四餐、第五餐。于是，校园内外的商店里堆满了五花八门、包装精美的小食品，让人看了眼花缭乱。据报载，某校的小卖部门口每到下课就挤满了学生，还有一些校园"款哥、款姐"，吃不惯学校的大锅饭，经常下饭馆吃小灶，一顿花去几十元甚至上百元，可谓是挥金如土。

2. 穿。有些同学课下聚在一起，谈论的不是功课，也不是难题，而是一个个脱口而出的名牌：阿迪达斯、彪马、开拓、耐克、金利来、鳄鱼、老人头等。上千元一件的皮衣，四五百元一身的套服，两三百元一双的皮鞋，在当今中学生中已不足为怪。

3. 玩。如今"圣诞节"、"愚人节"已经成为我们必过的节日，"生日Party"的火爆程度更是众人皆知。"Party"的形式更是多种多样，最常见的是请朋友到餐馆吃一顿，酒足饭饱后，还要请大家一起去娱乐一番，溜冰场、电子游戏厅这时就成了最受欢迎的地方。这样一个生日下来，花去几百元也不足为怪。

4. 名目繁多的礼尚往来。我过生日你送我一张音乐卡，你过生日我便不能再送贺卡，转而赠送精美的小礼物。下一轮便须打破上一轮的记录，变成你送我一只三四十元的小狗熊，我送你一个五六十元的大洋娃娃，出手越大方，友谊越牢固，情义无价。

这种现象实在令人担忧。青少年不了解钱的价值，不懂得工作的辛苦，在大人的宠爱下，养成乱花钱的习惯，这有可能会给他们的将来埋下祸根。

而今的中国人生活大为改善，更有一部分家庭进入富有阶层。有了钱，但要懂得节制，不能"有求必应"。中国有句俗话：富不过三代。意指第一代创业，第二代守业，第三代败家。从小在钱堆里长大的青少年，会过度重视物质享受，爱慕虚荣，缺乏刻苦奋发的毅力和精神，在现代社会无情的竞争与太多的诱惑面前，他们极易被淘汰。

青少年朋友如何把钱用在点子上呢？

1. 无论我们年龄多大，也无论家庭经济条件如何，我们在使用零花钱方面，一定要有所节制，把钱的数额控制在我们有能力支配的范围之内。一般来说，零花钱的数额并没有一个定数，要根据我们的日常消费来预算。这些开支大多包括买零食、午餐费、车费、购买学习用品等费用。

2. 尽量不和同学、朋友攀比，我们应坚持自己的个性。

3. 不盲目买名牌，跟潮流。真正的品位并非外表华贵。

4. 可买可不买的物品，就下定决心不买。

5. 学会精打细算、货比三家。

会理财的人，用金钱为自己服务

提到金钱，有人视之为万能之药，也有人视之为万恶之源。毕业于哈佛的文学家詹姆斯说："人类的一切罪恶不是源于金钱，而是源于人们对金钱的态度。"金钱本身并没有罪过，它只是人们谋生的手段，是交易的中介，而绝不应该成为人的主宰。占据大量的金钱，不代表你一定幸福，也不能代表你活得就有价值。而真正能够让自己活得自在、安宁的方法是善用金钱，让金钱为自己的幸福铺路。

正处于青春期的孩子们，只有树立正确的金钱观，不让钱财遮住自己的眼睛，合理利用手边的金钱，才能让自己收获真正的幸福。但青年人理财的现状却令人担忧。

据一项调查显示，上海92.8％的青少年存在乱消费、高消费的现象，具体表现为花钱大手大脚、盲目攀比，消费呈成人化趋势；93％的学生缺乏现代城市生活经常触及的基本经济、金融常识，甚至不清楚银行信用卡的服务功能，不知道银行存款的利率等等。类似问题在其他城市也比较突出。这反映出青少年的理财观念尚未形成、理财能力不强等诸多问题。一位专家说："理财应从3岁开始。"理财并非生财，它是指善用钱财，使个人的财务状况处于最佳状态，从而提高生活品质。生活中，青少年在理财方面最容易犯以下这些错误：

1. 如果手中有几百元，他们就觉得富裕了。

2. 储蓄对他们来讲并不重要。

3. 花掉的要比储蓄的多。

4. 只能节省一点购买小件商品的钱。

5. 认为钱的能量并不很大，而且没有多少潜力可挖。

6. 花钱从来不做计划。

7. 不能正确地使用活期存款账户。

8. 不恰当地使用信用卡。

9. 从不了解钱的时效价值。

10. 现在享用，以后付钱。大多数青少年对钱的认识不够，没有忧患意识，眼前只知享受，认为以后会由父母把钱送到自己手上。

11. 没把钱当回事。不少青少年总以为家长有的是钱，每天都能有大数目的零花钱，所以买东西从不考虑价格。

12. 买东西时，把身上的钱花个精光。

13. 向广告看齐。许多青少年的早餐，不是"好吃看得见"的方便面，就是"口服心服"的八宝粥，他们不论是吃的还是用的都向广告看齐。

14. 向大人看齐。看见大人们经常泡桑拿、吃麦当劳，他们感到一种气派，于是心生羡慕，也学着去进行高消费。

15. 向明星看齐。据一家美容店老板介绍，她曾遇到不少崇拜明星的中学生来美容美发，常常甩出100元的人民币。

16. 许多青少年在钱花掉之前，已经有过数次的购买欲望。

17. 买了许多东西，但很少有令他们长期满意的。

18. 滥用别人的钱。

19. 只在花钱时他们才有一种满足感。

在美国石油大亨洛克菲勒给儿子写的一封信中有这样几句话：

"有一点你要记住，财富不是指人能赚多少钱，而是你赚的钱能够让你过得有多好。""不懂得控制开销的重要性，就必须付出很大的代价。""控制开销不能让你一夜之间或一年之内致富，但它所构建的是你未来的财富。"

理财要做到心中有数，要学会记账，明白家庭里的开销和支出情况，规划自己的理财目标、计划等。不少青少年由于在中小学时对理财所知甚少，等到他们步入大学的校门，理财能力的匮乏依然不能让家长放心。

想成为理财好手，其实也很简单：

1. 了解储蓄基本原则——配置自己的零花钱。可以将钱分成三份，第一份的钱用于购买日常必需品；第二份的钱用于短期储蓄，为购买较为贵重的物品积攒资金；第三份的钱作为长期存款放在银行里。

2. 减少开支。花钱应懂得克制，根据自己的家庭环境来考虑自己的消费水平，并向父母申请一定的日常零花钱。

3. 准备一个理财本，学会定期整理，做到收支平衡。

4. 与父母一起筹划家庭的金钱计划。例如假设家里要过一个重要的节日，怎么在有限的时间内安排，哪些东西是必须买的，哪些东西是次要的，该花多少钱，怎么购买。并自己设计一张预算表，从中引导自己规范花钱的方向及适度使用钱财。

5. 平时打工挣钱省下一半来，充当一部分学业开销。英国戏剧家萧伯纳曾经说过："其实世界上没有传奇，只有不为传奇而努力；其实赚一亿并不难，难的是让理财方式适合自己。"确实，赚一亿并不难，难的是学会一种适合自己的理财方式。

金钱会伴随人的一生，而成功理财能力的获得将会让人终生收益。因此，学着从支配自己的零花钱开始，培养自己的理财能力，这样才能做一个明明白白的人。

树立正确的金钱观

现实生活中，许多青少年或者是因为不满足，或者是因钱而导致朋友的纠纷，感情的背离，或是因为钱已够多而失去了目标。总之，他们对钱又爱又恨，没有钱烦恼，有了钱不一定就会得到快乐。

温哥华的一个普通建筑工人赖维奎尔，在 1986 年中了 760 万美元的彩券。当年他发横财的时候其他人正在失业，在一般人的眼里，赖维奎尔真是走了大运，有了这么多钱，他一定快乐得不得了。然而事实是，赖维奎尔不仅没有得到快乐，反而陷入了烦恼与不幸。自从赖维奎尔中了彩券后，他就再也没见过自己的女儿，而且好多亲朋好友也都离他而去，原因是他没有把这一大笔天降横财分给他们。赖维奎尔说："我现在要什么东西就可以买什么东西，但除此以外，我比其他任何人还要痛苦……有了这一大笔钱，我反而成了忌妒和仇恨的对象，人们不愿和我接近，我也时刻在担心有人接近我只是为了钱，我累极了……我买不到人心。有朋友就是有朋友，没有就是没有，爱是买不到的，爱一定要建立在真诚平等的基础上。"

在如何对待金钱的问题上，经常有两种极端做法。有些人只认钱、不认人，他们的唯一目标就是金钱，金钱成了支配他们生活的最重要的因素。

还有另外一个极端，这是一些在任何情况下都绝不希望成为守财奴的人士。只要可能，他们总是避免和金钱发生关系。他们把其他事物置于铜臭之上，例如人与人之间的关系、家庭、健康、精神生活、温情。反正这种类型的人总是尽量回避"金钱"这个题目，收到的账单不开封，银行账单看也不看，绝对不谈论金钱。

这两种做法都过于极端。我们必须明确，金钱对我们到底有多么重要，我们需要为此付出多少时间。我们必须学会把金钱变成我们生活中的助手。

生活中，不少青少年要么花钱毫无节制，如流水一般；要么小气吝啬，如一只"铁公鸡"。

凡吝啬的人都是金钱的奴隶，而不是主人。对这类人来说，唯有金钱、财物才是最为重要的。他们一般都不懂人与人的感情。他们不懂得亲情，不懂得友谊，不懂得人与人之间的感情，若是有的话，也要以金钱的标准去衡量。一般的处世原则是，认钱不认人。即使是家人，亲爱者，也始终毫不含糊，"账"总是算得清清的，为了金钱有的甚至达到了"六亲不认"的程度。

吝啬者"小气"、心胸狭窄，在他们身上很少体现亲情二字，所以其内心世界是极其孤独的。尤其是当他们有难的时候（譬如在病中），他们才会感到缺少感情支持的悲怆，才会感到因为吝啬而失去的东西实在太多了，才会充分感觉到金钱的真正无能。

富勒一心想成为千万富翁，而且他也有这个本事。多年打拼之后，他拥有了一幢豪宅，一间湖上小木屋，几千亩地产，以及快艇和豪华汽车。但问题也来了：他工作得很辛苦，常感到胸痛，而且他也疏远了妻子和两个孩子。他的财富在不断增加，他的婚姻和家庭却岌岌可危。

一天在办公室，富勒心脏病突发，而他的妻子在这之前刚刚宣布打算离开他。他开始意识到自己对财富的追求已经耗费了所有他真正珍惜的东西。他打电话给妻子，要求见一面。当他们见面时，他们热泪滚滚。他们决定消除掉破坏他们生活的东西——他的生意和物质财富。

他们卖掉了所有的东西，包括公司、房子、游艇，然后把所得收入捐给了教堂、学校和慈善机构。他的朋友都认为他疯了，但富勒从没感到比此刻更清醒过。

接下来，富勒和妻子开始投身于一桩伟大的事业——为美国和世界其他地方的无家可归的贫民修建"人类家园"。他们的想法非常单纯："每个在晚上困乏的人至少应该有一个简单而体面并且能支付得起的地方，用来休息。"美国前总统卡特夫妇也热情地支持他们，穿上工装裤来为"人类家园"劳动。富勒曾有的目标是拥有1000万美元家产，而现在，他的目标是1000万人甚至更多人建设家园。目前，人类家园已在全世界建造了6万多套房子，为超过30万人提供了住房。富勒曾为财富所困，几乎成为财富的奴隶，差点儿被财富夺走他的妻子和健康；而现在，他是财富的主人，他和妻子自愿放弃了自己的财产，而去为人类的幸福工作，他自认为是世界上最富有的人。

由此可见，善用金钱，你就会获得幸福和宁静。

对于金钱，青少年朋友应树立正确的观念：珍惜每一分钱，将它用在点子上。大手大脚、挥霍浪费只会损害你的将来；既不回避、鄙夷它，也不贪婪、吝啬，应保持平常之心；成为罪恶之源，还是人生的好帮手，钱的作用取决于你的驾驭之法。

高效学习篇

第一章
高效持久的学习才能学有所得

生存的根本保证是学习

随着社会的进步，知识更新的速度变得越来越快。应对这种变化的唯一途径就是不断学习。

美国前总统克林顿说过："在知识经济时代，谁不善于学习谁就没有未来。"对于个人而言，学习是一种权利，社会的每一分子都有权利获得学习的机会。因为学习如同呼吸，意味着生命的存在。

不断学习，我们可以解读自己的人生密码，规划自己生涯发展的蓝图；不断学习，可以积累属于自己的智能资本；不断学习，可以开发生命的源泉，实现自我蜕变；不断学习，可以打破界限，冲破限制自己的瓶颈。

不断学习，活到老，学到老，将学习作为生命的根本保证，正如马克思所说的那样："一个人有了知识，才能变得似有三头六臂。"

"读书而不思考，等于吃饭而不消化。"这句话告诉我们学习的本质就是培养人的能力，只有通过学习，掌握了这些能力，才能让我们的生存更加有保证。古人云："授人以鱼，只供一饭之需，教人以渔，则终身受用无穷。"在学习中探索生存的技能，在生存中体会学习的奥秘，人生才会越来越有意义。

穷人的孩子早当家，小王冕七八岁的时候，就已经能帮家里做事了。父母安排他每天牵着牛出门去放牧。

有一天，小王冕跟往日一样出门去放牛。可是一直等到太阳落山，妈妈做的饭菜都凉了，也没见王冕回家。又过了一会儿，牛独自从院门外回来了，自个儿在院子里转了一圈，然后慢悠悠地钻进了牛圈，但放牛的王冕却没有一起回来。

父母非常担心，想要出去寻找，就在这时，王冕气喘吁吁地从外面跑了回来，他先到牛圈一看，发现牛已经回来了，这才松了一口气。父亲把他叫到面前，询问他回来晚的原因，王冕低下头，内疚地解释说："是我听书忘记时间了。"

原来，王冕放牛路过村里的那个学堂时，听见从里面传出朗朗的读书声，一下子就给吸引住了，特别羡慕，他把牛拴在野地里让它吃草，自己则悄悄地溜进学堂，听学生们读书，听一句，记一句，非常入迷，不知不觉，太阳已经下山了。

当他跑到草地去找牛，发现牛已挣断绳子，不知跑到什么地方去了。幸亏路走熟了，牛顺着回家的路，自己回到圈里了。虽然牛安全地回家了，可王冕挨一顿打是免不了的。

父亲把他狠打了一顿，教训他以后不许在放牛时去听书。然而这一顿棍子，并没有把他的求知欲打掉。两天之后，同样的事情再次发生了。当父亲又要拿棍子打他时，母亲便劝解道："孩子这样痴心，打也不会有什么用的，干脆这牛别让他放了。"从那以后，父亲再不让他去放牛了。

当时，正好村旁山上的寺庙要雇人做些粗活，于是王冕便到庙里住了下来。白天做一些杂事，换两顿饭吃，到了晚上他就睡在佛殿内，借助桌案上摆放的长明灯的微弱光线，聚精会神地看书，每晚都看到大半夜才睡觉。

由于王冕的刻苦好学，当地一个名叫韩性的学者收了他做徒弟，跟着他一起学习。

有了这样好的条件，王冕倍加珍惜，每天都很努力地学习。为了让自己掌握更多的技能，他还在劳动、读书之余迷上了写诗作画，经过勤学苦练，他终于在诗画方面取得了突出成就。

如此恶劣的环境也没阻挡住王冕好学的精神，学习使他插上了梦想的翅膀，从此改变了生存的环境。在竞争如此激烈的年代，学习更成为现代人生存和发展的必然方式和最佳方式，是学习让我们掌握了生存的技能，是学习让我们体味了人生的意义。

学习化生存是最佳的生存方式，它更多的是一种理念，一种途径，通向睿智、丰富、幸福生活的途径。

现在，我们迈入了以信息化为标志的知识经济时代。生产的信息化，使劳动也具有鲜明的智能化特征。

"知识经济是以学习为基础的经济，与之相适应的社会是学习型社会。"青少年朋友面对信息爆炸和科学技术日新月异的飞速发展，只有坚持不懈地学习，才能使用日新月异的劳动工具；也只有不断学习新的生存技能，才能在生存竞争中立于不败之地。

学习：要求你的是父母师长，受益的是你自己

父母老师经常会对我们说：读书是为了自己。但是有时，我们觉得事实不是这样，成绩并不完全和自己的感受挂钩，成绩好的同学可能并不快乐，成绩不好的同学有时却能开心生活，放松交友，在同学之间很受欢迎。

从目前来讲，我们学习的短期目的似乎只是让大考小考顺利拿高分，满足父母和老师的期待，让他们展露欢颜，当我们的成绩下滑时，最担心的也莫过于无法向他们交代。这让我们的心里产生了一种错觉：好像学习并没有为我们自己带来真正的好处，只是为了父母师长的要求才不得已而学的。毕竟三角函数和细胞结构图对于我们目前的生活和幸福指数之间，找不到任何关联。

但是静下心来想一想，父母师长无疑是非常爱我们的，难道他们会任由我们为了一件毫无意义的事浪费生命吗？绝对不会，他们已经走过了几十年的人生，他们经历过于我们一样迷茫懵懂厌恶学习的时期，也体会过知识储备的不足所导致的惨痛代价，体验过知识为自己带来的喜悦、光荣和成功，走过这段崎岖的道路，他们经过分析和总结，发现了一个道理：虽然学习知识的过程也许有些累和枯燥，但是它的结果绝对是甜蜜的。他们爱自己的孩子和学生，所以当他们想把他们的人生经验向世人传播的时候，首先想到了你们，他们最亲近的人。

他们不想让自己的孩子怀着痛苦的心情做枯燥的数学题学习物理知识，也不舍得让自己的孩子舍弃一部分休息的时间背诵古文，但是他们更深深地知道，没有苦痛和艰难的努力就没有成长，没有日后的成功，如果与让孩子一生目不识丁，在社会上步履维艰来比较，他们宁愿选择让他们选择现在的痛苦，而且，事实上，努力之中也自有快乐，当你们经历了入门期的枯燥体验，你们也会发现学习的天地里别有洞天，那里的神奇和奥妙是你原来难以想象的。

所以，我们必须明白，无论一个人是为了祖国而学习，还是为了父母而学习，学习的直接受益者都是自己。

只有学习，我们才能体会到遨游于知识世界的快乐；只有学习，才能体验目标实现的成就感，只有学习，才能在未来社会中立好身，找到自己认为最理想的工作和职业；只有学习，才能实现让妈妈住进大房子、带奶奶环游世界的梦想；只有学习，才能让我们成为一个高素质的、有内涵有魅力的人；只有学习，才能让我们有更敏锐的

触角去体验生命的喜悦与快乐。

用心读书，就是对我们自己的未来负责。著名的哲学家萨特曾经说过："从他被投进这个世界的那一刻起，就要对自己的一切负责。"这一句话对于所有人来说都是适用的。

列夫·托尔斯泰曾经这样说过："一个人若没有热情，他将一事无成，而热情的基点就是责任心。"社会学家认为，当一个人富有责任心时，他的自我便真正开始形成，同时，这个人也由立志开始，影响力逐渐扩大，义务感逐渐增加，并能最终做出突出的成就。

对于青少年来讲，今天的用心读书，就是对自己的未来负责。

对自己负责是人们安身立命的基础。一个人应该为自己所承担的一切责任感到自豪，想要证明自己，那就对自己负责。

众所周知，爱迪生刚在学校上了三个月的课，就被学校开除了。爱迪生从此失去了在校学习的机会，而他又很想学习。爱迪生知道，成长的道路上需要知识，于是他就恳求妈妈教他。正是这样，他一边向妈妈学习，一边自己摸索，最后发明了电灯等一千多项发明。由于爱迪生为自己负责，所以他前途无限光明。

张海迪是位下身瘫痪的女作家。曾经，初次得知自己下身瘫痪的她，也有万念俱灰的想法，然而出于对自己负责，她战胜了自己。她利用在家养伤的时间学习外语。正是这期间，为她后来的写作打下了牢固的基础，通过自学以及自我写作，最后成为世人皆知的风云人物。

假如没有爱迪生的勤奋好学，没有张海迪的顽强毅力以及本着对自己负责的态度，我们就少了一位纵横一千多项发明的发明家，一位博学的好作家，故而我们应对自己负责。

同学们在现阶段正处于校园学习阶段。学习，还是我们当前最重要的任务。然而有些同学却认为，学习是为上大学而准备的，他们不想上大学，就可以不学或者少学。而无论我们身居何处、何地，没有知识是不行的。我们应该本着对自己负责的态度，从现在开始好好学习，亡羊补牢为时不晚。在学习、工作、生活中，我们都应学会负责，对别人负责，对自己负责。

适合自己的学习方法才是最好的

当前，知识更新速度与日俱增，时代对我们提出越来越严格、越来越多样化的学习要求。单凭"铁杵磨成绣花针"、"功到自然成"的方式，是无法适应目前的学习的。

今日的学习成败，不仅取决于勤奋、刻苦、耐力与花费的时间和精力，更取决于我们的学习方法。

1980 年，美国哈佛大学物理系教授、诺贝尔奖得主史蒂文·温伯格对《科技导报》记者说："学生最重要的是拥有用自己最喜欢的方法学习的本领，而非安于接受书本上给你的答案。"

事实上，学习成果的好坏，与能否用自己喜欢的方式学习密切相关。哈佛优等生、美国第一位诺贝尔化学奖得主理查兹说过："最有价值的知识，是关于学习方法的知识。"就像有些运动员一样，他们不一定完全按照书里要求的"正确姿势"来做动作，而是利用最适合自己的姿势去锻炼，最后反而获得了冠军。我们的学习也是一样的，如果你只知道循规蹈矩、按部就班地照着那些所谓的"最好的"方法来学习，效果可能会更差。

用自己喜欢的方法学习，是提高学习能力的重要环节。英国有位社会学家曾经调查了几十位哈佛大学毕业的著名人士，发现他们大多认为，学习时最重要的就是用自己最喜欢的方法学习。而法国著名生理学家贝尔纳也深有感触地说："适合我的方法能使我发挥天赋与才能，而不适合我的方法则可能阻碍才能的发挥。"由此可见，用自己最喜欢的学习方法可以使我们在知识的密林中，成为手持猎枪的猎人，获得有效的进攻能力和选择猎物的余地。

当你试图采用自己不喜欢的学习方法学习时，你就好像是在逆风中行走，非常困难。因而，有些同学就会逃离课堂，还有更多的同学会感到十分疲倦，还有些同学甚至觉得自己是个笨拙的学习者。

而当你明确了自己最喜欢的学习方法并运用它时，你学习的过程就像在顺风行走，风速加快了你行走的速度。运用你最喜欢的学习方法学习会提高你的脑力，使学习的过程变得非常轻松，效率也会大幅提高。

我们在实际学习中也有所体验，有些同学喜欢独自一个人阅读，有些同学则在群体中会学得更好；有些同学喜欢坐在椅子上学习，有些同学则喜欢躺在床上或地板上学习。有些同学喜欢在比较自由的情形下学习，他们不喜欢墨守成规，需要多一些自由选择的机会，如自己决定学什么、从哪儿开始学等。而另一些同学则喜欢在按部就班的情形下学习，他们需要老师或家长告诉他们每一步该怎么做。

这些学习方法中，哪一个才是最好的呢？答案不是绝对的，只要是你最喜欢、最适应的，就是最好的。学习是个人行为，必须采取自己最喜欢的方法。

再有，学习不要事先规定"学几个小时"，而是要看"学会了多少"。如果在学习中，由我们给自己划定一个个死规定，比如看几个小时的书、做几小时的作业等等，那么学习就会成为时间的奴隶，学习失去了乐趣。

时间让我们感到害怕，钟表上的时间好像是我们的无形指挥棒，似乎我们的学习只是为了熬时间。结果时间白白地过去，我们却没有任何实际的收获。我们总是胡乱地说要学几个小时，却从不认真想为什么要学、学什么，效果自然不会好。

天才们往往没有哪个局限于时间，他们也并不是靠死板地规定学习多久成就他们的伟大的。

曾经有一个年轻人拜访了一位80多岁的老学者。在学者那狭窄的书房里，年轻人向学者倾诉了内心的困惑。

学者："你应该抓紧现在和未来的日子。"

年轻人："是的，我在尽力。但是，我已经浪费了十几年。"

学者摇摇头："达尔文说他贪睡，把时间浪费了，却写了《进化论》；奥本海默说他锄地拔草，把时间浪费了，后来成为'原子弹之父'；海明威说他打猎、钓鱼，把时间浪费了，后来获得了诺贝尔文学奖；居里夫人说她为孩子和家务浪费了时间，然而她不但发现了镭，而且还把孩子教育成了科学家。"

这些大人物都是善于掌控时间的高手，在时间里，没有局限。他们就像一条小鱼，自由自在地游弋在时间的海里。你羡慕他们伟大成就的同时，是否细想过这背后的奥秘呢？

如同在你的学习中一样，你所要的不是严格地强求自己学到几时，不是胡乱地做打算，而是首要看你的学习效果，自己消化了多少，确实弄明白了多少。

有趣的学习才是有效的学习

林语堂曾表示"苦学"二字是骗人的，头悬梁锥刺股的故事是荒谬绝伦的。他说："我把有味或有兴趣认为是一切读书的钥匙。"他坚持读书是一种乐趣，是一种享受，是一种值得尊重和令人妒忌的享受。

有趣的学习等于有效地学习，而没有兴趣的学习将会是十分枯燥乏味的。兴趣不仅是成功的基石，更是促使人们不断前进的动力。学习者失去了兴趣，就如同鸟儿失去了翅膀，再也无法体会飞翔的乐趣，而只能在泥泞中蹒跚前行。

要想提高我们学习的效率，必须培养对学习的兴趣，用兴趣推动自己有效地学习。毕业于哈佛大学的著名汉学家史华兹对有趣的学习作出了更广义的解释，他认为有趣的学习是一种享受，学到新知识是一件十分有趣的事，读书、上课、完成作业、复习功课、与同学交往、向老师提问题等，也都是很有趣的学习，而且他更提到"有效的学习，才是有趣的学习"的说法。

很多人在学习上遇到的最大问题，不是自己不会，而是自己没有兴趣，没有兴趣而被强迫学习，就会变得不快乐了。把学习变成一件有趣的事情，也是一个让你提高学习效率的方法。

比如说学英语，没人规定你必须念着英文课本，你完全可以跟着电视机里的人一起说，你没有必要紧紧地盯着书本上的单词来背诵，你完全可以拿起一本书，念着"book"，拿起一个苹果念着"apple"，或者对早上起来的妈妈说"Good morning"。走在路边，你看到用英语写的广告牌，就可以大声读出来，不必在意别人的目光。

学习语文时，当你觉得春风吹着很美，柳树轻柔地甩起长辫子，你完全可以全部写进日记或作文里，你完全可以行走在河边时大声念着诗中的句子。

学习历史知识时，你也许觉得书上的文字很枯燥，电视里的历史连续剧才更加吸引你，那你就一边看电视、一边学习吧！

另外，你会发现博物馆里的介绍、漫画书里的内容，都比课本知识更容易掌握。

当学习毫无进展的时候，问问自己是否被死板的方式剥夺了快乐，编一个玩法，把快乐元素融入到学习中来，我们的学习会更加有效。

法布尔是法国的昆虫学家。1823年出生在一个农民家庭里，他的爷爷和爸爸都是庄稼汉。法布尔小的时候，喜欢到离家不远的山冈上去玩，采摘美丽花草，捕捉可爱的昆虫。

有一次，他刚刚到山顶，从他脚边大石头下，突然飞出一只美丽的小鸟。法布尔就把脚下的石头撬了起来，原来是个小鸟窝，铺着厚厚的草绒和羽毛，精致极了。6个鸟蛋在窝里排成一个图案。法布尔对自己的发现，感到无比高兴。他趴在鸟窝上，仔细观察了好久，还小心翼翼地捡了一个鸟蛋回家。

路上，法布尔遇见了一个很有学问的牧师，他就问牧师这是什么蛋，牧师告诉他这是萨克锡林鸟的蛋，然后又给他讲了这种鸟的生活习性。小法布尔听得入了迷，他想："啊，原来小鸟也有自己的名字，它们的生活又是多么的有趣！"法布尔望着四周的山冈出了神，情不自禁地自问："那么，我的另外许多'朋友'，那些在山坡上、森林里、草原上的各种植物和小昆虫们，它们也有各自的名字吧！它们又是怎样生活的呢？"这些有趣的问题激励他去学习，去探索，去观察研究。在以后几十年刻苦钻研中，法布尔写下了《昆虫记》等许多著作。一个掏鸟蛋的孩子，终于成了世界闻名的昆虫学家。

从故事中不难发现，法布尔小时候是个贪玩的孩子，可是他在玩中善于发现，并且产生了兴趣，这种兴趣一直激励他走向成功。可以说，小法布尔的玩，是玩出了知识，也玩出了收获。这就是在玩中学，会玩也会学。

其实，学与玩是青少年的两种互补性活动，相辅相成。玩可以放松身心，使脑子得到积极的休息，有利于下一步的学习。而且，长时间伏案学习，呼吸浅，供氧不足；进行身体活动，特别是户外活动，使人得到充分的氧气，脑子就更具活力。尤其是对于青少年来说，玩是孩子的天性，如果在玩中找到了自己的兴趣点，并不断地为之探索，玩也是学习。跟其他朋友一块玩，可以互相学习优点，学习怎样与人相处，提高交往能力，可以促进身心健康发展。而且，许多玩的活动能够引起青少年的兴趣爱好，发展他们的特长。掌握好学与玩的关系，科学地玩是有益的，可以开阔思维，发展智力，可以在玩中进一步激发出探索的欲望，就会成为学习的助力。

不做分数的牺牲品

你有听过奇怪的"第十名现象"吗？成绩排名第十的学生居然会比成绩排名第一的学生更受欢迎，怎么回事？我来告诉你吧。

张雪的成绩不是很好，但也不是很坏，一般能排在班里的第十名。她当然不能在学习成绩上跟邓晓亮比啦，邓晓亮成绩可好了，几乎每次都能拿第一名，真的很厉害。

可是不知道为什么，平时大家在一起总是觉得张雪似乎更厉害一些。不论是动手能力，还是说话做事，好像张雪总能更胜一筹。这真是让人费解的一件事情。对了，张雪还是他们班的副班长呢，邓晓亮却什么也没当。大家后来都说，可能分数不能说明一切吧！因为明明是张雪更厉害一些，但她没有邓晓亮的成绩好。张雪知道了大家的疑惑，便说："其实也没什么啦，你们记得魔法师讲的关于爱因斯坦小时候的故事吗？"

《时代周刊》称爱因斯坦为"天才"、"原子和宇宙谜的开启者"、"20世纪最伟大的思想家和政治理想主义者"，但是，小时候的他得到的一大堆外号全是一些充满厌恶之意的恶名。比如，他的小保姆就经常背着他的父母不耐烦地直呼他为"小傻瓜"。而在学校里，他的成绩也不好，甚至根本没有人留意过他。

小爱因斯坦的确显得很笨，他的语言接受能力很迟钝，到3岁才学会说话。他的年轻保姆哄他有一个十分简便的办法：她手上只需拿着一根小木棍，他就会看得发痴，并且会奇怪地笑起来，保姆因此更认定他是个"傻子"。而其他孩子也都不肯和他在一起，孩子们都觉得他又傻又古怪。爱因斯坦后来回忆说："的确，因为我学说话非常晚，我的父母曾一度非常担心，他们甚至为此咨询过医生。"

许多研究爱因斯坦的人认为，爱因斯坦说话晚的原因，可能是由于小孩子的抱负，只要开始说话就要说完整的句子。当有人问他问题时，他首先在头脑中形成答案，用嘴小声模仿，可以看到明显的嘴唇动作，直到确认无误时，才大声说出来，给人的印象是他每句话都说两遍。9岁时，他才戒掉这个习惯。

但是，爱因斯坦本人认为发育迟缓正好帮了他大忙。他说："当我自问为什么是我，而不是其他人发现了相对论，我想是由于以下原因：一个成年人对于时空已经熟视无睹了，而只有儿童才可能对周围产生什么想法；而我发育比较迟，恰恰是到了成年才开始考虑时空问题，因而我可以比普通孩子更进一步研究这个问题。"

爱因斯坦在学校里的表现依然很糟糕，他从来都不是老师眼中的好学生，考试名次也总是很靠后，然而就是这样一位"差生"，开创了物理学的一个新时代，为人类的进步做出了巨大的贡献。

在素质教育日益受到重视的今天，很多人已经知道，分数不是唯一的基准，分数并不能充分衡量一个学生的能力。的确，分数只能作为一种评判学生的方式，它绝不应该是唯一的，只能作为一种参考。因为历史已经无数次证明，那些平常人眼中的"差生"同样能够取得令人瞩目的成就。也许他们的学习成绩不是最好的，但是他们日后取得的成就依然可以让那些在学校里成绩好的学生汗颜。

哈佛的教授从来都不只拿分数来考量一个学生，他们更看重一个学生的综合素质。他们认为这才是最重要的。一个人的综合素质更能反映出一个人的能力，而不是简单的分数。一个排在第十名的学生在成绩、分数上也许不如排在第一名的学生，可是他依然可以在许多方面超过成绩第一名的学生，从而展现出自己的才华，实现自己的人生价值。

还在担忧分数的男生女生们，不要因为分数低了就丧失信心，因为这世界上有很多东西是分数衡量不出来的，例如，真诚、友情、亲情、尊严等。

当然，不必担忧自己的分数并不表示自己可以在学习上有所放松。因为自己的懒惰而导致考试分数低是不应该的。像张雪这样的第十名之所以受到同学们的喜欢是因为她在很多方面表现出来的优秀。这种优秀通常可以看成是软实力，而这样的软实力能够帮助一个人更好地适应周围的世界，也更快地得到他人的认可。

不要让自己成为分数的奴隶，试着在其他方面多付出一些，你会更容易成为他人眼中的优胜者。

为自己制订一个学习计划

凡事预则立，不预则废。恩格斯说："没有计划的学习，简直是荒唐。"高尔基也说："不知明天该做什么的人是不幸的。"教育学家们一致认为优秀学生和后进同学的差异，重要的一点是能否拥有比较明确具体的学习计划。

青少年每天要学的内容很多，如果不分先后顺序和轻重缓急，就会手忙脚乱、丢三落四，本来能学好的东西也学不好。这就需要制定一个学习计划，每天运用计划促进学习目标的实现，磨炼意志力，养成良好的学习习惯，并且提高学习效率，减少时间浪费。

下面是一位中学生的学期学习计划，以供大家借鉴：

1. 目标

（1）战胜自己的"小心眼"毛病，不与人计较小事，得理也要让三分。

（2）扬英语之长，除参加英语竞赛之外，还要在去年市竞赛第十名的基础上超越四个人，进入前 6 名。

（3）补物理之短，物理成绩也要争取进入班级前 10 名。

（4）参加校运动会，3000 米长跑项目要超越去年，进入第 3 名，为班级挣 4 分。弱项铅球要加强训练，不能让它拖体育总成绩的后腿。

2. 措施

（1）平时多读名人传记，学习他们的博大胸怀。经常看自己座右铭上的话："比海洋更广阔的是人的胸怀。"

（2）除参加学校英语兴趣小组学习外，自己每天晚间多拿出 50 分钟学习英语，做《英语辅导报》上的习题。

（3）本学期强化记忆，多做物理习题，还要认真整理"物理错题集"。

（4）每天下午跑完班级规定的 5000 米，再多跑 1000 米，这样就增大了训练量，比赛时，进入前 3 名的可能性就大了。除跑步外，还要认真做操，练臂力。

3. 时间分配

本学期要把物理所占时间增至 12%，数学由 25% 降至为 18%；语文为 10%；英语为 15%，化学为 5%，政治、历史、地理、生物各占 4%，文体活动占 20%，还有 4% 的时间机动。

具体来说，青少年制订学习计划时需注意以下几点：

1. 要全面发展

不仅要安排好课内外学习的时间，还要安排好社会工作、锻炼身体、休息睡眠、娱乐活动等的时间，做到思想、学习、身体三兼顾。

2. 要长短结合

就是要做到长计划短安排。长计划可以使具体任务有明确的目的，短安排是为了使长计划的任务逐步实现。为了实现总的目的要求，在一段较长的时间里应当有个大致安排，每星期、每天做些什么，也应有一个具体计划。要在晚上睡觉之前就安排好第二天什么时间做什么。

3. 要符合实际

制订计划不要脱离实际，要从自己的实际出发，在正确估计自己的知识与能力、可供自己支配的时间、查清自己知识缺漏的基础上，制定切实可行的学习计划。

4. 要留有余地

把计划变成现实，还要经过一个努力的过程，在这个过程中会遇上千变万化的情况。所以，计划不要安排得太满、太紧、太死，要留出机动时间，目标不要定得太高，以免实现不了。如果情况变了，计划也要做相应的调整，比如提前、挪后、增加、删减等。

5. 要有时间限制

为了提高效率，在制订计划时，要适当给自己"压力"，对每一科目的预习和复习要做到三限制：即限定时间、限定速度、限定准确率。这种目标明确，有压力地学习，可以使注意力高度集中，提高复习效率。同时，每学习完一部分时，都有一种轻松感、愉悦感，会更充满信心地复习下去。

6. 要科学安排时间

（1）合理：要找出每天学习的最佳时间。如有的同学早晨头脑清醒，最适合于记忆和思考；有的则晚上学习效果更好，要在最佳时间里完成较重要的学习任务，此外注意文理交叉安排，如复习一会儿语文，就做几道算术题，然后再复习自然常识、外语等。

（2）高效：要根据事情的轻重缓急来安排时间。一般来说，把重要的或困难的学习任务放在前面来完成，因为这时候精力充沛、思维活跃，而把比较容易的放稍后去做。此外，较小的任务可以放在零星时间去完成，以充分做到见缝插针。

另外，青少年定了计划，一定要实行，不按计划办事，计划是没有用的。为了使计划不落空，要对计划的实行情况定期检查。可以制定一个计划检查表，把什么时间完成什么任务达到什么进度，列成表格，完成一项，就打上"√"。根据检查结果及时调整修改计划，使计划越订越好，使自己制订计划的能力越来越强。

7. 要突出重点

学习时间和内容都是有限的，所以，计划不要平均使用力量，必须要有重点，做到保证重点，兼顾一般。所谓重点是指自己的弱科、弱项和知识体系中的重点内容，要集中时间、精力保证重点的落实。

第二章
好的学习心态是高效学习的助推器

加强学习中与对手的交流与合作

小玉和小玲是从小玩到大的好朋友，但她们又是一对竞争对手。

从幼儿园开始，两人就在一个班，不管是唱歌、画画、数学、做操还是体能，两人一直都你追我赶，不是小玉做得最好，就是小玲做得最好。

"下次我一定能做得比你好！"两人经常笑着对对方说，然后互相较劲。

就这样，一直到了六年级，不甘示弱的两人最后都以优异的成绩考入了重点中学。虽然一直较着劲，但两人的友谊反而加深了，学习成绩提高得也更快了。

两人都说："我们都是很普通的孩子，没有什么特别的天赋和非常的智力，我们之所以能脱颖而出，其实很大程度上得益于自己的竞争对手，是她不停地鼓励我，鞭策我，激发我的潜能，促使我不断地进步。"

事实的确像她们说得那样：

"小玉，你的笔记借我看一看，上课时，有一个地方我没记下来！"小玲有些着急地说。

"好的！那个地方挺重要的，我还在旁边做了标记呢！你看吧！"小玉把记得工工整整的笔记本递给了小玲。

不一会儿，小玉又愁眉苦脸地问："小玲，这道题好难啊，我没做出来，你用的是什么方法做出来的啊？"

"我用的是假设法。不要老想着老方法，那样会影响我们解题，你换一种思维试试看！"小玲说。

不仅告诉了解答方法，还告诉对方要注意什么问题，这样的竞争对手很少见！

从最初在班里的中等成绩，到后来的遥遥领先，小玉和小玲轮流占据着班里第一和第二的位置，这让同学们羡慕不已。而这一切，无不因为她们正确地看待和利用了竞争。

正确的竞争绝不是以压低别人为目的，而是在你追我赶中共同进步。正确地面对竞争，你的目标便清晰明确，即使是一次提问你也愿意比一比；正确地对待竞争，你便不会松懈，而是充满激情和斗志，在潜能得到充分发挥的同时，也日益坚定求胜的信念。

青少年在学习的过程中，要正视竞争的存在，喜欢并参与竞争，让竞争成为自己学习的动力。要懂得这样一个道理：帮助别人也是帮助自己。竞争对手得到帮助，取得了进步，这也是对你的鞭策和激励，促使自己更努力进步，同时，对方也愿意向你伸出援助之手，从而有利于营造一种良好的竞争氛围。同时还要对自己充满信心，及时排解竞争时出现的紧张、忧虑、自卑等情绪。

学习不是孤军奋战，加强与同学朋友间的合作交流，对提高学习效率有意想不到的效果。

一个阳光灿烂的下午，三年级二班召开了一节别开生面的班会课。

班主任胡老师说："同学们，大家都知道'一个和尚挑水喝，两个和尚抬水喝，三个和尚没水喝'，可大家知道这是为什么吗？大家想想，为什么和尚愈来愈多，最后却没有水喝了呢？这种现象究竟说明了什么问题？怎样又才能使这种问题得到解决，让所有的和尚都有水喝呢？"

大家都陷入了沉思，不一会儿，大家纷纷都发表了自己的意见：

"他们你推我，我推你，最后谁也不想挑了。"

"如果他们能一起挑水，这样谁都可以喝到水了。"

"我觉得他们应该在一起好好商量一下，要不到最后谁都喝不到水。"

"你们说得都很好，这其实就是关于'合作'的问题。想想看，还有什么时候需要合作呢？"

"拔河的时候。"

"接力赛的时候。"

"出黑板报的时候。"

……

"对，劳动、进行体育活动还有一起搞活动的时候都需要合作，那学习的时候呢？"

听到老师的提问，大部分同学都表示平时都是独立学习，如果遇到困难了会一般问老师，而很少想到问同学，更不用说平时和同学一起合作学习了。

"学习的时候需要有合作精神。想一想，合作对于学习有怎样的意义？"

老师把这个问题留给了同学们。

尝试着和同学交流合作，不但能纠正错误，为解题提供线索，还有助于你对知识的理解，让思路变得清晰，眼界变得开阔的同时又调动起学习的气氛，提高了学习效率，还增强了学习动力。孔子曾说："独学而无友，则孤陋而寡闻。"不要忘了，学习也要交流和合作。

1. 讨论难题。对于疑点和难点，自学时往往难于打开思路，但如果几个同学一起讨论，各抒己见，很容易打开思路，使问题得到解决。

2. 可以采用讲课的方式。一个人像老师一样讲课，其他同学边听边检查边补充，这样就能有效而全面地掌握学习内容，而且印象深刻。

3. 互问互答式记忆。几个同学一起记忆，彼此提问，互相回答，一个人回答不出来，其他人可以提示，而且几个同学之间还带有竞争，这样就能刺激你的思维，提高记忆效果。

4. 采取各种方式使学习变得充满趣味。可以几个同学在一起，开展学习会、讨论会，进行数学游戏、诗歌对答，表演外语、口语、戏剧等，不但非常有趣，而且可以加深我们对知识的理解和掌握程度。

不为了成绩和文凭而学习

生活中，这样的场景随处可见：成绩下来了，有的学生欢呼雀跃；有的学生小声抽泣；有的学生情绪消沉，面色凝重；有的学生厌倦学习，想离校出走；甚至有个别学生萌生了轻生的念头。因为学习成绩不理想，怕面对家长、老师、朋友，已成为众多青少年的共同心理。其实，过于关注分数，把它作为成败的标志、心情好坏的风向标，产生过重的心理压力，是不可取的。

考试是为了及时查漏补缺，主要是作为自我测验、检查的手段。也就是说，考试不应作为我们的学习目的，至于考试所得分数，需具体分析。由于各种因素的制约，分数并不能完全判断出自己学习的全部真实。

中外有不少杰出人士在青少年时期，所表现出的天赋条件、所考的分数并不好。但是，由于自己艰苦奋斗，勤奋好学，终于成为著名的人物。

拿破仑小时候很愚笨，学习成绩非常差，唯有身体健壮是他的优点。他在巴黎军事学校毕业时的成绩名次是第 42 名，虽不知该班毕业生人数是多少，但排列到 42 名的名次，总不能算是好成绩。从传记来看，他只有数学比较好，其他学科都很差。据说，他终生不能用任何一种外语准确无误地说或写。更有趣的是，战败拿破仑的威灵顿公爵，小时候也被称为一名"愚蠢"的孩子，在学校的学习成绩很糟。甚至连他母亲也说他是个"笨蛋"。

从郭沫若先生读中学时的两张成绩单上来看，他当时显然算不上优等生。第一张成绩单平均成绩 79 分，包括国文、图画在内的 3 门功课不及格，最差的仅 35 分。第二张成绩单上，图画、习字的成绩也很一般，倒是理科成绩如几何、代数、生理等比较优秀。后来他没有成为数学家或医学教授，却成了大诗人、大书法家、大考古学家。

有人风趣地说："如果郭沫若在今天上中学，这样的成绩是很难考进大学的，即使考上了，家长和学校也一定要他上理科。像郭老这棵大师苗子肯定会被'善意'地扼杀了。"

钱锺书先生是现代著名的文学研究家、作家，自幼受到传统经史方面的教育，中学时擅长中文、英文，却在数学等理科上成绩极差。报考清华大学时，数学仅得 15 分，但因国文、英文成绩突出，其中英文更是获得满分，于 1929 年被清华大学外文系破格录取。

后来，他写出影响巨大的《围城》、《谈艺录》、《管锥编》等，被人誉为"拥有 20 世纪最智慧的头颅"。

通过上面的名人事例，我们完全可以得出这样的一个结论：成绩并不能代表一切，并不能决定人生，不能以天赋论英雄，也不能以分数论英雄。很显然，仅仅用学校的成绩单来衡量青少年的聪明与蠢笨是不公正的。

当代青少年厌恶学习，还有一个原因，就是认为十几载的寒窗苦读只能换来一纸文凭，这样自己的付出和结果不成比例，而且近年来越来越多的事实表明，拥有高学历的人不一定能够在社会上取得绝对优势，有时，研究生和本科生的就业率还没有专科生好，在这种背景下，有很多青少年朋友更加质疑学校教育的意义。

有这样一则寓言故事：母鸡用自己积攒了一年的积蓄，从狐狸那里买到了一张"游泳大学毕业证书"。于是它拿着证书兴高采烈地去找凤凰，要求凤凰给它落实"游泳健将"的待遇。

然而出乎母鸡的预料，凤凰并没有答应母鸡的要求。凤凰说："你的职责是下鸡蛋，这毕业证书对你一文不值。"

"咯咯咯，"母鸡愤怒地争辩说，"你说得倒轻巧！这文凭来得容易吗？它可是我用钱买来的呀——一年的鸡蛋钱！你知道吗？"

凤凰冷静地回答说："事情正是如此，凡是用金钱买不到的东西用金钱买到了，它原有的价值便不存在了。"

文凭不等于水平，这已经是众所周知的真理，文凭不能真的遮羞包丑，天长日久，一个人的真实面目总会被人发现，所以，我们一定不能用功利主义的态度对待文凭，更不能把今天在学校中的学习生活单单看成是获得文凭的手段，那样做，就大错特错了。

我们所能做的，不是拒绝现在的学校教育，而是端正学习态度，为了增长知识，提高能力，提升自己的精神面貌而学习，在校园中，重视培养自己这几方面的素质，而不要把分数、名次等等表面的问题看得太重，因为那些东西，只是暂时的荣耀或"耻辱"，不能代表你的未来，只有握在自己手中的本领和才干，才是你今后安身立命的根本，明白了这一点，你就明确了学习的方向，不会再感到迷茫了。

以一颗平常心对待同学间的竞争

竞争无处不在，我们的学习中也充满了竞争，它就像是把"双刃剑"，用好了利人利己，可以大大促进自己的学习；用不好则会误人误己，不仅会阻碍自己的学习，还会影响到同学之间的感情。因此，对于竞争我们要有一个清醒的认识。

同学之间的良性竞争能激发学生强烈的成就感和进取心，促进学生顽强拼搏，同时也会给同学带来快乐，注入新的活力。要改掉在学习中采取恶性竞争的方式，破坏同学之间友谊的坏习惯。

在一个班级里，学习成绩、文体比赛、劳动竞赛，甚至课余爱好，都会使同学之间产生竞争。但是，在学生的心目中，最普通也最"残酷"的还是学习成绩上的竞争，也就是在考试分数上比高下。本来如果把竞争发挥好了，的确是一件很有益的事，但有些同学为了实现这一目标，使用的却是消极竞争的策略。比如，有的同学为了麻痹自己的竞争对手，就在班里故意不学习，装出一副很轻松的样子，但是回家后却加班加点"开夜车"；有的同学把学习上的竞争泛化到与同学的一般交往上，不仅在心理上嫉妒对方，而且还会表现出轻视对方的各种言行，甚至有时会在背后诋毁别人。这种消极竞争的做法，其实是一种心胸狭窄、不会学习的表现，是我们学习路上的"拦路虎"，它不仅使我们无法获得真正的友谊，而且也无法吸收、借鉴别人的长处，另外它还会影响我们的身心健康。

积极的竞争应是在一种友好的氛围中进行的，它能够实现自己和同学成绩的共同提高，而不是自己上去了，却把同学踩下来。因此，会学习的同学必须彻底抛弃这种狭隘的消极竞争，学会积极竞争。

王玉玲同学，2001年高考河北省保定市第二名，她就认为，自己之所以能从一个小县城里脱颖而出，在很大程度上得益于自己的竞争对手。"是这些竞争对手不时地鞭策我、激励我，使我在成绩面前不骄傲，在失败面前不沉沦。"

的确如此，在积极的竞争中，人们的自尊需要和自我实现的需要更为强烈，克服困难的意志更加坚决，争取胜利的信念也更加坚定。当你和某一个同学成为学习上的竞争对手时，你的学习目标就会非常明确，课堂中的每一次提问，每一次作业的质量，每一次考试的成绩等，你们都会比一比，从而使你每天的学习目标都很明确，不敢使自己有任何松懈，潜能因此而得到了充分的发挥。

同学之间的竞争是不可避免的，那么，我们该如何对待才能既收到竞争的良好效果，又避免竞争可能带来的心理伤害呢？

教育专家们告诉我们：对待同学之间的竞争的正确态度应该是：既不回避竞争，也不盲目竞争——竞争的目的不是压低别的同学，而是提高你自己，它要求我们必须做到如下几点：

1. 借助竞争激发潜力

在竞争的条件下，人们的自尊需要和自我实现的需要更为强烈，对于竞争活动会产生更加浓厚的兴趣，克服困难的意志更加坚定，争取优胜的信念也更加强烈。我们要从主观上认识到这些，树立起一种积极的心态，为了取得竞赛的优势，全力以赴，充分发挥自己的能量与创造性。

2. 找到适合于自己的目标

竞争的目标应该是有层次性的多样化的，如果只盯住顶尖的位置，或者只在自己不擅长的方面与人争锋，势必经常遭受挫折和失败，易使人产生挫折感、失败感与自卑感。所以，我们应根据自己的实际情况，找到适合于自己的目标。这个目标不会唾手可得，需要我们付出努力，但又不是可望而不可即的。

3. 学会与自己竞争

从前的你和现在的你肯定不一样，你的将来也不会和现在一样。因此要学会对自己作纵向比较，看自己哪些方面进步了，还能取得什么进步，这也是一种竞争。而且，这种竞争有助于你正确看待同学之间的竞争。

4. 抱着合作的态度参与竞争

这才是真正的明智之举，不仅获得了竞争的动力，而且避免了对同学采取嫉妒、贬低和仇视的态度，有助于维护同学间的友爱关系及集体精神。

5. 适时的心理调整

当竞争过频或过强，就容易产生紧张、忧虑、自卑等消极的情绪体验，不利于自己的身心健康。如果出现这样的情况，可以通过适当降低竞争目标、改变竞争对手、转移竞争取向等措施，及时地加以调整，以消除过分紧张的心理压力。

真正的竞争还是自己与自己的竞争，超越昨天的自己，才是真正的竞争取胜。

总之，我们要正确对待同学之间的竞争，既要保持一种锐意进取的精神状态和斗志，又要保持一颗平常心。让竞争朝着积极、良性的方向发展，并以此来激励和促进我们的学习。

竞争与友谊是并行不悖的，它们并没有本质上的冲突。在与同学的竞争中，我们应向竞争对手伸出友谊之手；同学向我们借笔记或请教于我们时，应给予热情帮助。从而做到彼此激励，相互竞争，共同攀登，形成一个和睦、友好、互助的良好氛围，实现学习的共同进步。

在学习中要学会给自己减压

曾经有这样一个故事：

有一年冬天，一对婚姻濒临破裂而又不乏浪漫情调的加拿大夫妇准备做一次长途旅行，以期重新找回昔日的爱情。两人约定：如能找回爱情就继续在一起生活，否则就分手。当他们来到一个长满雪松的山谷时，下起了大雪，他们只好躲在帐篷里，看着大雪漫天飞舞。不经意间，他们发现，由于特殊的风向，山麓东坡的雪总比西坡的雪下得大而密，不一会儿，雪松上就落了厚厚的一层雪。然而，每当雪落到一定程度时，雪松那富有弹性的枝杈就会弯曲，使雪滑落下来。就这样，反复地积雪，反复地弯曲，反复地滑落。无论雪下得多大，雪松始终完好无损。其他的树则由于不能弯曲，很快就被压断了。

妻子似有所悟，对丈夫说："东坡肯定也长过其他的树，只不过由于不会弯曲而被大雪摧毁了。"丈夫点头。就在这时两人似乎同时恍然大悟，旋即以前的一切恩怨都成了过眼云烟。丈夫兴奋地说："我们揭开了一个谜——对于外界的压力，要尽可能去承受；在承受不了的时候，要像雪松一样弯曲一下。这样就不会被压垮。"一对浪漫的夫妇，通过一次特殊的旅行，不仅揭开了一个自然之谜，而且找到了一个人生的真谛。

细细地想一想，我们不就如同故事中的树木吗，而懂得给自己减压的人就是松树，如果不懂得减压，自然就像其他树木一样难逃折断的厄运。

"我一定要考上重点中学！"你一面给自己打气，一面又觉得倍感压抑，你的心里像敲起了战鼓，鼓点像暴雨中的雨点一样急促而有力，但是每一滴都狠狠地砸下来，让你有些承受不了了。

你给自己制订了学习计划，你每天严格地按照计划执行，只是随着时间的推移，你心里的那种压力越来越大，有时你甚至觉得有种透不过气来的感觉。

渐渐地，你吃不下饭，晚上总是很难入睡，即使入睡了也很容易被惊醒，你觉得浑身无力，走路像踩在棉花上。

渐渐地，不管是上课还是自习，你的精力都无法集中。

心里那种无形的压力愈加膨胀，像块巨石牢牢地控制住了你。

这样的事情在我们的身边比比皆是，这里说的其实就是压力。

压力是人的内心深处的一种情感体验，一定的压力会让人奋起，成为人行动的动力，但如果压力过大，那么对一个人的影响就非常严重了，曾经有一位教授这样说："压力的杀伤力比我们周遭环境中产生的任何事物都还要强大。"

我们都知道，生活中充满了各种各样的压力，而且即使是最有智慧的人也无法将压力消灭。倘若我们不懂得如何给自己减压，那么终有一天会被压力压垮的。

所以，如果你想在充满压力的环境下求得生存，并尽可能地保持轻松愉悦的心境，就需要拥有松树的智慧了。随着压力的增大，不断地给自己减压，最后逃离压力的暗影。

不要埋怨压力，重要的是改变你在充满压力的环境中时的境况，而这，唯有给自己减压。

很多人的压力就是来自于对过去念念不忘，削减压力的第一步，就是要抛开过去，着眼现在，重新制定切合实际的学习目标。需要注意的是，目标的制定一定要和自己的实际水平相结合，如果目标定高了，你马上就会开始担心它是否能够实现，这种担心无意识地已经成为学习的压力了；反之，如果把目标定得过低的话，就不利于改善当前的状况取得进步。

一旦目标确立，接下去就是赶紧行动。所有取得成功的人都知道，要成功就必须坚持。你也必须马上行动，并且要坚持下去，千万不要拖延，拖延既耗费时间，又让刚刚聚集的动力慢慢减弱。如果你能够在你确定目标之后坚持行动一回，你会发现你已经没有多少压力了。所有的压力都会在行动中找到发挥和发泄的途径。只要你坚持下去，努力学习的结果不仅仅是学业的进步，更多的是你将获得学习的信心，你知道自己能够坚持学习并且能够取得进步，这才是长久消除学习压力的方式，也是你获得学习动力的途径。看见学习有进步，所有的学生都会喜欢学习的。

把学习看作一件快乐的事情

兴趣和爱好是一个人学习的强大动力。它可以让学习变成一件快乐的事情。有了兴趣、爱好，人们就会自觉地从事或追求这种爱好的事情。兴趣、爱好是一种动力，它使人勤奋，使人坚持不懈地干下去。兴趣、爱好还会给人愉快感。人们在从事自己所喜爱的事情时，总是感到有一种莫名的兴奋感和满足感。事实上，很多人的成功都是源于幼时的兴趣和爱好。

达尔文小时候就对周围环境非常感兴趣，特别喜欢钻研问题。

一天，小达尔文跟着父亲到花园里散步，花坛里盛开着五颜六色的花，美丽极了。他见其他花有好多种颜色，而报春花只有黄色和白色两种，就对父亲说："爸爸，要是报春花也有很多种颜色，那该多好呀！"

父亲笑着说："你这个小幻想家，好好努力，我相信你一定能想出好办法。"

过了几天，小达尔文对父亲说："我已经想出了一个非常好的办法，我要'变'一朵红色的报春花送给你。"

父亲随口应道："好好好，我的小宝贝，你去变吧，变出来的话，它将是我们英国第一朵红色的报春花。"

又过了几天，小达尔文大声喊着跑到爸爸面前，把手伸到爸爸跟前说："爸爸，你快看呀！"

父亲一看，捧在儿子手里的果然是一朵火红色的报春花，美丽极了。

"小宝贝，你是怎么变出来的？"爸爸惊奇地问。

"研究出来的呗。"小达尔文骄傲地说，"你曾经说过，花每时每刻都在用根吸水，并且把水传到身体的各个地方去，于是我就想让报春花喝些红色的水，传到白色的花朵上，那么花不就会透出红颜色来了吗？昨天，我折了一朵白色的报春花，把它插到红墨水里，今天它就变成红色的了！"父亲把儿子抱了起来，亲了又亲。

由于达尔文对大自然有浓厚的兴趣，经过孜孜不倦的探索，他后来成了伟大的生物学家。

兴趣是一个人汲取知识的动力，它可以让学习变成一件快乐的事情。中国最大的教育软件公司科利华公司的副总裁陈健翔博士曾提出过"享受学习"的理念——把学习当成一种享受，这就是学习的最高境界！

那些学习优异的学生，大多是享受到了学习的乐趣，大多都把学习当成一种享受；

那些科学家、思想家也都具有把学习、劳动、科研当成享受的品质……

学习是"苦"还是"乐"，其实关键在于你对学习的态度，如果你找到了学习的兴趣所在，如果你认识到了学习的重要性，如果你找准了适合自己的学习方法，并在学习中不断获得成功，那么，学习就会变成一种享受、一种乐趣，你也就会拥有更多的阳光、更多的兴奋！

那么，怎么才能让学习变成一件快乐的事情呢？

首先，要明确学习的目的。少数人学习的出发点不是为了获取知识，不是为了获得精神上的享受，而是为了在未来获得更多的物质享受，他们虽然是以一种主动的心态去学习，但却是在被动地获取和接受知识。所以，他们无法真正地享受学习，不能享受学习为他们带来的可持续的快乐。如果你能够深刻地理解到学习的目的，那么，学习的快乐也就会喷薄而出。

其次，必须理解学习的作用。人天生存在着发展的需求，在认知方面就是求知欲，而求知欲的满足是相当快乐的事情。学习就是我们获取知识的过程，是我们由无知到有知的过程。通过学习，我们的思想得以丰富，我们的智慧得以增长，我们的素质得以提高。只有学习，我们才能更好地继承前人优秀的经验；只有学习，我们才能使自己更快地成长。

最后，必须掌握学习的方法。可以想象，当一个人的学习效率比以前提升 3～10 倍以上时，他会有什么感觉？兴奋、自信、快乐、对前途充满信心和期待，踌躇满志地要实现自己的种种梦想，等待着考试，等待着他人的赞扬，想着要重新站到领奖台上！这就是学习的快乐！

对于青少年来说，最好的兴趣爱好当然是求知欲。那些精力充沛、智力发达的人们在完成日常工作之余，可以从事自己爱好的事业，有的人钻研科学，有的人钻研艺术，大多数人主要从事文学创作，有这种高雅的业余爱好的人是真正高尚和幸福的人。哲人们大都爱好广泛，多才多艺，从文学到数学，从历史到社会科学，他们都广泛涉猎，甚至有自己独到的研究。当然，任何事物都要讲究一个度，对知识的追求和爱好这一嗜好也不能任其自由发展，如果纵之过度，就会使人精疲力竭、精神萎靡不振，自己的分内之事又干不好，这就是本末倒置了。

把学习保持在"不满"的状态中

从多多刚睁开眼睛的那一刻起，他就一刻没有消停过。他的心里像是种了枚叫做"好奇"的小种子，只要一有功夫，就一刻也不停止对这个世界的好奇和探索。

他的小眼睛总是看看这里，看看那里，他的小拳头总是尽力地在空中挥舞，他的小脚更是不停地蹬着。

蹒跚学步的时候，他更是如此。他总是迈着尚且不稳的小脚来回地跑，或者是追家里的小狗小猫，或者是摸摸浑身长刺的仙人掌。妈妈带他到公园，他要么好奇地盯着小花小草，蜜蜂蝴蝶，要么蹲在地上研究起地上的蚂蚁来。蚂蚁有几条腿，它们住在哪里，他都要一探究竟。

不光如此，多多还喜欢问"为什么"。

"爸爸，为什么冬天下雪，夏天不下雪？"

"妈妈，为什么青蛙的宝宝不叫小青蛙，却叫小蝌蚪呢？它们怎么长得一点都不像呢？"

"爷爷，为什么飞机可以飞，我就不能飞？"

"老师，北极熊和企鹅都不怕冷吗？它们为什么不到暖和一点的地方来？"

"……"

多多心里好奇的小种子早已经发芽，开花了，他也愈长愈大。

因为这份好奇心，多多成了全校有名的小博士，他懂得很多自然科学知识，甚至比老师知道得还多。因为好奇，他便利用所有的课余时间来学习研究，爸爸妈妈的支持和鼓励更让他可以全身心投入。另外，闹钟、电话、手表这些看似很平常的小东西也常能引起他的好奇心，在他的捣鼓下，大家总能看到另外一个全新的小制作。在他的努力下，他的很多小制作在历次比赛中都获过奖。

好奇就像是一双睁开的眼睛，不住地打量着世界，由此迈出探索的第一步。只有对世界充满好奇的人才能够更快更深入地认识世界，才能不断地激发自己的潜能，在学习和生活等各方面实现创新。"学无止境"，生有涯而知无涯，学习是没有尽头的，除非是你自己局限自己。

一名徒弟跟着一位名师学习技艺，几年之后，徒弟觉得自己的技艺达到了炉火纯青的地步，足以自立门户，因此收拾好行囊，准备和大师辞别。

大师得知了这个消息之后问道："你确定你已经学成了，不需要再学习了吗？"

徒弟指了指自己的脑袋自豪地说："我这里已经装满了，再也装不下了。"

"喔，是吗？"大师随即拿出一只大碗放在桌上，命徒弟把这只碗装满石头，直到石头在碗中堆出一座小山后，大师问徒弟："你觉得这只碗装满了吗？""满了。"徒弟很快地回答。

大师于是从屋外抓起一把沙子，撒入石头的细缝里，然后再问一次："那么现在呢，满了吗？"

徒弟考虑了一会儿，恭恭敬敬地回答道："满了。"

大师再取了案头上的香灰，倒入那看似再也装不下的碗中，看了看徒弟，然后轻声问："你觉得它真的满了吗？""真的满了。"徒弟回答道。

大师没有再多说什么，只拿起了桌上的茶壶，慢慢地把茶水倒入碗中，而水竟然一滴也没有溢出来。

徒弟看到这里，总算明白了师父的良苦用心，赶紧跪地认错，诚心诚意地请求大师再次收自己为徒。

学无止境，生有涯而知无涯，学习是没有尽头的，除非是你自己限制自己。

著名的数学家华罗庚说过："活到老，学到老。"是的，人生是在不断探索中得到升华，从而才会有辉煌出现，像文坛的几位巨匠：冰心、巴金、金庸……他们都是深知这个道理，才有如此大的成就，我们熟知的金庸先生更是在 80 岁高龄之际提笔修改了《射雕英雄传》，使这部经典名作再次遇热，受到众人瞩目。不止他们这样，像国外的著名人士也是在不断学习、不断积累中才创作出许多著名文献。马克思和恩格斯就是最好的"人证"。他们共同完成的《资本论》使广大读者得到启迪，他们更是耗费毕生心血才完成的，他们就是在不断地努力及探索中使他们的友谊成为世人的榜样。

学习是光明，无知是黑暗。试想，谁愿意面对黑暗不见天日？没有人。那么，只有天天做学问，时时不忘学点知识才能走向光明，使人生更亮丽。

只有在不断求知的过程中，才会使我们真正得到乐趣。波兰著名钢琴家阿瑟·鲁宾斯坦，他 3 岁时学琴，4 岁登台演奏，直到 95 岁他未曾间断过对艺术的追求。因为他深知学无止境，艺术无止境，不间断的创作会使心灵得到净化，从而也增加其本身的魅力。

意大利艺术大师达·芬奇说："微小的知识使人骄傲，丰富的知识则使人谦虚，所以空心的禾穗总是高傲地举头向天，而充实的禾穗则低头向着大地，向着它们的母亲。"

到了越高境界，越会感到自己的不足，因此，把握你生命的每分每秒，好好来弥补这些不足，趁着还小要多多学习。

人外有人，天外有天，巅峰之上，还可以再创巅峰。

第三章
掌握好的学习方法，学习也没那么难

学习力比学习本身更重要

有不少青少年认为，在学校里学到的知识是十分有限的，所学的知识在工作和生活中根本无从实践。在有这些想法的青少年的眼中，最有力的论据莫过于不少成功人士也没有接受过完整的教育，但是这不妨碍他们获得成功。

的确，有不少成功人士没有接受完整的教育，李嘉诚就是一个例子，但是少年失学后他并没有忘记平时的学习，当年在学校里学会的学习方法和技巧在他的自学生涯中发挥了莫大的作用，这一点，也正是被许多"学校知识无用论"者所忽视的关键。

也许学校里的学到的知识在以后的工作和生活中用到的很少，但是在学校里我们可以学到学习的方法和技巧，这些都可以让我们终身受用，并且会让我们能感觉到学习的快乐。

古人曰："授人以鱼不如授人以渔。"意思是说，学习捕鱼的方法比向别人要几条鱼好得多。捕鱼如此，学习亦然。从某种意义上说，学会学习比学会知识更重要。

李嘉诚在告诉青少年朋友们要学会学习时，打了一个生动的比喻。一个猎人到森林里去打猎，要准备猎枪和干粮。如果一个学生在学校里只知道积蓄知识，而不懂得与此同时掌握获得知识的方法和技巧，那么，等他以后走上工作岗位就像猎人打猎时只带了干粮没带猎枪一样。没有猎枪，干粮带得再多，也有吃完的一天。但是如果有一支猎枪，并能运用自如，那么从此不仅能够生存下去，而且能够实现可持续发展！所以学习能力才是真正的成功之母。

学习的内容纷繁复杂，然而最根本最重要的只有一项——学会学习。学会了学习，一切都会招之而来。毫不夸张地说，学习能力是"元能力"，是一切能力之母；学习成功是"元成功"，是一切成功之母。

有人说："失败是成功之母。"也有不少人说："成功是成功之母。"这两种说法都有各自的道理。从失败中，可以获得宝贵的经验教训，从而获得成功。恩格斯说："无论从哪方面学习都不如从自己所犯错误的后果中学习来得快。"失败最有助于学习，从而最能促进成功。所以说，"失败是成功之母。"在成功中，同样可以学到如何成功的经验，还能从成功中获得自信，受到激励，多方面地有助于成功。所以马尔兹说："成功孕育着成功"。由这一论述可见，"成功是成功之母"也不错。

然而，现实中的许多事例表明，这两种说法并不总是能成立。只有那些从失败中吸取教训、学到教训的人，才能使失败成为成功之母；同样，只有那些从成功中学习到成功的经验的人，才能使成功成为成功之母。所以，无论失败成为成功之母，还是成功成为成功之母，要想实现哪一方面，都必须以学习为基础。因此，说"失败是成功之母"、"成功是成功之母"，归根结底，是说"学习是成功之母"。只有学习能力才是真正的成功之母、永恒的成功之母。如果不具备学习能力，那么失败可以成为失败之母，成功也可以成为失败之母。

成功，并不是战胜别人，而在于战胜自己。你唯一能够改变的就是自己，你不可能也不可以去阻止别人的进步。而改变自己的唯一途径就是努力地学习，通过学习可以改造内在的品性与能力，从而改变外在的处境与地位。只有战胜自己的人，才是最伟大的胜利者、成功者。"欲胜人者必先自胜。"一个对知识和技能马马虎虎，不把功夫放在自己身上的人，失败是必然的。那么怎样才能学习知识与技能，怎样才能战胜自我呢？答案很简单，那就是充分运用你的学习能力。汤之盘铭曰："苟日新，日日新，又日新。"只有不断运用学习能力，才能达到持续更新、持续发展的高境界。

我们也可以用三段论来推导出我们的结论：

成功，取决于人的学识与经验——大前提；
学识与经验，取决于人的学习能力——小前提；
归根到底，成功取决于学习能力——结论。
所以，学习能力是真正的成功之母。

在知识经济时代，竞争日趋激烈，信息瞬息万变，盛衰可能只是一夜的事情。在激烈竞争中，只有不断学习、善于学习的人，才能具有高能力、高素质，才能不断获得新信息、新机遇，才能够获得成功。如果不能不断提高素质，跟不上时代发展的步伐，个人将会被淘汰，企业将会被淘汰。那么怎样才能避免被淘汰呢？毫无疑问，答案是不断学习、善于学习。

富兰克林说过："花钱求学问，是一本万利的投资，如果有谁能把所有的钱都装进脑袋中，那就绝对没有人能把它拿走了！"

无论是个人、集体、国家或民族，只有学习，才能永远立于不败之地；只有充分运用学习能力，才能无往而不胜。总之，学习是最根本最通用的成功大法，学习能力是最根本的成功之母。

课前预习和课后总结不可少

新学期开始了，开学的第二天，元元就找到了上四年级的"感觉"。

"妈妈！妈妈！你在哪儿呢？快过来，我要告诉一件高兴的事儿！"一放学，元元就像一只燕子一样飞奔着跑向家里。

"什么开心的事把你高兴成这样啊？！"妈妈爱怜地帮元元擦去额头上的汗。

"今天……上……语文课，老师……表扬……我了！"元元气喘吁吁地说。

"是吗，那说说看，老师为什么表扬你啊？"妈妈也高兴地问道。

"今天上语文课了，老师问谁会背诵苏轼的《水调歌头·明月几时有》，我就举了手，接着全背下来了，刚背完，同学们就一起给我鼓掌了，他们都很佩服我。"

"元元真棒！"妈妈越听越高兴，问，"是不是昨天预习起了作用啊？"

"嗯，是啊，多亏了妈妈教我预习功课，老师还对同学们说：'从王元元回答问题的表现就知道他回家预习得很充分，你们要多向他学习。'当时，我心里真高兴！"元元想到了，就忍不住高兴地说。

原来，元元前一天晚上把第二天要学的内容预习了一遍，并且对不明白的问题查找了相关资料，还把苏轼的这首词也背诵了下来。

"没想到课前预习那么重要！人家说'笨鸟先飞'，不管笨不笨，我看啊都要先飞！妈妈，你说对不？"元元调皮地说，妈妈也欣慰地笑了。

凡事预则立，不预则废，学习更是如此。课前预习，不仅能对所学内容有初步的概念，更可以带着疑问和难点去听课，还能事先形成完整的知识脉络，在课堂上查漏补缺，进一步巩固知识和加强理解。所以，一定要养成课前预习的好习惯：

1. 带着思考学习新知识，考虑这个知识点与之前所学内容之间的联系，它的难点在哪里，还有什么地方不明白的。这样在听讲的时候就有针对性了。

2. 预习时要尽量做笔记，记下自己的预习心得，还要写下自己没弄懂的难点、疑点，以便在课堂上加强注意。

3. 预习之后可以用一些练习题来检验一下预习的效果，这样可以巩固深化知识系统，让自己对新知识的理解更深一些。

胖胖和小志是好朋友，两个人成绩都不错，可是胖胖的成绩总是要比小志要差些。胖胖也很奇怪问题究竟出在哪里。

一个周末，两人像往常一样做完作业，胖胖提议去客厅看动画片，小志犹豫了一下，然后坚定地说："我还要学一会儿，你先去看吧！"胖胖不解，但没有多想，他跑到客厅，一屁股坐在沙发上看起了电视，十分钟过去了，小志还是没有出来。胖胖忍不住朝小志看去，这一看更纳闷了，他好奇地问："小志，这些内容我们不是刚学过不久吗？你把它们拿出来看做什么？"

小志说："我在做阶段性总结呢！这些知识是刚学过不久，但总会慢慢遗忘啊，而且以前所学的知识和现在学的这些之间有什么联系呢，我就在总结这些。"

"这有什么用啊！考试的时候还不是照样考新知识？"胖胖心里嘀咕着，不解地继续看自己的作文书了。

期中考试来了，这次，胖胖的成绩又没有小志高。胖胖拿着难住他的那道难题来找小志了，请小志教他。

"胖胖，其实这道题并没有超出我们所学的内容，它其实是对我们这半学期掌握的知识点的综合，只要平时能够及时做好阶段性总结，把以前学的老知识充分利用起来，就很容易了。老知识不能变成死知识，我们要把它变成活知识，这样我们才能取得大进步！"小志并没有直接告诉胖胖方法，他希望胖胖可以自己悟出来。

果然，胖胖翻出来以前的笔记，结合现在的解题方法，他突然知道这道题的解答办法了。

"阶段性总结！小志！真有你的！"胖胖由衷地佩服，小志不好意思地挠挠头，笑了。

如果不能对已经掌握的知识进行灵活运用，那这些知识就等于是死知识，而把死知识变活的办法就是做阶段性总结，每学一段，就将所学知识进行整理总结，以便清晰地认清自己的弱点和不足，并紧密地将新老知识进行联系，从而为答题提供有效的帮助：

1. 全面回顾知识，把握重点和难点。先在大脑中回想知识点，然后再粗看目录和笔记，分析单元重点，最后全面、认真地通读本单元教材，查缺补漏，全面地掌握知识。

2. 弄清知识结构，突出内在联系，从而获得全面而系统的知识。可以将有关知识串联，或列提纲或分类列表，从而突出重点难点，使知识间的关系一目了然，便于记忆、理解和应用。

3. 归纳习题类型，探求解题规律，并做一些综合性较强的题目，使知识系统化、完整化。

没有好的学习方法，学习才会侵犯了玩的时间

四年级二班的瑶瑶每次不管什么考试都能考第一，这让同学们都羡慕不已。让大家最纳闷的是，很多人整天闷着头学习，成绩都不见提高，而瑶瑶玩得比谁都多，却每次都稳拿第一，看着瑶瑶整天说说笑笑，一副活蹦乱跳的样子，大家是百思不得其解。

于是，大家纷纷向她请教她的学习秘诀。

"其实很简单，我的成绩全靠它。"瑶瑶拿出了一张计划表说。她说："取得好成绩，不等于在学习上磨时间，花费的时间愈多成绩才愈好。必须要提高学习效率，这样不仅保证了学习的时间，玩的时间也会多起来，所以计划就显得很重要啦！"

在学习时，瑶瑶从来不注重学习的时间，而是注重"理解"、"运用"和"熟练掌握"。别人每天回家先写作业，她则先复习课堂上做的笔记，对照书里的例题，看明白了再写作业，所以每次都能非常轻松地做完。每天写完作业，她只用 10 分钟的时间，把新的和旧的知识点都画到一张结构图上，是完全不看书画下来的。画的时候就等于把以前的知识温习了一遍，同时把新知识和旧知识有机地联系了起来。

在计划表上，瑶瑶每天还留出了半个小时的时间，用来补漏洞。她把所有测验和作业中错过的题，都单独抄到一个本子上，每天补漏洞的时候，就从里面挑题目做，故意挑那些看起来比较生疏、印象不是很深的题，做对一次打一个钩，做错一次打一个叉，当一道题目能连续得到三个钩，她就认为自己彻底掌握，就再也不会去碰它。

就是在这样的计划之下，瑶瑶的成绩总是遥遥领先。

小时候，你肯定听过许许多多刻苦勤奋成就大事的例子，比如，最常听到的故事莫过于愚公移山、铁杵磨成针、头悬梁锥刺股、映雪囊萤、凿壁借光……

古人有古人的法子，今人有今人的招式。如果你是愚公，你聪明的脑袋稍微一转，肯定不会铲掉王屋与太行两山了，与其舍命去破坏大自然，不如举家搬到宽敞开阔的地方吧；同样，你一定不会去死磨那根铁棒，耗费那么多时间和精力，花几分钱买根针算了，况且铁杵还不一定能磨成针呢；悬梁刺股就更非我辈愿为了。

至于映雪囊萤、凿壁借光等美事，好像是一件古代的浪漫事情，现在是没法复制了。现在的地球气候变暖，雪飞得越来越稀少，农村的孩子都很少见萤火虫了，况且现在的墙壁也很难凿穿了。

当然，这种事发生在古代是情有可原，想想吧，他们的条件这么差，不努力行吗？现在我们的条件比他们好多了，可是我们的作为呢？

努力固然是好的志向，但并不需要拼死拼活的架势，因为学习即使努力了也不一定奏效。没有方法和窍门的努力只是卖力蛮干，或者埋头苦干。功课不是这么学的，也不是这么教的。

在一次数学课上，老师给大家出了这样一道数学题：请问将 1 至 100 之间的所有自然数相加，和是多少？老师承诺，谁做完这道题谁就可以放学回家。

你肯定想到世界知名的伟大数学家高斯了吧，没错，就是他。他就坐在童年的课堂上。

像你一样，为了能尽快回家享受那自由而快乐的美好时光，同学们都努力地演算起来，有的同学甚至额头上都渗出了晶莹的汗珠。

只有小高斯一人静静地坐在自己的位置上。他一只手撑着下巴，一只手在无意识地摆弄着手中的铅笔，若有所思的样子，他在寻找一种可以快速解答这个问题的办法。

过了一会儿，小高斯就举手交答案了。

"老师，这道题的答案是 5050。"小高斯很自信地说。

"你可以给出你的方法吗？别人可连一半都没有加完啊！"老师略带吃惊地问他。

接下来这个答案一定是你很熟悉的，但一个小孩子能有这样的思维，确实不简单："当然。你看，99＋1＝100；98＋2＝100……以此类推，到 49＋51＝100，50＋50＝100 时，我们恰好得到了 50 个 100 是 5000，然后再加上单个的 100 是 5100，但这里 50 加了两次，所以要减去，最后剩下的就是 5050 了。"

做任何事情，都不是无条件努力就行了，勤奋刻苦和开动脑筋好比鸟儿的两翼，缺少其中一翼，就不能展翅高翔。

那些认为生活必然被学习填满的学生，那些很努力却无法取得理想成绩的学生，很可能是因为学习方法不够巧妙，或者对于这个问题不够重视的缘故，其实，只要方法得当，我们就能够轻松学习，学习就不会侵犯玩的时间了。

实践之中出真知：善读无字之书

阅读"有字之书"可以学习前人积累的知识、前人学以致用的经验，并从中借鉴，避免走弯路；读"无字之书"可以了解现实，认识世界，并从"创造历史"的人那里学到书本上没有的知识。

纵观著名画家齐白石一生的杰作，所展现出的是一幅幅栩栩如生的鱼虫，欣欣向荣的草木，刻意求工处恰如雕镂，粗犷豪放处犹如泼墨，真可谓是"形神兼备"。尤其是他的水墨画虾，更是别具一格，活灵活现，令人情不自禁地叫绝。但又有谁会知道纸上的画有多少画外之音呢！

以水墨画虾为例，为了能够将虾画好，齐白石对虾观察了无数遍。齐白石画的虾可谓是妇孺皆知，出神入化。他看虾、画虾已有几十年，可直到70岁时才觉得自己赶上了古人画虾的水平。

他严谨的创作态度更表现在不看"无字之书"不肯下笔作画上。他的好友老舍在某年春节时，选了苏曼殊的四句诗请他作画。诗中有一句"芭蕉叶卷抢秋花"，齐白石因对"芭蕉叶卷"没有亲见，当时又正好是北国的严冬，无实物可进行观察，他为了弄清楚芭蕉的卷叶到底是从右到左的，还是从左到右的，逢人便问，但是，很多人都没有进行过细心的观察，所以都不敢肯定是哪一个答案。

这个在别人看来似乎微不足道的原因使得他最后放弃了为老舍作"芭蕉叶卷"画。人们虽觉得迷惑，但他却认为这样做是正确的，之所以"不能大胆敢为也"，是因为"未曾见过"。

和齐白石一样，著名的医学家李时珍也是一个善读"无字之书"的人，他广博的医学知识就是在日常的生活实践中一点一点积累起来的。

李时珍的父亲也是一名大夫，那时的山里人因劳动特别辛苦，腰肌劳损是种常见病，所以，父亲常常给这类病人泡制用白花蛇做主料的药酒。

李时珍当时特别好奇：为什么白花蛇会有这么大的功效呢？李时珍很虚心地向很多医生请教了这个问题，但没能得到满意的答复。

他决定到深山里去，亲自了解一下生活在野外的白花蛇。但是他的想法马上遭到全家人的一致反对，他们说："白花蛇生活在深山里面，而且剧毒无比，万一有个闪失，就会把性命丢掉！"

但李时珍并没有被困难给吓住，他一心想要把这个问题弄清楚，因为只有这样，才可以使自己在医学方面有一个大的进步。

李时珍终于向深山进发了。经打听，李时珍来到了龙峰山，这里是白花蛇的理想栖息地，他在山路上足足等了两天，才等到一个捕蛇人路过。

捕蛇人告诉李时珍说："我家世代都是捕蛇为生，但是没有一个能得善终，都是给蛇咬死的，特别是白花蛇，毒性特别大！"

听了捕蛇人的说法之后，李时珍并不感到害怕，而是告诉那位捕蛇人，为了减少天下人的病痛折磨，就是死于毒蛇之口，他也在所不惜。捕蛇人被李时珍这种不畏艰险的执著精神所感动，终于点头同意带他去找白花蛇了。

路上，李时珍向捕蛇人请教了许多关于白花蛇的问题，例如生活习性、特征和毒性等。捕蛇人见李时珍确实好学，就倾囊而授，把自己所知道的知识非常详细地讲给他听。尽管如此，但李时珍并不满足，他还是希望自己能够亲眼看看白花蛇。

两人在山里耐心地寻找着，一连好几天，他们连白花蛇的影子都没看到。捕蛇人泄气了，但李时珍毫不气馁，他有个坚定的念头，不亲眼看见白花蛇，决不出这座山。这一天，李时珍和捕蛇人又在龙峰山山腰间搜寻白花蛇。眼看着山顶云层聚拢，暴风雨马上就要来了，于是捕蛇人便催促李时珍，赶紧往回走。

　　捕蛇人走在前面，李时珍在后面跟着，两人正匆匆忙忙地赶路，突然李时珍"哎哟"叫了一声。捕蛇人回头一看，不由得大吃了一惊。原来有一条白花蛇缠住了李时珍的左腿，蛇头正被踩在脚底下！

　　捕蛇人赶紧来到李时珍身旁，费了好大的劲儿才把这条白花蛇给抓进蛇笼里。捕蛇人对李时珍说："如果不是你碰巧踩在蛇头上，今天你就没命了！"

　　这次深山之行，李时珍不但亲自考察了白花蛇的栖息环境，而且还亲手抓住了野生的白花蛇，他又接连走访了好几位捕蛇人，掌握了大量有关白花蛇的第一手资料。李时珍就是这样，凭着勇于实践和不断进取的精神，终于完成了划时代的医学巨著——《本草纲目》。如今这本巨著被翻译成多种语言，在国际上享有很高声誉。

　　南宋著名爱国诗人陆游曾写诗对他的儿子进行劝勉道："古人学问无遗力，少壮功夫老始成。纸上得来终觉浅，绝知此事要躬行。"要掌握有用的知识，你就不应当以学习书本上的知识为满足，而应当走向社会，把书上的知识运用到实际中去，在生活中验证你在书本上所学得的知识，一边读书一边实践，这样你才能在实践中积累丰富的知识。

掌握正确的学习方法

　　成功一定有方法，失败一定有原因。只要我们能找到高效的学习方法，养成高效的学习习惯，我们就会大大提高自己的学习效率。

　　高效的学习方法包含许多共性的和个性的方法。我们一方面应该牢牢掌握共性的学习方法，如记忆规律、时间管理、先预习后听课、先复习后练习、画知识结构的大脑地图等良好的学习习惯。

　　另一方面，我们还应深度挖掘自己的个性化学习方法，如有些人喜欢整体学习，有些人则喜欢分步学习；有些人喜欢视觉学习，而有些人则喜欢听觉或动觉学习……我们要发挥自己的长处，形成自主学习的习惯，学会深度的思考，充分享受学习带来的乐趣。

　　下面我们挑选了几种为专家和学者所推崇的较为正确的学习方法，供青少年朋友们参考。

1. 锥型学习法

诺贝尔经济学奖金获得者、美国的西蒙教授曾提出了这样一个见解："对于一个有一定基础的人来说，他只要真正肯下工夫，在 6 个月内就可以掌握任何一门学问。"

为了形象地说明，我们把这种学习方法比做一把锥子。知识的专一性像锥尖，精力的集中好比是锥子的作用力，时间的连续性好比是不停顿地使锥子往前钻进。这种学习方法所支配的学习活动，呈现出一种尖锐猛烈、持续不断的态势。

这种学习方法的原理由一个浅显的例子就可明白：烧一壶开水，如果断断续续地烧，1 万千克柴火也烧不开；如果连续烧，10 千克柴火就够用了。

"锥型学习"方法对于现代人是十分有用的。现代人的有效知识（即实际需要的知识）大约相当于他总知识的 10％，因此学习者没有必要面面俱到，应从本职工作出发按创造目标的需要学习知识，这样学习的知识都是有用的，像锥子一样，照准一个眼深钻下去你就会取得清澈的泉水。传统的学习是把砂子和铁砂混在一起来找铁砂，而采用创造性学习法，则要直接得多，是从砂子中吸铁砂。

2. "螺旋上升"式学习法

所谓螺旋上升的学习法，就是用一系列的循环知识单元，来代替平铺直叙的知识积累和阐述。每一循环都比上一个循环更高一层，更进一步。这种"螺旋上升"式学习，可以说具有"格式塔"的特征。"格式塔"指的是把许多现象综合为功能单元的一种系统。通俗地说，是整体大于各部分总和的一种循环。后一循环需要以前一循环为基础，而又比前一循环更深、更高，使前一循环得到丰富和补充。

"螺旋上升"式学习法，以学习者所感兴趣或想研究的内容为目标。起点可以是某个基本概念、某个公式、某个实验现象、某个疑难问题，甚至可以是自己的某种设想。从这个起点出发，围绕着中心内容，学习、掌握与中心内容有直接关联的基本知识，同时了解那些与中心内容有联系但并不直接影响的有关知识。经过一个阶段的学习，使基本概念得到掌握，公式得到理解和运用，实验现象得到分析，疑难问题得到解释，设想得到丰富和完善。与此同时，还了解了与所学内容有关的知识领域，领略了所学知识的概貌。在这一循环的学习中，又会遇到新的概念、新的问题，再以此为新的起点，进一步循环，进一步学习，进一步开阔视野。

3. 快速学习法

知识的更新越来越快，信息如同洪水一样不断涌来，传统的死记硬背的学习方法根本无法对付新知识的洪流。快速学习法可以使人们以高于常法 5 倍的速度灵活、迅速地掌握新知识。

人们都有这样的经验，一件难记的事情或一道难解的数学题，若是你有意识地向别人讲述几遍，就能大大地加深印象，易于记住或理出头绪。这是因为当你讲述的时候，为了说明它们，脑筋在紧张地活动，许多概念在"表现"它们的时候得到了强化，化为自己的东西。许多杂乱无章的"因子"在"表现"它们的时候，得到了整理，使它们条理化、清晰化了。

"快速学习法"正是根据上述原理展开学习的。在用这种方法学习时，先不求完全的理解，也不去听别人的讲述，而是拿到教材后，直接根据书前的目录，动员自己所有的潜在知识（即以前学过的有关知识、概念等），进行一次"自我讲授"。讲完后才打开书本，进行第一次通读。通读时不记笔记，更不问人，只是在不甚理解的地方划上记号。经过这次通读，第一次"自我讲授"的不足之处、谬误所在都会"跃然纸上"，使你体会颇深，受益匪浅。然后你就可以用自己的语言编制出一张精炼适用的"目录一览表"，对照着它进行第二次自我讲授。这次的讲授就比第一次更完善、更丰富，许多模糊之处也会渐渐清晰起来，印象也大大加深。再者，又可以第二次通读教材，这次的通读所获得的感受、心得和体会便会像闪光的亮点一样永远记在心里。当你再进行第三次自我讲授时，就会更加顺利，发挥得更加开阔……这样，经过四到五个回合的自我讲授和通读、精读后，你就能得心应手地掌握这门新学问了。

把握阅读秘诀

戏剧大师莎士比亚说过："书籍是全世界的营养品，生活里没有书籍，就好像没有阳光；智慧里没有书籍，就好像鸟儿没有翅膀。"追求杰出卓越的青少年，他的一生离不开读书。生活中，许多人热爱读书，有着"像饥饿的人扑到面包上一样"如饥似渴的劲头。

可是，他们读了许多书却"收效甚微"，这是为什么呢？原因恐怕有两个，一是"消化不良"——读得太快了，操之过急，犯了"贪多嚼不烂"的毛病；二是"营养不全"——只读教材，其他方面的阅读没有跟上去。这就是"读书无方"的症结所在。

下面为青少年朋友介绍几种读书的秘诀，以供借鉴：

1. 兴趣引导法

兴趣是学习最好的老师。我们不要为了读书而去读书，而是要真正把读书当成自己生活中的一部分，当成一种兴趣，这样，你才可以坚持下来，去快乐地读书。

2. 循序渐进法

读书不能急于求成，一定要按照老师提出的进度和要求，仔细阅读前面的内容。等弄通弄懂了，再往下阅读。

3. 专门精读法

著名学者梁实秋曾说过这样一句名言："桌上永远只放一本书！"这句话虽然有些夸张，但确实是他的读书秘诀。

4. 互相切磋法

一个人苦思冥想，体会往往有限。要善于在周围的同志中交学友、拜老师。陶渊明说："奇文共欣赏，疑义相与析。"这是一种很好的自学方法。

无数事实说明：读书不在多，而在于一个"精"字，在于有没有合理的系统和计划，你的系统和计划之间有没有良好的逻辑关系。比如你读诗，在一段时间可以专门读一读唐诗，而在某段时间里则可以专门读李白，在你精读了李白的代表作以后，写点读后感，再看一看有关李白的评论文章，强迫自己在高层次上与世界最杰出的人物对话。

5. 读写结合法

知识在于积累，积累在于记忆。为解决一些人"记不住"的问题，实行"读写结合法"是很有好处的。历史上许多著名学者、文学家都是这样做的。唐代大诗人白居易，读书狠下苦功，口诵笔录，以致"舌生疮，肘生茧"。明末清初复社文人张溥，读书一遍，默写一遍，常常要读写七遍才肯罢休，于是干脆将自己的书斋命名为"七录斋"。试想，我们如能把书本中的难点反复读写，不就会达到古人说的"书读百遍，其义自见"吗？

6. 博览群书法

读书既要求深，也要求广。因此"博览群书"是每个读书人必须要做的。表面上看，"博览"要花掉我们好多时间，然而，正是这种"博览"，使得我们的知识面宽了，眼界开阔了，文化素质、道德情操也都在"博览群书"中得到潜移默化的提高。有了渊博丰富的知识，我们观察世界、认识世界的能力也强了，处理问题以及创新能力都会得到难以估量的提高。

7. 不求甚解法

这是东晋大诗人陶渊明颇为自得的读书方法。他认为，读书当有效率，不能为一个两个问题而影响整体。所以，他主张，对于某些暂时不懂的问题，暂且放过，先通读全书，了解总体，然后回过来，再细细推敲。

8. 深思求疑法

学问学问，要学就会有"问"。有了"问题"，找到了答案，也就有了"学问"。我们要学会自己发现问题，从而主动地研究问题，寻求答案。这里的关键在于读书要"深思"。杰出人士们能在阅读中进行批判性思考，也能在阅读中汲取前人思考的精华，进而将之融会，并在新的思考中进行创造。

9. 实践验证法

检验真理的唯一标准是实践。书本作为人类知识的积累，人类智慧的结晶，是我们应当努力学好的。但理论知识的掌握，需要通过实践来验证，来加深理解。

10. 快速阅读法

当今社会是信息社会，当今时代是知识爆炸的时代。每个人都有"读不完的材料，看不完的书报"的感叹。为了能适应时代的需要，更有必要掌握快速阅读方法。

在进行快速阅读训练中，青少年朋友需注意以下要点：

（1）要排除干扰，精神高度集中。

（2）用默读法，让文字符号直接输入大脑中枢。

（3）抓住关键点进行阅读。

（4）尽量减少眼球的停视，避免重复阅读。

（5）让视线多垂直移动，不左右扩大眼睛的视幅。

人性弱点篇

第一章
把虚荣和嫉妒的毒瘤从心中连根拔起

不要埋下虚荣的祸根

从前，有一只老鼠生下了一个漂亮的女儿，老鼠总想把女儿嫁给一个有权势的主儿。

它看到太阳很非凡，就巴结太阳说："太阳啊，你多么伟大、能干，万物没有你简直就无法生存，你娶我的漂亮女儿做妻子吧！"太阳客气地回答："我不行，因为乌云能遮住我，把你的女儿嫁给乌云吧。"

老鼠又去找乌云，对它说："你娶了我的女儿吧，你有这样神通广大的本领，我真敬慕你。"乌云说："不行，我没什么本领，我比不上风，风一吹，我就被吹跑了。"

老鼠一听，原来风比乌云更有本领，就找到风，对它说："风啊，我可找到你了，听说你很有本领、很有权威，我愿将我美丽的女儿嫁给你。"风一听这无头无尾的话，紧锁双眉说："谁稀罕你的女儿，你去找墙吧，它比我行！"

老鼠一听，又去找墙。墙偷偷地说："我倒是怕你们这些老鼠，你们一打洞，我可就危险了。我不配做你的女婿。"

老鼠一想：墙怕老鼠，老鼠又怕谁呢？老鼠生来是怕猫的。它就赶紧去找猫，点头哈腰地说："猫大哥，我总算找到你了，你聪明、能干，有本事、有权威，做我的女婿吧!"

猫一听，倒是爽快地答应了："太好了，就把你女儿嫁给我吧！最好今晚就成亲。"老鼠一听，猫大哥真不愧是有魄力、有作为的男子汉，这下总算给女儿找到如意郎君了。于是喜滋滋地跑回家去，大声对女儿说道："终于给你找到好靠山了，猫大哥最显赫、最有权势，你能享一辈子福了！"

老鼠当晚就把女儿打扮起来，请来了老鼠仪仗队，打着灯笼、凉伞、旗子，敲着锣鼓，一路上吹吹打打，把女儿用花轿送到了新郎的住地。猫一看，老鼠新娘来了，轿子刚进门，还未等新娘下轿就扑了上去，一口将可爱的新娘吞进肚里去了。

老鼠对权势和显赫地位的追求，满足了自己的虚荣心，却葬送了女儿的性命。这个故事告诉我们，一个人如果爱慕虚荣，很可能为他的生活埋下隐患和祸根。虚荣心会让我们变得自负，看不清自己，让自己在生活中迷失方向。

柏格森说过："虚荣心很难说是一种恶行，然而一切恶行都围绕虚荣心而生，都不过是满足虚荣心的手段。"

生活中讲面子的心理让许多人变得虚荣，也因此为日后的生活和工作埋下了隐患和祸根。而人们在刚刚开始时，就疏忽了这一种完全可以导致病态的心理现象，当然适度的虚荣不会带来很大的危害甚至会推动人的前进，但是凡事都讲求过犹不及，虚荣超过了界限，那么虚荣的危害就显而易见了。事实上，许多悲剧和社会问题皆源于此。

有这样一个故事：一位女青年为了见面时让男友大吃一惊，便跑到整容院做了满脸的腮红。可是，她原本想要的是"白里透红，与众不同"的效果，谁知手术做完后，期望值远远低于她的想象，她发现这些腮红的面积很大，跟羞红了脸没多少区别。但若想去除，却已不可能了。一气之下她就把这家美容院告上法庭，而后她便整天忙着找证据压倒对方，男友也不想见了。

一切都是虚荣心惹的祸！现代人都追求漂亮的外表和美丽的面容，"爱美之心，人皆有之"。然而，现代社会却流行"整容"的时尚。鼻子塌可以变得挺直，眼睛小可以整成大眼睛，脸庞儿方可以整成圆。这些则完全超过了追求美丽的限度，可以说是为了满足虚荣的一股歪风。

更可悲的是，一些年少无知的孩子们十分注重衣服首饰以及吃喝玩乐，但家长又不给太多的钱任其挥霍，于是他们便开始了小偷小摸，起初偷父母的、同学的、老师的，最后甚至走上抢劫的邪恶之路。

由此可见，虚荣心一旦形成后，伴随而来的诸多不良的心态、习惯和行为，便会相应而生，它会让人们只看到眼前的利益，而成功却与之相去甚远。

虚荣会让你变得自负，你错误地以为自己的能力很强。所以你应该明白，自己的能力在什么样的范围和程度之中。也许私下你常常窘迫不已，但还是拼命想出尽风头，也许最终你将什么也得不到。一旦失败到来，你只有无地自容，厌恶自己，失去信心，放弃使自己变得更有价值的机会。到头来虚荣带给你的只是失败。

现在你应该了解：虚荣只是一种令人沮丧的游戏，一场注定要失败的竞争，你将变成一个固执己见的小小的独裁者，你将处处碰壁，神经紧张，夜不成寝。所以，你就应该考虑如何戒除虚荣心。

远离虚荣才能接近对手

对手是你的"敌人"，但从另一个方面来说，对手也是对你的成功帮助最大的人。你只有抛弃虚荣心理，才能跟你的对手走到一起。

商场上有句俗话这样说："同行是冤家。"不错，你的同行的确就是你的竞争对手。在抢占市场时，你们的确是冤家。但是，不可否认的是，如果没有竞争对手，只有个人垄断，那将会导致不思发展的后果。有时候，要想使自己变得更强更好，你必须要善待自己的对手。

那你要怎样接近自己的对手呢？这就要求你抛弃虚荣心理，主动和对方接触，你才能接近对手，并了解对手，学习对手，最终达到双赢的效果。要知道，虚荣心不同于功名心。功名心是一种竞争意识与行为，是通过扎实的劳动取得功名的心向，是现代社会提倡的健康的意识与行为。而虚荣心则是通过炫耀、显示、卖弄等不正当的手段来获取荣誉与地位。虚荣心很强的人往往是华而不实的浮躁之人。这种人在物质上讲排场、搞攀比，在社交上好出风头，在人格上很自负、嫉妒心重，在学习上不刻苦。

虚荣心最大的后遗症之一是促使一个人失去免于恐惧、免于匮乏的自由；因为害怕羞辱，所以不定时地活在恐惧中，经常没有安全感，不满足；而虚荣心强的人，与其说是为了脱颖而出，鹤立鸡群，不如说是自以为出类拔萃，所以不惜玩弄欺骗、诡诈的手段，使虚荣心得到最大的满足。

从近处看，虚荣仿佛是一种聪明；从长远看，虚荣实际是一种愚蠢。虚荣者常有小狡黠，却缺乏大智慧。虚荣的人不一定少机敏，却一定缺远见。

有个名叫西拉斯的人，在一个小镇上开一家杂货铺。这铺子是他爸爸传下来的，他爸爸又是从他爷爷手里接过来的。他爷爷开这铺子的时候南北两边正在打仗。

西拉斯买卖公道，信誉很好。他的铺子对镇上的人来说就像手足，不可缺少。西拉斯的儿子在长大，小铺子就要有新接班人了。

可是有一天，一个外乡人笑嘻嘻地来拜访西拉斯，情况便变得严重了！此人说，他想买下这铺子，请西拉斯自己作价。

西拉斯怎么舍得？即便出双倍价格他也不能卖！这铺子不光是铺子呀，这是事业，是遗产，是信誉！

外乡人耸耸肩，笑嘻嘻地说："抱歉，我已选定街对面那幢空房子，粉刷一番，弄得富丽堂皇，再进些上好货品，卖得更便宜，那时你就没生意！"

西拉斯眼见对面空房贴出了翻新告白，一些木匠在里面锯呀刨呀，有一些漆匠爬上爬下，他的心都碎了！他无可奈何却又不无骄傲地在自家店门上贴了张告白：敝号系老店，95年前开张。

对面也换了一张告白：敝号系新店，下礼拜开张。

人们对比读了，无不痴痴暗笑。

新店开业前一天，西拉斯坐在他那阴暗的店堂里想心事，他真想破口把对手臭骂一顿，幸亏西拉斯有个好妻子。

"西拉斯，"她用低低的声音缓缓地说，"你巴不得把对面那房子放火烧了，是不是？"

"是巴不得！"西拉斯简直在咬牙切齿，"烧了有什么不好？"

"烧了也没用，人家保险过。再说，这样想也缺德。"

"那你说我该怎么想？"西拉斯冒着火。

"你该去祝愿。"

"祝愿天火来烧？"

"你总说自己是个厚道人，西拉斯，可一碰到切身事就糊涂。你该怎么做不是很清楚吗？你应该祝愿新店开业成功。"

"你是脑筋出了窍吧，贝蒂。"

说是这么说，西拉斯决定去一次。

第二天早晨新店还没开门，全镇人已等在外边。大家看着正门上方赫然写着："新新面货店"几个金字，都想进去一睹为快。

西拉斯也在人群中，他快快活活跨到台阶上大声说："外乡老弟，恭喜开业，谢谢你给全镇人带来方便！"

他刚说完便吃了一惊，因为全镇人都围上来朝他欢呼，还把他举起来。大家跟他进店参观。谁都关心标价，谁都觉得很公道。那外乡老板笑嘻嘻地牵着西拉斯的手，两个生意人像老朋友。

后来，两家生意都做得兴隆，因为小镇一年年变大了。

故事给我们一个很好的启示：

一个能容忍对手发展的人，不但是一个胸襟宽广的人，还是一个具有远见的人。让竞争对手时刻在背后激励自己、鞭策自己，使自己不能有片刻懈怠，努力向前发展，实现双赢目的，实在是再好不过。

放下自私和虚荣，主动接受对方。"尺有所短，寸有所长"，只要你诚心接交，对方也会坦诚相待，你就会从对手身上学到长处，从而更有利于自己的发展。

揭开虚荣的面具

词典上对虚荣心的解释为："表面上的荣耀、虚假的荣誉。"心理学上认为，虚荣心是自尊心的过分表现，是为了取得荣誉和引起普遍注意而表现出来的一种不正常的社会情感。在现实生活中，很多人都具有虚荣心，虚荣心理是指一个人借用外在的、表面的或他人的荣光来弥补自己内在的、实质的不足，以赢得别人和社会的注意与尊重。它是一种很复杂的心理。

今天，随着生活质量的提升，我们的需求也必然越来越高了。当家庭间的发展有差距时，青少年就会产生虚荣、攀比心理，攀比学习用品、衣服鞋袜、电脑，甚至金银首饰，更有的攀比是否有私家车接送。在这样的相互攀比中，家庭条件好的占尽了上风，他们成了许多青少年羡慕的"贵族子弟"，这一倾向反过来又导致这些"贵族子弟"产生高人一等的优越感，更加追求物质享受，贪慕虚荣；一些家庭条件较差的青少年，他们又不知道该如何正确对待，心中自然就会滋生异样感觉——自卑感或虚荣心。就这样，一个人的人格渐渐就被这种消极的、不正常的心理歪曲了，他的价值观和人生观便更为偏激了。

虚荣心不仅体现在物质的追求上，还在门第、文凭等方面凸显。

青年小冯有一定的工作能力，但他虚荣心极强，一般大学的本科学历让他觉得没面子，于是在校园附近花200元买了个"北京大学"的假文凭，并凭此混进了一家大公司，四处吹嘘他是北大学子。北京大学毕业生还是比较显眼，很快公司的同学聚会就让小冯现原形了。从此，他狼狈不堪，被迫在北大学子鄙夷的眼光中离开了该公司。看来还是应了那句话："莫伸手，伸手必被捉。"其实一般本科又何必自卑呢？文凭又不等于水平，可能他还不知道，这家大公司的老板仅仅读完小学而已呢！

曾有专家把虚荣心的表现分为如下方面：

1. 喜欢谈论有名气的亲戚朋友或以与名人交往为荣。

2. 热衷于时髦服装，对西方的流行货倾倒。

3. 行事购物喜摆阔。

4. 不懂装懂，海阔天空。

5. 热衷于追求一鸣惊人的成果。

6. 对名著、影片只求一知半解，夸夸其谈。

7. 好表现自己，尤其想在大庭广众面前露一手。

8. 好掩盖自己。

9. 对表扬沾沾自喜。

10. 对批评耿耿于怀。

11. 表面热情，内心冷淡，讨好别人。

12. 找对象过分追求长相门第。

13. 婚礼讲排场、摆阔气。

14. 讲面子，面子第一。

虚荣心理，其危害是显而易见的。其一是妨碍道德品质的优化，不自觉地会有自私、虚伪、欺骗等不良行为表现。其二是盲目自满、固步自封，缺乏自知之明，阻碍进步成长。其三是导致情感的畸变。由于虚荣给人的沉重的心理负担，需求多且高，自身条件和现实生活都不可能使虚荣心得到满足，因此，怨天尤人、愤懑压抑等负面情绪不断滋生、积累，导致情感畸变、人格变态。

虚荣心强的人往往不惜玩弄欺骗、诡诈的手段来炫耀、显示自己，借此博取他人的称赞和羡慕，最大限度地满足自己的虚荣心。但是由于这种人自身素质低、修养差，经常是真善美与假恶丑不分，往往把肉麻当有趣，将粗俗当高雅，打扮不合时宜，矫揉造作，不伦不类，使人感到很不舒服，甚至产生反感。

华丽的外表无法掩饰心灵的空虚。很难想象一个爱慕虚荣的人能有多大的成就，因为他们总是把一些浮在表面上的东西作为提高自己地位的条件，而不是扎实地生活和工作。

由于虚荣心具有许多负面影响，是一种扭曲的心理，它会遭到他人的反感和敌意，甚至批判，因此要尽量克服它。

青少年朋友要克服虚荣心，首先要树立正确的荣辱观，即对荣誉、地位、得失、面子要持一种正确的认识和态度。不可过分追求荣华富贵、安逸享受，否则就真的陷入了爱慕虚荣的泥潭。

其次，要进行正确的比较。多比干劲、成绩、知识，多比别人的长处，从而认识到自己的不足；少比金钱、吃穿、职位，否则极易导致心理失衡。

知足常乐，别让嫉妒伤害了自己

嫉妒是由于别人胜过自己而引起抵触的消极的情绪体验。黑格尔曾说："嫉妒是平庸的情调对于卓越才能的反感。"嫉妒是一种心理缺陷。在日常生活中，嫉妒的存在是很普遍的。英国科学家培根说："在人类的一切情欲中，嫉妒之情恐怕要算作最顽强、最持久了。"

嫉妒是青少年容易产生的一种有害的心理状态。说它有害，是因为它是我们在思想上、学业上取得进步的一大障碍，于己于人都不利。有嫉妒心的人，自己不好，也不许别人好。鲁迅先生曾说过，这种人就像很矮的人，总是瞪着不示弱的眼睛，千方百计地想把别人也拉矮，同他们穿一个号码的裤子。当看到别人比自己强时，心里就酸溜溜的不是滋味，于是就产生一种包含着憎恶与羡慕、愤怒与怨恨、猜嫌与失望、屈辱与虚荣以及伤心与悲痛的复杂情感，这种情感就是嫉妒。嫉妒者不能容忍别人超过自己，害怕别人得到自己无法得到的名誉、地位等，在他看来，自己办不到的事别人也不要办成，自己得不到的东西，别人也不要得到。

嫉妒的深浅因程度不同而分化，而且表现也比较明显。程度较浅的嫉妒，往往深藏于人的潜意识中，不易觉察。如自己与某同学是好朋友，他的学习成绩、能力等都较强，对自己的好朋友并不想加以攻击，但在内心总有一点酸楚。而程度较深的嫉妒，会自觉或不自觉地表现出来，如对能力超过自己的同学背后说人家坏话，进行造谣等。

英国哲学家培根曾说："嫉妒这恶魔总是在暗暗地、悄悄地毁掉人间的好东西。"莎士比亚说："您要留心嫉妒啊，那是一个绿眼的妖魔！谁做了它的牺牲品，谁就要受它的玩弄。"由此可见，嫉妒不是什么好玩意。正是有了嫉妒，所以才葬送了许多美好的东西。

1570年，威尼斯贵族之女黛特摩娜公然违反传统，跟随着向来以军事闻名的摩尔人奥赛罗，两人为爱情而私奔。婚礼在水都的小教堂里举行，在神的祝福下两人互相许诺永浴爱河，婚礼结束，奥赛罗随即又回到战场。由于奥赛罗提擢卡西欧为第一军事助手，引起了另外一位助手艾格的不满，于是，充满愤怒的艾格便散播谣言，谣传卡西欧与黛特摩娜以前曾经有过甚密的感情。奥赛罗没有充分地分析这一谣言的实情，因为他的嫉妒已经充满了心灵。奥赛罗一怒之下，随即解除卡西欧的职务，改命艾格为第一助手。当黛特摩娜为卡西欧说情复职之际，更让奥赛罗坚信二人有奸情的传闻，而把黛特摩娜所有的言行解释成背信与不贞。于是美丽的爱情因嫉妒而夭折。

嫉妒对青少年的影响主要表现在下面两个方面：

首先，嫉妒影响青少年的身心健康，嫉妒心强的人容易得心身疾病。所以，嫉妒不仅使精神受到折磨，对身体也是一种摧残。

其次，嫉妒心强影响青少年的正常学习进度。嫉妒心强，直接影响人的情绪，而不良的情绪会大大降低学习的效率。另外，嫉妒心强可能使我们结交不到知心朋友。嫉妒心强的人往往事事好胜，常想方设法阻止别人的发展，总想压倒别人。这可能使同学、朋友想远离你，不愿与你交往。从而给自己造成一个不良的人际关系氛围，你会感到孤独、寂寞。

想要摆脱嫉妒恶魔的困扰，首先就要有乐观的人生态度，心胸开阔，要懂得"楼外有楼，人外有人"，"强中自有强中手"，这是客观规律；再有，要提高自信心，多看自己的长处，化嫉妒为动力。一个人在嫉妒别人时，总是注意到别人的优点，却不能注意自己比别人强的地方。其实任何人都有不如别人的地方，当别人在某些方面超过我们时，我们可以有意识地想一想自己比对方强的地方，这样就会使自己失衡的心理天平重新恢复到平衡的状态。

最后，对别人超过自己要抱诚恳接纳的态度。应为同学在学习上的进步而高兴，为别人得到荣誉而喜悦，这才称得上是心胸宽广，气度不凡。壮丽的建设事业给一切有志青年提供了英雄用武之地，无论谁在事业上取得成就，客观上都是为社会进步增添财富，都应给予鼓励支持，并向他们看齐，而不应嫉妒，甚至拆台。

嫉妒是一把双刃剑，它容易使人产生自怜、怨恨、不满等负面情绪以及破坏、伤害等过激行为，严重影响了人的心理健康、自我发展和人际关系。我们不可以任其发展，而不去积极调整，改变这种心态。否则，真正受嫉妒所伤的人，首先是你自己。

总之，对别人产生了嫉妒并不可怕，关键要看你能不能止视嫉妒。你不妨借嫉妒心理的强烈意识去奋发努力，升华这种嫉妒之情，把嫉妒转化为成功的动力，化消极为积极，超过别人！至于被别人嫉妒，你更不必在意了。只要你自己保持良好的心态就行了。

将嫉妒搬出心灵，它是幸福的绊脚石

有两家人，表面上相处得很好，但是其中一家男主人表面上对另一家新购置的房产欢欣鼓舞，或者为其儿子考上大学而击掌庆贺，但是，到了自己家里，就变得恶狠狠起来：凭什么他这么有钱，凭什么他的儿子就能上大学，而我什么都没有呢？他在心里诅咒，每天都盼望他的邻居倒霉：或盼望邻居家着火，或盼望邻居得什么不治之症，或盼望下雨天雷能窜进邻居家，劈死一两个人，或盼望邻居的儿子夭折……然而每当他看到邻居时，邻居总是活得好好的，并且微笑着和他打招呼。这时他的心里就更加不痛快，恨不得往邻居的院里扔包炸药，把邻居炸死，但又怕偿还人命。就这样，他每天折磨自己，身体日渐消瘦，胸中就像堵了一块石头，吃不下也睡不着。

终于有一天，他决定给他的邻居制造点晦气。这天晚上，他在花圈店里买了一个花圈，偷偷地给邻居家送去。当他走到邻居家门口时，听到里面有人在哭，此时邻居正好从屋里走出来，看到他送来一个花圈，忙说："这么快就过来了，谢谢！谢谢！"原来邻居的父亲刚刚去世。这人顿觉无趣，"嗯"了两声，便走了出来。

这使他觉得很窝火，不但没有达到目的，反而把自己陷进去，让别人捞了"好处"。终于，又等来了一个机会。上帝说：现在我可以满足你任何一个愿望，但前提是你的邻居会得到双份的报酬。那个人高兴不已。但他细心一想：如果我得到一份田产，邻居就会得到两份田产了；如果我要一箱金子，那邻居就会得到两箱金子了；更要命的是，如果我要一个绝色美女，那么那个家伙就同时会得到两个绝色美女……他想来想去总不知道提出什么要求才好，他实在不甘心被邻居白占便宜。最后，他一咬牙："哎，你挖我一只眼珠吧。"

这一招确实狠毒，不是一般的人都能做出这样的决定。嫉妒犹如毒素，其毒让人走火入魔。培根说：嫉妒会使人得到短暂的快感，也能使不幸更辛酸。

嫉妒是痛苦的制造者，在各种心理问题中是对人伤害最严重的，可以称得上是心灵上的恶性肿瘤。如果一个人缺乏正确的竞争心理，只关心别人的成绩，同时内心产生严重的怨恨，嫉妒他人，时间一久，心中的压抑聚集，就会形成心理问题，对健康也会造成极大的伤害。因为嫉妒，造成了很多无法挽回的惨剧。

有这样一个真实的故事：

对河南省信阳市3585高级中学三年级1班409寝室的女生而言，2003年1月21日那个凌晨，无疑是一场噩梦。一声惨叫声打破了黑夜的宁静。女生张静被人泼硫酸而毁容。

实际上，当晚是因为同班的同学马娟嫉妒同学晶晶比她聪明，学习成绩比她好，马上又有一轮考试，为了耽搁一下晶晶的时间，影响她的学习，于是她选择了泼硫酸的方式，但没想到却泼错了人。

由于造成了张静的严重残疾和晶晶的轻微受伤，法院判处马娟死刑，并剥夺政治权利终身。

可见，嫉妒心如果过重，它比一切的毒瘤都可怕，产生的后果也不堪设想。

嫉妒作为人类的弱点，几乎人人都有，只是多与少的不同。这是人性中残存的动物性的一面。当我们还是孩子时，就会对父母表现出的对其他兄弟姐妹的偏心而心生不快，我们会因他们比自己多吃了一口蛋糕或新穿了一件衣服而生气甚至哭闹。虽然嫉妒是人普遍存在的也可以说是天生的缺点，但我们绝不可因此而忽视它的危害性，特别是当嫉妒已经发展到很严重的地步时，内心产生的怨恨越积越多，时间久了会形成心理问题，对健康造成极大的伤害。

首先，对心理健康的危害。它会让人感觉过敏，思想、行动固执死板，疑神疑鬼。对别人特别嫉妒，又非常羡慕；对自己过分关心，又无端夸张自己的重要性；把自己的错误或不慎产生的后果归咎于他人，不停地责备和加罪于他人，却原谅自己；总是过多过高地要求他人，但从来不信任别人的动机和意愿，认为别人心存不良，甚至认为别人对自己耍阴谋。

很显然，这种人格是偏离常态的。在精神病学临床表现上，病人的人格不仅决定了他患病后的行为，而且为某种精神疾病的发生准备了基础。具有病态的嫉妒的人格偏离往往会出现妄想症状，最后发展为偏执型精神病或精神分裂症。

其次，对个人发展的危害。嫉妒对个人发展的危害是很明显的。由于人格偏离，常常不信任别人，好嫉妒，好归罪于他人。这必然会影响个体的人际关系和人生发展。从他人的角度看，如果一个人对他不信任，将失败全归罪于他，对他存有嫉妒心，他怎么能与这个人友好相处及合作呢？从个体自己的角度看，不信任别人、嫉妒他人，则不能与团队愉快合作。

所以，面对自己的嫉妒心，我们要将它早早地搬出自己的心灵，怀着感激的包容之心从积极的方面面对别人的优点。

消除嫉妒，做情绪的主人

大千世界，纷繁复杂，由于天分和境遇的不同，不同人会有不同的际遇，有的人飞黄腾达、意气风发，有的人穷困潦倒、默默无闻。但在这个世界中，总有那么一些人虽技不如人，对别人的成绩却嗤之以鼻，"妒人之能，幸人之失"，从而上演了一场场丑陋的嫉妒闹剧。为别人评上"三好学生"而指桑骂槐，为某人得到老师的厚爱而愤愤不平，为别人的生活条件比自己好而郁郁寡欢，给本已不大平静的生活平添了许多烦恼和纷扰。

嫉妒是腐蚀人心灵的一剂毒药。嫉妒其实是一些人心态不平衡的表现。有嫉妒之心的人，往往自高自大，看不起别人，看不到别人的成绩，不认同他人的能力。而当别人取得一些成绩时，他的心理便会失去平衡，总会千方百计地对那些比自己强的人制造出种种麻烦和障碍：或打小报告，无中生有，唯恐天下不乱；或做扩音器，把一件小小的事情闹得满城风雨。"既生瑜，何生亮"的悲叹却依然盘桓在嫉妒者的心里。嫉妒的危害力和破坏力也可从中略见一二。

弗朗里斯·培根说过："犹如毁掉麦子的莠草一样，嫉妒这恶魔总是暗地里，悄悄地毁掉人间美好的东西！"嫉妒进入人的内心，就变成一个煽阴风、点鬼火的小鬼，使原本坦荡宽阔的心胸增加了很多解不开的疙瘩，引你走进狭隘的深谷。

其实，青少年不必为自己的技不如人而焦虑、悲叹。要知道："梅须逊雪三分白，雪却输梅一段香。"每个人都有自己的长处，也有自己的短处，为何非拿自己的短处与他人的长处相比，自添抑郁。嫉妒他人者可以化"嫉妒"为动力，用自己的奋斗和努力去消除与他人之间的差距，甚至超过他人。

罗素在谈到嫉妒时曾说："嫉妒尽管是一种罪恶，它的作用尽管可怕，但并非完全是一个恶魔。它的一部分是一种英雄式的痛苦的表现，人们在黑夜里盲目地摸索，也许走向一个更好的归宿，也许只是走向死亡与毁灭。要摆脱这种绝望，寻找康庄大道，文明人必须像他已经扩展了他的大脑一样，扩展他的心胸。他必须学会超越自我，在超越自我的过程中，学得像宇宙万物那样逍遥自在。"化解嫉妒心理，祛除这颗毒瘤的良方就是转移自己的注意力，不要总是停留在一个点上。

"金无足赤，人无完人"，一个青少年限于主客观条件，不可能万事皆通，样样比别人好，时时走在别人前面。要客观地接纳自己，认识自己的优点与长处，也要正确地评价、理解和欣赏别人。在因为嫉妒心理而给自己的精神带来一些烦恼与不安时，不妨正确地评价一下自己，从而找出一定的差距，做到"自知之明"，同时冷静地分析嫉妒心理会给自己造成的危害。只有正确地认识了自己，才能正确地认识别人，嫉妒的锋芒就会在正确的认识中钝化。

19世纪初，肖邦从波兰流亡到巴黎。当时，匈牙利钢琴家李斯特已蜚声乐坛，而肖邦还是一个默默无闻的小人物。然而李斯特对肖邦的才华却深为赞赏。怎样才能使肖邦在观众面前赢得声誉呢？李斯特想了个妙法：那时候在演奏钢琴时，往往要把剧场的灯熄灭，一片黑暗，以便使观众能够聚精会神地听演奏。李斯特坐在钢琴面前，当灯一灭，就悄悄地让肖邦过来代替自己演奏。观众被美妙的钢琴演奏征服了。演奏完毕，灯亮了。人们既为出现了这位钢琴演奏的新星而高兴，又对李斯特推荐新秀的胸怀深表钦佩。

一般说来，嫉妒心理较多地产生于原来水平大致相同、彼此又有许多联系的人之

248

间。特别是看到那些自认为原先不如自己的人都冒了尖，于是嫉妒心油然而生。因此，要想消除嫉妒心理，就必须学会运用正确的比较方法，辩证地看待自己和别人。要善于发现和学习对方的长处，纠正和克服自己的短处，而不是以自己之短比别人之长。这样，嫉妒心也就不那么强烈了。

不管是在学校，还是以后在工作单位，每个人都要在具有竞争的环境中客观地对待自己。不要把比自己优秀的同学或同事当成与自己有竞争关系的对手，而要当成鼓励自己前进的动力。学会赞美别人，把别人的成就看做是对社会的贡献，而不是对自己权利的剥夺或地位的威胁，将别人的成功当成一道美丽的风景来欣赏，对我们而言，能真诚地向比自己强的人学习，既提升了自己的能力，同时又扩展了心胸。对于出色的人能赞赏，不嫉妒，最终受益最深的往往是我们自己。

斩断嫉妒的毒蛇

战国时，庞涓因嫉妒而陷害孙膑，最后身败名裂；三国时，周瑜量窄嫉才，曾发出"既生瑜，何生亮"的感慨，终英年早逝。

"嫉妒，潜藏在心底，如毒蛇潜伏在穴中。"巴尔扎克的名言告诉我们：嫉妒者是丑陋的，他只能害人害己。

其实，嫉妒是自卑的一种表现，是不健康的心态。嫉妒心理总是与不满、怨恨、烦恼、恐惧等消极情绪联系在一起，构成嫉妒心理的独特情绪。

嫉妒有多种表现，诸如：红眼、醋意、怨怒、沮丧等等，是私有观念一种低下心理的反应。人们一旦沾上了，轻者糊涂，重者还会干出蠢事，甚至违法乱纪，触犯刑律。嫉妒的人常自寻烦恼，既损人又害己。有些嫉妒者，觉得别人成功了，会贬低自己，便千方百计贬低他人以求自慰。有些极端的嫉妒者甚至感到：别人幸福是他的痛苦，别人遭殃令他畅快；别人的才能仿佛喉中鲠物，别人成功了，他便满肚苦水。

作为青少年，应将嫉妒转换为积极的因素，否则它会成为不幸的根源。

报报载，北京市海淀区法院曾经判过这样的一个案子：某知名大学心理学系的一位女研究生，将同宿舍的一个同学推上了被告席。原告与被告以前关系不错，堪称该系的一对姊妹花，两人的成绩不相上下，因此彼此又在暗中较劲。到第三年的时候，两人都参加了托福和GRE考试。原告成绩较理想，遂向美国一所著名大学提出申请，不久被告知每年可获得近2万美元的奖学金。原告高兴万分，等着对方的正式录取通知。被告考砸了，看到原告整天兴高采烈的模样，心中更加不快。她越想越有气，就生出了一条毒计。原告左等右等，迟迟不见正式通知的光临，就托在美国的同学去该校打听，校方说曾经收到她发来的一份E—mail，表示拒绝来该校，因此校方只好将名额转给别人。原告闻此消息，如五雷轰顶，冥思苦想这到底是怎么回事。后来，她多方调查，才发现是被告盗用了她的名义，在心理系的机房发了一封拒绝函。原告怀着愤怒的心情，将此事诉诸法庭。

是什么害了上述案件中的两个少女？是嫉妒！

生活中，有些青少年见他人比自己成绩好、薪水高、荣誉多、职权大而郁郁寡欢、愤愤不平，甚至指桑骂槐、痛下黑手，最终造成悲剧。

嫉妒危害无穷：损害身心健康，影响人的情绪和积极奋进精神；容易使人产生偏见；影响人际关系，甚至反友为敌。

青少年要告别嫉妒心理，需做到以下几点：

1. 学会宽厚、大度

君子坦荡荡，小人长戚戚。胸怀大度者，为人敬服。欧阳修在读了苏东坡的文章后，甘心为其让路；李斯特巧妙地以"偷梁换柱"，推荐了初出的肖邦。

2. 有自知之明，客观评价自己

当嫉妒心理萌发时，或是有一定表现时，要积极主动地调整自己的意识和行动，从而控制自己的动机和感情。这就需要冷静地分析自己的想法和行为，同时客观地评价一下自己，从而找出一定的差距和问题。

3. 培养自信，摒弃不公平感

有自信者不嫉妒。青少年应培养自信心，认识到自己的独特性，认识到自己的价值。

4. 快乐之药可以治疗嫉妒

快乐之药可以治疗嫉妒，是说要善于从生活中寻找快乐，就像嫉妒者随时随处为自己寻找痛苦一样。

5. 远离虚荣

不贪图虚荣，我们就不容易嫉妒。

6. 自我转换法可以消除嫉妒心理

嫉妒可以使一个人萎靡不振，但是如果合理地自我转换，不把时间浪费在抱怨外在环境，就能变为发愤图强。作家爱德蒙德·威尔逊在看到同行写的《伟大的盖茨比》时，非常嫉妒其对戏剧场面的营造。但他马上将嫉妒转换成发奋，写出了许多充满激情、技巧高超的作品。

7. 自我抑制和宣泄

自我抑制，是治疗嫉妒心理的苦药；自我宣泄，是治疗嫉妒心理的特效药。

最好能找一个比较知心的朋友或亲友，痛痛快快地说个够，暂求心理的平衡，然后由亲友适时地进行一番开导。虽不能从根本上克服嫉妒心理，却能中断这种发泄性朝着更深的程度发展。如有一定的爱好，则可借助各种业余爱好来宣泄和疏导，如唱歌、跳舞、书画、下棋、旅游等等。

第二章
自私和计较的人尝不到分享的快乐

自私是人生的毒瘤

人虽然不全是为别人而生存，但也绝不是只为自己。如果人一味地争取最有利于自己的东西，有时候却事与愿违。

张明在求职过程中，曾有过这样一段经历：

在经过一轮复一轮的筛选后，五个来自不同地方的应聘者终于从数百名竞争对手中，像大浪淘沙一般脱颖而出，成为进入最后一轮面试的佼佼者。

这五个人，可以说都是各条道路上的"英雄好汉"，彼此各有所长，势均力敌，谁都可以胜任所要应聘的工作。也就是说，谁都有可能被聘用，同时谁都有可能被淘汰。正是因为这样，才使得最后一轮的角逐更加具有悬念，更加显得激烈和残酷。

张明虽然身居众高手当中，但心里相对还是比较踏实的。因为凭他在初试、复试、又复试、再复试中过关斩将那股所向披靡的势头，他想自己获胜是绝对没有问题的。于是，胜利的自信和成功的愉悦提前写在了他的脸上。

按照公司的规定，他们要在那天早上九点钟准时到达面试现场。面对如此重要的机遇，不用说，他们当中不仅没有人迟到，还都不约而同地提前半个多小时就赶到了。距面试时间还早，为了打破沉寂的僵局，他们还是勉强地聚在一块儿闲聊了起来。面对眼前这些随时会威胁自己命运的对手，在交谈中彼此都显得比较矜持和保守，甚至夹着丝丝的冷漠和虚伪……

忽然，一个青年男子急急忙忙地赶来了。他们纳闷着，惊奇地看着他，因为在前几轮面试中谁都不曾见过他。

他似乎感到有些尴尬，主动迎上前自我介绍说，他也是前来参加面试的，由于太粗心，忘记带钢笔了，问他们几个是否带了，想借来填写一份表格。

他们面面相觑。张明想，本来竞争就够激烈的了，半路还杀出一个"程咬金"来，岂不是会使竞争更加激烈么？要是都不借笔给他，那不就减少了一个竞争对手，从而加大了自己成功的可能？他们几个有心灵感应似的你看着我、我看着你，没有人出声，尽管他们身上都带着钢笔。

稍后，青年男子看到张明的口袋里夹了一支钢笔，眼前立刻掠过一丝惊喜："先生，可以借给我用用吗？"张明立刻手足无措，慌里慌张地说："哦……我的笔……坏了呢！"

这时，张明他们五人中有一个沉默寡言的"眼镜"走了过来，递过一支钢笔给他，并礼貌地说："对不起，刚才我的笔没墨水了，我掺了点自来水，还勉强可以写，不过字迹可能会淡一些。"

青年男子接过笔，十分感激地握着"眼镜"的手，弄得"眼镜"感到莫名其妙。张明他们四个则轮番用白眼瞟了瞟"眼镜"，不同的眼神传递着相同的意思——埋怨、责怪，因为这样又增加了一个竞争对手。奇怪的是，那个后来者在纸上写了些什么就转身出去了。

一转眼，规定的面试时间已经过去20分钟了，面试室却仍旧丝毫不见动静。他们终于有些按捺不住了，就去找有关负责人询问情况。谁料里面走出来的却是那个似曾相识的面孔："结果已经见分晓，这位先生被聘用了。"他搭着"眼镜"的肩膀微笑着说道。

接着，他又不无遗憾地补上几句："本来，你们能过五关斩六将来到这儿，已经很难能可贵了。作为一家追求上进的公司，我们不愿意失去任何一个人才。但是很遗憾，是你们自己不给自己机会啊！"

张明他们这才如梦初醒，可是已经太迟了。自私的他们只因为这么一点小事，丢掉了马上就可以得到的职位；"眼镜"却由于他的无私，成了这次应聘中唯一的幸运儿。

生活中，有很多只为自己活着的人，他们不肯为别人的生活提供便利，更不肯为别人放弃自己的一点点利益，像这样的人，别人也一定不愿意为他提供便利。我们生活在一个联系越来越紧密的世界里，有时候帮助别人就是在帮助自己，任何人都无法孤立地生活，自私的人最后一定会因为自己的自私而受到伤害。

每个人都有自私的一面，这是人天性中的缺陷，但这种缺陷并不是无药可救的，我们应该时刻想着：自己对别人的态度，就是别人对自己的态度，如果我们因为自私而抛弃别人，那别人也一定会抛弃我们！

自私就是自毁

卢克莱修说："自私是人类的一种本性，高尚者和卑劣者的区别在于：前者能够克制这种本性而代之以无私的给予，而后者则任其肆意横行。"

自私是一种极端利己的心理，自私的人不顾他人和社会的利益，只计较个人得失，不讲公德；更有甚者会为私欲铤而走险，最后受到法律的制裁，自私也是诱发贪婪、嫉妒、报复等病态心理的根源。

自私之心是人利己本性的过度膨胀，是万恶之源，贪婪、嫉妒、报复、吝啬、虚荣等病态心理从根本上讲都是自私的表现。其实，人的存在，就像篓子里的一堆螃蟹，你中有我，我中有你，纵横交错、息息相关。如果一个人自私到将追求自己的幸福变成人生唯一的目标，那他的人生就会变得没有目标。

通常来说，自私的人主要有以下几方面的表现：

（1）以自我为中心，不太会为别人着想，觉得别人和世界都应该围着自己转。

（2）只顾自己的利益，不顾他人、集体、国家和社会的利益。

（3）不讲公德，随地吐痰、乱扔果皮纸屑、乱穿马路；平时在家里把音响开得震天响，以致打扰邻居。

（4）凡事不愿与人分享，有好的学习方法也不肯与同学们进行交流。

（5）在别人来请教问题的时候，表现得不热心，敷衍塞责。

历史一再证明，自私的人是没有好结局的，从某种意义上来说，自私就是自毁，自私者到最后只能独自吞食恶果。

一个美国士兵在越南战争中受伤，成了残疾人，他不知道父母还肯不肯接受自己，就先给家里打了一个电话："爸爸，妈妈，我要回家了。但是我有一个战友在那可恶的战争中踩响了一个地雷，少了一条腿和一只手。他已无处可去，我希望他能和我们一起生活。"

"我们为他感到遗憾，孩子。不过他恐怕不能和我们住在一起，他会给我们造成很大的拖累，我们有我们的生活。"父亲的话还没说完，儿子的电话就断了。几天后，父母接到警察局打来的电话，被告知他们的儿子跳楼自杀了。悲痛欲绝的父母在停尸房内认出了他们的儿子，他们惊愕地发现：他们的儿子少了一条腿和一只手。

我们无法想象留给那对父母的是怎样的悔恨与悲哀，但我们却能够深深地意识到自私留给自己心灵以及生活的惨重戕害，然而自私之心不分时空，不分人群，它如影随形般存在于我们的生活中。

自私，生命不能承受之重！自私，只会让我们步入生命的死谷，在人性阴暗的"无间道"中经受着炼狱般的痛苦与煎熬，永远得不到阳光与雨露的滋润。

自私作为一种病态心理，应充分发挥个人的主观能动性予以克服。自私心理的自我调适有如下方法：

1. 经常进行自我反省

自私常常是一种下意识的心理倾向，要克服自私心理，就要经常对自己的心态与行为进行自我观察。

观察时要有一定的客观标准，即社会公德与社会规范。要向一些正直无私的人学习，在英雄与楷模动人的事迹中净化自己的心灵。

2. 多做一些献爱心的事情

一个想要克服自私心态的人，不妨多做些利他行为。例如关心和帮助他人，给希望工程捐款，为他人排忧解难等。私心很重的人，可以从让座、借东西给他人这些小事情做起，多做好事，可在行为中纠正过去那些不正常的心态，从他人的赞许中得到乐趣，使自己的灵魂得到净化。

3. 回避性训练

这是心理学上以操作性反射原理为基础，以负强化为手段而进行的一种训练方法。通俗地说，凡下决心改正自私心理的人，只要意识到自私的念头或行为，就可用缚在手腕上的一根橡皮筋弹击自己，从痛觉中意识到自私是不好的，促使自己纠正。

4. 多为别人着想

自私的人总是有很强的占有欲，独占，被自私者认为是最明智的选择。然而，令人感到可悲的是，原本就没人和他抢，是他输给了自己。当自己有蛋糕时，懂得与别人分享，当别人有困难时，懂得善待他人，都不是很复杂、很困难的事，有时候只不过是举手之劳，不仅能轻松地一起分享喜悦，给别人力量，还能使自己在精神上得到满足，何乐而不为呢？反之，不懂得与别人分享，不懂得帮助别人的自私者，必会被别人抛弃，当自己有困难时难免"百呼无应"。

少一些计较，得饶人处且饶人

一些人自诩为聪明人，一副精明过人的样子，总是抱着"以牙还牙，以眼还眼"的决心，摆出一副寸土必争的姿态去面对生活中一些鸡毛蒜皮的小事儿。他们做人的原则就是半点不吃亏，但实际上恰恰是这样的"聪明人"容易吃大亏。

公交车上总是会很拥挤，从来就没有空的时候，这日丹丹下班回家，在公司门前的那个站牌等公车。千等万等，终于来了一趟。

公车里有好多人，黑压压的只能看见一堆脑袋。丹丹努力地向上挤，终于挤上了车。但挤车时一不小心，踩了旁边的胖大嫂一脚。胖大嫂的大嗓门叫开了："踩什么踩，你瞎了眼了？"丹丹本想道歉的，但一听这话面子上挂不住了，喊道："就踩你了，怎么着？"

于是，两个女人的好戏开演了。双方互相谩骂，恶语相加。随着火力的升级，两人竟然动起了手，胖大嫂先给丹丹一下，丹丹也立即以牙还牙，两手都上去了，在胖大嫂脸上乱抓一通。

丹丹的指甲长，抓破了胖大嫂的脸，而她却没怎么受伤。想到这里，丹丹不禁得意起来。

终于回到了家，一进家门丹丹便向老公倒起了苦水。不过她倒认为自己没吃亏，反倒把那恶妇抓破了脸，所以，讲到这里一脸的灿烂，这时老公看了她一眼，惊奇地问道："你右耳朵上的那个金耳坠呢？"丹丹一摸耳朵，耳坠早已不见了……

我们经常以为以牙还牙就是让自己不吃亏的最大原则，总以为别人占自己一分便宜，自己就要想尽办法占三分回来，否则自己就是吃了大亏，但其实当你得意洋洋地以为自己什么亏都没吃时，实际上，可能已吃了大亏。

有位男士一天晚上跟他太太去岳父家吃晚饭，进餐时他提到兴建高速公路工程再度推延是严重错误。他岳父却说他很高兴，说："那条高速公路本来就不该建的，建了会破坏一个具有重要历史意义的山谷。"

"可是我每天上下班来回要各花一个多小时。"他于是对他岳父说，"我认为兴建那条高速公路利弊参半，目前公路上车辆的数目是十年前的四倍，道路却未见增加。"他那位泰山大人于是大发牢骚，说他太自私，只顾自己的方便，完全不在乎意义重大的古迹。

他忍无可忍，冲口说道："进步是挡不住的。"这下子完了。他岳父马上站起来走掉，离开时还说："我不必在自己家里听你胡说八道。"

"真希望这件事情从未发生过。假如我稍微有点警觉性，觉察到他对这个话题多么敏感，很可能就会婉转地说：'我们看法不同，那也没什么。'这样就可以避免发生不愉快。"他事后说。

凡有争论，当事人几乎各有言之成理的论点，因此，如果你显然无法令对方改变心意，对方也显然无法说服你，就应该立刻罢手。切记：避免造成无法弥补的伤害。不管什么情况，无谓的争执简直就是浪费时间。只要能避免徒劳无功的争执，人人都是赢家。

在错综复杂的人际交往中，如果你要计较的话，每天你随便都可以找到四五件让人生气的事情，如被人诬陷、被连累、受人冷言讥讽等等。有人不便及时发作，便暗自把这些事情记在心里，伺机报复。但这种仇恨心理，对对方没有丝毫损害，却会影响自己的情绪，从而自食其果。

不管别人怎样冒犯你，或者你们之间产生什么矛盾，总之"得饶人处且饶人"。

你也许认为，这样战战兢兢，活得未免太累。以为尽量避免让自己卷入别人的是非圈子里，便能明哲保身，最终有飞黄腾达的一天，这是一厢情愿的想法。聪明人不会把自己孤立起来，他很明白"团结就是力量"的道理。身为群体里的一员，你要想办法与每人建立良好的关系，营造和谐的气氛，成为这个小圈子里的一分子。

若要真正获得别人的尊敬与爱护，你要注意自己的表现，切勿盛气凌人，恃宠生娇，做出令人憎恶的事情。这里有几个方法可供参考：

1. 你要学习与每一个人融洽地相处，表现出你的随和与合作精神。面对别人的时候，不要忘记你的笑容与热情的招呼，还有要多与对方眼神接触，在适当的时机赞美一下他们的长处。

2. 假如你不得不对某人的表现予以批评，你的措辞也要十分小心。先把对方的优点说出来，令他对你产生好感后，他才会接受你的建议，还会视你如他的知己良朋。

3. 人人都会遇到情绪低落的时候，你要努力控制自己的脾气，切勿把心中的闷气发泄到别人的身上，这是自找麻烦的愚蠢行为。没有人会愿意跟一个情绪化的人相处，更不会对他期望过高。所以，替自己建立一个随和而善解人意的形象，这是成功的重要因素之一。

分享让快乐加倍，忧伤减半

分享可以让快乐加倍，忧伤减半。20世纪最有名的无神论者西道尔曾经说过："如果想在短暂的一生中寻找快乐，那必以他人为中心，为他人设想，将他人的快乐作为自己的最大快乐，当周围的人们都幸福快乐的时候，自己才能因此而感染到愉快。"

从前在遥远的国度中，住着一位小王子。他是有史以来最忧伤的小王子之一，他从来不唱歌、游玩，也不笑，他总是显得非常的悲伤、忧愁。他的脸紧紧皱成一团，小王子一天比一天变得更悲伤。有一天，小王子不见了。他自己一个人离开了，去寻找那颗他所极珍爱的、遗失的快乐的心。

小王子找了一整天。他在城里的街道上和乡间的小路上搜寻，他在店铺里搜寻，也在富人居住的房门中张望。但是，到处都找不到他那颗遗失的心。一到傍晚，他又累又饿。他从来没有走过这么远的路，他感到更加的不快乐。

太阳下山时，小王子来到一栋位于森林边缘的小屋子前，屋子看起来非常破旧，有一线灯光从窗户中投射出来。所以，他以一个王子的身份，拨开门闩，走进去。

屋里有一位母亲正在哄小婴儿睡觉，父亲正在大声地朗读一个故事，小女孩正在布置晚餐的餐桌，和小王子年龄相仿的小男孩正在生火。母亲穿的衣服很旧了，而他们的晚餐只有麦片粥和马铃薯，炉火也很小，但是一家人都像小王子所渴望的那么快乐。孩子们光着脚，脸上却挂着笑容，而母亲的声音是那么的甜美！

"你要和我们一起吃晚餐吗？"他们问。他们似乎没有注意到王子那张皱成一团的脸。

"你们快乐的心在哪里？"王子问他们。

"我不知道你在说什么。"男孩子和女孩说。

"为什么？"王子说，"你们每个人都像脖子上戴了金链子一样，才会这么快乐。我也很想像你们一样。你们的金链子在哪里？"

"我们不需要戴金链子，"他们说，"我们都深深爱着我们的家人。我们在游戏时把这间屋子当成城堡，我们用火鸡和冰淇淋当晚餐。晚餐后，妈妈与我们一起分享这些快乐的时光，给我们讲故事，互相分享游戏的乐趣，我们只需要这些就可以很快乐了。"

"我要留下来和你们一起用晚餐。"小王子说。

所以他就在这间像是城堡一样的小屋子里吃晚餐，把麦片粥和马铃薯当做是火鸡和冰淇淋。他帮助洗碗盘，然后他们都坐在火炉前。他们把小小的炉火看成是烧得又旺又大的火焰，一边听母亲说着仙女的故事。

突然，小王子开始笑了。他的笑容就像鲜花般灿烂，他的声音也再次像音乐一般甜美。

这个晚上，他过得非常快乐。然后，男孩子陪着他走向回家的路。当他们就快抵达皇宫大门时，王子说：

"真奇怪，但我真的觉得好像已经找到了我的快乐的心。"

男孩子笑了起来。

"有什么好奇怪的，你是已经找到了，"他说，"只不过现在你把它戴在身体里面了。"

快乐来自于分享，一个人快乐的时候如果有人能和他一起分享，那么他的快乐就会加倍。相反，如果没有人和他一起来分享快乐的话，那么他原有的这份快乐也会失去。

一个人不管是拥有还是失去，是愉悦还是痛苦……都需要有人来和他分享，分享可以使快乐加倍，忧伤减半。

分享促人成长

在 20 世纪 30 年代，英国送奶公司送到订户门口的牛奶，既不用盖子也不封口，因此，麻雀和红襟鸟可以很容易地喝到凝固在奶瓶上层的奶油皮。后来，牛奶公司把奶瓶口用锡箔纸封起来，想防止鸟儿偷食。没想到，20 年后，英国的麻雀都学会了用嘴把奶瓶的锡箔纸啄开，继续吃它们喜爱的奶油皮。然而，同样的 20 年过去了，红襟鸟却一直没学会这种方法，原来麻雀是群居的鸟类，常常一起行动，当某只麻雀发现了啄破锡箔纸的方法，就可以教会别的麻雀。而红襟鸟则喜欢独居，它们以圈地为主，沟通仅止于求偶和对于侵犯者的驱逐。因此，就算有某只红襟鸟发现锡箔纸可以啄破。其他的鸟也无法知晓。

动物是这样，人亦如此。分享可以促进人与人之间的互相交流和学习，可以使我们更快地成长。青少年正值学习知识的黄金时期，在独立钻研的同时，要学会与大家分享新发现、新成果，相互磋商，彼此分享，创造一种积极互赖的关系；合作能够产生合力，分享能让人领先一步。因为每一个人的才干、智慧和个性有其独特性，所以在一个合作团体内，如果能够交互、分享、包容不同的特点，就会起到大于单一要素的整合作用。

英国戏剧作家萧伯纳说过："倘若你有一个苹果，我也有一个苹果，而我们彼此交换苹果，那么，你和我仍然是各有一个苹果。但是，倘若你有一种思想，我也有一种思想，而我们彼此交流这些思想，那么，我们每人将各有两种思想。"

把自己的东西主动拿给别人分享，这需要勇气，体现的是仁爱和宽容；而积极地分享别人的思想，则意味着尊重，体现的是民主和合作。

学会分享可以使我们学会关心他人，关心自己；欣赏他人，欣赏自己；有效地团结协作，交际磨合；注意权衡自己在群体中的地位和作用，处理好人际关系；及时地把自己的想法以适当的方式表达出来，走出封闭的自我，积极接纳别人的看法，能够与他人进行心灵的沟通。

许多国际性教育机构调查和研究认为，"学会分享"、"学会交往"、"学会合作"已经是新世纪学习的显著特征。分享情绪的感受、内心的想法，分享学习和生活中的失败与成功的体验，把个人独立思考的成果转化为大家共有的成果，而且分享中可以同时以群体智慧来解决个别的问题、以群体智慧来探讨学习上遇到的困难和问题，这样又培养了人与人之间相互协作的精神，促进了大家共同的学习和进步。所以说，学会分享是人生一笔永远的财富，我们要学会分享，这是一项特别的能力。

著名成功学家黑幼龙先生认为分享是一个挖掘个人潜力的好方法。知名的"周哈里窗户理论"指出，每个人的内在都像一扇窗，分成四个方块。

第一块是自己看得到、别人也看得到的部分；第二块是自己看得到、别人看不到的；第三块是别人看得到、自己却看不到；第四块则是自己和别人都没有发现的。

和人分享的时候，第二块和第三块会愈来愈小，第一块则会愈来愈大，因为你会表达自己的想法，别人也会把他所看见的部分告诉你。

生活中那些进步较快的人有一个很重要的特点就是他们很喜欢跟别人分享，对自己有更多的了解，于是在面对困境时，也更容易找到解决方式。长时间下来，跟一个只会埋头苦干的人比起来，差别愈来愈明显。

不管是公事或个人，许多好点子、好的做事方法、好的观念，都是透过真诚分享才能获得，光靠一个人绞尽脑汁，不是那么容易突破。

巴勒斯坦有两个内海，一个海里面有各式各样的水生植物和鱼类，叫加利利海；另一个海里面却没有任何生物，叫死海。为什么有这个差别？因为加利利海承接水源之后，将水给了下游，而死海纳入上游的水之后，却没有出口，因此水中累积大量的盐分，没有生物能存活。

一个懂得分享的人，生命就像加利利海的活水一样，丰沛而且充满活力。只有懂得与别人交流和分享，我们才能够在智慧和情感的分享中不断地提升与发展。

分享是合作的前提

与人合作中最重要的一条原则是：与人分享，不管是快乐还是痛苦。因为与人分享，可以增进彼此间的感情，更好进行交流合作。

成功人士们都遵循这样一条规则：把痛苦分享出去，那么你就可以为自己留下一半的痛苦；将快乐分享出去，那么别人就可以分享你所赠予的翻倍的快乐。这不是纯粹的数学问题，而是杰出人士所特有的对人生的认识问题，也是他们为人际沟通领域所创造的不可多得的财富。

每当成功人士由于各种原因引起情绪上的波动，或精神上的抑郁，或胸中忧愤，或食物积滞时，他们选择找一个贴心的朋友，有时甚至是自己的敌人倾诉心中的抑郁。而那个被寻找的人，也会因为自己在这种关键时刻的出现而感到自豪，从而改变或是增进两个人之间的情谊。

军事家拿破仑，有一次找来总是与自己意见不一致的一个高层军官。那军官抱着再次争吵的打算出现了。出乎他意料的是，拿破仑只是让他当了一回听众。他向那位军官抱怨自己在会议中所忍受的怒气，抱怨自己时常很糟糕的运气。他的做法，让军官觉得自己是拿破仑的朋友。事实上，后来他们也真的成了朋友。

与他人分享自己的痛苦，会给对方一种信任的感觉。每一个人在潜意识当中，都有一种成为一个强者的欲望，而分享他人的痛苦，正可以迎合这种欲望。所以告诉他们自己的痛苦，不仅仅是成功人士排解自己心中苦闷的有效方式，同时也是他们加强沟通的良好途径。

同样，让他人了解自己的喜悦，更是加强人际关系的有效途径。成功人士，在拥有某种自己感到愉悦的收获的时候，总是喜欢告诉关心自己的或是自己关心的人，由此分享意味着距离的靠近，感情的互解，交流的增进。

我国著名地质学家李四光出生于 1889 年，原名李仲揆。李四光的父亲是乡间的一个穷教书先生，每个月的收入少得可怜，根本就不够养家用，幸亏他的母亲精明能干，才使一家人能够勉强度日。

李四光小的时候，不仅勤奋好学，而且还特别孝顺父母，总想着为父母分担忧愁。所以，在他还上小学的时候，他就知道帮助父母干家务活了。

有一天，李四光刚从私塾里放学回来，就看见母亲正用石杵费力地舂米，于是，他立即放下书包，跑过去帮母亲干活。因为石杵特别沉，所以李四光才干了一小会儿，鼻尖上就沁出了汗珠。母亲看见了，心疼地说："好孩子，你上学已经很辛苦了，应该休息一下了，这些重活还是让娘来做吧！"谁知李四光非常执拗，他理直气壮地说："我要帮娘干活，我不累！真的，我现在一点都不累！"于是，他一直努力坚持着，直到把米舂完，他才停下来休息。

为了帮助父母减轻生活上的压力，李四光想出了许多好办法。每年夏天，只要是到了收麦子的季节，李四光就会约上几个小伙伴，到别人家收过麦子的大田里捡别人落下的麦穗。虽然捡到的麦穗不多，但是父母看到他这么懂事，已经非常欣慰了。

看到家里没有柴烧了，李四光就约上自己最要好的小伙伴，带着斧子和绳子，到大山里去砍柴。有一次，李四光又和小伙伴们一起上山砍柴，由于山路很陡，路面也非常滑，李四光一不留神，摔了一跤，膝盖都被磕破了，鲜血直流，别的小伙伴劝他不要再上山了，可是他不同意，还是坚持着上山砍柴。

傍晚，小李四光和小伙伴们每人都背着一大捆柴火回家了。母亲也早早地站在村口迎接儿子。看见李四光一瘸一拐地回来了，母亲赶紧迎了上去。看着他膝盖上的伤口，母亲不由得流下眼泪来，她说："孩子，以后咱不去了，娘再也不让你上山砍柴了……"

谁知李四光却非常懂事地说："娘，我一点儿都不疼，真的！再说，只要我累一点，娘就可以多歇一会儿呀！"

李四光不仅是一个知道为家分担忧愁的好孩子，在学校里还是努力学习的好学生，取得了优秀的成绩。长大之后，李四光成为一名优秀的地质工作者，经过 10 多年的野外考察，他彻底否定了外国权威专家所做出的"中国贫油论"的观点，为我国的石油事业做出了卓越的贡献。

李四光的经历告诉我们：所有的苦难，因为大家彼此的分享而变成了珍贵的回忆，温馨的融合。

其实，对于身边的人只要你真诚地与他分享，你的生活也会变得不一样。

所以，对于青少年，一定要培养分享的意识，因为如果你凡事都自私自利，斤斤计较，那么你就难以和其他人友好相处，也就谈不上进行有效的合作了。只有你学会了分享，你也就打开了自己内心始终关闭着的那扇大门，你也就学会了接纳别人，别人也就更容易接纳你。

第三章
事无巨细，拒绝浮躁的情绪

解开浮躁的死结

浮躁，是轻浮急躁的意思。一个人如果有轻浮急躁的缺点，是什么事情也干不成的。在现实生活中，也常有人犯浮躁的毛病。他们做事情往往既无准备，又无计划，只凭脑子一热、兴头一来就动手去干。他们不是循序渐进地稳步向前，而是恨不得一锹挖成一眼井，一口吃成胖子。结果呢，必然是事与愿违，欲速不达。

古时候有兄弟二人，很有孝心，每日上山砍柴卖钱为母亲治病。神仙为了帮助他们，便教他们二人，可用四月的小麦、八月的高粱、九月的稻、十月的豆、腊月的雪，放在千年泥做成的大缸内密封四十九天，待鸡叫三遍后取出，汁水可卖钱。兄弟二人各按神仙教的办法做了一缸。待到四十九天鸡叫二遍时，老大耐不住性子打开缸，一看里面是又臭又黑的水，便生气地洒在地上。老二坚持到鸡叫三遍后才揭开缸盖，里边是又香又醇的酒，所以"酒"与"洒"字差了一小横。

当然，酒字的来历未必是这样。但这个故事却说明了一个深刻的道理：成功与失败，平凡与伟大，往往没多大的距离，就在一步之间，咬紧牙关向前迈一步就成功了；停住了，泄气了，只能是前功尽弃。这一步就是韧劲的较量，是意志力的较量。

古人云："锲而不舍，金石可镂。锲而舍之，朽木不折。"成功人士之所以成功的重要秘诀就在于，他们将全部的精力、心力放在同一目标上。许多人虽然很聪明，但心存浮躁，做事不专一，缺乏意志和恒心，到头来只能是一事无成。

你越是急躁，越是在错误的思路中陷得更深，也越难摆脱痛苦。

古代有一个年轻人想学剑法。于是，他就找到一位当时武术界最有名气的老者拜师学艺。老者把一套剑法传授与他，并叮嘱他要刻苦练习。一天，年轻人问老者："我照这样练习，需要多久才能够成功呢?"老者答:"三个月。"年轻人又问:"我晚上不去睡觉来练习，需要多久才能够成功?"老者答:"三年。"年轻人吃了一惊，继续问道:"如果我白天黑夜都用来练剑，吃饭走路也想着练剑，又需要多久才能成功?"老者微微笑道:"三十年。"年轻人愕然……

年轻人练剑如此，我们生活中要做的许多事情同样如此。切勿浮躁，遇事除了要用心用力去做，还应顺其自然，才能够成功。

生活中，无论是名不见经传的普通人，还是声名显赫的成功人士，都容易被暂时的胜利冲昏头脑，在浮躁的心理下步入歧途。所以我们一定要戒除浮躁心理，不要让它葬送了我们美好的人生。

浮躁心理是当前一些青少年的通病之一，表现为行动盲目，缺乏思考和计划，做事心神不定，缺乏恒心和毅力，见异思迁，急于求成，不能脚踏实地。

生活中有些青少年，他们看到一部小说在社会上引起强烈反响，就想学习文学创作;看到电脑专业在科研中应用广泛，就想学习电脑技术;看到外语在对外交往中起重要作用，又想学习外语;想当歌星，又想当企业家、老板，今天学电脑，明天学绘画……由于他们对学习的长期性、艰巨性缺乏应有的认识和思想准备，只想"速成"，一旦遇到困难，便失去信心，打退堂鼓，最后哪一种技能也没学成。这种情况，与明代边贡《赠尚子》一诗里的描述非常相似:"少年学书复学剑，老大蹉跎双鬓白。"是说有的年轻人刚要坐下学习书本知识，又要去学习击剑，如此浮躁，时光匆匆溜掉，到头来只落得个白发苍苍。

浮躁的人自我控制力差，容易发火，不但影响学习和事业，还影响人际关系和身心健康，其害处可谓大矣。

轻浮、急躁，对什么事都深入不下去，只知其一，不究其二，往往会给工作、事业带来损失。不浮躁是要踏实、谦虚，戒躁是要求我们遇事沉着、冷静，多分析多思考，然后再行动，不要这山看着那山高，干什么都干不稳，最后毫无所获。

青少年朋友要想真正地有所作为，浮躁不可不戒。戒除浮躁之心，不妨这么做:

1. 学着知足常乐。比上不足，比下有余，从中获得自足、宁静。

2. 自我暗示。自我暗示是控制情绪的一个简捷而实用的好方法。例如你可这样暗示自己:无论面对怎样的处境，总会有一种最好的选择，我要用理智来控制自己，绝不让情绪来主导我的行动。只要我善于控制自己的情绪，我就是一个战无不胜、快乐的人。

3. 开拓当中要有务实精神，要实事求是，不自以为是，踏踏实实，做好每一件事情。

4. 遇事要善于思考。考虑问题应从现实出发，不能跟着感觉走，命运应掌握在自己手里。道路就在脚下，切实做一个实在的人。

5. 多读一些书，找到自己浮躁的根源，让内心趋于平静。

踏实跨出你的每一步

很多人都想在生活中寻找一条成功的捷径，其实成功的捷径很简单，那就是勤于积累，脚踏实地。

很多身陷贫穷，没有取得成功的人常常都想通过买彩票、买股票等投机方法去获得成功。但往往通过这种方式成功的人却没有几个。

这些人的想法和做法其实离成功的方法很远很远。那成功的捷径到底是什么呢？答案其实很简单，那就是一步一个脚印地前进。

获取任何成功都不是一蹴而就的事，都需要循序渐进。许多青少年做事之所以会半途而废，就是由于缺乏积累经验，缺乏按部就班地做下去的努力，没有刻苦的精神就不会有一分耕耘，一分收获的甜蜜。

人生的道路是一步一个脚印走出来的。不论是不是伟大的事情，唯有努力踏实地去耕耘，才有成功的希望。耕耘就是去辛劳你的身体，引发你的思想，致力于你要完成的事情上。

有位作家，他从小便喜欢写作，却始终没有动手。

在他读中学的时候，他就觉得他必须写点什么。他时常感到自己看到的东西老憋在胸中，胀得难受。可每次坐下来，又不知如何下手，有时连标题也想不出。就这样过了许多年。终于有一天，这种令他困惑苦恼的局面发生了变化。那是他在巴塞罗那遇到一个朋友之后，他的这个朋友原来是个小商人，可现在成了一位大饭店的老板。"伙计，"那天晚宴时朋友对他说，"我失败了许多次，但每次都努力干下去。"朋友举起酒杯，感慨地环视了一下华丽的餐厅，这一切都是努力干的结果。

努力干！他明白了，以往他有的只是自信，缺乏努力干下去的劲头。从此他强迫自己坐下来，鼓励写下去，鼓励自己接受和解脱痛苦的失败……谢谢那位朋友，他努力奋斗了，也有了今天。

强迫自己，努力写下去，使他迈出了写作的第一步，最终成为一名作家。

我们也有觉得某一件事情非做不可的时候，但是我们往往因为时间的流逝，把它遗忘在角落中。时间久了，我们什么都没有做。要知道世界上的任何成功都不会自己跑向你，你必须要努力耕耘。

一个害怕困难、怕苦的人，是必然一事无成的。原因是世界上没有一件事是可以不劳而获的。要做成任何一件事，都会有困难，都会有艰辛。只是困难的大小不同、艰辛的程度不一。

比尔·盖茨留给他的孩子的是一种真正的财富，一种超越物质的、靠自己奋斗去创造一切的人生观。他告诉孩子："如果你想得到什么，就必须用自己的双手去争取。"历史上无数事实证明，靠财产来贿赂孩子的做法只能毁掉孩子的意志与人生奋斗激情，对于胸无大志的人来说，最终甚至可能害了他们。"富贵不过三代"，其原因就在于此。刻苦就是要不畏难、不怕苦，因而作为青少年的我们更要不畏难、不怕苦，努力地向着我们的目标做下去，脚踏实地地做好每一步，慢慢将所有的辛劳积累起来，一分耕耘，一分收获，让自己将来能够拥有更多更宝贵的收获！

别让一粒沙子磨破了脚

细节有多重要？关键的细节就是一切。大事业是由小事做起的，很多时候，失败都是因为错在小事。而小事是最不被重视的，所以有那么多人失败。

有人请建筑大师密斯·凡·德罗用一句话来描述成功的原因时，这位20世纪世界最伟大的建筑师只说了五个字："魔鬼在细节。"

他反复地强调：小错可酿成大祸，不要忽视你生活中的关键细节，因为它们会渐渐扩大，成为重大损失的隐患。如果对细节的把握不到位，无论你的建筑设计方案如何恢弘大气，都不能称之为成功的作品。

所罗门国王曾经说过："万事皆因小事起，你轻视它，它一定会让你吃大亏的。"西方谚语也有"魔鬼藏于细节"的说法，这些话都在强调这样一个事实：一个人要想在将来有所作为，就必须注重细节，不能在小处出差错。

有一年，乌鲁木齐市粮食局的下属一家挂面厂花巨资从日本引进一条挂面生产线。同时，挂面厂又花18万元从日本购进1000卷重10吨的塑料包装袋。塑料包装袋的袋面图案由挂面厂请人设计。当样品设计好后，经挂面厂与进出口公司的人员审查后，交给日方印刷。

过了一段时间，当这批塑料袋运到挂面厂时，有人发现有点不对劲，再仔细看一下，竟傻了眼，原来每个塑料袋的袋面图案上的"乌"字全部多了一点，变成了"鸟"字，乌鲁木齐变成了"鸟鲁木齐"。

这件事引起了挂面厂的重视，后来经过多方调查，发现原来是挂面厂的设计人员一时马虎，把设计样本打印错了，而进出口公司的人员检查时也没有发现。

就因为这一"点"之差使价值18万元的塑料袋变成了一堆废品，给公司带来了严重的损失，相关人员也受到了严厉的处分。

试想，如果设计人员本着负责的态度和对工作的感恩之心，仔细一点、谨慎一点，进出口公司的审查人员如果也能再负责一点，多检查一次，又怎么会让这 18 万元付之东流呢？

同样，生活中，任何一个微小的细节都可能会带来致命的错误：建筑一座大楼，因为马虎、不严格而发生计算上的错误，整个大楼就有可能倒塌；炼钢时，如果在化学成分上有点错误，就要出废钢；在艺术工作上，如果一个动作、一个唱腔、一个笔画不严格要求，那就不可能演好戏、画好画；在财务会计工作上，错一个小数点，就会损失巨大的财产……究根溯源，这些在细节上的差错，都是由于责任心的缺失引发的。

在一次攀峰比赛上，一位勇者发誓要排除万难攀登成功，在众人期待的目光中，他出发了，然而，不到中途，他却辜负了大家的希望，放弃了。

回到地面，人们不解地问他原因时，所有人都震惊了——致使他放弃的原因竟是鞋中的一粒沙子！

之前，在数次长途跋涉中，恶劣的气候没有使他退缩；陡峭的山势没能阻碍他前进；难耐的孤寂没有磨去他坚定的信念；噬人的疲惫也没有使他畏惧……

但那天攀登前，他的鞋里落入一粒沙，原本他有时间和机会把那粒沙子从鞋里倒出来的，可是他并没有那样做，因为在我们这位勇士的眼中，这粒沙实在是太微不足道了。

比起勇士的雄心壮志，一粒沙子的存在简直可以忽略不计。然而他越走下去那粒沙越是磨脚，最后到了每走一步都伴随着锥心刺骨的疼痛的地步！

这时，他才意识到这粒沙子的厉害，于是，他停下脚步准备清除沙粒，但却惊异地发现脚早已被磨出了血泡！沙粒虽然被清除出去了，可是脚上的伤口却因感染而化脓。最后，除了放弃，他别无选择。

读完这个故事，也许你会为勇士的遭遇感到惋惜，但我们更应该从他的遭遇中吸取教训——对自己负责，就不能忽略身边的任何一件小事。即便在你看来是再简单不过的小事，我们也要把它做到完美、极致，千万别让一粒沙子成为成功的阻碍。

多米诺效应告诉我们，一种微小的变量在适当的条件下可能引起整个系统的连锁反应，并且在反应过程的每一个节点上都会呈现放大效应。

有时，一个细节就会改变人的命运。做好每一个细节，是对生活的负责，也是对自己的负责。细节决定成败。青少年朋友，要成功就不能告诉自己："有一天，我要做成一件大事……"成功应该是今天就要把每一件事做好，绝不疏忽任何一个关键细节，而且每天都一样。

卓越来自对小事的训练

人的一生是由许许多多偶然的和必然的事件组合而成的，有时一次偶然的事件会使某个人变成大人物，有时一次偶然的事件会使某个人变成小人物。

在常人看来，大人物总是和大事件联系在一起，小人物总是和小事件联系在一起。但是，大事件是由众多小事件构成的，无论大人物还是小人物，都会和一件又一件的小事发生关系。因此说，小事情是人一生中最基本的内容，聚焦小事，必能升华你的人生。

大事件是可遇而不可求的，小事情却每天都在发生。顺利、妥帖而又快乐地去处理一件小事是容易的，但每天都能顺利、妥帖而又快乐地去处理每件小事却是十分困难的。如果一辈子都无怨无悔地、谨慎小心地、愉悦欢快地去处理一件又一件小事，那大概要比做一件大事还要难。

也许一个穷人，会因为某种机遇而一夜之间成为腰缠万贯的富翁，但一个搬运工成为一个哲学家、一个凡人成为一个伟人而举世闻名，绝不是某个机遇的缘故。不断地追求，才有不断的进步；不断地行动，才有不断的成就；不断地积累，才有不断的提高；不断地积小步，才有跨大步的力量。

栽什么树苗，结什么果子；播什么花籽，开什么花儿。人积累耕耘的经验就成为农夫，积累砍削的经验就成为工匠，积累贩卖货物的本领就成为商人。这种积累，既是痛苦的，又是快乐的。

而成功，就是简单的事情重复地做。要成功其实不难，只要重复简单的事情，养成习惯。"一旦你产生了一个简单而坚定的想法，只要你不停地重复去做，终会使之变成现实。"这是美国 GE 前总裁杰克·韦尔奇对如何成功做出的最好回答。

青少年应该还记得达·芬奇画蛋的故事吧。为了把一个蛋画圆，达·芬奇成百上千次地不停画圆圈。任何事情都是这样，把小事做好，最好的办法就是对小事进行训练，并形成习惯。

美国前国务卿基辛格博士，在诸事繁忙之时，仍然坚持让自己的下属不断地培养关注小事的习惯。一次，当他的助理呈递一份计划给他之后，基辛格和善地问道："这是不是你所能做的最佳计划？"

"嗯……"助理犹豫地回答，"我相信再做些改进的话，一定会更好。"

基辛格立刻把那个计划退还给他。

努力了两周之后，助理又呈上了自己的成果。几天后，基辛格请该助理到他办公室去，问道："这的确是你所能拟定的最好计划吗？"

助理喃喃地说："也许还有一两点可以再改进一下……也许需要再多说明一下……"

助理随后走出了办公室，腋下夹着那份计划，他下定决心要研拟出一份任何人——包括亨利•基辛格都必须承认的"完美"计划。

这位助理日夜工作，有时甚至就睡在办公室里，三周之后，计划终于完成了！他很自信地跨着大步走入基辛格的办公室，将该计划呈交给国务卿。

当听到那熟悉的问题"这是你能做得最完美的计划吗？"时，他激动地说："是的。国务卿先生！"

"很好。"基辛格说，"这样的话，我有必要好好地读一读了！"

基辛格虽然没有直接告诉他的助理应该做什么，然而却通过这种严格的要求来训练自己的下属怎样完成一份合格的计划书。

其实任何事情在刚一开始的时候都很难做，都没有可循的模式，只有按照某一种步骤进行训练，用自己的意志来坚持，才会慢慢形成运动员一样标准的动作、艺术家潇洒而俊美的一笔一画。有一句话叫"习惯成自然"，说的就是这个道理。

如果给你一张报纸，然后重复这样的动作：对折，不停地对折。当你把这张报纸对折了51万次的时候，你猜所达到的厚度有多少？一个冰箱那么厚或者两层楼那么厚，这大概是你所能想到的最大值了吧？通过计算机的模拟，这个厚度接近于地球到太阳之间的距离。

没错，就是这样简简单单的动作，是不是让你感觉好似一个奇迹？为什么看似毫无分别的重复，会有这样惊人的结果呢？

秋千所荡到的高度与每一次加力是分不开的，任何一次偷懒都会降低你的高度，所以动作虽然简单却依然要一丝不苟地去做。因为卓越来自对小事的训练。

青少年要想早日成功的话，那就从你身边的小事一次一次地不厌其烦地做起吧。

小节不拘也伤大节

在我们的生活中，许多青少年年轻气盛，自恃学识高，缺乏细节思维，不屑做平凡的工作、平凡的小事，在他们心中，想的全是"伟大"的事业，而这些事业终将只有"想"的份，因为不论什么人都要有一种细节思维，不管哪项伟大的事业，都必须从小事、平凡的事中总结经验，从小事中起步。

世界上的大事都是由小事构成的，一件一件小事组成一件大事，就像一个一个零件组成一架航天飞机一样。而一个零件的问题，就可能导致整个飞机的坠毁。就如卡耐基所说："成功的人善于以小见大，从平淡无奇的琐事中参悟深邃的哲理。具备细节思维，他们不会将处理小事当做是一种负累，而把它们当做是一种经验的积累过程，当做是为一番宏图伟业做准备。成功从来就是一个不断积累的过程。看看你周围有没有特别注意小事的人，找到他，并向他靠拢、向他学习，因为连小事都不疏忽的人必定具备细节思维，必定会走向成功。"

纵观一些富人的成功之路，几乎每一个都是从小事做起，从小买卖做起，从小钱赚起。他们都有一个共同的特点，就是都重视身边的小事，具有细节思维。赚小钱还有一个好处，就是积小成大，积少成多，聚沙成塔，时间久了，小钱也会变大钱。

众所周知，日本尼西奇股份公司以小小的尿垫而与松下电器、丰田汽车等世界名牌产品一样著名。尼西奇股份公司原来是一个经营橡胶制品的小厂，订货不多，濒临破产的边缘，然而，小小的尿布却使它起死回生。如今，他们的年销售额为70亿日元，产品不仅占领了国内市场，而且行销世界70多个国家和地区。它们的经商理念是"只要市场需要，小商品同样能做成大生意"。

所以，在平时的处事中，即使是再细小的事情，也要努力地去把它办好。要想做大事最好从小事起步，那样你的人生才会一步一个脚印扎扎实实地累积起来。

细节思维在我们日常生活中的应用是无所不在的。在社交活动中，人们常常忽视一些小的坏习惯，以为无可厚非。其实这种看法是错误的，很多时候，一些被你忽视的小习惯可能损坏你的美好形象，小节不拘伤大节，让人对你退避三舍。因此，青少年朋友一定要重视培养自己的细节思维，注意小节，如果有下列这些不好的习惯，一定要戒除。

1. 当众掏耳和挖鼻

有些手痒的人，只要他看见什么可以用，就会随手取一支来掏耳朵，尤其是在餐厅，大家正在饮茶、吃东西的当儿，掏耳朵的小动作，往往令旁观者感到恶心，这个小动作实在不雅，而且失礼。即使你想洗耳恭听，此时此地也不是时候。同样，用手指挖鼻孔也是非常失礼的动作。

2. 当众打呵欠

当你和朋友在一起谈话的时候，尤其是当你的朋友在滔滔不绝地发表意见时，那时你也许感到疲倦了，你能按捺住性子让自己不打呵欠吗？

打呵欠在社交场合中给人的印象是，表现出你不耐烦了，而不是你疲倦，在与别人交谈时打呵欠会引起他人的不快，所以，一定要控制住自己。

3. 当众剔牙

吃过饭后，谁也免不了会有剔牙的小动作，既然这小动作不能避免，就得注意剔牙时不要露出牙齿，不要把碎屑乱吐一番，不然则是失礼的事情。假如你需要剔牙，最好用左手掩住嘴，头略向侧偏，吐出碎屑时用纸巾接住。

4. 当众双腿抖动

这种小动作多发生在坐着的时候，站立时较为少见。这种小动作，虽然无伤大雅，但由于双腿颤动不停，令对方视线觉得不舒服，而且也给人有情绪不安定的感觉，这也是失礼的表现。同样，让跷起的腿儿钟摆似的打秋千也是相当难看的姿态。

5. 留长指甲和有污垢

留长指甲可能是一种癖好，但也有一些人却疏于修剪，而且也疏于清理指甲内的污垢，这就近于失礼了。当和对方握手、取烟、用筷时，半月形的指甲污垢赫然在目，实在不雅之至！

6. 频频看手表

假如你不是很忙，而且又无其他重要事情，那当你和朋友攀谈时，最好少看自己的手表。这样的小动作会使你的朋友认为你还有什么重要的事情，不会把谈话继续下去；同时，你的小动作可能引起对方的误会，以为你没有耐心再谈下去。

7. 以"喂"来喊人

打电话时，人们为了接通线路，故有"喂"一声，待互通声音以后，照例是"早安"或者是"你好"，然后再说下去。

但是有些人，平时见到朋友也像接电话一样先来"喂"一声，这就有失礼貌了，应该以姓和称呼来招呼对方才对。我们也常见有些人问路，也是"喂"一声，虽然对方是路人，但为了礼貌起见，也得来一声"你好，请问阁下……"

总之，古人那句老话说得很对："勿以恶小而为之，勿以善小而不为。"注重小节，勿让小节损坏了形象。

用心才能做细

青少年都应该知道卢浮宫收藏着莫奈的一幅画，描绘的是女修道院厨房里的情景。画面上正在工作的不是普通的人，而是天使。一个正在架水壶烧水，一个正优雅地提起水桶，另外一个穿着厨衣，伸手去拿盘子——即使日常生活中最平凡的事，也值得天使们全神贯注地去做。

不要忽视任何一个细节，也不要认为小事可以放松。许多小事折射的，往往是一些有关大局的信息。

高桥是一家知名汽车生产公司的总工程师。随着汽车业的日臻成熟，高桥所在的公司扩大了与日本一家生产高档轿车的公司的合作。他此行的目的就是与日方谈判，为他们提供轿车及附件。

日方显得很慎重，派出年轻有为、处事谨慎的副总裁兼技术部课长百惠前去机场迎接。豪华气派的迎宾车就停在机场的到达厅外。高桥办完通关手续，走出大厅，来到举着欢迎他的小牌子的人面前，与百惠一行见面。宾主寒暄几句后，百惠亲自为高桥打开车门，示意请他入座。

高桥刚一落座，便随手"砰"的关上车门，声音极响，百惠甚至看见整个车身都微微颤了一下。百惠不禁愣了一下：是旅途的劳累使高先生情绪不佳，还是繁复的通关手续让他心烦？他可是贵客，得更加小心周到地接待才行。

一路上，百惠一行显得十分热情友好，甚至到了殷勤的程度。迎宾车停在株式会社大厦前的停车坪里，百惠快速下车，小跑着绕过车后，要为高桥开车门。但高桥却已打开车门下车，又随手"砰"的关上车门。这一次，比在机场上车时关得还要响，似乎用的力还要重得多。百惠又愣了一下。

日方安排的洽谈前的考察十分紧张，株式会社董事长兼总裁铃木先生还亲自接见，令高桥感到非常满意。会谈安排在第三天。在接下来的两天里，百惠极尽地主之谊，全程陪同高桥游览东京的名胜古迹和繁华街景，参观公司的生产基地。高桥显得兴致很高，可回到下榻酒店时，他关上车门时又是重重的"砰"的一下。

百惠不禁皱了一下眉。沉吟了片刻，他终于边向高桥鞠躬，边小心地问道："高先生，敝社的安排没什么不妥吧？敝人的接待没什么不周吧？如果有，还望先生海涵。"高桥显然没什么不满意的："百惠先生把什么都考虑得非常周到细致，谢谢。"说这话时，高桥是满脸的真诚，百惠却显得若有所思……

第三天到了，接高桥的车停在株式会社大楼前，他下车后，又是一个重重的

"砰"。百惠暗暗地咬了咬牙，暗中向手下的人吩咐几句后，丢下高桥，径直向董事长办公室走去。高桥正感到有些莫名其妙，百惠的手下客气地将他让到了休息室，说："百惠课长说是有紧急事要与董事长谈，请高先生稍等片刻。"

董事长办公室里，百惠语气严肃地对铃木说："董事长先生，我建议取消与这家公司的合作谈判！至少应该推迟。"

铃木不解地问："为什么？约定的谈判时间就要到了，这样随意取消，没有诚信吧？再说，我们也没有推迟或取消谈判的理由啊。"百惠坚决地说："我对这家公司缺乏信心，看来我们株式会社前不久对该公司的考察走了过场。"铃木是很赏识这个精干务实的年轻人的，听他这么说，便问："何以见得？"

百惠说："这几天我一直陪着这个高总工程师。我发现他多次重重地关上车门，开始我还以为是他在发什么脾气呢，后来才发现，这是他的习惯，这说明他关车门一直如此。他是这家知名汽车公司的高层人员，平时坐的肯定是他们公司生产的好车。他重重关上车门习惯的养成，是因为他们生产的轿车车门用上一段时间后就易出现质量问题，不容易关牢。好车尚且如此，一般的车辆就可想而知了……我们把轿车和附件给他们生产，成本也许会降低很多，但这不等于在砸我们自己的牌子吗？请董事长三思……"

一个关车门的动作，可谓微不足道，相信无论是在生活中还是工作中都不会有人注意它，但恰恰是这种别人眼里的微不足道，被百惠抓到了，并通过进一步地细致分析，揭出了这一习惯性动作背后可能隐藏的深层问题，从而帮助公司避免了可能遭遇的重大损失。

作为新时代的青少年，我们必须把百惠当做榜样，切实做到用心做事。用心做事，就是指用负责、务实的精神去做好每一天中的每一件事；用心做事，就是指不放过任何的一个细节，并能主动地看透细节背后可能潜在的问题；用心做事，就是要让自己比过去做得更好，比别人做得更好。

青少年任何时候都要牢记：只有用心，我们才能做细。

感恩至孝篇

第一章
心中有爱，常怀感恩

让自己有一颗仁爱心

生命的最大价值是向他人施予爱心。这个道理一般要经过一定生命过程的提示，许多人才能认识到。

要养成一种可爱的性格，就要与人交往。你不能一个人过着孤独的生活而还要让别人来喜欢你。你要喜欢别人，你要仔细研究他们、观察他们，对于他们的兴趣、嗜好、希望、惧怕等等，都要了如指掌，而且你对于这些东西都应当表现出很重视的样子。

不要吝啬你的爱心。或许会有极少数的人不喜欢看你几眼，但是绝大多数人对你而言，永远是最重要的，绝大多数的人是不喜欢那些冰冷、自私的人的。

爱自己，也爱别人，才能体现出生命的最大价值。这是追求成功者需要的心态之一。这些良好心态可以巩固和完善我们的优良品格。懂得这一人生秘密的人往往抓住了通行于世界的根本原则，能够认识到世间事物的美好与真实性，并过上一种真实的生活。

我们很难估量施予的心态对我们生命的价值大小。无论发生什么，都应该去直面生命，用健康的、快乐的、乐观的思想去直面生命，都应该满怀希望，坚信生命中充满了阳光雨露。传播成功思想、快乐思想和鼓舞人心的人，无论到哪里都敞开心扉，真诚地爱他人，去宽慰失意的人，安抚受伤的人，激励沮丧泄气的人。他们是世界的救助者，是负担的减轻者。

要学会敞开心扉爱他人，让仁爱心就像玫瑰花儿一样散发芬芳。当关爱的思想治愈疾病、为创伤止痛的时候，当那些与此相反的心态带来痛苦、郁闷和孤独的时候，我们就真正领悟到了博爱的真谛。

一些人多年以来对其他人怀有深深的嫉妒甚至仇恨，尽管他们也许没有意识到这一点，但这种心态使他们无法最充分地展现自己的才能，并因而破坏了他们的幸福。不仅如此，他们还营造了一种充满敌意的氛围，容易使得对他们有成见的人群起而攻之，容易引发冲突，这样，他们的整个一生都因此而受到束缚。

当一个人对他人怀有不友善甚至仇恨的思想时，他就无法做好他的工作。我们的各种能力唯有在身心和谐的情况下才能发挥到最佳的水平。怨愤、嫉妒和仇恨可称得上是毒药，而这些毒药对我们身上那些崇高的东西又是毁灭性的。要记住，我们一定要用博爱的心态去化解敌意，否则，我们便无法做好我们的事业。

对他人怀有仁爱之心，是一种善意的情感。有些人一辈子都少有恼怒，有些人一辈子都保持着心境平和的状态，他们的生活很轻松、快乐、美好和幸福甜蜜。这是因为他们爱天下的人，所以天下的人也爱他们。

有的人，非常无私，慷慨仁慈，交际很广，并且亲切善良，有着高尚的灵魂，总是为他人着想，并且为周围的人所爱戴，他们就像光明使者。这类人生来就是快乐的，无论身处的环境怎样，他们总是高高兴兴的，对任何事情都很满意。在他们的视力所及之处都是愉悦和美丽的。如同蜜蜂从每朵盛开的花朵中采集花粉那样，他们也拥有一种提炼快乐的法术，甚至可以让阴霾的天空充满灿烂的阳光。在病房里，对病人来说，他们常常比医生更有用，比药物更有效。所有的大门都向这些人敞开，他们处处受到人们的欢迎。

常为他人着想的人是迷人的人。我们没必要对如何去感受他的伟大来做一番介绍，如果在一个失意的日子，你在大街上遇见这样的人，你就会觉得心情似乎好多了。

在英国的一所古老的庄园，人们信奉着这样一段话："真正的绅士是上帝的仆人，是世界的主人，是他自己命运的主宰者。美德是他的事业，学习是他的娱乐，知足是他的休息，快乐则是他的回报；上帝是他的父亲，耶稣基督是他的拯救者，圣人是他的教友，而所有需要他的人都是他的朋友；热忱是他的牧师，纯洁是他的侍从，节欲是他的厨师，温和是他的管家，好客是他的仆人，节约是他的出纳，仁慈是他的看门人，谨慎是他的搬运工，虔诚则是他家里的女主人，这些人在最恰当的时候为他服务。这样，他的整个家都是由美德构筑起来的，而他就是这个房子的主人。这样的人必然会将整个世界带上通往天堂的道路。一路之上，他努力着，尽其所能，他给自己带来了灵魂的满足，给他人带来了心灵的快乐。"

仁爱的心使你的人生永不匮乏，帮助你激发力量，战胜困难，超越竞争者，把不可能变成现实。

以友爱的精神对待所有事物

对于那没有理性的动物和一般的事物及对象，由于你有理性而它们没有，你要以一种大方和慷慨的精神对待它们。而对于人来说，由于他们有理性，你要以一种友爱的精神对待他们。在所有的场合都要祷告神灵，不要困窘于你将花多长时间做这事，因为即使如此花去三小时也是足够的。

一个人做适合于一个人做的工作对他就是满足。那么适合于一个人做的工作就是：仁爱地对待他的同类。

正如《沉思录》中所描述的那样：宇宙中有理性的事物如人存在则是为了彼此而存在的，因此人的结构中首要的原则就是友爱原则。这是宇宙赋予人类的本性。而我们的原则也就是要按照自己的本性生活，做本性要我们做的一切。如果一个人连自己的同类都不爱，缺乏最起码的同情和怜悯之心，他就没有资格做人。

而对于那些没有理性的动物和其他一切事物，因为它们是宇宙中的低等事物，是为高等事物服务的，我们就更应该用一种慷慨友善的精神对待它们，就像弘一大师一样。

有一次弘一法师到丰子恺家。丰子恺请他坐在藤椅子里。他没有立即就座，而是先把藤椅子轻轻摇动，然后才慢慢地坐下去，开始时丰子恺心中好奇，却不敢多问。后来见他每次都如此，丰子恺忍不住问了一次。弘一法师回答说："这椅子里头，两根藤之间，也许有小虫伏着。突然坐下去要把它们压死，所以先摇动一下，慢慢地坐下去，好让它们走避。"

人类理应爱与我们息息相关的生命现象，爱这个丰富多彩的世界，爱这个统一和谐的大自然。

1944年冬天，德国纳粹终于被苏军赶出了苏联国土，数以百万计的德国兵成了俘虏。在莫斯科的大街上，每天都有一队队的德国战俘面容憔悴地走过。这时，所有的马路都挤满了人。苏军士兵和警察站在战俘和围观者之间。围观者大部分是妇女。她们当中的每一个人，都是战争的受害者，或者是父亲，或者是兄弟，或者是儿子，都死在了战争中，她们每一个人，都和德国人有着一笔血债。

因此，当俘虏们出现时，她们的双手都攥成了拳头，眼中充满仇恨。士兵和警察们竭力地阻挡着她们，害怕她们控制不住自己的冲动。

这时，令人意想不到的事情发生了：

一位满脸皱纹的妇女，穿着一双战争年代破旧的长筒靴。她走到一个警察身边，希望警察能让她接近俘虏。警察同意了这个老妇人的请求。

她到了俘虏身边，从怀里掏出一个用印花方巾包裹的东西。里面是一块黑面包，她不好意思地把这块黑面包塞到了一个疲惫不堪的、眼神中透着绝望的俘虏的衣袋里。然后她转向身后那些充满仇恨的同胞们，平和而慈祥地说："当这些人手持武器出现在战场上时，他们是敌人。可当被解除了武装出现在街道上时，他们就是和我们一样，具有共同外形和共同人性的人。"

老妇人说完这些，就静静地离开了。但空气在那一瞬间似乎凝住了，不一会儿，很多妇女便拥向俘虏，把面包、香烟等各种东西塞给他们。

德国哲学家史怀哲曾说过，"伦理，不仅与人，而且也与动物有关"。动物不是生来的丑角，它们的存在更不是为了人类一己的生活与娱乐。

要知道，无论是野生扬子鳄、大熊猫这样的"国宝"，还是普通的猫狗，它们都是生态环境中的一员，都是人类的朋友。动物的生存环境说到底也是人类的生存环境，从现代科学的成果所知，人与动物乃是一个"生命共同体"的关系，要么同舟共济，要么唇亡齿寒，只有地球生物永恒的多样性，才有人类社会长久的稳定性，只有学会关爱，才能相伴永远。

既然对待动物要这样，那么对于我们的同类我们更要友爱，对朋友，我们要友善相待，对待敌人，我们也切不可以怨报怨。因为不论是朋友还是敌人，他们都是和我们一样是有理性的。

感恩使人间充满真情

"富可敌国"用来形容比尔·盖茨并不为过，他的财产超过400亿美元，但盖茨夫妇生活很俭朴，他们在西雅图郊区有一座高科技的豪宅。不过去过盖茨家的人介绍，豪宅并不是常人想象的富丽堂皇的样子。"我要把我所赚到的每一笔钱都花得很有价值，不会浪费一分钱。"的确，他将自己挣来的钱用在了最有价值的事业——慈善上。

盖茨在慈善上的作为，用数字就可以说明：迄今为止，他已经向慈善事业捐出了超过290亿美元。"巨额财富对我个人而言，不仅是巨大的权利，也是巨大的义务"，在庆祝自己50岁生日的时候，盖茨当场宣布，他准备把自己的私人基金会财富全部捐献给社会，而不会作为遗产留给自己的儿女。

盖茨的"比尔与梅林达基金会"，目前已成为世界上最大的慈善基金会，它资助医学家着手研究艾滋病、疟疾、肺结核、癌症等疾病的治疗途径，向非洲、亚洲等发展中国家大力捐资；创建更多的面向家庭条件不好的孩子的中学，并且资助贫困的大学生；同时努力让所有的人，不分种族、性别、年龄或贫富，都能从网络上获取信息，扩大互联网的普及；对于盖茨的老家，基金会特别关照当地生活困难的人。

可以想见，分享这位世界首富的财产的，是那些生活在贫困之中的病人、孩子、老人和还用不上互联网的人。他用一个人的力量，改变了地球上绝大多数贫困人的命运，这才是他最了不起的一面。

其实感恩是一种处世哲学，是生活中的大智慧。人生在世，不可能一帆风顺，种种失败、无奈都需要我们勇敢地面对，豁达地处理。感恩不纯粹是一种心理安慰，也不是对现实的逃避，更不是阿Q的精神胜利法。感恩，是一种歌唱生活的方式，它来自对生活的爱与希望。其实，生活中处处都有感恩之心存在，只要我们善于发现，让我们重温一下2005年1月16日晚的情景吧：

徐本禹来到中央电视台2004"感动中国"年度人物颁奖典礼现场。全场掌声雷动，泪光闪闪。他的颁奖词这样写道："在熙熙攘攘的城市里，他离开了；在贫穷的小山村，他到来了。他放弃了读研的机会，只为兑现一个对山区孩子的承诺，只为大山里那份深切的渴望。在大山深处，他用一个刚刚毕业的大学生稚嫩的肩膀，扛住了倾颓的教室。也许一个人的力量还不能让孩子的眼睛充满阳光，爱被期待着。如果说眼泪是一种财富，他是一个富有的人。在过去的一年里，他让我们泪流满面。他点燃的火把，刺痛着我们的眼睛。我们为他的平凡而感动，为他的质朴而震撼。徐本禹的出现让人们看到了青年人的希望，中国的希望。"

徐本禹出生在山东聊城郑家镇前景屯村一个贫寒农家。1999年初秋，当他揣着大学录取通知书，走进梦寐以求的华中农业大学校园时，心里是忐忑的、茫然的。他知道知识可以改变贫穷，却不知道自己能否顺利念完大学。在大学里，徐本禹在课余时间勤工俭学，从得到第一笔勤工助学报酬开始，徐本禹就不断得到党团组织和老师同学在经济上、生活上、思想上、学习上的帮助。这些爱的甘露滋养了徐本禹的心灵，他一遍又一遍地对自己说："别人帮助了我，我一定要帮助别人。""别人给了我一碗饭，我要还别人一碗肉！"

滴水之恩当涌泉相报。2000年的春天，学校发给他400元特困补助，他拿出200元钱捐给了"保护母亲河绿色希望工程"，还把100元钱捐给了山东聊城师范学院一名特困生。

2001年3月，徐本禹因向"保护母亲河绿色希望工程"捐款，成为湖北电视台《幸运地球村》节目的嘉宾。香港凤凰卫视的主持人许戈辉了解到他是特困生，就在节目录完后给了他一个信封。坐在回校的公交车上，他打开一看，里面有 500 元钱。他后来说："我无法说出我当时的心情，自己给予社会的是那么少，社会给予我的却是那么多！"回到学校后，他把其中的 200 元钱给了班上一名家庭条件很差的同学，100 元寄给了山东聊城师范学院那个他曾资助过的特困生，100 元钱寄给了湖北沙市孤儿许星星。

徐本禹在大学期间究竟帮助过多少人，连最了解他的老师和同学都说不清。辅导员陈曙说："他还为别人献过血，捐过骨髓，他做的好事，我们知道的只是冰山一角。"

徐本禹正是怀着一颗感恩的心，对待帮助过他的人，对待让他体味到人间真情的这个社会。因此，我们要用感恩的心去看待生活，去帮助每一位需要帮助的人，帮助他们走出不公平的生活困境。像比尔盖茨和徐本禹那样，常怀感恩之心，对别人、对生活就会少一分挑剔，多一分欣赏。

懂得感恩的人才更快乐

1620 年，一百多位清教徒乘坐"五月花"号船到美国去寻求宗教自由。在寒冷的 11 月，他们在现在是马萨诸塞州的普利茅斯登陆。在第一个冬天里，他们受尽苦难，半数以上的移民死于饥饿和传染病，到春天来临时，只剩下 50 多人存活。善良的印第安人给移民们送来了生活必需品，还教他们怎样狩猎、捕鱼和种植。第二年他们获得了丰收。为了感谢上帝的恩典和印第安人的帮助，大家决定要选一个日子来感谢这一切。1789 年，华盛顿总统在就职声明中宣布感恩节为美国正式节日。1863 年，美国总统林肯又宣布每年 11 月的最后一个星期四为感恩节。1941 年，美国国会通过每年 11 月的第四个星期四为感恩节。于是，在美国，感恩节以法律的形式固定下来。

感恩节的意思是感谢给予的日子。在这个世界上，你所感恩的事情越多，你得到的也就越多。

如果你想拥有美好的人生，那就常怀一颗感恩的心吧！家人的健康平安，朋友不间断的关爱，每天在知识上的进步……每一点变化都值得我们怀着感恩的心情来回忆。也许你会为早晨能从舒适的床上悠悠醒来，并且有早餐可吃而心存感激；也许你为经历了种种自我毁灭的行径之后，仍能存活至今而感激不已。不要保留，就让自己在感恩的洪流里奔跑吧，人生的快乐就在其中。

在一个小镇上，饥荒让所有贫困的家庭都面临着危机。小镇上最富有的人要数面包师卡尔了，他是个好心人。为了帮助人们渡过饥荒，他把小镇上最穷的 20 个孩子叫来，允许他们每人每天拿一块面包。

那些饥饿的孩子争先恐后地去抢篮子里的大块面包，甚至大打出手。他们根本没想到要感谢这个好心的面包师。

面包师注意到一个叫格雷奇的小女孩儿，她每次都在别人抢完以后，才到篮子里去拿最后的一小块面包，她总会记得感谢卡尔为自己提供食物。面包师已经猜到女孩是回家与家人一起分享面包。

第二天，可怜的格雷奇最后只得到了昨天一半大小的面包，但她仍然很高兴。她道谢后，拿着面包回家了。当妈妈掰开面包的时候，一个闪耀着光芒的金币从面包里掉了出来。女孩决定把金币送回去。

小女孩儿拿着金币来到了面包师家里，对他说："先生，您一定是不小心把金币掉进了面包里，现在我把它给您送回来了。"

面包师微笑着说："不，孩子，我是故意把这块金币放进最小的面包里的。这个金币是一个善良感恩的孩子应该得到的奖赏。是你选择了它，现在这块金币属于你了。希望你永远都能像现在这样知足、文雅地生活，用感恩的心去面对每一件事。"

如果你觉得自己的生命中没有值得感谢的人，那你的生活一定不会很愉快。其实，就算你是一个聪明的孩子，一个讨人喜欢的人，也并不代表这一切都是你自己的功劳。如果没有周围的成长环境，没有那些供我们使用的书籍，我们是很难有所进步的。懂得感恩，不仅是因为我们必须感恩，更因为感恩能让我们变得更加快乐。

一位教授到一所幼儿园参观。他决定在课堂上随便问几个问题，训练一下孩子们的语言表达能力。

"感恩节快到了，孩子们，能不能告诉我，你们将要感谢什么呢？"

"琳达，你要感谢什么？"

"我的妈妈天天很早起来给我做早饭，我在感恩节那天一定要感谢她。"

"嗯，不错。彼得，你呢？"

"我的爸爸今年教会了我打棒球，所以我特别想感谢他。"

"嗯，很好！玛丽？"

"学校的守门人虽然很孤单，没有多少人关心她，但她却把关怀的微笑送给我们每一个孩子。我要在感恩节那天给她送一束花。"

"很好！杰克，轮到你了。"

"我们每年感恩节都要吃火鸡，人们只是大口大口地吃火鸡，却从不想一想火鸡是多么的可怜。感恩节那天，会有多少只火鸡被杀掉呀……"

"我觉得你跑题了，杰克。"

杰克向四周望了一眼，然后，胸有成竹地说："我要感谢上帝，没有让我变成一只火鸡。"

快乐触手可及，快乐的真谛是发现你拥有的快乐，并且享受它。不快乐通常是由不知足造成的，欲望太多而得不到满足就会心生怨愤。抛开一切杂念，只想已得到的美好，对已拥有的充满感激，快乐的盛宴就会出现。

珍惜自己拥有的一切

一个幸福的人应当懂得珍惜自己拥有的一切。戴尔·卡耐基曾引用过一句极富智慧的话："生命中只有两个目标：其一，追求你所要的；其二，享受你所追求到的。只有最聪明的人可以达到第二个目标。"

卡耐基的国学著作中有这样一个十分感人的故事。故事的主人公是一位名叫波姬儿的女教授，她是一位充满勇气、坚强达观的女性，她写过一本自传体的书，书名叫《我希望能看见》。

她在书中叙述道："我有一只眼睛，却又布满伤痕，只能奋力通过眼睛左边的一小部分看东西。念书的时候，我得把书本举到眼前，并且用力把眼珠挤到左边去。"可是她拒绝接受别人的怜悯，不愿意别人认为她"异乎常人"。

小时候，她渴望和小朋友做游戏，但苦于看不清地上画的线。当别的孩子回家后，她趴在地上认准地上的线，等下次再和小伙伴玩。

她在家里看书，把印着大字的书靠近她的脸，眼睫毛都碰到书页上。她得到两个学位：先在明尼苏达州立大学得到学士学位，再在哥伦比亚大学得到硕士学位。

她开始教书的时候，是在明尼苏达州双谷的一个小村子里，然后渐渐升到南德可塔州奥格塔那学院的新闻学和文学教授。她在那里教了13年，也在很多妇女俱乐部发表演说，还在电台主持谈书本和作者的节目。"在我的脑海深处，"她写着，"常常怀着一种怕会完全失明的恐惧，为了要克服这种恐惧，我对生活采取了一种很快活而近乎戏谑的态度。"

1943年，波姬儿已是52岁的老妇，奇迹出现了！著名的"美友医院"为她动了一次成功的手术，她看得见了，比她以前所能看到的还要清楚几十倍！

一个崭新的、令人兴奋的可爱世界呈现在她眼前。现在，她甚至在厨房水槽洗碗的时候，都会有战栗的感觉。

"我开始玩着洗碗盆里的肥皂泡沫，"她写着，"我把手伸进去，抓起一大把小小的肥皂泡沫，我把它们迎着光举起来。在每一个肥皂泡沫里，我都能看到一道小小彩虹闪出来的明亮色彩。"

在常人看来，波姬儿是不幸的，然而她自己却觉得自己是一个很幸福的人，甚至在厨房洗碗的时候，也会因兴奋而战栗，所有这一切都是因为她是一个懂得感恩的人，总是努力享受自己已经拥有的东西，而不去想自己没有或者已经失去的东西。

我们要珍惜自己所拥有的一切，学会感恩。在我们的生活当中，有太多的人吝啬于感恩，他们把自己今天所拥有的一切视为理所当然。认为这一切都是自己努力得来的，与他人无关。

事实上，一个人成功是靠别人，而不是靠自己。有了别人的帮助就要感谢别人。

一个人要想快乐和幸福，就要懂得珍惜自己所拥有的一切。

有一个天使喜欢带给别人快乐。因此，他经常到凡间帮助人，希望别人能够感受到快乐的味道。

有一天，他遇到一个烦恼的农夫，他向天使诉苦说："我家的水牛刚死了，没它帮忙犁田，那我怎能下田作业呢？"于是天使赐他一头健壮的水牛，农夫很高兴，天使也在他身上感受到了快乐。

又一天，他遇见一个男子，这位沮丧的男子向天使诉说："我的钱被骗光了，没法回乡。"

于是天使给他银两做路费，男子很高兴，天使同样在他身上也感受到了快乐。

又一天，他遇见一个诗人，诗人年轻、英俊、有才华且富有，妻子貌美而温柔，但他却过得不快乐。

天使问他："你不快乐吗？我能帮你吗？"

诗人对天使说："我什么都有，只欠一样东西，你能够给我吗？"

天使回答说："可以。你要什么我都可以给你。"

诗人直直地望着天使："我要的是快乐。"这下把天使难倒了，天使想了想，说："我明白了。"然后把诗人所拥有的都拿走了。天使拿走诗人的才华，毁去他的容貌，夺去他的财产和他妻子的性命。天使做完这些事后，便离去了。

一个月后，天使再回到诗人的身边，他那时饿得半死，衣衫褴褛地躺在地上挣扎。于是，天使把他的一切又还给他，然后，又离去了。

半个月后，天使再去看诗人。这次，诗人搂着妻子，不停地向天使道谢。因为他得到快乐了。

生活中大多数人都是这样，往往要等到拥有的失去了，才会懂得珍惜。其实，幸福就在我们身边，只要我们懂得珍惜身边的点滴小事，从一些平凡的小事中去寻找感动，快乐就会围绕在我们身边。

常怀一颗感恩的心

一位穷苦的学生为了凑足学费，在外面挨家挨户地推销商品。由于他一心一意想凑足学费而不想多花钱，于是他决定硬着头皮向人讨些食物。

他敲了一户人家的门，开门的是一个小女孩，他一看便失去了勇气，心想：天下哪有大男生跟小女孩讨东西吃的？于是他只要了一杯开水解渴。

小女孩看得出他非常饥饿，于是拿了一杯开水与几块面包给他。他很快把食物接过来，狼吞虎咽地吃着，一旁的她看到他这种吃法，不禁偷偷地笑着。

吃完后，他很感激地说："谢谢你，我应该给你多少钱？"

她傻傻地笑着说："不必啦，这些食物我们家很多。"

他觉得自己很幸运，在陌生的地方还能受到他人如此温馨的照料。

多年以后，小女孩感染了罕见的疾病，许多医生都束手无策。女孩的家人听说有一个医生的医术高明，找他看看或许有治愈的机会，便赶紧带她去接受治疗。就在医生的全力医治和长期的护理下，小女孩终于恢复了往日的健康。

出院那天，护士交给她医疗费用账单，她几乎没有勇气打开来看，心中知道可能要一辈子辛苦工作，才还得起这笔医疗费。最后她还是打开了，看到签名栏写了以下这段话：

"一杯开水与几块面包，足够偿还所有的医疗费。"

她眼里含着泪水，终于明白，原来主治医生就是当年那个穷学生。

稍有良知的人，应当意识到生活的赐予有多丰厚，而应当真正地谦逊起来，感激别人的任何恩情。人与人之间存在"互酬互动效应"，即你如何对别人，别人也以同样的方式给予回报。

感恩既是一种良好的心态，又是一种奉献精神。如果你对别人的帮助表示一下谢意，那么彼此的关系就会因此而发生变化，彼此之间的距离也缩短了，感情就有了呼应和共鸣。对方在兴奋欢悦之余会给予更多的关照，更好的回报，这样交际气氛就会更加友好和谐。

一个名牌大学的毕业生应聘于一家大公司。老板审视着他的脸，出人意料地问："你替父母洗过澡擦过身吗？""从来没有过。"青年很老实地回答。"那么，你替父母捶过背吗？"青年想了想："有过，那是我在读小学的时候，那次母亲还给了我10元钱。"

谈话的最后，老板对他说："明天这个时候，请你再来一次。不过有一个条件，刚才你说从来没有替父母擦过身，明天来这里之前，希望你一定要为父母擦一次。能做到吗？"青年以为这是一项测试，一口答应。

青年虽大学毕业，但家境贫寒。他出生不久父亲便去世，从此，母亲为人做佣人拼命挣钱。孩子渐渐长大，学习成绩优异，考进名牌大学。学费虽令人生畏，但母亲毫无怨言，继续帮佣供他上学。直至今日，母亲还去做佣人，青年到家时母亲还没有回来。母亲出门在外，脚一定很脏，他决定替母亲洗脚。

母亲回来后，见儿子要替她洗脚，感到很奇怪："脚，我还洗得动，我自己来洗吧。"青年将自己必须替母亲洗脚的原因一说，母亲很理解，便按儿子的要求坐下，等儿子端来水盆，把脚伸进水盆里。

青年右手拿着毛巾，左手去握母亲的脚，他这才发现母亲的那双脚已经像木棒一样僵硬，他不由得搂着母亲的脚潸然泪下。在读书时，他心安理得地花着母亲如期送来的学费和零花钱，现在他才知道，那些钱是母亲的血汗钱。

第二天，青年如约去那家公司，对老板说："现在我才知道母亲为我受了很大的苦，你使我明白了在学校里没有学过的道理，谢谢你！如果不是你，我还从来没有握过母亲的脚，我只有母亲一个亲人，我要照顾好母亲，再不能让她受苦了。"

老板点了点头，说："你明天到公司上班吧。"

感恩是爱的根源，也是快乐的必要条件。如果我们对生命中所拥有的一切能心存感激，便能体会到人生的快乐、人间的温暖以及人生的价值。班尼迪克特说："受人恩惠，不是美德，报恩才是。当他积极投入感恩的工作时，美德就产生了。"

一个懂得感恩的人，当他意识到上天的赐予有多丰厚时，他会真正地满足和快乐起来。他感激别人对他的生活所做的贡献。任何人以自己的成功为荣时，都应该想起他从上天和别人处接受的东西有多少。这样他就不会为所失耿耿于怀，相反，他会为他所拥有的欢呼不已。

在这个世界上，你所感恩的事情会越来越多，你所认为理所当然的事情会越来越少。让我们培养凡事感谢的态度。感谢所有曾经帮助过你的人，感谢你身边所有的人。

你感谢的事情越多，你得到的也就越多。

世界上最大的悲剧是一个人大言不惭地说："没人给过我任何东西！"这种人不论生活贫穷还是富有，他的灵魂一定是贫乏的。

第二章
感恩父母，你们辛苦了

爱的星光让生命更加绚丽

12岁的鲁本是一个小学生。这天他从一家商店经过时，橱窗里的一件商品使他怦然心动。可对这个孩子来说，这件标价5美元的东西实在是太贵了，因为这笔钱相当于他们全家人一周的开支。

虽说眼下自己身无分文，可鲁本还是推开这家商店的门走了进去，然后他说："我想买橱窗内的那件商品，不过，我现在没有钱，请您先别卖给别人，给我留着好吗？"

"行。"店主微笑着对他说。鲁本很有礼貌地告别店主，走出了商店。

他走着走着，突然从旁边一条小巷子里传来一阵敲打钉子的声音。鲁本循声朝施工场地走。当地居民正在盖自己的住房，他们每用完一小麻袋钉子，就顺手把装钉子的麻袋给扔了。他早就听说有家工厂回收这种袋子，于是，他从这个工地捡了两条拿去卖了。在回家的路上，他的小手里一直紧紧拿着两枚5美分硬币，生怕掉了。鲁本把两枚硬币放在铁盒里，藏在他家粮仓内的干草垛底下。

吃晚饭时，鲁本走进厨房。父亲正在补缀渔网，母亲已经摆好饭菜。虽然母亲一天到晚忙忙碌碌地洗衣做饭，耕地种菜，还得抽空儿给羊挤奶，可她总是乐呵呵的。

每天下午放学，鲁本总是先做家庭作业，并干完母亲交给他的家务活儿，然后一日不辍地到大街小巷去捡装钉子的麻袋。尽管不时受到饥寒困乏的折磨，可小鲁本依旧日复一日地走街串巷捡麻袋，因为购买橱窗内那件商品的强烈愿望始终激励着他，赋予他勇气和力量。

第二年5月的第二个星期天，他把藏在粮仓草垛底下的小铁盒取出来，用发抖的手小心地将里面的硬币倒出来，仔细数了一遍，仍不放心，又认真数了一遍。哇，只差20美分就凑够5美元啦！于是，他祈祷上帝保佑自己傍晚前能捡到对他来说至关重要的4条麻袋。随后，他把装钱的铁盒儿藏好，急匆匆地去寻找麻袋。夕阳逐渐西下时，他手拿麻袋一溜烟儿赶到那家工厂。此时，负责回收麻袋的人正准备关闭厂门。

鲁本心急火燎地冲他喊道:"先生,请您先别关门!"那人转过身来,对脏分分的小鲁本说:"明天再来吧,孩子!""求求您啦,我今天说什么也得把这4条麻袋卖掉,我求求您啦!"耳闻孩子颤抖的哀求声,目睹孩子满含泪水的双眼,这个人不禁动了恻隐之心。"你干吗这么急着要钱?"那人好奇地问。"这是一个秘密,对不起,不能告诉您!"鲁本不肯泄露天机。

拿到4枚五分硬币后,鲁本含糊不清地向回收麻袋的人道了一声谢,便飞也似的跑回粮仓,取出铁盒儿,继而又飞跑到那家商店,二话没说便把所有硬币倒在柜台上。

鲁本汗流浃背地跑回家,撞开房门,冲了进去。"到这儿来一下,妈妈,请您赶快过来一下!"他扯着嗓子朝正在收拾厨房的母亲喊道。母亲刚一走到他的眼前,他便迫不及待地将自己用一年多的心血换来的珍宝放在妈妈的手里。妈妈轻轻打开包装纸,里面包着一个蓝天鹅绒首饰盒,盒内放着一枚心形胸针,上面镶着两个灿烂炫目的镀金大字"妈妈"。看到儿子在母亲节——5月的第二个星期天送给自己如此贵重的礼物,除了结婚戒指外没有任何贵重首饰的她热泪夺眶而出,一把将儿子紧紧搂在怀里……

亲情的力量能够支撑我们走得更远,在亲情面前,一切困难将烟消云散,化为虚无。父母之爱是报答不尽的,但我们可以做一些我们力所能及的事情,给爸爸、给妈妈一个意外的惊喜,让亲情之花盛开,让我们的生命更加绚丽。

孝顺是一种美德

在我国古代,有一首《劝孝歌》,里面有两句话:"人不孝其亲,不如禽与兽。"语句虽然直白,但说出一个真理:孝是一切道德的根源,是一个人为人处世的根本,也是做人的基本要求,也就是说,百善孝为先。

孝是中华民族流传百世的美德,在我国历史上有很多孝敬父母的例子:

汉朝的时候,有个少年叫黄香。他总是主动地帮父亲做家务,邻居都夸他是个懂事的好孩子。黄香9岁那年的夏季,父亲得了一场重病,卧床不起。小黄香十分着急,跑了很远的路请来大夫为父亲治病。

大夫开了药方,小黄香又亲自抓药和煎药,然后一口一口地喂给父亲吃。

到了晚上,小黄香怕飞来飞去的蚊虫影响父亲休息,便搬来一只小板凳,坐在床边替父亲扇扇子,驱赶蚊蝇,扇凉,直到天亮。

第二天晚上,父亲怕小黄香熬坏了身体,关切地说:"孩子,我好多了,你去睡一会儿吧。"小黄香却执意不肯,说:"以前我生病时,您也是这样照顾我的,现在您病还没好，我怎么睡得着呢!"

在小黄香的精心护理下，父亲的病很快就痊愈了，可是小黄香却累瘦了。

父亲把黄香紧紧搂在怀里，流下了眼泪："真是辛苦你了!"

黄香长大以后，被朝廷选为孝廉（孝顺廉洁的人），做了大官。他对待百姓十分仁厚，受到了大家的颂扬。

在人的成长过程中，每一步都离不开父母的关怀。懂事的孩子要多替父母着想。孝敬父母是我们做人的根本，也是我们做人最起码的品德。

相传我国伟大的思想家、教育家孔子一生弟子三千，其中贤弟子七十二。这七十二人中又有一个叫子路的人，在所有弟子当中，他尤其以勇猛耿直闻名，而其自幼的孝行也常为孔子所称赞。

子路小的时候家里很穷，一家人时常在外面采集野菜充饥。有一次，子路年迈苍苍的父母许久没有吃过饱饭了，总念叨着什么时候能吃上一顿米饭该多好啊! 可是家里一点米也没有了。子路看在眼里，急在心里：这可怎么办啊? 子路突然想起山那边舅舅家里还比较富足，要是翻过那几道山梁到他家借点米，他们心疼我，就一定肯借，那父母的这点要求不就可以满足了吗?

于是，小子路打定主意出发了。他不顾山高路远，翻山越岭走了几十里路，从舅舅家借到一小袋米，又马不停蹄地往家赶。夜里看着满天的繁星，一个人走在漆黑的山路还真有点害怕，可想到父母还在家里等着自己，小子路又鼓起勇气，大步流星地朝前赶去。回到家里，生火、洗锅、打水，蒸熟了米饭，自己一口也舍不得吃，连忙捧给了父母。看到父母吃上了香喷喷的米饭，子路忘记了一切疲劳，开心地笑了。

父母去世以后，子路南游到楚国。楚王非常敬佩和仰慕他的学问和人品，给子路加官晋爵，此后子路家中车马百辆，余粮万钟（古代容量单位），不愁吃不愁喝。但是子路总是不能忘怀昔日父母的劳苦，感叹说："如果父母还在世就好了，就算要同以前一样吃野菜，再要我到百里之外的地方背米回来赡养父母双亲也好啊!"

当老师孔子得知子路如此思念父母，并一再为父母生前无法尽心尽力奉养他们而自责，便劝慰子路说："你在父母生前已经尽孝了。父母过世的时候，虽然后事无法用优厚的丧礼操办，可你的孝心父母已经感受到了，你也已经尽了为人子女应有的礼节。你不必内疚，而且完全可以称作是天下做子女的楷模!"

中国有一句古语："百善孝为先。"意思是说，孝敬父母是在各种美德中占第一位的。如果一个人连孝敬父母都不知道，就很难想象他会热爱自己的祖国和人民。古人说："老吾老，以及人之老；幼吾幼，以及人之幼。"我们不仅要孝敬自己的父母，还应当尊敬别的老人，爱护年幼的孩子，在社会上形成尊老爱幼的淳厚民风，是新时代青少年应有的责任。

做一个"恋家"的孩子

在雅典奥运会上，刘翔以 12 秒 91 的惊人速度夺得男子 110 米栏冠军，一下子成为世界瞩目的体坛新星。但在家人眼中，他一直是个孝顺、恋家的孩子。

在刘翔 9 岁时，有一天，妈妈下班后和同事一起去浴室洗澡，忘记了和家人打一声招呼。结果一踏进家门，看见儿子正号啕大哭："我和爸爸急死了呀，到处找不着你，平时你 5 点就能到家的。我一个人脑子里就瞎想了。"他一边说着，咧开嘴又伤心地哭了。

在刘翔小的时候，父母工作都很忙，因此小刘翔就和爷爷、奶奶住在一起，和奶奶的亲密胜过了父母。2001 年刘翔参加世界大学生运动会前，奶奶鼓励他说拿回金牌来给奶奶看看，刘翔顽皮地说："您放心，我一定拿一块回来给您戴上。"然而就在他高高兴兴要出发的前几天，奶奶被确诊得了胰腺癌。刘翔带着悲伤离开上海。他暗下决心，为了奶奶也得赢回这块金牌。果然，他夺得了大运会 110 米栏冠军。回到上海，他下了火车就直奔医院。在病房里，他轻轻地扶奶奶坐起来，小心翼翼地把金牌挂在奶奶脖子上，他怕奖牌太重，还用手一直托在下边，亲切地说："奶奶，我拿金牌回来了。"老人欣慰地点了点头，落了泪。接着，九运会赛期将至，刘翔在登上开往广州列车的那天晚上，和父母一同去医院看望奶奶。然而，当他带着九运会 110 米栏的金牌回来时，奶奶已经去世了。他悲痛难忍，哭了整整一个晚上。他向冥冥之中的奶奶发誓：一定要尽快冲出亚洲，走向世界，拿很多很多的金牌告慰您老人家！

刘翔以行动实现了自己的誓言，2002 年亚锦赛男子 110 米栏冠军。2004 年世界室内田径锦标赛，刘翔两次打破男子 60 米栏的亚洲室内纪录并夺得亚军，再次书写了中国田径历史。

成了世界冠军，刘翔依然是个恋家的懂事孩子。他曾对父亲说："我在外面，时常想听听你们的声音，那是对我最好的安慰。我也想随时知道你们以及爷爷在家中的情况，以免担心。"每次出国比赛回家，行李里总装满了给父母的礼物。

刘翔是一个出色的运动员，他用他的成绩为祖国的体育事业增添了荣誉，同时，他也是一个心系家人，时刻关心和牵挂着自己父母的孩子。中国有一句古话叫做：好男儿志在四方，但也不能因为学习或者事业而忘了自己的父母，正是由于他们的辛勤哺育和鼓励，才有了我们今天的成绩，因此我们无论多忙，一定要抽空多陪陪父母。在精神上多多关怀和陪伴老人。

实际上，做儿女的都希望能够为自己的父母多尽点孝心来回报他们的养育之恩。如今晚辈对父母和长辈的孝敬之举可谓多种多样，有给老人送钱的，有送保健品的，这些可称为物质方面的孝敬。当人们在一起谈论起各家儿女孝敬父母的做法时，也都是往往谈物质的多，谈精神的少。

"精神孝敬"的说法虽有些不很准确，但在我们日常生活中随处都可以体验到。比如说，独住老人常有思念儿女之心，子女只要抽空常回家看一下，听听父母的唠叨，便可消除老人心中的惦记之苦；如果有时间陪父母散散步也很好，散步有益于老年人的身体健康；休假时可依据父母的兴趣爱好，和父母一起打会儿扑克、下一盘象棋等等，都能使老人享受到精神上的孝敬之情。

遗憾的是现在有些人由于"代沟论"作祟，厌烦老人絮叨，不愿意与老人沟通、交流，让老人倍感老来孤独。要知道，老人把子女养育成人付出了很多辛劳，子女不管做什么工作，都应该在关照好老人必要的物质生活的同时，多尽些精神方面的孝心。有空就陪父母叙叙家常，跟他们聊聊天，做一个恋家的孩子，这是现在社会孝敬父母的一项重要内容。

亲情让心灵的土壤更富饶

在生活中，无论我们遇到什么，我们应该知道，我们的枕头下有一份宁静的信念——亲情。这种持久不变、无条件的关爱，会改变生活上的任何困境。亲情常常会以爱的形式让人的心灵相通，让人的心灵不禁为之一振。

圣诞节时，保罗的哥哥送他一辆新车。圣诞节当天，保罗离开办公室时，一个男孩绕着那辆闪闪发亮的新车，十分赞叹地问："先生，这是你的车？"

保罗点点头："这是我哥哥送给我的圣诞节礼物。"男孩满脸惊讶，支支吾吾地说："你是说这是你哥哥送的礼物，没花你半毛钱？我也好希望能……"

保罗以为他是希望能有个送他车子的哥哥，但那男孩所谈的却让保罗十分震撼。

"我希望自己能成为送车给弟弟的哥哥。"男孩继续说。

保罗惊愕地看着那男孩，冲口而出地邀请他："你要不要坐我的车去兜风？"

男孩兴高采烈地坐上车，绕了一小段路之后，那孩子眼中充满兴奋地说："先生，你能不能把车子开到我家门前？"

保罗微笑，他心想那男孩必定是要向邻居炫耀，让大家知道他坐了一部大车子回家。没想到保罗这次又猜错了。"你能不能把车子停在那两个阶梯前？"男孩要求。

男孩跑上了阶梯，过了一会儿保罗听到他回来的声音，但动作似乎有些缓慢。原来他带着跛脚的弟弟出来，将他安置在台阶上，紧紧地抱着他，指着那辆新车。

只听那男孩告诉弟弟："你看，这就是我刚才在楼上告诉你的那辆新车。这是保罗他哥哥送给他的哦！将来我也会送给你一辆这样的车，到时候你便能去看看那些挂在窗口的圣诞节漂亮饰品了。"

保罗走下车子，将跛脚男孩抱到车子的前座。满眼闪亮的大男孩也爬上车子，坐在弟弟的旁边。就这样他们三人开始了一次令人难忘的假日兜风。

那一次的圣诞夜，保罗真正体会到，只要有亲情，就会有快乐。

小男孩简单真挚的话语，相信给了很多人莫大的感触和启发。亲情是每个人都应该具备的一种感情，它不仅仅是快乐的源泉，而且还是难能可贵千金不换的宝物。

动物王国的"快乐酒吧"里，一年老的侍者猩猩问每晚必来喝上两杯的小象："孩子，你每晚都来泡吧，难道就没想过回家陪父母过一晚吗？"

"陪他们？"小象一甩鼻子说："我还真没想过，再说，也没有必要，它们在家有吃有喝的，用不着我担心啊！"

"虽然有吃有喝，我想它们肯定希望你能常回家看看。"

"我每个月都给它们足够多的钱，用不着经常回家。"

"可是，钱归钱，金钱能替代亲情吗？"

的确，金钱替代不了亲情！

我们敢肯定，天下为父母者，宁愿常常看到回家的儿女，而不是代替他们的一张张钞票。

在这世间，没有什么比亲情更可贵，亲情高于一切，胜过一切。漠视亲情，不体谅父母的年轻人也许不是很多，但是，我们不希望你也成为他们中的一员。

常回家看看，陪父母聊聊天，为他们亲自洗一次脚，捶一次背，这一切对于父母来说，比金钱更珍贵，更能让他们体验到生活的快乐、幸福。

人，不光需要财富，更离不开亲情和爱。人是有感情的动物，小气冷漠，只会割断亲情，使自己成为孤家寡人。

金钱固然重要，但如果因为索取金钱而抛弃亲情，则金钱带来的满足绝不会持久。能够持久地使人身心健康，愉快自如地应付生活中的一切挑战的，唯有亲情所赋予的力量。

亲情是最大的财富，是最有力的支持与保障。没有亲情的人生，不是真正的人生。有了亲情，即便贫困、残疾，也能坚强面对。

有了亲情，家才是温馨的港湾，在遭遇恶劣天气或意外打击时，我们只想朝家飞奔，在走过流浪汉的身边时，我们更加向往家的温暖与安全。

亲人之间的相互关爱、支持、鼓励，使我们乐观地面对失意和不幸，使我们勇攀事业的高峰，使我们畅享人生的丰盈。

家，其实是最舒服、安全、稳定和快乐的地方，我们每个人都在为有家而感到幸福。家庭的温馨和亲情的馥郁，永远都是我们最渴望、最迷恋的生活内容。把更多的时间花在与家人的共处上，体会、感受亲情的温暖和快乐，给予亲人尽可能的爱，让彼此的心灵相通，这对任何一个有家的人都很必要。

孝敬父母是你最大的特长

比尔·盖茨说过："在这个世界上，什么事情都可以等待，只有孝顺是不能等待的。"我们中国有句老话"子欲养而亲不待"说的也正是同样的一个道理：孝敬父母，要从当下开始。

村子外，有三个妈妈在井边打水，井边坐着一位老人。

她们闲聊的时候，一个妈妈对另一个说道：

"我的儿子很聪明机灵，力气又大，同学之中谁也比不上他。"

另一个妈妈说："我的儿子擅长唱歌，歌声像夜莺一样悦耳，谁也没有他这样好的歌喉。"

第三个妈妈看着自己的水桶默不作声。

"你为什么不谈谈自己的儿子呢？"两个邻居问她。

"有什么好说的呢？"她叹口气说，"我儿子什么特长也没有！"

说完，她们装满水桶，提着走了。老人也跟着她们走去。水桶很重，她们走得很慢，不时地停下来休息一下。

这时，迎面跑来了三个放学的男孩，一个孩子翻着跟头，他母亲露出欣赏的神色。另一个孩子像夜莺一般欢唱着，几个母亲都凝神倾听。第三个孩子跑到母亲跟前，从她手里接过两只沉重的水桶，提着走了。

妇女们问老人道：

"老人家，怎么样？你看看我们的儿子怎么样？"

"哦，他们在哪儿呢？"老人回答道，"我只看到一个提着水的儿子啊！"

第三位母亲感叹自己的儿子没有特长，可是她忘记了，孝敬父母就是最大的特长。

孝敬父母应当体现在日常的行动中。帮父母做一些力所能及的事情，哪怕是一件很细微的事情也可以体现我们的爱心。如果孩子缺乏行动，他即便有再出众的才华、再强大的力量也无法报答父母的养育之恩。

最受人尊敬的特蕾莎修女不止一次地对人说："爱源自家庭。今天的世界，每一个人都极度忙碌，渴求更大的发展和追求更多的财富等，以致做子女的腾不出时间去关怀父母，做父母的也没有时间彼此关心。这导致家庭生活瓦解，直接扰乱着这个和谐的世界。"

在诺贝尔和平奖的颁奖大会上，特蕾莎修女告诉人们："我永远也不会忘记曾经访问过的一家养老院。这家养老院里的老人都是儿女将他们送来的。尽管这里的生活用品一应俱全，甚至还有点奢华，但是这些老年人却都坐在院子里，眼睛盯着大门看。他们的脸上没有一丝笑容。我转向一位老姐姐，问她：'这是怎么回事？为什么这些衣食不愁的人总是望着大门？为什么他们脸上没有笑容？'

我已经太习惯看到人们脸上的笑容，甚至那些挂在垂死的人脸上的笑容。但是在这里，我看到的是一种对爱心的企盼。

那位老姐姐对我说：'这里几乎天天都是如此，他们每天都在企盼着，盼望他们的儿女来看望他们。他们的心受到了极大的刺伤，因为他们是被遗忘的人。'瞧，这就是世上存在的另一种贫乏，被爱心遗忘的贫乏。

也许这样的贫乏已经悄悄来到我们的身边和我们的家庭中。也许就在我们自己的家庭中，已经有成员感到孤独。也许他们的心已经受到伤害，或许他们处于某种焦虑不安的状态……"

听完特蕾莎修女的讲述，你有什么感想呢？

也许你在生活中有许多的同学和朋友，你们可以在周末或者假期团聚在一起，学习、唱歌、旅游、运动……但是当你离家外出的时候，你是否想过在家时刻牵挂着你的父母，是否想过父母会为你担忧呢？是否想过父母也会孤单呢？

世界首富比尔·盖茨为什么会发出那句"孝顺是不能等待的"感慨呢？

因为他觉得，时间如流水，是根本就不会等人的，在现实中，我们每个人都有很多事情要忙，忙学习、忙交往、忙作业。等我们成人了，我们还要忙工作、忙事业，当我们认为真正拥有了可以孝顺父母的能力的时候，可能已经为时太晚了，因为这时候的父母已经吃不动也穿不了了，有的父母甚至已经远离了尘世。

或许你也会认为现在不是报答父母的时候，但无论如何应当多为父母做点事，用实际行动来表达我们对他们的爱和感激，而不要总是把爱埋在心里。

古语说，"树欲静而风不止，子欲养而亲不待"，意思就是说孝敬父母要及早行动，不要等父母都不在了才想起要孝顺，那已经为时已晚，只能空留遗憾。

多和父母谈谈心，消除代沟

　　李进自从上了高中，渐渐发现和父母没有共同话题了。李进的父母只有初中学历，他说："我老爸、老妈连怎么上网都不知道，居然以为电子邮件要到邮局去收。整天只知道叫我多吃点，多穿件衣服，我真遇到什么问题，比方学习上的，却一点都帮不上忙。我真不知要说他们什么好。"

　　而小壮说起和父母沟通的事情，就觉得很头疼，他一脸埋怨地说："老妈太八卦了，我的什么事都要知道，经常打电话给老师不说，还成天向同学打探我的事，查看家里的电话记录，搞得我一点隐私都没有了。老妈这么有'办法'，还需要我跟她说什么呢？"

　　随着年龄的增长和自我意识、独立意识的增强，很多青少年与父母之间经常会产生意见不一致的情况，对事物的看法也存在很多明显的分歧，甚至于出现极大的矛盾和隔阂，在不经意间出现抵触和反叛情绪，经常牢骚满腹、怨气冲天——

　　"我不爱和我爸妈讲话，他们什么也不懂，还整天啰啰唆唆的，真是烦死我了！"

　　"我和爸妈很难好好沟通，说不到两句话就会吵架！"

　　"妈妈不说话还好，若她说话我便会觉得很烦！"

　　你是否也有过同样的感受？是否也曾因父母的喋喋不休而烦躁？是否也曾因父母的过分约束而气愤？

　　其实，父母是爱护我们的，我们也是尊敬父母的，可为什么还会出现以上这些情况呢？

　　如果我们静下心来仔细思考就会发现，问题主要在于我们和父母之间太缺乏经常而有效的沟通了。人与人相处是需要沟通的，和父母也是一样，每天花一小时时间和父母聊天，足以拉近我们两代人之间的距离。

　　如果我们能抽出点时间来理解父母，听听他们的想法，将会出现两种难以置信的结果：首先，我们会得到父母更多的尊重。其次，多了解他们，听听他们的想法，我们的想法和做法也就更有可能得到他们的理解和同意。因为如果他们认为你理解他们，他们也更愿意听听你的想法，也会更相信你。

　　尽管我们感到自己长大了，已经有足够的能力自作主张，但实际上还有许多事情是我们这个年龄无法把握的。而父母经历过的事情很多，可以给我们不少宝贵的人生经验。那么，如何去与他们沟通，更好地理解他们呢？

我们要尝试站在他们的立场，从他们的观点，而不是自己的观点出发考虑问题。

当然，和父母聊天同样也要诚心诚意，投入一定的时间和精力，这也有助于我们学会理解、关心别人。

理解是双方面的，你既要求父母理解自己：理解你的学习目标，理解你放松一下是为了更轻松地学习，理解友情可以增强快乐，理解一张一弛是文武之道，学习劳逸结合才有效果。同样的，你也应该理解父母：理解父母望子成龙心切，理解他们看到了将来的社会是一个高科技的信息社会，面对强烈的社会竞争，他们要你提高竞争力可谓用心良苦。须知，天下的父母没有一个不巴望自己的儿女好的。所以，你要尽早抽个时间与父母真心交流，告诉他们你的实际感受，也许你父母会因此对自己的教育方式进行一些调整，你也不会再喘不过气来。

总之，当你与父母的观点与做法有分歧时，在要求他们理解尊重你时，你也要同父母进行心理换位，理解并尊重父母，这样才能加强两代人之间的沟通和理解，填平两代人之间的代沟。如果你觉得与父母直接谈论有点难为情，你不妨将这点建议让你父母看一下，或许对加深你们之间的理解有一点帮助。

青少年朋友与父母交流谈心时，应做到以下几点：

1. 与父母主动进行交流。高兴的事，烦心的事，老师、同学、校园里的新鲜事都可以和父母说一说，听听他们的意见。

2. 认真倾听。我们是否有过这样的心情："父母说的什么呀？"满心的不服气，眼睛里是厌倦的目光。这可不行！父母批评你的时候，先不要忙着反驳，应试着听听父母的想法，说不定你很快就能体会父母的苦心。

3. 善于体谅。父母一定有错怪你的时候，就像你有时也会误解他们一样。虽然你特别委屈，可争辩也没有多大的用处，多多体谅为上。

4. 遇事多和父母探讨。和父母共同讨论、达成协议，会让许多事情变得简单起来。比如家里买了电脑，父母担心你玩物丧志、影响学习，你却要坚持每天上网。对这样的问题如能加以讨论，就玩电脑的时间和学业的平衡达成协议，问题就会很好解决。

5. 学会控制情绪。避免顶嘴、发脾气，最好的办法是：多做几个深呼吸、离开一会儿、用冷水洗洗脸。要知道，在发怒的情况下，任何事情都无法圆满解决。

6. 学会道歉。你现在可能认为自己是个大人了，也开始顾及起自己的面子来。这本没错，但是如果你明知道自己错了还不肯"服软"，这就是错了。所以，如果错了，就不要逃避，更不能对父母"沉默是金"。只要主动道歉，你很快会得到父母的谅解。

第三章
宽容豁达，天地自然广袤无边

宽容别人就是释放自己

"当紫罗兰被脚踩扁的时候，却把芳香留给了它。"这是美国作家马克·吐温给宽容作的一个最为形象的注解。其实，宽容别人的同时，也是释放自己的过程。

一位画家在集市上卖画，不远处，前呼后拥地走来一位大臣的孩子，这位大臣在年轻时曾经把画家的父亲欺诈得心碎而死。这孩子在画家的作品前流连忘返，并且选中了一幅，画家却匆匆用一块布把它遮盖住，并声称这幅画不卖。

从此以后，这孩子因为心病而变得憔悴，最后，他父亲出面了，表示愿意出一笔高价买这幅画。可是，画家宁愿把这幅画挂在自己画室的墙上，也不愿意出售。他阴沉着脸坐在画前，自言自语地说："这就是我的报复。"

每天早晨，画家都要画一幅他信奉的神像，这是他表示信仰的唯一方式。

可是现在，他觉得这些神像与他以前画的神像日渐相异。这使他苦恼不已，他不停地找原因。忽然有一天，他惊恐地丢下手中的画，跳了起来：他刚画好的神像的眼睛，竟然是那位大臣的眼睛，嘴唇也是那么的酷似。

他把画撕碎，并且高喊："我的报复已经回报到我的头上来了！"

报复会把一个好端端的人驱向疯狂的边缘，使你的心灵不能得到片刻安静。唯有宽容，才能抚慰你暴躁的心绪，弥补不幸对你的伤害，让你不再纠缠于心灵毒蛇的咬噬中，从而获得自由。宽容的实质不是宽容别人，而是宽恕自己。

青少年常常在自己的脑子里预设了一些规定，以为别人应该有什么样的行为，如果对方违反规定，没有按照我们预期的设想去做事，就会引起我们的怨恨。其实，因为别人对我们的"规定"置之不理就感到怨恨，是一件十分可笑的事。而实际上，不原谅别人，表面上是那人不好，其实真正倒霉的人却是我们自己，因为不肯宽容会产生愤恨和沮丧，愤恨首先破坏的是你自己的健康。"以责人之心责己，以恕己之心恕人"，抱持着这样的态度，相信在生活中会减少很多不必要的摩擦。

要做到宽容，起码要做到两条：首先，你发现自己原来也有很多的缺点，自己原来也有亏欠人的地方，自己本身并不是一个完人；其次，发现你原来认为最不好的人，也有一些你没有的优点。多多吸取别人的优点，反省自己的不足，就不会让眼睛站在脑门上，看谁都不顺眼了。所以，要学会看到自己的弱点，看到别人的优点。考虑问题时要试试站在对方的角度出发，以求大同，存小异。这样你才能够善待他人，而善待他人就是善待自己，在自己的人生路上扫除了一个又一个的绊脚石。

你得承认，自己也曾多少得到过别人的宽容，只是平时没有在意，自己也需要别人的宽容。这样一想，还有什么不能宽容他人的呢？

宽容别人的同时，自己也就把怨恨或嫉恨从心中排掉，才会怀着平和与喜悦的心情看待任何人和任何事，会带着愉快的心情生活。所以，肯在生活的磨难中逐步学会宽容，能宽容他人的青少年，心里的苦和恨比较少，或者说，心胸比较宽阔的青少年，就容易宽容他人。当你对别人宽容之时，也是对你自己的宽容。明明是对方错怪了你，对方欺骗了你，对方伤害了你，照样没有怨恨在心头。这样大度的心怀，还有什么容忍不了呢？相信以这份宽容走向今后的生活，定会迎来一个乐观、开朗的人生。

要让自己快快乐乐地生活在充满爱的世界里，自己首先要做一个宽宏大量的青少年。要真正做到宽容并不容易，如果你心里有恨和苦，宽容不了他人；或者，如果你认同宽容是很高尚的行为，不过难以时时做到，你应该远离品头论足的人，随着时间的推移，你会发现，你的宽容多了，你心里的平安和喜悦也多了。

如果一个青少年不能够经受世界的考验，感受这个世界的美好，心胸只能容得下私利，那他就感受不到幸福。父母的养育，师长的教诲，他人的服务，大自然的慷慨赐予……你从出生那天起，便沉浸在恩惠的海洋里。只有你真正明白了这些，你才会放下抱怨，感恩大自然的福佑，感恩父母的养育，感恩社会的安定，感恩食之香甜、衣之温暖……就连对自己的敌人，也不忘感恩，是欺骗我们的人教导了我们如何自立，是鞭打我们的人警示了我们一定坚强面对人生，是曾经抛弃我们的人让我们明白生活要靠自己来创造。通过自己的努力来获得尊重。真正促使自己成功，使自己变得机智勇敢、豁达大度的，不是顺境，而是那些常常可以置自己于死地的打击、挫折和对立面。

逐步做到宽容，是一位青少年成长和进步的过程。因为宽容，你会始终生活在平静健康之中；因为宽容，你会成为人际关系的赢家；因为宽容，你会成为事业的赢家；因为宽容，你会成为幸福的赢家。宽容可以让青少年的生活变得美好许多，更会让这个世界充满爱。

宽容是一种崇高的生活态度

宽容是一种崇高的生活态度，而能心存宽容则需要一个青少年的良好修养。有时候，你的宽容或许会使你受到不同程度的伤害。然而，如果因此放弃了宽容，你的生活就会变得狭隘、自私。

也许你曾经遭受过别人对你的恶意诽谤或者是致命的伤害，这些伤痛在你心底一直没有得到抚平，你可能至今还在怨恨他，不能原谅他。其实，怨恨是一种被动和侵袭性的东西，它像一个不断长大的肿瘤，使我们失去欢笑，损害我们的健康。怨恨，更多地伤害了怨恨者自己，而不是被仇恨的人。

一位住在山中茅屋修行的禅师，有一天趁夜色到林中散步，在皎洁的月光下，突然开悟。他喜悦地走回住处，眼见自己的茅屋遭小偷光顾。找不到任何财物的小偷要离开的时候在门口遇见了禅师。原来，禅师怕惊动小偷，一直站在门口等待。他知道小偷一定找不到任何值钱的东西，早就把自己的外衣脱掉拿在手上。

小偷遇见禅师，正感到惊愕的时候，禅师说："你走老远的山路来探望我，总不能让你空手而回呀！夜凉了，你带着这件衣服走吧！"

说着，就把衣服披在小偷身上，小偷不知所措，低着头溜走了。

禅师看着小偷的背影穿过明亮的月光消失在山林之中，不禁感慨地说："可怜的人呀！但愿我能送一轮明月给他。"

禅师目送小偷走了以后，回到茅屋赤身打坐，他看着窗外的明月，进入空境。

第二天，他在极深的禅室里睁开眼睛，看到他披在小偷身上的外衣被整齐地叠好，放在门口。禅师非常高兴，喃喃地说："我终于送了他一轮明月！"面对偷窃的盗贼，禅师既没有责骂，也没有告官，而是以宽容的心胸原谅了他，禅师的宽容和原谅也终于换得了小偷的醒悟。

宽容是一种大度，是一种豁达；宽容能够容纳万物，宽容能够包含太虚。心旷为福之门，心狭为祸之根。心胸坦荡，不以世俗荣辱为念，不为世俗荣辱所累，就活得轻松、潇洒、磊落。

曼莎小姐，好不容易找到一份在一家高级珠宝店当售货员的工作。在圣诞节的前一天，店里来了一位30岁左右的男顾客，他虽然穿着很整齐干净，看上去很有修养，但很明显，这也是一个遭受失业打击的不幸的人。

此时店里只有曼莎一个人，其他几个职员刚刚出去。

曼莎向他打招呼时，男子不自然地笑了一下，目光从曼莎的脸上慌忙躲闪开，仿佛在说：你不用理我，我只是来看看。

这时，电话铃响了。曼莎去接电话，一不小心，将摆在柜台的盘子碰翻了，盘中有6枚精美绝伦的金耳环掉在了地上。曼莎慌忙弯腰去捡，可她捡回了5枚以后，却怎么也找不到第6只。当她抬起头时，看到那位男子正向门口走去，顿时，她明白了那第6只耳环在哪里。

当男子的手将要触及门把手时，曼莎柔声叫道："等一下，先生。"

那男子转过身来，两个人相视无言，足足有一分钟。曼莎的心在狂跳不止，心想，他要是态度粗鲁我该怎么办？他会不会……

"什么事？"他终于开口说道。

曼莎极力控制住心跳，鼓足勇气，说道："先生，今天是我第一次上班，你知道，现在找份工作多么不容易，能不能……"

男子用极不自然的眼光长久地审视着她，好一阵子，一丝微笑在他脸上浮现出来。曼莎终于也平静下来，她也微笑着看他，两人就像老朋友见面似的那样亲切自然。

"是的，的确如此。"男子脸上的肌肉颤动了一下，回答，"但是我能肯定，你在这里会干下去，而且会很出色。"

停了一下，他向她走去，并把手伸给她："我可以为你祝福吗？"紧紧地握完手后，他转身缓缓地走出店门。

曼莎小姐目送着他的身影在门外消失，转身走回柜台，把手中的第六只耳环放回原处。她的眼睛有些潮湿，她心里想：上帝呀，这些日子赶快过去，让大家都好起来吧。

理解、宽容，以人心打动人心，聪明善良的曼莎小姐找到了最好的解决问题的方法。但是，如果曼莎小姐当时惊慌失措报警或者大吵大嚷，结果就肯定没有这么完美了。

宽容别人，其实就是宽容我们自己。多一点对别人的宽容，我们生命中就多了一点空间。有朋友的人生路上，才会有关爱和扶持，才不会有寂寞和孤独；有朋友的生活，才会少一点风雨，多一点温暖和阳光。其实，宽容永远都是一片晴天。

宽容是心与心的交融，所以在生活中，青少年们要学会宽容。

随时准备约束自己，宽恕他人

由于人性中种种弱点的影响，人们常常习惯于宽待自己，苛责他人，但是这样的行为并不利于自身的进步和与他人的和谐相处。苛责他人，必定会产生人际关系中的种种摩擦，宽待自己必然导致自高自大，发现不了自身的弱点，也没有机会学习他人的优点以弥补自己的不足。这种做法并不能给我们带来幸福。

其实，每一个人都既是魔鬼又是天使，优点与缺点共存，美丽与丑陋俱在。与人相处时，要尽量看好的方面。至于一些不同之处，一些不必要的摩擦，忍一忍也就过去了。

宽容是一种美德。能够宽容别人的人，可以和各种人相处，同时也可以反映出自身的人格修养和广阔胸襟。而且，只有宽容才会发现别人的长处，才能够更好地与人合作。

面对自己，既不要总看长处而自高自大，更不可以只看短处而妄自菲薄，客观地看待自己和他人，同时保持一种谦逊和宽容的精神，是最有利于个人成长的做法。

谭晓跃是一名高二的学生，平时学习很忙，这一天是星期天，难得的假期，她的心情非常愉快。早晨，她推开门站在阳台上，发现阳光温暖而明媚，阳台上奶奶种的花都开了。正在她沉醉于清晨的美景时，只听"砰！砰！"两声，楼上传来了一阵拍打被子的声音。

接着，棉絮和灰尘从天而降。这些灰头土脸的东西与这和谐的美景真不相称。于是，她忍不住大声向楼上喝道："拍什么拍！一大清早就污染空气！"可上面的拍打不但没有停止反而更猛烈了。

她没有办法，说服不了楼上的人，只好采取被动的方法。等到拍打声停止，晓跃赶紧拿出水壶给她那些可怜的花儿洗澡，晶莹的水珠在绿叶上滚动着，有几滴还流到了楼下，结果不小心落在了楼下晒的被子上，晓跃窘了起来，怎么办呢？正在这时，楼下的老婆婆伸出了头，向上张望着。她更加害怕了，怕老婆婆开口骂她。但是结果出人意料，老婆婆竟然没有责怪她，反而对她和蔼地笑了笑，慈祥地说："天气好，是该浇浇花呀，看这花开的多水灵呀！"说完，她把被子往旁边挪了挪，便回屋了。晓跃愣住了，一时间回不过神来。婆婆的行动给了她很大的启发，那一瞬间，她明白了一些事情。她不由自由地把头伸了出去，向楼上望去，结果正和上面拍被子的阿姨打了个照面，晓跃笑着对她说："阿姨，天气这么好，是要晒晒被子？"那位阿姨尴尬地点了点头，只轻轻地拍两下就回去了。

一件生活中的小事，让晓跃的心境发生了很大的变化，此时，她的心灵比清晨的阳光还要灿烂明媚。

如果有人冒犯了你，首先考虑：我和人们之间有什么联系，我们是要互相合作的。如果不宽容他们，我们就无法进行有效的合作，进而耽误了要进行的工作，影响了积极成果的取得。

考虑冒犯你的是什么人，尤其是考虑他们在什么压力下形成意见和行动的，他们做他们所做的事带着何种骄傲。如果他们背负着一些压力，这说明他们有他们的无奈，作为他们的同胞和伙伴，我们应该谅解他们，帮助他们。如果他们带着某种骄傲，这说明他们在这件事中找到了价值感，只是这价值感是在一种错误的价值观的指导下出现的，我们应该体谅，平心静气地向他们展示错误之处，并诚恳地帮助他们改正。

其实，我们自己也或多或少、或大或小地做过某些不正当的事情，我们和他人都是相仿的人，省察自己，再对待别人，有什么是不能宽恕和原谅的呢？

晋朝年间，朝廷重臣朱冲虽身居要职，但并不仗势欺人，也不以权谋私。他一生恪尽职守，宽厚待人。

朱冲生于南安，自幼贫困的他很小就开始帮家里放牛。

有一天，朱冲将牛赶到山坡上放牧。不一会儿，他就打起盹来。睡梦中的朱冲被草丛中传来的一阵声音吵醒了，只见自己的邻居蹑手蹑脚地向这边靠近，抓起一条牛缰绳，把朱冲的一头牛牵走了。

朱冲并没有勃然大怒，他认为邻居不会无端地将别人的牛牵走，此中一定有缘由，等弄明白事情的原委再说不迟，千万不可鲁莽行事。

不多时，邻居找到了朱冲，满脸歉疚。原来，这位邻居的牛找不到了，一时糊涂，错把朱冲的牛牵走了。

朱冲听完宽容地一笑，说："你家里穷，日子艰难，这头牛就送给你吧！"邻居原准备挨朱冲的一顿责骂，没想到朱冲竟会以牛相赠，感激得一句话也说不出来。

试想假如你不小心弄丢了从朋友那里借来的书，该是多么难以开口向朋友坦白啊。因为我们人人都害怕被责骂。这时候如果朋友能说一句："没关系，你又不是故意的，说不定我自己拿着也会弄丢"这样的话，我们心里一定好受很多。其实，不管朋友说什么，书都已经丢了。责怪只会增加朋友的负担，不如宽容一点，让损失最小化。

给自己一颗包容的心

法国人有句话："能够了解一切事物，便能宽恕一切事物。"在这个世界上，有许多不幸的事都是由于人们之间缺乏包容心而引发的。

做人、活着，大家都不容易。能不苛责的时候就不要苛责，多给人台阶下，多放人过关。这应该成为我们待人处世的原则。不要抓住他人的错误或缺点不放，得饶人处且饶人，这样不仅会减少矛盾，也会提升自己的善良品质，进而会形成一种良好的社会风气。做人要给他人善缘，学会要给人宽容。

这个世界需要包容，当然有时需要包容的对象是仇深似海的仇家，这当然有很大的难度，但是只要你勇敢地战胜自我，还是可以实现的。包容他人，也是善待自己的一种方式。

我们要包容一个侵犯我们尊严、利益的人，这包容中本来就包含着自制的内容。一个不能很好控制自己的人，往往会把本来可以办成的事办砸了。

为人处世要以身作则。只有自己做好了，才能让别人信服，同样，只有有自制力的人，才能很好地包容他人。有这样一个例子：

瑞典乌普萨拉的乔治·罗纳在维也纳从事律师工作，直到第二次世界大战才回到瑞典。当时他身无分文，急需找到一份工作。他能说写好几种语言，所以他想到进出口公司担任文书工作。大多数公司都回信说因为战争的缘故，他们目前不需要这种服务，但他们会保留他的资料等等。其中有一个人却回信给罗纳说："你对我公司的想象完全是错误的。你实在很愚蠢，我不需要文书。即使我真的需要，我也不会雇用你，你连瑞典文字也写不好，你的信中错误百出。"

罗纳收到这封信后，顿时勃然大怒。于是他写了一封足够气死对方的信。这个瑞典人居然敢说他不懂瑞典话！他自己呢？他的回信才是错误百出呢。但是他停下来想了一下，对自己说："等等，我怎么知道他不对呢？我学过瑞典文，但它并非我的母语。也许我犯了错，可我自己并不知道。真是这样的话，我应该再加强学习才能找到工作。这个人可能还帮了我一个忙，虽然他本意并非如此。他表达得虽然糟糕，倒不能抵消我欠他的人情。我应该写一封信感谢他。"

罗纳的自制力使他驾驭了自己，他把写好的信撕掉，另外写了一封："你根本不需要文书员，还不厌其烦地回信给我，真是太感谢了。我写那封信是因为我查询时，别人告诉我你是这一行的领袖。我对贵公司判断错误，实在很抱歉。我不知道我的信犯了文法上的错误，我很抱歉，并觉得很惭愧。我会再努力学好瑞典文，减少错误的。我要谢谢你帮助了我的自我成长。"

几天后，罗纳又收到回信，对方请他去办公室见面。罗纳如约前往，并得到了一份工作。

人与人之间的冲突，很多是因为个性上的差异。其实，只要我们用包容的心态求同存异，人际关系肯定会有很大改观的。

要减少差异，不妨把注意力放在别人和自己的共同点上，与人相处就会容易一些。当发现了一些共同点，我们就会不知不觉地去掉戒备与陌生，谈话变得非常投入、专注与忘我。

用包容心把自己融进对方的世界，这个时候，无需恳求、命令，两人自然就会合作做某件事情。没有人愿意和那些跟自己作对的人合作。在人与人交往的过程中，每一个人都会有意无意地在想："这人是不是和我站在同一立场上？"人与人之间的关系，要么非常熟悉，要么非常冷漠，要么立场相同，要么南辕北辙，不管人和人多么不同，在这一点上，你和你眼中的对手倒是一致的。唯有先站在同一立场上，两人才有合作的可能。就算是对手，只要你找出和他的共同利益关系，你们就可以走到一起来。

用宽容化解仇恨

在第二次世界大战期间，一支英军与德军在森林中相遇，激战一夜后，有两名英国士兵与部队失去了联系，这两名士兵来自于同一个小镇。

两名英国士兵在森林中艰难跋涉，他们互相鼓励、相互安慰。十多天过去了，仍未与部队联系上。这一天，他们打死了一只鹿，依靠鹿肉又艰难度过了几天。可是整个森林除了一只鹿之外，他们再也没看到过其他任何动物。他们仅剩下的一点鹿肉，背在年轻战士的身上。

这一天，他们在森林中又一次与敌人相遇，经过再一次激战，他们巧妙地避开了敌人。就在自以为已经安全时，只听一声枪响，走在前面的年轻战士中了一枪——幸亏伤在肩膀上！后面的士兵惶恐地跑了过来，他害怕得语无伦次，抱着战友的身体泪流不止，并赶快把自己的衬衣撕下包扎战友的伤口。

晚上，未受伤的士兵一直念叨着母亲的名字，两眼直勾勾的。他们都以为他们熬不过这一关了，尽管饥饿难忍，可他们谁也没有动身边的鹿肉。天知道他们是怎么过的那一夜。第二天，部队救了他们。

事隔多年，那位受伤的战士杰克说："我知道谁开的那一枪，他就是我的战友。当时在他抱住我时，我碰到他发热的枪管。我怎么也不明白，他为什么对我开枪？但当晚我就宽恕了他。我知道他想独吞我身上的鹿肉，我也知道他想为了他的母亲而活下来。接下来这么多年，我装作根本不知道此事，也从不提及。战争太残酷了，他母亲还是没有等到他回来。我和他一起祭奠了老人家。那一天，他跪下来，请求我原谅他，我没让他说下去。我们又做了几十年的朋友，我宽容了他。"

一位哲人曾经说过："以恨对恨，恨永远存在；以爱对恨，恨自然就会消失。"面对别人的伤害，我们要以德报怨，时刻提醒自己，让伤害到自己这里为止。

小男孩哈根有一条非常可爱的狗，不幸的是，有一天下午他的狗被邻居家的狗咬死了。小男孩简直气疯了，发誓要打死凶手，为他的宝贝狗报仇。

哈根的父亲很理解儿子的情绪，他知道凭语言无法说服儿子，于是他把哈根领到了邻居家的院子后面。

"那条狗在这儿，"父亲对哈根说道，"如果你还想干掉它，这是最容易的办法。"父亲递给哈根一把短筒猎枪。哈根疑虑地瞥了父亲一眼。他点了点头。

父亲拿起猎枪，举上肩，黑色枪筒向下瞄准。邻居家的大黑狗用一双棕色眼睛看着他，高兴地喘着粗气，张开长着獠牙的嘴，吐出粉红的舌头。就在哈根要扣动扳机的一刹那，千头万绪闪过脑海。父亲静静地站在一旁，可他的心情却无法平静。涌上心头的是平时父亲对他的教诲——我们对无助的生命的责任，做人要光明磊落，是非分明。他想起他打碎妈妈最心爱的花瓶后，她还是一如既往地爱他；他还听到别的声音——教区的牧师领着他们做祷告时，祈求上帝宽恕他们，如同他们宽恕别人那样。

于是，猎枪变得沉甸甸的，眼前的目标模糊起来。哈根放下手中的枪，抬头无助地看着爸爸。爸爸脸上绽出一丝笑容，然后抓住他的肩膀，缓缓地说道："我理解你，儿子。"这时他才明白，父亲从未想过他会扣扳机。他要用一种明智、深刻的方式让他自己作出决定。

哈根放下枪，感到无比轻松。他跟爸爸跪在地上，帮忙解开大黑狗，大黑狗欣喜地蹭着他俩，短尾巴使劲地晃动，仿佛在庆幸自己免遭枪杀。

宽容是消除报复的良方。对于心底宽容的人来说，没有什么不可以饶恕的。在你宽恕别人的同时，也会将自己内心的仇恨一并消除。

有一次，一位作家与两位朋友阿尔和马修一同出外旅行。

三人行经一处山崖时，马修失足滑落，眼看就要丧命，机灵的阿尔拼命拉住了他的衣襟，将他救起。

为了永远记住这一恩德，动情的马修在附近的大石头上，用力镌刻下这样一行字："某年某月某日，阿尔救了马修一命。"

三人继续前进，几日后来到一处河边。可能因为长途旅行的疲劳的缘故，阿尔与马修为了一件小事吵起来了，阿尔一气之下打了马修一耳光。

马修被打得眼前直冒金星，然而他没有还手，却一口气跑到了沙滩上，在沙滩上写下一行字："某年某月某日，阿尔打了马修一记耳光。"

旅行很快结束了。回到家乡，作家怀着好奇心问马修："你为什么要把阿尔救你的事刻在石头上，而把他打你耳光的事写在沙滩上？"

马修平静地回答："我将永远感激并永远记住阿尔救过我的命，至于他打我的事，我想让它随着沙滩上字迹的消失忘记得一干二净。"

宽容就是记着别人对自己的恩典，忘掉别人对自己的伤害。用爱和感激来代替仇恨，化解积怨。

远离狭隘，豁达人生

狭隘心态的产生带有浓厚的个性化色彩，受个人生理、心理素质的控制和影响，同时还受到个人文化教育程度、思想意识水平、道德修养高低以及个人的人生经历、生活经验的制约。心胸狭隘的人常常不自量力，妄自尊大。他们由于对自己或别人在某方面存在着很高的期望，一旦这种期望得不到满足，就对他人充满抱怨、嫉恨。这种心态会限制个人的发展，在人生的道路上设置障碍。

有这样一则小故事：有一人夜里做了个梦，在梦中，他看到一位头戴白帽，脚穿白鞋，腰佩黑剑的壮士，向他大声斥责，并向他的脸上吐口水……于是从梦中惊醒过来。

次日，他闷闷不乐地对朋友说："我自小到大从未受过别人的侮辱，但昨夜梦里却被人辱骂并吐了口水，我心有不甘，一定要找出这个人来，否则我将一死了之。"

于是，他每天一早起来，便站在人潮往来熙攘的十字路口，寻找梦中的敌人。几星期过去了，他仍然找不到这个人。

结果，他竟自杀而死。

啼笑皆非之际，你是否想到，幸亏他记忆不好，要寻找的是和梦中的骑士一样的人，找不到便自尽，倘若他真将街上的某个人认为是梦中的骑士，那岂不是要与别人拼命，这必会殃及无辜。

而一颗克服了狭隘的心灵犹如久旱后的甘霖，使人从琐碎的烦恼中挣脱，变得坦荡，变得心胸开阔。所谓心无芥蒂，天地自宽。容纳须有一个豁达的胸襟。

"如果你握紧一双拳头来见我，"威尔逊总统说："我想我可以保证，我的拳头会握得比你更紧。但是如果你来找我说：'我们坐下来，好好商量，看看彼此意见相左的原因何在。'我们就会发觉，彼此差距并不那么大，相异的观点并不多，而且看法一致的观点反而居多，也会发觉只要我们有彼此沟通的豁达、诚意和愿望，我们就能沟通。"

是的，面对剑拔弩张的冲突，如果你发发脾气，对人家说一两句不中听的话，你会有一阵发泄的快感，但对方呢？他会分享你的痛快吗？你那充满火药味的语气，能使对方赞同你吗？这个时候，只有豁达才能让你化险为夷，给你最丰盈的回报。

人生注定是一条坎途，一条不以任何人的意志为转移的路途，人这一辈子与其悲悲戚戚、郁郁寡欢地过，倒不如痛痛快快、潇潇洒洒地活。可人生一世，那么多的风风雨雨、坎坎坷坷，怎样才能活得洒脱自在呢？豁达就是这其中的奥秘。豁达是一种超脱，是自我精神的解放，人要是成天被名利缠得牢牢的，得失算得精精的，树叶子掉下来都要悲悲戚戚的，那还谈何超脱与豁达？

凡事到了淡，就到了最高境界。天高云淡，一片光明。人肯定要追求，但追求是一回事，结果是另一回事。记住一句话：事物的发生发展都必须符合时空条件，有"时"无"空"，有"空"无"时"都不行，那你就得认了。人活得累，是心累，常唠叨这几句话就会轻松得多："功名利禄四道墙，人人翻滚跑得忙；若是你能看得穿，一生快活不嫌长。"

豁达是一种宽容。恢弘大度，心无芥蒂，肚大能容，吐纳百川。蜚短流长怎么样，黑云压城又怎么样？心中自有一束不灭的阳光，以风清月明的态度，从从容容地对待一切，待到廓清云雾，必定是柳暗花明。

人生不售回程票，在人生的旅途中，只有豁达的人才能走出狭隘，拥有幸福。他们能随时随地背起自己的行囊，奔向远方陌生的旅程。

对于青少年朋友们来讲，要克服狭隘的心理弱点可以采取以下方法：

1. 把眼光放远、心胸拓宽，事事从长远考虑，处处以集体为重，接受对整体、全局有利的人与事。抛开"自我中心"，遇事不要斤斤计较，"心底无私"才能"天地宽"。

2. 加强交往，摆正自我位置。多参加集体活动，比如郊游、问题讨论等，增加与同学、老师、家长、社会间的交流，扩大交际面，加深与外界的了解与沟通，更透彻地了解别人与自己，增长见识，拓宽心胸。

3. 丰富课余文化生活。参与多种多样的文娱、体育活动，拓宽兴趣范围，在丰富多彩的活动中，在彼此广泛的交往中，感受生活、学习中的新鲜刺激，感受到生活美好，增强审美情趣，陶冶性情，净化心灵。在健康向上的氛围中，增强精神寄托，丰富心理内容，塑造良好的个性品质。

成长修行篇

第一章
目标和理想

梦想——人生因梦想而伟大

梦想是所有成就的出发点，很多人之所以失败，就在于他们从来都没能，并且也从来没有踏出他们的第一步。其实，人生是一个旅程，而非目的地。旅程的快乐和到达目的地的快乐一样，其中的关键是，透过现实的伟大的目标，按照希望和理想的方向努力前进。所以，梦想指的是伟大和令人鼓舞的目标。

牛津大学的教授克拉克从小有一个梦想，就是希望自己能像他心目中的这些英雄那样能改变世界，服务于全人类。不过，要实现他的目标，他需要受最好的教育，他知道只有在美国才能接受他需要的教育。

无奈的是，他身无分文，没办法支付路费，而到美国足有10000公里的距离。而且，他根本不知道要上什么学校，也不知道会被什么学校招收。

但克拉克还是出发了。他必须踏上征途。他徒步从他的家乡尼亚萨兰的村庄向北穿过东非荒原到达开罗，在那儿他可以乘船到美国，开始他的大学教育。他一心只想着一定要踏上那片可以帮助他把握自己命运的土地，其他的一切都可以置之度外。

在崎岖的非洲大地上，艰难跋涉了整整五天以后，克拉克仅仅前进了25英里。食物吃光了，水也快喝完了，而且他身无分文。要想继续完成后面的几千英里的路程似乎是不可能的，但克拉克清楚地知道回头就是放弃，就是重新回到贫穷和无知。

他对自己发誓：不到美国誓不罢休，除非自己死了。他继续前行。

有时他与陌生人同行，但更多的时候则是孤独地步行。大多数夜晚都是过着大地为床，星空为被的生活。他依靠野果和其他可吃的植物维持生命。艰苦的旅途生活使他变得又瘦又弱。

由于疲惫不堪和心灰意懒，克拉克几欲放弃。他曾想说："回家也许会比继续这似乎愚蠢的旅途和冒险更好一些。"

他并未回家，而是翻开了他的两本书，读着那熟悉的语句，他又恢复了对自己和目标的信心，继续前行。要到美国去，克拉克必须具有护照和签证，但要得到护照他必须向美国政府提供确切的出生日期证明，更糟糕的是要拿到签证，他还需要证明他拥有支付他往返美国的费用。

克拉克只好再次拿起纸笔给他童年时起就曾教过他的传教士们写了封求助信。结果传教士们通过政府渠道帮助他很快拿到了护照。然而，克拉克还是缺少领取签证所必须拥有的那航空费用。

克拉克并不灰心，而是继续向开罗前进，他相信自己一定能通过某种途径得到自己需要的这笔钱。

几个月过去了，他勇敢的旅途事迹也渐渐地广为人知。关于他的传说已经在非洲大陆和华盛顿佛农山区广为流传。斯卡吉特峡谷学院的学生们在当地市民的帮助下，寄给克拉克640美元，用以支付他来美国的费用。当他得知这些人的慷慨帮助后，克拉克疲惫地跪在地上，满怀喜悦和感激。

1960年12月，经过两年多的行程，克拉克终于来到了斯卡吉特峡谷学院。手持自己宝贵的两本书，他骄傲地跨进了学院高耸的大门。

克拉克凭着自己的专注，终于实现了自己的目标。

人一旦有梦想有目标，自然就会为了实现它而发挥更大的心力，人生的光辉由此粲然可见。为什么呢？在为实现理想而奋斗的过程中，人生的乐趣清清楚楚，而生活就会更加的精力充沛。

想大才能做大，只有想不到，没有做不到。大思想带来大成就，小思想带来小成就。纵观古今中外，大成就、大影响力的历史人物都是拥有大思想、大格局的人。小思想是大成就的障碍，是大成就的真正破坏者。

很多人都因为小思想而受苦。他们害怕，如果他们的思想太大，梦想太大，目标太大，如果实现不了，他们就会成为失败者。所以，为了不成为失败者，他们把目标定得很低。但事实是，如果你瞄准星星，你最起码也能打中电线杆，如果你瞄准电线杆，你可能会打在地上。打在电线杆上总比在地上要好。

有伟大梦想的人，即使是铜墙铁壁也不能阻碍其前进的脚步。

有了梦想，才有希望，才能激发潜能。

树立希望后，人的思想和情感会变得坚定不移。

梦想具有鼓舞人心的创造性力量，它鼓励人们完成自己的事业；它又是才能的增补剂，可增长人们的才干，使一切美梦成真。

梦想能使人产生一种力量，这种力量是一种最奇妙的力量，也是存在宇宙之中最不可抗拒的力量。人因梦想而伟大，没有梦想的人生是最枯燥乏味的。

带着梦想上路

梦想能激发人的潜能。心有多大，舞台就有多大。人是有潜力的，当我们抱着必胜的信心去迎接挑战时，我们就会挖掘出连自己都想象不到的潜能。如果没有梦想，潜能就会被埋没，即使有再多的机遇等着我们，也会错失良机。

这是一个流传在日本的故事，说的是一个叫田中和一个叫吉野的人，他们都是老实巴交的渔民，却都梦想着成为大富翁。

有一天晚上，田中做了一个奇怪的梦，梦见在对岸的岛上有一座寺，寺里种着49棵树，其中的一棵开着鲜艳的红花，花下埋着一坛闪闪的黄金。田中便满心欢喜地驾船去了对岸的小岛，岛上果然有座寺，并种有49棵树。此时已是秋天，田中便住了下来，等候春天的花开。肃杀的隆冬一过，树上便开满了鲜花，但都是清一色的淡黄，田中没有找到开红花的一株。寺里的僧人也告诉他从未见过哪棵树开红花。田中便垂头丧气地驾船回到村庄。

后来，吉野知道了这件事，他劝田中再坚持一个冬天，田中退却了，于是他就用几文钱向田中买下了这个梦。吉野也驾船去了那个岛，也找到了那座寺，又是秋天了，吉野没有回去，他住下来等待第二年的春天。第二年春天，树花凌空怒放，寺里一片灿烂。奇迹就在此时发生了：果然有一棵树盛开出美丽绝伦的红花，吉野激动地在树下挖出一坛黄金。后来，吉野成了村庄里最富有的人。

这个奇异的传说，已在日本流传了近千年。今天的我们为田中感到遗憾：他与富翁的梦想只隔一个冬天，他忘了把梦带入第二个灿烂花开的春天，而那些足可令他一世激动的红花就在第二个春天盛开了！吉野无疑是个执著的人：他相信梦想，并且等待第二个春天！

有了梦想，你还要坚持下去，如果你半途而废，那和没有梦想的人也就没有区别了。

如果你能够不遗余力地坚持，没有什么可以阻止理想的实现。

派蒂·威尔森在年幼时就被诊断出患有癫痫。她的父亲吉姆·威尔森习惯每天晨跑，有一天派蒂兴致勃勃地对父亲说："爸爸，我想每天跟你一起慢跑，但我担心中途会病情发作。"

她父亲回答说："万一你发作，我也知道如何处理。我们明天就开始跑吧。"

于是，十几岁的派蒂就这样与跑步结下了不解之缘。和父亲一起晨跑是她一天之中最快乐的时光，跑步期间，派蒂的病一次也没发作。

几个礼拜之后，她向父亲表示了自己的心愿："爸爸，我想打破女子长距离跑步的世界纪录。"她父亲替她查吉尼斯世界纪录，发现女子长距离跑步的最高纪录是80英里。

当时，读高一的派蒂为自己定了一个长远的目标："今年我要从橘县跑到旧金山；高二时，要到达俄勒冈州的波特兰；高三时的目标在圣路易市；高四则要向白宫前进。"

虽然派蒂的身体状况与他人不同，但她仍然满怀热情与理想。对她而言，癫痫只是偶尔给她带来不便的小毛病。她不因此消极畏缩，相反的，她更珍惜自己已经拥有的。

高一时，派蒂穿着上面写着"我爱癫痫"的衬衫，一路跑到了旧金山。她父亲陪她跑完了全程，做护士的母亲则开着旅行拖车尾随其后，照料父女两人。

高二时，她身后的支持者换成了班上的同学。他们拿着巨幅的海报为她加油打气，海报上写着："派蒂，跑啊！"但在这段前往波特兰的路上，她扭伤了脚踝。医生劝告她立刻中止跑步："你的脚踝必须上石膏，否则会造成永久的伤害。"

她回答道："医生，你不了解，跑步不是我一时的兴趣，而是我一辈子的至爱。我跑步不单是为了自己，同时也是要向所有人证明，身有残缺的人照样能跑马拉松。有什么方法能让我跑完这段路？"

医生表示可用黏合剂先将受损处接合，而不用上石膏。但他警告说，这样会起水泡，到时会疼痛难耐。派蒂二话没说便点头答应。

派蒂终于来到波特兰，俄勒冈州州长还陪她跑完最后一英里。一面写着红字的横幅早在终点等着她："超级长跑女将，派蒂·威尔森在17岁生日这天创造了辉煌的纪录。"

高中的最后一年，派蒂花了4个月的时间，由西岸长征到东岸，最后抵达华盛顿，并接受总统召见。她告诉总统："我想让其他人知道，癫痫患者与一般人无异，也能过正常的生活。"

梦想是前进的指南针。因为心中有梦想，我们才会执著于脚下的路，坚定自己的方向不回头，不会因为形形色色的诱惑而迷失方向，更不会被前方的险阻而吓退。

没有什么可以阻止理想的实现，困难不可以，病痛同样不可以。因为只要你做好了必要的准备，你的潜能就会充分发挥出来。

给自己定一个终生目标

志存高远，执著追求，是一切成功者的共同特征。

放眼古今中外，无数杰出人士都具有远大的终生目标。汉司马迁一生著《史记》，"欲究天人之际，通古今之变，成一家之言"；鲁迅"横眉冷对千夫指，俯首甘为孺子牛"，用一支笔为同胞呐喊终生。

有一年，一群踌躇满志、意气风发的天之骄子从哈佛大学毕业了，他们的智力、学历、环境条件都相差无几。临出校门，哈佛对他们进行了一次关于人生目标的调查。结果是这样的：27％的人，没有目标；60％的人，目标模糊；10％的人，有清晰但比较短期的目标；3％的人，有清晰而长远的目标。

25年后，哈佛再次对这群学生进行了跟踪调查。结果是这样的：

3％的人，25年间他们朝着一个方向不懈努力，几乎都成为社会各界的成功之士，其中不乏行业领袖、社会精英；

10％的人，他们的短期目标不断实现，成为各个领域中的专业人士，大都生活在社会的中上层；

60％的人，他们安稳地生活与工作，但都没有什么特别的成绩，几乎都生活在社会的中下层；

剩下的27％的人，他们的生活没有目标，过得很不如意，并且常常在埋怨他人，抱怨社会，抱怨这个"不肯给他们机会"的世界。

其实，他们之间的差别仅仅在于25年前，他们中的一些人知道自己的人生目标，而另外一些人则不清楚或不很清楚。

有一位穷苦的牧羊人，他的妻子在几年前离他而去了，他只能和自己的两个孩子靠给别人放羊来维持生活，日子过得很艰苦。

一天，他和孩子在山坡上放羊的时候，一群大雁从他们的头顶飞过，消失在天边。

小孩子总是好奇的，小儿子问他的父亲："大雁要飞到哪里去？"

"他们要飞到温暖的地方过冬。"牧羊人回答说。

"如果我们也能像大雁一样飞起来就好了，那样我们就能飞到天堂上看我们的妈妈了，她一个人在那里一定很孤单，她肯定想我们了。"大儿子说。

儿子的话让牧羊人流下了感动的泪水。短暂的沉默后，牧羊人对两个儿子说："只要你们有飞翔的信念，我相信你们肯定能飞起来的。"

"我们现在就有这样的信念，我们现在就要飞起来。"两个儿子伸开手臂试了试，但他们并没有飞起来。他们看了看父亲，很明显，他们在怀疑父亲所说的话。

牧羊人说："我可以试给你们看。"于是张开双臂，但是他和自己的孩子一样，也没有飞起来。"我想肯定是因为我年纪大了才飞不起来，你们还小，只要朝着这个目标不断努力，我相信总有一天你们能飞起来。"

父亲的话深深地刻在了兄弟两人的心中，从此他们就开始致力于飞翔的研究。在他们研究和试验的过程中，经历了许多困难，吃了很多苦，但是他们一直没有放弃小时候的梦想。当他们长大的时候，他们终于飞上了天空，他们就是莱特兄弟——飞机的发明者。

莱特兄弟的故事告诉我们，只要有目标，只要有梦想，并且不懈地努力，世界上就没有做不成的事情！

一个在生命中没有目标的人，很容易受到一些微不足道的诸如忧虑、恐惧、烦恼和自怜等情绪的困扰。所有这些情绪都是软弱的表现，都将导致无法回避的过错、失败、不幸和失落。因为在一个权力扩张的世界里，软弱是不可能保护自己的。

一个人应该在心中树立一个目标，然后着手去实现它。他应该把这一目标作为自己思想的中心。这一目标可能是一种精神理想，也可能是一种世俗的追求，这当然取决于他此时的本性。但无论是哪一种目标，他都应将自己思想的力量全部集中于他为自己设定的目标上面。他应把自己的目标当做至高无上的任务，应该全身心地为它的实现而奋斗，而不允许他的思想因为一些短暂的幻想、渴望和想象而迷路。

终生目标应该是一个你终生所追求的固定的目标，你生活中其他的一切事情都围绕着它而存在。

为了找到或找回你的人生主要目标，青少年朋友可以问自己几个问题，比如：

我想在我的一生中成就何种事业？

在我的日常生活中哪一类的成功最使我产生成就感？

我最热爱的工作是什么？

如果把它作为自己终生的事业，怎样做到在有利于自己的同时，也对别人有帮助？

我有哪些特殊的才能和禀赋？

我周围有些什么资源可以帮助我实现自己的目标？

除此以外，我还需要什么才能实现自己的目标？

有没有什么职业是我内心觉得有一种声音在驱使我去做的，而且它同时也会让我在物质上获得成功？

阻碍我实现自己目标的因素又有哪些？

我为什么没有现在去行动，而是仍然在观望？

要行动，那么，第一步该做什么？

青少年朋友们，认真、慎重地思考上述问题，你会发现，它对寻找、定位自己远大目标，将有切实的帮助。努力找到我们的终生目标吧，它是人生永远不会枯竭的原动力。

确立目标应考虑的因素

目标犹如一个人征程的指向灯，没有目标的人生就像随风飘曳的一叶孤舟。只有心存目标，才会顺利到达希望的彼岸。所以，每个人心中都应该设定一个适合自己的目标，但是目标的设定并不是信手拈来，确立目标应从以下几方面进行考虑。

第一因素：了解自己想做什么

你是否曾问过自己，这一生到底想做什么。你想做的不是赢得别人的敬佩，也不是出于顾虑而减少愿望。当你说："我想明年夏天到马尔代夫度假。我梦想到南沙群岛度假，可现在我还支付不起。"或者说："我能做我想做的，可事实上我所做的只是我爸爸想做的。"

若按愿望关系分类，则可将人分为：

（1）确切知道自己在生活中想做什么并且去做的人。

（2）不知道也不想知道自己想做什么的人。他们害怕自己有理想。他们说："我实际想要的东西，从来没得到过。所以我干脆也不去想了。"他们宁愿想别人也想的东西和不会给他们带来任何冒险的东西。这些人实际上并不知道他们想要做什么。还没等一个愿望出现在他们的意识中，就已被他们扼杀在摇篮里："我能做到吗？我有资格做吗？别人将会怎么说呢？如果我不能胜任它，结果会怎样呢？"如果说这些人也想做些什么的话，那也只是别人想做的而不是他们自己想做的。

（3）还有一类是看起来非常清楚自己想做什么的人，而实际上他们对此却一无所知。他们与上面提到的两类人的区别只在于：他们非常重视给别人留下一种印象，好像他们知道自己想做什么。这使得他们比较自信，看起来也比别人略高一筹。

（4）最后一类就是什么都知道的人……至少他们对什么都了解得比较清楚。

青少年要想表现得杰出优秀，我想你们会毫不犹豫地选择第一类的！

第二因素：了解自己能做什么

有一批青少年，他们根本不知道自己能做什么。这正如那些不知道自己想做什么的人一样。

这种人也可划分为三类：

（1）过低估计自己的人。

（2）无限高估自己的人。

（3）当然，也有一些人，他们能正确估计自己，能得到他们想要得到的东西。他们属于为数很少的一部分，他们很懂得知足。

其实，每个人都有多种才能，这些才能可分为最佳、较佳、一般三种。成才者，通常是最佳才能或较佳才能与成才目标一致发展的结果。就人才而言，成才有三种类型：再现型、发现型、创造型。再现型人才善于积累知识；发现型人才驾驭知识的能力强，并时常有所发现；创造型人才具有敏锐的洞察力和丰富的想象力，一些重大发明和突破，往往产生于他们手中。但"发现自己"并非易事，自己属于哪一种人才类型，哪一种才能是自己的最佳发展才能，往往需要经过反复实践才能发现。

第三因素：将目标和能力、现实相结合

这是因为，只有将我们实现目标的多种情况都考虑在范围之内，我们的目标才能得以实现。

许多人都会产生这样的印象："我可以拥有我的邻居和我的朋友们所拥有的一切。"他们所要得到的东西，不再由他们实际的需求和支付能力来决定，而是由供应来决定。

他们的目标的实现也就不能与他们的能力相统一，缺乏与现实的联系。即使避此不谈，那么他们也会因为透支自己的能力而依赖于他人，进而几乎不再考虑他们的实际支付能力。许多青少年在找工作时，都注重找一份能多赚钱，看起来又稳定的工作，而不是找一份自己喜欢做的工作。

简而言之，我们所有的目标的终点是我们自己。我们应该了解：我们今天是什么，我们今天能做什么。不是别人是什么或者别人能做什么，或者我们自己期盼着明天是什么。有人认为，仅凭这点就能算幸福，那可真是太少了。但现实却是：要想获得享受，我们必须动用我们所拥有的一切。大多数人都心存不满，其原因只有一个：他们至今都不懂，如何从自己的生活现实出发，去做得更好。

第四因素：适应社会需要

任何人才的成功，都是顺应历史潮流，按照时代方向努力奋斗的结果。人才具有鲜明的时代特征。现代社会需要各个领域、各种类型、各个层次的人才。如果哪一个领域、哪一种类型、哪一个层次出现空白，那就是社会需要为你提供成才的机会。这个社会需要弄潮儿而不是隐者，如果你偏偏喜欢做隐者，那恐怕连温饱都成问题，所以，只有自己的目标与社会需要相一致，才可能成长起来。

青少年确立目标不仅要从自身发出，更要识大局，从整个社会的需要出发，这才能真正成为时代的弄潮儿！

确立目标应遵循的原则

很多青少年对于未来都是抱着顺其自然的态度，很少有人会认真地思索，总认为"命里有时终须有，命里无时莫强求"。其实这种看似乐观的想法，换一个角度看完全是一种消极的人生态度。要想坚定地走在人生旅途上，摒弃那些障碍，你必须确立目标。

制定目标，有以下6个需要遵循的原则：

1. 目标应该是明确的。有些人也有自己奋斗的目标，但是他的目标是模糊的、泛泛的、不具体的，因而也是难以把握的，这样的目标同没有差不多。

比如，一个人在青少年时期确定了要做一个艺术家的目标，这样的目标就不是很明确。因为艺术的门类很多，究竟要做哪一个学科的艺术家，确定目标的人并不是很清楚，因而也就难以把握。目标不明确，行动起来也就有很大的盲目性，就有可能浪费时间和耽误前程。

2. 目标应该是专一的。确立目标之前需要做深入细致的思考，要权衡各种利弊，考虑各种内外因素，从众多可供选择的目标中确立一个。

一个青少年在某一个时期或一生中一般只能确立一个主要目标，目标过多会使人无所适从，应接不暇，忙于应付。

生活中一些青少年之所以没有什么成就，原因之一就是经常确立目标，经常变换目标，所谓"常立志"者就是这样。

3. 目标应该是实际的。一个青少年确立奋斗的目标，一定要根据自己的实际情况来确定，要能够发挥自己的长处。

如果目标不切实际，与自己的条件相去甚远，那就不可能达到。为一个不可能达到的目标而花费精力，同浪费生命没有什么两样。

4. 目标应该是远大而合理的。所有谈论成功的书籍都在告诉我们："每一个成功者都有一个伟大的梦想。"借着这句话，我们依样画葫芦去做，可是没有成功。这是为什么呢？

梦想一定要远大，但同时设定的目标一定要合理。远大就是不要把精力投入到琐碎之事上，不因其耗空能量而无所作为。必须让自己的能力空间增大，给才华以施展的余地，从而让时间产生明确而深远的价值。合理就是顺应大方向、大潮流、大趋势，合乎逻辑、规律、变化。目标合理才能左右逢源、合体合用、勇往直前。

5. 目标应该是特定的。

确定目标不能太宽泛，而应该确定在一个具体的点上。如同用放大镜聚集阳光使一张纸燃烧，要把焦距对准纸片才能点燃。如果不停地移动放大镜，或者对不准焦距，就不能使纸片燃烧。

这也同建造一座大楼一样，图纸设计不能只是个大概样子，或者含糊不清，而必须在面积、结构、款式等方面都是特定和具体的。目标应该用具体的细节反映出来，否则就显得过于笼统而无法付诸实施。

6. 目标应该是富有挑战性的。

一个真正的目标必定充满挑战性，正因为它具有挑战性，又是由你自己所选择的，所以你一定会积极地去完成它。

重量级拳王吉姆·柯伯特有一回在做跑步运动时，看见一个人在河边钓鱼，一条接着一条，收获颇丰。奇怪的是，柯伯特注意到那个人钓到大鱼就把它放回河里，小鱼才装进鱼篓里去。柯伯特很好奇，他就走过去问那个钓鱼的人为什么要那么做。钓鱼翁答道："老兄，你以为我喜欢这么做吗？我也是没办法呀！我只有一个小煎锅，放不下大鱼啊！"

你也许觉得好笑，可是亲爱的青少年们，很多时候，当我们有一番雄心壮志时，就习惯性地告诉自己："算了吧，我想的未免也太远了，我只有一个小锅，可煮不了大鱼。"我们甚至会进一步找借口来劝退自己："更何况，如果这真是个好主意，别人一定早就想过了。我的胃口没有那么大，还是挑容易一点的事情做好了，别把自己累坏了。"

如果你是一个学生，只为分数而学习，那么你也许能够得到好分数；但是，如果你为知识而学，那么你就能够得到更好的分数和更多的知识。如果你为做生意而努力，那么你可能会赚很多钱；但是，如果你想通过做生意来干一番事业，那么你就有可能不仅赚很多钱，而且会干一番大事。如果你只为薪水而工作，你有可能只能得到一笔很少的收入；但是，如果你是为了你所在公司的前途而工作，那么你不仅能够得到可观的收入，而且你还能得到自我满足和同事的尊重，你对公司所做的贡献越大，就意味着你个人所得到的回报就会越多。

"国有国法，家有家规"，目标确立自然也要遵循一定的原则。当我们有了一个心动的目标，再加上必胜的信念，有并有条，那么离成功就差一半路程了。

分解大目标，循序渐进

日本著名的马拉松运动员山本田一，在他参加 1984 年在东京国际马拉松邀请赛时，还是一个不起眼的小人物，但就在这场比赛上，他出人意料地夺得了冠军。

人们惊讶极了，当记者问他凭什么取得如此优异的成绩时，他说了这么一句话："我是凭智慧战胜了对手。"

尽管山本田一夺得了冠军，当时，许多人都认为这是个偶然，是他的运气好。甚至认为山本田一不过是在故弄玄虚。因为马拉松是靠体力和耐力的极限运动，只要身体素质好又有耐性就有望夺得冠军。

又过了两年，意大利国际马拉松邀请赛在意大利北部城市米兰举行了，这次，山本田一代表日本参加比赛。

再次出乎意料，山本田一又获得了冠军。

记者们蜂拥而上，请他谈谈成功经验，性情木讷的山本田一回答的仍然是上次那句话："我是凭智慧战胜了对手。"

这回，记者在报纸上没再挖苦他，但对他所谓的智慧迷惑不解。

10 年后，这个谜终于被解开，山本田一在他的自传中是这么说的："每次比赛之前，我都要乘车把比赛的线路仔细地看一遍，并把沿途比较醒目的标志画下来，比如第一个标志是银行；第二个标志是一棵大树；第三个标志是一座红房子……这样一直画到赛程的终点。

比赛开始以后，我就以最快的速度奋力向第一个目标冲去，等到达第一个目标后我又以同样的速度冲向第二个目标。就这样，40 多公里的赛程就被我分解成几个小目标轻松地跑完了。

起初，我并不懂得这样的道理，我把目标定在 40 多公里外终点线上的那面旗帜上，结果我跑到十几公里的时候就疲惫不堪了，我被前面大段遥远的路程给吓倒了。"

俗话说，一口吃不了一个胖子，大概就是告诉我们，再大的目标也需要一点一点实现它，不能过于着急。就像山本田一通过对一个个小目标的超越，出色地跑完了整个马拉松。

许多困难乍一看起来像梦一般遥不可及，然而我们本着从零开始、点点滴滴去实现的决心，有效地将问题分解成许多板块，这将大大提升我们去攻克难关的信心和效率。

1968 年，罗伯·舒乐博士立志在加州用玻璃建造一座水晶大教堂，他向著名的设计师菲力普·强生表达了自己的构想：

"我要的不是一座普通的教堂，我要在人间建造一座伊甸园。"

强生问他的预算，舒乐博士坚定而坦率地说："我现在一分钱也没有，所以 100 万美元与 400 万美元的预算对我来说没有区别，重要的是，这座教堂本身要具有足够的魅力来吸引人们捐款。"

教堂最终的预算为 700 万美元。700 万美元对当时的舒乐博士来说是一个不仅超出了能力范围也超出了理解范围的数字。

当天夜里，舒乐博士拿出 1 页白纸，在最上面写上"700 万美元"，然后又写下了 10 行字：

1. 寻找 1 笔 700 万美元的捐款；

2. 寻找 7 笔 100 万美元的捐款；

3. 寻找 14 笔 50 万美元的捐款；

4. 寻找 28 笔 25 万美元的捐款；

5. 寻找 70 笔 10 万美元的捐款；

6. 寻找 100 笔 7 万美元的捐款；

7. 寻找 100 笔 5 万美元的捐款；

8. 寻找 280 笔 25 万美元的捐款；

9. 寻找 700 笔 1 万美元的捐款；

10. 卖掉 1 万扇窗户，每扇 700 美元。

60 天后，舒乐博士用水晶大教堂奇特而美妙的模型打动了富商约翰·可林，他捐出了第一笔 100 万美元。

第 65 天，一位倾听了舒乐博士演讲的农民夫妻，捐出了 1000 美元。

90 天时，一位被舒乐博士孜孜以求精神所感动的陌生人，在生日的当天寄给舒乐博士一张 100 万美元的银行支票。

8 个月后，一名捐款者对舒乐博士说："如果你的诚意和努力能筹到 600 万美元，剩下的 100 万美元由我来支付。"

第二年，舒乐博士以每扇 500 美元的价格请求美国人订购水晶大教堂的窗户，付款办法为每月 50 美元，10 个月分期付清。6 个月内，1 万多扇窗户全部售出。

1980 年 9 月，历时 12 年，可容纳 10000 多人的水晶大教堂竣工，这成为世界建筑史上的奇迹和经典，也成为世界各地前往加州的人必去瞻仰的胜景。

水晶大教堂最终造价为 2000 万美元，全部是舒乐博士一点一滴筹集而来的。

目标分解法，同样也可以拿来应用于我们的生活：

1. 如果你打算在一年时间里读完四本名著，可以把一年分成十二个月，三个月读完一本书，接下来可以把小目标再做细分，比如一个月读多少页，一天读多少页。

2. 分解大目标时，可以画出它的构造图，从一个点入手，如果你想要成为一名画家，那么你就先要画出你的第一幅精美的画，要画出精美的画，你就要先学习如何用笔，如何着色等。分阶段做好每一步，大目标就自然会实现。

3. 分配好小目标后，每天努力完成，做好每个细节，争取把每个小目标都做好。

4. 在每天晚上睡觉前回想一下自己一天的表现，写下每天的收获，这样可以帮你更好地理清思路。

第二章
把握机会，适时行动

机会总是藏在最不起眼的地方

机遇是一个美丽而性情古怪的天使，她会忽然降临到你身边，你若稍有不慎，她又将翩然而去，不管你怎样扼腕叹息，她却从此杳无音讯，不再复返了。

你肯定听说过这个故事：一个苹果从树上掉下来，恰好掉在了牛顿的头上。牛顿也正是由于受此启发，发现了万有引力定律。

事业和人生发展有时候就是这样，你苦苦追求、苦苦思索，甚至，你处心积虑、心机用尽，你未见得就能取得成功；可就在你已经对自己的事业不抱什么希望，要失去信心时，成功却不期而至，让你顿时有一种柳暗花明之感。

的确，成功的机会有时就来自偶然。阿曼德·哈曼就是一个善于利用机遇的典型。他自己就常说，是机遇使他一本万利的。

在美国禁酒法令实施期间，哈曼了解到姜汁啤酒受到大众的欢迎。于是，他派人到印度、尼日利亚等生产生姜的大国，大量收购生姜，并由此垄断了生姜市场，此举让他获得了丰厚的利润。而在罗斯福总统即将上台时，哈曼敏感地意识到禁酒令即将被解除，公众对酒的需求将会大量增加。而此时的美国不仅没有造酒厂，甚至连装酒的酒桶也十分缺乏。于是，哈曼抢先一步垄断了制造酒桶用的木板，同时建立大规模的现代化酒桶工厂。在短短两年的时间内，工厂利润就高达 100 多万美元。

阿曼德·哈曼的成功表明，除了勤劳、足智多谋之外，还要努力利用机遇，让自己适应新的形势、新的变化。否则，光说不做，机遇永远不会变成财富。

机遇总是藏在细节之中，而这些小小的细节往往是最不起眼的地方，但正是这些不起眼的细节决定了很多人的一生。人生漫漫，机遇常有，但决定我们命运的不是机遇，而是我们能否捕捉到机遇。机遇往往悄然而降，稍纵即逝，你稍不留心她就会翩然而去，不管你怎样扼腕叹息，她却从此杳无音讯，不再复返。我们周围有许多时常都在抱怨的人，他们没有成功，是因为幸运之神从来没有照顾过他们。但他们却没有意识到，因为他们的大意，来到他们面前的机遇，又一次一次地从他们的眼前溜走，而他们自己却浑然不知。

也许一些人还在不停抱怨，"我每天准时关注国家大事，可是总是发现不了机遇。"其实，那是你陷入了一个误区。幸运之神不会偏爱任何一个人，成功之人之所以成功，是因为他们时刻留心生活中的每一个细节，机遇在细节之中，留心细节把握机遇可造就你的成功。

李明和刘山同时应聘进了一家中外合资公司。这家公司前途光明，待遇优厚，有很大的发展空间。他们俩都很珍惜这份工作，拼命努力以确保试用期后还能留在这里，因为公司规定的淘汰比例是 2:1，也就是说，他们俩必然有一个会在三个月后被淘汰出局。

李明和刘山都咬着牙卖劲地工作，上班从来不迟到，下班后还要经常加班，有时候还帮后勤人员打扫卫生、分发报纸……

部门经理是一个和蔼可亲的人，他经常去两个人的单身宿舍交流、沟通，这使他们受宠若惊。所以两人特别注意个人卫生，都把各自宿舍整理得一尘不染，把专业书都摆在桌面上，以示上进。

三个月后，李明被留了下来，刘山悄无声息地走了。过了半年，李明被提升为部门主管，和经理的关系也亲近了，就问经理当初为什么留下了他而不是刘山。经理说："当时从你们中选拔一个还真难，工作上不分高低，同事关系也很融洽，所以我就常去你们宿舍串门，想更多地了解你们。我发现了一个现象，凡是你们不在的时候，刘山的宿舍仍亮着灯，开着电脑。而你的宿舍则熄了灯，关了电脑，所以最后确定了你。"

不要忽视细节，因为任何机遇总是藏在那些看起来很不起眼的细节之中。一个墨点足可将白纸玷污，一件小事足可使人招人厌恶。在竞争激烈的现代社会中，细节常会显出奇特的魅力，它可以提升你的人格，增加工作绩效指数，博得上司的青睐，获得更好的机会，甚至一个细节的发现可以改变你一生的境遇。

细节本身往往就潜藏着很好的机会。如果你能敏锐地发现别人没有注意到的空白领域或薄弱环节，以小事为突破口，改变思维定式，你的工作绩效就有可能得到质的飞跃。你就会摆脱不利的地位，获得出人头地的良机。

如果你还在想着在那些风云变幻的大事中去寻找机遇，那你将会离机遇越来越远，关注你身边的事物吧，因为机遇总是隐藏在不起眼的地方。

把握机遇是一种大智慧

唐代诗人高适诗云："莫愁前路无知己，天下谁人不识君？"我们与其感叹自己"时运不济"，只是羡慕别人的"机遇"，还不如首先问一问自己是否真正"怀才"。一般地说，只要有才，总会有被"遇"的机会。

一位作家生动地比喻机遇犹如梯子两边的侧木，人的品质才学与能力犹如梯子中间的横木，二者兼有，才能成为攀向成功的梯子。"实力"和"机遇"两者相得益彰，而将积累实力作为被"遇"的前提，这无疑是最基本的方略。

一个人抓住了机遇，就能把握住有价值的生命。在知识经济时代，有志者腾飞的机遇、创新的机会或成功的契机，往往有更大的冒险性、瞬时性，机遇极易化为过眼云烟。因此，必须以坚毅果断、义无反顾的姿态，当机立断，捕捉机遇，千万不要迟延和等待，更不可优柔寡断。

机遇对每个人都是公平的，但为什么有的人总是能抓住机遇使自己成功，而有的人却对机遇视而不见、无动于衷呢？其关键就是各自的思维不同。对于没有正确思维的人来讲，即使有许多机遇摆在他面前也毫无用处，而具备杰出思维的人却能在最平凡的小事里发现机遇，有时这个机遇甚至可以改变他一生的命运。

实现目标或取得最佳成绩的人，他们被认为是杰出者，但他们往往不是掺杂在人流之中去竞争，而是独辟蹊径，发挥优势，用超出常人的思维去实现自己的目标。

有一年，但维尔地方经济萧条，不少工厂和商店纷纷倒闭，被迫低价抛售自己堆积如山的存货，价钱低到 1 美元可以买到 100 双袜子。

约翰·甘布士是一家织造厂的小技师。当他把自己的积蓄用于收购低价货物时，人们都嘲笑他是个蠢材！

约翰·甘布士对别人的嘲笑漠然置之，依旧收购各工厂抛售的货物，并租了一个很大的货场来贮货。

妻子劝他，不要再收购这些别人廉价抛售的东西，因为他们历年积蓄下来的钱数量有限，而且这笔钱是准备用做子女教养费的，如果此项生意血本无归，那么后果便不堪设想。

对于妻子忧心忡忡的劝告，甘布士笑着安慰她道："3 个月以后，我们就可以靠这些廉价货物发大财。"

过了 10 多天后，那些工厂找不到买主了，便只好把所有存货用车运走烧掉，以此稳定市场上的物价。

妻子看到别人已经在焚烧货物，不由得焦急万分，抱怨起甘布士。对妻子的抱怨，甘布士一言不发。

两个月后，美国政府终于采取了紧急行动，稳定了但维尔地方的物价，并且大力支持那里的厂商复业。

这时，但维尔地方因焚烧的货物过多，存货欠缺，物价一天天飞涨。这时，约翰·甘布士马上把自己库存的大量货物抛售出去，一来赚了一大笔钱，二来使市场得以稳定，不致暴涨不断。

当初他决定抛售货物时，妻子曾劝告他暂时不忙把货物出售，因为物价还在一天一天飞涨。

他平静地说："是抛售的时候了，再拖延一段时间，就会后悔莫及。"

果然，甘布士的存货刚刚售完，物价便跌了下来。妻子对他的远见钦佩不已。

后来，甘布士用这笔赚来的钱开设了5家百货商店，生意非常红火。

如今，甘布士已是全美举足轻重的商业巨子了，他在一封给青年人的公开信中诚恳地说道："亲爱的朋友，我认为你们应该重视那万分之一的机会，因为它将给你带来意想不到的成功。有人说，这种做法是傻子的行径，比买奖券的希望还渺茫。这种观点是有失偏颇的，因为开奖券是由别人主持，丝毫不由你主观努力，但这种万分之一的机会，却完全是靠你自己的主观努力去争取的。"

这个故事充分地说明了杰出者的思维方式，说明他们是怎样抓住机遇的。你应当像他们一样，善于抓住机遇，把握机遇，创造机遇，直到成功。

不过你得注意，要想把握这万分之一的机会，你必须做到：

1. 目光远大。鼠目寸光是不行的，不能只看见树叶，而忽略了整个森林。

2. 做好准备，有一句名言说："机遇偏爱有准备的头脑。"在机遇来临之前先提升自我，在机会到来时才能牢牢把握。

3. 锲而不舍。没有持之以恒的毅力和百折不挠的信心，是难以取得成功的。

对机遇，必须看准时机及时把握它，并付诸行动，将它变成现实的成功，这才是杰出人士的明智选择。

主动出击，寻找机会

寻找机遇，不能守株待遇，机遇是一种稀缺的社会资源，如果不主动出击，机遇是不会白白送上门的。所以只有主动出击，机会才会光临。

考电影学院是张艺谋生命中一次至关重要的机遇，也是他人生的根本转折点。张艺谋在这一关键时刻所表现出来的智慧、意志和技巧，颇值得我们沉思。

那是1978年，北京电影学院开始"文革"后的第一次招生，张艺谋的心一下子热起来，他知道企盼多年的机遇已经来临。但他也意识到，政审可能再次成为他的劫数。可毕竟这是千载难逢的一次机会，他一定要去试一试。

张艺谋争取到了一次去北京出差的机会，带着自己精心挑选的摄影作品，找到了电影学院的招生办公室。他的作品所表现出来的优秀的艺术素养令老师们大加赞赏，但是，学校规定招生的最高年龄是22岁，而张艺谋当时已经27岁了。制度无情，先是年龄一项就把张艺谋阻挡在门外，张艺谋虽然多方奔走，却毫无结果。

张艺谋失望至极，但仍未绝望，他属于那种只要还有一点可能和机会便会死死抓住不放的人，他要创造自己的命运。当时国内正时兴"读者来信"，提倡"伯乐精神"，强调各级领导要重视和认真对待来自基层的各种意见和要求。张艺谋听从朋友的建议，给素昧平生的当时的文化部长黄镇写一封言辞恳切的信，还附带了几张能代表自己摄影水平的作品。最终，信辗转到了黄部长手中，颇通艺术的部长认为张艺谋人才难得，遂写信给电影学院，并派秘书前往游说，终于使电影学院破格录取了张艺谋。而且，使张艺谋倍感幸运的是，他居然莫名其妙地逃过了政审和文化考核这两大难关。

然而，好事多磨。在张艺谋读完二年级的时候，校方以他年龄太大为由要求他离校。而此时力荐张艺谋的黄部长已经离休，向谁去求助呢？张艺谋意识到，千里马常有而伯乐不常有，不能把自己的命运寄托在伯乐身上。自己已进入而立之年，更应该自己掌握自己的命运，而所谓命运，无非就是机会和抓住机会的能力。他硬着头皮给校领导写了一封态度诚恳的"决心书"，强烈表达了自己要求继续读书的愿望。再加上爱才的老师多方说好话，校方终于同意让他继续上学。在以后的三年中，张艺谋的摄影水平有了突飞猛进的提高。最后终于成为一代"名导"。

如果张艺谋没有到北京去报名，如果他没有写信给黄镇部长，如果他屈从了校方的压力，那么我们今天就看不到许多有艺术价值的名片了。

面对机遇，有时候游离不定，模糊不清，让人摸不着头脑。这时，只有你主动出击，那你胜券在握的机会就会多一点。

青少年如何主动出击找机会呢？

1. 勇于"毛遂自荐"

所谓"世间千里马常有，而伯乐不常有"，要想在竞争如此激烈的社会中脱颖而出，不主动去吸引伯乐的注意是无法获得成功的。再则，岁月不饶人，如果只是一味地孤芳自赏，不把自己的才华尽早展现出来，即便是某一天有幸遇到伯乐，恐怕已是人老珠黄、力不从心了。所以，我们在生活中学会"毛遂自荐"是非常重要的。

毛遂自荐，是需要一种勇气和胆识的。不自信的人，害怕失败的人是不敢尝试的。这也造成了一大批平庸无为之人，更成为人才被埋没的一个重要原因。

而有的人敢于这样做，因为他们对自己充满了信心，对自己的事业充满了狂热的爱，因为他们深深知道，好运是等不来的，必须主动去寻找、去争取。

2. 培养对成功的自信

对成功的强烈渴望和追求是在人的成就动机的支配下产生的。成就动机是一种推动人从事自己认为重要的或有价值的工作，并使之达到某种理想境地的内部力量，杰出人才对成功的渴望，要比常人强烈得多。首先相信自己可以成功，而后在你的身体里就会迸发出一种强大的动力，指使你提早准备，主动出击，机会自然也就更偏爱来到你的身边了。

只有行动才能让计划实现

只有行动才能让计划变成现实。一张地图，无论多么详实，比例多么精确，也永远不可能带着主人周游列国；严明的法规条文，无论多么神圣，永远不可能防止罪恶的滋生；凝结智慧的宝典，永远不可能缔造财富。只有行动才能使地图、法规、宝典、梦想、计划、目标具有现实意义。

安妮是一个可爱的小姑娘，可是她有一个坏习惯，那就是她每做一件事时，总是爱让计划停留在口头上，而不是马上行动。

和安妮住在同一个村子里的詹姆森先生有一家水果店，里面出售本地产的草莓这类水果。一天，詹姆森先生对安妮说："你想挣点钱吗？"

"当然想，"她回答，"我一直想有一双新鞋，可家里买不起。"

"好的，安妮。"詹姆森先生说，"隔壁卡尔森太太家的牧场里有很多长势很好的黑草莓，他们允许所有人去摘。你去摘了以后把它们都卖给我，1夸脱我给你13美分。"

安妮听到可以挣钱，非常高兴。于是她迅速跑回家，拿上一个篮子，准备马上就去摘草莓。

这时，她不由自主地想到，要先算一下采5夸脱草莓可以挣多少钱比较好。于是她拿出一支笔和一块小木板，计算结果是65美分。

"要是能采12夸脱呢？"她计算着，"那我又能赚多少呢？""上帝呀！"她得出答案，"我能得到 1 美元 56 美分呢！"

安妮接着算下去，要是她采了 50、100、200 夸脱，詹姆森先生会给她多少钱。她将时间花费在这些计算上，一下子已经到了中年吃饭的时间，她只得下午再去采草莓了。

安妮吃过午饭后，急急忙忙地拿起篮子向牧场赶去。而许多男孩子在午饭前就到了那儿，他们快把好的草莓都摘光了。可怜的小安妮最终只采到了 1 夸脱草莓。

回家的途中，安妮想起了老师常说的话："办事得尽早着手，干完后再去想。因为一个实干者胜过一百个空想家。"

真正能把梦想变成现实的只有那些立即行动的人，搁浅梦想也就丧失了获得成功的能力，青少年要想成就事业，就不要只生活在梦想里，努力行动，一分耕耘，一分收获，梦想终究会实现。

有个小男孩无意间在悬崖边的大雁巢里发现了一颗大雁的蛋，他一时兴起，将这颗大雁蛋带回父亲的农庄，放在母鸡的窝里，看看能不能孵出小雁来。

果然如小男孩的期望，那颗大雁蛋孵出了一只小雁。小雁跟着同窝的小鸡一起长大，每天在农庄里和小鸡一起追逐主人抛洒的谷粒，一直以为自己是只小鸡。

一天，母鸡焦急地咯咯大叫，召唤小鸡们赶紧躲回鸡舍内，慌乱之际，只见一只雄壮的大雁俯冲而下，小雁也和小鸡一样，四处逃窜。

经过这次事件后，小雁每次看见远处天空盘旋的大雁身影，总是喃喃自语："我若是能像大雁那样，自由地翱翔在天上，该有多好。"

而一旁的小鸡总会提醒它："别傻了，你只不过是只鸡，是不可能高飞的，别做那种白日梦吧。"

小雁想想也对，自己不过是只小鸡，也就回过头，去和其他小鸡追逐主人撒下的谷粒。直到有一天，一位驯兽师和朋友路过农庄，看见这只小雁，便兴致勃勃要教小雁飞翔，而他的朋友则认为小雁的翅膀已经退化，劝驯兽师打消这个念头。

驯兽师却不这么想，他将小雁带到农舍的屋顶上，认为由高处将小雁掷下，它自然会展翅高飞。不料小雁只轻拍了几下翅膀，便落到鸡群当中，和小鸡们四处找寻食物。

驯兽师仍不死心，再次带着小雁爬上农庄内最高的树上，掷出小鹰。小雁害怕之余，本能地展开翅膀，飞了一段距离，看见地上的小鸡们正忙着追寻谷粒，便飞了下来，加入鸡群中争食，再也不肯飞了。

在朋友的嘲笑声中，驯兽师这次将小雁带上悬崖。小雁发现大树、农庄、溪流都在脚下，而且变得十分渺小。等驯兽师的手一放开，小鹰展开双翼，终于实现了它的梦想，自由地翱翔于天际。

相信每个青少年都曾经如同小雁一般，拥有过翱翔天际的美妙梦想。但这些伟大的梦想，往往也就在周围亲友"别傻了"、"不可能"的"规劝"声中逐渐萎缩，甚至破灭。就算侥幸遇上一位懂得欣赏我们的伯乐，硬将我们带到更高的领域，往往我们也会像小雁回头望见地上争食的鸡群一般，再次飞回地上，加入那个敢梦想而无行动的群体里。

如果能像小雁一样改变态度，站在新的高度，此时，你有了新的眼光，新的境界，你的人生才会打开新的一页。

要想把自己的梦想起航，就要一步一个脚印走出来，生存就像种庄稼，种瓜得瓜，种豆得豆，有多少耕耘，就有多少收获。

行动，将梦想照进现实

只有行动才能让计划变成现实。成功在于计划，更在于行动；目标再伟大，如果不去落实，永远只能是空想。

在一次行动力研习会上，培训师做了一个活动。他说："现在我请各位一起来做一个游戏，大家必须用心投入，并且采取行动。"他从钱包里掏出一张面值100元的人民币，他说："现在有谁愿意拿50元来换这张100元人民币。"他说了几次，都没有人行动，最后终于有一个人跑向讲台，但仍然用一种怀疑的眼光看着老师和那一张人民币，不敢行动。那位培训师提醒说："要配合，要参与，要行动。"那个人才采取行动，终于换回了那100元。那位勇敢参与者立刻赚了50元。

最后，培训师说："凡事马上行动，立刻行动，你的人生才会不一样。"

有这么一个笑话，也说明了行动力对于成功的重要性。

有一个郁郁不得志的年轻人每隔三两天就到教堂祈祷，而且他的祷告词几乎每次都相同。"上帝啊，请念在我多年来敬畏您的份上，让我中一次彩票吧！阿门。"

几天后，他又垂头丧气地回到教堂，同样跪着祈祷："上帝啊，为何不让我中彩票？我愿意更谦卑地来服侍您，求您让我中一次彩票吧！阿门。"

到了最后一次，他跪着重复他的祈祷："我的上帝，为何您不垂听我的祈求？让我中彩票吧！只要一次，让我解决所有困难，我愿奉献终身，专心侍奉您——"

就在这时，圣坛上空发出一阵宏伟庄严的声音："我一直垂听你的祷告。可是——

最起码，你也该先去买一张彩票吧！"

再美好的梦想，离开了行动，就会变成空想；再完美的计划，离开了行动，也会失去意义。青少年朋友要实现自己的理想，就应当注重行动，在行动中实现自己的梦想。

由于生活的普遍改善，现在娇生惯养的子女多起来了。因而普遍好逸恶劳。"衣来伸手，饭来张口"。而在学校里也是上课不听讲，学习马虎。

这样的青少年怎么会有作为呢？他们的这种人生观是在浪费自己的青春。比尔·盖茨很富有，可他留给孩子的是一种真正的财富：一种超越物质的、靠自己奋斗去创造一切的人生观。历史上无数事实证明靠财产来贿赂孩子的做法只能毁掉孩子的意志与人生奋斗激情，对于胸无大志的人来说，最终甚至可能害了他们。其原因就在于此。刻苦就是要不畏难、不怕苦。因而青少年更要不畏难、不怕苦。

有不少青少年，唯恐自己吃了苦，这恰好又正是青少年常犯的一种通病。他们总是只希望生活得幸福轻松，总怕吃了苦。因此，他们在家里不做一点事，不喜欢劳动，从小养成好逸恶劳的习惯。要记住民间的一句古训："吃得苦中苦，方为人上人。"一个没有劳动习惯，不热爱劳动的人，是不可能不怕苦、不怕难的，也是不可能有刻苦精神的。所以，要培养刻苦精神，就必须首先培养我们的劳动习惯，从简单的劳动中学习人生的伟大哲理。房子不打扫，不会干净；盆中的花，不浇水灌溉，就会干死；地里不播种，不会长出庄稼——世上一切美好的东西都必须付出汗水，才有收获。

那么，应该如何用行动实现自己的梦想呢？

1. 集中力量向梦想发起进攻

集中力量，包括集中脑力、时间、精力、物力、财力等一切可调动的"能量"，千方百计、千辛万苦为实现目标而努力。也就是明白何时、何地、如何运用最科学的方法把自己的力量发挥到极限，来达到理想的成功，否则就是生命的浪费。

2. 注意行动不要偏离目标轨道

目标行动是新的行动，往往会受到某些阻力或者是受自身习惯的影响而偏离轨道。发觉以后要及时加以纠正，免得回到老路上去，前功尽弃。

3. 排除无益于梦想实现的活动和干扰

在日常工作和生活中，会有许多无益于目标的活动和干扰，如没有多少价值的会议、鸡毛蒜皮的杂事、毫无意义的扯皮、闲聊天、打扑克等等。对于这些无益于目标的活动要力求避免。有些爱好是有益的，但由于嗜好而大量地浪费许多宝贵时间，则是得不偿失的，如每天晚上看电视一坐就是几个小时，打麻将一打就是一个通宵，是有害无益的。

告别拖延，把握今天

生活中，我们都会有这样一些经历：早上闹钟响了，想起床又告诉自己"再睡几分钟吧"，结果有可能会迟到；想给亲友、同学打个电话，等到几小时、几天之后才打；这个月需完成的学习任务要到下个月才写；衣服堆得有味了再洗……

拖延使青少年无数美好的梦想、计划变成幻想，使青少年丢失了"今天"。

成功学创始人拿破仑·希尔说："生活如同一盘棋，你的对手是时间，假如你行动前犹豫不决，或拖延行动，你将因时间过长而痛失这盘棋，你的对手是不容许你犹豫不决的！"拖延是行动的死敌，也是成功的死敌。拖延令我们永远生活在"明天"的等待之中，拖延的恶性循环使我们养成懒惰的习性、犹豫矛盾的心态，这样就成为一个永远只知抱怨叹息的落伍者、失败者、潦倒者。拖延是这样的可恶，然而却又这样的普遍，原因在哪里？

成功素质不足、自信不足、心态消极、目标不明确、计划不具体、策略方法不够多、知识不足、过于追求十全十美，这些都是原因。

其实拖延就是纵容惰性，也就是给了惰性机会，如果形成习惯，它会很容易消磨人的意志，使你对自己越来越失去信心，怀疑自己的毅力，怀疑自己的目标，甚至会使自己的性格变得犹豫不决，养成一种办事拖拉的作风。

一日有一日的理想和决断。昨日有昨日的事，今日有今日的事，明日有明日的事。今日的理想，今日的决断，今日就要去做，一定不要拖延到明日，因为明日还有新的理想与新的决断。

明代钱福写了一则《明日歌》：

明日复明日，明日何其多！
日日待明日，万事成蹉跎。
世人皆被明日累，明日无穷老将至。
晨昏滚滚水东流，今古悠悠日西坠。
百年明日能几何？请君听我《明日歌》。

它对于漠视"今天"的青少年来说，极有警诫意义。

杰出人士为了打败"拖延"这个敌人，往往会给自己制定一张严密而又紧凑的工作计划表，然后像尊重生命一样坚决地去执行它。

人们问富兰克林："你怎么能做那么多的事呢？""您看看我的时间表就知道了。"他的作息时间表是什么样子呢？

5点起床，规划一天事务，并自问："我这一天要做些什么事？"

上午8点至11点，下午2点至5点，工作。

中午12点至1点，阅读，吃午饭。

晚6点至9点，用晚饭、谈话、娱乐、考查一天的工作，并自问："我今天做了什么事？"

此外，由于种种原因，杰出人士也可能会被迫拖延自己想要做的工作，对于这种导致拖延的外在阻力，他们也有一套对付的方法。

维克多·雨果是19世纪法国著名作家。有一回，他为了创作一部新作品，便紧张地投入到工作中。可是，外面不断有人来邀他去赴宴，出于礼节，他不得不去，为此浪费了好多时间。最后，他想出了一个绝妙的办法，把自己的头发剪去一半，又把胡子剪掉，再把剪子扔到窗外。这样，他就不好出去会客，不得不留在家里。于是他专心致志地埋头创作，把一部又一部巨著奉献给人们。

惰性是人的一种劣根性，为了做成某件事，必须与它抗争，超越这种劣根性的钳制。但是这种抗衡和超越不容易心甘情愿，一开始总要由一些外力来强制，进而才能逐渐内化为恒定的精神和行为习惯。如果想战胜它，勤奋是唯一的方法。对于人来说，勤奋不仅是创造财富的根本手段，而且是防止被舒适软化、涣散精神活力的"防护堤"。

青少年如何克服拖延、摆脱惰性呢？美国著名组织管理专家、效率大师斯蒂妮·卡尔帕女士，曾提出18种有效的方法。青少年朋友不妨一试：

1. 承认拖延。

2. 接受挑战。

3. 列出所有的借口、拖延的后果。

4. 纠正自己，避免去说"等到……"、"暂时"这类的话。

5. 把制定期限视为一种生活方式。

6. 分而治之、积少成多，逐步完成。

7. 把一些工作分派给他人去做或干脆删除。

8. 保持整洁有序。

9. 不要过分准备。

10. 要果断坚决。

11. 定出优先顺序以利于制订计划。

12. 留意自己的精力周期，将冗长乏味的工作安排在你精力水平处于巅峰的时间段里去完成。

13. 把你的计划和做法告诉别人，尽力完成承诺。

14. 果断迈出第一步。

15. 一次只处理一个问题。

16. 不要三心二意。

17. 每完成一样工作或方案，就奖赏一下自己。

18. 不能做完的事不要开始，开始了就一定要做完。

第三章
生命是在得失之间不断前行

读懂生命，编织生命的精彩

"生命是世界上最美丽的花朵，地球经过漫长的演变而形成了地球上的生命，地球上生命经过漫长的演变而形成了人类的生命，男人和女人爱的结合而形成了个体的生命。热爱生命，每一个生命都有其特定的意义，每一个生命都值得讴歌；热爱生命，因为它不仅属于你，还属于关心爱护你的人；爱护一切的生命，包括地上长的小草，天空中飞着的蜻蜓……"

读了上面这一段赞美生命的散文诗，您是否对自己以及周围自然界丰富而充盈的生命而感动呢？然而，现实生活中很多孩子却对生命没有感觉，不少孩子经常说活得"没意思"、"烦死了"，他们不知道生命的价值和生命产生的过程，有的年纪轻轻就选择了轻生，这对孩子的成长来说是非常可怕和可惜的。

一般来说，处于青春期中的青少年学生有两个危险期，一个是 13 至 14 岁间，另一个是 15 至 18 岁。这期间的青少年独立意识与逆反意识同步增强，"敢做别人不敢做的事情"，喜欢并且追求所谓的"轰轰烈烈"，对"自尊"很看重，而对生命却有些漠视。由于对生活、对生命的意义缺乏认识，许多青少年不怕死、不畏死，对自己的生命和家人的期望视若鸿毛。

2004 年 11 月，一架四川航空公司的飞机在昆明国际机场起飞时，两个男孩爬上了飞机右后起落架的吊舱里。飞机起飞后一男孩从飞机起落架掉下后摔死，另一个则随飞机到了目的地重庆，但已经严重冻伤。这位幸存的少年获救后面对媒体时说："看到同伴掉下飞机时，我不难过，我们认识的时间并不长。"当他获知自己的父母即将来接他，他立即神色黯然。他说："死也不愿意回家。"

这两位小男孩对生命的漠视反映出我们在青少年教育方面的一个重大的缺陷。没有对青少年进行正确的生命教育。

　　青少年正是人生中最美好、灿烂的时期，这时的我们，是一朵含苞欲放的鲜花；是一轮冉冉升起的红日；是祖国未来的希望。然而，由于青少年正处于人生观、世界观的形成阶段，缺乏社会经验和明辨是非的能力，容易受社会各种不良风气的影响。再加上现在家庭多数是独生子女，"小王子"、"小公主"的教育使当前青少年当中普遍存在偏执、自私、虚荣，盲目崇拜西方国家，唾弃传统美德，不良的家庭教育和社会风气很容易使青少年在幼小、无知的心灵中埋下贪慕虚荣、崇尚暴力的种子和逆反心理的祸根，酿出犯罪的苦酒。因此这个时期，也正是青少年处于人生的十字路口，处于人生的转折时期，有的人就在这个时期踏入了犯罪的深渊，最终在铁窗中浪费青春，过早地失去创造生活、实现自身价值的机会。

　　只有正确认识到生命的意义和价值，才能够实现生命的精彩。

　　丹麦人芬生没有辜负他来到人世间的 43 年。在托尔斯豪思学校读书时，校长的评语："芬生是个可爱的孩子，但天资低，颇为无能。"中学毕业，他爱上了一位渔家姑娘。正当他做着迷人的幻梦时，他染上了可怕的胞虫囊病，心爱的姑娘离他而去。失恋和疾病引起的屈辱使他下决心开始重新规划自己的人生。他写下座右铭："你一天到晚心烦意乱，必定一事无成。你既然期望辉煌伟大的一生，那么就应该从今天起，以毫不动摇的决心和坚定不移的信念，凭自己的智慧和毅力，去创造你和人类的快乐，只有这样，你生命才能焕发青春。"后来，芬生考进了哥本哈根大学医学院，并发誓不学成才决不回家。毕业后，他毅然辞去了母校的工作，放弃了优厚的薪俸，把毕生精力都集中在医学研究上，并按照自己的人生设计从事了一项造福人类的宏伟事业——研究用光线治病。1893 年，芬生发现红外线能治疗天花。1895 年，芬生又发现紫外线能治疗狼疮。

　　1903 年 12 月 10 日，瑞典斯德哥尔摩第三次举行诺贝尔奖授奖庆典。芬生终于以他"用光线治病"这一医学史上的卓越贡献获得了诺贝尔奖。

　　芬生的一生虽然短暂并且充满了艰辛，但是却为我们带来了这样一个重要启示：只有当一个人正确地认识到生命的价值，并且努力地去实现它，才能够战胜生命的阻碍和磨难，获得令人瞩目的成就。

　　有人说："人的生命只有一次，因而生命是宝贵的。"生命的宝贵不只在于它只有一次，而且还在于它完全可以由我们自己设计。每个人都是自己生命的设计师，可以靠自己选择和行动来实现自己生命的精彩。

不要太看重生活中的得失

很多人因为生活中的得失而备受折磨，其实有得必有失，一时的得失不会影响人生的进程，如果你总是把一时的得失挂在心头，不能自释，生命的水流可能就会在那一刻徘徊不前。

有一位金代禅师非常喜爱兰花，在平日弘法讲经之余，花费了许多的时间栽种兰花。有一天，他要外出云游一段时间，临行前交代弟子要好好照顾寺里的兰花。在这段期间，弟子们总是细心照顾兰花，但有一天在浇水时却不小心将兰花架碰倒了，所有的兰花盆都打碎了，兰花撒了满地。因此弟子们都非常恐慌，打算等师父回来后，向师父赔罪领罚。金代禅师回来了，闻知此事，便召集弟子，不但没有责怪他们，反而说道："我种兰花，一来是希望用来供佛，二来也是为了美化寺庙环境，不是为了生气而种兰花的。"

金代禅师说得好："不是为了生气而种兰花的。"禅师之所以能如此，是因为他虽然喜欢兰花，但心中却无兰花这个障碍。因此，兰花的得失，并不影响他心中的喜怒。养兰花是为了娱情，如果因失去兰花而失去心理的平衡，那就不如不种兰花。

在日常生活中，因为我们牵挂得太多，我们太在意得失，所以我们的情绪起伏不定，我们不快乐。在生气之际，我们如能多想想"我不是为了生气而学习的"，"我不是为了生气而工作的"，"我不是为了生气而交朋友的"，"我不是为了生气而恋爱的"，"我不是为了生气而打球的"，那么我们会为我们的心情辟出另一番安详。

如果只是一味地去抱怨自身的处境，对于改善处境没有丝毫益处，只有先静下心来分析自己，并下定决心去改变它，付诸行动，它才能向你所希望的方向发展。一分耕耘一分收获，不要企望在抱怨或感叹中取得进步，事情的进展是你的行为直接作用的结果。事在人为，只要你去努力争取，梦想终能成真。

画家列宾和他的朋友在雪后去散步，他的朋友瞥见路边有一片污渍，显然是狗留下来的尿迹，就顺便用靴尖挑起雪和泥土把它覆盖了，没想到列宾发现时却生气了，他说，几天来我总是到这来欣赏这一片美丽的琥珀色。在我们生活中，当我们老是埋怨别人给我们带来不快，或抱怨生活不如意时，想想那片狗留下的尿迹，其实，它是"污渍"，还是"一片美丽的琥珀色"，都取决于你自己的心态。

不要抱怨你的专业不好，不要抱怨你的学校不好，不要抱怨你住在破宿舍里，不要抱怨你的男人穷或你的女人丑，不要抱怨你没有一个好爸爸，不要抱怨你的工作差、工资少，不要抱怨你空怀一身绝技没人赏识你，现实有太多的不如意，就算生活给你的是垃圾，你同样能把垃圾踩在脚底下，登上世界之巅。

孔雀向王后朱诺抱怨。她说："王后陛下，我不是无理取闹来诉说，您赐给我的歌喉，没有任何人喜欢听，可您看那黄莺小精灵，唱出的歌声婉转，它独占春光，风头出尽。"朱诺听到如此言语，严厉地批评道："你赶紧住嘴，嫉妒的鸟儿，你看你脖子四周，如一条七彩丝带。当你行走时，舒展的华丽羽毛，出现在人们面前，就好像色彩斑斓的珠宝。你是如此美丽，你难道好意思去嫉妒黄莺的歌声吗？和你相比，这世界上没有任何一种鸟能像你这样受到别人的喜爱。一种动物不可能具备世界上所有动物的优点。我们赐给大家不同的天赋，有的天生长得高大威猛；有的如鹰一样的勇敢，鹊一样的敏捷；乌鸦则可以预告未来之声。大家彼此相融，各司其职。所以我奉劝你去除抱怨，不然的话，作为惩罚，你将失去你美丽的羽毛。"

抱怨对事情没有一点帮助，与其不停地抱怨，不如把力气用于行动。

抱怨的人不见得不善良，但常不受欢迎。抱怨的人认为自己经历了世上最大的不平。但他忘记了听他抱怨的人也可能同样经历了这些，只是心态不同，感受不同。

宽容地讲，抱怨实属人之常情。然而抱怨之所以不可取在于：抱怨等于往自己的鞋里倒水，只会使以后的路更难走。抱怨的人在抱怨之后不仅让别人感到难过，自己的心情也往往更糟，心头的怨气不但没有减少，反而更多了。常言道：放下就是快乐。与其抱怨，不如将其放下，用超然豁达的心态去面对一切，这样迎来的将是另一番新的景象。

你的生命没有残缺

每个人的生命都是完整的。你的身体可能有缺陷或者残缺，但你仍然可以拥有一个完整的人生和幸福的生活。这才是对待生命的正确态度。

张亚丽，一个48岁的女人，身患癌症，可她觉得自己是天下最幸福的女人。她说："我拥有一份可以用生命来呵护的事业；父母在我的照顾下安享晚年；儿子已出国留学；在离异13年后，我重又找到了爱情……"如今，她还专门开通了免费咨询热线，以自己阳光般的心态去帮助那些生活在苦闷和忧愁中的朋友。在她看来：生命的质量开始于信念，信念让明天更美好！是的，凭借自己对生命的信念，让自己的生命不断地生动、丰富和充实起来，那便是真正的生命质量。

《庄子》中有一则故事：

上天赋予了子舆很多缺陷：驼背、隆肩、脖颈朝天。

朋友问他："你很讨厌自己的样子吗？"

他回答说："不！我为什么要讨厌它呢？假如上天使我的左臂变成一只鸡，我就用它在凌晨来报晓；假如上天让我的右臂变成弹弓，我便用它去打斑鸠烤了吃；假如上天使我的尾椎骨变成车轮，精神变成了马，我便乘着它遨游世界。上天赋予我的一切，都可以充分使用，为什么要讨厌它呢？得，是时机；失，是顺应。安于时机而顺应变化，所以哀乐不会侵到我心中。"

欣喜自己，超越自然，不断提升自己的生命质量才是正确的人生态度！

1967年的夏天，对于美国跳水运动员乔妮来说是一段伤心的日子，她在一次跳水事故中身负重伤，全身瘫痪，只剩下脖子可以活动。

乔妮哭了，她躺在病床上辗转反侧。她怎么也摆脱不了那场噩梦，为什么跳板会那么滑？为什么她会恰好在那时跳下？无论家里人怎样劝慰她，亲戚朋友们如何安慰她，她总认为命运对她实在不公。出院后，她叫家人把她推到跳水池旁。她注视着那蓝盈盈的水波，仰望那高高的跳台。她再也不能站立在那洁白的跳板上了，那蓝盈盈的水波再也不会溅起朵朵美丽的水花拥抱她了。她又掩面哭了起来。从此她被迫结束了自己的跳水生涯，离开了那条通向跳水冠军领奖台的路。

她曾经绝望过。但现在，她拒绝了死神的召唤，开始冷静思索人生意义和生命的价值。

她借来许多介绍前人如何成才的书籍，一本一本认真地读了起来。她虽然双目健全，但读书也是很艰难的，只能靠嘴衔根小竹片去翻书，劳累、伤痛常常迫使她停下来。休息片刻后，她又坚持读下去。通过大量的阅读，她终于领悟到：我是残了，但许多人残了后，却在另外一条道路上获得了成功，他们有的成了作家，有的创造了盲文，有的创造出美妙的音乐，我为什么不能？于是，她想到了自己中学时代曾喜欢画画。我为什么不能在画画上有所成就呢？这位纤弱的姑娘变得坚强起来了，变得自信起来了。她捡起了中学时代曾经用过的画笔，用嘴衔着，练习开了。

这是一个常人难以想象的艰辛的过程。家人担心她累坏了，于是纷纷劝阻她："乔妮，别那么死心眼了，哪有用嘴画画的，我们会养活你的。"可是，他们的话反而激起了她学画的决心，"我怎么能让家人养活我一辈子呢？"她更加刻苦了，常常累得头晕目眩，汗水把双眼弄得咸咸地辣痛，甚至有时委屈的泪水把画纸也淋湿了。为了积累素材，她还常常乘车外出，拜访艺术大师。好些年头过去了，她的辛勤劳动没有白费，她的一幅风景油画在一次画展上展出后，得到了美术界的好评。

后来，乔妮决心学文学。她的家人及朋友们又劝她了，"乔妮，你绘画已经很不错了，还学什么文学，那会更苦了你自己的。"她没有说话，她想起一家刊物曾向她约稿，要谈谈自己学绘画的经过和感受，她用了很大力气，可稿子还是没有完成，这件事对她刺激太大了，她深感自己写作水平差，必须一步一个脚印地去学习。

这是一条通向光荣和梦想的荆棘路，虽然艰辛，但乔妮仿佛看到艺术的桂冠在前面熠熠闪光，等待她去摘取。

是的，这是一个很美的梦，乔妮要圆这个梦。终于，又经过许多艰辛的岁月，这个美丽的梦终于成了现实。1976年，她的自传《乔妮》出版了，轰动了文坛，她收到了数以万计的热情洋溢的信。又两年过去了，她的《再前进一步》一书又问世了，该书以作者的亲身经历，告诉残疾人，应该怎样战胜病痛，立志成才。后来，这本书被搬上了银幕，影片的主角就是由她自己扮演，她成了青年们的偶像，成了千千万万个青年自强不息，奋进不止的榜样。

乔妮是好样的，她用自己的行为向我们说明了这样一个道理：你的生命没有残缺，无论你的命运面临怎样的困厄，它们也丝毫阻止不了你实现自己的人生价值，相反，它们会成为你人生道路中一笔宝贵的精神财富。

有一个盲人，小时候深为自己的缺陷烦恼沮丧，认定这是老天在惩罚他，自己这一辈子算完了。后来一位老师开导他说："世上每个人都是被上帝咬过一口的苹果，都是有缺陷的人。有的人缺陷比较大，是因为上帝特别喜爱他的芬芳。"他很受鼓舞，从此把失明看做是上帝的特殊钟爱，开始振作起来，向命运挑战。若干年后，他成了一个著名的盲人推拿师，为许多人解除了病痛。

把人生缺陷看成"被上帝咬过一口的苹果"，这个思路太奇特了，尽管这有点自我安慰的阿Q精神。可是，人生不如意事十之八九，这个世界上谁不需要找点理由自我安慰呢？而且，这个理由又是这样的善解人意，幽默可爱。

放弃是一种智慧

生活的烦恼并非与生俱来，也不是外在的力量强加于你的，而是你自己总是难以放下。尽管人生的奋斗目标更多的是为了获得，但在必要的时候我们更要学会放弃。放弃你并不擅长的乐器，你才有时间研究你擅长的课题；放弃不适合你年龄的衣着，你才能展现自己的青春；放弃那些放纵自己的念头，你才能集中精力为未来而学习准备。

一时的放弃是为了更美好的收获。学会放弃，让你在深秋时可以感受到春天的柔情、夏天的热情与冬天的真情。

儿子正在发愁，因为他得知某知名跨国公司正在招聘计算机网络员，他很想应聘。可在职校培训已近尾声，如果真的被聘用了，一年的培训就算夭折了。

父亲笑了，说要和儿子做个游戏。他拿来两个西瓜，让儿子先抱起一个，然后，要他再抱起另一个。儿子说抱一个已经很不容易了，两个是没法抱住的。

"那你想想，怎么才能把第二个抱住呢?"父亲追问。

经过父亲的启发，儿子终于知道放下一个，才能抱起另一个了。

儿子顿悟，最终选择了应聘，放弃了培训。后来，他如愿以偿地成了那家跨国公司的员工。

在面对两难选择的时候，只有放弃其中一个，才能集中更大的力量向另一个目标前进。如果什么都舍不得放弃，像玉米地中的猴子总是一边掰一边扔，最终也就不会有所收获了。放手，有时候是一种更快乐的选择。

一个年轻人失恋了，很是悲伤。智者却对他说，他应该为女孩祝福，应该让她去寻找自己的幸福。

年轻人说："可她曾经跟我说，只有跟我在一起的时候她才感到幸福!"

智者告诉他："那是曾经，而不是现在。当她不爱你的时候，她就离去了，世界上再没有比这更大的忠诚。"

年轻人觉得这对自己不公平，但智者却说是对他所爱的那个人不公平："本来，爱她是你的权利，但爱不爱你则是她的权利，而你却想在行使自己权利的时候剥夺别人行使权利的自由，这是何等的不公平!"

"现在我应该怎么做?"年轻人问。

"让时间抚平你的创伤，祝福那个抛弃你的人，因为她给了你寻找幸福的新机会。"智者回答。

很多事情都像是在谈一场恋爱，交朋友也好，做事情也好，都在付出然后等待着对方的回报。当自己复出以后，结果又不如自己期待的好的时候，很多人都会心存怨恨。其实，这正说明你做事情的方法不对，或者出发点有问题。这时候要做的不是抱怨，而是把握住下一次学习的机会，要有一种"不回头"的智慧。

古时候，一个少年背负着一个砂锅前行，不小心绳子断了，砂锅也掉到地上碎了，可是少年却头也不回地继续前行。路人喊住少年问："你不知道你的砂锅碎了吗？"少年回答："知道。"路人又问："那为什么不回头看看？"少年说："已经碎了，回头何用？"说罢继续赶路。

如果你的生命中有失败已经无法挽回，不要惋惜，也不要悔恨。与其在痛苦中挣扎、浪费时间，还不如重新找一个目标，再一次奋发努力。

泰戈尔在《飞鸟集》中写道："只管走过去，不要逗留着去采了花朵来保存，因为一路上，花朵会继续开放的。"没有大舍，又何来大得呢？

一个青年非常羡慕一位富翁取得的成就，于是，他跑到富翁那里询问他成功的诀窍。富翁什么也没说，只是请青年吃西瓜。富翁把西瓜切成大小不等三块，让青年选择。

青年毫不犹豫地选择了最大的那块，却见富翁吃完最小的一块，又得意地拿起另一块。

其实，那块最小的和最后那一块加起来要比最大的那一块分量大得多。青年马上就明白了富翁的意思：富翁开始吃的那块西瓜虽然没有自己吃的那块大，可是最后却比自己吃得多。吃完西瓜，富翁讲述了自己的成功经历，然后对青年语重心长地说："要想成功就要学会放弃，只有放弃眼前的小利益，才能获得长远的大利益，这就是我的成功之道。"

在通向成功的路上，需要用智慧去区分事情的利弊。有的事情看起来很不错，但其实在让你损失接下去成功的机会。比如我们现在可能会觉得自由自在地做主自己的青春是一件很酷的事情，但是等到别人都学有所成的时候，我们自己却两手空空，就会是一件得不偿失的事情了。要分清长远利益和眼前利益，为了最终的成功，必须懂得舍弃眼前的短暂快乐。

此路不通，不妨转个弯

有一位渴望成为作家的农民，十年如一日地努力着，他坚持每天写作 500 字，一篇文章完成后，他修改了又修改，然后满怀希望地寄给远方的报纸杂志社。

可是，多年努力，他从没有只字片言变成铅字，甚至连一封退稿信也没有收到过。29岁那年，他总算收到了第一封退稿信。那是一位他多年来一直坚持投稿的刊物的总编寄来的，总编写道："……看得出，你是一个很努力的青年。但我不得不遗憾地告诉你，你的知识面过于狭窄，生活经历也显得相对苍白。但我从你多年的来稿中发现，你的钢笔字越来越出色……"他就是张文举，现在是有名的硬笔书法家。记者们去采访他，提得最多的问题是："您认为一个人走向成功，最重要的条件是什么？"

张文举说："一个人能否成功，理想很重要，勇气很重要，毅力很重要。但更重要的是，人生路上要懂得舍弃，更要懂得转弯！"

生活中，许多满怀雄心壮志的人意志很坚强，但是由于不会进行新的尝试，因而无法成功。如果选准目标，就要锲而不舍，以求"金石可镂"。如果目标不正确，或主观条件不允许，与其蹉跎岁月，倒不如学会放弃，这样才有可能柳暗花明，再展宏图。鲁迅弃医从文，班超投笔从戎，都是"改换门庭"后大放异彩的楷模。

玛西·卡塞尔是美国电视史上最成功的节目制作人之一。她从1980年开始自行制作节目，次年，汤姆·温勒加入，他们合作无间，创造出《天才老爷》的高收视率，这是美国播出最久的电视连续剧，其他如《焰火下的魅力》、《来自太阳系的三次元》等，也好评如潮，多次获得大奖。她这样叙述她的成功之路：

"在纽约，我找到一份工作，是在ABC国家广播公司做参观讲解员。这栋大楼是野心家的温床，许多人不择手段地想要得到往上爬的机会。很幸运，我几个月后就升任《今夜》节目制作助理，然而，我不太喜欢这份工作，大多是做一些办公室的杂务，回影迷的来信之类的。

我开始转变事业方向，到一家广告代理公司的电视部门工作。我知道自己对广告工作是毫无兴趣的，然而，这却是一种很不错的锻炼机会。我们这组一共有3个人，平日的工作说起来有点像间谍，每天要观察哪个频道的哪个节目的收视率最好，然后仔细分析节目的分镜时段、制作素质，向客户提交一份完整的报告，最后建议最佳广告时段，而我提出的建议大都能得到客户的肯定。但是，我始终知道，我的兴趣在制作电视节目。

在好莱坞，我认识了正要开设制作公司的罗吉，他有堆积如山的剧本，需要有人帮忙审核。我决定争取这份工作，答应先免费帮助他看那些剧本，直到他愿意聘请我为止。我成功了。我在这家公司干了好几年，然而我喜欢的事业还是没有半点踪影。直到有一天，我听说ABC美国国家广播公司想要找一些有才气、有创意的人一起组成庞大的制作群，共同经营频道，我立即前往应聘。我坦白地告诉面试主考官伊塞，我已经有3个月的身孕，如果他觉得应该延长对我的考察，直到小孩出生以后的话，我没有意见。没想到他却说：'我太太和我也有一个婴儿，可是我回到岗位继续工作，你呢，是不是也要和我一样？'最后，他聘用了我。

我真的欣喜若狂，因为终于可以接触到电视工作的核心。当然，对我来说，这也是一个'如临深渊、如履薄冰'的地方，我虽然有一点小聪明，但是却没有能力处理办公室里的人事斗争，在这里，每个人不是迅速升职，就是被迅速开除。我没有被开除，我在 ABC 工作 7 年，离职前，我的头衔是'黄金时段节目制作资深副总经理'。

我们不断生产十分有趣、充满活力和不同风格的节目，但多年后，那种充满创意的环境在慢慢消失，我觉得是离开 ABC 的时候了，我要自己创办一家电视制作公司。

我们决定不受外界干扰，在没有制作出一个我们觉得品质不错的节目时，决不轻易推出上档。我们一共花了 3 年时间，才推出一个成功的喜剧系列节目——《天才老爷》，一播就播了 8 年，在 1988 年—1999 年期间，我们还创下了其他制作公司望尘莫及的成绩：同时拥有 3 个成功的电视节目——《天才老爷》、《罗丝安娜》和《不同的世界》。

这条成功之路比较长，其特点就是不断换工作，包括放弃一些令人美慕的职务，如'ABC 黄金时段节目制作资深副总经理'，最后自己创业。这是一条风险很大的路，但有能力的人，不妨试一试。"

"锲而不舍，金石可镂"，这是一句著名的治学格言，也是大家推崇的成长之道。但是从玛西·卡塞尔的成功经历告诉我们，放弃既是一种理性的表现，也不失为一种豁达的大智慧。"条条大路通罗马"，此路不通，请走彼路。虽然我们不能犹豫不前，但也不能太固执，不知变通，如果确实感到行不通，就尝试另一条路吧。

学会放弃，才会懂得收获

人不总是因为拥有全部而幸福，相反却因失去而美丽。就像巴尔扎克说的那样："在人生的大风浪中，我们常常学船长的样子，在狂风暴雨之下把笨重的货物扔掉，以减轻船的重量。"

国王有七个女儿，这七位美丽的公主是国王的骄傲。

她们那一头乌黑亮丽的长发远近皆知，所以国王送给她们每人一百个漂亮的发夹。

有一天早上，大公主醒来，一如往常地用发夹整理她的秀发，却发现少了一个发夹，于是她偷偷地到二公主的房里，拿走了一个发夹。

二公主发现少了一个发夹，便到三公主房里拿走一个发夹；三公主发现少了一个发夹，也偷偷地拿走四公主的一个发夹；四公主如法炮制拿走了五公主的发夹；五公主一样拿走六公主的发夹；六公主只好拿走七公主的发夹。于是，七公主的发夹只剩下九十九个。

隔天，邻国英俊的王子忽然来到王宫，他对国王说："昨天我养的百灵鸟叼回了一个发夹，我想这一定是属于公主们的，这真是一种奇妙的缘分，不晓得是哪位公主掉了发夹？"

公主们听到了这件事，都在心里说："是我掉的，是我掉的。"

可是她们头上明明都完整地别着一百个发夹，所以都懊恼得很，却说不出来。

只有七公主走出来说："我掉了一个发夹。"

话才说完，一头漂亮的长发因为少了一个发夹，全部披散了下来，王子不由得看呆了。

故事的结局，自然是王子与七公主从此一起过着幸福快乐的日子。

人生总有不可避免的缺憾，你怎样面对呢？逃避不一定躲得过，面对不一定最难受；孤单不一定不快乐，得到不一定能长久；失去不一定不再有，转身不一定最软弱。别急着说别无选择，别以为世上只有对与错，许多事情的答案都不是只有一个。换个思维，也许有另外的收获。

有一个小测试：在一个暴风雨的夜里，你驾车经过一个车站。车站上有三个人在等巴士，其中一个是病得快死的老妇人，一个是曾经救过你命的医生，还有一个是你长久以来的梦中情人。如果你只能带上其中一个乘客走，你会选择哪一个？

很多人都只选了其中唯一一个选项，而最好的答案是："把车钥匙给医生，让医生带老人去医院；然后我和我的梦中情人一起等巴士。"

是因为我们从来不想放弃任何好处吗？就像那车钥匙，有时候，如果我们可以放弃一些固执甚至是利益，我们反而可以得到更多。

一位青年在高速行驶的火车上一不小心将刚买的新鞋从窗口弄掉了一只，周围的人倍感惋惜，不料那青年立即把第二只鞋也从窗口扔了下去。这一举动令大家很吃惊，青年解释道：

"这一只鞋无论多么昂贵，对我而言都没用了，如果谁捡到这一双鞋子，说不定他还能穿呢！"

生活中有时需要我们做出选择，但什么才是最难舍弃的，是一种道义，还是一段感情？为什么不能抛开和牺牲一些东西，而去获得另一些永恒？

《百喻经》里有一个故事，从前有一只猩猩，手里抓了一把豆子，高高兴兴地在路上一蹦一跳地走着。一不留神，手中的豆子滚落了一颗，为了这颗掉落的豆子，猩猩马上将手中其余的豆子全部放置在路旁，趴在地上，转来转去，东寻西找，却始终不见那一颗豆子的踪影。

　　最后猩猩只好用手拍拍身上的灰土，回头准备拿取原先放置在一旁的豆子，怎知那颗掉落的豆子没找到，原先的那一把豆子却全都被路旁的鸡鸭吃得一颗也不剩了。

　　想想我们现在的追求，是否也是放弃了手中的一切，仅仅为了追求掉落的那一颗？再想起扔掉第二只鞋的那位青年，他的做法确实值得称道，既然已经不能保全自己的美事，何不成全别人呢？对于别人，也许可以获得整个冬天的温暖。

　　生活中，掌握进退之道有诸多妙处。大舍大得，小舍小得，"退"往往只是为了换一个角度、换一个方向，或腾出一些空间。好比两车相逢，有时必须自己先退让，才有前进的可能，或是前进无路，只好后退另走他途。理智决定取舍，做人就应当如此，不要事事处处争强好胜，不要遇事就和人硬顶，应该明白"退一步海阔天空"的道理。放弃与获取是一对矛盾的统一体，没有放弃就没有获取，而失去一些东西的同时必然也会得到另外一些东西。

健康交往篇

第一章
安全和健康是生活的保障

有健康，才有未来

　　一个人赚钱除了满足自己的成就感之外，就是为了让自己生活得更好一点，如果只顾赚钱，并赔上自己的健康，那是很不值得的。这样，赚钱又有什么意义呢？

　　人在年轻时，身体好精神足，可以整夜不睡觉，也许我们还没有"健康"两个字的概念，等到了一定的年纪，就会慢慢地体会出"健康"的可贵。一般来说，人的身体发育到 25 岁左右就停止了，换句话说，要开始衰老了，就好比一个人爬上了峰顶之后，要开始下坡一样。人活于世，健康第一。保住健康才有未来，而健康是靠我们自己去争取的，只要你愿意，你就可以得到它！

　　赚钱则不同，我们还没听说谁能随心所欲，想赚多少钱就赚多少钱。虽然人们常说勤奋辛苦就可以赚到钱，一般来讲是这样的，但也有事与愿违的时候，有些情况下，人们的所想与所得也会不成比例，所以有人在忙了一天之后会感慨地说："赚钱真难啊！"可是有些人则很有运气，突然之间，做什么都顺，钱财滚滚而来，好像不费力气似的。

　　人活于世，不赚钱不行，没钱怎么生活？但也不能做个拼命三郎，钱不是一下子就能赚到的，只有保住了健康之本，才有可能去挣钱。所以，对赚钱的事，勤奋努力是对的，但也要考虑到健康问题，不要太勉强自己，否则弄坏了身子，明明面前有一堆金子，你也无力去拿，这才是人生的一大憾事！

朋友们身处校园，对"赚钱"一词虽不感到陌生，但也总觉得与己无关。其实，当你踏入社会之后，这个词就会与你形影不离了，所以"赚钱"与"保健"之间的辩证法也是青少年们应该了解的。而在现阶段，你们要注意的就是：不要为了学习而牺牲健康。因为失去了健康，生命就失去了意义。

伟大的先驱卢梭说过："身体虚弱，它将永远不会培养有活力的灵魂和智慧。健康是你的宝贵财富，是你实现人生宏伟蓝图的基石，没有健康就不会有成功的喜悦。不幸的是，很少人真正知道他们需要健康。"

古希腊哲学家赫拉克里特曾这样指出：如果没有健康，智慧就难以表现，文化无从施展，力量不能战斗，财富变成废物，知识也无法利用。阿拉伯有句谚语：有了健康就有了希望，有了希望就有了一切。

即使你拥有全世界，然而你却失去了健康，那还有什么意义呢？

有人曾在背后嘲笑拿破仑："我见过他之后，发现他一无是处，不过是看起来很健康而已。"嘲笑者正是那种轻视健康价值的人。

医生说，拿破仑的脉搏从来不超过 62 次。"我还从来没听到过自己的心跳，简直就像我没有心跳一样。"拿破仑自己开玩笑说。但是他又说："大自然赋予我两种有价值的才能：只要想睡就能睡，不能吃喝过度……吃得太多会使人生病，吃得不够量却从来不会使人生病。"

长时间地骑马、乘车增强了他的体质，"水、空气和爱干净是我喜爱的药物。"他能一口气乘车将近 500 英里从蒂尔西特到德累斯顿，到目的地之后依然精神饱满。他能在马上骑 50 英里从维也纳到塞默灵，在那里吃早饭，当天晚上再回到中布伦，继续工作。他能骑马奔驰 5 个小时、80 英里，从巴利阿多里德到布尔戈斯。他经过长时间的骑马和行军，于午夜抵达华沙，早晨七点又接见新政府成员。与英格兰的战争爆发后，他与 4 位秘书连续工作了 3 天 3 夜，然后在热水里泡 6 个小时并口授快信。他对梅特涅说："有时候死亡只是由于缺少活力。昨天，我从马车里甩了出来，我以为这下完了。但我正好有时间对自己说：我不会死。别的任何人碰上这事，也许会丢了性命。"

伟大的人物往往有着旺盛的生命力，因而身体里焕发出的生命力量是巨大的。这种力量就是拿破仑 24 小时不离马鞍的精神，就是富兰克林 70 岁高龄还露营野外的执著。格莱斯顿以 84 岁的高龄还能紧握船舵，每天行走数公里，到了 85 岁时还能砍倒大树，无不依赖于此。

而有些年轻人还不到 30 岁，就已显得老态龙钟。刚开始时他们也有着巨大的"资本"——宝贵的脑力、才能和体格，这些东西别人无法控制，可还不到中年，他们就把自己巨大的资本挥霍一空。他们把自己的身体弄得像生了锈的机器。他们损耗脑力的方法更是五花八门，使生命力承受最大损失。比如，动不动就发怒、烦躁、苦恼、忧郁，这些心理与其他的坏习惯比起来，它对生命的损害力不知道要大多少倍！

不要等到健康溜走了才后悔

"宁宁，该休息了！"妈妈对正在熬夜学习的女儿说。

"好的，我一会就好了！"

半小时后，妈妈再看，时间已经指向了 12 点。

"喂！是王孟吗，一起出去打篮球吧！"

"我就不去了！我在家看会书。"

"你怎么老是窝在家里，出去锻炼锻炼身体不是挺好的嘛！"

"我就不去了，你们玩得开心！"

很少有人能够彻底明白健康对于一个人的重要性，于是在身体健康的时候不停地挥霍健康，而等到身体出现不适的时候才追悔叹息。

一个人无论做什么事，身体健康永远都是最基本也最重要的前提。在人生的路上，需要你每天都能以精力饱满的身体去应对一切。尤其是对一些重大的事情，更需要你付出你的全部力量才能成功。如果你只发挥出你的一小部分能力进行学习或做事，那一定是干不好的。你应该用你旺盛的斗志以及健康的身体投入，但倘若你因生活不知谨慎而造成精疲力竭，那么再去学习和做事时，你的效率自然要大减。在这种情形之下，成功是难以得到的。

这就如同一架机器，在毫无故障的情况下，自然可以正常运行，但倘若出现破损或其他故障，便会严重地影响做事效率。

聪明的将军绝不会选择在军士疲乏、士气不振时，统率他们应付大敌。他一定要秣马厉兵，充足给养，然后才肯去参加大战。同样的道理，如果想在我们人生的这场战役中取得胜利，关键就在于你能否保重身体，能否保持你的身体于"良好"的状态。因为，一个具有一分本领的体力旺盛的人，可以胜过一个体力衰弱却具有十分本领的人。

健康的体魄可以增强人们各部分机能的力量，而使其效率、成就较之体力衰弱的时候大大增加，也使人在学习和工作上处处取得成效、得到帮助。

所以，凡是有志成功、有志上进的人，都应该爱惜、保护体力与精力，而不使其有稍许浪费于不必要的地方，因为体力、精力的浪费，都将可能减少我们成功的可能性。

生活中有很多有志于成就大事的人，却因没有强健的体魄为后盾，而导致壮志未酬身先死。然而世间又另有大批的人，有着强壮的身体却不知珍惜，任意浪费在无意义、无益处的地方，而摧毁了珍贵的"成功资本"。

这些显然都是非常不明智的做法。

美国总统罗斯福曾说："我从小就是一个体弱多病的孩子。但我后来要决意恢复我的健康，我立志要变得强健无病，并竭尽全力来做到这点。"倘若罗斯福不对身体加以注意与补救，他的一生，恐怕很难像现在如此辉煌了吧？

也许你会说即便拥有健康的身体也并不等于拥有所有，诚然，但是如果你失去了健康，那却意味着你失去了所有，因为健康始终是一个人最必需的，所以，从现在开始牢牢地守护你的健康，不要等到它溜走了你才追悔感伤。

想拥有健康的体魄，必须要有严格的健康作息规律。良好的作息规律意味着要顺应人体的生物钟，按时作息，劳逸结合；按时就餐，不暴饮暴食；戒除不良嗜好，不伤人体功能；尤其要保持足够的睡眠，保证每天有一定的体育锻炼时间。

保持足够的睡眠对人体的精力和健康是至关重要的。据研究，科学的睡眠时间是：7～12岁（小学阶段）的学生每天的睡眠时间应该为9～10小时，初、高中阶段为8～9小时，即使是刚刚进入职场打拼的人，也应保持7～8个小时的睡眠。有些青少年朋友尤其是临考前常常挑灯夜战，晚睡早起或是为了工作彻夜加班，这种做法虽可以理解，但由于挤占睡眠时间太多，导致睡眠时间太短，使得大脑得不到应有的休息，结果就会影响大脑的反应敏感度、记忆力、思维能力，也影响人的心理情绪。这样学习和工作效率不高，常常是得不偿失。

除了睡眠，良好的作息规律还反映在饮食习惯上。青少年身体处于生长发育时期，新陈代谢旺盛，对营养需求全面，需要量也比成人大，因此，良好的饮食习惯对于保持身体的健康发育，其意义是不言而喻的。

良好的饮食习惯包括营养全面，膳食平衡，定时定量进食，不暴饮暴食、偏食挑食。许多学生都习惯不吃早餐或者早餐吃得很草率。不吃早餐容易感到疲倦，产生胃部不适和头痛，学习时易出现精神不集中，工作效率也不会太高。经常不吃早餐的人还会诱发胰、胆结石，影响身心健康。营养充足的早餐不仅能保证青少年身体的正常发育，对其学习和工作效率的提高也起到不容忽视的作用。

"播下一个行动，收获一种习惯；播下一个习惯，收获一种性格；播下一种性格，收获一种命运。""习惯"贯穿整个人生，一个人的成功或失败都与习惯的好坏有着紧密的关联。健康生活，顺利成长，这是每个青少年朋友面临的首要任务。养成良好的作息规律，既有助于身心健康，又能够锻炼自己的意志，是终生受益的宝贵财富。

每天锻炼半小时

英国有一位著名的现实主义戏剧家，小时候，父亲对他说："孩子，以我为前车之鉴吧！我干的事，你都不要学呀！"原来，他父亲喜欢乱吃，一顿吃大量的肉，喝酒很凶，整天抽烟，而又不运动。他听了父亲的话，一方面在生活上非常有规律，不吸烟，不喝酒，不吃肉，连茶和咖啡也不喝，而以粗面包和蔬菜为主。另一方面，他一生都坚持体育锻炼。

他就是萧伯纳，活到了94岁的高龄。

他每天很早就起身，天天洗冷水浴、游泳、长跑、散步。他还喜欢骑自行车、打拳。70多岁的萧伯纳曾和当时世界著名的运动家、美国人丹尼同住在波欧尼岛上的一家旅馆里，每天他俩的生活表是一样的：起床后洗冷水澡，接着是一段数里的长途游泳，然后躺在海边进行日光浴，还要一起长途散步。

晚年的萧伯纳成为一个热烈的太阳崇拜者。他整个冬天差不多都在法国的里维拉或意大利度过，在那里进行日光浴。他故乡的花园里，有一间可以旋转的茅屋，使他每天都可以得到充足的阳光。他常说："医生不能治病，只能帮助有理性的人避免得病而已。人们倘若正规地生活，正当地饮食，就不会有病。"

青少年在生活中，应以萧伯纳为榜样。每天坚持锻炼，即使只有半小时，也将受益终身。

1. 锻炼的标准

不同体质的人和不同的运动项目其标准各不相同，即使同一个人、同一项运动在不同的季节、不同的场所，其标准也不一致。因此，适量运动的标准应以个人感到不疲劳为宜。

一般认为，户外锻炼每周至少3次，每次30分钟（可以分为2次，每次15分钟）。跑步不少于10分钟，快步走不少于20分钟。运动后安静时脉搏不少于20～40次/分钟。室内锻炼应每日坚持，每次15～20分钟。

2. 锻炼的方法

（1）重点选择。以有氧运动为主的项目：快步走、慢跑、跳绳（慢跳）等。

（2）根据实际条件选择。根据家庭、单位所在地的实际条件，可选择简便、实用的锻炼方法，如：健身器械（注意消毒）、工间操、太极拳、羽毛球、乒乓球、骑车、爬山、游泳等。

（3）增强胸部肌力。器械锻炼项目，如：卧推、拉臂、单双杠、哑铃练习等。胸部肌肉是呼吸的辅助肌，有利于保持呼吸系统的正常功能，增强对呼吸道传染病的抵抗力。

（4）加强呼吸锻炼。选择对呼吸系统有"温和"刺激的运动，如太极拳、慢跑。

3. 锻炼的时间

根据运动生理学的研究，人体活动受"生物钟"控制，按"生物钟"规律来安排锻炼时间对健康是极为有利的。

早晨阳光初照，空气新鲜，在这段时间锻炼可以增强肌体活力，提高肺活量，对呼吸系统大有好处。下午则是强化体力的好时机，肌肉的承受能力跟其他时间相比要高出 50％，特别是黄昏时分，人体运动能力达到最高峰，视、听等感官较为敏感。晚上锻炼有助于睡眠，但要记住，锻炼必须在睡前 3～4 小时进行，而且强度不宜过大，否则反而容易导致失眠。

下面提到的几个时间段是不宜锻炼的。

（1）情绪不好时：人的情绪直接影响人体机能的正常发挥，进而影响心脏、心血管及其他器官。不良的情绪会抵消锻炼带给身体的健康效果，甚至产生负面影响。

（2）进餐后：这时较多的血液流向胃肠道，以帮助食物消化吸收。餐后立即运动会妨碍食物的消化，时间一长会招致疾病；体质较弱的人餐后立即运动会导致血压降低，被称为进餐后低血压；另外，患有肝、胆疾病的人此时锻炼还会加重病情。因此，饭后最好静坐或半卧 30～45 分钟后再到户外活动。

（3）饮酒后：酒中的酒精很快会被消化道吸收入血液中，并进入大脑、心脏、肝等器官，在这段时间锻炼，会加重这些器官的负担。与餐后锻炼相比，酒后锻炼对人体产生的消极影响更大。

只要青春不要痘的正确方法

相信很多刚刚步入青春期、爱美的男孩女孩都会有这样的烦恼："既然给了我青春的美好，为什么又让我遭遇到这么多讨厌的小痘痘？"继而发出这样的疑问："我可不可以只要青春不要痘呢？"

青春痘，虽然挂着"青春"的头衔，可相信不会有人喜欢它的到来。让人懊恼的是，青春期也恰恰是这些痘痘生长的黄金时段。男孩女孩在步入青春期以后，体内的荷尔蒙分泌急剧增多，会刺激体内毛发的增长，从而促进体内皮脂腺分泌更多的油脂，毛发和皮脂腺因此会堆积许多物质，使油脂和细菌附着，引发皮肤红肿，这也就是青春痘的出现。

当然，并不是每个青春期的少年都会长痘痘，痘痘也不是只长在青春期的青少年身上。青春痘的出现除了与青春期的生理特征有关外，青少年平时的生活环境和生活习惯也会对青春痘的出现产生影响。如果长时间生活不规律，经常熬夜导致睡眠不足，或是平时压力过大使得心情长期处于低谷，或是饮食习惯不好等情况都会加剧青春痘的生长。

虽然在很多时候我们并不能够完全控制青春痘的出现，但是还是有很多方法能够帮助我们正确应对。这里介绍一些战痘秘招，相信会对爱美的少男少女们有所帮助。

1. 早起、晚睡前清洗面部，保持脸部干净清爽，避免污物堵塞毛孔。洗脸后，可以选择对脸部进行一定的保养，这就要在挑选护肤品时注意选择适合自己的。一般来讲，油性皮肤的人如果选择油腻性质的护肤品无疑是雪上加霜，这样反而给痘痘铺设了一个温床。皮肤油性较大的人还是适宜选用稀薄奶液状的护肤品。同时，需要注意，晚睡前一定要认真洗脸。

2. 喜欢长发飘飘的男孩子应该了解，长头发很容易披散到脸上，容易刺激皮肤，从而引起痘痘的出现。

3. 没事的时候不要用手碰触脸部，即使已经长出了痘痘，也不要用手挤压，这样很容易引起皮肤化脓发炎。同时，脓疮破溃后往往会形成疤痕和色素沉着，而且很多时候会留下一些凹洞，这样就真的是得不偿失了。

4. 爱美的女孩子需要特别注意的是，如果脸上已经出现了青春痘，不要再用粉底或其他化妆品对之进行掩盖，这样虽然表面上看起来会美观一些，但是堵塞的毛孔反而会不利于痘痘的自我消除。

5. 养成健康的饮食习惯，对预防青春痘是有很大好处的。平时吃饭的时候，尽量挑选清淡的食物，多饮水，多吃蔬菜和水果。浓茶、咖啡、可可、巧克力等极容易激发油脂及内分泌不平衡，这样会刺激皮肤形成更严重的青春痘。因此，平时尽量少接触这些食物。

6. 吸烟和酗酒的一个很坏的后果便是痘痘的频繁冒出。因此，爱美的男孩子可要加倍小心了。

7. 容易在嘴边长青春痘的人要留意一下，牙膏中的氟化物容易诱发青春痘。所以，这些人可以选择不含氟的牙膏来使用，或是刷完牙以后一定要将嘴边残留的牙膏清干净。

8. 每天保持良好的睡眠和愉快的心情。心情好了，痘痘也就会少许多。其实，痘痘也很有意思，如果你一直与它纠缠，它也就来劲了，会与你展开了持久战。很多时候不妨选择轻视它，那么失去斗志的它可能在不久后就灰溜溜地消失了。

其实，对于这些讨厌的痘痘，正处在青春期发育的男孩女孩们也没有必要太过恐慌，只要平时多注意自身的清洁卫生，养成良好的生活习惯，每天保持好的心情，那么，这些痘痘也就不会长时间为难你了。

不可不知的安全饮食常识

几年前，安徽省一名女孩突然无缘无故地七窍流血暴毙。经过初步验尸，她被断定为砒霜中毒而亡。那么砒霜究竟从何而来？……一名医学院的教授被邀赶来协助破案。

那位教授仔细察看了从死者胃中取出的残留物，不到半个小时，暴毙之谜便被揭晓。教授说："死者不是自杀，也不是被杀，而是死于无知的'他杀'。"大家听后一头雾水，感觉莫名其妙。

教授接着说："砒霜是在死者腹内产生的。"死者生前每天都会服食维生素C，这原本没有任何问题。问题出在她晚餐吃了大量的虾，虾本身也是没有问题的，所以她在家吃了都没有事，但死者不巧同时服用了维生素C，问题就出来了。

美国芝加哥大学的研究员已经通过实验证明，虾等软壳类食物含有大量浓度较高的五钾砷化合物。这种物质被食入体内后，本身对身体并无毒害作用，而在服用维生素C之后，由于化学作用，原来无毒的五钾砷，即砷酸酐，亦称五氧化砷，转为有毒的三钾砷（即亚砷酸酐），又称为三氧化二砷，这就是们俗称的砒霜！

砒霜有原浆毒作用，它能麻痹毛细血管，抑制巯基酶的活性，并使肝脏脂肝小叶中心坏死，心、肝、肾、肠充血，上皮细胞坏死，毛细血管扩张。因中此毒而死的人，通常是七窍出血。为慎重起见，在服用维生素C期间，切忌食用虾类。

步入青春期的男孩女孩子们在平时的生活中需要特别注意了，本来无毒的两种东西，同时吃却可能导致中毒或其他不良反应，这就是食物相克的现象。生活中有一些饮食搭配其实很不合理，如目前人们经常采用的牛奶加汉堡包或三明治配膳。因为牛奶里含有大量的钙，而瘦肉中则含磷，这两种营养素是不能被同时吸收的，医学界称之为磷钙相克。此外，还有鸡蛋忌糖精、土豆忌香蕉、芹菜忌兔肉、豆腐忌菠菜、羊肉忌西瓜等。因此，在日常生活中要注意避免以上食物搭配。

除了注意饮食的搭配以防中毒外，我们在平时的生活中还要注意其他一些饮食安全。下面列举一些不良的饮食习惯，希望青春期正在长身体的少男少女们尽量避免：

第一，不吃早餐，却常吃夜宵。有人曾比喻，正确的饮食习惯应该是，早上吃得像皇帝，中午吃得像平民，晚上吃得像乞丐。不吃早餐，饥肠辘辘地开始一天的学习、工作，身体为了取得动力，会动用甲状腺、副甲状腺、脑下垂体之类的腺体去燃烧组织，除了造成腺体亢进之外，更会使得体质变酸，患上慢性病。而常吃夜宵会导致变胖，甚至得胃癌，因为胃得不到充分的休息。

第二，经常大量食用冷饮。比如一次吃 4～5 个冰激凌，或喝掉 2～3 瓶汽水，这对青少年的健康非常不利。过食冷饮会引起青少年胃肠道内温度骤然下降、局部血液循环减缓等症状，影响对食物中营养物质的吸收和消化，甚至可能导致青少年消化功能紊乱、营养缺乏和经常性腹痛。

第三，经常食用"冰箱西瓜"。西瓜放在冰箱中不能超过两个小时，否则会对脾胃和咽喉造成很大的伤害。西瓜本身性冷，如果在冰箱中冷藏过久，对脾胃伤害极大，容易导致腹胀、腹泻，引起脾胃不适。

第四，饭前饭后吃水果。吃水果的正确时间是饭前 1 小时和饭后 2 个小时左右（柿子除外）。如果是临近吃饭才吃水果，水果更易消化，引起食物消化滞后；如果饭后马上吃大量水果，会造成胃的负担。另外，不要在晚上睡觉前吃水果，不然充盈的胃肠会使你的睡眠受到影响。

总之，生活中有很多饮食安全常识，我们不可能全部知晓，并在生活中完全按照规则去饮食，但是掌握一些最基本的方法，并尽力去避免因饮食不当带来的麻烦，是非常有必要的。

提高安全意识，学点自我保护

生活中，面对突然而至的人为灾难，比如偷窃、抢劫、强奸时，你是惊慌失措、默默忍受，还是理智镇静、临危不乱？养成自我保护的习惯是对我们自己负责的最好行为。

提高警惕，增强观察、识别能力，不被坏人甜言蜜语所迷惑，谨防上当受骗，掌握如遇歹徒如何巧妙周旋、斗智斗勇，尽力提高自己的防范知识，以增强感性认识和自我保护能力，是刻不容缓的行动。

当今，不少青少年的自救自护意识非常薄弱。

2006 年 7 月 17 日凌晨，一对大学生情侣在锦江边约会时，两名劫匪突然窜出。面对闪着寒光的匕首，男生赖某挺身喝道："先把我女朋友放了！"在与歹徒的殊死搏斗中，赖某胸腹被刺伤，女友也身中三刀，伤势不轻。

负责此案的警方称，在遇见歹徒时，如果赖某能冷静处理，先尽量满足他们的要求，以保证自身安全，同时择机报警，也许就不会酿成血案。

生活中，青少年朋友应树立强烈的自我保护意识：

1. 遇事要冷静，不要让所谓的哥们义气害了自己，也害了朋友。学会拒绝不正当要求，坚决不与坏人坏事同流合污。

2. 不要随意泄漏自己的个人及家庭情况，如家里的电话、家长的名字，以免不法分子利用。

3. 独自在家时，不要给陌生人开门。如有人撬门趴窗，应立即大声呼救或电话报警。必要时可拿起家里的菜刀、锤子作为武器，来震慑歹徒。

4. 平时尽可能多地学一些法律知识，学会用法律武器保护自己的合法权利。

5. 遭到严重暴力侵害时如绑架、劫持、伤害等，一般不要与其硬拼，但更不要吓得不知所措，屈服于恶势力。这时要镇静、机智地与之周旋，以寻找机会脱身并报警。

具体方法与技巧：

1. 应对劫匪

（1）对劫匪高声呵斥，言词要强硬，以泼辣的姿态将其吓退。

（2）如果歹徒扑上来，用泥沙、石灰、砖块、背包等身边的物品全力还击。

（3）倘若劫匪从背后袭击，脖子被其双臂勒住，可稍微转身，用肘部向后猛击劫匪的腹部或用脚猛踩其脚面和小腿，迫使其松开双臂，得以脱身。

（4）如果与劫匪正面遭遇，可以靠近劫匪，抬起膝盖向其胯下猛击。如果劫匪穿着大衣或者比较灵活，建议不用此法。

（5）如果手头有伞或者其他带尖手杖等物品，可以用尖头部分狠刺劫匪。还可以两指叉开成"V"字形，攻击劫匪的眼睛。

（6）与坏人搏斗时要高声喊叫，尽量向灯光明亮处逃跑，同时打110报警。

（7）如果歹徒强悍有力，自己又孤立无援，此时可佯装顺从，尽量拖延时间，并趁其不备全力将他推倒或狠击其致命处，使其丧失攻击力，迅速脱身。

（8）记下坏人的相貌特征、声音和穿着打扮，脱险后，马上打电话报警，向警方详细描述匪徒的情况。

2. 应对性侵犯

（1）在公共场所，倘若遇到坏人用挑逗性的语言、神态和动作来调戏，可视而不见，让其自讨没趣。对那些纠缠者要严厉警告，实在不行就叫保安人员来处理。

（2）对那些动手动脚的流氓，应当从自身安全考虑，警告他们，并且向周围群众揭露其丑恶行径，以引起周围群众对坏人的斥责和愤慨，从而得到大家的帮助。

（3）如果坏人继续为所欲为，就要马上报警，如果无法报警，就要马上高声呼救。

（4）要避免危险的环境，以免使自己陷于孤立无援的境地。如夜晚不要单独走远路，不要一人到郊野、偏僻的地方去，自己一人在家，不要让陌生人进屋，不要单独和异性在无人的房间相处等，以尽量消除可能产生性侵犯的因素。

（5）要坚决拒绝黄色书刊、图片、手抄本和淫秽录像的引诱，以保护自己。

（6）要寻求家庭、学校以及公安机关的保护。面对性侵犯，许多青少年因为害羞或者害怕报复而忍气吞声。这样做实际上是怂恿犯罪分子，他会一而再、再而三地变本加厉。

（7）对一些性侵犯，要沉着冷静，不要慌乱。应机智应付，设法逃脱，寻求保护。

3. 打求救电话

打紧急求救电话要注意以下几点：

（1）紧急报火警。发现大火并确认是火灾时，要立刻拨打"119"电话，不要紧张，准确向对方说明大火的位置，目前的火情，是什么原因引起的，有无人员被围困等等。

（2）紧急报匪警。发现坏人进行违法犯罪活动时，要立刻拨打"110"电话，简单扼要地说明问题。如犯罪人的地点，犯罪人的人数，目前在干什么，有没有凶器，有无交通工具，有无人员伤害，有无爆炸物等等。

（3）紧急报交通警。看见路途上出了交通事故，或者自己家人出了交通事故，要立刻拨打"112"电话，讲清楚交通事故的位置，车辆情况，有无人员伤亡，车辆的牌号等等。

（4）紧急拨打急救中心电话。发现有人突然发病，要立刻拨打"120"电话，准确说清楚病人的地址，是什么病（伤），目前的生命情况，工作单位、性别等等。

第二章
写好青春期的诗篇

青春拒绝自伤

　　文文是一位大学二年级的女孩，长相十分清秀的她喜欢在自己身上穿洞和文身，而且乐此不疲。文文这样对自己的好友述说自己的感觉："我大概是有轻微的自虐倾向，生活中任何方面都可以看得出来。我穿耳洞，一个耳朵上 8 个耳洞，直到我晚上因为疼痛睡不着觉，我才停止对耳朵的摧残。我喜欢文身，当针尖在我皮肤上来回游走的时候，我有种活着的真实感。我会疼痛，但那个时候，让我忘记了一些困扰我的东西，心里只有疼痛，我喜欢这感觉，有一种血淋淋的快感。就像我每次用刀子划开自己手臂的时候，伤口虽然会痛，但是看到血流出那一刹那，竟有想笑的冲动，原来我有血，原来我的血有温度，原来它也是暗红色的……"

　　据新闻报道，从湖南到北京找工作的应届大学生小乔因屡次求职受挫，对前途和自己感到失望，产生轻生念头，用菜刀砍伤手腕、后脑、脖子和下颌多处，导致失血性休克，幸而被朋友发现，经医院抢救后脱离生命危险。

　　心理学家是这样剖析青年人自虐现象的：青年往往用过于完美的标准要求自己，这种理想境界一旦与现实之间产生落差，青年人心中就产生了对自身的不满，又找不到宣泄的途径，时间一长就滋生了忧郁情绪，很容易采取自我折磨的过激行为。

　　自虐的方式有很多种，自杀是最终极的方式，还有包括疯狂的文身穿洞，过于拼命地工作、地狱式减肥或者疯狂进食。还记得 2003 年的那部卖座影片《瘦身男女》里的情节吗？里面的女主角，就是因为感情问题而毫无节制地大快朵颐。

　　现今社会，为自虐提供了很多便利，文身穿洞蒙着时尚的外衣诱惑着年轻的女孩子们，甚至还出现了由一些有自杀、自虐和施虐倾向的人群组成的自杀性网站等灰色网站。这种网站提供十几种详尽的自杀方法，列举了诸如药物、上吊、跳楼等多种自杀方式，伴随令人心惊肉跳的案例介绍。点击各种方式的名称后，每一种都有几千字的详尽介绍，包括具体实施的准备、进行过程，甚至一些细节的"注意事项"，目的那是为了确保一次成功，看了之后让人不寒而栗……另外，女孩子喜欢扎堆聊天，如果有一个人以正面的口气传授她的自虐经验，很快就会有人附和，自虐慢慢会成为一种默许的集体行为方式。

其实不是一定要痛，才可以感觉到自己的存在；不是自虐，才能称之为前卫。不要把自虐当时尚。有些人的"自虐"其实是对流行文化的误解，认为那样做才符合潮流，才前卫。其实在推崇健康的今天，阳光的感觉才最"in"。青春要拒绝自伤，要自觉地抵制来自任何媒介或身边的人的自伤诱惑。

亲情、爱情、友情都可以让我们深切地感受到自己的存在。不论我们多忙，都要和不同的人打交道，既可以丰富我们的阅历，也拓展了我们处理情绪的支持系统。

现在快速的社会和生活节奏确实会给人带来很多压力，处理压力我们可以从以下方面入手：

首先，要正确对待心理压力。心理学认为，压力是对现实的反映，不同的人对压力的看法与减轻能力是不同的。所以，对有些压力只要改变一下分析角度，就能得到不同的结论。例如：同一个工作，有人没压力，有人却有。

其次，要知道一个人没有一点儿压力既是不可能的，也并非好事。没有压力会让人感到乏味、丧气、失落甚至忐忑不安。面对压力应抱着积极的心态，把它视作生活中的正常现象，冷静客观地分析，合理地采取对策，提高在压力下正常处事的心理素质，压力就会变成动力。

最后，面对压力，女孩子们要有胜败的思想准备。不论工作还是生活，胜败都是常事。所以，受挫不要气馁，要吸取教训，从头再来。一时想不开，可向周围的亲朋好友倾诉，以得到他们的理解、支持和"点子"，也可与心理医生或专业人士联系。千万不要错误地认为这是失面子的事，俗话说，"一份痛苦被两人分担就变成半个痛苦，一份欢乐被两人分享就变成双倍的欢乐"，就是这个道理。所以，只要面对压力学会各种有效的调适方法，就一定能成为掌握自己命运的"强者"。

将崇拜引入征途

在20世纪，人们崇拜的偶像是雷锋、保尔·柯察金等。而现在，青少年所崇拜的偶像，则换成了比尔·盖茨、乔丹、刘德华、周杰伦、林俊杰、"超女"等明星。

刘德华的歌迷为了见他，不惜让自己的父亲卖肾筹钱的新闻早已成为过去了，但这种现象依然值得我们今天去思考——我们应该如何追星？

不管是体育明星还是娱乐明星，偶像们给少男少女的精神世界带来了极大的向往和幻想，有的人甚至沉湎于对他们的追逐和依恋当中，不能自拔。许多青少年一味关注明星们的漂亮外表或八卦绯闻，关注他们的名声或收入，误以为进入娱乐圈就等于踏进了天堂。结果耽误了自己学习和进步的时间。

这样的追星肯定是错误的。

明星，给我们的还是一种成就感，我们也崇拜他们的成功。我们渴望成为这样的辉煌成功者，于是热情地追随眼前的成功者。这没有什么错，可是这些只是表面，揭开这些荣耀的面纱，这些明星成功的背后，表现出的是一种艰辛的努力和伟大的人格。没有这些，他们的成功也是一种无意义的成功，我们的崇拜也就是盲目地崇拜。

如果人们看到的是明星如何坚韧不拔，如何善于创新，如何吃苦耐劳，如何谦虚谨慎，那么人们就会更多地从他身上吸取自我成长的养分，进而追逐像他那样的事业成功者。

其实，崇拜明星并不是一件坏事，最重要的是要知道如何崇拜才最正确。我们应该看到明星们最杰出的地方，我们更应该学习明星的精神或优点，使学到的融入自己的生活当中，与我们自己的实际联系，确定我们的奋斗目标。正如一位女中学生评价刘德华时所说："刘德华不止歌唱得好、戏演得好，而且还热心为社会服务。他非常关心我们的学业，常常要我们把成绩表拿给他看，鼓励我们把书读好。所以，我崇拜他，学习他，让自己变得更好。"

所以，青少年在追星的时候要有一个理智的态度，把握好分寸。我们所崇拜的应该是真正值得崇拜的。他不是徒有其表，而应该有高尚的人品和超凡的气度；他不仅仅能吸引我们的目光，更应该能震撼我们的心灵。而我们也要从这些优秀的偶像身上吸取积极的人生经验。

青春期少男少女不应滥花时间和金钱在追星上。要知道，别人的光环不会罩在我们的身上，追星本身并没有什么可以夸耀的，更不应该成为我们生活的全部。

我们还应热爱自己。每个人都是独一无二的，明星自有风采，我们也要保持自己个性、本色。少男少女们应摒弃狭隘心态，不能因为别人的偶像与自己的不同，就对他人持排斥甚至敌对的态度。

追星，不是不可以，只是不要盲目，更不要在追星的过程中迷失了自我。盲目崇拜就是把自己掏空，交给别人。生活中的各种权威和偶像，比如明星、权贵、名流等会禁锢人的头脑，束缚人的手脚。如果盲目地附和众议，就会丧失独立思考的习性；如果无原则地屈从他人，就会被剥夺自主行动的能力。

通常，盲目崇拜主要表现为：

（1）追星，喜欢、崇拜某个明星到了疯狂的程度。

（2）追赶流行和时尚，热衷于名牌服装和用品。

（3）拥有某个崇拜对象，搜集相关信息，模仿其行为，以致迷失自我。

（4）过分注重近年来流行的西方节日，追赶潮流，进行各种不理性消费。

（5）崇拜的对象往往虚有其表，不具备品质和能力上的榜样性质。

（6）无条件地服从权威，对权威的语录深信不疑。

崇拜本身没有对错，但是盲目地崇拜，无论是崇拜名人、崇拜权威，还是崇拜其他任何的东西，都会让人迷失自我，误入歧途，所以，我们必须克服这一弱点，将崇拜导入正途。以下是几种方法：

1. 选对崇拜的对象，即你所崇拜的对象身上一定要有一些可供你学习和参考的积极的东西，摒弃追星似的盲目狂热，选择榜样以理性对待和学习。

2. 利用对名人的崇拜进行自我教育。崇拜的对象为青少年朋友们提供了直接思想言行规范化的模式，让被崇拜人物的高尚品德、创业意志和献身精神影响和感染我们，启示我们该如何地去对待生活、对待事业、对待未来，以及对待成功与挫折。

3. 多学习名人的传记、著作、格言，寻找成功者的足迹；找机会与英雄人物、科学家、艺术家与企业家见面，和他们对话，从中受到感染和吸取力量；在崇拜的同时，让理想和信念在心灵深处萌芽扎根。

4. 不要由于崇拜而伏在名人脚下顶礼膜拜。既有景仰之心，又要有学习赶超之意。克服可望而不可及的怯懦心理，在崇拜中激励自己，勉励自己青出于蓝而胜于蓝。

爱恋——摘取爱情的麦穗

美好的爱情，是每一个年轻人所祈盼的。站在青春的街口，你是否也在翘首企盼？但要得到真挚的爱情，你做好准备了吗？正所谓"缘靠天定，分在人为"。在追寻美好的爱情时，我们应该懂得一些爱情的艺术。

古希腊哲学家苏格拉底有三个弟子，他们来找苏格拉底，对他说："我们想找个爱人，可是我们不知道怎么样找，请老师给我们提一点意见。"苏格拉底回答说："你们三个人去做一件事情，在做这件事的过程中，你们就知道答案是什么了。"

他让他的三个弟子去走麦埂，就是麦田的那种小路。他说："你们每个人从这头走到那一头，只准前进不准回头，从起点走到终点，你们还得摘一穗麦穗，摘一穗你们认为最好最大的麦穗。"

结果呢？第一个弟子在走了1/3的时候，他一看有一个麦穗很大很漂亮，很高兴就赶快摘下。摘下以后，他又走，走了一会儿他又看到前面的那穗和他摘的那穗一样大，可是只能摘一穗又不能换。再一看，另一穗比这一穗还要大。他没有挑选到最大最好的，只得满怀着遗憾而走完了全程。

第二个弟子吸取了第一个弟子的经验教训，他说："我可不这么轻易地做决定。"

他走呀，走呀，当他正要去摘一穗时，他又想："如果我摘了这穗，那么以后碰到再好的怎么办呢？"一直走到快结束的时候，机会都过去了，再不摘一穗麦穗，就要走完了，而老师说一定要摘一穗，他只好就近摘了一穗他认为最大的。实际上他摘的也不是最大的。

到了第三个弟子，他综合了两个弟子的教训。当他走到麦埂 1/3 的时候他就开始观察。他观察麦子有三种，他把它们分成三类。有大的，中等的和小号的。大概这一种大小是属于大号，那种大小属于中号，另一种大小是属于小号，然后他又走一段，加以证实他的分类是否正确，等到他剩下 1/3 的路程时，他就选了一颗属于大号的麦穗，结果他很满意地走完了全程。

爱情是真挚的、纯真的，是双方互为平等的尊重和积极地给予温暖及快乐。如果你不想给别人造成伤害或者给自己的路上增加点坎坷，就得在做出选择的时候带着理性，睁大双眼，真诚付出。

莫扎特年轻时，倾慕爱恋过好多位秀丽、美貌的姑娘，但时间都很短。当他 21 岁时，与母亲一起外出第二次演奏旅行。在去巴黎的途中，路经曼汗城时，莫扎特邂逅了一个芳名阿蕾霞的德国少女。这位少女有着银铃般优美的歌喉，莫扎特整个心都被她迷住了。他就以教阿蕾霞声乐为借口，说服母亲在曼汗停留了相当长的时间。少女为了报答莫扎特的盛情，把芳心默许给他，莫扎特为此大为感激，表示愿意娶阿蕾霞为妻，帮助她成为歌剧明星，并把这一想法写信告诉父亲。

父亲目睹这一切，来信对莫扎特婉转警告："你想要成为将来被世人淡忘的平凡的音乐家呢，还是做一位留名青史、受人祝福的第一流音乐家？你愿意做时常被美貌所迷、不多几时死于床铺上、让妻儿流浪街头的人，还是做一名基督教徒，过幸福的生活，重视名誉与自主，给予家族以安乐的人？"接着父亲又以强烈的语气追加道："必须前往巴黎，不得迟延，然后加入伟大人物的行列，若是不能成为恺撒，就不必做人。"在父亲的忠告下，莫扎特强忍感情，终于向阿蕾霞告别，和母亲踏上前往巴黎之途。

一个人最好能在追求事业的同时寻觅一位知心相伴的终身伴侣，她会令你的生活更富有韵味。但浪漫的爱情并不一定能让你获得幸福，也不能主宰你的一切。记住，对爱的眼光要现实一点。

如果没有事业那么也就不存在永久的爱情。青少年一定要正确地对待自己的事业和爱情，要有一个正确的情感观念，摆正学业和情感的位置，不能为了一时的缠绵而放弃了一生的事业。

世上对爱最美的承诺应该是一个深情的眼神，一个温柔的问候或者是生活中的点点滴滴，而绝不是甜言蜜语。

行动永远是承诺的最佳证明。诚如白云从不向天空承诺它的留驻风景也不向眼睛说出它的永恒。

大地不向你承诺什么，年年金黄色的秋收则是它不吝的馈赠；大海也不向沙滩承诺，却从未中断过次次潮起的探访。

倘若你想拥有一个承诺，如拥有一口井，再深的温柔也经不起朝朝不厌的汲取。

爱，不能依靠华而不实、可能永远无法兑现的诺言，而要靠真真切切的行动，靠彼此现实的态度。

摆正失恋的天平

小说课上，教授正讲着小说。他忽然停下来发问："爱的反面是什么？""恨。"教授环顾教室，心里暗叹，只因为年轻啊，只因为太年轻啊。他放下书说："这样说吧。譬如说你现在正谈恋爱，然后呢？就分手了。过了 50 年，你 70 岁，有一天黄昏散步，冤家路窄，你们又碰到一起了，这时，对方定定地看着你说：'某某某，我恨你！'如果情节是这样的，那么你应该庆幸，居然被别人痛恨了半个世纪。

恨也是一种很容易疲倦的情感，要有人恨你 50 年也不简单，怕就怕你当时走过去说：'某某某，还认得我吗？'

对方愣愣地呆望着你说：'啊，有点面熟，你贵姓？'"

全班学生都笑起来，大概想象中的那场面太滑稽、太尴尬了吧！

"所以说，爱的反面不是恨，是漠然。"

爱的反面不是恨，恨是一种很容易疲倦的情感。笑罢的学生能听得进结论吗？——只因为太年轻啊，爱和恨是那么容易说得清楚的一个字吗？

在落泪留下身影，将昨天埋在心底，有个轻松的开始。许多的事情，总是在经历过以后才会懂得。喜欢一个人，就要让他快乐，让他幸福，使那份感情更诚挚。如果你做不到，那你还是放手吧，所以有时候，有些人，也要学会放弃，因为放弃也是一种美丽。

艾佳有一天整理旧物，偶然翻出几本过去的日记。她翻了几页，都是些现在看来根本不算什么，可是在当时却感到"非常难过"、"非常痛苦"或是"非常难忘"的事。看了不觉好笑，艾佳放下这本又拿起另一本，翻开，只见扉页上写道："献给我最爱的人——你的爱，将伴我一生！我的爱，永远不会改变！"

看了这一句，艾佳的眼前模模糊糊地浮现出一个男孩的身影。曾经以为他就是自己的全部生命，可是离开校门以后，他们就没有再见面，她不知道他现在在哪儿，在做什么。她只知道他的爱没有伴自己一生，她的爱，也早已经改变。

许多人曾经以为只要好好爱一个人，就不会分手，现在才知道，你对他好，他也一样会爱别人。曾经以为自己不会再爱上第二个人，可是一旦你经历着一生中的第二次爱情，就会发现和第一次一样甜美，一样折磨人，一样沉迷，一样刻骨。

失恋这种事情就算不预约，就算当初许下山盟海誓，一样会不期而至。而且失恋很奇怪，不管多好的人，多坏的人，管你是贫贱富贵，任你是貌美如花，谁也跑不掉，统统中招，人人有份。所以面对失恋，不妨就像艾佳那样，既然知道拗不过，不如就接受它，只把曾经的甜美当做生命中的收藏，转而潇洒地走自己的路。听过见过太多女孩子因为失恋陷入悲伤的泥沼，其实失恋，只是失去你生命的一个过客而已，不要因为这个过客而丧失对未来生活的判断，不要因为这段感情而丧失对爱情的期待和向往，更不要为此而贬低自己、伤害自己。失恋不能失态。

失恋了就是他与你的感情再也毫无关系，他爱上谁或者没爱上谁，和你都没任何关系了。以后家里煤气没了，灯泡坏了，电脑中毒了，忘记关水龙头了，感冒了，发烧了，这些都不要给他知道。你怎么可以去麻烦一个不爱你的人呢？不要以为喝酒抽烟或其他伤害自己的方式能改变结局，更不要借着酒劲给他打电话。他已经不爱你了，不会再心疼你。不要对不爱你的人有要求，不要让他有机会看低你。

人生阶梯，总在一级一级地升高，这种高度的更换不只是职业的变换或年龄的递进，更重要的是自身价值及其价值观念的变化。人们会以一种全新的观念来看待生活，选择生活，并用全新的审美观念来判断爱情，因为他们对爱情的感受或许完全不同了。所以，我们没必要让失恋的天平失去平衡，错过了花朵，你将收获雨露。像苏格拉底说的那样，去感谢那个抛弃你的人，为她祝福。因为她给了你寻找幸福的新的机会。

爱，是一种伟大而圣洁的感情。有些爱情之所以天长地久，很重要的一条就在于彼此热恋的时刻，理智的力量常常呼唤着他们。一个享受爱情的人，会在精神上怎样地满足。他就像一艘加满燃料和食物、淡水的船只，有足够的信心和力量向自己的目标行驶。在拥有缘分的基础上，真诚地祝福你在自己的努力下，获取美好的爱情。

认清逆反的怪圈

从小就聪明伶俐的小静，很听爸妈的话，是一个人见人爱的好孩子。可近来小静变了，凡事总爱与父母顶嘴，自作主张，有时还偏要同父母"反其道而行之"。例如，初中毕业后，爸妈为她选择了就近的一所重点高中作为报考志愿，而她偏挑选了一所离家较远的中学，她不是喜欢路远，而是有意同爸妈抬杠；小静有鼻炎，父母为她买了滴鼻药水，她却有意把它扔了；父母问她考试成绩，她明明及格了，却偏说不及格；有一天气候突然变冷，小静的母亲特意给她送去衣服，她竟当着同学们的面把衣服扔在寝室的地上；她爸爸平时工作忙，一有机会就想跟她聊聊，她却把他拒之于千里之外。这令小静的父母十分焦急。

高二的小平，成绩不太理想。可父母、老师越开导、批评，他越觉得反感，更加不用功了。一次，被爸爸骂了几句，他冲动之下，离家出走。半个月后，在外流浪的他才返回家。

其实，小静、小平的这些表现与逆反心理有关。

逆反心理是指，人们彼此之间为了维护自尊，而对对方的要求采取相反的态度和言行的一种心理状态。青少年常会"不受教"、"不听话"，常与教育者"顶牛"、"对着干"。这种以反常的心理状态来显示自己的"高明"、"非凡"的行为，往往来自于"逆反心理"。逆反心理在青少年成长过程的不同阶段都可能发生，且有多种表现。如在一些青少年当中，打架斗殴被看作是有胆量；与老师、领导公开对抗被视为有本事；哥们义气等不良的行为倾向却赢得了很多人的认同，而乐于助人、爱护集体、爱护公物、遵守校规校纪的青少年则被肆意讽刺、挖苦；对正面宣传作不认同、不信任的反向思考；对先进人物、榜样无端怀疑，甚至根本否定；对不良倾向持同情感，大喝其彩；对思想教育消极抵制、蔑视对抗等等。

一般说来，人们对于越是得不到的东西，越想得到，越是不能接触的东西，越想接触，这就是所谓"禁果逆反"。我们有些老师、家长禁止青少年做某事，却又不说明为什么不能做的理由，结果适得其反，使"不要吸烟"、"不要早恋"之类禁令达不到应有的预期效果，使被禁止、批判的电影、文学作品、理论文章更引起青少年的极大兴趣……"被禁的果子是甜的"，好奇心驱使青少年有时甘冒受惩罚的风险去尝也许并不甜的"禁果"。

由于青少年正处在身心发育成长的不稳定时期，大脑发育成熟并趋于健全，脑机能越来越发达，思维的判断、分析作用越来越明显，思维范围越来越广泛和丰富，特别是思维方式、思维视角已超出童年期简单和单一化的正向思维，向着逆向思维、多向思维和发散思维等方面发展。尤其是在接触社会文化和教育过程中，青少年渐渐学会并掌握了逆向思维等方法。正是青少年思维的发展和逆向思维的形成、掌握，为逆反心理的产生提供了心理基础和可能，因此，逆反心理在成年前呈上升状态。

另外，青少年正处在接受家庭、学校教育阶段，由于阅历和经验的不足，在认知事物和看问题时常出现认识上的片面和较大偏差，因而易与家长、教师、教育者的意向不同。当人们的意向不一致时，彼此之间为了维护自尊，就会对对方的要求采取相反的态度和言行。

逆反的后果是严重的，它会导致青少年出现对人对事多疑、偏执、冷漠、不合群的病态性格，使之信念动摇、理想泯灭、意志衰退、工作消极、学习被动、生活萎靡等。逆反心理的进一步发展还可能向犯罪心理或病态心理转化。

要克服逆反心理，青少年要注意以下几点：

1. 作为学生、子女，要学着从积极的意义上去理解大人，父母的啰唆、老师的批评都是善意的。老师、父母也是人，也有正常人的喜怒哀乐，也会犯错误，也会误解人，我们只要抱着宽容的态度去理解他们，也就不会逆反了。

2. 要经常提醒自己虚心接受老师父母的教育，遇事要尽力克制自己，要知道，退一步海阔天空。另外，还要主动与他们接触，向他们请教，这样，多了一分沟通，也就多了一分理解。

3. 青少年要提高心理上的适应能力，如多参加课外活动，在活动中发展兴趣，展现自我价值。

4. 青少年应正确认识自己，努力升华自我。把自己作为教育对象，主动思考自己、设计自己，并自觉能动地以实际作动完善或造就自己。

告别青春期的迷惘

最近，上中学的小孟陷入了烦恼之中：胡子长出来了，难看；脸上有痘痘蹦出来，难过；心里老是烦躁、空虚、难受；白天总喜欢盯着女生看，晚上又做"春梦"，难堪……

其实，这很正常。要知道，人体是9大系统的有机结合物。这些系统的发育，就是人体的发育。但这些系统的发育并不是同步的，这就形成了发育过程的各个不同阶段。其中，生殖系统的发育是最晚的。生殖系统大约在9岁左右开始迅速发育起来，在20岁左右就发育成熟了。这是人从儿童到成人的转变时期，因为这个时期犹如大自然的春天一样，人们便称它为"青春期"。

人体各部位在这一时期的生长速度是不均衡的，原因是生长素并不能十分周到地同时刺激身体所有组织的发育。所以，青春期的少年会出现肢体不匀称的现象，常常是某个时期胳膊显得太长，或者是身子长腿短，或者是手又过分大了等等。这种种情形破坏了人体的结构美，让人不舒服，所以，青少年们常为这种不协调的现象苦恼，觉得自己身体不对头，甚至觉得别人会厌恶自己。其实，大可不必为此而忧心忡忡，随着身体进一步的发育，这种现象会自然而然地消失。

国外医学界将青春期定为10～19岁，我国医学界定为13～18岁。进入青春期，一般女孩比男孩早1～2年。除此之外，还受地区、营养、精神因素等多方面的影响，其中营养状况起主要作用。青春期是人体生长发育的第二个高峰，生理上发生巨大变化，青少年在思想上往往难以承受，所以伴随许多心理上的变化。这些变化极端的表现为"青春期综合征"。青春期综合征是青少年特有的一种心理现象，是青少年在青春期因适应能力和心理防卫机制尚不成熟而出现的具有心理失调特征的心理异常，其表现是因人而异、各具特色的。

在现实生活中，青春期综合征的主要表现是：

1. 苛求体貌。一些青少年对自己的容貌和衣着相当敏感，以至于过分挑剔；有些同学会对客观存在的某一些"丑陋"，如体胖、肤黑、眼小、狐臭等忧心忡忡、烦恼不已，以致难以接受。

进入青春期后，随着性意识的发展，青少年对异性的言行举止过分敏感。他们常会把异性对自己的好感当作对自己的"倾心"，而把自己对异性的好感当作"爱情"，从而造成不必要的苦恼。

2. 情感危机。由于青少年情绪波动大，自我控制能力不强，因而当他们在学习、交友、生活等方面出现重大波折时，很容易在极度失望和沮丧的情况下，做出莽撞之事。

3. 心理状态欠佳，自卑自责，忧虑抑郁，烦躁消极，敏感多疑，缺乏学习兴趣，生活冷漠，好动肝火。忧伤、恐惧、自暴自弃、厌学、逃学甚至自虐。

尽管青春期综合征不属于严重的心理异常的范畴，可其对青少年心理的良好发展和人格的健全却是十分有害的，如果不能迅速地走出这种心理误区，则有可能导致较为严重的心理障碍。

青少年在青春期中，应注意以下几方面：

1. 努力控制自己的消极情绪，纠正自我评价的偏差。

2. 正确认识自己、接纳自己，保持心理健康。

3. 逐步增强应付各种难以预料的挫折的能力。

4. 扩大人际交往，积极参加各种有益活动，如打球、游泳、下棋等。

5. 多了解健康方面的知识，向师长、专家请教。

第三章
奏响友谊的圆舞曲

交际艺术，为成功增添筹码

我们生活在一个人的社会，所有的活动、交易、成就，都要从人与人的接触中产生。别人供给你所需，你肯定也要贡献，甚至你存在的价值，都是建立在他人的认可之上的。所以，你认识的人越多，交际越广，公共关系越好，你成功的几率就越高。因此我们要掌握好交际这门艺术。

2001 年，史玉柱向人们描述了巨人站起来的经过时，他说自己在落难期间，受影响最大的就是联想的总裁柳传志和"中关村村长"段永基："柳传志给了我很多管理上的经验，段永基给了我很多宏观理念上的启发。"

关于柳传志的影响，史玉柱说："我记得柳传志跟我谈过两次。一次我们在安徽开会，跟我谈了很长时间，教我企业如果从头做的话，应该怎么做。他也帮我分析了过去存在的问题，他说文化上也存在很多问题。他剖析说联想过去文化也存在很多问题，然后怎么去重建，要提一些实用的口号，不要搞空洞的，说'我们要做东方巨人'，这样的口号太虚了。"

柳传志总结了几点，后来史玉柱的公司全部采纳了，一个是说到做到，一个企业要有这样一种氛围，从一把手到下面，承诺了一件事就一定要去做，哪怕不合理，错了，都要去做。巨人的很多企业文化都受联想的影响。

在谈到段永基的时候，史玉柱说："在困难的时候，他给我打气，在稍微好转的时候，他叫我要清醒，在企业的发展上，一旦有一个好的突破，有一个好的业绩的时候，他就会跟我说这句话。所以现在我每到有成绩的时候，情绪并不高调。"

这些通过人际交往认识的商业精英，给史玉柱的企业发展带来了宝贵的经验，社交能带给人的财富，是无法用简单的数据来统计的。

　　商业是一个合作的领域，人生又何尝不是如此呢？当人们孤独困惑的时候，有一个朋友来帮他排忧解难。这就是社交的最大好处，而谁不需要朋友的陪伴呢？

　　几乎大部分人本身都是比较内向的，这是东方人的性格特质，但是只要去有意识地参与社交，积极去改变自己的看法和方式，也能从一个腼腆的小孩变成一个社交专家。成功之士史玉柱也不例外：

　　史玉柱团队的副总裁汤敏曾回忆自己与史玉柱初次见面时的情景。那是在1992年，史玉柱突然走到她面前，"他非常瘦，但是打扮非常流行：穿着黑色西装和喇叭裤，戴着蛤蟆眼镜，头发上面烫卷，下面拉直的那种。我坐在那儿没动，因为没想到他是老板。他也就站在那儿，发现我在看他的时候，脸一下就红了，然后不断用手推眼镜。他问你是汤敏吗？我说是。他就说我是史玉柱。我赶紧站起来，说不好意思。"汤敏没有想到，自己的老板这么时髦，又这么腼腆。"那感觉就像是我在面试他，他像大学生一样腼腆"。

　　有意识地提高自己的交际能力，可以和朋友在一起时，先考虑应该怎样和人家说话，怎么样才能够表达清楚自己的意思，怎么样别人才不会讨厌自己，不但要求有语言表达能力，还要有计划有简单的谋略以及自身的磨合能力。

　　日常生活中，我们应该做到尊重、友爱、协作、善良、大方、开朗、公道、礼貌、自尊、有责任心和组织能力等等，这些都是我们与人交往的基础。在这所有的准则中，史玉柱最看重的善良和尊重。他认为与人相处，首先要有一颗善良的心，其次要尊重他人，这样才能赢得朋友。

　　在日常生活中我们要怎样来培养我们交往技能呢？社交专家有一些建议，我们不妨参考：

1. 精神饱满，充满自信

　　一个热情的人，抱有一颗饱满而火热的心来待人接物，自然会使对方受到感染，让人家对自己也热情洋溢。一个人在充满自信的状态下行动会更容易得到别人的信任，记住"自信则人信之"这句金玉良言，在与人接触的时候，大胆地看着对方的眼睛。

2. 保持轻松的微笑

　　经常面带微笑的人基本上都是平易近人的人，他们都有着良好的人际关系，微笑有着收买人心的魅力。所以，要向这些人学习，每天保持会心的微笑你就会发现他的朋友变得多了起来。

3. 控制自己的情绪

会交际的人都要能够控制自己的情绪，特别是不能在朋友面前随便表示自己的不满或者发泄怒气，这样会让人讨厌的。

4. 学会感谢和称赞

得到真心诚意的感谢和称赞，谁都会高兴。所以，在你心中对他人怀有谢意和敬意的时候，一定要抓紧机会告诉他，令他感动。

要成为一个社交家并不困难，只要敞开自己的心灵去接纳他们，你也将会得到同样的接纳。

搭建好的人脉，生活更精彩

社会是由多变化的、多层次的人际关系组成的立体网络结构，没有机敏迅速的应对能力，没有圆滑的处世经验，没有丰富的阅历，很难在社会上生存，摆在你面前的只有四处碰壁。对于个人而言，学会人际交往就是一种生存技能。学会人际交往，建立关系网对于个人成功起着至关重要的作用。良好的人际关系可以开拓你的视野，让你随时了解周围所发生的事情，还可以在必要的时候助你一臂之力，减少你前进路上的障碍。

拿破仑·希尔曾经也说过一句名言："生活是一门艺术"，人际关系是一门课程。朋友是人生的寄托，是道义的援助，只有付出真诚才能换得友谊。同别人合作的过程也就是和别人交朋友的过程，只有忠于朋友，重视友谊，才能赢得尊重和支持。美国著名成人教育家戴尔·卡耐基有一个基本观点："一个人的成功，15％取决于专业本领，85％取决于人际关系与处世技巧。"这一观点得到了人们的高度重视和广泛推崇。无数事实证明：你的专业本领往往只能给你带来一种机会，而交际本领则可以给你带来百种千种机会；有了专业本领只能利用自身能量，而交际本领则可使你利用外界的无限能量。

美国普林斯顿大学曾对1万人的人事档案进行分析，结果发现："专业技术"、"知识"和"经验"只占成功因素的25％，其余75％决定于良好的人际关系。哈佛大学就业指导小组对几千名被解雇的男女进行调查，发现人际关系不好的比不称职的人高出2倍。另一研究报告表明，在美国每年离职的人员中，因人际关系不好而导致无法施展所长的占90％。可见，人际关系好坏何等重要。而人际关系的好坏，主要取决于交际本领的高低。

心理学家曾作过一项研究，研究对象均为学术智商很高的科学家，他们之中有的人出类拔萃，有的人成绩平平。研究结果表明：这一差别的原因，就在于那些获得大成就的人善于交际，拥有自己的广大的交际网，因而可以随时从各个方面获得自己所需要的信息或数据；而那些成绩平平的人则因不善交际，得不到别人的帮助。另一个有说服力的统计数字是，诺贝尔科学奖自1901年设立以来，到1972年为止的286名获奖者中，有2/3的人是因与别人合作进行研究而获奖的。而且，因协作研究获奖占总获奖数的比例逐渐上升，在诺贝尔奖设立的头25年为41％，第二个20年跃升至65％，而现在则为79％。可见，交际、合作极为重要。这会促进你的成功，增加你的幸运机会。

哈维·麦凯从大学毕业那天就开始找工作。当时的大学毕业生很少，他自以为可以找到很好的工作，结果却徒劳无功。好在哈维·麦凯的父亲是位记者，认识一些政商两界的重要人物，其中有一位叫查理·沃德。查理·沃德是布朗比格罗公司的董事长，他的公司是全世界最大的月历卡片制造公司。四年前，沃德因税务问题而入狱。哈维·麦凯的父亲觉得沃德的逃税一案有些失实，于是赴监来访沃德，写了一些公正的报道。沃德非常感激那些文章，他几乎落泪地说，在许多不实的报道之后，哈维·麦凯终于写出公正的报道。

出狱后，他问哈维·麦凯的父亲是否有儿子。

"有一个在上大学。"哈维·麦凯的父亲说。

"何时毕业？"沃德问。

"他刚毕业，正在找工作。"

"噢，那正好，如果他愿意，叫他来找我。"沃德说。

第二天，哈维·麦凯打电话到沃德的办公室，开始，秘书不让见。后来他三次提到他父亲的名字，才得到跟沃德通话的机会。

沃德说："你明天上午10点钟直接到我办公室面谈吧！"第二天，哈维·麦凯如约而至。不想招聘会变成了聊天，沃德兴致勃勃地谈到哈维·麦凯的父亲的那一段狱中采访，整个谈话过程非常轻松愉快。

聊了一会儿之后，他说："我想派你到我们的'金矿'工作，就在对街——品园信封公司。"

为找工作奔波了一个月的哈维·麦凯，现在站在铺着地毯、装饰得富丽堂皇的办公室内，不但顷刻间有了一份工作，而且还是到"金矿"工作。所谓"金矿"是指薪水和福利最好的单位。

那不仅是一份工作，更是一份事业。42年后，哈维·麦凯仍在这一行继续勤奋开采着"金矿"，他已成为全美著名的信封公司——麦凯信封公司的老板。

哈维·麦凯在品园信封公司工作期间，熟悉了经营信封业的流程，懂得了操作模式，学会了推销的技巧，积累了大量的人脉资源。这些人脉成了哈维·麦凯成就事业的关键。

事后，哈维·麦凯说："感谢沃德，是他给我的工作，是他创造了我的事业。"

试想，如果没有沃德的帮助，麦凯可能也就没有如此辉煌的成就了，所以好的人脉，可以让你的生活更精彩。

用爱与尊重编织人脉

卡耐基曾经说过："你见到的每个人都觉得自己在某个方面比你高明，因此通向他心灵的可靠途径就是用微妙的方式让他感到你承认他是重要的，而且要诚心诚意地尊重他。"

有这样一个故事：一个小孩不懂得见到大人要主动问好、对同伴要友好团结，缺少礼貌意识。聪明的妈妈为了纠正他这个缺点，把他领到一个山谷中，对着周围的群山喊："你好，你好。"山谷回应："你好，你好。"妈妈又领着小孩喊："我爱你，我爱你。"不用说，山谷也喊道："我爱你，我爱你。"小孩惊奇地问妈妈这是为什么，妈妈告诉他："朝天空吐唾沫的人，唾沫也会落在他的脸上；尊敬别人的人，别人也会尊敬他。因此，不管是时常见面，还是远隔千里，都要处处尊敬别人。"小孩朦朦胧胧地明白了这个道理。

任何人的心底都有获得尊重的渴望，受到尊重的人会变得宽容、友好、容易沟通。

在人际交往中尊重别人的人格是赢得别人喜爱的一个重要条件。人格，对每个人来说，都是最珍惜、最宝贵的。对每一个人来说，他都有这样一个愿望：使自己的自尊心得到满足，使自己被认可、被尊重、被赏识。如果你不尊重他的人格，使他的自尊心受到了伤害，当时，他或许会一笑了之，但是，你却严重地打击了他。事实上，如果你表示出了对他的不尊重，即使他当时对你还是很友善，但是，如果他不是一个精神境界极高的人，他以后是不会很喜欢你的。这样，你就"赢得了战场，而输掉了战争"。

相反，如果你满足了他的自尊心，使他有一种自身价值得到实现的优越感，那么，这表明你很尊重他的人格，你帮助他获得了自我实现。他因此会为你所做的一切表示友好，对你有一种感激之情，他便会喜欢你。

一些高明的政治家是精于此道的。为了笼络人心，赢得别人的拥护和支持，他们绝不轻易伤害别人的自尊和感情。一位评论华盛顿政治舞台的专家指出："许多政客都能做到面带微笑和尊重别人，有位总统则不只如此。无论别人的想法如何，他都会表示同意。他会盘算别人的心思，并且能掌握这些心思的动向。"

只有尊重别人，别人才会喜欢你。你满足别人的精神需求，别人才会满足你的精神需求。

尊重别人，就不要总是自命清高，容不下别人的批评和建议，对于别人的批评、意见，你要虚心接受，即使有不对的地方，你也不要当面反驳。不要什么事都认为自己正确，你应该学会站在别人的立场考虑问题，这样就会改变你固执的做法。

其次，对你周围的人要宽容，别人一不小心得罪了你，并再三向你道歉，你却仍然骂骂咧咧，得理不饶人，结果只会导致你们之间的关系越来越疏远，最终失去一个朋友或能做你朋友的人。

第三，不要在别人面前装出一副冷漠的神情，你冷漠地对待别人，别人会以为你瞧不起他。如果你周围的人诚恳地向你征求意见或诉说苦闷，你却显出一副心不在焉、不感兴趣的样子，即使你心里并没有不尊重对方的意思，可你的行为已经伤了对方的心。

第四，不要贬低别人的能力。当你周围的人在某一方面做出成就时，你应该给予适当的赞扬，而不是对其成就进行有意无意地贬低。即使你周围的人工作能力不强，你也不要贬低。否则，不但会使你们的交往不成功，还会激起更深的矛盾，甚至反目成仇。

最后，最重要的一点就是要学会倾听。倾听，是有效的沟通过程中最强有力的招数，可是，事实上却很难找到喜欢倾听的人。如果你遇到真正能听你说话的人，而且能告诉你，你所说的真正意思，而不是他以为你说的是什么，那就是珍贵的经历了。善于听别人说话的人，应该能给对方反馈，说话的人会有心照不宣之感。说话的人知道，你的确在听他说话，他就能更倾心、更热忱、更愿意回报。

道理很简单，听话者的态度会直接影响说话者的兴趣，假如你是一个说话者，而你的交流者没耐心听你讲话，或者把你的话当耳边风，随便敷衍，你绝对不会有好的感觉。相反，如果对方相当重视你的谈话，你肯定更容易和对方交流。

一个成功的"听"者首先是一个虚心向别人请教的人，他非常尊重别人的经验和积累，总是把对方摆在自己之上，无论对方是什么人，他总是认为对方必定有某些可以借鉴的东西，在某些方面高自己一筹。正因为这样，在交际中，他总是鼓励对方讲话，不断强调其中有价值的内容，让别人把自己的想法完全陈述出来。无论别人讲什么话，你都不要拒听，更不要表现出生气的情绪。只有这样，才能赢得别人对你的好印象，你与他人的交往也才能成功。

善于倾听的人更受青睐

人们都喜欢听自己的声音，当人们需要有人倾听，就像需要食物一样。如果你花时间听他们诉说，你会创造惊人的奇迹，会建立伟大的友谊。倾听是为了努力去理解别人，然后才能争取被别人理解。

多年前，有一个贫苦的从荷兰移居来美的儿童，在学校下课后，为一家面包店擦窗，每星期赚半美元。他家非常贫寒，他平常每天到街上用篮子拣拾煤车送煤落在沟渠里的碎煤块。那个孩子叫弗兰克，一生仅受过 6 年的学校教育，但最后竟使自己成为美国新闻界一个最成功的杂志编辑。他怎么成功的？

他 13 岁离开学校，充任西联的童役，每星期工资 6.25 美元，童役的生活是艰苦的，工作时间长，休息的时间很少，即使这样艰辛，弗兰克也没有放弃寻求受教育的意念。不但如此，他还努力进行自我教育。他把不坐车、不吃早饭的钱节省下来，买了一本《美国名人传全书》，如饥似渴地读起来。随后，他就写信给这些名人，请他们寄来他们童年时代的补充材料。

他是一个善于倾听的人，他鼓励名人讲述自己的故事，他写信给那时正在竞选总统的加菲大将，问他是否确实曾一度在一条运河上做拉船童工，而加菲也复信给他。他写信给格莱德将军，询问某一战役，格莱德给了一位 14 岁的孩子一张地图并邀请这位孩子吃晚饭，并且和他谈了一整夜。他写信给爱默生并鼓励爱默生讲述关于他自己的生活。这位小孩不久便和全美最著名的人通信：爱默生、勃罗克、夏姆士、浪番洛、林肯夫人、爱尔各德、秀门将军及戴维斯。

他不但与这些名人通信，还利用假日去拜访他们，最终成为他们家里最受欢迎的客人。这些经验，使弗兰克产生了一种很强的自信心。这些名人的思想和作为激发了他的理想和志向，改变了他的人生。

弗兰克能静静地倾听对方的谈论，是他与这些名人交往的首要原则，也是他能取得成功的法宝。

如果你想成为一名成功者就做一个注意听话的人。正如查尔斯·洛桑所说的："要令人觉得有趣，就要对别人感兴趣——问别人喜欢回答的问题，鼓励他谈谈自己和他的成就。"

假如你想让别人喜欢，那么就让对方谈他的兴趣、他的爱好和他的旅行等。

让他人谈自己，一心一意地倾听，要有耐心，要抱有一种开阔的心胸，还要表现出你的真诚，那么无论走到哪里，你都会大受欢迎。

一天晚上，高伟到一个朋友家参加一次小型社交活动。他和一个漂亮女士坐在一个角落里。那位年轻女士一直在说，而高伟只偶尔插上一两句话。他只是有时笑一笑，点一点头，仅此而已。几小时后，他们起身，谢过男女主人，走了。

第二天，朋友见到高伟时禁不住问道：

"昨天晚上我看见你和最迷人的女孩子在一起。她好像完全被你吸引住了。你怎么抓住她注意力的？"

"很简单。"高伟说，"你太太把小丽介绍给我，我只对她说：'你的皮肤晒得真漂亮，在冬季也这么漂亮，是怎么做的？你去哪了？三亚还是北海？'"

"'北海。'她说，'北海永远都风景如画。'"

"'你能把一切都告诉我吗？'我说。"

"'当然。'她回答。我们就找了个安静的角落，接下去的两个小时她一直在谈北海之行。"

"今天早晨小丽打电话给我，说她很喜欢我陪她。她说很想再见到我，因为我是最有意思的谈伴。但说实话，我整个晚上没说几句话。"

看出高伟受欢迎的秘诀了吗？很简单，高伟只是让小丽谈自己。他对每个人都这样——对他人说："请告诉我这一切。"这足以让一般人激动好几个小时。人们喜欢高伟就因为他注意他们。

上帝造人的时候，为什么只给人一张嘴，却给人两个耳朵呢？——那是为了让我们少说多听。对别人多听多看，将他们当做世上独一无二的人对待，你将发现你比以往任何时候更善于与从人性的本质来看，我们每个人当然最为关心的是自己。他们喜欢讲述自己的事情，喜欢听到与己有关的东西。那么，要使别人喜欢你，那就做一个善于倾听的人。要知道专心听别人讲话是极为重要的，没有别的东西更能打动别人。

善于倾听，总会让你受益匪浅。

合作才能共赢

相信很多人都听过下面这个故事：

从前，有两个饥饿的人得到了一位长者的恩赐：一根鱼竿和一篓鲜活硕大的鱼。其中，一个人要了一篓鱼，另一个要了一根鱼竿，接着，他们分道扬镳了。

得到鱼的人原地就用干柴搭起了篝火煮起了鱼，他狼吞虎咽，还没有品出鲜鱼的肉香，转瞬间，连鱼带汤吃了个精光，过了一段日子，他便饿死在空空的鱼篓旁。另一个人则提着鱼竿继续忍饥挨饿，一步步艰难地向海边走去，可当他看到不远处那蔚蓝色的海洋时，他用尽了最后一点力气，也只能眼巴巴地带着无尽的遗憾撒手人世。又有两个饥饿的人，他们同样得到了长者恩赐的一根鱼竿和一篓鱼。只是他们并没有各奔东西，而是商定共同去找寻大海。他俩每次只煮一条鱼，他们经过遥远的跋涉，来到了海边，从此，两人开始过上以捕鱼为生的日子。几年后，他们盖起了房子，有了各自的家庭、子女，有了自己建造的渔船，过上了幸福安康的生活。

　　这个故事告诉青少年朋友，在面临困境时，无论你的眼光是短浅还是长远的，往往依靠自己一个人的力量很难能够克服困难。只有合作，产生一种"合力"，才能取长补短，进而推动你渡过难关，最后获得成功。

　　而且，合作可以产生双重的奖励。一方面可使青少年朋友获得生活的一切需求享受；另一方面可使你的内心获得平静，这是贪婪者永远无法得到的。

　　有时，人们总在感叹为什么自己的付出没有得到等量的回报，实际上也并不是你的付出不够多，而是你忽略了与别人合作。合作往往能产生意想不到的结果，而这一点总是被人们忽略。

　　在与人相处时，如果能够充分尊重彼此之间的差异，学会替别人考虑，这样就会取得事半功倍的效果。

　　一对恋人常因为吃苹果发生争吵。女孩怕果皮上沾了农药有毒，一定要把果皮削掉，而男孩则认为果皮有营养，削掉太可惜。

　　有一次，这对恋人争吵时被一位老人赶上了。老人了解实际情况后，对那位女孩说："你朋友这么多年都吃未削皮的苹果，身体还很健康，你担心什么？"接着又对那位男孩说："你朋友不吃皮，你嫌她浪费，那你就把她削的果皮拿去吃了，不就没事了！"

　　老人接着说："由于受不同的家庭环境以及不同成长过程的影响，人的生活习惯会有所不同。因此，你们不要勉强对方来认同自己的习惯，同时你们也要体谅和适应对方的习惯。"

　　听了这几句话，这对恋人恍然大悟。

　　换位思考是人对人的一种心理体验过程。它客观上要求我们将自己的内心世界与对方联系起来，站在对方的立场体验和思考问题，从而与对方在情感上得到共鸣，为增进理解奠定基础。它的实质是对交往对象的切身关怀，深入对方的内心世界。它是一种理解，也是一种关爱。建立在换位思考基础上的相互理解和关爱，能够很好地促进彼此间的团结与合作。

只有理解他人，才能与人为善。如果我们不懂得欣赏他人，就难以接纳和理解他人，更谈不上奉献爱心。青少年朋友应增加了解，增进理解，少点误解，多点谅解，多一点友善，多一份爱心。

人与人要和谐相处，最重要的是学会相互体谅和适应，每个人都从对方的角度考虑问题。比如，为了让别人听清楚你的声音，不妨提高说话的声调，为了不让对方伤到，递给他剪刀的时候可以把把手那一边冲着他，当对方总是脾气暴躁、对人苛刻的时候，想一想是不是他最近工作压力太大……

别人之所以和你观点不同，一定有他的原因。找出那个隐藏的原因，你就拥有了解释他行为或者个性的钥匙。试试看，真诚地使自己置身于别人的处境里："我要是处在他的情况下会有什么感觉？会有什么反应？"

理解别人，并能够设身处地地去为别人着想，重视不同个体之间的差异，以及不同人眼中看到的不同世界，这样做的青少年才能真正做到虚怀若谷，避免由于偏颇而造成失败。

同时，要想与他人进行团结与合作，也需要常换位思考。只有彼此之间多了换位后的理解和关爱，才能在彼此的合作中真正为对方设想，出现问题的时候才能冷静客观地兼顾对方，这样的合作才能有更高的效率，也才更稳固。

正像俗语所说的那样，"穿别人的鞋，才知道痛在哪里"，尝试着站在对方的立场上关爱对方，了解他人的真实处境，切身地感受他人的喜怒哀乐，这样才有助于自己成为一个真正受欢迎的人。

奉献和给予，只因为是朋友

英国诗人赫巴德说：一个不是我们有所求的朋友，才是真正的朋友。可见，真正的友情都应该具有"无所求"的性质，一旦有所求，"求"也就成了目的，友情则成了饰品。让友情分担忧愁，让友情加深交流，让友情促进工作……如此这般，友情似乎成了忙忙碌碌的工具，那它自身又是什么呢？应该为友情卸除重担，也让朋友们轻松起来。朋友就是朋友，除此之外，别无所求。

有人说"友情来自于共同的事业"，有人说"在家靠父母，出门靠朋友"，有人说"患难见知己，烈火炼真金"，这些其实都有些偏颇。其实，真正的友情不依靠于事业、祸福和身份，不依靠经历、地位和处境，它在本性上拒绝功利、拒绝归属、拒绝契约，它是独立人格之间的互相呼应和确认。它使人们独而不孤，互相解读自己存在的意义。朋友就是互相使对方活得更加自在的那些人。

这是发生在越南的一个孤儿院里的故事，由于飞机的狂轰滥炸，一颗炸弹被扔进了这个孤儿院，几个孩子和一位工作人员被炸死了。还有几个孩子受了伤。其中有一个小女孩流了许多血，伤得很重。

　　幸运的是，不久后一个医疗小组来到了这里，小组只有两个人，一个女医生，一个女护士。

　　女医生很快地进行了急救，但在那个小女孩那里出了一点问题，因为小女孩流了很多血，需要输血，但是她们带来的不多的医疗用品中没有可供使用的血浆。于是，医生决定就地取材，她给在场的所有的人验了血，终于发现有几个孩子的血型和这个小女孩是一样的。可是，问题又出现了，因为那个医生和护士都只会说一点点的越南语和英语，而在场的孤儿院的工作人员和孩子们只听得懂越南语。

　　于是，女医生尽量用自己会的越南语加上一大堆的手势告诉那几个孩子："你们的朋友伤得很重，她需要血，需要你们给她输血！"终于，孩子们点了点头，好像听懂了，但眼里却藏着一丝恐惧！

　　孩子们没有人吭声，没有人举手表示自己愿意献血！女医生没有料到会是这样的结局！一下子愣住了，为什么他们不肯献血来救自己的朋友呢？难道刚才她说的话他们没有听懂吗？

　　忽然，一只小手慢慢地举了起来，但是刚刚举到一半却又放下了，好一会儿又举了起来，再也没有放下了！

　　医生很高兴，马上把那个小男孩带到临时的手术室，让他躺在床上。小男孩僵直着躺在床上，看着针管慢慢地插入自己细小的胳膊，看着自己的血液一点点地被抽走，眼泪不知不觉地就顺着脸颊流了下来。医生紧张地问是不是针管弄疼了他，他摇了摇头，但是眼泪还是没有止住。医生开始有一点慌了，因为她总觉得有什么地方肯定弄错了，但是到底在哪里呢？针管是不可能弄伤这个孩子的呀！

　　关键时候，一个越南的护士赶到了这个孤儿院。女医生把情况告诉了越南护士。越南护士忙低下身子，和床上的孩子交谈了一下，不久后，孩子竟然破涕为笑。

　　原来，那些孩子都误解了女医生的话，以为她要抽光一个人的血去救那个小女孩。一想到不久以后就要死了，所以小男孩才哭了。医生终于明白为什么刚才没有人自愿出来献血了。但是她又有一件事不明白了，"既然以为献过血之后就要死了，为什么他还自愿出来献血呢？"医生问越南护士。

　　于是越南护士用越南语问了一下小男孩，小男孩不假思索地就回答了。回答很简单，只有几个字，但却感动了在场所有的人。

　　他说："因为她是我最好的朋友！"

　　真不知道该用怎样的言语去描绘看完这个故事后带给自己的感动，也不知道该用怎样的言语去描绘友情。但我们相信，再也没有人会比这个孩子更懂得友情的含义了。

在当代社会中，传统友谊的内涵十分丰富，而友谊也常受到利用而被玷污，友谊的误区比比皆是。不过，我们还是坚信："有了朋友，生命才显示出全部的价值。友爱，这是照亮我们黑夜的唯一的光亮。"人生活在社会上，不仅要和睦相处，还应该互相帮助、互相尊重、互相关心。

下 篇

一个好家庭胜过100 所好学校

从理念更新到方法升级——家庭教育的 "二合一" 时代

教师被誉为"人类灵魂的工程师"，其实，父母更接近这个崇高的角色。同一个班的孩子可能参差不齐，但一个家庭里的孩子，往往更趋向于整体的优秀和整体的平庸。父母的教育比教师更能塑造人，影响人。

但我们常有"不识庐山真面目，只缘身在此山中"的感慨，天天肩负教育责任的父母，却往往把自己当成了"外行"，误认为树人是学校的责任；也有一些看重自己教育身份的父母，沿袭着上辈人教育我们的做法，让孩子像自己当年那样"糊里糊涂"就到了成家的年龄。

无论是为了唤醒那些太投入养育而忽略教育角色的父母，还是为了帮助那些有教育意识却没有教育方式的父母，我们都有必要发出一阵呼声，让家长们认识到自己应该说什么，做什么和怎样做。

父母身上有一个极容易被忽略的教育优势：在孩子成长的敏感期内与他（她）朝夕相处。在陪伴孩子成长的过程中，父母可以清楚地看到孩子变化的每一个细节。在日常的生活中，父母的言行举动都在潜移默化地影响着孩子，这些细节上的影响，会形成孩子日后待人处事的潜意识中的标准，可以说，父母的高度决定了孩子人生的宽度。

诚然，孩子是属于家长的，而孩子将来也更加属于这个社会，没有父母希望自己的孩子会被社会抛弃，也不希望自己的孩子只能做一个社会财富的消耗者。孔子说"以不教民战，是谓之弃"。拿军队来打比方，如果没有训练他们就带出去打仗了，那相当于让他们送死。一个孩子没有接受过教育就被推向了社会，那无疑是另一种"弃儿"。

很多父母抱怨现在的孩子太难管教：多元化的信息社会使孩子越发有自己的主见，他们敢于证明自己的与众不同，同时也敢于向父母的权威挑战。无法逾越的代沟、不可理喻的叛逆、对生活的懈怠、心灵的空虚，这些都形成孩子与父母交流的障碍。的确，时代变了，我们的教育方式也要从过去的"粗放型"向现在提倡的"精细型"转变，如今出现的"好妈妈"、"好爸爸"、"培养男孩"、"培养女孩"等等教育的新提法，就是精细教育的体现。如果父母还像从前一样把孩子看做是自己的附属品，教育的方式永远停留在说教的阶段，结果会很明显——不是父母被淘汰，就是孩子被淘汰。

那我们作为父母，究竟要教给孩子什么？要用什么样的方法来教？用什么样的心态来教呢？大多数的父母不知道教育成功的标准是什么，谈及教育时有满腔热情，又不知从何下手。

教育并不是单纯地付出。怎样让孩子接受自己的建议，如何让孩子向着自己心目中最好的目标走去。这其中，需要父母反思自我，也需要父母修养自我。要想栽培娇嫩的花朵除了需要细心、耐心，还需要方法和技巧，同样的道理，学会了教育技巧的父母就如同技艺不凡的园丁，一步一步地引领着孩子，耐心地扶持。

单向的教育方法已经无法满足现代社会的需要，成功的教育方式应该是能互补，也就是一种"二合一"式的教育思路，简单地说来就是教育理念上多一个"＋"。

"＋"是父母的配合。不管父亲还是母亲，都在孩子的人生中起着至关重要的作用，父亲的影响力和母亲的亲和力，是孩子成长中的两种力量。也许，一所好的学校能够帮孩子进入理想的大学，但一个好的家庭，能够让孩子走进好的人生中，拥有好的心态、习惯等等，父母的教育远比学校教育更加持久。

"＋"是姿态平等。父母不再是绝对的权威，在教育孩子的过程中，父母不能仅仅考虑到自己的感受，而且还要考虑到孩子的需要，照顾到亲子双方的感受，达到一种势力的均衡，使沟通更快捷更高效。

"＋"是注重能力。父母对学习能力的重视要远大于学习成绩，孩子的创造性可以通过学习之外的渠道体现，得到培养。父母只要发展孩子的兴趣，站在孩子的身后默默支持他，孩子自己发挥出来的潜能，会高于父母的期待。

"＋"是树立信念。我们不仅要给孩子生存的技能，更要给孩子生活的动力和精神源泉，我们的孩子不再是那些挣扎在生存线上的人，他们将来会有比我们更好的人生，也需要比我们更多的精神支持。在父母执行的教育方式中，还有一种积极向上的精神，也传达给了孩子，让他成长的不仅是身体，还有心灵。

我们不仅仅追求有效的教育方式，更追求能塑造健康人格的教育精神，所以提出了一个家教"二合一"的概念。在后文当中，我们将一些概念上相近或者相关的教育关键词组合在一起，希望父母在教育的时候，能够同时从多个方面去考虑，尽可能避免由于单一的教育思路给孩子造成的局限。

第一章
父母是孩子灵魂的设计师

没有爱坏的孩子，只有教坏的孩子

有位妈妈曾经这样说自己带孩子的经历："我的儿子还小的时候，晚上睡觉经常会踢被子，我很担心他会在半夜冻着，所以在晚上睡觉的时候自己只盖薄薄的一层，半夜自己冻醒了之后就到儿子那里去看一眼，帮他把被子盖好我再安心去睡觉。"

很多父母看到这里想必都会很有同感，孩子的一切几乎都占满了父母的心。可怜天下父母心，疼爱孩子是人之常情，但是如果当有一天我们发现自己深爱的孩子并不领会我们的一片苦心，甚至会做出伤透父母感情的举动。我们父母究竟是哪里做得不对呢？

一家幼儿园开展德育教育培训，在活动的最后一天请所有的小朋友上台来发表自己的心得。有个孩子上台就这样讲："通过这几天的学习我终于明白了什么是孝顺，原来做人要孝顺。"他的母亲坐在下面听到孩子这样讲，还是很欣慰地落下了眼泪。这句话很值得大人的反思，为什么这么本分的道理，孩子竟然不懂呢？

相比之下，我们和古人在这一方面实在是有太大的差距。根据史书上的记载，东汉的黄香在九岁的时候就懂得很好地照料父亲，夏天来了，晚上他会用蒲扇把席子扇凉再请父亲入睡，冬天的时候，他会用自己的身体把被子温热了，然后再请父亲入睡。有的父母听到这个故事，会说："我的孩子要是能这样，我会笑着死的。"

孩子就像是一块璞玉，要经过切磋琢磨才能发挥出光泽。如果我们做父母给孩子的只是无原则的疼爱而不是雕琢，相信最后的结果一定是两败俱伤。

一天早上，玲玲又起晚了，妈妈催促她赶快刷牙，一边帮她收拾东西，还把早餐做好摆在桌上。玲玲匆匆洗漱，在桌上胡乱吃口东西拔腿就要去上学，临走时发现水壶忘记拿了。妈妈这才想起来，忙了一早上，忘了帮她装水，于是赶快把水壶里的水灌好递到玲玲手里。这时，玲玲很生气地对妈妈讲："我上学要迟到了，都是你害的！"

看这个小家伙，把本来属于自己分内的事情都推脱给别人，还理直气壮地怪罪别人。面对这样的情况，很多家长真是束手无策，只得暗暗抱怨："这孩子啊。"但是很少有家长会反思是不是自己的问题，是不是帮孩子做的太多了，反倒让他们觉得心安理得。爱孩子并没有错，一个孩子成长在充满爱的环境中，相信将来一定会利于他健全的人格，关键是如何去爱能制造出最好的效果，这就需要家长们的修炼了。

中国自古最为重视的就是教育，有优秀的后代才会有兴旺的家庭，国家也才会有希望。教育，可以说是中国历史上的一个宏大的主题。

在中国古代，除了皇宫，只有两种建筑的等级是最高的，一个是寺院，另一个就是学校。而在古代的寺院也相当于现在的讲坛和国家图书馆，其实也是在起到教育的作用。

中国古代讲"礼乐治国，诗书传家"，即便是人们娱乐用的戏剧，所表达的题材几乎都是教育的主题。教育，是贯穿中国古代社会的一条主线。流传至今有大量的治家格言、教子庭训、名人家书，无不是说明了教育的重要性和必要性。

有些家长觉得教育是由幼儿园和学校来负责的事情，自己只要努力工作，为孩子创造最优越的成长环境就够了。家庭是对孩子教育的第一站，很多家长由于工作忙碌，把年幼的孩子委托给保姆来带，这是极大的失误，不仅与孩子的感情疏远，而且主动放弃了教育孩子的大好机会。

育才方案：给孩子的精神"断奶"

依赖是心理断乳期的最大障碍。当孩子进入青春期后，他已经具备了一定的独立意识，但对别人的依赖仍常常困扰着他。随着身心的发展，他要面对的问题，承担的责任将越来越多。有些人感到胆怯，于是他们讨厌成长，向如同儿童依赖父母一样去依赖别人，这样往往不能形成自己独立的人格。他们容易失去自我，遇到问题时，时常祈求他人的帮助，往往人云亦云，优柔寡断，丧失自我主宰的权利。

依赖心理产生的根源在于父母的溺爱。现在的父母对子女过度保护，一切为子女代劳，他们给予子女的都是现成的东西，使得子女养成了"衣来伸手，饭来张口"的习惯。当他们走向社会后，就会觉得别人也应该理所当然地给予他，关心他，让他可以去依靠。

孩子的依赖心理如果长时间得不到纠正，发展下去有可能形成依赖型人格障碍。出现恐惧、焦虑、担心、缺乏安全感等一些负面情绪，严重影响人际交往和学习生活。

一个已经在上高中的学生，还要他的妈妈为他去拉抽水马桶，不是不会拉，而是每次都懒得动手，后来，他去了美国。他从那里回信说：由于妈妈多管"闲事"，几乎毁了他的前程。

一位已经上了大学的女孩子，喜欢吃鱼，但不喜欢择刺儿。据说她妈妈"喜欢"择刺儿，而"不喜欢"吃鱼。于是母女多年来就成了理想的"搭档"。后来，她到了一个盛产鱼的国度。她从那里回信说，正是妈妈的"喜欢"帮助，几乎剥夺了她维生的"技术"。

溺爱实际上是一种低层次的爱，对孩子真正的爱其实是一种理智的爱。表面上是爱，其实是父母毁灭性的举动。在溺爱中成长的孩子会有很多缺陷，比如他喜欢追随别人、求助别人、人云亦云，在家中依赖父母，日后在外面宁愿依赖同事、依赖上司，也不愿自己创造，不敢表现自己，害怕独立。这都意味着他的人格还没有趋于成熟和健全。

夏洛特·梅森：家庭是教育孩子的第一站

夏特洛·梅森是英国著名的教育家，被誉为是"家庭教育之母"。她强调"教育是一种氛围，教育是一种训练，教育是一种生活"。就整个社会而言，最重要的工作就是抚养和教育儿童，在家庭中尤其应当如此，任何事业上的提升和尊严都不能代替家庭教育的地位。因此，父母要与孩子一同长大，引导他一点点地走向独立和成功，首先就是要创造健全的家庭环境。

梅森博士还强调，幼年时期是孩子生命中最重要的阶段，家长的主要职责是让孩子养成良好的性格。她告诫为人父母者，为了养成孩子良好的习惯，做父母的不可以专制，不可以对孩子漫不经心，不可以枯燥地说教，而应是民主的、温和的、公正的、宽大和善的，父母应更多地给予孩子表扬，而不是批评。

"孩子是船，家教是帆，家庭是孩子成功的港湾。"家庭既是孩子的第一课堂，也是终身课堂；家长是孩子的第一任教师，也是终身教师。想成为一名优秀的家长首先要不断提高自身素质，切实做到身教重于言教，以达到润物细无声的目的；其次要了解孩子在各年龄段的生理和心理特征，特别是个性特征，学会尊重孩子，选择有效的教育方式、方法，高瞻远瞩，不断激发孩子成功的动力；除此之外，家长还要努力创建和谐的家庭氛围，让孩子幸福愉快地成长。父母是人生涉世的第一师。家庭教育，特别是家长有意识的教育，对子女道德品质的形成和身心健康成长起着重要的作用。

1749 年 8 月 28 日，歌德出生于莱茵河畔的法兰克福。他出生便家境殷实，父亲曾为莱比锡大学法学博士，当过地方官。母亲是法兰克福市长的女儿，一位典型的贤妻良母，爱好文学。

歌德 4 岁开始跟随父亲读书识字，并且跟随家庭教师学习多门外语。7 岁编出饶有诗趣的《新帕利斯》童话，8 岁就能阅读德文、法文、英文、意大利文、拉丁文、希腊文等多种文字的书籍，14 岁创作剧本，25 岁发表了一部用时四周完成的小说《少年维特之烦恼》，后来风靡全球。歌德早年的成就让世人给他"天才"的称号，但是真正让他卓尔不凡的，还应归功于良好的教育环境带给他的快乐童年。

从歌德出生开始，父亲就有了一套自己的教育方式。当歌德还是婴儿时，父亲就抱着他去郊外散步，有意识地让他接触自然。在路上，父亲总是耐心地给小歌德讲解遇到的各种事物，培养他的观察能力和认识能力，使歌德获得不少自然知识。后来歌德专门研究过自然科学，并撰写有关植物形态学和颜色学的论文。歌德一生都保持着对自然科学的浓厚兴趣。在父子俩休息的间隙，父亲为歌德朗诵歌谣。这些歌谣既好念，又易为儿童接受，每次外出歌德都能背上一两首。随着外出次数的增多，歌德的口语能力也不断提高。歌德稍大一些，父亲带他到各地旅游，每经一处，父亲总是讲讲当地的历史、风土人情。如果旧地重游，要求歌德将所知内容复述一遍，以加深记忆。旅游开阔了歌德的眼界和见识。

母亲平时喜欢给歌德讲故事，但是她的故事并不同于书上的那种来龙去脉清晰的故事，而是每讲到关键处，小歌德正听得津津有味，她就停下来，要孩子自己设想下面发生的事。如果猜得不对，也不说出答案，就让他继续想，直到找出合理的答案为止。

歌德的父母经常鼓励孩子与邻家的同龄人共同学习。他们一起做诗，在星期日聚会品评诗作，歌德的诗总是得到伙伴们的赞扬。他们还举办演讲活动，小歌德站在椅子上，面对家庭的亲朋好友们时，一开始有些紧张，但很快就变得口齿伶俐、声情并茂，极富感染力。

外祖母也是歌德的好伙伴，她请人在家中演木偶戏，还送给歌德一套表演浮士德故事的木偶戏玩具。歌德和其他孩子精心排演这个剧目，分配角色、背诵台词，很快他们又决定自己动手给木偶做衣服、装饰，自己编剧本排演。

在歌德晚年的回忆录中，他曾经这样写道："这种儿童的玩意和劳作从多方面训练和促进了我的创造力、表现力、想象力以及一种技巧，而且是在那样短的时间，那样狭小的地方，花那样小的代价，恐怕没有别的途径能够有这样的成就了。"他一直非常赞成并感激父母的教育方式，因为正是由于父母亲人的陪伴和启蒙，才得以将他的潜能充分地开发，才为他日后的成就铺就了道路。

育才方案：想方设法让孩子高兴

"玩"是孩子与生俱来的天分，通过玩，可以启发孩子的观察力、想象力与创造力，而大人还可以借此了解孩子的想法、和其他幼童的互动模式是否正确、游戏的安全等，更进一步导引和启发孩子更多的思考点。与生俱来，每个孩子都爱玩，也几乎曾经都因为玩耍而闯下大祸、小祸，遭到大人的呵斥与责罚。"我家孩子太爱玩了！真头痛！"当您因为孩子与生俱来的"本事"而大伤脑筋或感到麻烦，甚至担忧他因此耽误学习、跟不上别人时，其实，您极有可能弄错方向了。

上天既然赋予每个孩子玩耍的本能，自然有其用意。看看那些生来缺陷的特殊儿童，如脑性麻痹、自闭儿、智障儿及其他疾病的儿童等，即使老天剥夺了他们部分的能力，仍然仁慈智慧地保留了他们"玩耍"的权利。"玩耍"是每个孩子的天赋特权，我们不仅不应该抱怨或剥夺，还要感恩而且善加利用。

陪孩子玩耍是父母责无旁贷的功课。大人陪孩子一起玩耍的基本守则，应该要建立在与儿童的"对等平视关系"上，而并非传统的上对下的观点，孩子才是游戏互动关系中的主角。

陪孩子玩耍，除了创造多元机会与空间，更应确切掌握幼儿的听觉与理解特性。许多爸妈会用"大人"的角度，和"小孩"互动，间接或直接安排甚至命令孩子怎么做、怎么玩、玩什么。其实小孩就是小孩，并不是"小大人"，他们是独立的个体，也拥有自己的想法，像是一个隐藏的"神秘宝盒"，我们只能逐步开启和循序引导，不能掌控和左右。

还要鼓励每位父母，趁孩子学龄前的"黄金时光"，多陪陪孩子，不仅要陪他尽情玩耍，还要玩得有方法、有技巧。多陪他听音乐、学说话、学沟通，而且要学原生母语。当我们找到开启童心的魔法钥匙，每个大人都可以再变回孩子，重新陪你的孩子再享受一次美好幸福的童年。

十全十美的人是不存在的
——放弃苛求，才能开始真正的教育

每一个父母都希望自己的孩子能十全十美，这只是一种良好的愿望，孩子肯定会存在着一些不足，胆大的孩子往往是粗心的，谦虚的孩子往往是柔弱的，直爽的孩子往往是不顾及别人的，这些都需要父母来体谅，并且以一个正确的态度来帮助孩子。如果因为孩子的某些缺点而嫌弃的话，不仅会伤害孩子的自尊心，同时也是做父母的失责。

在一间产房里，一个产妇生下了一个婴儿，等产妇清醒过来时，她向医生要求抱抱孩子。医生沉痛地看着她："夫人，我们希望你能挺住，虽然这难以令人接受。""他死了？"产妇吃惊地问。"不，他没有死。但是孩子有缺陷，他的发育不完全，他没有下肢！"产妇愣了一下，然后坚决地说："把他抱过来！"医生小心翼翼地把孩子抱给了她，几乎不忍看她的表情。"天啊！他多漂亮啊！我一定要把他教育成最优秀的孩子！"产妇惊喜地叫了起来。时间一年年过去了，那个孩子坐在轮椅上踢足球、演讲，上了重点大学、出书……他果然成了一个优秀的青年，他的名字叫乙武洋匡，是一位身残志坚的残疾人。

只要父母对孩子不放弃希望，就能相信一切障碍都可以逾越。在日常生活中，很多父母会对令他们失望的孩子说"你怎么这么笨"、"当初就不该生下你"这类伤害孩子的话，也许做父母的说完就忘了，并不记在心上，而对孩子来讲，无疑是给他们的心打上了深深的烙印。这样如何让孩子感受到父母对他的爱呢？

周婷婷从小就双耳失聪，又聋又哑，但她的父亲从没有对女儿放弃过，为了让孩子和别的小朋友一样正常地学习生活，爸爸没少费心。小学的时候，由于听不明白老师讲课，婷婷的数学非常糟糕，但是父亲一直在鼓励她，帮助她树立信心。有一次，爸爸给婷婷十道数学题目，而婷婷只做对了一道题，父亲显得很高兴，对她说："你真是太优秀了，这么难的题目竟然做出来一道，将来一定能学好数学。"等到后来婷婷长大之后，父亲回忆起这段往事，告诉孩子说：多亏当时她做对了一道，否则的话自己真的都不知道怎样安慰女儿了。

积极的心态对于孩子的智力发展影响很大。一个自以为自己不如别人的孩子，总是倾向于向人们说自己不行，而父母如果在这时把孩子的一次失败或一时的弱点作为能力缺陷在孩子面前不断重复，孩子的自责就会得到强化，并逐渐地在心理上凝固成一种并不真实的认知，这会使孩子由一般的自责转变成自我失败主义心理，严重地压抑了孩子的进取心和创造性。

所以，无论是有天生缺陷的孩子，还是成绩不好、不爱学习的孩子，他们本来心理就比较脆弱，父母对他们更应该耐心和细心，使他们时时受到鼓励和帮助，并且克服和战胜那些缺陷给生活和学习所带来的不利与不便。同时，作为父母，为了鼓励孩子奋斗的勇气和增强对生活的信心，还应该更加细心和热情地去发现孩子的优点，发挥其长处。

育才方案：缺点的反面就是"增长点"

孩子犯错或者表现不令父母满意的时候，很多父母总是一味地抱怨甚至是批评。孩子在成长的过程中，有缺点是正常的。父母不要担心孩子犯错误，因为一个孩子在犯错的时候，正是我们教他的时候。换一种视角来看待，抓住每个机会点来教孩子。

有一个小女孩，一次忘记了带作业本上学，到了学校已经快上课了，发现自己的作业本没有带，因此受到了老师的批评。回到家之后，小女孩心中很难过，闷闷不乐的。这时爸爸看到了，知道她今天在班上挨了批评。爸爸很理解孩子现在的心情，她已经很沮丧了，不能再批评了，就和颜悦色地对她讲道："爸爸教给你一个方法，让你以后再也不会挨老师的批评。"小女孩听到爸爸这样说，眼睛亮了起来。爸爸接下来告诉她："以后你要自己准备一个小本，把第二天要交给老师的东西都记在本子上。前一天晚上睡觉之前就把小本上记的东西一一放进书包里，这样的话，以后就再也不会忘了。"小女孩也认为这是一个好方法，很高兴地开始实行，以后再也没有忘过带东西。

这位爸爸这样做的高明之处就在于，他并不像有的父母那样批评孩子"你看看你，成天到晚丢三落四的，什么时候改得了啊，真是，就欠老师说你！"这时孩子本来就已经够沮丧了，家长说这样的话无疑是给孩子泼了冷水，不仅伤害孩子的自尊心，同时也对解决问题起不到什么效果。而故事中的这位家长就是善于利用孩子犯错的机会，帮助孩子找到了解决问题的方法，还让孩子养成了良好的习惯。

孩子的错都是大人的错

一个小朋友和同学打架因而被老师扣在学校要请家长，孩子的妈妈来了之后，当着老师的面，脱口而出："都是这些坏朋友，把我的孩子拖下水。"很多时候的家长并不从自己身上找原因，也不懂得反思，这样会永远找不到解决问题的方法：试想，为什么自己的孩子会和这些坏孩子一起玩？说明孩子的免疫性还不够好。为什么孩子的免疫性还不够好？还是与家长的工作没有做到位有关。

有一位父亲和孩子一同开车出去，半路的时候车子坏掉了。孩子就和父亲相约，自己先去修理车子，下午四点钟来这里接父亲。可是当这个孩子把车子修理好的时候，才刚刚不到两点。由于时间尚早，孩子就买了一张电影票，很舒服地看电影去了，这样不知不觉就忘掉了时间。

等电影散场之后，才发现已经快五点了。孩子急急忙忙去开车接父亲，果不其然，父亲在那里正在等他。

"今天怎么这样晚呢？"父亲很平静地问道。

"今天那家修理站人很多，我又换了一家。"孩子怕父亲会责备他，只好编了谎话。

"你在说谎。"父亲很直接地戳穿了他的谎言，"我刚从修理站回来，那里的小师傅说我们的这辆车来过并且很早就修好了。你根本没有去别的修理站。"

孩子听到爸爸这样说，心里很慌张。

"我今天很难过，不是因为你迟到了，最让我心痛的是，我一手养大的孩子居然说谎话骗我，这是我教育的失败。我要好好反思我自己，今天我决定自己走回家，作为对我的惩罚，你先开车回家吧。"父亲说完之后，就一直朝家的方向走，任凭孩子如何劝说，都不肯上车。

那里离他们家有18公里，父亲真的是一步一步走回家的，孩子只好开着车子在后面跟着，走到家的时候已经是半夜了。这次经历深深地印在孩子的心中，以后他再也不敢对父亲说谎了。

这位父亲最值得称道的地方就是：当孩子犯错的时候，能够认识到是自己教育的失败，这是一位负责的家长，才会有如此的教育敏感度。"养不教，父之过"，孩子所犯的错误，作为父母要先想到这是自己教育的失职。不懂得反思的父母，教育孩子的后果可想而知，孩子可能会在心里很不服气，只是他们在小的时候没有办法反抗。父母自己先以身作则，对孩子提出适当合理的意见时，相信孩子就会从内心接受父母的教诲。

育才方案：一切改变从自己开始

有一位家长曾经讲述过自己的一段教子经历。

这位家长是社会上一个很有名望的律师，无论是资历还是从经济上各方面都很有优越感。他有一个可爱的女儿正在上小学，小女孩在班上学习成绩优秀，也很踏实，每天上学放学都会路过繁华的商业区但却从不耽搁。唯一的缺点就是，这个小女孩见人从来不爱搭理，显得很没有礼貌。小女孩的爷爷看到孩子有这样的坏毛病，就责怪这位家长："看看你们啊，还都是从国外留学回来，怎么会把孩子教成这样呢？"这位家长也很纳闷，不知道孩子这样的缺点从何而来。家里来了客人，这位家长会主动让孩子和叔叔阿姨打招呼，可是小女孩把头藏在爸爸身后，就是不说话。

家长很为孩子这样的坏毛病而苦恼，但是他找不到问题的原因在哪里。都说孩子是父母教出来的，可是自己什么时候也没有这样教过孩子啊。

有一天，这位家长整装要去上班了，突然看到镜子里的自己，让他着实吃了一惊。镜子里的那个人面无表情，仰着头板着脸，实在是很难看。"原来自己一直是这副德行啊！"他及时做了反思，才终于明白为什么女儿不愿意和别人说话。

女儿的冷漠来源于家长的一种骄傲。这位律师自己讲，夫妻二人都是名牌大学的研究生毕业，也都有出国留学的背景。回国之后有很好的收入，不仅买了房子车子，而且是人前人后，很多的大老板遇到经济纠纷都来找他，可以说是万事不求人，觉得自己很了不起。虽然与人说话从不会很骄傲，但是这种心态已经潜移默化地影响他的女儿。

想明白之后，这位家长决心要从自己开始改变。从那天以后，每天上班，他都会与事务所里面的年轻律师主动打招呼，回家进入小区门口，也会主动和保安打招呼，周末带孩子回家看父母，就同着孩子给老人行礼问好，就这样一直坚持一段时间。

平时这个小女孩习惯自己闷在屋里很少出来，都是爸爸妈妈走进去哄哄孩子。有一天，这位家长下班回来刚刚迈进家门，孩子就从屋里跑了出来，向爸爸问好。他高兴极了，因为这是以前从来都没有过的。

这位父亲明白了先从改变自身做起，结果收到了意想不到的效果。只要家长找到自己的原因，做出一点小小的改变，孩子就会回报给你惊喜。有的家长遇到孩子有了某些错误，从来都不会反思到自己，如果只是批评一下孩子，那怎么可能真正解决问题呢？

只要方法得当，每个孩子都会成为精英

有人认为，孩子从出生就有了优劣之分，只有本身优秀的人才能生出优秀的子女，一般的家庭也就只能养育一般的孩子。然而事实上，遗传对孩子的智力的影响，远不如它对孩子身高、体重和外表的影响那样明显。几乎绝大部分健康的儿童，在智力上都是差不多的。即使存在天赋上的差异，经过不同的教育，也完全有不同的结果。

以教育理念闻名的老威特有一个经典的运算例证：

如果很幸运地生下一个天赋为 100 的天才，那么普通的孩子天赋大概只有 50，低智商的孩子大概在 10 以下了。

要是孩子都接受相同的教育，那么他们所具备的天赋优劣就决定其命运。但是目前孩子受到的教育各不相同。有 60 天赋的孩子，结果只能发挥出 30。如果对孩子进行可以发挥其天赋 80～90 的有效教育，就算生下来天赋只有 50 的孩子，也能比天赋有80 的孩子优秀。

其实这笔账我们都会算，天赋的优劣是一回事，能否激发孩子的天赋，是另外一回事。而父母要做的，就是通过科学的方法来教育子女，尽可能地激发他们的潜能，培养他们的学习能力和处世方式，将他们引向精英之路。

正如一颗种子，给它细心的照料和任它在野外自生自灭，会有两种截然不同的形态。适当的阳光、水分和养料，可以激发它本身的潜能，长成一棵参天大树；如果落在悬崖峭壁间，栉风沐雨，能够发芽就已经是万幸。

孩子身上巨大的潜能和各种各样的特质，等待着父母去为他创造条件来施展。不同的父母教育出完全不同的孩子，不是父母对孩子的爱有深浅，而是父母的教养方法有优劣。

美国一位心理学家在全美选出 50 位成功人士，同时又选出 50 位有犯罪记录的人，分别请他们谈谈对自己影响最深的事情。有两封回信给他的印象最深，一封来自一位政坛名流，一封来自服刑的囚犯。他们都谈到小时候，家长给他们分苹果的故事。

那位来自监狱的犯人在信中写道：记得小时候，有一天妈妈拿来几个苹果，红红的，大小各异。她把苹果放在桌上，问我和弟弟想要哪个。弟弟抢先说出我想说的话：要那个最大的。妈妈听后，很不愉快，责备他说：好孩子要学会把好东西让给别人，不能总想着自己。于是，我灵机一动，改口说："妈妈，我想要那个最小的，把大的留给弟弟吧。"

妈妈非常高兴，她在我的脸上亲了一下，并把那个又红又大的苹果奖励给我。我得到了我想要的东西，从此，我学会了说谎。为了得到想要得到的东西，我不择手段。直到现在，我被送进监狱。

而那位政界人士的故事却是：妈妈把那个最大最红的苹果举在手中，对我们说："谁都想要这个苹果。那么现在，让我们来做个比赛，我把门前的草坪分成三块，你们三人一人一块，谁修剪得又快又整洁，谁就有权得到它！"结果，我赢了那个最大的苹果。

母亲让我明白一个最简单也最重要的道理：想要得到最好的，就必须努力争第一。她一直都是这样教育我们，也是这样做的。在我们家里，只有通过努力才能得到想要的东西，这很公平，你想要什么，想要多少，就必须为此付出多少努力和代价！

同样一件事情，孩子可能从中学会说第一句谎话，也可能学会做一个靠诚实努力争第一的人。关键就在于，家长以何种方式来暗示孩子。有的人会说，"孔融让梨"不一直是我们文化中的美谈吗，孔融的自愿让梨，与在家长暗示下的说谎，实在有着天壤之别。

教育的方法就是这样利害攸关：不是将他引向平庸的生活甚至犯罪，就是让他走向成功。

育才方案：对孩子进行有效批评

很多家长都认为，孩子犯了错误之后就应该严厉地批评。而实际上，孩子的判断能力远不及大人成熟，他们时常会犯错误。但是，即使是孩子，也具有区分好坏的基本判断能力，如果犯了严重的错误，内心深处一定会有所察觉。虽然不知原因，他也会自问是否做错了。虽然意识到自己错了，如果父母在一旁呵斥，刚刚萌发的反省心也会一下子化为乌有，进而产生反感，甚至可能将错就错下去，如此就会带来相反的效果。

孩子会在被批评的过程中，学会辨别是非，学会区分哪些事情是好的、哪些事情是坏的。但是，如何批评才能达到既改正孩子缺点，又不伤害孩子的自尊心的效果，其中便有许多技巧。

首先，批评孩子，应该保持冷静的态度，向他讲道理，以理服人，而且自己的立场也要始终如一，莫名其妙地批评训斥孩子却只能起到相反的作用。另外，同样的事情今天批评他了，到了明天却不去管教，这样的做法也不值得提倡。家长应该立场坚定，一如既往地教导孩子什么是"是"、什么是"非"，不应该有丝毫的放松。

其次，批评孩子要有分寸、方法得当。

有一个孩子曾因不满学校的严格管理，做出了伙同他人一起破坏学校部分校舍的荒唐之举。学校的规章制度非常严格，所以他已做好了退学的思想准备。而校长却把他们召到校长室，流着眼泪说了下面的一段话："太令人遗憾了。我现在什么也不说，想必你们也在反省自己吧？希望你们能再一次反思一下自己所做的事情。"

校长宽宏大量的批评，深深地刺激了学生们，使他们进行深刻的自我反省。因此，采用什么样的批评方式非常重要，它既能使孩子的才能得到提高，反过来也能使之下降。

多湖辉是日本杰出的教育家，对儿童心理颇有研究。他一直主张"批评要正襟危坐"，但并不是过于严厉，在进行重要的批评时，首先必须创造一种气氛，把自己严肃认真的态度传达给孩子，他们是会感受到的。而且，不是单方面地命令别人如何去做，而要采取一种理解对方的立场、倾听对方意见的具有包容性的态度，因为孩子不管做了多么荒谬的事，肯定都是有其原因，应该很冷静地分析他们这样做的原因，有针对性地教育效果会更好。

教育孩子就是帮孩子成为他想要成为的人

孩子处在年少好动的阶段，渴望自由是他们的天性使然。当父母的无论把他们看管得多紧，他们还是会想方设法去冲破种种樊篱和桎梏，就像被关在笼子里的动物，不管你给它什么好吃的，它们永远都会处于不安分状态。只有自由的天地才是强者生存的土壤，为了自由，宁愿在险象环生的处境中生活，也不愿享受"被限制了自由的富贵"。我们的父母要想把自己的孩子培养成为生活的强者，就应该多给他们一些自由的空间。

孩子的成长需要自由的空间，而不能将他们的视野封闭起来。父母在教育孩子的过程中也尤其要注意避免用自己的想法来左右孩子，应该是尊重孩子，让他按照自己的意愿充分地发挥自己的才能。作为父母，也不必为孩子担心的太多，不需要把孩子包裹得太紧。过度的保护和期望，都会让孩子失去独立生活的能力。

一位企业家有上亿的资产，他却对自己的儿子说："你要读书，要深造，你能读到什么水平，我都会供你念书，但是你不可以胡乱花钱。我的钱，取之社会，用之社会，不会给你一分。"他的儿子要到国外去念书，这位企业家会帮孩子把学费和生活费算得刚刚好，而不是带很多钱给他。

他的太太对儿子很担心，问他说如果孩子没有钱花，去偷去抢怎么办？这位企业家很有自信地说："我们已经尽心把孩子教好了，如果他危害社会，就让社会来惩罚他吧。"

孩子在国外学习期满后就回国找工作，这位企业家对他说："儿子，现在你已经成人了，应该能够自己来做主自己的生活，你可以搬出家去住了。"孩子就自己搬了出去，靠自己的实力去应聘一家很不错的教育连锁机构。当面试官看到他写的一份策划书时，简直不敢相信是他自己写的，和他长谈了有两个小时，决定录用他，并且跟他讲，想要多少薪水，自己开。

这位企业家教育的成功之处在于，他很善于抓住问题的重点，把很原则的问题和孩子讲清楚，然后就任其发展，其他无关紧要的细枝末节就放手让孩子自己处理。另外就是不会给孩子太多的金钱，求学期间如果有很多钱，很可能会让孩子误入歧途，变花样玩耍导致玩物丧志。这位企业家对孩子也很有信心，把孩子放手之后充分信任他，不会像妈妈这样担心，说明在日常的生活中这位企业家就很重视孩子的教育，孩子早已经是训练有素。

家长有义务和责任来教导孩子，但并不是要事无巨细地来插手管，更不能以"为了孩子好为借口"帮孩子选择将来的发展，违背孩子的意愿，是非常不应该的。随着社会的进步，父母们"望子成龙"的心愿比任何时候都更加迫切，与之相应地是父母对孩子的规划越来越多，甚至于日常生活都要严加看管，时时刻刻地看护和提防，不仅引起孩子的反感，父母也是觉得耗尽了心思和精力。

育才方案：不管就是最好的"管"

著名的教育工作者孙云晓说："中国的父母正在辛辛苦苦地酝酿着孩子的悲剧命运，争分夺秒地制造着孩子的成长苦难。实际上，我们的父母在和自己作战，用自己的奋斗来击毁自己的目标。"父母限制孩子的自由，实际上是在制造孩子和自己的距离，在某些时候会导致"控制"和"反控制"的斗争愈演愈烈。

某15岁的初三女孩对父母一直把她当小孩子、限制她的自由感到特别烦恼。她说，父母就像看劳改犯一样管着她，有时比看管劳改犯还要紧。她所做的每一件事都是父母为她安排的。她感觉到自己像一个玩具，毫无自由可言，连每天吃什么、穿什么、看多长时间书、做多长时间功课、练多长时间古筝、看多长时间电视、几点上床、几点起床，甚至连她日记中写的什么内容，父母都要干预……尤其让她感到不舒服的是，学校就在家对门，父母还要坚持每天接送她，这让她在同学面前很没有面子，感觉自己是一个实实在在的囚徒……

我们父母所要做的，是帮助孩子，在他遇到危难的时候扶持他，在他不知所措的时候鼓励他，在他不敢走下去的时候依然信任他，并不是自己一手包办，给孩子规划他的未来，看什么样的书，报什么样的特长班，考什么样的学校，学什么样的专业，找什么样的工作……孩子成为了他们的木偶，被他们塑造着明天，这样生命的乐趣在什么地方？孩子如何能够体会到努力所带来的成就感，如何能体会到一往无前所带来的胜利喜悦，如何能有自己真正值得孜孜追求的目标，又如何尝到人生的多样滋味？
放手给孩子主动权，很多事情是需要孩子自己做决定的。

第二章
尊重＋平等：
奏响亲子交流的和谐圆舞曲

逗孩子开心，而不是捉弄

　　北京电视台曾经播出过这样一期节目。在节目的开始出场了来自河北省的五胞胎，这五个小家伙看上去可爱极了，挺胸站在那里一点也不怯场。这时主持人上台了，给这几个孩子设计了以下三个问题，让他们互相揭发。

　　第一个问题：你们中谁最爱告状？这五个小孩听到问题之后，由于害怕自己成为那个最爱告状的人，几个人就开始胡乱地指指点点，最后统一指到一个孩子的身上。这个孩子显得很无辜，但是有口难辩，看得出来非常难过。

　　第二个问题：谁挨爸爸的打最多？这几个孩子仍然是很不确定地胡乱指点，最后统一指定到一个孩子。这个被指到的孩子显得很尴尬。

　　第三个问题：谁最爱打人？几个孩子依旧是在乱指点，那个被指到的孩子很难为情。

　　这场节目的用意何在呢？

　　孩子们原本是很有自信地上了台，没想到在台上却被无故地批评，还被迫地说了虚假的话。也许大人会认为这无所谓，而对孩子来讲，这是心理上的一个阴影。

　　在家庭生活当中我们经常犯这样的错误而没有察觉。比如有的时候，大人看到小孩子的模样很可爱，会拿糖果去逗弄他，但是又不痛痛快快地给他："叫一声姥爷，就给你。"可是孩子叫了之后还是不给，"再叫一声"。很多旁人看这样的场景总是哈哈一笑了之，不知道这样的做法弊端在哪里。我们不能说大人们不爱孩子，但是设身处地地站在孩子的立场上来考虑，这样的做法给他带来的只能是一种被捉弄的感觉。看到大人们的笑，小孩子可能会感觉到莫名其妙，不知他们笑的原因是什么，不知道自己究竟是做错了什么，而小孩子又无法表达自己的意思，只有把这份疑惑和不满藏在心中，化做一种被羞辱的感觉。

我们总是以为孩子小什么都不知道，但事实不是这样的。

有一个幼儿园老师，曾经有过这样的经历。每当中午孩子们吃饭的时候，她总会在饭桌之间走上一圈，看到哪个孩子有挑食，她就过来对这位小朋友说："这个菜你为什么不夹着吃，要不要老师帮你来服务一下。"孩子看到老师来了，连连摇头，自己很主动地去夹原本不爱吃的菜。每次这位老师巡视一圈之后，有的小朋友都已经吃完走了，她才开始吃饭。

后来就有家长向这位老师反映："老师啊，我的孩子比较听你的话，他比较喜欢你啊。他回家和我们说，以前他们的老师一到吃饭的时候就说'大家一起吃'，可每次都是他先吃完。而你也是说'大家一起吃'，每次都是最后一个吃完。"老师听到家长的反馈之后，感到大吃一惊，她没有想到这么小的孩子有这样强的观察能力，也没有想到孩子的感觉会如此的敏锐。

孩子虽然小，不是不懂事，而是处于弱势。父母对小孩子不仅不能捉弄，还要格外尊重，尊重他是一个独立的个体，对孩子内心的判断力存有敬畏心。很多家长总是以自己是家长自居，觉得孩子听他的话理所应当。家长不能设身处地地考虑孩子的感受，不能感受到孩子的需要，也就没有真正明白什么是爱孩子。

中国古代有一个很廉洁的官员，有一次来到一个地方，受到当地民众的夹道欢迎。当他快要离开的时候，有几个小孩子找到他，问："明年的这个时候你还会来吗？"这位官员很慈祥地对这几个孩子说到："会的，明年的这个时候，我们在那个亭子见面好不好？"孩子们听了之后很高兴，满足地回家了。

一年之后，这位官员又来到这个地方，但是他险些忘记了当初和孩子们的约定。直到离约定的前一天才想起来，他断然地推开了公务，决定要遵守诺言去和孩子们赴约。转天当他来到当初约定的那个亭子时，这几个孩子正在那里等着，他看到这样的场景非常的感动，也庆幸自己没有失约。

这位官员真正做到了"童叟无欺"。在赞扬这样的品格之余，也能看得出孩子的天性是纯真的，不容许受到一点伤害。如果大人在有些事情上伤害了孩子，不仅伤害他们的品格和自尊，更可怕的是他们会对大人失去信心，在教育孩子上增加难度。

育才方案：在日常交流中不要哄骗孩子

我国现代著名的教育专家陈鹤琴先生就坚决反对捉弄孩子，他认为和孩子的交流也是一种德行教育，是容不得大意马虎的，并且很肯定地认为经常被捉弄的孩子会出现品德方面的缺陷。

父母在教育孩子的过程中，应该有意识让孩子感到是自己是被爱的，而不是被捉弄的。这一点尤为重要。因为一个人的自尊心和荣誉感多是从儿时开始培养的，一个经常被捉弄，处于"丑角"地位的孩子，他的内心中的自尊心和荣誉感都不能健康发展，这对他的人生将是一个极大的损害。我们知道中国古代的帝王不论多么年幼，也会受到大臣的跪拜和朝仪，这也是为了培养他的帝王之气、九五之尊。捉弄孩子影响的正是孩子对自己的认知，反复拿孩子当成把戏，一方面降低了大人在孩子心目中的可靠性，更重要的就是让孩子觉得自己的自尊心受到伤害，或者变得"没脸没皮"。孔子说"知耻而后勇"，一个不知羞耻的人，是难以承担责任、明辨是非的。

在与孩子进行亲子交流的时候，应尽量采取一些活动，既能让孩子感受到愉悦的快感，同时也要让孩子有成就感。因为"逗"孩子是以孩子的快乐为前提。

那在实际和孩子交流的过程中，用什么样的交流方法既能逗孩子开心，又会让他有成就感呢？

有一位妈妈在家中给孩子准备了一辆小车，把孩子放上去，一边扶着他骑车，一边唱着儿歌："骑自行车啊，骑车了，快快快，慢慢……"孩子坐在上面玩得不亦乐乎，很开心。

这位家长在哄孩子游戏的时候，首先是以孩子为主角，并且配合儿歌不仅容易对孩子产生快乐的情绪，而且当孩子发现自己骑的车子可以动了，会很有新鲜感和成就感，自然会很开心。这样的哄孩子对他的身心健康成长无疑是有益的。还有一位妈妈会和她一岁半的小孩子做一种叫"猜拳"的游戏。妈妈把好吃的糖果放在一只手中，然后攥紧两个拳头，让孩子猜在哪只手里。孩子根据他的判断，可能会猜错。当孩子猜错之后，妈妈就把两只手放到身后假装做些小动作，然后再叫孩子来猜。这样的游戏本身成功的几率会比较大。孩子也会觉得自己赢了这场游戏，也会很开心。

总之，家长不要总是以居高临下的姿态来对孩子，而是平等地来和孩子一起游戏，让他们感受到和家长互动的快乐，加强亲子之间的感情。

教育孩子的过程少不了陪伴的环节

据世界卫生组织公布的一项研究数据表明，平均每天能与父亲共处两个小时以上的孩子，要比其他孩子智商高。经过许多实例和科学研究表明，父母不管多忙都要抽空陪陪孩子，以满足孩子的情感需求。

孩子是父母最大的支撑，父母在社会所做的一切努力，很多都是为了孩子。但是，很多父母由于太忙了，根本就没有时间来亲自照料孩子，也很少能沉住气耐心陪陪孩子。

今天明明的爸爸终于有时间休息了，明明特别高兴。父子两人来到客厅，爸爸准备陪孩子一起读那本新买来的故事书，刚坐在一起没有五分钟，不料电话一个接一个地响起。

"儿子，坐在这里等等爸爸啊，我接个电话，马上就回来。"爸爸说着匆匆地去和客户聊开了，把明明晾在一边。

打了一通电话之后，爸爸回来找孩子，刚要开始一起读书，没想到电话铃又响了。

"明明乖啊，爸爸再去接个电话。"爸爸说着又跑开了。

这时的明明心里很难过啊，原来爸爸这样不重视我，算了，我还是自己一个人玩吧。

这是在很多家庭中都会出现的片段，父母可能不觉得有什么大不了，可是以孩子的立场来看，其实是对孩子的极不尊重。很多家长由于工作确实忙，实在没有时间来照顾孩子，内心也是充满着愧疚，只好用物质来弥补，但是这样的效果好吗？

小强的爸爸工作很忙，可以说是以岗为家，早出晚归，小强很少能看到爸爸。因为每天早上他还没有起床，爸爸就上班去了，晚上他要上床睡觉了，爸爸可能加班还没有回来。爸爸其实心里觉得很愧疚，不知道用什么样的方法来补偿孩子，他所能想到的，就是用物质来回报孩子。

每当爸爸出差回家，就会召唤小强"看爸爸给你带什么好东西回来了"，孩子跑出来，接过爸爸手中的礼物，说"谢谢爸爸"然后就回屋玩去了。以后每次爸爸出差，都不忘给孩子带礼物，孩子好像也摸清了爸爸的行动规律，每次当爸爸出差回家的时候，他总会主动地跑出来，然而眼睛不是看爸爸，而是盯着爸爸手中的礼物，说"爸爸你回来了"，接过礼物，然后跑回房间自己玩耍去了。

有一次爸爸出差回家，恰巧忘记了带礼物给孩子，而小强像往常一样出来迎接，发现爸爸这次没有给他礼物。"咦？你怎么这样就回来了？"听到孩子这样的问话，爸爸哑然。

父母可曾想过，我们努力地在外打拼，就是为了让家人生活得更好，可是在教育孩子的问题上，总是出现重大的失误，是不是有点得不偿失呢？

其实孩子最需要的，并不是这些好的玩具和礼品，而是父母发自真心的关怀，他们最需要的是父母的陪伴和交流。很多家长在年轻的时候没有时间来陪孩子，等到孩子长大之后，他们痛苦地发现，孩子也不愿意和他们沟通了。单纯地依靠物质和孩子进行沟通，那会让孩子把沟通看作很功利。这些"情感饥饿"的孩子，在他们的内心，爱是不完全的，所以会表现出情绪和心理上的不稳定。

育才方案：制定一个"属于孩子的时间"

在马克思的家庭里，父母和女儿的关系真挚融洽，充满了人生的乐趣。在孩子们还很小时，马克思常利用工作的闲暇和孩子们一起做各种游戏。孩子们兴致勃勃地把椅子摆成"马车"，然后把父亲"套"在车前，孩子们挥舞着"鞭子"，"车"上"车"下一片欢腾。"爸爸是一匹好马"，这是女儿们对父亲的评价。

每逢星期天，即使再忙，马克思也总是放下紧张繁忙的工作，听孩子们"指挥"。他带着孩子们出去尽兴而愉快地游玩，让孩子们接受大自然的熏陶，既增长他们的见识，又锻炼他们的意志和体魄。

一次，恩格斯来到马克思的家里，见他正在聚精会神伏案工作，便赶忙提醒他说："喂，你忘了今天是什么日子吗?"

马克思一听，愣了一下，拍了拍脑门，微笑着说："啊，对了，今天是星期日，星期日应该属于孩子!"于是，马克思放下工作，和恩格斯一起，有说有笑高高兴兴地领着孩子出去郊游了。

马克思的女儿们永远不会忘记，她们和父亲一起度过的那些愉快的星期日，这些美好的星期日，成为她们记忆中最快乐的日子。作为父母，我们能从马克思对待孩子的做法中受到有益的启示：无论自己平时工作多忙，每周或者每天都要抽出时间跟孩子们在一起，陪伴他们成长。这不仅仅是享受天伦之乐，重要的是让孩子知道，你是多么在意并且关注他。

好父母胜于一百个教师。马克思就是这样一位好榜样，尽管他一生都在为人类的解放事业进行着不屈不挠的斗争，却一刻也没有忘记作为一个父亲应尽的责任和义务。女儿爱琳娜在回忆父亲时深情地说："他是儿女们最理想的朋友和最可爱的、最愉快的同伴。"

有一位父亲，他每天的工作很忙碌，但是他会保证每天利用休息的十五分钟来与孩子进行互动交流，他每天给孩子讲一个中国古代的历史故事，不仅增长孩子的知识，而且帮助孩子树立正确的人生观，更重要的是在孩子心中树立起父亲的崇高形象，孩子幼小的心中觉得父亲是这样伟大的人，能感受到爸爸在爱他，在关心他。回到学校，孩子会联想爸爸给他讲的故事来回答问题，得到老师的表扬，还在课间和同学炫耀："我的爸爸每天晚上都会给我讲中国古代的历史故事听，我的爸爸懂得可多了。"周围的同学都无比地羡慕。相信这个孩子的内心会感到很幸福，也会生活得很愉快。看，这位父亲和孩子沟通，也没有用很多的时间，但是同样能收到不错的效果。

蹲下来与孩子进行交谈
——平等是最好的教育姿态

成功的家庭教育，一定是民主的。和孩子平等交流，这一点很重要。蹲下来与孩子交往会使家长的目光与孩子的目光平视，以平等的姿态进行交流，这一点会让亲子间的沟通更加顺畅。

澳大利亚是一个充满自由气氛的国家，那里的人民不仅友好热情，而且对待孩子也是一样的平等。

一位华人做客澳大利亚的朋友家。周末大家在一起吃晚饭。当家里两岁的小男孩吃饱后，就到处乱走。孩子的母亲也随即离开餐桌跟了过去，走到孩子面前，蹲下来对孩子说："你是不是应该到那边离餐桌比较远的地毯上去画画？"孩子听到母亲的提示，很高兴地就跑到那边自己玩去了。

还有一位旅居国外的华人一次请朋友到他家做客也观察到了这一点。那个朋友带来了他的两个孩子，当他们准备一同乘车去超级市场的时候，4岁的儿子因为姐姐先上的车而显得很不高兴，这位朋友看到之后，就在车门口蹲下来，两只手握住孩子的双手，目光正视着孩子，很诚恳地说："罗艾姆，谁先坐上汽车并不重要，对吗？"小男孩看到妈妈这样跟他讲话，会意地点点头，就钻进汽车和姐姐坐在了一起。转天大家又一起去公园玩，这个小男孩在公园里跑跑跳跳，不小心摔了一跤，眼泪在他的眼睛里滚动着要流出来，这位朋友看到这样的场景，很自然地蹲了下来，亲切地对儿子说："你已经不是小宝宝了，是不是？你已经成为大男孩了，对不对？"孩子听她这样讲，马上就不哭了，又站了起来，很自豪地玩去了。这位华人看到这里，就问为什么要蹲着和孩子讲话，朋友告诉他："与孩子说话当然要蹲下来呀！他们年龄小，还没有长高，只能大人蹲下来，才能平视着说话。在我小的时候，我的父母就是这样同我们说话的。我们认为，孩子也是独立的人，因为他们比我们矮一些，我们就应该蹲下来同他们说话。"

千万不要小看与孩子说话时蹲下来这个很小的动作，它传达给孩子的信息是：我们一样平等。如果家长坚持这样做，很快就会改变对孩子命令的态度。很多人不重视动作，认为这些都是形式而已，其实这些形式也会慢慢地影响人的内心。

在韩国，人们盛行见面行鞠躬礼，而且是 90 度的鞠躬，非常正式。后来有人专门对此提出一个命题，为什么要这些礼仪，这些很表象的东西究竟有什么样的必要？后来通过做实验了解到，一个经常不鞠躬的人，让他习惯鞠躬之后，他就会感到自己的心态发生了变化，为人会更加谦和，并且感到自己即便是想和别人发脾气的时候都做不到了，很神奇。

同样的道理，蹲下来和孩子说话，看似是一个小小的举动，但是长时间的坚持，相信家长会发现自己不再对孩子用命令的口气说话了，而是改成了商量的口吻。而孩子也会更乐于和父母配合，亲子之间更加默契。是否和孩子蹲下来说话，这只是一个方式，更重要的是在父母心中，孩子是否也同样拥有独立的人格，这个小小的举动折射出更深层的道理：以平等的姿态才是与孩子沟通的最好方式。

著名的教育家黑幼龙曾经谈及自己在教育子女中的一件小事。有一次他和女儿黑莉莉说话，女儿对他说："只有这一次和你说话，我感受到了父爱。"黑幼龙很奇怪地问她原因，女儿说："只有这一次我们交谈的时候，你在用目光正视着我。"看，和孩子的目光交流也很重要，孩子可以从你的眼神中读到你的内心。

在日常生活中，我们能经常看到父母站在那里，大声地呵斥孩子："快过来，别乱动！""一边去，别烦我"。父母的姿态看似很威严，可是在孩子的心目中，肯定是一点都不可敬。还有的父母回答孩子的问话经常是头都不抬一下，只顾忙自己的，没有照顾到孩子的心理。

您是否愿意与孩子蹲下来交谈呢？您觉得有必要维持家长的威严吗？您有没有发现孩子不愿意与您敞开心扉呢？如果发现孩子不想和您交流什么，那就要先做自我反省了。

育才方案：父母的教育应尽量的人性化

要教育孩子，首先要尊重孩子，在与孩子交流时要平等，在此基础上才会努力地去理解孩子的想法。这种平等的关系会使孩子愿意同父母交流，并能听得进父母的说教，这是做好子女教育的首要条件。为了做到这些，我们在对孩子的教育上要尽可能地多一些人性化，从子女容易接受的事和有关的问题出发，给他提建议，让他明白哪些该做、哪些不该做。孩子最初的受人尊重的感觉是从父母那里得到的，尊重别人的意识也是在日常生活中经过多次的训练、教育和不断地强化而逐渐建立起来的。而且只有那些能够得到父母的尊重与爱的孩子，才会懂得如何去尊重别人、爱别人。放下长辈的架子，蹲下身来与孩子交谈，而不要总给孩子"高高在上"的压迫感。

我们习惯了站在成人的立场、用成人的思维方式为孩子分析问题，告诉他们应该如何去做，这会使他们怯于亲身去体验。如果我们坚持认为自己的知识渊博，总是滔滔不绝地向孩子灌输，不厌其烦地纠正孩子的错误，我们就限制了孩子自己去积累知识的机会。而且这种认为孩子这也不行那也不行的态度，会极大地打击他们的积极性，使他们丧失自信。学会站在孩子的角度思考问题。我们所要表达的爱，是要对方接受的，千万不可因"爱"而生"碍"。

警惕孩子正在模仿你

台湾著名的漫画家几米有一本漫画，叫做《我的错都是大人的错》，其中有很多"金玉良言"，一针见血地说出了现代家教的矛盾：

有些父母喜欢教训孩子：吃得苦中苦，方为人上人。
但他们自己吃尽了苦头，也没有变成人上人……
大人喜欢吹牛，
却要求小孩诚实。
所有的孩子都爱吹牛，
说他们的爸爸从来不吹牛。
大人喜欢对小孩说，
永远永远不要放弃梦想。
但为什么放弃梦想的都是大人？

这些既简单又直白的语言，把大人问得哑口无言了。对啊？为什么家长总是在做自相矛盾的事情，一边说着这样的话，一边又做着那样的事。每个父母都喜欢自己能有一个称心如意的孩子，但是很抱歉几米又说出了一个真相：我知道我不是一个完美的小孩，但你们从来也不是完美的父母，所以我们必须互相容忍，辛苦坚强地活下去。

很多孩子的不完美，都是从大人的身上映射过来的。比如我们常说孩子没有什么自尊心，不知道害羞，脸皮太厚。是不是因为他的自尊心被父母伤害得太严重了，产生了"抗体"。或者是他们没有从父母的身上找到自尊的感觉，从来不知道自尊是一种怎样的东西。现在孩子身上反映出来的种种问题，都是大人教育思想或者教育行为的后果。

有的家长说孩子不爱学习，但是他自己也从来没有在家中翻阅过一本正经的读物。有一位老师曾说，他请了专门的家长培训老师去学校培训，结果有几个家长却趁机带着孩子去澡堂。"那些人的脑子才需要洗一洗呢！"

家长会上，如果是家长自由选择座位，常常可以见到大家都往后面坐，哪怕讲台上前面的位置空了很多。有很多家长迟到，或者听到一半的时候就离开了教室，或者在听课的过程中从来没想过要记笔记，或者是突然接听电话，大声说话打断老师的思路……

我们能责怪孩子听课不积极、不记笔记、不用心、不守时么？

"妈妈，今天你们都听了些什么？"一般孩子都会好奇，看老师有没有批评自己，或者有没有表扬到自己的进步。

这时候，如果妈妈能拿出来一个笔记本，一条一条说今天的学习内容，孩子马上就能知道，做好笔记很重要。但很少有家长能做到这样，甚至连讲了些什么都忘记了。

更有甚者，回家之后向孩子抱怨："今天听课真是白搞了，啥也没记住，往后再也不去听了。"这不是在告诉孩子听课没意思嘛。

家庭是孩子的第一所学校，好的或者坏的教育，都将在孩子的心中留下烙印，代代相传。孩子是大人的一面镜子，我们都可以从他们的身上看到自己。孩子身上的那些错误，很可能就是这个家族的错误，或者，就是我们大人的错误。

育才方案：为自己的错误向孩子道歉

有一位妈妈带着孩子来到同事家做客，刚进门，手机铃声就响了起来。妈妈示意孩子坐下，孩子说什么也不坐下。妈妈说到："你先坐下吧。"孩子说："妈，我不能坐。"这个妈妈着急了："叫你坐下你就坐下，听话。"孩子还是不坐。妈妈只顾着接电话，也没有理会孩子，直到打完电话之后，才领着孩子坐下，还一直嘀咕："你这个孩子啊，真是的。"孩子很委屈："老师上课讲了，大人如果不坐，我们小孩不能坐的。"

实际上，这个孩子的行为是值得表扬的。但是妈妈在一开始的时候没有理会孩子的意思，到后来即便是明白了孩子的想法，并没有给予及时的表扬，也没有向孩子道歉。如果妈妈这样跟孩子讲："刚才妈妈没有明白你的意思，你这样做是对的。我真高兴你现在变得这样懂事了。"给孩子一个肯定，才不会挫败他一颗做好事的心。

不少父母认为自己是"一家之主"，为了保持自己的威信和形象，总是用气势压倒孩子，不愿意在孩子面前承认自己的过失，不仅违背了做人的基本原则，也是犯了家庭教育中的大忌。父母如果不主动向孩子承认自己的过失，就会在孩子心中形成"父母其实总是出错"这样的观念，久而久之，一旦孩子对父母不再信任，那对父母的教诲也同样不会放在心上。

曾经有一个小朋友对老师说："老师如果你要请家长，就请我妈妈，不要请我爸爸。"老师觉得很奇怪，就问孩子原因，这个小朋友说："如果妈妈说我打我，我会乖乖的；但是如果爸爸再敢打我，我一定会去报警。"

同样是挨打挨训，在孩子的心中，他愿意接受妈妈的惩罚，但是不甘心接受爸爸的惩罚，原因就在于妈妈说他打他是循着道理，而爸爸说他打他是依着自己的脾气，自己心里不痛快了，看到孩子就批评批评，完全没有原则，所以孩子心里不服。家长如果发现自己错怪了孩子或者冤枉了孩子，一定要给孩子"平反"，否则会在孩子心中留下一个小疙瘩。

"罗宾斯，我和你讲了许多次要守时守约，否则会浪费别人的时间，也给别人留下不好的印象，你不这样认为吗？"

"的确不好，不过，也没有什么大不了的。"

父亲有些生气了："怎么能说没什么了不起呢？你养成这样的毛病，长大会怎么样呢？还有谁会信任你呢？"

看见父亲生气，罗宾斯也有些沉不住气了："你是大人了，不是也过得很不错吗？没见你有什么麻烦呀？"

"你是什么意思？"父亲没想到话题会转到了自己身上。

"你大概忘记了，好几次你答应来参加我们学校的活动，我都告诉老师你会来，你却到活动结束了都不见人影。"

"那是因为我临时工作上有事情，而且那些活动也不是一定非参加不可……"父亲注意到儿子不屑的，甚至有些讥讽的表情，尴尬地停住了。

接着他说："罗宾斯，我没有意识到自己的行为对你造成的影响，我当时的确有急事不能来，但我应当事先或事后向你解释一下，甚至去向你的老师解释，我真的很抱歉，你能原谅我吗？"

罗宾斯有些感动："没关系，我知道你很忙。下次打声招呼就可以了。"

"你们下一次家长座谈是什么时间？我一定把工作安排开。当然如有意外我会和你联系，好吗？"

"谢谢！"

父母是孩子的榜样，也不是完美的，也会犯错误。及时而真诚地向孩子道歉，相信一定会赢得孩子更多的尊重，还能引导孩子更好的发展。

有一次，著名诗人、民主战士闻一多因心烦出手打了还不懂事的小女儿，恰好被次子立雕看见了。立雕挺身而出，批评父亲不该打小妹，并且"大义凛然"地说："你自己是搞民主运动的，天天讲民主，在家里怎么就动手打人呢？"闻一多一愣，沉思片刻后走到立雕面前，十分严肃地说："我错了，不该打小妹，小时候父母就是这样管教我的，所以我也用这样的办法来对待你们。我现在知道这种方法是不对的，希望你们将来不要用这样的方法对待你们自己的孩子。"这样的道歉，无疑使父亲在孩子们心目中的形象显得更加高大。

父母应当意识到：当自己向孩子道歉时，就等于在教孩子相信他自己的洞察力。如果父母不停地批评孩子、辱骂孩子，孩子就会形成一种对生活本质和对世界的负面看法。父母应该让孩子懂得，任何人都会犯错误，父母也一样，每个人都要对自己的错误负责。通过道歉，家长塑造了自己关爱他人的行为模式。孩子会永远记住自己的父母是如何勇敢地对待自身的缺点，这种勇气与坦率会鼓励孩子做终生的探索与自我培养，而不至于迷失方向。

当一个不唠叨的家长更受欢迎

有个妈妈要出门，把明明一个人留在家里，对孩子讲："孩子，妈妈要出去啊。你一个人在家要小心，遇到坏人不要开门，遇到收物业费的也不要开门，无论这个人说什么都不要开门；还有啊就是，饭妈妈都给你准备好了，你中午要吃饭的时候，从冰箱里拿出来放到微波炉里加热就好；另外还有下午要帮妈妈坐一壶开水，记住了吗？"

妈妈一口气交代这么多事情，孩子能记住吗？估计在这时已经是一头雾水了，如果妈妈这样讲，效果就会好很多："妈妈要出去了，交代你三件事：第一，中午吃饭，从冰箱里拿出来放到微波炉热下就行了；第二，下午帮妈妈坐一壶开水；第三，只要是不认识的人敲门，一律不准开门。"这样讲就没有刚才那样啰嗦，并且层次分明，孩子会牢牢记在心里。

说话唠叨实在是个不好的毛病，以前有这样一个笑话就是讽刺一个说话唠叨的家长。

从前有个地主，家里有五个孩子，快要考科举了，这位地主把五个孩子叫过来开始训话："这次考试马上就要开始了，如果你们都考上了，我从此以后就不再叫你们大小子、二小子、三小子、四小子、五小子，而是叫你们大少爷、二少爷、三少爷、四少爷、五少爷。但是，如果你们没有考上，我就不叫你们大少爷、二少爷、三少爷、四少爷、五少爷，依然要叫你们大小子、二小子、三小子、四小子、五小子……"

读到这里，肯定有家长忍不住要发笑了，可是仔细想一想，我们在教育孩子的时候不也是在有意无意地犯这样的错误吗？

在一次学生调查中，有很多孩子反映了父母的唠叨：
1. 每天上学都要我路上小心点，天天如此，每次都说好多遍。
2. 做错一点小事就说我，还说好几遍。
3. 有一次我起床晚了，妈妈就在床边唠叨半天。
4. 有一次我把墨水打翻了，爸爸骂了我很久，并且一直用粗暴语言。
5. 一次爸爸放学接我回家，一路都在说让我成绩提高，真烦人，还不如不接我。
……

也许是太爱孩子了，也许是对孩子的期望过高，很多家长对孩子的唠叨的确是太多了自己却觉察不到。"有作业吗？作业是多还是少？你的作业写完了吗？不要看电视了，赶快写作业！学习一定要用心，不能三心二意。不好好读书，你长大就什么都做不了！"这是很多家长的口头禅，甚至孩子在家里的一举一动都成了妈妈唠叨的对象，弄得孩子不知如何是好。家长的反复唠叨，会扰乱孩子的心情，使孩子黯然神伤，孩子忍无可忍，粗暴回应，甚至是耿耿于怀，对家长不理不睬。"真是好心没好报！"很多家长还会因此而愤愤不平。

没有人喜欢被控制，也没有人喜欢人家告诉他应该怎么做，特别是如果这个"吩咐"并不有趣。家长越逼迫，孩子就越抗拒，不管他年纪多大，但这并不仅是因为他不想做。持续不断的叨念只会升高家长和孩子之间的温度，制造挑战。

育才方案：掌握克服唠叨的小办法

孩子在成长起来之后对很多问题都有自己的主见，做事情也懂得如何把握分寸，所以作为家长，应避免过分的唠叨，最好从以下几个方面来着手：

1. 别只盯着孩子的缺点

从心理学上分析，孩子是心理和行为的不成熟个体，家长必须对他们加以正确的指导和培养。但是，家庭教育中常见的问题是，父母对孩子寄予厚望，为了达到自己设定的目标，在孩子耳边不停地叮嘱、提醒。但这种做法往往收效甚微，甚至适得其反，使孩子产生厌烦情绪，还容易挫伤他们的自信心和自尊心。有些家长眼睛总是盯着孩子的缺点，翻来覆去地只讲缺点，不提进步。其实，绝大多数孩子已能分辨是非善恶，只是缺少改正缺点的自觉和毅力。如果父母总是喋喋不休地数落孩子的缺点，反反复复地教训孩子，"我讲话你就是不听"、"怎么说你才能改呢"，他们会将此视为不信任，甚至产生逆反心理。另外，唠叨的家长往往是缺乏自信、性格软弱的人，对自己讲出去的话、做的事不放心，才会一次次地重复。如果孩子一直生活在这种唠叨的环境里，每天面对软弱、紧张型性格的父母，长大后也很难形成良好的个性。所以，唠叨不但不能达到目的，还会给孩子带来伤害，家长应该了解怎么才能更有效地教育孩子。

2. 批评的话不宜多

首先，要耐心地加以指导。指导不同于唠叨：唠叨往往含有责怪、批评的味道，是一种反复的单调的刺激；而指导是亲切的、言简意赅的，它能启发孩子独立思考，帮助他们处理问题，使孩子情绪稳定、心情舒畅。聪明的父母从不去规定孩子应该做什么，不应该做什么，而是放手让孩子去做。如果没有做好，也会耐心地帮他分析原因，鼓励他不要灰心，尽力而为。学会尊重孩子也很关键。自尊心是影响孩子健康成长的重要心理因素，如果自尊受到伤害，他们会产生心理障碍，如自卑感和对抗心理等。因此，父母必须时刻注意保护并培养孩子的自尊心。在生活中，注意孩子的点滴进步，及时加以肯定和鼓励。对孩子的缺点和错误要宽容，要给孩子说话和申辩的机会。即使是批评，话也不宜多。有些父母"苦口婆心"，类似"我像你这么大的时候"、"你怎么就不能学学人家"之类的话一天要唠叨好几遍。绝大多数子女对这种说教式的谈话都采取"缄默不语，心不在焉"的对策，而且觉得自信和自尊受到了打击。

3. 注意和孩子的情感交流

唠叨，归根结底，是不懂交流的表现。和孩子交流时要充满爱心和亲切感，态度和蔼；时间最好选在吃饭时和睡觉前，因为这是孩子情绪最为平稳的时候。一个母亲，她从孩子很小时，就注意和孩子的情感交流。每天在孩子上床时都要问问他："今天过得开心吗？"孩子长大后，就形成了在睡前和父母沟通的习惯，有什么不顺心的事也愿意告诉父母。有了这样的感情基础，孩子就容易接受父母的建议和忠告，也用不着父母再费力地唠叨了。

最后要提醒父母，对孩子讲话也要经过大脑过滤，要讲在点子上，不要信口开河。说出去的话、下达的命令要算数，不能出尔反尔。

命令的口气就像是诅咒

一位 16 岁的高一男孩，很认真地与同班一位女孩相恋了，男孩的父亲与他进行了一次属于两个男人间的谈话。

父：儿子，你是不是觉得她是最好的女孩？

子：我觉得我认识的女孩里她最可爱。

父：爸爸相信你的眼光。但是，你才上高一，你认识的女孩有多少？

子：我心里只有她。

父：你说你要上大学，将来还要出国深造，想成为一名律师或金融家。你知道你将来会遇上多少好女孩吗？爸爸并不反对你现在谈女朋友，但是，爸爸最反感的是见异思迁。这个女孩是你到目前为止认识的最好的女孩，可是，你将来会有更多的机会，到那时你该怎么办？你会不会后悔？

子：可是，现在让我离开她，我很痛苦。

父：你初三时买的"随身听"呢？

子：前两天，您给我买了个高级的，我觉得音质比原来那个好，就把它送人了。

父：这就叫一山更比一山高。如果你能把握好每一个属于你的机会，你以后的成就只能比今天大，你面对的世界只会比今天更广阔，到时候你的选择只会比今天更好，更适合你。如果你现在与这个女孩真有那份情缘，到时候再让它开花结果多好。儿子，一个人一生不可能不做些让自己后悔的事，但是，人生大事只有几件，后悔了，就会遗憾终生。

子：爸爸，我懂了……

从此以后，男孩把对女孩的特殊感情像一粒种子般深埋心底，生命的乐章却弹奏得更欢快了。他明白，即使爱的种子发芽了，也还没有长成参天大树，更不可能结出甜美的果实。而在这之前，自己只能做一个默默耕耘的农夫，等待庄稼的成熟。

父亲面对男孩的早恋，不是用命令的口气让男孩放弃，而是选择理解男孩的需求，帮助他们树立正确的爱情观和认识爱的真谛，并以平等的态度与他们交流自己对人生、爱情、学业的感情。

想让孩子做什么，还是不想让孩子做什么，做父母的完全可以和孩子像朋友一样共同商量，分析利弊，最后再由孩子自己来拿主意，相信当父母把道理帮孩子分析透彻之后，孩子都会愉快地做出父母期待的选择。

育才方案：建立积极的家庭沟通环境

在教育孩子的过程中不能一味使用命令的语气而忽视沟通，如何和孩子进行成功的沟通呢？

第一，成功的家庭沟通，应该注意以下因素：理解、关怀、接纳、依赖和尊重。理解要求父母与孩子都能够设身处地地为他人着想；关怀不但存在于内心，更要切实付诸行动；接纳要求考虑到每个人的个性，懂得欣赏人们身上的优点；依赖是要做到既信任别人也信任自己；而尊重是指尊重他人特别是孩子的权利，尊重他们的意见和选择。

第二，要建立一种积极健康的家庭沟通交流关系，应该改变父母是决策人，孩子是接受者这样僵化的家庭角色的分配。父母在家庭教育中应该懂得进行角色交换，每一个家庭成员都可以对他表述的愿望予以积极的辩解。当孩子能够参与讨论家里的通常是成年人的问题时，他们方才能够更好地理解父母，而父母一方面可以调动孩子的主动性，使自己清楚地认识孩子的才干，另一方面可以得到有关自己教育的反馈信息。

综上，父母与孩子通过沟通，父母最后让孩子明白的是"理解、信任、承诺、准时"等观念的重要。通过沟通，最容易让孩子站在他人的立场上思考，也最容易让孩子养成理解他人的习惯。只有这样，孩子才有可能成为一个全面发展的优秀人才。

想让孩子对你敞开心扉，就要尊重他的秘密

有一个小学生问妈妈："妈妈，你有秘密吗？"

"当然，每个人都会有自己的小秘密。"

"真的是这样啊，我也有自己的小秘密了。"小学生有点兴奋地告诉妈妈。

"你的秘密是什么呢？"母亲听她幼小的女儿这样说，感到有点意外。

"我不能告诉你。"

这位母亲有点担心，但是又不好直接问。平时观察孩子也没有什么异常的举动，这就让她对孩子的这个秘密更加好奇了。

"我们做个交换，你告诉我你的秘密，我再告诉你我的秘密好吗？"

可是，小学生还是不说。

母亲为这事真是从心里着急，但是不能逼迫孩子，也不能偷看孩子的日记，想让孩子把她的小秘密说出来，真的是需要耐心地等待。后来，在这位母亲的多次试探下，孩子终于小心翼翼地说出了自己的秘密，原来有个同学告诉这个孩子他发现了一支神

剑，但是这是个秘密，不可以对任何人说，否则肚子就有被划烂的危险。看来孩子真是顶着生命危险告诉妈妈这个秘密的。当妈妈知道了孩子的这个秘密之后，终于轻松地笑了，很心疼地把孩子搂在怀里。

很多父母也像上面故事里的那个妈妈一样，当发现孩子有秘密的时候就会很担心。出于对孩子的负责，很多家长因为不知道自己孩子心中在想什么而犯愁。孩子并不是说不信任父母，而是对父母没有足够的勇气来面对。小孩子天真烂漫，还没有认识到"秘密"的真正含义，而总有一天，他们长大之后，有了自己的心事，也一定会有自己的小秘密不愿意对父母讲。父母也不要大惊小怪，因为这是每一个孩子成长必经的过程。

有位父亲曾这样面对孩子的隐私：

"我的女儿在小学五年级时就十分明确地有了自己的小秘密，发现了她的变化，我和妻都很高兴，因为这是她开始走向成熟的标志。一个毫无保留地在父母和他人面前诉说自己内心感受的傻丫头是不会成为成熟的人的。当时，她用的是我替换下来的写字台，我主动将写字台抽屉的钥匙交给她，让她学会保守自己的秘密。后来，上了初中、高中，她收到一些同学的来信，包括男生的信。我们在教育她如何与同学搞好关系、与异性交往中应注意的问题时，还嘱咐她一定要妥善收好这些信件，不要遗失在外面，免得给自己和同学带来不必要的麻烦。我们认为尊重孩子的隐私，是父母教育孩子的重要内容。"

这位父亲的做法是理智的，允许孩子有自己的小秘密，尊重孩子的隐私权，给孩子一个自由的空间，为孩子能深藏一份隐私创造条件和环境。这样，孩子在需求得到满足之后反而愿意倾吐心中的秘密，使两代人的感情更融洽。

尊重孩子的隐私，并非意味着放弃教育孩子的责任。须知心理断乳期的孩子，虽然自主、自尊意识增强了，但正确的世界观没有建立，爱独立而不知如何独立，求自由却不懂何为自由，心理意识交错复杂而充满矛盾，还不是一个理性的人。所以，对孩子的隐私要给予积极的引导。

育才方案：不要看孩子的日记

"妈妈，你不能偷看我的日记！"

"这怎么能说是偷看呢？妈妈看女儿的日记是为了多了解女儿，及时发现你有什么需要帮助的问题，妈妈好来帮助你。"

"我不需要你的帮助！你如果再偷看我的日记，一切后果你自己负责！"

见平时乖巧的女儿现在大声地和自己叫喊，妈妈也生气了："怎么说话呢？我是你妈妈，难道我把你养这么大，还没有资格看看自己女儿的日记吗？"

女儿哭着叫喊："那是我的秘密，是我的隐私。你没有经过我的允许，就擅自偷看我的隐私，你是侵犯人权！我是你的女儿，可是我也有人权！"

说完，女儿一把夺过妈妈手里的日记，跑到自己的房间里躲了起来。

发现孩子心中藏有小秘密之后，相信很多父母都会有些不知所措甚至是担心和疑虑。如果用偷看孩子日记的方法来解决问题，一定会使孩子极为反感，甚至产生逆反的心理。因为，这个动作做出来之后，孩子的感受就是：父母并不相信我是个好孩子，父母也不尊重我，父母的行为不是光明正大的，他们不值得我尊重。

有些父母其实对此并不以为然："孩子的生命都是我给的，更何况是一本日记、一封信呢？"并觉得自己这样做完全是出于对孩子的关心，是天经地义的。父母这样的想法，首先是不清楚孩子成长的过程，产生隐私是必然，父母应该积极引导，帮助孩子树立正确的人生观，而不是把眼光盯在孩子的隐私方面；另外就是没有注意到孩子的独立意识，还把孩子看做是父母的附属，不能真正放手，并给孩子造成精神压力。

做孩子的朋友，以平等的态度与孩子多做交谈，谈自己少年时代的所思所想、成功和挫折、经验和教训，甚至是一些可以与孩子谈论的自己童年的隐私，以达到与孩子在情感上的沟通。要努力营造民主、宽松的家庭气氛，让孩子真切感受到父母的关切之情，把父母当做可信赖的朋友。

其次，还要培养孩子自律自勉能力。即使发现孩子有不良倾向和越轨的思想行为，也不必惊慌失措，应该与孩子一起谈理想、事业、道德、人生观、价值观、金钱观等问题，引导孩子自己悟出为人处世的真谛，提高孩子按规范要求调整自己行为的能力。

父母先"统一战线"，孩子才不会"南辕北辙"

很多父母都想尽心尽力地教好孩子，但是如果夫妻之间教育孩子的态度并不统一，或者双方的配合不到位，这就会很影响教育效果了。

宁宁发现妈妈总是对爸爸不满意，经常听到妈妈的抱怨声，为什么呢？因为爸爸工作忙，总是照顾不到家里，妈妈一个人忙里忙外，爸爸无法帮助她。这一天，宁宁的妈妈又开始唠叨了："唉，看看你这个爸爸呀，整天到晚不回家，屋里屋外全都是我一个人忙来忙去！"宁宁听到这样的话，就很懂事地说："妈妈，我来帮你做。"而妈妈却说："你还在念书，你现在的任务，只要把书读好就行，其他的杂事都不要你来操心。"宁宁听话地点点头,就进屋学习去了,以后也就再也不帮妈妈做家事了。

曾经有一位教育专家提到这样的故事,会很打趣地说:"这个妈妈整天在抱怨先生,却从来不让自己的儿子树立做家事的概念,恐怕往后还会有一个女人像她一样受罪。"

妈妈在孩子面前抱怨爸爸,这样的做法弊端相当大,抱怨不仅不能解决任何问题,而且还不利于在孩子面前帮爸爸树立威严。相反,下面的这一个家庭的做法就是很值得提倡的。

玲玲的爸爸经常在妈妈不在家的时候对玲玲说:"孩子,你妈妈为了你很不容易啊。你出生之前一直在妈妈肚子里十个月,这十个月妈妈很辛苦啊。后来妈妈为了照顾你,不得不把原本很好的工作辞掉了。每一次你生病的时候,妈妈晚上总是睡不好……"玲玲瞪大了眼睛,这些事情如果不是爸爸跟她讲,她是不会知道的。

这一家每天晚上总是一起共进晚餐。有一次爸爸下班回家有点晚,玲玲饿了很想先吃饭,妈妈对她说:"我们一起等爸爸回来吃饭好不好?爸爸每天在外面工作一整天很辛苦,如果没有爸爸的辛勤,我们就不会有这样安稳的生活了,家里优越的物质条件,都是爸爸给我们创造的。"小女孩一听,就坚持要等爸爸回家一起吃饭。

父母双方先配合好,才会让孩子感受到家里浓浓的亲情,让孩子更爱自己的爸爸妈妈。这就很需要夫妻的双方配合。假如一个爸爸这样跟孩子说:"儿子呀,爸爸天天在外赚钱很辛苦,所以你今后要好好孝顺你爸爸。"这样的话,一般来说爸爸是不好意思对儿子说出口的。但如果能通过妈妈的话说出来,孩子既能感受到爸爸为家庭的牺牲,也能感受到一家人相互之间的欣赏和肯定。所以通过父母双方的配合,这个问题才能很顺利地解决。如果父母之间没有配合好,那就算是用再多的心思来教育孩子,效果也不会太理想。

同样的道理,不仅父母双方之间是要如此配合的,而且举一反三,家长和老师之间也要如此的配合,做家长的千万不能在孩子面前说老师的坏话。

在中国古代,每当父亲带着孩子去拜老师的时候,在行拜师的礼仪的时候,父亲会在孩子面前给老师先行礼,为什么呢?因为小孩子的心中,最尊敬的人应该就是自己的父亲,看到父亲对老师如此尊重,也同样会对老师产生敬畏之情,才会怀着一颗恭敬之心学。

育才方案:让孩子体会到父爱

幼儿心理学家格塞尔曾指出:"失去父爱是人类感情发展的一种缺陷和不平衡。"

心理学家和社会学家所做的大量调查表明：没有父爱的家庭会严重影响孩子的身心健康，造成孩子性格、心理的缺陷。所以，让孩子感受到父亲的存在，体会到父亲对自己的爱，其意义在于使孩子有一种心理寄托，获得安全感，健康地成长。

有一次，一位美国教师在演讲会上，提供许多协助儿童克服惧怕的方法，并一一举例说明，引起听众高度回响。会后，有几位听众问道："父亲不尽责，所造成的不安全感，对孩子的影响究竟有多大？"

教师解释道："就我的经验和观察，那些缺乏父亲照料的孩子，如果母亲或家人不能提供安全的爱，孩子较易自暴自弃，闹事不读书，沉沦于玩乐游荡而不能自拔，甚至犯罪。"

"怎样才能补救呢？"

"我接过许多这类个案，发现他们所需要的不是专业辅导，而是一个关心他们、了解他们，肯花时间陪他们的父亲。他们需要的也不是心理医生，而是一个他信任和尊敬的男人。因此，要唤醒那些不尽责的父亲，把他们从麻将桌上请回家，从灯红酒绿中请回家，从超工时的工厂和办公室里请回家。要他们尽一份应尽的天职，做一件非做不可的良心事。因为孩子需要他的爱、陪伴和支持。否则，他们将会在自己的人生中留下'失职的父亲'的罪恶！"

"如果找不回来呢？或者他没有父亲呢？"

"找一个能代替失职（或缺席）父亲的人，也许是老师，是一位爱心的义工或辅导员，给他关怀、支持和安全感。"

在孩子成长中，父母因性别角色、社会分工、家庭分工的不同，应各自运用不同的教育方式担负起不同的教育任务。一般来说，母亲偏重于生活和情感，父亲偏重于精神和心理；母亲强调稳定，父亲强调创新发展；父亲传递给孩子的是坚强、勇敢、承受力强等阳刚之气，母亲传递着细腻、呵护、富有同情心等阴柔的一面。两者相辅相成，共同作用，才造就了孩子健全的心理素质。相反，如果过分地强化或弱化某一方面，都将影响孩子的心理成熟和性格完善。对于孩子而言，父亲既是教育者，又是纪律执行者、社会化指导者。在很多家庭中，父亲一般比母亲受教育程度高，接触社会广，在家庭的重大问题决策上，更具权威，如果父亲将孩子的健康成长时刻放在心上，就更利于把孩子培养成适应社会所需的性格特点。此外，父亲的严格要求，以及父亲对事业的执著态度，对孩子的一生，将有不可估量的影响。

有一位父亲，下班后常带儿子玩各种游戏，教孩子做一些简单的玩具，拆拆装装，耐心回答孩子提出的各种问题，或带孩子到户外捉蚂蚱、知了。孩子五岁时活泼可爱，口齿伶俐，遇事反应灵敏，喜欢自己动手做些小玩意儿。而另一位父亲，不关心孩子，下班回家后只顾自己看电视，或找人下棋、聊天、谈生意、炒股票，很少与孩子交往，似乎孩子并不存在。为此，夫妻俩常吵架、怄气。孩子在这样的环境中，形成懦弱、胆小，没有创造性，爱哭的个性。

总之，强化父爱在培养孩子的健全心理方面，在孩子健康成长的过程中至关重要。这一作用正是母爱所不能替代的。

当然，必须强调的一点是，强化父爱，并非就要削弱母爱，淡化母亲的职责。相反，父亲和母亲都应该发挥各自的性别优势。让孩子既从母亲那里得到爱抚，学会同情心，又在父亲那里养成坚毅的品格。这一切对孩子来说，是必不可少的。

告别争吵，建"和谐型"家庭
——孩子需要的是安心、安定与安全

一位曾在东南亚地区志愿教课的老师讲过这样一件亲身经历：

他是一个小学班级的班主任，班上的孩子都很听话，只有一个孩子不仅学习成绩不好，而且性格孤僻爱打人，同学都非常讨厌他。这位老师经常帮男孩指出缺点，但是这个孩子屡教不改，老师一看说教不管用，只好决定要去家访，向孩子的父母来反映这个问题。

等到老师们一起来到男孩的家里时，所有的人都严厉不起来了，并且对这个男孩充满了同情而不是先前的嫌弃。原来，男孩的爸爸喜欢赌钱，妈妈经常因此和爸爸吵架，有一次妈妈和爸爸吵得很激烈，一气之下就跑出了家再也没回来过。后来爸爸又娶了一个泰国女人当孩子的妈妈，这个泰国女人对男孩很不好，经常会找各种理由打他惩罚他。爸爸对此也是视而不见，久而久之，让一个原本快乐活泼的男孩变得仇视任何人。

由于这位老师对男孩格外地关心，男孩也把这位老师当做他最知心的朋友。有一次，小男孩对老师说："老师，我不想活下去，我想死。"这位老师懂得教育心理学，他知道一个人只有在看不到任何希望、充满绝望的时候才会想去死，何况是一个这样小的孩子，他的心中一定也是矛盾重重。但是他很冷静地帮男孩分析原因："你为什么想去死呢？"小男孩告诉他："老师，没有人喜欢我，爸爸妈妈不爱我，同学都讨厌我，都躲着我。"

这位老师马上想办法安抚住这个孩子，问他："那你说，我会不喜欢你吗？"孩子听到这句话，瞪大了双眼看着老师，使劲地摇摇头。老师看到他的情绪稍稍稳定了下来，就跟他讲："你已经找到了问题的原因，应该是去想办法解决，以后你不要再打同学了，大家就会喜欢你。"

"老师，我知道我不对，我很想改，但是我改不了了。"孩子哭着对老师说道。

后来这位老师讲到，最让他感到痛心的就是孩子的这句话："老师，我很想改，但是我改不了。"一旦坏习惯养成了，坏品质定格了，改起来会很困难，自己也会很痛苦。而造成孩子的这些性格缺陷的，不是外界，而正是家庭。

做父母有义务要尽量把孩子培养成为心地善良、感觉敏锐和能力强的人。家庭日常生活应该是和谐、欢乐的，充满爱心的，这是首要的条件。夫妻间的互相尊重与爱护是良好的家庭教育的基础。

我们常讲，家庭是社会的细胞，父母是孩子的第一任老师，如果家庭不和谐，父母经常吵架甚至于离异，孩子将很难走出心理的阴影，对孩子的伤害也将是终身无法挽回的，还会对社会造成不小的威胁。美国是世界上离婚率最高的国家，同样美国的青少年道德教育问题也让当地政府伤透了脑筋。在美国曾经对中学生有过这样一项调查，结果显示：有71％的学生曾经作弊，68％的学生曾经打过架，35％的学生曾经在商场偷过东西，但在测试的最后，有91％的学生认为自己的行为很高尚。政府一再提高对教育的拨款数额，然而却丝毫不见好转。家庭教育的缺失，用其他任何的方法都将很难改变。

安徒生小时候是在丹麦一个叫奥塞登的小镇上度过的，他家境贫困，父亲只是个穷鞋匠，母亲是个洗衣妇，祖母有时还要去讨饭来补贴生活。他们的周围住着很多地主和贵族，因为富有，这些人便觉得自己高人一等，他们讨厌穷人，不允许自己家的孩子与安徒生一块儿玩耍。安徒生的童年孤独而落寞。

父亲担心这样的环境会对安徒生的成长不利，但是他从来没在孩子面前流露出自己的这种焦虑，反而轻松地跟安徒生说："孩子，爸爸来陪你玩吧！"父亲陪儿子做各种游戏，闲暇时还讲《一千零一夜》等古代阿拉伯故事给他听。虽然童年没有玩伴，但有了父亲的陪伴，安徒生的内心世界也充满了阳光和快乐。

温馨的家庭环境是孩子健康成长的保证，童年时代的安徒生在良好的家庭氛围中培养着自己的童话细胞，一颗善良、充满幻想的"童话"之心。

中国的一位儿童教育专家也对小学和幼儿园的孩子做了"你最喜欢什么样的家"的调查。结果发现，孩子们对父母和家庭的要求放在首位的并非是经济、物质条件，他们对吃的、穿的、用的和玩的东西似乎都不大在意，相反，却很关注自己家庭的精神生活。最喜欢的家有五种，而排在第一位的是：和睦、团结、友爱的家。孩子们最喜欢爸爸妈妈和和气气，不吵架、不斗嘴，全家老小和睦相处，让家里始终充满爱。

父母之间的恩爱，和睦的家庭氛围能够为孩子的身心成长注入生机与活力，增加孩子对生活的信心与勇气。如果孩子在一个紧张压抑的家庭氛围中成长，会逐渐变得忧心忡忡、缺乏热情、性格内向，严重的还会形成心理障碍。在良好的家庭氛围的影响下，你的孩子一定可以健康、茁壮地成长。

育才方案：陪孩子一起参与他喜欢的活动

一位母亲在给儿子的信中写道：你是一个铁杆球迷，为了看球，甚至可以不吃饭、不睡觉。说实话，我原本无法理解，对我来说，足球只是一堆人争夺一个球的无聊游戏。你常常深更半夜悄悄起来看英超、意甲转播，虽然为了不吵醒我们，你总是把音量放到最低，但是，你那压抑的激动声响，和偶尔克制不住而发出的大声喝彩，还是会惊醒我，那时，总免不了对你的一顿教训。可有一天，一个念头突然冒出来：能够让你如此如痴如醉的足球到底为何吸引你呢？我怎样才能够体会你在看足球时的快乐呢？有机会一定要尝试一下。

对此，儿子在自己的日记中也有所记载：奇迹果然出现了！不但是塞内加尔的奇迹，也是我妈妈的奇迹——她竟然从此迷上了足球，每天抢着看报纸，准时看球赛，关心贝克汉姆，询问罗纳尔多。当我们同时情不自禁地站起来，面红耳赤地给中国队加油的时候，我感到我们的心灵第一次如此相通。我心里只想说："能跟妈妈分享我的快乐，我真高兴！"

作为父母一定要知道，与孩子共同参与活动，对于亲子关系非常重要。那么，你能否与孩子换位思考，走进孩子的精神世界呢？

孩子们通常有自己的社会活动，比如学校组织的风筝大赛、校际篮球比赛、打乒乓球等。一些家长可能会认为，这只是毛孩子的游戏，关我什么事儿呀！其实这种想法是完全错误的。教育学家建议父母们，要积极参与孩子的这类活动，因为你的参与就是对他们的肯定。

斯科特先生从未忘记参加有孩子参与的每一项活动：市篮球联赛、运动会、学生音乐会、话剧表演——即使儿子只是扮演一棵树，斯科特先生是一个牙科医生，对运动一窍不通，对音乐也不大感兴趣，但他还是努力抽出时间去为儿子加油。因为他说，希望自己在孩子成长过程中尽量陪着他。最近一段时间，儿子迷上了制作遥控飞行器，为此，他甚至办了寄宿，专心地在学校里研究试验。每天，他都会给斯科特先生打电话，报告自己的新进展：他的飞行器反应更灵活了、飞得更远了……一天，儿子打来电话："爸爸，明天下午就开始比赛了，来替我加油吧！"爸爸兴高采烈地回答："太棒了！我明天一定准时去。"第二天，斯科特先生把诊所停业一天，上午跑到书店里找了很多遥控飞行器方面的书，又给儿子买了一组昂贵的飞机模型，下午准时赶到学校。遗憾的是，儿子那天并没有取得好名次，面对专程赶来的爸爸，孩子有点惭愧。斯科特先生拿出自己准备好的礼物——书和模型递给了儿子，然后用玩笑式的威胁口吻说："小子，看到了吗？这么贵的书和礼物都买了，你要是敢因为一次小小的失败就放弃，那我绝对饶不了你！"儿子大笑着接过礼物："什么放弃呀！等着吧，下次第一名就是我！"这时，他已经完全振作起来了。

腾出时间陪孩子一起做孩子所热衷的事情，是无比重要的。如果你希望孩子养成持之以恒的品质，掌握其他与工作、生活相关的技能，你就要在参与孩子活动的过程中，用你自己的兴趣、可依赖性及独特的指导，为孩子树立榜样，只有这样才是明智的。

大大方方地接受孩子的孝心

"树欲静而风不止，子欲养而亲不待。"这是千古以来孝子最大的遗憾。有双亲能奉养可以说是最大的快乐。

一个懂得孝顺父母的人，也就明白了做人的分寸，走到社会中就能够懂得尊敬长辈，在工作中也会有更强的责任心。所以孔子曾说："君子务本，本立而道生，孝悌也者，其为人之本欤？"相信普天之下的父母都希望自己的孩子将来能够是个孝顺父母的人，所以我们现在一定要小心地爱护孩子的小小心意。

有位爸爸曾经这样跟人讲："我的孩子有时会给我带一点小玩意，我心里想，小孩子净瞎糟蹋钱，买的是什么烂东西啊。可是同着孩子我还会装作很高兴，就是不想伤害孩子一颗懂得孝敬父母的心。"

相反有的父母就不懂得爱护孩子的孝心。一个孩子有一天起来向爸爸妈妈问好："爸爸妈妈早上好，昨天睡得好吗？"妈妈很奇怪自己的孩子怎么一下变得这样有礼貌，不禁摸摸他的头："你今天有不舒服吗？发烧了吗？"

当孩子做出动作要表达对父母的关切或感恩，做父母的一定要配合孩子，并且要夸奖和鼓励孩子。如果觉得孩子向父母问好或送礼物这样的举动是客套没有必要，那将会损害孩子一颗原本爱父母的心。其实孩子在这种实践的过程中能体会到父母的不容易，对他们自身的成长也是有利的。有一个小学生，在她生日的那天特别想表示一下对父母的感谢，于是她就决定自己做饭给父母吃。由于个子长得比较矮，她搬了一个小凳子放在灶台前，自己站上去炒菜。放油的时候由于烟尘很大，她就想方法，把爸爸骑摩托车用的头盔戴在头上，终于很坎坷地做好了一顿饭。后来，小女孩还得到了一个意外收获，她明白了原来做饭是这样辛苦的事情，很体谅父母，从此之后就再也不挑食了。如果父母不给孩子这样的机会，那这个小学生就不会有这样的感悟了。

有一所小学给孩子安排了实践作业：回家给妈妈洗脚。学校老师的意图在于通过这项活动使孩子产生对父母关怀的意识，但是很多家长并不理解学校的目的，有的比较配合，有的就不配合。

有一位妈妈听说孩子要给她洗脚，说什么都不让："孩子啊，妈妈现在可以自己洗，不需要你，这样的作业可以不用做的。"

有的妈妈也是不想让孩子给她洗脚，原因是怕孩子端洗脚盆端不稳会把水泼到地上，这样的话不仅容易把孩子烫到，而且会把地面弄得到处是水，反而更麻烦。

还有一位妈妈就很配合，她也很担心自己的孩子会被热水烫到，就默不作声地把热水器的水温调到了冷水的温度，在一周之后孩子完全做得熟练了，她才慢慢地把温度调到正常。为了协助孩子做好这个实践，这位妈妈洗了一周的冷水脚。

很多家长不愿意让孩子做一些家务事，原因在于怕孩子做不好给大人添麻烦。其实，当孩子做不好的时候，正是一个教育机会点的出现。家长可以告诉孩子怎样来做好，进而增长他的做事能力。

当然，如果孩子没有意识到要孝顺父母或者要帮父母做些什么，那我们作为父母的千万不可以要求孩子去做，那会起到反作用。最好的方法，是我们父母先来做表率，孝敬我们的长辈，那样小孩很快就会学会了。

育才方案：给孩子读一读中国经典的德育书

中国古代有很多经典的德育故事，经常让孩子读这样的故事，不仅开阔他的眼界和思路，同时让他了解很多古人感人的事迹，比父母干枯的说教不知道要好多少倍。

还可以让孩子多读中国的古文经典。古典文学的熏陶不仅会让人的思想更有深度，并且会时时感受到美的意境。

有一位书画鉴定家在给学生们上课，很偶然地在课堂上从口袋里摸出一本"口袋书"，原来是袖珍版的《幼学琼林》，这位书画鉴定家就很风趣地对同学说："我每天在空闲时间会拿出这本书来读一读，里面介绍的内容能开阔人的眼界。这本书是中国古代四五岁小朋友才读的，看来我还没有启蒙了。"

关于孝敬父母的书，最为著名的莫过于《孝经》，这本书是孔子亲自传授给曾子，后来由曾子整理的。曾子本人就是一个孝子，是中国古代二十四孝里面的著名人物。传说有一次曾子在山中打柴，这时正好家中来了客人，母亲很想召唤孩子回来，就只好咬了自己的手指，曾子在山中突然感觉到一阵心痛，急忙赶回家，问母亲是否出了什么状况，母亲说："我没什么事，只是家中来了客人，想召唤你早些回来。"曾子的妻子对于婆婆很是怠慢，有一次没有把梨子蒸熟就给婆婆吃，曾子知道了之后十分生气，就把妻子赶出家门，以后也再没有续娶过。孔子对曾子的孝心很是嘉奖，特意将这一部经传给了他。

除此之外，中国还有很多古代的文章都是彰显孝悌忠信这些好的行为的。因为中国的传统对这些都是非常重视，让小孩子多读一读类似的文章一定会使他们受益匪浅，父母也会惊喜地发现孩子的变化。

有一个小朋友在读过《弟子规》之后，明白了"身有伤，贻亲忧，德有伤，贻亲羞"这样的道理。有一次这位小朋友感冒了，他就在日记中写道："今天我感冒了，我心里很难过，我不是因为生病难受而难过，而是因为生病是不孝，生病说明没有爱护好自己的身体，还让父母担心。"小孩子如此幼稚的语言却打动了自己的父母和老师。这个小朋友有这样的观念，说明他懂得自爱，懂得自重，也同样会在行为举止上来约束自己。

作为父母，有义务把最好的最精华的东西呈给自己的孩子，让他们来吸取，来学习。

第三章
激励＋惩罚：拿捏分寸是艺术

多给孩子积极的心理暗示

心理学家告诉我们：父母若以正面的信念期望孩子能成为什么，将来孩子就会成为什么。父母对孩子的期待与评价经常会在言语及日常生活中有意无意地显现出来。积极正面的期待会使孩子感受到爱与支持，从而充满自信，生气蓬勃；相反的，负面的、消极的评价会使孩子失去信心与发展机会。

暗示会产生非同一般的明显效果，有人曾经做过一个实验：由两位水平相当的教师分别给两组学生教授相同的内容。所不同的是，其中一位教师被告知："你很幸运，你的学生天资聪颖。然而，值得提醒的是，正因为如此，他们才试图捉弄你。他们中有的人很懒，并将要求你少布置作业。别听他们的话，只要你给他们布置作业，他们就能完成。你也不必担心题目太难。如果你帮助他们树立信心，同时倾注真诚的爱，他们将可能解决最棘手的问题。"

另一位教师则被告知："你的学生智力一般，他们既不太聪明也不太笨，他们具有一般的智商和能力，所以我们期待着一般的结果。"

在该学年年底，实验结果表明，"聪明"组学生比"一般"组学生在学习成绩上整整领先了一年。

其实，在被试者中根本没有所谓"聪明"的学生，两组被试的全都是一般学生，唯一的区别就在于教师对学生的认知不同，导致了对他们的期望心理也不同，从而以不同的方式对待他们。其中一位教师把这些一般的学生看做是天才儿童，因而就把他们作为天才儿童来施教，并期望他们像天才儿童一样出色地完成作业。正是这种特殊的对待方式，使得一般学生有了突出的进步。

法国有句谚语说："自以为是鼠辈的人定被他人轻视、欺侮。"这从一个侧面反映了"心理暗示"给人带来的影响。经常性地给孩子一些积极而正面的"心理暗示"，孩子一旦沐浴在自信的光晕之中，将产生无比巨大的推动力，一步步向更高的人生台阶迈进。

育才方案：让孩子懂得"自我接纳"

"自我接纳心理"是指人对自身以及自身的一些特征所持的一种积极的态度，即能欣然接受现实中的自己，无论自己是完美无瑕还是有一定缺陷，都去接纳自己，喜欢自己。

自我接纳是孩子心理健康成长的前提。小孩子最初的评价源自于父母、老师以及其他长辈对他的评价。如果这些人对他的评价是肯定的，如："真漂亮！""是个好孩子！""好聪明！"那么孩子的自我接纳就是正面的，他会肯定自己，不断自我完善，并最终具备自信；相反地，一些人无意中指责孩子，说："你很笨！""不可爱！"对孩子人格进行贬低，孩子就会接受这些负面信息，认为自己真的不如别人，他对自己的认识逐渐发生一些偏差。例如：一个不懂得教育的老师整天指责一个淘气的孩子，说他得了"多动症"，一个不懂得爱的家长总是反复对着孩子强调孩子的笨拙，这些负面的评价使弱小的孩子对自己产生了怀疑，他对自己感到不满、失望，甚至否认和拒绝。

韩国18岁少女喜儿弹奏的钢琴曲非常动听，吸引了不少听众。

喜儿的双腿比正常人短，而且每只手上只有两根手指头，她并不聪明，只有七岁小孩的智力。但这个少女似乎对自己的命运很满意，她丝毫没有察觉自己的缺陷，还经常面带微笑和别人交流，而且非常刻苦地练习弹奏钢琴。在她看来，正是因为自己只有4根手指头，所以很多人才喜欢听她演奏，她觉得幸福极了。

她喜欢自己，接纳自己，丝毫不在意旁人怪异的目光。这种健康心态取决于她有一位懂得教育的妈妈。

曾经有记者采访喜儿的妈妈："当您第一次看到孩子的手指时，您是什么感受？"

妈妈说："我觉得我们家喜儿的手指很漂亮，当她晃动两根手指时，就像绽放的花朵一样美丽，我经常对喜儿说，'宝贝，你的手指真漂亮，咱们换手指，好吗？'"

喜儿的妈妈丝毫不在意别人对喜儿的评价，她总是不停地告诉喜儿："你的手指是世界上最漂亮的手指。"因此喜儿丝毫没有被身上的缺陷所伤害，她总是快快乐乐的。

如果您的孩子很自信，日常心态积极上进，那么证明您的孩子能够接纳自己。如果您的孩子总是抑郁寡欢、自卑、讨厌自己，那么很可能这段时间孩子不能够很好地接纳自己。您最好先反省自己和他人对孩子的教育，然后屏蔽那些消极的评价。您要告诉孩子客观地对待外界的评价，外来评价是好的、正确的，就可以接纳它；如果不是很正确，是偏颇的，就要勇敢拒绝它。不论自己有什么优点和弱点，最好的选择就是无条件接受。

罗森塔尔效应：用欣赏的眼光看待孩子

美国著名的心理学家罗森塔尔教授曾经做过这样一个实验。

他将一群小白鼠很随意地分为 A 组和 B 组，他告诉 A 组的饲养员说，这一组的老鼠非常的聪明，同时又告诉 B 组的饲养员说这一组的老鼠智力中等偏下。几个月后，罗森塔尔教授对这两组老鼠进行穿越迷宫式的测试，发现 A 组的老鼠居然真的比 B 组的老鼠要聪明很多，它们能够先走出迷宫并找到食物。

通过这个实验，罗森塔尔教授得到了启发：这种效应会不会发生在人的身上呢？于是他来到一所普通中学，在一个班里随便走了一趟，然后就在学生名单上圈了几个名字，告诉他们的老师说，这几个学生智力很高，很聪明。过了一段时间，教授又来到这所学校，惊奇地发现那几个被他很随意选中的学生现在真的成为了班上的佼佼者。

为什么会出现这样的现象呢？

罗森塔尔教授是著名的心理学家，在人们心中有很高的权威，老师们对他的话都深信不疑，因此就对他指出的那几个学生充满了信心，而学生也感受到了这种期望，也认为自己是聪明的，从而提高了自信心，就真的成为了优秀的学生。

这就是著名的罗森塔尔效应。

称赞就像是饲料，会给孩子以极大的鼓舞。而父母的表扬与其他人相比产生的作用会更大。心理学家经过实验发现，孩子总是在无意识中按大人的评价强调自己的行为，以得到父母的表扬和认可。

有一位母亲在擦桌子的时候，她一岁多的小孩子蹭过来，学着妈妈的样子，手里拿着一块布，在桌子上抹来抹去。其实，这么小的孩子，完全没有做家事的概念，他只是单纯地模仿而已。这位母亲则抓住了这样一个夸奖孩子的机会："小伟真懂事，这么小就想帮妈妈擦桌子，将来一定是个优秀的孩子。"孩子听到妈妈这样讲，马上来了精神，在桌子上抹得更带劲了。妈妈擦完桌子之后，告诉孩子："以后擦桌子的时候要注意，这些边边角角也要很干净，那就更好了。"孩子很满意地点点头。

还有一个小朋友第一次帮妈妈刷碗，基本上都没有刷干净，但是妈妈没有责怪这个小朋友，她努力地找了半天，终于找到一个刷得还算干净的碗，对孩子说："哇，你看这只碗刷得真干净，我第一次刷碗的时候都没有你刷得这样干净。"孩子的内心就很受鼓励，以后就经常来帮妈妈刷碗，把每只碗都刷得很干净。

我们都有这样的常识：人都喜欢听好话，对于小孩来将就更需要鼓励了。因此在日常的教育中，家长应该对孩子多一些表扬，少一些批评。对孩子的一些想法和行为，不能按照成人的标准来判定，应该发自内心地赞美孩子："你真棒，我小的时候没有你这样有创意。"孩子的进步就会越来越快，也会把父母当做自己生活中的良师益友。如果父母只是一味地指责，甚至是狠狠地训斥，那孩子的自尊心还有无限的潜能，就会被父母的训斥声所淹没。

美国有一个家庭，母亲是俄罗斯人，她不懂英语，根本看不懂儿子写的作业，可是每次儿子把作业拿回来让她看，她都说："棒极了！"然后小心翼翼地把儿子的作业挂在客厅的墙壁上。客人来了，她总要很自豪地跟人炫耀："瞧，我儿子写得多棒！"其实儿子写得并不是很好，可客人见主人这么说，便连连点头附和："不错，不错，真是不错！"儿子受到鼓励，心想："我明天还要比今天写得更好！"于是，他的作业一天比一天写得好，学习成绩一天比一天提高，后来终于成为一名优秀学生，成长为一个杰出人物。

鼓励是自信的酵母，夸奖是自信的前提。让孩子变得更加优秀，最有效的方法就是及时地夸奖和鼓励。夸奖使孩子坚定了自己的信心，从而更加努力地为成功找方法。

育才方案：多对孩子进行有效的夸奖

可能会有家长有这样的疑问：如果一味地夸奖孩子，如果把孩子教得很骄傲怎么办？如果今后听不了批评的语言怎么办？将来的孩子不听话很难教怎么办？

这种顾虑很正常，而且这种现象也的确会有。夸奖孩子其实是有要领可循的，有些方面一定要夸，而有的方面一定不能夸。

有个小女孩长得很漂亮，所有的人都会惊讶于她的美貌，看到她都会赞不绝口地夸奖："你真是太漂亮了！"这种话听得多了，小女孩便以此为骄傲，慢慢地添了很多坏习惯，整天不停地照镜子，头发每天都是一洗三梳。后来父母意识到了这一点，就提醒孩子要把心思放在学习上，但是已经无济于事。

还有一个小女孩，从小表现的非常聪明，可以背很多的单词。有一天家里来了客人，奶奶对小女孩说："我们念英文给叔叔阿姨听好不好？"接下来，奶奶就问小女孩苹果怎么说，小女孩说 Apple，又问雨伞怎么说，小女孩都是对答如流，这样一直问了很多。小女孩突然对奶奶说："奶奶，你知道大象怎么说吗？"奶奶愣了一下，说："我怎么可能会知道。"没想到，小女孩同着众人的面对奶奶说："奶奶，你怎么这么白痴啊。"

上面两个例子中提到的小孩，她们就是听众人的夸奖太多了，以至于忘乎所以，不仅自视甚高，甚至看不起长辈，这就有悖我们夸奖的初衷了。我们夸奖孩子，为的是让他能更加健康地成长，所以夸奖应该是侧重于孩子的好习惯、好态度、好品格，比如一个孩子天天坚持写日记，得到夸奖之后，会坚持得更好；一个孩子很懂得让着自己的小弟弟，得到夸奖之后就会变得更加懂事。而对于孩子的天分、长相这些内容，夸奖的意义就不大了，更不可以一次次地灌输给孩子这样的观念，这样对孩子无疑是有害的。

我们来看一看德国教育家卡尔·威特的教子方法：

一天，卡尔·威特带着他的儿子到一个朋友家参加聚会，而此时，他的儿子已经因为他的超常智力被广为传诵。一位擅长数学的客人抱着怀疑的态度想考考小威特。卡尔·威特答应了，但他要求那位客人不管小威特答得怎样，都不可以过分地表扬自己的儿子。

这位客人一连给小威特出了三道数学题，但小威特的聪明越来越使他感到惊异。而且每一个题小威特都能用两种以上不同的方法去完成。此时，客人已不由自主地开始赞扬小威特了，老威特赶紧转移话题，这样客人才想起了两人的约定。

但客人出的题越来越难，并最终走到他也难以驾驭的程度。客人非常兴奋，又拿出更难的题来"难为"小威特："你再考虑考虑这道题，这道题是一位著名数学家考虑了 3 天才好不容易做出来。我不敢保证你能做出来。"

可是，没过半小时，就听小威特喊道："做出来了。"

"不可能。"客人说着就走了过去。

但事实不得不让客人赞不绝口地说："真是天才，那么你已胜过大数学家了！"老威特连忙接过话说："您过奖了，由于这半年儿子在学校里听数学课，所以对数学很有心得。"

客人这才领会到老威特的意图，点着头说："是的，是的。"

不要认为卡尔·威特对孩子太严苛，事实上他是非常赞同赏识教育的。只不过他认为，表扬不可过多过高，不能让孩子情绪过热，过多的赞美会让孩子产生错觉，要么认为自己比任何人都要出色，要么就逐渐形成压力，为了夸奖而去做。

卡尔·威特给父母们的忠告是：我们不能让孩子在受责备的环境中成长，但是也不能让他们整天泡在赞美里。

过多过分的夸奖，会带给孩子不必要的困扰。夸奖具有启发性和鼓励作用，但夸奖过多，会带给孩子压力，形成焦虑。所以夸奖要适可而止，而应用欣赏、交谈、聆听等方式代替过多的夸奖。

物质奖励不是锦囊妙药

在目前的家庭教育中，利用物质刺激，忽视精神奖励的情况已经不稀奇了。每当孩子考试得了高分，或考取了重点中学，家长就不惜大花一笔作为奖励。作为奖励，有的家长给孩子买来电脑，孩子如愿以偿了，以后的学习就放松了，甚至后来孩子只是玩电脑、玩游戏、上网，作业都不做，成绩很快就下降了。直到此时家长才意识到：用买电脑来刺激孩子学习的方法欠妥。

实际上，这种滥用物质奖励来"激励"孩子学习的方法，很难收到效果，有时还会适得其反。奖励孩子的原则应是精神奖励重于物质奖励，否则易造成"为钱而怎么做"、"为父母而怎么做"的心态。

有两个家长在谈论彼此的教子心得。

父亲甲：我家的孩子不爱劳动，怎么哄他都不行，每天除了出来吃饭，剩下的时间不是闷在屋里就是找同学去玩。

父亲乙：我家的孩子也有这个毛病，不过最近我用了一种方法，特别见效。

父亲甲：什么方法？我也想试一下。

父亲乙：我和孩子说好了，每天晚饭后帮忙收拾桌子，奖励一元钱；每天扫一次地，奖励一元钱；每天帮家里倒一次垃圾，奖励一元钱。现在孩子就开始帮家里干活了。

父亲甲：好，回家我也试一试。

几周之后，这两个家长又遇上了，还是谈论着上次的这个话题。

父亲甲：你告诉我的那个方法，刚开始管用，后来就不管用了。

父亲乙：怎么会不管用？

父亲甲：刚开始孩子觉得很新鲜，每天都坚持帮我们劳动一下，后来就厌烦了。有一天我再让他帮我倒垃圾，他居然跟我说："今天我要休息，不做了，你也不用付钱给我。"

父亲乙：我的孩子也这样啊，没关系过几天就会好的。

……

亲子关系不是商业交易，这种教育孩子用金钱换取亲子间互助与关怀的方法，最终会导致孩子们想要零花钱时就要求"爸爸，我给你捶捶肩吧"的这种"强卖"行为，尤其对于家务，切忌用金钱承包的做法。

有些父母强调物质奖励：今天孩子画了一张画，奖励一只玩具狗；明天背了几个英语单词，奖励一件漂亮衣服；后天孩子在幼儿园得了一朵小红花，奖励一包薯片……家长用物质来引导孩子得到他们期望的结果，这样会使孩子产生钱是万能的，很可能因此而产生对物质或对金钱的崇拜。所以家长经常用物质的东西来奖励孩子，最终只能危害子女。理性的家长会善于使用金钱为孩子的健康成长提供基本条件，而不是让孩子在挥霍金钱中消磨意志，自毁前程。

育才方案：不要在孩子面前露富

美国总统西奥多·罗斯福的大儿子20岁时去欧洲旅行，一个多月的时间他把自己所带的路费差不多花光了，临行前他遇到了一匹非常好的马，正好它的主人要卖掉它。他太爱这匹马了，就把自己最后的一点路费拿出来买下了这匹马。然后他打电报让父亲寄点路费让他回家。罗斯福给他回了一封电报说："你和你的马游泳回来吧！"儿子只好又卖掉了马。罗斯福反对男孩依靠父母生活。他希望自己的儿子能凭自己的本事自食其力。

罗斯福贵为总统却不肯为儿子付更多的路费，而现在的中国新出现了一批"啃老族"，他们平时宅居在家，或者在外与朋友吃喝玩乐，衣食住行全部靠父母来供给，而且往往花销不菲。家长往往宠爱自己的孩子，可以说是有求必应，而最后的结果不仅是害了孩子，也给家长带来烦恼。

有一对夫妻家里非常有钱，他们也很舍得给孩子最好的物质条件，这个孩子从小花钱阔绰，长大之后由于习惯了衣来伸手的生活，也就不想出去找工作，心安理得地在家里靠父母来养活自己。孩子的父亲发现了问题的严重性，就把孩子送到部队中，希望能够让他多吃点苦。去部队两年回来之后，孩子依旧和从前一样。父亲非常生气，就决定断绝他的经济来源。这个孩子因此对父亲心怀不满，就雇来杀手杀掉了父亲，后来又雇来一个杀手要杀掉母亲，因为放钱的钥匙在母亲手里。他把杀手找来的时候，就告诉杀手：待会有一个人会从这个过道过来，穿什么样的衣服，交代得清清楚楚。

这个杀手很吃惊，问你要杀什么人，怎么对她这样熟悉。这个孩子说：是我的母亲。

父母失误的地方就在于家里太有钱了，而又不懂得教育孩子，使这个孩子拿钱不当钱来看，可以想象得到一定也不懂得爱惜物品，暴殄天物，自然不会有一颗仁爱之心，当一个孩子心中充满了欲望的时候，就会变得无父无母，这个物质的诱惑就像深渊，一踏下去见不到底。所以，给孩子树立正确的金钱观，不要在孩子面前摆阔，也不要对孩子说"爸爸有的是钱，你想要什么家里都有"这样猖狂的话。

在台湾，有一个"国宝级"的企业家，他就是王永庆，被台湾当地誉为"经营之神"。王永庆的企业价值30亿，他在台湾是屈指可数的富翁，但是王永庆一直坚持着最简单的生活。一条毛巾用了十年都从来不换，家里吃的菜居然都是自己种的，即便是出席重要的场合，也只穿几千元一套的礼服，可以说是简朴至极，甚至和他的身份很不相称。而在王永庆的心中，做企业并不是用来赚钱的，他说，我们把企业做大，为的是给社会提供更多的就业岗位，帮助更多的人有好的福利，开办企业是我回报社会的平台。王永庆的以身作则不仅带动了全家人，也带动了整个台湾岛的节俭风尚。在上个世纪的80年代，台湾的富翁出手大方可以说是在世界出名了，在瑞士付现金买手表的豪气让当地的商人瞠目结舌。据统计，目前台湾全岛的百万富翁占全岛总人口的2％，然而在台湾的街道上基本看不到很高级的车子，如果不了解的人会以为台湾没有富翁。

王永庆常常用"富不过三代"自勉，也用其教育子女。

他认为"富不过三代"的是因为后代不能继续吃苦，缺乏危机感，而且过分追求享乐，把前人的家业都挥霍掉了。王永庆分析了三代人的特征，他认为：

第一代人，不怕困难，不怕吃苦，踏踏实实，克服一切困难，最后取得了成功。

第二代人，虽然没有经历创业的艰辛，但深受父辈的影响，还能够勤于自勉，努力工作，但是跟第一代人比起来，用功和吃苦的程度已经大大降低了。

第三代人，创业的艰辛，对于他们来说已经是很久远的事了，他们没吃过苦，也不知道什么是吃苦，认为今天得到的一切是理所当然的。因而随意挥霍，不知珍惜，长久下去，自然家境衰败。

"富不过三代"的谚语告诉人们，再富也要穷孩子，在竞争激烈的现代社会里，要让男孩知道，富裕的生活是要靠自己的双手成就的，不能让孩子以为父母已经提供了一个衣食无忧的环境，不需要自己奋斗。在富裕的家庭里，不在男孩面前露富是一个很重要的方面。

不要在众人面前给孩子"贴标签"

心理学中有一种"标签效应"。当一个人被某一种名词形容之后，也就是被贴上了标签，他就会做出自我印象管理，使自己的行为越来越趋近于所贴的标签。这种结果是由于贴上标签之后引起的，所以被称作"标签效应"。

心理学家认为之所以会出现"标签效应"，主要是因为"标签"具有定性导向的作用，对一个人的"自我认同"都有着强烈的影响作用，给人"贴标签"的结果，往往是使这个人向着"标签"的方向发展下去。

这一心理现象在教育上有着非常重要的意义。如果一个孩子经常受到众人的否定，那他将会对自己的能力产生怀疑，进而对自己失去信心。

某学校曾推出 30 条"教师忌语"，不允许老师对学生讲"笨蛋"、"猪头"、"连这么简单的题目都不会做"之类的语言。因为这样的话会在不知不觉中扼杀孩子的上进心，伤害孩子的自尊。比如我们看到一个大孩子在欺负一个小孩子，对大孩子的批评就很有讲究，我们说"你是虐待狂吗！怎么连比你小的孩子都欺负，回去我要揍你一顿！"还是说"我知道你是个好孩子，你并不想欺负这个小弟弟对吗？"两种不同的说法就会产生两种不同的效应，结果也大相径庭。

一个教育专家在和家长谈论对孩子的教育问题。

妈妈带着孩子来找这位教育专家，见到之后，跟孩子讲："问叔叔好。"

孩子很懂礼貌地和这位专家问好。

妈妈接着开门见山地当着孩子的面问这位教育专家："您说，我的这个孩子怎么老是比别人反应慢呢？"

教育专家示意家长不要同着孩子问这样的问题，故意把话题岔开了，但是家长并没有意识到。

等到把孩子支走之后，教育专家对这位妈妈说："大姐，我跟你说实话啊，不要在孩子面前评论他。这样还能指望他变聪明吗？"

也许有的家长会说："这样说他，是让他心里有数，否则糊里糊涂的，更不知道上进了。"但是如果家长一不小心给孩子贴上了不好的标签，也就给孩子的内心造成了不好的暗示，那就会使孩子的不良心理和行为得到强化，最终不利于他们的成长。

巧用"标签效应"，可以事半功倍，在给孩子贴标签的时候应该注意以下几个方面：

1. 不要轻易给孩子作出坏的结论。切忌动不动就给孩子分成"好孩子"或"坏孩子"，这样会使孩子不自觉地趋于划定的类别。

2. 少指责批评，多肯定表扬。儿童听了鼓励的言词，会精神焕发；受了惩罚或听了贬斥的评语，则会垂头丧气。对儿童的行为，要从多方面来观察，不能简单地训斥，多挖掘他们的长处和潜能给予鼓励，促使他们向更好的方向发展。

3. 不能虚夸、过分地表扬。孩子在有好的表现的时候，应该给予及时的鼓励和表扬，但是表扬应该是实事求是，不能不着边际。常受到称赞的孩子，一旦发现别人对他的夸奖并非属实，就会感到很沮丧，不再信任家长，也不再信任自己的优点。

育才方案：不要在气头上说话

家长一次又一次在气头上说的话，自己是过瘾了，可是孩子认识世界的渠道发生了倾斜。在成长初期，孩子往往通过家长这个窗口来认识世界，来完成和巩固对自己的判断。家长的当众评价无形中对孩子认识世界造成了一定的错误指向，孩子会认为这个世界苛求完美，不会保护个体的尊严。

妈妈和客人正在客厅聊天，孩子拿着试卷走上前来。"又考那么低！看看这分数！还好意思拿到我面前，真丢人！"妈妈抖着哗哗作响的试卷，像在寻求客人的同情。客人略显尴尬。

看着孩子没有动静，妈妈更加生气，"我说错了吗？他一直都这样，我看是改不了了！我也不报什么希望了！"妈妈气愤失望的表情让儿子无地自容。

"孩子小，一两次考得不好是正常的情况，别这么说孩子。"面对客人的担忧，妈妈说："小孩子不说他就不懂，非得我来骂他两句！"。

家长的不宽容让孩子日后也变得苛刻，对别人的要求也会多。当众揭短，孩子容易自卑，走不出家长对自己的描述和定位。在以后的生活中，孩子也极容易将此要求延续到和他人的交往中，甚至以后自己组建家庭后，他的家教模式也会受到严重的影响。

在家庭教育中，教育者的心态和教育的出发点直接影响着教育结果，所以不要因为他是你的孩子，就蛮横地在众人面前让他的缺点一览无余。或者因为无法掩饰你愤怒的情绪，就无辜地伤害孩子。孩子的自尊心有时是透明的玻璃物，碎了就很难粘和起来，伤害也许是永远的。

当正准备批评孩子的时候，多给自己三秒钟的时间，自己走到另一个房间去，静坐十五分钟。你就会发现自己已经平静多了。想一想刚才几乎要脱口而出的话，你将感到庆幸：幸好我没有说那么伤害人的话啊。

不要爱出一个"自私鬼"

在汕头有这样一对夫妻，他们共有六个儿女。这对夫妻从年轻的时候就开始努力地打拼，给每个孩子都买了一套住房，帮助他们成立了自己的家庭。但最后这两位老人只沦落到租房子住的地步，六个儿女还有媳妇女婿没有一个人主动提出要照料他们。后来这两位老人生病了，医药费成了六个孩子的负担，他们互相推脱，谁都不愿意承担，最后连邻居看到都很生气，就建议两位老人将六个儿女告上了法庭。最后法庭宣判，老人的医疗费用由六个孩子平摊，事情才算是解决了。

现在，很多父母"先孩子之忧而忧，后孩子之乐而乐"，他们节衣缩食，看着孩子吃好的穿好的玩得痛快，比自己享受还要陶醉。可是他们没有意识到，他们在为孩子无条件付出的同时，也使孩子养成了自私、任性、骄横、懒惰、狭隘、霸道，缺乏责任心、缺乏爱心和同情心、不关心他人等不良品行。

父母"有了孩子，没了自己"，到头来换来的却是孩子心中"只有自己，没有父母"。抚养出这样的孩子，做父母的难道不痛心吗？然而这又是父母、家人自身的过错造成的恶果。

一项调查表明，当今的中小学生明显表现为自私和责任心差，他们以自我为中心，而对父母缺乏应有的关心。调查发现，有27％的中小学生不知道父母的爱好。调查中还发现，有100％的中小学生只知道自己的生日，而有33％的中小学生不知道父母的生日，他们关心自我、重视自我的程度早已超出了他们应尽的责任和义务。他们把父母为自己的付出看做是天经地义、理所当然的事情，而体会不到父母养育他们的艰辛。

据报载：一位母亲平时总是把削去皮的苹果给孩子吃，自己却吃苹果皮。一次当她尝了一口苹果时，三岁的儿子竟声色俱厉地吼叫道："你怎么吃苹果！吐出来！"这位妈妈声泪俱下："他那么小，就这样对待我……"

孩子如此对待妈妈，确实可怕。但问题的起源在于妈妈的权利丧失，甘愿为子女当马牛，直接导致家庭教育失败，导致了孩子自私、任性而且霸道的性格。

我国老教育家刘绍禹曾经说过："不要太关心儿童。太关心了容易养成孩子相反的自我中心心理，结果变成自私自利的人。"

孩子的自私在家庭里也许不容易看到，但来到一个集体里，就非常分明。自私的孩子总怕自己吃亏，也绝不让自己吃亏。劳动时总是拣轻的活干，把脏活、重活给别人；发新书时，把好书留给自己，把破书留给别人；出去坐车时，他总跑在最前头抢占最好的座位，不管老师在那里站着，体弱多病的同学在那里站着。关心他人的孩子却恰恰相反，他首先想到的不是自己，而是别人。他不怕吃亏，乐于助人。久而久之，就会养成无私奉献的善良品性。自然也会得到同学及伙伴的敬重和喜爱。这对孩子今后的品格塑造以及人生发展具有十分重要的影响。

育才方案：孩子第一次犯错误的时候，就是立规矩的时候

教育上有一个很重要的理念就是"先入为主"。想让孩子树立什么样的观念，想让孩子养成什么样的习惯，从一开始就应该树立好，如果在孩子犯错的开始没有抓住教育的机会点，到后来发现再想帮孩子改正过来，可能就要有一点点困难。

有一个妈妈带着年幼的孩子到商场买东西，这时孩子看到一个很好玩的电动汽车，缠着妈妈要买给他，妈妈觉得价钱太贵了，不打算买，于是小朋友就赖在地上不起来，又哭又闹的，引起了很多人的围观。妈妈觉得面子上很难堪，于是就很勉强给孩子把他想要的玩具汽车买回家。后来只要孩子见到想要的东西，就会坐到地上撒野，每次妈妈都对他无可奈何，但是没有任何办法。

千万不要小看这些小孩子，其实他们很会"察言观色"。当他们发现在众人面前大哭大闹很有效果，以后就会频繁使用这样的方法，弄得家长就会很被动。其实，当孩子第一次哭闹的时候，家长就应该坚定自己的立场，才能真正避免以后孩子这种"死打烂缠"式的攻击。

有一个妈妈也遇到过这样的情况，当孩子走到她面前磨着她买什么东西的时候，她只会把道理给孩子讲清楚，"这些东西并不实用，我们不要买"，然后就不理会小孩的哭闹，继续做自己的事情，小孩子起初会闹得翻天覆地，但这位妈妈很沉得住气，任凭小孩如何哭闹都不理会他。最后孩子折腾累了，发现妈妈好像并没有注意他的样子，只好很没趣地自己走开了。

可能有些家长会受不了小孩这样的哭闹，招架不住就败下阵来。只要有一次小孩用过这样的方法得到了自己想要的，他一定会再使用同样的方法，结果家长会发现小

孩是攻城略地，而我们是节节败退。其实，当小孩哭闹的时候，也在打探家长的底线，家长不仅要有足够的耐心来应付小孩的哭闹，同时还要有一个坚定的立场：就是让孩子明白，休想用威胁的手段来得到他想要的。所以，父母在发现孩子第一次出现这样类似的行为的时候，就要给予抵制，才能真正"免除后患"。

有一个企业家跟别人讲：当他的孩子第一次挑食的时候，他就及时把这个坏习惯制止住了。有一次晚饭，孩子看看餐桌上的菜就抱怨说不好吃，没有胃口，做出不吃饭的姿态。这位企业家同妻子使了个颜色，两个人都不理会这个孩子，就当什么都没发生一样很自然地吃饭。结果这个孩子很倔强，就真的一直没有吃饭。当夫妻二人吃过饭之后，就收了桌子，把孩子晾在一边。后来孩子在半夜的时候饿得受不了，只好起来从冰箱里找冷的东西来吃。以后，这个孩子就再也没有挑食过。

"慎于始"是很重要的教育观念，在孩子第一次犯错误的时候，就是我们家长要教他的时候。当孩子第一次撒娇的时候、当孩子第一次挑食的时候、当孩子第一次逃学的时候，在教育孩子的过程中家长也会经历很多的"第一次"，只要把这些很关键的第一次抓好，就能帮孩子杜绝很多不好的习惯，今后的教育就会越来越轻松。

与其责备孩子不如给他反省的机会

当孩子犯了错误，做父母的如果能心平气和地启发孩子，并不是直接批评他的过失。孩子不仅能很快明白家长的用意，愿意接受家长的批评和教育，而且最重要的是这样保护了孩子的自尊心。

声色俱厉地批评孩子只会让他们对父母有抵触的情绪，见到父母就像老鼠看到了猫一样，又怎么能达到教育的效果？我们父母不妨换一个表情，比如我们可以用凝重、严肃的表情来表示我们对孩子所犯错误的态度。"低沉而有力"的声音，会格外引起孩子的注意，也容易使孩子注意父母所说的话，这种低声的"冷处理"，往往比大声训斥的效果要好得多。

孩子做了错事，实际上是担心父母责备的。父母严厉的批评会使孩子的心理有一种"如释重负"的感觉，相反，如果父母能保持沉默，孩子的心理反而会紧张，更容易产生一种愧疚感，进而反省自己的错误。

育才方案：尽量避免鞭打和斥责的教育方式

孩子难免有错，有的父母生气了，就毫无顾忌地教训孩子，或打或骂。这种教育方式是不能培养优秀的人才的，只能造就出懦夫和蠢材。有时孩子犯的错误有点出圈，实在让父母无法接受，但是即便如此，也一定要注意采用有效的方式方法，而不是以打骂来解决问题。

骂孩子，可能更是有些家庭的家常便饭。

做作业的时间到了，孩子可能还在看电视，家长忍不住要生气地大吼："这都几点了还在看电视，难怪学习这么差。赶快回屋。"孩子的考试成绩下来了，和上次相比没有什么进步，家长忍不住想修理孩子一番："为什么这次考试没有进步？你就是不好好学习！"

对于孩子来说，他们的心智也许还很不成熟，自我约束的能力极差，自我纠错的能力也差。有些家长望子成龙心切，对孩子的要求过于苛刻，只要孩子犯错误了，家长就会频繁地批评。但不管家长是苦口婆心地骂，还是言辞激烈地骂，还是语重心长地骂，这种带有批评成分的教育效果都不十分理想。

如果孩子实在有必要好好教训一下，可以采用一种"三明治"方法来委婉地批评孩子，比较容易让孩子接受。所谓的"三明治"就是把批评的内容夹在表扬之间，从而使批评者愉快地接受批评。第一层是认同、赏识、肯定对方的优点或积极面；中间这一层夹着建议、批评或不同观点；第三层是鼓励、希望、信任、支持和帮助。使用这种批评方法，不仅不会挫伤受批评者的自尊心和积极性，而且还会使孩子积极地接受批评，并改正自己的不足方面。

隔代教养要有敏感度

天下的父母没有不疼爱孩子的，作为家里的爷爷奶奶来说，恐怕都疼爱得不知道再怎么疼爱了。这时父母要留神了，孩子要是长时间这样被老人宠着，就是一件比较危险的事情。

有一位老爷爷特别疼爱家里的大孙子，在一家人聚餐的时候，在饭桌上说："这是咱们家的长孙，是咱家里的命根子。你们谁要是骂他就是骂我，打他就是打我。"饭桌上，大家都顺着老人的意思，频繁地给孩子加菜。

有一位老奶奶很疼爱自己的孙子，有一次孙子打了奶奶一下，这位老人不但不生气，反而高兴地对旁人说："看，孙子打了我一下。"后来这个小家伙长大之后非常蛮横，对疼爱他的奶奶也并没有多好。当孙子口渴了的时候，大声喊道："奶奶，给我倒杯水。"老人感到很欣慰，因为在这个时候，孙子终于想到她了。

这种情况在家庭当中比较常见，虽然是人之常情，但是长期让孩子在这样的环境中成长，结果就会恃宠而骄，进而忘乎所以，这样的孩子不会懂得恭敬长辈，也不可能把父母长辈的教诲放在心上。隔代教养的危害主要有以下几个方面：

第一，过分的溺爱和放纵容易使幼儿过于"自我中心"，形成自私、任性的不良性格。老年人往往是没有原则地疼爱孩子，即便是孩子提出的不合理要求也会没有原则地满足。在这种环境下长成的孩子从小不能控制自己的行为，如果自己的愿望得不到满足就会产生情绪波动或是攻击性行为，并很难融入集体。

第二，过分地保护阻碍了孩子的独立能力和自信心的发展，使孩子有极强的依赖性。我国著名的教育专家陈鹤琴曾经说过："凡是孩子自己能做的事，让他自己去做。"而不少老人很乐于包办一切孩子的事情，为孩子扫清一切障碍，这样做的后果只能导致孩子无法形成独立意识，将来禁不住大的风浪。

第三，隔代对孩子的疼爱无法取代孩子对父母的感情需要。从孩子成长的心理发展过程来看，儿童最需要的是父母的亲情关怀，这种情感的需要是祖辈们无法满足他们的。老人只能满足孩子的生存需要和安全需要，而情感归属必须要通过父母才能得到满足。

第四，隔代教育缺乏教育意识和得当的教育方法。父母在幼儿与他人的交往中往往总是引导孩子如何与小孩子做游戏，教会孩子如何与同伴更好地合作，用正确的方法来解决问题。而老人往往只会从自己孩子的"利益"出发，只要保证自己的孩子不吃亏就行。这就很容易使孩子滋长骄傲、霸道的不良习惯。

有眼光的父母，最好自己亲自教育孩子，如果现在怕麻烦，恐怕将来会更麻烦。

育才方案：最好自己带孩子

有这样一个家庭，由于爸爸妈妈两人都有各自的事业要忙，顾不上教育孩子，于是在孩子出生的时候就请一个保姆来看孩子。这个保姆与孩子的感情非常好，一直看到这个孩子四岁，后来保姆与父母由于薪水问题发生了争执，就离开了。而这个孩子和保姆的感情很深，一下适应不过来，整天哇哇大哭，新保姆换了一个又一个，都无法令孩子满意。后来孩子长大之后，就养成了这样的习惯，对所有的保姆都从不说话，对爸爸妈妈也没有共同语言。这种行为和意识影响到他的人生观，后来到了学校之后和同学也不能很好地交流，自己一个人很自闭。

对孩子的亲子交流是家庭教育中不能缺失的一环，尤其是孩子年龄还小的时候，对大人的依赖性最强，是加强亲子关系的关键时期。如果实在是没有时间来自己亲自带孩子，也一定要保证和孩子有足够的玩耍时间。

在日本，常常会听到"亲子"这个词汇。"亲子"是日语，翻译成中文就是父母与孩子。无论是在幼儿园还是社区，以"亲子"为中心的各种活动很常见。特别是运动会，一般的学校或幼儿园，都会让父母和孩子一起参加的项目。而父母也会积极地配合参加，他们普遍认为，这样既可以提高孩子参加体育运动的兴趣，也可以增进父母与孩子之间的感情交流。

在平时的家庭生活中，父母乐于将自己的关爱传递给孩子，日语中有很多问候的常用语，"我走啦"、"请走好"、"我就不客气啦"、"拜托了"这样的话，在父母与孩子之间经常出现，而且一点都不见外。随着教育方式的不断优化，日本人越来越愿意学习新潮的、合理的方式来教育子女，保护孩子的天性、激发他们的创新思维以及培养心灵健康的青少年成为目前日本教育由理论走向实践的关键任务。

"冷"对孩子的"牛脾气"

在生活当中，很多孩子都会出现无理取闹，乱发脾气的情况，让很多家长感到既生气又无法让孩子收敛，实在是很为难。这样的孩子，一般来讲是缺乏自制力的表现，对孩子不讲理的行为决定不能姑息纵容，因为自制力是情商的重要因素，对孩子将来的发展也至关重要。

一天晚上，一家人正在看电视，小英突然想起要吃冰淇淋。已经很晚了，商店都关了门，爸爸妈妈试图跟他解释，劝说他明天再吃。然而，小英的脾气却上来了，他倒在地上大声叫喊，用头撞地，用手到处乱抓，用脚踹所有够得着的东西……

爸爸妈妈被气得不知道该说什么，他们努力克制自己的火气，暂时没有任何语言和动作。

小英已经叫喊半天了，他奇怪地发现，居然没有人理他。于是，他又重新按他刚才的"表演"闹了一番。这次爸爸妈妈坐了下来，静静看着儿子，没有任何语言和动作。

小英不服气地又开始了第三次"表演"，然而爸爸妈妈还是没有任何表示。最后，小英大概也觉得自己趴在地上哭叫实在太傻了，他自己爬了起来，回房间睡觉去了。

从此，小英再也没朝别人乱发脾气，小英的乱发脾气因为没有得到强化而自然消失了。

"现在的孩子越来越难管了！"一些年轻的父母抱怨说，"稍不如意，牛脾气就上来了。打也不听、骂也不灵，哄他吧，他还更来劲！"生活中，确实有不少这样的孩子。那么对于孩子的"牛脾气"家长应该怎样处理呢？

心理学家认为，孩子爱发脾气是由于家庭教育不当引起的。特别是独生子女，如果从小就事事以他为中心，吃不得一点苦，要什么给什么，那么孩子就会养成遇事爱发脾气的习惯。

丁丁晚上回到家："饿啦，饿啦，妈妈做什么晚饭呢？"看到妈妈炒好的菜还有端上桌的米饭，丁丁不禁嘟哝着："我想吃面了。"妈妈说到："都已经做熟了，我们今天就吃这个好不好？"丁丁的抱怨声开始连续不断："我想吃面啊。"

开饭了，丁丁却一点都不想吃东西，真的最后就没有吃饭，很不情愿地离开了饭桌。

大约晚上九点钟了，丁丁感觉到饿得不行。妈妈看到之后，就把晚上吃剩下饭热了一下端给丁丁："你试着吃一点，真的味道很好的。"由于太饿了，丁丁最后还是把这些饭都吃了下去。

这位妈妈用很柔和的方式，没有和孩子做正面的冲突，但还是使孩子屈服了，最后吃下自己原本不想吃的东西。如果这位妈妈看到孩子不吃饭就心疼了，就给孩子下小灶去了，那无疑就是在助长孩子的脾气。要让孩子心平气和地生活，改掉喜怒无常的坏情绪，最有效的办法是采取置之不理的方法，进行"冷处理"，让其自动消失。

孩子发脾气就向他屈服是最不可取的教育态度和教子方法。当孩子乱发脾气时，父母要保持冷静，对孩子的不合理要求绝不迁就，始终要让孩子明白，无论他怎么发脾气，父母都不会"俯首称臣"，他始终都达不到自己的目的。当孩子已经"雷霆万钧"时，不妨运用冷淡计，父母及其亲人都不去理会他。事后，再当着孩子的面，分析一下他发脾气的原因，细心地引导、教育孩子，相信孩子会从一次错误的行为中吸取教训。

每个人都不希望自己的孩子是一个随意发脾气的孩子，可事实上发脾气是孩子成长过程中的必经之路，如果家长引导得不好，孩子就会养成乱发脾气的习惯，变成一个暴躁的孩子；引导得好的话，孩子的脾气就会成为每一次教育孩子成长的契机。

育才方案：不要甘之如饴地为孩子做一切

萌萌的妈妈是一个全职太太，体会到丈夫在外面工作的不易，她也要求自己把家里的事情打理得事事顺心。在对萌萌的教育上，妈妈积极地给孩子报辅导班，按时接送孩子，一日三餐都按照营养书上推荐的搭配，保证孩子的身体健康。

平时孩子的任何事情，收拾书包、穿衣梳头、放水洗澡这些都由妈妈一手操办，在家庭内务上，妈妈尽心尽力，毫无怨言。

而萌萌却没有感觉到妈妈的辛苦，在她看来，妈妈所做的一切都是理所当然的，如果哪一次她发现妈妈没有帮她把书包收好，或是给她准备的第二天上学的衣服不如意，就会委屈得掉眼泪。爸爸长期不在家，妈妈就成了萌萌最亲密的伙伴，但凡遇到困难，妈妈总是第一时间帮她解决，但是萌萌还是常常和妈妈怄气。

不论是出于补偿心理，还是出于对孩子的爱，萌萌的妈妈都绝对到了溺爱的地步。这样的妈妈可以理解，但是很遗憾是不明智的。

被溺爱的孩子很难遵守规矩，也不懂得自我约束，在他们看来，规矩就是为别人准备的。由于凡事都有家长包办，孩子往往有太多优越感，做事情眼高手低，也不善于与人相处。当别人帮助了自己的时候，在溺爱中长大的小皇帝们也不懂得感恩，反而觉得是理所当然；当他们看到别人比自己优秀的时候，不仅不会向别人学习、替别人高兴，还会产生沮丧、嫉妒的消极情绪。

在一家家庭咨询处的会客厅里，一位母亲面对专家显得忧心忡忡。

专家问，孩子第一次系鞋带的时候打了个死结，你是不是不再给他买有鞋带的鞋子？孩子第一次洗碗的时候，弄湿了衣服，你是不是不再让他走近洗碗池？孩子第一次整理自己的床铺，整整用了1个小时，你嫌他笨手笨脚，对吗？孩子大学毕业去找工作，你又动用了自己的关系和权力？

所有这些的答案都是"是的"，这位母亲惊愕了，从椅上站起来，凑近了专家说：你怎么知道的？

专家说，从那根鞋带知道的。大人问，以后我该怎么办？专家说，当他生病的时候，你最好带他去医院；他要结婚的时候，你最好给他准备好房子；他没有钱时，你最好给他送钱去。这是你今后最好的选择，别的，我也无能为力。

父母们溺爱孩子，都是为了让他生活得幸福，但是孩子能在父母的照顾下成长多久呢，总有一天他需要与别人一起应聘，一起工作，一起生活，到那时他的困难谁来解决？如果家长没有为孩子的将来做任何打算，就会让孩子错失很多学习成长的机会。

父母用自己的爱，给孩子埋下的却是一个温柔的陷阱，当孩子长大之后要独立面对这个社会了，却发现自己无法适应的时候，遇到困难不知如何解决的时候，到时父母即便有三头六臂，也会焦头烂额了。

真正懂得疼爱孩子，也一定懂得如何来责罚

古人讲"居则致其敬"，就是说孩子对待父母的态度应该是恭敬的，从小应该让孩子有尊敬父母的意识。父母在教育孩子的时候，应该有自己的立场，在孩子做错了事的时候给他及时的纠正，当孩子感受到父母的一片凛然正气之后，就在心中树立了父母的威严，这样也会更利于父母对孩子的管教。

东晋的大将军陶侃，由于要常常外出应酬，所以经常碰上喝酒的场合，但是他一直坚持着父亲教训他的原则，无论在什么样的场合喝酒，一定不能超过三杯。

有一次，陶侃和当时的社会名流一起聚会，大家互相兴高采烈地敬酒，陶侃喝过三杯之后，同桌的客人又开始斟酒，陶侃却把杯子收了起来，告诉在座的人："我不能再喝了。"大家都觉得很奇怪，就问陶侃："你怎么就只喝这一点点呢？"

陶侃说到："我在年轻时，常常因喝醉酒而失态，后来父亲劝导我，无论在什么样的场合喝酒，都不要超过三杯。"大家听他这样一说，就不再勉强他喝酒了。

陶侃能把父母的教诲记在心上，即便是父亲已经不在世了，但是父亲给他的建议他依然遵守，这其中包含了对父母的尊重，同时也让自己养成了一个好习惯。古时的父母给孩子立规矩来帮助他的人生不走弯路，而现在有的父母都很疼爱孩子，不舍得责备孩子，结果导致了很多的孩子都不懂得体贴父母的心意。这样的态度将最终害了孩子。

有一个小学老师回忆自己小的时候，有一次，他犯了错误，爸爸妈妈都严厉地批评了他，还惩罚了他。爷爷奶奶走过来对他说："犯了错，就要自己承担责任，这是你自己活该。"然后就直接上楼去了。当时这位老师小小的心灵很是受伤，觉得爸爸妈妈爷爷奶奶怎么都是这样的绝情。但是现在他回想小时候的这段经历，还很感激自己的父母，幸亏当时长辈们严厉的指责，如果很溺爱的话，自己一定会成为败家子。

曾经还有一篇报道，是一个罪犯在法庭被宣布死刑的一刻，他说他只有最后一个要求，就是再吃妈妈一口奶。然后，他当场把妈妈的奶头咬掉，恨恨地说："都是你从

小没有教好我，都不管我。我从第一次不写作业，第一次逃课，第一次偷东西慢慢才走到今天。"当时这位母亲泪流满面，难道她不爱自己的孩子吗？

如果只是一味地疼爱孩子，过度地溺爱孩子，甚至是看不见孩子缺点的"护犊子"，这样的父母就是放弃了对孩子最好的教育机会，对孩子个性品德的发展非常有害，而且一定不会得到孩子的尊敬和爱戴。

育才方案：对孩子也要讲究原则

在孩子面前，永远要坚持原则。任何原则问题上的姑息和怂恿，只会让孩子偏离人生的正道，滑向无极的边缘。当孩子犯了原则上的错误时，我们更不能睁一只眼闭一只眼，任其放纵下去。生活的常识告诉我们，只要有一次我们忽略孩子的原则性错误，孩子会认为已得到默许而继续犯更多的错误。明智的做法，应该及时地让孩子为自己的过错承担责任，让生活告诉孩子深刻的道理。

美国纽约市一位功成名就的建筑师，至今念念不忘父亲对他的教育，曾感慨地带着人们重温父亲当年教育他的一个情景：

11岁那年，全家在新罕布什尔湖中岛上的别墅里度假。那里四周临水，景色迷人，是理想的钓鱼之处。

鲈鱼节开始前的子夜时分，我和父亲扛上钓竿，去过一把钓鱼瘾。鲈鱼在我们那儿只有鲈鱼节才允许钓。坐下后，只见一轮明月，波光粼粼，好一个银色世界。忽然，我觉得鱼竿那一头沉甸甸地被什么东西拖着。父亲要我沉住气，他用赞赏的目光注视我缓慢地把钓线拉回来，我小心翼翼地把那条筋疲力尽的鱼拖出水面：这是一条我们从未见过的硕大无比的鲈鱼！

父亲点燃了火柴，看了看表，10点，离鲈鱼节开始还有两个小时。他再瞧了瞧鱼，又瞧了瞧我。"你得把它放回去，孩子！"

"爸爸……"我不解，继而放声大哭。

"这里还有其他的鱼呀！"

"可没有这条大。"我继续哭闹，顶起嘴来。

月光皎洁，湖面上静悄悄的，周围没有其他人和船。这似乎还有一线希望，我停止哭泣，用恳求的目光注视着爸爸。

父亲不再说话，这清楚地表明他的决定是不容违拗的。无奈，我只得把钩子从鲈鱼的上唇上拿下，慢慢地把它放回黑沉沉的水中，那鱼在水中唿哨一声就消失了。真懊恼，也许我永远也钓不到这么大的一条鲈鱼了。

那是23年前的往事，如今我是纽约市一位颇有建树的建筑师。是的，这些年来，我确实再也没有见到过像 23 年前钓到的那条大鲈鱼。那次父亲让我放生的终究不过是一尾鱼，而我却从此学会了自持。那晚，我听从父亲的告诫迈出了光明磊落的第一步。有了这个开端，在人生的道路上我处处严于律己。在建筑设计上我拒绝取巧弄乖，受到同行的赞誉；甚至亲朋好友向我透露股市内情而胜券稳操时，我也婉言谢绝。对工作像对待信仰一般抱有深沉的责任意识，已成为我自己生活的信条和教育孩子的内容。

"放回去，孩子！"那句当时听来无情的话，如今却亲切地留在我的心坎里。

个人失去了原则性，便失去了行事的内在标准。从家庭教育的角度来谈，如果我们的孩子是一个没有原则性的人，也就失去了内心中一个是非善恶的衡量标准，和良心、道德的准则。这样的孩子，将注定不可能成为大器之材，或担当什么重大的社会责任和使命。因此，在对待一些原则性的问题上，家长一定要"咬定青山不放松"，不要给孩子一丝回旋的余地。

让孩子为自己的错误"买单"

有一位年轻人，他在自己的文章中，对母亲在一件事情上给过他的启悟，很是感慨：

中学时，我是住校生。每次离家前，母亲总不忘叫我带上一小袋米，因为我所就读的中学要求学生自己带米。

又是一次返校，因为疲劳，一上车我就昏昏欲睡。突然，一个紧急刹车把我从梦中唤醒。我睁开眼睛，浑浑然间感觉前面有一摊耀眼的白色。定睛一看，我大叫起来——"天啊，我的米！"不知何时，米袋口脱开，米从袋子里滚落下来，摊在地上成一堆白色。当我失声惊叫的时候，一个冷漠的眼神从旁边斜射过来。我看见一张写满不屑的脸，仿佛在告诉我他看到了米滑落的整个过程。刹那间，我的整个肺都要气炸了，他怎么可以这样漠不关心、见死不救？世界上竟然还有这样的人存在！我不知道应该用哪一种方式去让自己平静。我只是蹲在那个年轻人的面前，用双手一捧一捧地把米送回袋子，然后安静地等着下车。

此后，我一直被一种从未有过的愤怒和惘然所包围。我开始怀疑一些东西，重新审视身边的一切。

当我又一次回到家里，讲述那天车上的遭遇时，我余怒未消，用最狠毒、最丑恶的字眼来诅咒同车的那个年轻人。我满以为母亲会与我同仇敌忾，声讨这个年轻人的劣行。不料母亲却平静地说："孩子，你可以觉得委屈，甚至可以埋怨，但你没有权利要求别人去承担你自己的责任和过失。作为母亲，我只能希望我的儿子在别人的米袋口松开时，能帮忙系上。"

这位母亲的语言中充满了智慧，她很平静地告诉了儿子一个做人的道理：凡事不要把希望寄托在别人身上，更不要埋怨别人，永远也不要盼望着让别人来为你担当责任。从这位母亲的做法之中，我们可以参悟出培养孩子的心得：我们可以从身边的平凡小事中延伸到立身社会、处世做人的准则，经常告诫孩子凡是自己做错的事，不能让别人来替你收尾，甚至来承担责任和弥补你的过失。自己的事情自己负责，这样的孩子在进入社会时，才会少一些尴尬，多一分练达。为自己的过错担当责任，孩子在面向广阔的人生天地时，才能赢得别人的信赖，并会有所成就。

当孩子犯了错误时，千万不要偏袒他们，而是应该让他们为自己的行为担起责任。躲避责任，只会让孩子留下人生的硬伤，甚至一错再错。生活中，当孩子犯了错误的时候，家长们要把握好分寸，让孩子多从自己身上寻找原因，不断地完善自己，学会为自己所经历的一切负责。一个没有责任感、没有价值感的孩子，就无法找到自己的生命在社会中的地位与重要性，找不到前进的方向，也就失去了创造成就的动力，最终将一事无成。这样的孩子是可悲的，这样的父母也是失败的。

育才方案：允许孩子犯错，但是不允许他们推卸责任

许多孩子从来不洗自己的衣物，房间从来都是乱糟糟的；吃了饭，也不晓得帮助家人收拾碗筷；看到家里来了客人，甚至连招呼也不会去打一个；在公共场所，大声地喧闹着，从来不会考虑别人；只要家里人不催促去写作业，便会在电视机前一直待着；拿到考试卷子，只看看分数，而从来不会对错题给予足够的关心；当因自己赖床而快要迟到的时候，却吆喝母亲赶紧送他上学；家里人一旦没有满足他的一个小小要求便不依不饶；拿回糟糕的成绩单却说谁都有可能犯错；也会因为过失而流眼泪和遗憾地叹息，但事情过了几天就恢复了原来的模样；自己不小心做错了什么事情，总能找出无数的借口和理由……

以上都是孩子缺乏责任感的表现。

著名的教育家次格拉夫人说过："有时候，做父母的内心也会在爱与公平之间摇摆犹豫，但是不能因为孩子的借口而一味地迁就他的喜好，让他逃避责任。孩子如果没有按规定整理好他的书柜，那么面对他喜爱的电视节目，我们也只能做出很'遗憾'的决定。"

春秋时期，魏国的公主十分的美丽。有一次，她设计了一种以翠鸟的羽毛为装饰的衣服，穿在身上，简直像仙子一样美丽。

有一次，公主穿着这样的衣服拜见他的父亲，这位诸侯王看到之后非常警觉："你赶快把这件衣服换下来，以后不要再穿了。"

公主很不以为然地对父亲说："父王，我只不过是在衣服的两侧加上了羽毛，除此之外这件衣服没有什么特别的，您为什么这样的在意呢？"

诸侯王对公主说："你身为一国的公主，带头穿这样的衣服，很快这样的风气就会传到王宫内，使宫内的侍女都学你的样子穿衣服，而这种风气又会很快传入民间，平民家的女子以此为美，也会想办法制作这样的衣服。而商人看到有利可图，就会捕杀大量的鸟。整个事情都是因你而起，难道你逃脱得了这样的责任吗？"

公主听到之后非常紧张，她没有想到事情会这样的严重。因此听从了诸侯王的建议，再也不穿这样的衣服了。

这位诸侯王没有迁就女儿的爱美之心，而是从整个大局来考虑，及时制止了女儿的不当行为。家长如果想让自己的孩子成为有责任心的人，也应该不迁就孩子，教育孩子勇于为自己的过错负责，犯了错要勇于认错，承担犯错带来的后果。

第四章
品格＋情商：追求表里如一的优秀

黑人凭什么当州长——不容忽视的自信心

罗杰·罗尔斯是纽约第53任州长，也是纽约历史上第一位黑人州长。他出生在纽约声名狼藉的大沙头贫民窟。这里的环境又脏又差，充满了暴力和抢夺，是偷渡者和流浪汉的聚集地。罗杰·罗尔斯就在这样的环境中长大，不仅考入了不错的大学，而且还成了州长。

在罗杰·罗尔斯的就职演说会上，到会的记者不约而同地提出了一个共同的话题：是什么动力把你推向这样的位置。面对记者的提问，罗尔斯对自己的奋斗历史只字未提，他只是说要感谢一个人，他的名字叫皮尔·保罗，是他的小学校长。

1961年的美国正值嬉皮士流行的时期，学校里的孩子们整天旷课、斗殴，甚至砸烂教师的黑板。皮尔·保罗只有用看手相的方法来引导孩子，希望用这个方法来鼓励他们。

当罗尔斯伸出小手的时候，皮尔·保罗说到："我看一看你修长的小拇指就知道，将来你将是美国纽约州的州长。"这让罗尔斯大吃一惊。

罗尔斯记下了这句话，并且相信了。

从此以后，"纽约州长"就像一面旗帜一样激励着罗尔斯，他的衣服不再沾满泥土，说话时也不再夹杂污言秽语。在以后的40年中，他没有一天不按州长的身份要求自己。51岁的那年，他真的成了州长。

在罗尔斯的就职演说中，有这样一句话："信念值多少钱？信念是不值钱的，有时它甚至是一个善意的欺骗，而你一旦坚持下去，它就会迅速升值。"

美国职业橄榄球联会前主席D.杜根曾经提出过这样一条定律：强者不一定是胜利者，但胜利迟早都属于有信心的人。后人称其为"杜根定律"。它揭示了自信对人的影响力。自信为一种自我肯定性、自我鼓励、自我强化，坚信自己一定能成功的心理素养，没有自信心，你会发现就会没有生活的热情和趣味，也就没有探索拼搏的勇气和力量。

英国作家约翰·克里西年轻时立志创作，他没有大学文凭，又无靠山，但他有自信。他向所有出版社投稿，均被退回，但他没有把退稿归咎于自己的无能，没有妄自菲薄，没有一蹶不振，而是满怀信心地继续写下去，最后终于成为著名作家，使人们能欣赏到他那4000多万字的作品。

自信是孩子健康成长不可缺少的因素。当然其他因素也非常重要，但最基本的条件，孩子要有激励自己达到所希望的目标的积极态度。自信的孩子是了不起的，他们遇事不畏缩，也不恐惧，就是稍感不安，最后也都能自我超越。他们健壮而充满活力，时刻保持一种饱满的精神状态，他们一般意志坚定，了解自己，不会因外界的评价而或喜或悲，自信使得他们一往无前，从不受伤害。

在美国一些学校，有一门课程很受学生的欢迎。这门课程叫做"自我表现课"，无论哪个学生有什么特长，都可以在班上表演，同学们争先恐后登台，在众目睽睽之下自我表现一番。据说，这对培养学生的自信心是十分有利的。培养孩子的自信，不妨从"自我表现"开始。鼓励他去表现自己，并从中发掘自身的优点和独特之处，从生活点滴中强化自信心。

育才方案：故意"忽略"孩子小小的成就

什么时候的孩子最需要鼓励？什么时候不能过多地赞扬？这些就需要家长仔细留心。一般来说，孩子遇到困难，做不好一件事的时候是需要鼓励的。这时候家长一定要耐心，帮孩子一起把困难分解开，一步步去前进，然后在孩子每前进一小步的时候都要赞扬他。让他在被夸奖中同时体会一步步克服困难的乐趣。这种把困难分解，每一小步都让孩子体会到成功和被鼓励的快乐的方法，对于培养孩子良好的思维习惯和情商是至关重要的。

我们不可以让孩子在责备的环境中成长，但是也不可以把孩子整天泡在赞美中。很多父母认为帮孩子建立自信，只要给予足够的鼓励就可以了，并不需要什么技巧。更有父母整天向人炫耀自己的孩子有多么的优秀，实际上是给孩子造成了巨大的心理压力。

一位母亲忧虑地对老师说："我们并没有给孩子什么压力，也很少责备他，更不会疾言厉色。我们奉行以奖励代替责备，为什么孩子会越来越忧虑呢？"

老师单独和这位念中学一年级的男孩交谈，发现他担忧自己不能名列前茅，所以很用功。他经常失眠，觉得压力很大，甚至想休学。

"我很怕考不好，所以每天读到深夜。"男孩说。

"你觉得学习有困难吗？所学的功课你不会吗？"老师问。

"不是，是怕考不好。如果落到三名以外，我会觉得很没有面子。我就是怕输掉！"

"你父母亲要求你考前三名吗？"

"没有。是我自己担心考不好，我就是很在意成绩。"男孩哭了起来，"我怕失败，那很没面子。"

"对谁来说，你会觉得没有面子？"

"我怕对不起爸爸妈妈！怕得不到他们的欢心。"男孩泣不成声。

这位名列前茅的男孩，长期生活在父母和亲人的夸奖之中。由于一直保持好名次，他未曾尝过父母没有夸奖的滋味。他怕失去夸奖，并把这个惧怕当成了一种严重的威胁。

很多父母催促孩子不断上进，一方面可能是由于望子成龙心切，另一方面就是为了自己的面子，希望自己的孩子能够给他们争光，这样的盲从使父母考虑不到孩子的心声，不仅不能为孩子树立信心，还会使孩子在情绪上产生本能的厌恶。

在一次传统文化的培训班上，有一个小朋友上台来讲自己的学习心得，他说："听老师讲了课才知道，作为一个好孩子，应该是孝顺父母，听爸爸妈妈的话，这一点我以前从来都不知道，我以前整天都在想如何谋害父母……"这个小朋友的妈妈就坐在台下听他的儿子讲，当她听到自己的孩子说"每天在想如何谋害父母"的时候，瞠目结舌，她怎么也没有想到自己辛辛苦苦栽培的孩子对他们是这样的感情。后来经过老师的了解才知道，这位小朋友电子琴弹得很好，父母经常向同事亲戚炫耀，并引以为豪，但是回到家，妈妈就会逼迫小孩要努力练习，争取更好的成绩，因此这位小朋友没有自己的娱乐时间，日子过得很痛苦也很紧张，对父母很不满。

夸奖可以建立孩子的自信心，赞扬是与孩子沟通的法宝，这的确没有错，只要给予鼓励，就能使他们形成更积极的处世态度，这一点不容置疑。

但是，任何事物都是有两面性的，不恰当的夸奖和不合理的鼓励可能达不到预期目的，还很可能会给孩子造成心理伤害。

可以认输，但是不能服输
——人生中没有"失败"一词

每个孩子都渴望成功，但由于年龄小、能力有限、经历和经验缺乏以及各种因素的影响，难免会遭受失败和挫折。一次小小的失败，对成人来说是微不足道的，对孩子来说却是一个不小的打击。

小刚有一天垂头丧气地回到家，告诉父母今天和同学一起比赛踢足球，他带领的队伍输得很惨。看到小刚这样的一蹶不振，爸爸拿出了自己年轻时候的照片，递到小刚的眼前。

"你看，这是爸爸上学的时候和同学的合影。"

小刚瞅瞅照片，一声不吭。

"那次也是比赛足球，我所在的队伍也输了，可是你看，我们还是很高兴地一起合影。"

小刚不知道爸爸接下来想说什么，一下忘记了难过，想听爸爸继续讲下去。

"现在已经多少年过去了，还有谁会记得当年的那场球赛呢？现在留下来的，只有我们当时快乐的影子。你说，一场输了的球赛，在人生的分量能有多重呢？"

小刚明白了爸爸的意思，因为一场小小的比赛而把自己的情绪搞坏，那是非常不值得的。

"孩子，打起精神，下次一定会赢的。"爸爸拍拍小刚的肩膀。小刚一扫刚才的郁闷，变得和平常一样生龙活虎起来。

小刚爸爸的做法是高明的，也是值得效法的。现在父母们面临的最大挑战，就是如何面对孩子的失败而仍然有信心去鼓励和支持他。每个家长都希望孩子能获得更多的成功，从中体验竞争和胜利带来的快乐。但是，任何成功都来之不易，需要不断进取和努力，更需要面对挫折和困难。

很多时候，给孩子带来最大打击的往往不是失败本身，而是他对失败的理解。作为家长，帮助孩子正确面对失败很重要。相比之下，下面故事中明明妈妈的做法就很好。

明明是小学生，新学期刚开学时，他们班开展了"一帮一"活动，明明的任务是帮助一位考分总在60分上下的男生。班里只有10个人被分配了任务，刚接到这个任务的时候，明明又得意又紧张。他对这个任务很上心，每天一放学，他就留在班里帮那个孩子解答难题，回家后还不忘打电话提醒那个男孩背单词。

可是这个学期快结束了，那个男孩的各科成绩还是在 60 分左右。因为这个，老师在班会上当着全班同学的面批评了明明，说他没能帮助同学共同进步。在随后改选班干部时，当了一年多小队长的明明落选了。

这件事对明明的打击很大，他哭着对妈妈说不想在这个学校读书了，想转到别的学校去。妈妈对他说："妈妈知道这件事情你受了委屈。"听了这话，刚刚忍住不哭的他眼泪又落了下来。妈妈接着问："告诉妈妈，你尽最大努力了吗？"明明使劲点了点头。"这就可以了，你要知道，世界上很多事并不是你尽力了就一定能成功的。但只要你尽最大努力就可以了。"这以后，明明深深记住了"凡事尽最大努力就好"这句话。

人们希望事事成功，然而，在现实生活中，常胜将军是没有的，在人生的道路上，失败是难免的。这是因为客观事物是纷繁复杂而又不断地发展变化的，关键问题就是尽量少些失败，多些成功，以及如何勇敢地面对失败。孩子如果没有经受过失败的痛苦，就往往不能以正确的态度对待失败。因此，父母应尽早训练孩子正确对待失败。

育才方案：帮助孩子战胜失败的打击

在我们的生活中，有这样的孩子，他们本来拥有聪明的头脑，以前也曾是全班甚至全校的尖子生，但往往因为一次考试不理想或是老师某一句话对他的打击，就变得消沉起来，学习成绩下降，上课精力不集中，甚至是逃学。在这种心态的影响下，这样的孩子就可能变得精神萎靡，消沉慵懒，做事没劲头，完全一副颓废的模样。这种心态如果得不到调整，他的一生就只能是碌碌无为，不敢面对一点困难。

面对这样的状况，家长要从以下几个重点着手，给孩子树立积极的态度，帮助他们渡过难关。

1. 父母要告诉孩子失败在人生的道路上很难避免

让孩子在思想上要有准备，如果准备好，失败就会小，即使遇到失败也容易承受，将失败的损失降到最低程度。鼓励孩子勇于承担风险，如果孩子总是躲避风险，他就会缺乏自信心，因为躲避风险会使他无法获得真正成功的感觉。那么，就鼓励他去做以前从未做过的事，在成功中寻找自信。对孩子的尝试要多加赞扬。

2. 防止消极态度

有的孩子在失败后，消极、颓废、自卑、沮丧，从此一蹶不振，失去对生活的希望，或引起不恰当的对抗行为等，这是对待失败的消极态度。父母应教育孩子防止这种消极态度，以积极态度来对抗消极态度。如果你的孩子在某一件事上失败了，绝不能责怪他、讽刺他，更不能嘲笑他，而要安慰他、鼓励他、开导他，激起他重新奋起的决心和自信心。永远不要伤及孩子的自尊，在对孩子进行批评教育时，要坚持对事不对人的原则。不应说"你真笨"、"你是一个没有用的家伙"这类话，而应该说"这件事你做错了"、"今天你不太勤快"、"这次你表现得不够好"等等。

3. 教孩子变失败为成功

常言道："失败是成功之母。"这是指失败既是坏事，又是好事。如果能从失败中吸取教训，砥砺人的意志，使人更成熟、坚强，激励人从逆境中奋起，就能使失败变为成功之母。父母训练孩子正确面对失败，就是使孩子勇敢地面对失败，变失败为成功之母。不要让孩子总是自责，当听到孩子说"我老是写不好字"、"我真笨"、"我太丑"的时候，要及时加以引导，用正面、积极的语言开导孩子，鼓励和帮助他战胜困难。

4. 告诉孩子不必太在乎外界评价

应该告诉孩子，谁都不可能总是在辩论会上得第一名，也不可能总是得奖章。要让孩子知道，就是在没有外界奖赏的情况下，他也应坚定地走自己的成功之路。如果过于在意外界的评价，他就会经不起挫折。父母要让孩子从小学会挣扎，锻炼拼搏精神，这样，当孩子遇到挫折、困难、委屈、痛苦等，就能奋起挣扎，变失败为成功，也会对孩子今后的成长大有好处。

勿畏难，勿轻略——帮助孩子架起
心中的"平衡木"

有一位书法老师，在开学的第一天就在黑板上给同学展示了一幅草书，很多同学连看都看不懂，就在心里打了退堂鼓，觉得自己肯定学不好。而老师却笑笑对大家说："其实书法是靠年复一年的积累才会看得到效果的，同学们刚开始学习，一路坚持下来，一定也能写出很棒的字。"同学中有个小明在讲台前看到老师示范，毛笔在老师的手中运用自如，顷刻间，漂亮的笔画就画了出来。小明很想找到老师那样的感觉，可是毛笔在自己的手里怎么都不听使唤，画出的笔画七扭八歪，难看极了。小明很泄气地问老师："老师啊，为什么我写出来的字，和你的相比差这么多?"老师笑着看他，很和蔼地回答："如果你刚写了几天就和我写的一样，那我不如去撞墙算了。我都已经练习书法四十一年了啊。"小明听了自己也觉得很不好意思，是啊，功夫是一点点磨炼出来的。

眼前的困难只有努力克服，越过这道坎才会迈向胜利。如果遇到障碍就停滞不前了，那就永远不会等到成功的那一天。相比之下，对待简单的事情，有的孩子却轻视了。

这是一位篆刻老师，他来上第一节课的时候没有给同学展示他高超的技艺，只是每人发了一块印章石，告诉大家："今天第一节课，我来教大家磨石头。"只见这位老师拿了一张粗砂纸，把石头放在上面，一下一下开始磨了起来。周围观摩的同学一看是磨石头，很自然地对篆刻就轻视了。是啊，磨石头谁不会呢？老师做过示范之后，大家回到自己的位置上开始磨石头了。奇怪的是，很少有同学能把石头磨好，大部分人都没有合格。

老师似乎看出了同学的困惑，心平气和地向同学解释到："刚才我给大家讲解的要领，大家都没有注意。在磨印章石的时候，四个面的用力一定是均匀的，才能保证磨出来的石头的截面是平整的。印章石的截面平整非常重要，因为如果面不平，盖在纸上的章就总会有一部分印不上。所以俗话说：会刻不会磨，不是真行家。大家不要觉得磨石头很简单，实际上是学习篆刻很重要的基本功。"同学听老师这样一解释，才了解到原来磨石头是这样重要的一个环节，再也没有人轻视磨石头了。

很多孩子总是高不成低不就，遇到了困难的事情就畏缩不前，遇到简单的事情却不屑一顾。无论是在学习上还是在生活上，这样的例子都很多。结果是简单的小事也做不好，复杂的事情做不了。被别人批评还觉得很委屈，总是能找到一大堆的理由为自己辩护。家长应该给孩子树立这样的意识，越是简单的事情，就越要认真，再不能出差错了，而越是复杂的事就越不能嫌麻烦，才能培养自己的韧性和毅力。

自古以来都没有一蹴而就的成功：宋应星的《天工开物》历时18年才得以完成；司马光的《资治通鉴》19年；达尔文的《物种起源》22年；法布尔的《昆虫记》、李时珍的《本草纲目》30年；谈迁的《国榷》37年；马克思的《资本论》、摩尔根的《古代社会》40年；歌德的《浮士德》前后有60年……

所以一个合格的家长，在当孩子遇到了挑战和困难的时候要给他打气加油，而有的时候，看到孩子一脸的春风得意忘乎所以，也要适当地给他泼泼冷水。这样做的目的，是为了让孩子有一个好心态，无论遇到什么样的境况都能很好地把握自己。人生是一场漫长的赛跑，教会孩子把握心中的平衡，才能在日后的生活中从容应对，立于不败。

育才方案：对孩子的"耐挫"能力心中有数

跟孩子一起做下边的这个测试吧！这样可以帮助孩子了解自己，也可以帮助家长如何根据孩子的个性来对孩子进行挫折教育，引导他们该以何种心态应对挫折逆境。

人在前进的途中不可能总是一帆风顺，难免会经受不同程度的困难与考验，如何去战胜逆境是一个人必备的素质。面对逆境，你将如何面对？

假如有一天你背着降落伞从天而降，你最希望自己在什么地方降落？

A. 青葱的草原平地

B. 柔软的湖畔湿地

C. 玉树临风的山顶

D. 高耸的华厦顶楼

测试结果：

选择A：你期盼自己有个平凡顺遂的人生，即使遇到运气不佳的时候，你也会尽其所能地使自己维持在正常的轨道中，重新寻找一个平衡的、规则的生活步调。所以基本上，你是个墨守成规的人，适合过着规律的生活。

选择B：你的个性虽然略为保守，但在面对人生的不如意时，是能够逆来顺受的。你会在运气不顺遂的转折中，寻找改变自己的方法，偶尔也会希望打破常规，重新调整生活步伐，但是改变的幅度还是不会太大。

选择C：你是个常常喜欢大刀阔斧，让自己改头换面的人，你认为人生就是要不断注入新的体验，才能够进步，所以在每次遇到运气不好的时候，你都会将危机化为转机，可说你拥有相当积极的人生观。

选择D：你追求的是功成名就。当你的人生处在逆境时，尽管你心中百般恐慌，但仍旧会凭着自我的机智与耐力，去渡过难关。千方百计地让自己有更上一层楼的想法，正是你迈向成功的最佳原动力。

在现代的家庭教育中，父母要让孩子们知道，他们面临的是一个处处充满竞争的社会，"物竞天择，适者生存"，"优胜劣汰"将是普遍现象，未经锻炼的翅膀难以搏击人生的风雨，难以在未来的竞争中取胜。父母要认识到，要想让孩子在竞争中立于不败之地，必须对孩子进行挫折教育，让他们自小接受艰难困苦的磨炼，教会他们敢于面对挫折，不怕失败，以培养他们坚韧不拔的意志和毅力。经过在逆境中千锤百炼成长起来的孩子才能更具生存竞争力，这也是父母应为孩子尽到的义务和责任。

所以让孩子保持乐观的心态，微笑着面对生活是很必要的。家长在生活中应该如何引导孩子乐观地生活，乐观地面对生活的各种挫折呢？还必须注意以下几条原则：

1. 要朝好的方向想

有时，孩子变得焦躁不安是由于碰到自己所无法控制的局面。此时，你应该让他们承认现实，然后设法创造条件，使之向着有利的方向转化。此外，还可以引导孩子把思路转移到别的事上，诸如回忆一段令人愉快的往事。

2. 不要过于挑剔

大凡乐观的人往往是"憨厚"的人，而愁容满面的人，又总是那些不够宽容的人。他们看不惯社会上的一切，希望人世间的一切都符合自己的理想模式，这才感到顺心。因此尽量让孩子避免挑剔的恶习。挑剔的人常给自己戴上是非分明的桂冠，其实是在消极地干涉他人的人格。怨恨、挑剔、干涉是心理软弱的表现。

3. 偶尔也要屈服

当孩子遇到重创时，往往变得浮躁、悲观。但是，浮躁、悲观是无济于事的。我们要告诉孩子不如冷静地承认发生的一切，放弃生活中已成为他们负担的东西，终止不能取得的活动，并重新设计新的生活。大丈夫能屈能伸，只要不是原则问题，不必过分固执。

君子一诺千金重

诚实讲信用是做人的本分，孔子说："言而无信，不知其可也。"一个不讲信用的人，如何能得到别人的尊重、赞赏和重用呢？在信用危机愈演愈烈的今天，如果具有了诚实守信用的品格，无疑是为自己的综合实力加分。

战国时期的楚国有一件天下人皆知的宝贝——青铜尊盘。这是楚国用独特的失蜡法工艺制作出来的，天下无双。当时正值秦国进犯，楚国的境况危在旦夕，于是秦国就派人来和楚国讲条件，要是能拿青铜尊盘做交换，秦军就撤兵。

楚国的国君曾侯乙左右为难：如果不交出尊盘，楚国就有被攻城的危险。可是这天下无双的宝贝怎么能轻易地拱手相让呢？这时一位大臣给曾侯乙出了个主意：秦国只知道尊盘的名气，并没有见过实物，只要仿制一个样品交给秦国，问题不就解决了吗？曾侯乙想了一下，觉得这个方法可行，终于舒展开紧缩的双眉。

不料，秦国早就预料到了。当楚国派大使给秦军送上仿制的尊盘时，秦军答复：

"听说贵国有一位叫乐正子春的人，一辈子从来没有说过一句谎话，只有他亲口说这是一件真品，我才能相信。"楚国的使者无奈，只好回国去拜访乐正子春。

乐正子春明白了使者的来意，又看了一眼尊盘，说："这就是假的啊。"

使者对乐正子春说："国君不肯交出真宝物，才出此下策。大人您的信用天下皆知，只要你开口说这是真的，一切都好办了。"

乐正子春义正词严地说："国君爱他的宝贝，我同样爱我的信用，实在抱歉我不能帮你。"

乐正子春顶住了压力，终于保全了自己的气节。

古人把做人的本分看得比自己的生命还重要，这实在是今天的人无法相比的。遵守承诺为君子，诚信待人才显人品。一个信守自己承诺的人，是一个有人格魅力的人；而一个视承诺为儿戏的人，自然不会得到别人的信赖。在家教当中，我们要有意识地加强孩子信守承诺的认识，借以培养孩子的诚信品质。如果自己的孩子能有很好的美德，家长也一定会倍感荣耀。如果问家长，是把孩子的成绩从 90 分提高到 100 分重要呢？还是帮助孩子树立正确的做人态度重要呢？可能大多数的家长都会选择后者，但是更多的家长还是做前者的工作比较多，虽然知道德育教育的重要，但却常常忽视它。

有两个姐妹学习成绩都非常好。有一次，妹妹和姐姐说："如果有人问我问题，我不会告诉他。"姐姐对妹妹说："我会告诉他，但是我会把错的告诉他。"孩子的家长在屋外听到他们的对话，感到很忧心。虽然孩子的成绩很好，但是连最基本的品质都失掉了，那将来又能有多大的成就呢？

家长如果发现自己的小孩总是不能说到做到，甚至有说谎的习惯就应该警惕，如果不加以及时的教育，将来迟早有一天，家长就是他们最常欺骗的人。也有的家长会有顾虑："我把孩子教得很老实，如果将来他走上社会被人欺负怎么办？"这样的家长的观点只看到了眼前，却并不长远。守信用的人看似很老实，由于做人比较厚道，会发展得长长久久；不守信用的人精于机巧，以为骗过了别人，实际上是贩卖了自己。

中国的启蒙读本《弟子规》是古时候四五岁小朋友读的书，这本通俗的启蒙读本就很直白地论述了学习和做人之间的关系："不力行，但学文，长浮华，成何人"。意思就是说，如果一个孩子没有具备做人最基本的品质，那样的话即便是有很好的学问，也是空中楼阁，除了夸夸其谈，不会给社会带来任何的好处，怎么能算得上是一个有用的人呢？

育才方案：家长在孩子面前要信守承诺

优秀的父母必须让孩子知道，要言出必行，说话算话。教育孩子对别人要讲信用、负责任，首先就要从自身做起，给孩子树立榜样，答应的事情就要做到。只有说话算话的父母才能在子女心目中树立起威信来。

大明有一次到一个英国朋友家去玩，这位英国朋友有个 3 岁的孩子，非要跟大明一块儿洗澡，大明就敷衍他：你先洗我一会儿就去。等这孩子洗完澡后，大明仍没有去，孩子哭了，说大明骗他。孩子的妈妈也跟大明急了：你怎么能骗孩子呢？你既然答应和孩子一块儿洗澡，就要跟他洗。

大明的行为是中国众多家长的一个典型缩影。家长在答应孩子某件事情之前，要慎重考虑自己有没有能力和把握做到，对不能做到的，就不要轻易答应；对比较有把握做到的，也应留有余地，不要大包大揽。

有太多的家长在孩子面前言而无信。比如，孩子哭闹时，父母常用许诺来哄孩子："别哭了，回头妈妈给你买辆小汽车。"但家长并不兑现这轻易地许诺。孩子却信以为真，满怀希望地等待着，然而一次次的许诺都不过是"空头支票"，孩子的一次次希望都成泡影。这样下去，孩子不仅逐渐失去对家长的信任，也慢慢地学会了说谎。家长只有在孩子面前信守诺言，才能真正树立威信，同时也会给孩子良好的教育，影响孩子以后的言行。

在现实生活当中，值得我们反思的是，许多家长并没有信守"承诺"的习惯。他们往往向孩子许下这样那样的承诺，但一转身就让其随风而逝，很少有兑现的时候。久而久之，孩子对父母的做法习以为常，也就不会去遵守自己许下的承诺。要知道，承诺是必须兑现的誓言，是不容随便变更的。在哄骗中长大的孩子，已不会对自己的承诺负责，也就常常做出违反诚信原则的事情。

家长对孩子必须言而有信、以诚相待，这样，孩子才会对父母产生充分的信任感，也才愿意把自己的心里话告诉父母。父母是孩子的镜子，也是孩子模仿的对象，也只有说话算话的父母才能在子女心目中树立起威信来，才能避免为孩子说谎而头疼的事情。

被人批评是件值得高兴的事情

每个人都喜欢听到别人的赞美和肯定，不愿意听到批评和否定。只要是听到批评的话，心里就会觉得不舒服。然而静下心想想，批评是难能可贵的，每个人都是不完美的，而批评正是指出缺点、趋向完美的好方法。

战国时候，齐国有个大臣名叫邹忌，身高八尺，仪表堂堂。一天早晨，他穿戴好衣帽，照着镜子，问妻子："你看，我同城北的徐公比，谁漂亮啊？"妻子看着他，说："您漂亮极了，徐公哪能比得上您呢？"

城北的徐公，是齐国有名的美男子。邹忌不相信自己竟然比徐公还美，出门见到侍女，就又问她："我同徐公比，谁漂亮呢？"侍女小心翼翼地回答："徐公怎么能比得上您呀？"

第二天，有客人从外边来拜访，邹忌又问他："你觉得我和徐公谁漂亮？"客人说："徐公不如您漂亮。"

又过了一天，邹忌见到了徐公，觉得自己比不上徐公；回到家里照照镜子，越发觉得比徐公差远了。邹忌心里非常惭愧。

晚上，邹忌躺在床上还在想这件事：妻子说我漂亮，是因为偏爱我；侍女说我漂亮，是害怕我；客人说我漂亮，是想有求于我。大家都想讨好我，满足我的虚荣心，受蒙蔽的根源是我自己的虚荣心啊。

就是因为一颗虚荣之心，让人不敢正视自己的不足。和成人一样，孩子也同样是喜欢表扬而反感批评。孩子处于成长的时期需要多加鼓励，但是作为家长，也一定要有意识让孩子能从心理上接受批评，才不至于在孩子长大之后对批评"拒之门外"，从而不利于塑造良好的性格。

这一天，小倩回到家闷闷不乐的，原来是在学校遇到了不顺心的事情。原来在英语课上，由于小倩的发音不准，旁边的同桌在下面偷偷地笑她。小倩一紧张，又忘了句子应该怎么说，憋了一个大红脸。因为这件事，小倩一直对同桌耿耿于怀。

小倩的妈妈听了孩子的抱怨之后，笑着问她："比如说，你的鼻子上粘了一个黑点，你也没有看到就出门了，而一路上并没有人告诉你在鼻子上有黑点。你想想，那些看到你的人会怎样？"

小倩想想说："他们一定会笑话我。"

"如果有人告诉你，你的鼻子上有个黑点。你知道了之后就会把黑点擦掉，那就没有人再笑话你了对吗？"

听妈妈这样讲，小倩若有所思地点点头。

"你的缺点就像鼻子上的黑点一样，大家都看得到，只有你自己看不到。你说，有人帮我们指出来了，我们是要感谢他对不对？"

小倩明白了妈妈的意思，很认同妈妈的说法，使劲地点头："这样说的话，那位笑话我的同桌，我不应该生气，应该感谢他。"

"对呀，如果你不改正自己的缺点，一样要被人笑话的。"看到小倩明白道理了，妈妈很高兴地继续说，"还不止这些呢，有的人就专门喜欢被别人夸，喜欢戴高帽子，比如孙悟空。后来观世音给了他一个高帽子，原来是个紧箍咒。我们小倩不想戴紧箍咒对吗？"

小倩开心地点点头，不再因为刚才的事生气了。

这位妈妈就给孩子讲清楚了别人帮我们指出缺点的益处。如果有人帮我们指出了缺点，可以让我们我们少走很多弯路，无论是当面的指责，还是背后的批评，如果都能正确对待，都将成为激励我们不断向上的动力，成为检验自我的试金石，使我们的人生一路向前。

育才方案：引导孩子正确接受批评

家长在教育孩子的时候应该以表扬为主，在孩子还在牙牙学语的时候就应该有意识地让他既得到正面的肯定，也能听得到反面的批评。比如今天小孩不想学习走路了，妈妈就可以这样跟他讲："宝宝昨天走路一点都不怕累，今天怎么怕累了呢？"这样早早地引进批评可以帮助孩子体会到批评和表扬同样常见。事实上，在幼儿期就能适应批评的孩子，一般在长大后也能比较适应社会，能够正确对待他人的批评，也能表现出较好的承受挫折的能力。

家长训练孩子能够接受批评，应该从注意以下几个方面：

1. 要求孩子认真倾听

如果孩子不能做到认真倾听，那将对别人的批评领会得不全面。从小就应该有意识地让孩子在听他人讲话的时候提高注意力，因为只有认真倾听，才会领会批评中确实有几分道理，并虚心予以接受。不仅如此，对他人的批评认真倾听，也是文明的体现。

2. 允许孩子作出解释

如果孩子在接受他人批评的时候发现对方说的并不符合事实，或者提出的意见并不合理，告诉孩子面对这样的状况要有意识去做解释，解释并不是为了推卸责任，而是避免在孩子的心中承担本不该承担的负担。解释的时候一定要保持心平气和、实事求是的态度。

3. 要求孩子对批评者一视同仁

有的孩子能很虚心接受长辈的批评，但是却不肯接受同龄人的批评，这时要教育孩子，只要批评得有道理，即便这些是来自小伙伴，也应该虚心接受。

4. 对提出批评者道谢

对那些提出善意批评的人，要建议孩子做出真诚的道谢以表达自己的诚意。

无论多么细微的东西，不是自己的坚决不能拿

行为主义心理学家认为，人类的行为一般是遵循着需要——动机——行为的模式建立的。亦即当孩子看到一件自己喜欢的东西时，自然而然地就会产生一种"想拥有"的需求，这种需求就会促使他们产生"拿"的动机和行为。所以，如果把孩子拿东西的行为一律用"偷"来解释是不妥当的。

亮亮今年上小学三年级了，不仅聪明好学，而且活泼可爱，父母老师都喜欢他。而这天，发生了一件让亮亮想不到的事情。

中午吃过饭之后，孩子们在教室里休息，亮亮的同桌鹏鹏拿出了一瓶饮料，告诉亮亮说："这个瓶盖内有提示，可以兑奖，如果中奖了就可以免费再领一瓶。"说着，鹏鹏就跑出去和同学踢球去了。

坐在教室里的亮亮却对着这瓶饮料发呆了，心里很好奇：不知是否真的可以兑奖，我真想打开看看。想着想着，亮亮不自觉地就把那瓶饮料握在了手里。

"啪"的一声格外清脆，亮亮经过半天的思想搏斗，终于打开了瓶子，瓶盖上写着"谢谢品尝"，看来亮亮没有得奖。

瓶子打开了，奖品也拿不到了，还剩下满满的一瓶饮料怎么办？亮亮一拍脑瓜：管他呢，干脆喝了算了。

鹏鹏从外面踢球回来了，口渴得四处找水喝，却怎么也找不到饮料了，知道是被亮亮喝了之后，鹏鹏和他吵了起来，还向老师告状了。

亮亮觉得没有什么啊，不就是一瓶饮料吗？一会儿买一瓶还你就是了，有什么了不起呢！

亮亮自己不觉得这已经犯错误了，他觉得一瓶饮料无足轻重，根本算不上什么。实际上，东西不管是多么贵重还是多么细微，只要不是自己的，未经他人的允许一律不准拿，这是原则，必须遵守。

对于亮亮来说，他只是对这个瓶子感到好奇，并没有其他的想法，自己并没有意识到这样的行为已经成为了偷窃。在家长了解了这样的动机之后，大可不必紧张，但是要把道理给孩子讲清楚，比如妈妈可以这样对亮亮说："你看，那是鹏鹏的东西，他从外面踢完球回来口渴得难受，没有水喝多着急啊。如果你的东西被别人拿走了，你是不是也很生气呢？下次，喜欢的东西找妈妈要，我们不要拿别人的好不好？"如果父母用这样的口气与孩子来交谈，他们一定是可以接受的。在孩子第一次做出这样的行为时，即便他是无心的，也需要父母的足够重视，不能允许孩子再犯这样的错误了。

作为家长，如果您的孩子有了拿别人东西的习惯，这是非常危险的。这时既不能大发雷霆，夸大严重性，给孩子心中留下阴影，带来心理压力；也不能不管不问，听之任之，助长其不良行为。孩子小时的不良行为得不到及时纠正，长大都很容易铸成大错，更不能碍于面子漠然处置，使孩子认识不到自己已经做错事了。子不教父之过，长大后再出现问题则追悔莫及。

育才方案：帮助孩子建立所有权的概念

心理学家亨利·霍斯金认为，建立所有权的观念，应该从小做起。当孩子两三岁的时候，就可以告诉他哪些用具、物品是爸爸的，哪些是妈妈的；让孩子知道，奥特曼是邻居家小朋友的，玩具火车是表弟的，芭比娃娃是表妹的，那本画册才是自己的。同时应该让孩子知道，在拿别人的东西之前，应该征得对方的同意。四五岁时，可以让孩子拥有自己的洗漱用具、房间、杯子、玩具等。当给孩子买了新东西的时候，可以告诉他："这是爸爸买给你的。"有了这些观念之后，孩子就自然学会了如何约束自己，不至于再随便拿别人的东西了。

小童今年刚上二年级，聪明伶俐，是个帅气的小男孩。这天下午放学后，妈妈把他接回家，督促他写完作业之后，就去厨房准备晚饭了。

客厅里响着轻柔的音乐，一向顽皮的小童，今天居然也安安静静地在屋子里看起了画册。妈妈从厨房探出头来，对他说："小童今天好乖啊。"小童拿起画册，告诉妈妈："妈妈，这本《福娃奥运漫游记》好好看！"

"你怎么会有《福娃奥运漫游记》呢？"妈妈的微笑突然一沉。

"我的！"小童理直气壮地说。

"瞎说。爸爸妈妈没有给你买过这本书。"

"我的……是爷爷买给我的。"

妈妈见小童这样的态度，没有再问他。爸爸回家后，妈妈将事情告诉了他。

晚饭后，爸爸对小童说："爷爷给你买了这么好看的画册，难道你不去谢谢爷爷啊？"爸爸追问小童。

小童见事情已经无法再隐瞒，羞愧地低下了头，向爸爸道出了事情的原委："今天下午，我看见小强的桌子上有一本非常精美的画册，我好喜欢，就趁他不注意，把它拿回来了。"

我们不能简单地将孩子的"顺手牵羊"的行为归之为偷窃，并且认为小时候偷针，长大之后就会偷牛。因为这种说法，不仅会影响孩子人格的发展，而且也会对孩子的心理产生莫大的伤害。

这时候，父母应该用冷静、温和的态度和他讨论："福娃真的是好可爱啊！和电视里的一模一样呢。妈妈知道你很喜欢它，但是小强一定也很喜欢它，现在小强找不到他的福娃，肯定会很着急，也很难过，是不是？现在妈妈和你一起去把福娃还给小强吧。"然后带着孩子当面把东西还给对方。如此一来，不但不会伤及孩子的自尊，同时也能让他了解，东西有"他的"和"我的"之分，这件东西是他的，那就不属于我，所以不能随便拿走别人的东西。

拒绝为他买上千元的西装——杜绝孩子的虚荣心

有个孩子刚刚进入中学，就和爸爸妈妈说："你们要为我买上千元的西装，因为我自己考上了学，给你们省了不少赞助费，你们给我花钱买一件好衣服是应该的。"

当孩子上了幼儿园、上了学之后，很多家长都会慢慢发现孩子出现了爱攀比的行为，衣服一定要带牌子的，鞋子一定是阿迪达斯的，连皮带都一定是鳄鱼的，每个月动辄要上百元的零花钱。家长心中很是苦恼。

孩子没有亲自赚过钱，对于金钱的意义也难以理解，当然更不了解父母赚钱的辛苦。父母可能对孩子很少言及赚钱的不容易，使孩子更加不了解生活的实际。在他们眼里，钱只是一个数字，并不了解真正价值几何。

有一个小学生是班上的班干部，无论做什么事情都会表现得很积极。有一次学校组织活动号召学生向灾区捐款，这个小学生对老师说："老师，我家里有钱，我可以捐。"老师问他你能捐多少呢。这个小学生说："捐十万。"回到家之后，这个孩子告诉爸爸妈妈："今天我已经和老师说好了，我可以向灾区捐十万块。我们家里有对吗？"爸爸妈妈听了之后目瞪口呆，孩子根本就不知道十万是个什么概念，不知道是父母每天辛勤劳动赚来的，在他的眼里只是一个数字。父母也觉得这事很不好意思跟老师解释。

孩子中出现这种爱攀比的现象，父母往往也不知道如何来做。如果顺从了孩子的意思，会给家庭的生活带来极大的负担，钱都花在了没有用的地方。可有的家长又担心如果不答应孩子的要求，孩子在同学面前丢了面子，失了自尊心怎么办？毕竟，爸爸妈妈都希望自己的孩子能够快快乐乐地成长，希望给他们最优厚的条件，有的时候，做父母的也会一忍再忍，帮助孩子实现他的愿望。

商纣王的时候，有一位大臣叫比干。有一次，比干看到商纣王用了一双象牙做的筷子，就说了一句："商朝要灭亡了。"比干是如何通过一双筷子来判断商朝的命运的呢？可以想见，如果筷子都是用象牙做的，那与之配套的碗盘就一定也会是很高档的，也许就会是犀角做的。高档的碗盘里装着的不可能是青菜豆腐，一定是珍馐佳肴。商王在用这么好的餐具，吃这么好的食物，一定不会穿普通的衣服，一定要穿绫罗绸缎。这些奢华的享受，是要通过搜刮民脂民膏才能得到，所以比干通过商王的这一个举动，就能预料到商朝要灭亡了。

我们家长可以观察自己的孩子，可能也有这样的现象，帮他买了很好的鞋子，不多久，他就会发现裤子和鞋子不配套，就会要求买好的裤子。帮他买了一个很好的铅笔盒，可能过不久他就想换一个更好一点的书包。孩子正在求学的阶段，也是正在处于树立人生观和价值观的关键时期，如果这样玩物丧志，必定对将来的成长极为不利。物质的欲望如同一个无底的黑洞，无论如何都不会填满。唯一能解决的方法，就是杜绝孩子的虚荣心。

育才方案：让孩子体会金钱的价值和意义

如果不给孩子创造机会来了解金钱，他永远都不明白金钱的意义和价值是什么，只会一味地找父母要钱还觉得天经地义。孩子有必要在生活中懂得金钱的交换价值，可以带着孩子在市场中走走，让他了解一斤米要多少钱，一件衣服要多少钱，家里用的电脑是父母辛苦工作多长时间才能买到。有了这些直观的了解，孩子就会对钱有一个直观的了解，不会认为花上百元过生日派对是无所谓的事情了。

还有很多孩子之所以不断要求父母买这买那的重要原因就是，他们没有了解到赚钱的辛苦，认为别的同学能有的，自己也一定能有。这时作为家长应该让孩子了解到他想要的东西是要花很大的代价才能换来的。

小玲很想学习钢琴，但是一架钢琴动辄上万元，实在是价值不菲。当小玲把自己的心愿向妈妈说明时，妈妈左右为难，如果嫌贵就不买，可能会断送孩子学习的机会，可是如果给她买了之后，她又不好好练习，那不就花冤枉钱了吗？妈妈绞尽脑汁，终于想出一个办法。

妈妈对小玲说："好啊，你等等，过一段时间我就给你买。"

两个星期过去了，妈妈还没有任何动静，小玲有些担心地催促妈妈。

"妈妈说给你买，一定会买给你的。"

又过了一个星期，小玲有些着急了，试探着问妈妈什么时候能给自己买钢琴。

"等等，再过一段时间好吗？"妈妈安慰心里七上八下的小玲。

再过了一个星期之后，妈妈准备了买钢琴的现金，特意把钱都换成了 50 元一张的。妈妈把小玲叫了过来，告诉她说："妈妈把钱准备好了，我们现在就去把钢琴买来。你以后一定要好好练习啊。"

小玲看看桌上，有些吃惊，原来她想要的东西要花这么多钱才能得到。小玲很感激妈妈，同时在心里暗暗发誓：一定要把钢琴学好。

这位妈妈的高明之处在于，首先她让孩子等了很长的时间，这样会促使孩子对得到的东西更加的珍惜。再来就是没有采取直接刷卡付费的方式，使孩子直观地看到这么多的现金，在孩子的心中形成一种震撼。让孩子更懂得珍惜自己的所得。

还有一点作为家长尤其要注意，首先自己不能有虚荣心，否则的话想让孩子不和别人攀比，那是根本不可能的。有几位妈妈家境都比较优越，她们经常在一起讨论时尚服装，一起炫耀自己新买的衣服。有一次，她们看到了巴黎服装展上的某件衣服不错，居然相约一起坐飞机去巴黎，非要把那件自己想要的衣服买来。试问：如果作为家长都是这样爱慕虚荣，又如何为孩子做表率呢？

嫉妒的心像毒蛇一样可怕

小学生娜娜是班上的数学科代表，每次数学考试都是全班第一名。老师很喜欢她，同学也很羡慕她，因为她的姥爷是大学里的数学教授。有一天，听说娜娜的姥爷过世了，同学都感到很可惜，而娜娜却长舒了一口气："他终于死了。"

娜娜的话让老师听到了，老师走过去问娜娜："那是最疼你的亲人，怎么可以这样说呢？"

没想到娜娜说："除了我的姥爷，没有人数学成绩比我更好，他死了，以后就没有人能超过我了。"

老师听了娜娜的话，感到背后发凉。

和男孩相比，女孩更容易产生嫉妒心理，因为女孩子更容易专注于一件事，并且好强，自尊心极其强烈。尤其现在的城市家庭大都是一个孩子，由于整天众星捧月一般地宠着孩子，许多孩子都染上了"娇"、"骄"二气，绝对不允许别人比自己做得好，也不愿听夸奖别人的话，所以嫉妒早已成为女孩子一种愈来愈严重的通病。

希腊著名心理学家乔治·卡纳卡基斯说："其实嫉妒是一种十分自然的反应，每个孩子都会嫉妒。""孩子的嫉妒心理从很小的时候就会有所反映，而引起嫉妒的原因很多。在许多情况下，这种嫉妒甚至会达到折磨人的程度。"

英国曾有一份研究报告指出，4 个月大的婴儿就已经具有嫉妒心了。有人做过实验，15 个月的孩子，如果妈妈当着他的面抱别的孩子，他就会有所反应，非要让妈妈放下别人抱自己，并紧紧搂住妈妈，好像在说："这是我的妈妈，不是你的。"

两个孩子玩游戏本来好好的，一个孩子看别人搭积木搭得又快又好，自己却怎么也搭不好，他很着急，索性把两个人的积木全都推了，"我搭不好，你也别想搭成！"

平时和自己形影不离的好朋友被选上了三好学生，心里会觉得酸溜溜的，不知道怎么会这样难过。

孩子对他人拥有的自己不具备或得不到的东西，往往会产生一种由羡慕转化为嫉妒的心理，这是很正常的现象。

要帮助孩子摆脱嫉妒心理，首先要了解孩子嫉妒的起因。

在了解孩子产生嫉妒的起因时，父母要耐心倾听孩子的心理感受。要知道，孩子的嫉妒是直观、真实甚至自然的，它完全不像成年人那样掺杂着许多其他的社会因素，它只是孩子们对自己愿望不能实现而产生的一种本能的心理反应。因此，当孩子显露出其嫉妒心时，作为家长，千万不要严加批评指责，更不要冷嘲热讽。

娟娟喜欢嫉妒人，看到别人的成绩比自己好，心里就会很难过，经常和妈妈说这个人不如我，那个人比不上我。娟娟的妈妈看在眼里急在心上，毕竟这样的心态是最不利于孩子成长的。

有一次，艺术馆举办了一场书法展览，妈妈决定带着女儿去看一看。

当母女两人走到一幅草书的前面，妈妈开始借题发挥，给女儿娓娓道来：

"这个书法家叫林散之，他的书法不仅在中国很有名，日本的书法家也很尊敬他，说他是当代的草圣。有很多日本人来到他的故乡南京，为的就是来到他的故居瞻仰。林散之这个人学问成就很高，人品也很好。他说过这样一句话：有德有才者，他会爱才；有德无才者，他会用才；无德有才者，他会嫉才；无德无才者，他会毁才。说明一个人，不但要有才华，更要有品德。如果嫉妒比自己好的人，就不是一个真正德才兼备的人，也就不会赢得周围人的尊敬。"

娟娟似乎听出了味道，觉得有点不好意思。

妈妈接着说："你们在历史课上，老师给你们讲过孙膑和庞涓的故事，庞涓嫉妒他的同学，最后他的下场是什么？还有战国的时候，秦国的丞相李斯嫉妒他的同学韩非子，就设计陷害了他。李斯容不下比自己优秀的人，也阻碍了自己，给后来的秦始皇提了很多不好的建议，把国家治理得一团糟，最后自己也被人陷害了。"

娟娟若有所悟："看来，嫉妒一点都不好。"

"当然不好了，嫉妒心重的人，就不会遇到比自己优秀的朋友，整天生气，自己生活得一点都不快乐，而且不会有更大的进步了。把自己的心打开，接纳比自己强的同学，为他们的成功喝彩，你同样会分享到他们的愉快，还会交到更好的朋友，那多好啊。"

娟娟听到妈妈的话，心里豁亮了许多。

这位妈妈爱护女儿的面子，没有直接指出女儿的缺点，而是找到一个契机，借题发挥就告诉了女儿正确的道理，既帮助孩子树立了正确的观念，又不伤害她的自尊心，实在是一种值得提倡的做法。

此外，还要在平时生活中，注意培养孩子豁达乐观的性格。告诉孩子每个人都有自己的优势和长处，但同时也都有各自的不足和短处，任何方面都比别人强是不可能也是没有必要的道理。引导孩子们发挥自己的长处，扬长避短，在学习和生活中学会正视、欣赏别人的优势和长处，从而能够向别人学习、借鉴，以弥补自己的不足，用自己的成功来赢得别人的喝彩。

育才方案：如何排除孩子的嫉妒心

嫉妒心理是一种负面的情绪，甚至会引起多种心理问题和疾病，作为家长不可以等闲视之，怎样来正视孩子的嫉妒心理呢？

1. 家长平时要多关心孩子，注意孩子身上的闪光点，及时地进行表扬和鼓励。家长对孩子的表扬要恰当，不能过分夸大。在表扬孩子的同时要指出一点不足，避免孩子会产生"不允许别人超过自己"的心理。家长忌讳故意同着自己的孩子表扬别人家的孩子，这样最容易激起孩子的嫉妒心理。

2. 父母面对孩子的"醋意"，应该将其转化为积极的前进动力。林林看到同伴有很多的小汽车，非常眼红，就对妈妈说："宁宁的汽车一定是偷来的，不然的话，他怎么会有这么多。"母亲听了之后纠正他的想法："要是你不乱买零食的话，省下的钱也可以买许多玩具了。"这样就会打消孩子的嫉妒心，并且还使他不再乱花钱。

3. 可以为孩子创造与同伴相处的机会。可以邀请好朋友到家里来做客，让孩子把自己的点心分给小朋友吃，久而久之会使孩子养成与人分享的习惯。有爱心的孩子不容易对别人心怀敌意，也就不容易嫉妒别人了。

4. 家长应该帮助孩子树立自信心。心理学家认为，缺乏自信的孩子往往更容易产生嫉妒心，家长的赞美和理解是医治自卑和克服嫉妒的良方，孩子会充满安全感和快乐感。

培养孩子宽容的品性

宽容是一种十分珍贵的情感，主要表现为对别人行为的体谅和对过错的原谅。这种感情对孩子个性的健康发展和人际关系尤为重要。缺少宽容之心的人由于不能用心来感受别人的需要，往往在人群当中得不到认同。

有一位老师回忆起自己小时候记忆犹新的一件事。有一次妈妈带他去做计程车，开到半路的时候忽然汽车出了故障，司机下车怎么都修理不好，后半路就行进得很慢，而且汽车一直发出"嘭嘭嘭嘭"的声音，好不容易才开到了目的地。母亲没有丝毫的责怪，不仅付了车费，而且又额外付了钱给司机作为修理汽车的费用。当时母亲的这个举动给这位老师留下了深刻的印象。这位老师回忆说："当时我家里条件比较好，母亲觉得这些穷苦人如果再要花钱修理车子，可能一家人的生活质量就要下降。我家里不需要很多的钱，可以帮助他们减轻一点负担。"母亲宽厚的人品影响了这位老师，使这位老师在后来的教学生涯中懂得爱护学生，受到学生的欢迎。

宽容是人的一种美德，是做人的一种风度和境界。宽容能使人性情和蔼，能使心灵有回旋的余地，能使人消除许多无谓的矛盾，化干戈为玉帛。宽容的人，时时处处都会受到人们的拥戴，因此他们能够处理好各种人际关系，能够很快地适应各种不同的环境，能够融洽地与人合作，充分实现自己的潜能。

一个翻译曾讲过这样一个故事：

在泰国的一个度假村，那时我在那里担任中英文的翻译。有一天，我在大厅里，突然看见一位满脸歉意的工作人员，正在安慰一位大约四岁的西方小女孩，饱受惊吓的小女孩已经哭得筋疲力尽了。

问明原因之后，我才知道，原来那天小孩较多，这位工作人员一时疏忽，在网球课结束后，少算了一位，将这位小女孩留在了网球场。等她发现人数不对时，才赶快跑到网球场，将这位小女孩带回来。

小女孩因为一人在偏远的网球场，饱受惊吓，哭得稀里哗啦的。现在女孩的妈妈出现了，看着自己哭得惨兮兮的小孩。

如果你是这位妈妈，你会怎么做？是痛骂那位工作人员一顿，还是直接向主管抗议，或是很生气地将小女孩带离开，再也不参加"儿童俱乐部"了？

都不是！我亲眼看见这位妈妈，蹲下来安慰四岁的小女孩，并理性地告诉她："已经没事了。那位姐姐因为找不到你而非常地紧张难过。她不是故意的，现在你必须亲亲那位姐姐的脸颊，安慰她一下！"

当时只见那位四岁的小女孩踮起脚尖，亲亲蹲在她身旁的工作人员的脸颊，并且轻轻地告诉她："不要害怕，已经没事了。"

作为父母，既可以将自己的孩子培养成胸怀广阔的人，同样也可以将孩子培养成心胸狭窄的人。但为了孩子的幸福，同样也是为了孩子的学习，为了孩子将来能有所作为，我们应当教他学会宽容。宽容是交往和沟通的润滑剂，它会让孩子在宽松的人际环境中成长，在人生的路上走得更踏实！

在生活中父母要经常对孩子进行宽容教育，宽容不是软弱畏缩，而是一种默默的克制，是一种无声的等待，是优秀人格的表现。同时要求孩子对别人宽容，自己也要以身作则，对孩子所犯的错误也要适当地给予宽容，对待别人也要宽容，这样会给孩子做出最好的榜样。也可以给孩子准备宽容教育方面的书籍，让书籍熏陶孩子的品性。

育才方案：培养孩子的宽容心

现在的孩子大多数都是独生子女，是家里的掌上明珠，三千宠爱还都不够，如果孩子在幼儿园或者学校里受了委屈，家长都心疼得不得了。于是就有家长真的会这样告诉自己的孩子："别人要是对不起你，你就不要对得起他。别人打你，你就打他。"这样的教法会对孩子将来的人际关系有很深刻的影响。如果只是教孩子张着眼睛向外看，就不会懂得反思自己，那就永远找不到出现问题的关键。

告诉孩子"严于律己，宽以待人"，告诉孩子"有则改之，无则加勉"，告诉孩子"己所不欲，勿施于人"这些正确的做人做事态度，才会让孩子把握住正确的方向。

为了孩子将来的幸福，同样为了孩子将来能有所作为，我们要让孩子有一个宽阔的胸怀，不要锱铢必较。作为成人我们应该从以下几个方面入手培养孩子的宽容精神。

1. 父母要为孩子树立榜样

父母是孩子的第一任老师。孩子最初都是从父母那里学习待人接物的。如果父母与人的态度是宽容、大度，与邻里、同事之间融洽相处，孩子就会学着父母的样子处理与同学之间的关系。

2. 让孩子试着"心理换位"

所谓的"心理换位"，就是指在双方产生矛盾的时候，要能够站在对方的角度，设身处地体谅对方的心情。如果体谅到对方的难处，就会减少很多不必要的矛盾。当孩子与别人发生冲突的时候，就要引导孩子做这种"心理换位"。

3. 教孩子理解他人的缺点

有缺点和不足是人性的必然，所以没有必要求全责备。教育孩子多原谅别人一次，多给人一次宽容和理解，同时也就为自己多找了一份好心境，也会使自己觉得在个性完善的道路上又向前迈了一步。

当然，教孩子多宽容别人并不是混淆孩子的判断力，宽容并不是对人妥协。

对于那些行为不好的同学，告诉孩子对他们敬而远之就可以了，重要的是把他们当成一面镜子，看看自己是不是也有这样的缺点才最重要。

4. 让孩子多和同伴交往

在孩子与同伴交往的过程中，父母要特别注意引导孩子，让孩子不嫉妒比自己强的同学，不嘲弄比自己差的同学，不故意为难自己的竞争对手。而是向好同学学习，帮助不如自己的同学，与竞争的对手合作。通过这样的交往，孩子能体会到宽容的意义，分享别人的成功，获得成长的乐趣，也赢得了友谊。

5. 鼓励孩子乐于接受新事物

父母要引导孩子见识多种新生事物，让孩子喜欢并乐于接受新生事物，使眼界更加宽广，就不会在小圈子里兜来兜去的。孩子一旦学会了接纳新事物，对世间的万事万物也就都具备了宽容之心。

米是从哪里来的？培养孩子的感恩心

一个小女孩和妈妈吵架了，很伤心地哭着跑出了家，决定再也不回家了。

小女孩在街上漫无目的地闲逛，不知不觉已经到了晚上，她感觉到饿了。

这时小女孩来到一家面馆前，闻到从里面飘来的香气，很想进去吃一碗面，可是她没有带钱，只好在外面呆呆地站着。

面馆里的老板娘看到了她，于是招呼她进来："小姑娘，进来吧。没有带钱没关系，今天我来请你吃，不用付钱。"

老板娘亲自下厨为小女孩做好了一碗面，端到她的面前。

"孩子，这么晚了，你怎么一个人跑出来，你不认得家了是吗？"

小女孩听到老板娘这样问她，眼泪禁不住流了下来，说到："你对我这么好，还亲自煮面给我吃，我和妈妈吵架了，从家里跑了出来。"

老板娘听了之后，笑着问小女孩："奇怪，我只不过给你煮了一碗面，你就感激成这样。你从小到大妈妈给你煮过多少碗面，你怎么都忘记了呢？"

现实生活中有很多这样的孩子，就像故事里的小女孩一样，在养尊处优的环境中长大，认为父母的付出是理所当然，根本意识不到这是父母的恩情，更不要说有感恩心了。家庭是一个互助的团体，社会也是一样的，如果孩子没有一颗感恩的心，就看不到别人的付出，不仅视父母对他们的关爱为理所当然，而且对他人给予的帮助也满不在乎。

明明一家人聚在一起吃晚饭。

"明明，你知道米是从哪里来的吗？"爸爸问道。

"是从厨房里来的。"

"那厨房里的米又是从哪里来的呢？"

"是从超市里买来的。"

"那超市里的米又是从哪里来的呢？"

"从加工厂里来的。"

"加工厂怎样才能得到米呢？"

"农民种出来的。"

"是的，"爸爸继续说到，"农民伯伯首先要把粮食种出来，然后再由加工厂里的叔叔把这些米脱皮加工，然后再送到市场，爸爸妈妈再从市场把这些米买来，做熟了，才是你现在吃的米饭。"

"啊?"明明很惊讶,"原来这小小的一碗米饭,包含了那么多人的劳动。"

明明的爸爸抓住了教育的时机,告诉了孩子即便是很微不足道的东西也是要经过多少人的努力才能换来的。明明不仅会感激爸爸妈妈做饭给他吃,还会感激所有参与劳动的叔叔阿姨。将这一颗感恩的心扩大,明明学会了感恩身边所有的人。

明明一家人照样聚在一起吃晚饭。

爸爸拿起了筷子,见明明并没有吃饭,而是在嘴里念念有词,明明对爸爸说:"我要感谢爸爸妈妈把我养大,我要感谢学校里的老师教我增长本领,我要感谢学校里的小伙伴陪我一同成长,我要感谢那些所有为社会付出的人。"

明明接着说:"我还要感谢桌椅板凳,虽然它们是东西,但是我每天都离不开它们,一样要感谢它们。"

听到明明的感恩词,爸爸很吃惊,同时也为孩子能如此懂事而感到高兴。爸爸饶有兴味地听他说了一堆,这一顿饭吃得格外的香。

不懂得感恩的孩子为数不少,有很多孩子对于父母辛苦把他养大从来不怀有半点感激,反而埋怨父母为什么不是高官,不是巨贾,为什么无法给他带来权利和财富!在西方国家,曾听说有个孩子曾因为父母长相不好而起诉父母,这也算是把恩将仇报演绎到了登峰造极的地步了。

缺乏感恩意识的孩子,无论他的能力多么出色,都难以成为真正意义上的强者,因为社会难以接受和认可不知道感恩的人。父母要想把自己的孩子造就成为一个人才,必须培养他们的感恩意识,感恩父母、感恩社会、感恩大自然,感恩每一个人。

育才方案:让孩子学会感恩

感恩之心的培育,从孩子小的时候就应该着手。每晚睡觉之前,你不妨花一点时间和孩子一起想一想,今天有什么让孩子感激的事,比如父亲的一句叮咛、母亲的一顿早餐、邻居的一个致意、同学的善意帮助、老师讲课时一个忙碌的身影,这些都是生命中爱的体现,都值得孩子去珍惜。

丰丰的爸爸,从丰丰上幼儿园开始,就让孩子学记日记,专门记生活中那些点滴的美好的事情。

例如,丰丰的日记中总会出现类似这样的记录:"我的爸爸有一双勤劳的手,他每天都起早带晚地辛苦工作着。"

"今天，妈妈为我织漂亮的新毛衣，她的手都累酸了，妈妈多疼我啊。"

"今天，爸爸妈妈带我去奶奶家，奶奶给我做了好多好吃的东西，并夸我很懂事。"

这些简单的话语无不体现出孩子对家人的感激之情。

现在丰丰已经上初三了，在学校是个品学兼优的好学生，在家里很体贴父母，总是抢着帮父母做家务。在好多孩子都很自私的今天，丰丰遇事时能为别人着想，凡认识他的人无不夸他是个懂事的孩子。

丰丰父亲的家庭教育无疑是成功的。孩子已经从最初感激父母开始，学会了感激老师、感激同学、感激生活。回想那些误入歧途的孩子，除了因种种客观因素，很大程度是因为这些孩子不知道感恩，不知道去努力发现生活中点滴的美好事物，以致在黑暗中越陷越深。

让我们一同学习几个能培养孩子感恩之心的方法。

1. 培养孩子的孝心

必须让孩子从小就知道，孝心就是一种感恩的心，没有孝心的孩子不是好孩子。还要让孩子们知道父母的养育之恩，让他们知道怎样做才算是有孝心。真正有孝心的孩子，懂礼貌，责己严，为父母分忧解难。为了教会孩子明理，做父母的可以多给孩子讲些古今故事，让孩子通过形象去理解。

孝敬父母是在各种美德中占第一位的。感恩应该从自己的亲人做起，"老吾老以及人之老"，让孝敬父母的美德渐渐扩充至社会大众，乃至一切无穷无尽的众生。如果反过来，完全不念父母的养育之恩，不过问父母的生活，不关心他们的健康，则又矫枉过正，走向另一个极端化和绝对化。

2. 做人不能忘恩

你可以给孩子讲讲这样一个故事：从前有一只小鹿，它为了逃避猎人的追赶，躲进了附近一个葡萄园。当猎人刚刚从它旁边走过，它就开始大吃起葡萄叶子来。猎人发现葡萄园的叶子在微微颤动，他们猜想："这叶子下面会不会有只野兽呢？"于是猎人就开了一枪，结果可想而知，鹿被打中了。鹿在临死的时候说："我活该倒霉！因为我吃掉的，恰恰是那些救过我命的葡萄叶子。"然后告诉孩子做人不能忘恩负义的道理。另外，可鼓励孩子学会说出自己最感谢的人和事，家长在一旁表示欣赏和赞扬。

3. 让孩子体会爱

圣雄甘地说："被爱心箭射过的人，才能领会爱的力量是多么伟大的。父亲对我所采用的方式，正是用爱的箭射入我的心坎，使我体会到爱的力量是多么伟大。我下决心一定要堂堂正正地做人，光明磊落地活下去。"教孩子体味爱的过程也是教孩子学会感恩的过程。当你喂孩子菜食时，不妨说："好香，给妈妈尝尝好吗？"通常孩子会举起小勺递过来，你会对他表示赞许。如果孩子冷，你不妨问问他："爸爸是不是也冷？"在给孩子添加衣服时，问问他："爸爸衣服在哪里？""妈妈穿哪件？"这么做既可以教他日常知识，又启发了他的爱心。

让孩子获得双倍快乐的秘诀——和别人分享

有一个虔诚的基督信徒，有一天他对神父说："我很想见识一下天堂和地狱。"神父说："好吧，我答应你的要求，先带你到地狱看一看吧。"

神父把他带到了一间屋子里，屋里只有一张长桌子，桌子上摆满了各式的佳肴，桌子两侧坐满了人，每个人的面前有一双一米长的筷子。这时听到有人讲"开动"，所有的人都开始拼命地夹菜往自己嘴里送，由于筷子太长，人又太多，所以这些筷子夹住的食物就都被别人碰掉了，所有的人都吃不到菜，抱怨声、吵嚷声、谩骂声不绝于耳。

基督徒不想再看下去了："地狱的境况真是太惨了，你带我到天堂去吧。"

神父把他带到了另一间屋子，奇怪的是，这间屋子里的设施与刚才的一模一样，也是一张长桌子，桌子两侧坐满了人，每人面前一双一米长的筷子。这时听到有人讲"开动"，所有的人都夹起菜来往对面那个人的嘴里送，大家都吃到了菜，很开心。

神父告诉这个基督徒："天堂和地狱原本没有区别，只在人的一念之间。只有懂得和人分享的人，走到哪里，哪里就成了天堂。"

家长应让孩子体会到分享的快乐，使孩子明白分享并不等于失掉自己拥有的东西。当孩子乐于与他人分享的时候，她的快乐就变成了双倍的快乐，她的忧伤也只剩下一半。

生活需要分享，快乐和痛苦也需要有人来分享。

"乐于分享"重在强调一个"乐"字：以"分享"为乐，为能够与他人分享和分享他人而感到由衷的欢乐。只有真正宽容、大方、热心的人，才会乐于与他人分享；也只有真正自信、善良、胸怀宽广的人才会乐于分享他人。

明朝时候，有一位大臣叫郑廉，他的家族共有一千余人，但是整个家庭都非常和乐，从没有一个家庭成员要提出过分家。郑廉治家的事迹得到了朝廷的表彰，明太祖亲自写了"天下第一家"的牌匾赐给他，同时还赐给他两颗水梨，暗地里叫随从的官吏观察郑廉怎样来处理这两颗水梨。官吏来到郑廉家的时候，全家所有的成员都在庭院等候，感谢皇帝的赞誉。随后，一名官吏把皇帝赐的两颗水梨交给郑廉。

只见郑廉吩咐家仆抬了两个装满水的大缸来到庭院，他将两颗水梨打碎，分别放入两个水缸当中。然后郑廉对大家说："这是皇上赐的水梨，我们每个人都从缸里舀一碗喝，每个人都有份。"全家族的一千余人都得到了皇帝的赏赐，非常的开心。明太祖知道了郑廉的所作所为之后，非常感慨：从这两颗水梨可以看出，郑廉能让家族的成员利益均沾，这是他治家的秘诀。

正是因为郑廉懂得分享，懂得让家族中的每一个人都能得到一样多的快乐。所以，每个成员都生活得非常开心。

家长是孩子最好的榜样。在日常生活中，家长关心别人、帮助别人，自然会给孩子潜移默化的影响。父母要做与人分享的模范，经常主动地关心和帮助别人。做了好吃的点心分给邻居尝尝，毫不吝惜地借给别人需用的物品等，这些小事都会为培养孩子的分享意识起表率作用。这些行为都无声地鼓励着孩子与人分享，这样的孩子也会有人愿意与他们分享。

育才方案：进行分享教育

小孩子有时会认为凡是他能得到的东西就都是属于他的。但是作为家长，必须教会孩子怎样去做。小孩子毕竟还是喜欢讨大人的欢心，如果教给他们分享，在他们五六岁时，就可以和同伴在一起好好地玩。

1. 教孩子学习与人合作

家长应该引导孩子，让他看到一起分担工作和分担任务的好处，或者让孩子了解到，他们可以得到一份好吃的，但必须是两个人分享。

茜茜家有个漂亮的芭比娃娃，萌萌来茜茜家做客，很想玩那个娃娃，这让茜茜有点为难了。这时妈妈过来告诉茜茜："你看，这个娃娃衣服已经脏了，我们一起来给娃娃换衣服好不好。茜茜，你负责给娃娃找新衣服。萌萌，你负责给娃娃换发型。我们一起来，好不好。"在妈妈的指挥下，两个小家伙都玩得很开心，而且茜茜也懂得了两个人一起玩要比一个人玩有意思得多。

2. 引导孩子与人分享

很多孩子喜欢玩别人家的玩具，但不乐意拿出自己的玩具给别人玩。这时家长就应该有意识地让孩子与别人分享一些东西，这时孩子会体会到东西虽然被别人拿走，但还是属于他的，这样就会对别人拿走了玩具这件事没有那么抵触了。

小强的爸爸给他买了好多玩具，而小强从来不喜欢拿给别人玩。小强的妈妈很想扳扳儿子的坏毛病。有一天，邻居朋朋来找小强玩。小强的妈妈就趁这个机会对小强说："你自己去从橱子里找几样玩具，然后你俩一起玩好不好？"小强很不情愿地拿出几件他不是很喜欢的玩具。妈妈对孩子的这一小小的"进步"给予肯定："小强是最听话的孩子了，对吧。"小强听到了夸奖，下次再拿玩具的时候就比这次大方多了。

3. 教孩子顺利得到别人的分享

如果孩子喜欢别人手中的玩具，要鼓励孩子很大方很礼貌地征求对方的意见，而不是自己自作主张就拿走了，更不能是从别人手中生硬地抢过来。这是家长需要注意的地方。

云云很喜欢姐姐的图画书，于是趁姐姐不在的时候悄悄地拿了过来。当姐姐突然发现自己的图画书被云云拿走了，非常生气，就这样两个孩子闹了矛盾。好在云云的妈妈很讲原则，并不因为云云小就让着他。妈妈对云云讲："你想看姐姐的图画书是吗？那你就问姐姐要吧。如果姐姐答应给你看，你就可以看了。"这样做的目的，就是让孩子明白了想要分享他人的东西，必须通过正确的途径来达成自己的愿望。

对待小人物要比对待大人物更加尊敬

印度著名咨询公司 Mind Tree 的首席运营官曾发表演说讲述他父亲的一件轶事：

政府配给父亲一辆吉普车，单位没有车库，车子就停在我家。父亲要我们都很尊重吉普车司机，就像尊重父亲单位里其他人一样。作为小孩子，我们不能直接叫他的名字。不管是在公众场合或是私下里，提到他的时候，我们必须在他的名字后面加上"叔叔"二字。我成年后拥有了自己的车和司机，我也这样教育两个女儿。她们必须叫我的司机"拉珠叔叔"。这点不同于她们的同伴，他们通常管家庭司机叫"司机"。我铭记儿时的教育——对待那些小人物，要比对待大人物更加尊敬。同样，尊重你的下属比尊重你的上级更为重要。

《周易》中讲到："天道亏盈而益谦，地道变盈而流谦，鬼神害盈而福谦，人道恶盈而好谦。"无论是天地鬼神，都更嘉奖谦虚的态度。平等地对待别人，不仅是一种美德，是自己良好修养的外在体现，更是让自己有了正确的做人处世态度，把自己放在很低的位置，然后才肯冷静地看待自己的不足，吸取别人的长处。所以人们常说："稻穗越饱满，就越会把头垂得低。"成功的人总是有这样的一种美德，就是很平等地对待比自己地位更低的人。在中国古代也有很多这样的故事。

《论语》中记载："厩焚。子退朝，曰：'伤人乎？'不问马。"孔子听说马厩失火了，首先想到的并不是自己的马，而是考虑到是否有童仆受伤。

东汉时期，有一个朝廷的官员叫刘宽。一天早上刘宽正要上朝之时，迎面走过的侍女不小心把端在手里的汤打翻了，溅到了刘宽身上。刘宽并没有责骂侍女的疏忽，而是很关切地问道："你的手是否有烫伤？"

而现在有很多孩子由于家庭的生活条件比较好就滋生了一种优越感，对待社会地位比较低或是其他方面不如自己的人会或多或少产生歧视。这种歧视心理的危害在于，凭着自己的错觉将人物划分了三六九等，很难培养一个孩子的恭敬心，不懂得恭敬他人的孩子显现出的傲慢，会让旁人不愿意帮助他，曾经有一位老师说："懂得尊重他人的孩子才会遇到贵人的帮助。"作为父母，应该及早发现孩子这种随便看不起人的行为，并给予纠正。

成成在家庭生活中表现得不懂平等待人，平时见到那些有钱有势的阿姨就很亲切，小嘴特别的甜。而对于从乡下来的穷亲戚，就没有这么热心了，对他们都是爱理不理的。

当父母发现孩子出现这样的问题了，一定要首先反思自己，是否有差异对待过别人。因为孩子不懂事的地方，很可能就折射出父母教育的问题。如果平时自己就是势利眼的话，那孩子自然会受到父母这种坏风气的影响。平等是文明的秩序，给孩子树立了平等待人的意识，将是他成功获得未来的通行证。

育才方案：让孩子懂得尊重别人

尊重别人并不是天生的，而是良好教育的结果。做父母的只要用心培养，孩子一定会懂得尊重别人。

要想做到这一点，首先父母应该懂得尊重孩子。英国著名的教育家斯宾塞说过："野蛮产生野蛮，仁爱产生仁爱。"父母以尊重的态度来对待孩子，孩子才会懂得尊重。对孩子的尊重应该在日常生活中体现出来。比如当孩子帮你做了家事的时候，要对孩子说谢谢。有些事情，我们可以用商量的口吻来和孩子说，比如"你是想吃巧克力口味呢还是草莓口味的?"像这种无关紧要的事情完全可以让孩子自己做决定。

此外，父母在家庭中也要互相尊重，父母之间的尊重，会在潜移默化中给孩子良好的影响。父母之间也应该经常说"谢谢"、"你请"、"不客气"之类的敬语。

有些父母会经常当着孩子的面互相揭对方的短，甚至是互相谩骂，父母的这些不尊重别人的行为都会给孩子带来不良的影响。当孩子有不尊重别人的行为时，可能他并不是不尊重别人而是他还不理解这样做是不尊重别人，孩子还没有意识到自己这样做会伤害别人。

如果发现孩子出现不尊重别人的行为时，父母一定要给予足够的重视。要问清楚孩子的动机，为什么要这样做，问问孩子如果别人这样对待自己，自己会有什么样的感受，然后有针对性地指出这样做的坏处。告诉孩子有教养的孩子应该同情别人，帮助别人。尊重别人的人才会受到尊重，尊重别人就是尊重自己。

窗边的小豆豆有个好妈妈

有一本儿童文学的畅销书，叫做《窗边的小豆豆》，很多孩子读完之后都说："要是我能在小豆豆读书的学校上学就好啦。"作者黑柳彻子讲述了她上小学时的真实经历，那时她是个淘气的小孩，被第一所学校开除，想法古灵精怪。但她长大后，却成了日本"最杰出的女性"人物，日本著名作家、电视节目主持人、联合国儿童基金会亲善大使，在很多公益组织中身兼数职。

可以说，正是那个成就了黑柳彻子的人，创作了《窗边的小豆豆》这样美好的教育童话。那个人就是作者的母亲，也就是书中小豆豆的妈妈。

班主任把小豆豆的妈妈请到学校，历数小豆豆在课上的种种劣迹。就连读者看了都会吃惊和难为情的那些事，却很平静地被妈妈接纳了。妈妈没有为自己的孩子辩护，也没有在老师面前声泪俱下，更没有在听完老师的汇报后痛打小豆豆一顿。她所明白的就是一个事实：孩子在这里不可能有很好的发展环境了。于是，她下定决心再给小豆豆找一所学校。

小豆豆能够从一个"问题小孩"成长为一个著名的作家，要感谢自己的妈妈。正是有了这样的妈妈，她才没有被划成"差生"，遭遇各种批评和嘲讽。在任何时候，妈妈都能够从小豆豆的角度去想问题，从来不因为自己的委屈而抱怨、痛哭，也从来不把自己的孩子当成有损自己颜面的累赘。

有多少家长是在孩子做错事情的时候，首先想到了孩子的心理承受能力了呢？很多人都曾以为"没关系，妈妈相信你下次会更好的"的说法是大度的、宽容的，但看了小豆豆的妈妈的表现，才发现自己说的"下一次"一点也不宽容。

面对孩子的喋喋不休、谎言、抱怨，小豆豆的妈妈总是很温柔地问："怎么了？""为什么这么说呢？"让孩子说出自己内心的想法，正因为如此，小豆豆才有很多的空间去成长，自我完善，发现出自己的闪光点，在社会中找到自己合适的位置。

父母的爱可以改变孩子对自己的看法，父母的爱也能改变一个孩子的命运轨迹，甚至能改变世界。如果一个孩子能遇到好父母，他的一生都将与好运相随。

育才方案：多替孩子着想

许多家庭问题的发生，如家庭成员之间情感的疏离和冷漠、孩子性格心理上的缺陷等等，都与家庭中的沟通有关，往往起源于相互之间不能很好地理解。

孩子看电视正十分起劲，而此刻学习的时间到了，作为妈妈的你会怎么做呢？也许你会大发脾气："怎么这么不自觉，不知道该学习了吗？"于是"啪"的一声就强行关闭电视，孩子憋了一脸的委屈："我怎么会有你这样的妈妈！"话音刚落，就摔门而去……

成功的家庭沟通，要求父母孩子双方能够设身处地地为他人着想；关怀不但存在于内心，更要切实付诸行动；尊重孩子的权利，多替孩子着想，尊重他们的意见和选择。

而要建立一种积极健康的家庭沟通交流关系，就应该改变父母是决策人，孩子是接受者这样僵化的家庭角色的分配。每一个家庭成员都可以对他表述的愿望予以积极的辩解。当孩子能够参与讨论家里的通常是成年人的问题时，他们方才能够更好地理解父母，而父母一方面可以调动孩子的主动性，使自己清楚地认识孩子的才干，另一方面可以得到有关自己教育的反馈信息。

　　所以父母想让孩子做什么，不想让孩子做什么，可以把自己和孩子放在平等的地位上，多为孩子着想，像朋友一样，一起商量，分析利弊，最后让孩子自己拿主意，这样孩子不仅不会反抗，也感觉不到被命令的屈从，反而会在商量的气氛中感觉自己在长大，有了自己的主见，这时大部分孩子会愉快地采纳父母的建议，而且在这个过程中，孩子也会变得善解人意起来。

　　父母若想彻底改变孩子的不良习性及给予适当建议时，可以找个适当的时间和机会，在轻松愉快的气氛下，给他讲明道理。这样处理事情会让孩子轻松愉快地接受父母的建议。

第五章
兴趣＋效率：让成绩优异的点金大法

缺乏想象、反应迟钝、没有追求——阅读改变一切

有这样一种活动，能够使你增长学问、扩展思路、改变思维、消除寂寞、净化心灵、修身养性、休闲娱乐，这个活动能是什么？

答案就是阅读——大量的阅读。

国家通过的语文课程标准规定：小学生的课外阅读文字量不少于 145 万；初中生的课外阅读文字量不少于 260 万；高中生的课外阅读文字量不少于 150 万。所以，一个学生从上学到高中毕业，文字的阅读量应该在 500 万～600 万之间。而现在大多数孩子的阅读量远远没有达到这个标准。

科学研究也表明，孩子的课外阅读文字量要达到课本的四到五倍，才能形成语文能力。如果没有长期的、大量的阅读积累，孩子将最终无法学到语文。

前苏联著名的教育家苏霍姆林斯基曾发现七八年级的学生基本都没有解题能力，每一节课都是非常痛苦地熬过来。后来经过观察，他发现这些学生真正缺乏的，不是学习数学、物理、生物这些具体本领，而是阅读理解能力。

于是，苏霍姆林斯基决定从头开始，像是对待一年级的小学生一样培养这些学生的阅读能力。

实验的结果让苏霍姆林斯基异常震惊：他培养这些孩子的阅读能力，用了同样的时间和精力，但事实的结果证明大孩子阅读水平的提高远远比不上小孩子。小孩子好比是一片疏松的沃土，而大孩子就好比是一片板结的盐碱地。错过了最好的教育培养时机，再去培养已经来不及了。

苏霍姆林斯基很是感慨：原来阅读能力的增长与获得，与人的大脑发育过程息息相关。

著名的数学家培根说过：知识就是力量。著名的文学家高尔基也说过：书籍是人类进步的阶梯。如果没有阅读，从何处汲取知识的源头活水？又如何了解人类文明的精华？博闻才会强识，课本里的知识是远远不够的，一定要阅读大量的课外书籍才能保证获得足够的信息。

有的家长会担心：孩子现在的课业已经很紧张了，如果再挪出时间来给他阅读，不会使孩子的考试成绩提高，还不如用这些时间给他做一些题目更实际些。

阅读对孩子的影响可以说是深远的，并不是三两天就会看出效果来。有的家长认为阅读耽误时间，甚至会反对孩子看课外书，这是非常错误的。因为学校的学习，尤其是小学，其实是很机械的，小学成绩甚至是初中成绩都不能说明孩子是彻底优秀的。经常阅读的孩子和同龄人相比，想象力更丰富，创造力更活跃，他读的文字能够随着时间的推移而不断地感悟阐发，所以悟性会比那些不阅读的孩子表现得更好，写作的优势也自然会表现出来。很多家长很头疼孩子的作文总是写不好，给孩子买了很多的作文参考书，实际上如果孩子从小有相当的阅读积累，面对任何的作文题目，都会产生联想而很自然地阐发，作文对他们来讲是不费吹灰之力的事。

还有的家长会有疑问：我家的孩子喜欢看漫画，而且一买书都是一套一套的，这样是否就能保证他的阅读能力了呢？

其实不是的，阅读能力的增长一定是靠阅读文字来获得。现在的社会正处在一个"读图"的时代，对于孩子来说，图画对他的诱惑力会更大一些。而读图与读字的效果有明显的差异。文字是一种抽象的符号，可以刺激孩子语言中枢的发展，而图片并不会起到这样的作用，图片更容易被孩子直观被动地接收，在大脑中不会有转换的过程，所以对智力、能力的开发作用微乎其微。

另外家长还要注意的就是，在给孩子选择课外书的时候最好是选择原著较好，比如古典小说四大名著，很多家长为了方便孩子阅读就选择了白话本或是改编本。这样的书已经完全没有了原著的精彩，无疑是把新鲜的水果做成了果脯，孩子在阅读的过程中无法品尝到作品的原汁原味。

育才方案：培养孩子的阅读兴趣

阅读不能改变命运，却可以改变性格；阅读不能改变人生的起点，却可以改变人生的终点。阅读可以丰富想象、提高对生活的认识、丰富自己的精神世界、更加理性地看待现实问题。所以，家长要重视提高孩子的阅读能力，有意识培养孩子良好的阅读习惯。

1. 首先要建立良好的家庭读书气氛

如果家庭里根本就没有书，孩子怎么会接触到读书呢？如果孩子从来没有接触书，又怎样会爱上读书呢？家长可以到书店挑选一些对孩子阅读有用的书籍，放在孩子能拿得到的地方，方便孩子的阅读。

2. 家长要带头读书

在家中，家长要用尽可能多的时间和孩子一起看书，做孩子的阅读榜样。同时，还可以多和孩子一起交流读书的心得，鼓励孩子把书中的故事情节或具体内容复述出来，如果坚持这样做，就能激发孩子更浓厚的学习兴趣。

有的家长并不喜欢看书，总是在要求孩子看书的时候自己去看电视，并且不觉得这样的行为有什么不妥："我每天上班压力大，回家要看电视放松一下，读书是小孩子的事情。"如果家长不能克制自己，那又有什么理由要求孩子呢？

有一位老师回忆自己的家庭："每天晚上吃过饭之后，爸爸妈妈两个人就都到书房去念书，客厅里的电视空闲着，我们姐弟三人谁都不敢过去看。爸爸妈妈都去看书了，我们怎么好意思大摇大摆地在客厅看电视呢？所以我们也都回屋念书去了，以至于后来妈妈会到楼上来劝我们：不要念太晚，要注意休息啊。"

身教重于言教，只有热爱读书的家长才能培养出爱读书的孩子。家长要用自己的行为潜移默化地带动孩子的阅读，孩子的读书兴趣上来了，热情高涨了，慢慢地，他们对读书的态度就变成了"我要读"。

3. 不要对孩子的阅读过程管得太死

性格好动、缺乏耐心和持久性是孩子普遍的特点。他们喜欢的阅读方式是一会儿翻翻这本，一会儿翻翻那本。对此，家长可以不必过多地管他。通常在这一阶段，只要孩子愿意把一本书拿在手里津津有味地翻看，家长就应该感到心满意足了。这种表现完全符合孩子的早期阅读心理，是孩子在阅读和求知道路上迈开的重要一步。

在孩子的阅读过程中，家长要控制孩子不可以看真正有害的书，其他的书籍只要孩子喜欢，都可以让他来阅读，不可以按照家长的意志对孩子的读物过多地干涉。让孩子享受阅读，这样既培养了他的阅读兴趣，同时也培养了他的个人爱好。

书房是最好的投资场所

无知只会让人显得愚蠢，阅读既是开启男孩心灵智慧的钥匙，也是增长知识的有效方法。从小培养良好的阅读习惯，不仅仅有益于孩童时代的学习进步，更将使个人人生发展终生受益。另外，良好的读书氛围对孩子的成长也很有帮助，很少有见到家长迷恋于电视、麻将的，其孩子会爱读书。就像前苏联作家巴甫连柯所说，不读书的家庭，就是精神上残缺的家庭。

李嘉诚生活在一个和睦的大家庭里，在这个家庭里，有一个面积虽小但藏书却非常丰富的小书房——那是他家里的小书库，里面集中着他知识渊博、学问深厚的父亲、伯父、叔父以及祖上遗留下来的藏书。

童年时期李嘉诚的大部分时光，就是在这块狭小却辽阔的天地中度过的。当然，这是经过他父亲允许的。

每天放学以后他就像一只勤劳的小蜜蜂，悄悄飞进小书房。他太爱看书了，书就是他全部的世界，书里那么详细地告诉他许多从来不知道的东西，那么认真地告诉他为人处世的道理。

他如痴如醉地看书，海阔天空地思考着他的问题，在这里他的全部天赋发挥得淋漓尽致，书使他懂得了许多。

至今他还记得，父亲如何引导他走上读书的道路。一天，父亲领他来到这间书屋，语重心长地对他说："诚儿，这是咱家几代人的书库，你伯父、你叔叔和我都是从这里走出去的。我希望你能认真理解父亲带你来这里的意义，我也知道你能体会为父的深意。"

读书成为他的生命。看书越多，他越觉得自己知识的贫乏，便越是废寝忘食、如饥似渴地学习。李嘉诚78岁的堂兄、退休的老校长李嘉来回忆当年的情景时说："别看嘉诚年龄小，读书却异常刻苦，我看见好多次，他在书房里点着煤油灯读书，很晚很晚都没有去睡。"

是父亲引导他走上了读书的道路，父亲经常陪他在灯下读书，好随时解答他层出不穷的问题，随时给他以精神的鼓舞，随时给他以人格上的激励。

回忆起自己亲爱的父亲，李嘉诚常常动情地说："父亲是我一生中最崇敬的人，父亲无论从知识上，还是从人格上，永远都给我一种鼓舞，一种激励。没有父亲的悉心培养，没有父亲的指导教育，我是不可能有今天如此的成就，父亲给予我的，是任何一种东西都无法衡量的。"

一个人是否有读书的习惯，能否体会到"阅读的喜悦"，其人生的深度、广度会有天壤之别。如果你的家中有一屋子书，而你也是爱书之人，相信孩子在耳濡目染下，一定会引起阅读的兴趣，并培养成习惯的。

从小培养良好的阅读习惯，营造良好的读书氛围，不仅仅有益于孩童时代的学习进步，更将使个人人生发展终生受益。另外，良好的读书氛围对孩子的成长有很大帮助。所以，给孩子一间书房无疑成了重中之重。

父母可以将家里的藏书，或父亲、祖父遗留下来的藏书保留好，并将它们放在一个房间的书架上，引导他对书籍的渴求与探索。当家长明确给孩子一间书房，培养他阅读这一习惯后，指导孩子科学地读书，读正确的书也是很重要的。

书海就像一个百花园，随时供给精神营养，使人正确理解生活中的成功和挫折，使春风得意之时更加鼓舞不致忘形，沉闷失落之际重新振作且摆脱沮丧。

除了在家中给孩子一间书房外，父母也可以经常带孩子上书店或参加书展，在观看电视节目时，有意识地引导孩子注意有关新出版儿童读物的广告或信息让孩子自己选购和借阅图书，当畅游在知识的海洋时，他会觉得自己是最幸福充实的人，而书中的各种美好必定成了孩子今后奋斗的目标。

育才方案：把图书馆推荐给孩子

当孩子第一次问出一个你不知道答案的问题时，家长或多或少都会觉得很尴尬。怎样回答孩子才是最恰当的呢？

最好的回答方式就是告诉孩子："你提的问题我还不知道，我带你去个地方，那里可以解决你所有不明白的问题。"然后利用这个机会把孩子带到图书馆。

一个人的知识总是有限的，就算家长是个百科专家，也在所难免有不懂的地方。而图书馆就像知识的圣殿，把每个孩子领向未知的神奇世界。实际上，很多的成功人士都是从图书馆里走出来的。比如毛主席曾经做过图书管理员，马克思曾经在大英博物馆磨出过两个脚印。阅读带给他们的是充满睿智的人生。曾经是微软总裁的比尔·盖茨，在年少时就表现出了强烈的阅读欲望。

比尔·盖茨出生在华盛顿州的西雅图，那里是美国波音公司的基地，全市职工近半数在这家公司工作，所以人们也把西雅图称为"波音城"。它和旧金山、洛杉矶并列为美国西海岸的三大门户，也拥有当时藏书最丰富的图书馆。

盖茨在 7 岁左右的时候，最喜欢盯着几乎有他体重 1/3 的《世界图书百科全书》，几个小时都一字一句地从头到尾地看。他常常陷入沉思，小小的文字和巨大的书本，让他感受到这是一个神奇和魔幻般的世界。文字竟然能将未知的世界都描述一番，真是神奇！转眼他又想，人类历史越来越长，那以后的百科全书岂不是越来越大了吗！那以后的孩子看起书来更辛苦了。有什么办法造出包罗万象又便于翻阅的书呢？这个奇思妙想，后来竟让他实现了，而且比书本还要小，只要一块小小的芯片就足够。

随着看的书越来越多，盖茨想的问题也越来越多。一次他忽然对他四年级的同学说：与其做草坪里的一棵小草，还不如成为秃丘耸立的一株橡树。因为小草毫无个性，而橡树则卓然独立。这番人生道理对他那个年纪的男孩子来说，还太深奥了。

盖茨的妈妈鼓励他多用图书馆的资源，有一次，老师给他们布置了作文，要求四五页的篇幅。结果，盖茨去图书馆，翻阅了百科全书和其他医学、心理学方面的书籍，一口气写了30多页。读书让他富有知识，也更加乐于接受新的知识。

　　直到现在，盖茨还保持着每年都要就一个新的问题展开阅读的习惯。读书带给他的快乐，和挣钱是不一样的，当金钱已经足以应付他的生活时，怎样让自己快乐起来更重要。去图书馆，任何一个首富和任何一个穷小子都能获得学习的快乐。

　　当父母把图书馆推荐给孩子的时候，也就是把孩子引向知识的宝库的时候。现在的城市并不缺少图书馆，而是缺少有意识利用图书馆的人。作为家长可以鼓励孩子自己去图书馆找答案，既解决了他的问题，也给他以后的疑惑找到了一个好老师，更不用担心他们会在街上游荡，在小团体里当阿飞，真是一举多得。

看了又看——把书读厚再读薄

　　在中国古代有一个有趣的历史典故：南北朝时期，有一名叫陆澄的学者，此人博览群书，被称为"硕学"。然而他看的书虽然很多，却无法把握文章的含义，也没有举一反三的能力。后来就有人送给他一个"两脚书橱"的雅号，讽刺那种读书很多却不善于应用的人。

　　现实社会中的"书橱先生"比比皆是，最常见到的就是那些"书呆子"式的大学生，他们都掌握了丰富的理论知识，可以说是"满腹经纶"，却无法与工作或生活实际相结合，就业形势的紧迫，他们只能"高不成低不就"，处于尴尬的境地。

　　某银行新招进来一位计算机专业的大学本科毕业生，单位让他负责从事计算机的日常维护和基础管理工作。但是这人不能将自己所学的理论知识与实际工作有效地结合，遇到问题只是在书中找，从来不懂得向老同事、老师傅请教。他总是认为自己学历好，对现在的工作不屑一顾，结果工作五年了连简单的维修都不会。

　　有人问爱因斯坦："声音在空气中的传播速度是多少？"爱因斯坦说："我永远不会去记在任何一本书中都能读到的东西。"英国曾有一个叫亚克敦的人，一生嗜书如命，家中藏书7万余册。他用必生的经历不知疲倦地阅读，直到66岁那年去世也没有取得有创造性的成就。这样的人如同一泓清泉流经沙漠，只有吸入，却没有喷出。读书不理解，不应用，相当于吃饭不消化。

　　在引导孩子读书的过程中，作为家长应该注意的是要关注孩子的读书效率。有些家长有过这样的经历，给孩子买了很多书，孩子也认真在读，但是读过之后却说不出来全书的内容和读后的收获。这就反映出了孩子的阅读是没有效率的。

把书读厚，一句话中可以体味到无穷的含义。把书读薄，把握住要领才能活学活用。读书的过程就是一个先把书读厚再把书读薄的过程。孔子说："学而不思则罔"，在读书的过程中要不断领会深一层的含义，才能把学到的知识转化成智慧和能力。如果读书只是囫囵吞枣，死记硬背又不求甚解，即便是知道的再多，这种知识也是死板和僵化的。

育才方案：让孩子学会读书

语言学家傅佩荣说过：书中的文字是死的，需要在读书的过程中加以理解和欣赏才会变得生动和有活力。读书的过程就好像是在乱石堆中寻找璞玉，并且使这些璞玉发挥光彩。

读书如果只看字面的意思，就会错过很多内含的哲理，家长要让孩子学会正确的读书方法，才不是在做无用功。有的放矢、循序渐进地培养他们良好的阅读习惯，才能让他们终身受益。

1. 读书要和个人体验相结合

有句话讲得好"尽信书不如无书"，如果完全相信书中所描述的，那还不如不读书更好。这种说法的用意在于：除鼓励我们读书之外，还不能忽视个人的亲身经验，不能用书本中所说的垄断一切对事物的认知。

2. 培养专心阅读的习惯

家长应该给孩子创造安静的阅读环境，阅读时要避免外界干扰，并且培养孩子养成默读的习惯，避免"小和尚念经，有口无心"。家长还要有意识让孩子带着问题去读书，去思考，在书中找答案。可以在孩子读过一本书之后，让他来复述书的大意，和孩子就某些问题进行讨论，增强孩子读书的目的性和自觉性。

3. 边读边想边动笔

古人说"不动笔墨不读书"，读书的时候伴随着积极的思考，用笔在书上圈一圈、画一画，随时记下自己的想法，能收到最好的效果。在读书的过程中随着动手和动脑，更有助于抓住全书的重点，深入理解，加深记忆。在读书的时候做摘录、记笔记，对于积累知识、丰富语言和活跃思想都十分有利。

4. 借助工具书阅读

工具书是不说话的老师，孩子在课外阅读的时候遇到不认识的字或是不明白的词，查阅工具书是最好的途径。因此，家长要重视培养孩子使用工具书的习惯，面对孩子提出的某些问题，自己又不是很清楚，应及时引导孩子到工具书中去找答案。

摇头晃脑读经典，和孩子一起投入

现在的家长都非常重视孩子的英文学习，从上幼儿园开始就给孩子报双语辅导班。然而有很多家长，从来没有重视过文言文的学习，认为古文这些东西已经是非常过时了的，在社会上没有什么实际作用，更由于中国的历史自五四以来，胡适等人提倡新文学，将文言文打入了冷宫，使古文的这些精粹被打上了"迂腐无用"的标记，实际上这样的认识是大错而特错。

唐德刚先生是我国著名的历史学家和红学家，是胡适先生的得意门生。在他70岁的时候，曾经著了一本《胡适杂忆》，在书中以很客观的态度反对了当年胡适取消文言文的做法：

"笔者本人就是胡先生所称许的，当年新学制所受教育的小学生之一。'公立小学'一概都照政府的办法教白话文。我祖父是革命党，他的头脑是很新的，但是，在国文这一课他却规定我们要背诵古文，作文也要用文言文，不许用白话文。我的国文就从'床前明月光'一直背诵到'若稽古帝尧'。最后连《左传选萃》和《史记精华录》也能整本的背。最后在家长的鼓励之下，竟然也主动去读《资治通鉴》和《昭明文选》这些大部头书。在我们十二岁那年春天，家长送我们上初中，必须有一张小学文凭，所以就把我们插班到公立小学去。我还很清楚记得，我们在公立小学所上的第一堂国语课，就是有关早晨那个公鸡的白话诗，他的诗是这样子的：喔喔喔，白月照黑屋；喔喔喔，只听富人笑，哪闻穷人哭；喔喔喔，喔喔喔。

那时，表兄和我三个人都已经会背诵全篇'项羽本纪'，但是上国语课的时候，我们还是要和其他六年级同学一起大喔而特喔。在我们楼下就是小学一年级，他们国语课我记得几句：'叮当叮，上午八点钟，我们上学去。叮当叮，下午三点钟，我们放学回'。那时小学生们念国语还有朗读的习惯，所以早上早自习，晚上晚自习，只听得全校的孩子一边喔喔喔一边叮当叮，好不热闹。"

胡适四岁就开始读古诗，六岁上私塾开始背古文，到了九岁的时候，自己就完全能看古典小说了，语文水平已经是相当得高，到了十一岁，他已经看完了三四十本古典小说，并读完了《资治通鉴》。到十三岁的时候已经把《左传》读完了。

胡适从小就接受这种教育，他也没有变成书呆子，而且他的记忆力很好，学英文也学得很快，二十岁的时候就出国留学，二十七岁时，他凭借自己优异的古文水平，写了《先秦名家研究》，美国教授看不懂，所以糊里糊涂地就让他通过了论文，拿到了博士学位。二十八岁的时候回国在北京大学当教授。

胡适的成就完全得益于扎实的古文功底，但是，在胡适成名之后，他做了一项对中国后来影响深远的决定，就是建议教育部不要让儿童再读古文。从此之后，中国文坛再也没有出现过什么人学术的水平能高过胡适。

孩子小时候的学习，最重要的是吸收能力，像海绵一样，把有用的东西都装在头脑里。多让孩子接触中国历经千年的古文精华，可以让他们感受到古文的美感。另外，儿童时期是记忆的黄金时期，这时背诵过的古文古诗，可以牢记在心。

有的家长会怀疑：孩子毕竟很小，古文的内容又很深奥，读了背了却不理解，那不是白背了吗？实际上，孩子在背的时候不理解是肯定的，我们也不需要他们来理解，只要让孩子感受到语言的美感，能够体会到读诵的愉悦感，能够深深记在脑子里就足够了。孩子将来有一天是会长大的，他会用几十年的人生阅历来懂小时候背的这些东西，随着他将来经历的增加，理解也就越深刻。

诺贝尔物理学奖的获得者杨振宁先生也提及求学时期学习文言文对他的影响是终生的。他在念中学的时候，父母要求他背《孟子》，他当时并不了解其中的意义，只好勉为其难，把整本《孟子》装载记忆之中。在他成年之后，《孟子》中的话居然成为了他做人处世的基本原则，在他的心中形成了一套价值体系。每当他面临重大的人生抉择时，都会从孟子的话中得到答案。因此，影响他最深的，并不是他所专长的物理学，而是两千多年前的孟子思想。

杨振宁博士在科学研究中的重大思路也是得力于中国古代文化理念：他之所以怀疑 O. Laporte 的奇偶不变定律，是和他大学时读《易经》的心得有关。《易经》中讲阴阳消长、阳盛阴衰，促使他怀疑奇偶不变定律。可见在文言文经典中蕴含的无限潜力。

几年前，华中师范大学曾设立了一个课题组，将小朋友分为两组，其中让一组的小朋友每天坚持诵读古文。坚持了一段时间之后，发现诵读古文的小朋友在上课时会更加的集中精力，反应也更快。可见，诵读古文还有助于提高学习效率。

育才方案：带领孩子一起诵读经典

中国的文字原本就蕴含着艺术美，周作人先生说："中国文字具有游戏性、装饰性与音乐性的特点。让孩子大量地背诵古文中的经典，而不是让孩子把时间浪费在一些平庸之作上，经典的摄受力内化于人的内心，陶冶他们的人格，有助于建立正确的认知，陶冶良好情操。"

著名学者南怀瑾先生对中国目前的教育现状提出过自己的看法。现在的学习按照西方的模式，根据小孩子理解力发展来设置课程，所以小孩子的读物也是根据他们的理解力来设置的。教小孩子念"小猫叫，小狗跳，猫叫狗跳好热闹"，这种语言，虽然小孩子可以读得懂，但是这种教育没有深度，没有任何文化内涵，这种教育方法流传到现在，流弊非常之大，导致今天的中国文化断层很严重。处在最佳记忆时期的儿童，即使不引导他们记住有价值的经典作品，他们也会去背广告词，背流行歌曲，因为重点不在理解，而在记忆。让儿童自小接触最有价值的书，不管懂不懂，这些内容不仅会存入大脑记忆，而且会烙印在潜意识里，而潜意识的妙用在于能直接地、默默地、自然地影响人类的思维和行为，在不知不觉中完成了文化教育的目的。

教孩子读古文最好的方法就是诵读，把诵读古诗当做唱歌，体会到其中的韵律感就好。讲解一定要简单，简要解释一下这篇文章的意思，将重点的词解释一下就行了。对美好的句子还可以再反复品味。

可以在学习中体会到，朗读和背诵仍然是学习古文古诗词最经典的方法。经典的古文有益于人格智慧的培养，有益于提高对文学造诣的训练。让孩子从小就接触最有价值的书，不管文章的难易程度，让孩子多念以至多朗诵背诵。这样的学习不仅不会给人造成压力，而且潜移默化地影响人类的思维和行为，陶冶性情。孩子的这种学习看似是"有口无心"，其实在没有压力的前提下轻松完成了文化教育的目的。

近年来的脑神经研究已经有了相当的突破，研究认为，理解力基本是左脑的活动，潜在层次的活动就在右脑。背诵记忆不仅不妨害理解力，而且会促进理解力的发展。而具有旋律和韵律的背诵不仅可以增强理解力，而且会加强背诵的效果，并投入内心的深处。孩子在念古文的过程中，不仅能够体会到音韵的美感，同时还可以通过文字的视觉来刺激右脑，而辨别字体是左脑的工作。所以整个的诵读过程实际上是动用了左右脑的功能，使左右脑的开发同步。在学习过程中，如果左右脑是同时作用的话，学习效率将提高2到5倍。因此，诵读文章、背古文古诗的作用不仅是陶冶情操，增强文化底蕴，还可以开发智力。

现在有很多的西方学家也开始注意到了中国传统背诵教育法的优点，瑞典汉学家高本汉说："中国学生即使在低年级里，必须背诵几种大部的经典，并须熟记历代名家所作几百篇的文章和几百首的诗歌。结果，对古代的历史和文学，又产生一种崇敬的心理，这实在是中国人的一种特色。这种积累起来的大资产以供中国作家任意地使用，在文辞上自然能得到有效的结果。"

消灭有努力没成绩——眼到、口到、心到

国外有教学研究的统计资料表明：学生学习成绩的好坏，20％与智力因素有关，80％与非智力因素有关。学习成绩优良的学生不一定是最聪明的，但一定是最会学习的。

有的家长对自己的孩子很犯愁：我的孩子每天晚上到家吃过饭就学习，每天都看书到 12 点，可是学习成绩还是没有提高。我们无法催促他学习，因为每天他就是一直在学习，为什么学习成绩不能提高呢？

周峰 13 岁就进入了华中科技大学少年班，他认为自己的成功最关键的原因就是他培养了自己的学习状态，该学习的时候就一心一意地学习，该玩的时候就很投入地玩，把学习的事情抛在脑后。这样的学习自觉性极强，不需要别人的提醒，更不需要别人来强制，学习的时候总是全神贯注，思想从来不开小差，精神稍有溜号，就及时做出调整。正是他专心致志的学习习惯促使他用和别人同样多的经历获得了最好的学习效果。

读书要"心到、口到、眼到"，这是古人总结出来的读书经验。养成了良好的读书习惯，会对学生的学习、工作和生活产生深远的影响。家长有责任采取多种措施，营造好的读书环境，培养孩子正确的读书习惯，才能达到最好的学习效果。

第一，引导孩子养成不动笔墨不读书的习惯。自学时要用符号在书上进行"圈、点、勾、画、批"，在读书的过程中将重点的句子或资料进行摘抄，还要鼓励孩子经常写一写读书体会。

春秋时期的大教育家孔子就有"韦编三绝"的典故。孔子在晚年的时候读《易经》，由于翻看得很频繁，在书简上反复标记，反复回味，以至于将穿书简用的绳子都磨断了，其用功程度可见一斑。

第二，口到、眼到、心到，在这"三到"中，最关键的是"心到"。只有专心，眼

到和口到才能发挥作用。如果不专心，任凭用什么样的学习方法，都将无济于事。

第三，养成善于自我提问题的习惯。有的学生往往自学时提不出问题，但是提不出问题并不意味着没有问题，能提出有价值的问题，是心到的结果，是理解问题的前提。

第四，"非思不问"的习惯。善于提问要建立在多思的基础上。学问二字，"问"放在"学"的下面。这里所说的"学"，是指独立思考。有人提出"五不问"，即：已学过的基础知识未经复习不问；教科书或主要参考书没看过不问；老师问的问题未经思考不问；找不到自身问题的关键不问；提不出自己的思路和看法不问。

第五，"不耻下问"的习惯。

第六，利用工具书的习惯。

育才方案：引导孩子养成勤于思考的习惯

子曰："学而不思则罔，思而不学则殆。"给孩子思考的机会，让他学会思考，具有思考的好习惯，将会促进他更用心地学习。

家长要寻找促进孩子思考的机会，让孩子进入思考问题的状态。

如果孩子不想思考，也不愿意思考，那么就会变得很可怕。因为孩子的大脑正处于发育阶段，不经常使用大脑的人精神发育肯定比正常人迟缓，这是众所周知的。

为了让孩子养成经常用自己的头脑去思考问题的习惯，在说"好好想想"、"努力"之前，首先让孩子自己认识到思考的意义很重要。与父母强迫孩子在学校获得好成绩相比，孩子希望认字，希望能够阅读电视节目表，这对于孩子来说更实际得多。孩子能够自己确定这样更具体的实际目标，才能产生想要认定的热情。由父母一方施加的目标，就很有可能使孩子忘掉思考的重要性。

某小学在带学生到百货店去买东西时，要求每位学生只能带50元，尽量用这些钱多买有用的东西。他们平时用50元买一块蛋糕还常常不够，这次拿50元到高级物品齐全的老字号商店去用，使学生们感到不知所措，但过了两个小时之后，他们左思右想终于想出了买许多东西的窍门，最后完成任务回家了。强行要求的作用恰恰可以发现孩子头脑的灵活性。

当孩子遇到困难的时候，作为家长切勿为孩子作出"结论"，因为对于孩子来说，遇到苦难恰是思考的最佳时期。

比如，当孩子在马路上摔倒时，美国人以鼓励的语言帮助孩子站起来；非洲人以父母摔倒后自己站起来的无声的实际行动教育孩子，从侧面帮助孩子自己站起来，决不像中国人和日本人那样亲自动手帮孩子解决困难。因为孩子具有自我思考的能力，所以大人只要让孩子做好充分利用思考能力的准备就可以了，切勿代替孩子作出"结论"。

19世纪的哲学家、教育家爱德华博士提出了顺其自然地引导孩子提高思考能力的方法，即把物品的名称分三个阶段教给孩子。比如，把铅笔、圆珠笔和毛笔拿给孩子看，第一阶段首先拿出铅笔，指着铅笔对孩子说："这是铅笔。"第二阶段是并排拿着3支笔问："哪支是铅笔呢？"并让孩子自己选择。第三阶段是拿着铅笔问："这是什么？"这种以"这个"、"哪个"、"什么"询问孩子，让孩子回答的方法即为"谢根三阶段"，以这种方法反复提问便可培养孩子的思考能力。

一起来开小卖铺，把学习应用到生活中

有一个小女孩，在四岁的时候就已经学会了500以内的算数法，她是怎样做到的呢？

原来，小女孩和同伴在幼儿园学会了"开小卖铺"，女孩的妈妈因势利导，教会了孩子学习简单算数。这位妈妈的训练步骤如下：

首先，让孩子在简单的游戏中学会减法，比如小女孩把一支铅笔定价为6角，妈妈会付给她一块，这样就相当于一道减法算术题。

当孩子对这种简单的加减法熟练应用之后，妈妈发现小孩子的定价往往是比较整，比较简单的数字，比如1元，200元，而不会用1.8元，217元这样的数字。这位妈妈很巧妙地引导孩子：把雪糕定价到1.2元，你可以多赚哦。用这样的方法，引导孩子开始进行复杂计算。

孩子在游戏的过程中慢慢熟练了加减法，后来父母就在暗地给她加上了相关的乘法内容，比如孩子的铅笔一根卖八毛，妈妈说要买6根，这样就在无形中教会了孩子做乘法。

这位家长的教学方法对孩子有很好的数学启蒙，以至于到了小女孩上小学四年级之后，还觉得做数学题太简单了。实际上，父母与孩子的每一次买卖过程不都是一道数学题吗？

小孩都喜欢玩游戏，选择孩子喜欢的游戏，通过反复让孩子练习来增长其能力，这是教育中的一条重要捷径。

游戏似乎与"教育"这个词没有多大联系。一说教育往往认为是让孩子做些不太喜欢的事。真正的教育的核心内容不是让孩子做不喜欢的事，而是以"喜欢的游戏"来培养孩子的能力。这种教育方法绝不是"光玩不培养能力"。

让孩子在游戏的欢乐中学习，以此引向正确的方向。著名的教育家铃木在《早期教育与天才》一书中有这样一个例子：

有一个孩子，3岁时父母就让他每天坚持练3个小时的小提琴。有的人认为：这么大运动量的训练，有点太过分吧。而实际上完全不是什么过分，因为对他来说只是游戏，通过这种游戏获得欢乐。每天玩3个小时小提琴，怎么算过分呢？

孩子的母亲让他练小提琴代替了玩木偶人，还让他像听情调音乐那样，多听几次刚学过的曲子的录音。他整天把小提琴作为玩具独立演练。

如果父母总摆出一副严肃的"教育"架势，孩子心里紧张就不可避免。如果能激发孩子对接受教育的兴趣，孩子的能力就会不断地得到提高。

开发孩子的智力，首先要使孩子感兴趣，并采用使他们快乐的形式进行。从这种观点出发，家长就要重新探讨今天的孩子所喜欢的游戏了。

有一个孩子，虽然还是幼儿，却几乎已经知道了车的各种型号，令周围的人非常吃惊。当然，这并不是父母强迫其学习的。父母带他驾车去旅行时，孩子在车里感到无聊而哭闹。于是，母亲就与其一起进行"押宝"游戏，让他猜遇到的车的种类和颜色等，使其不知不觉地掌握了"专业"知识。

孩子们能在娱乐中做事，从另一个角度来看，这也是孩子主动性得到充分发挥的表现。多湖辉认为这种学习的主动性尤为重要。我们在学习中真正学到的东西，都是从自己主动地想学开始的。

只要家长在孩子娱乐的时候，稍微动脑想办法，做一些努力，把理论基础知识融于娱乐之中，单纯的玩耍也会马上变成使大脑变聪明的工具，可以说父母的义务就是掌握这种方法。

日本著名的教育家多湖辉对玩耍与学习是如何使孩子的头脑变聪明的问题进行过深入的探讨。他认为，普通的机器越使用越受到磨损，性能越变得落后，人的头脑却完全相反，通过对大脑生理学和心理学的研究可知，人的大脑几乎是可以无限制地延长使用的。

育才方案：为孩子创造参与活动的机会

歌德是德国最伟大的诗人，是德国乃至整个欧洲著名的作家，还是一位多才多艺、知识广博的艺术家和科学家，备受世人的尊敬。他8岁能阅读德、法、英、意大利、拉丁、希腊等多种文字的书籍，14岁开始写剧本，25岁用了四个星期完成了风靡全球的小说《少年维特之烦恼》。人们称歌德是个天才，但这个天才出生却很普通，不过他有一对不一样的父母。

1749年8月28日，歌德出生于莱茵河畔的法兰克福。父亲曾获法学博士学位，当过地方官。歌德小时候常和父亲去林中散步，背诵大自然的诗歌，认识动植物；稍大一些之后，父亲带他到各地旅游，走到哪里，父亲都能介绍出当地的历史、风土人情。

歌德家常有宴会，当然都是为孩子们举办的。

这时歌德被允许站在椅子上，面对观众做演讲。他从结结巴巴、辞不达意，慢慢变得口齿伶俐、声情并茂起来。

歌德的母亲是当地市长的女儿，她爱好文学，喜欢给孩子讲故事。有时到了关键处，妈妈故意停下来，要歌德设想接下来发生的事。母亲请人在家中演木偶戏，看完之后，歌德就和其他孩子兴致勃勃地排演这个剧目，他们背诵台词，准备道具，慢慢发展到自己写剧本，扮演角色。

孔子四岁的时候很喜欢和小朋友玩一种叫"俎豆"的游戏。孔子会扮演祭祀官的角色，与小朋友一起表演祭祀的场面，根据历史记载，幼儿时期的孔子对这种游戏非常痴迷，以至在很年轻的时候就对礼制非常地熟透，也为他后来提倡"礼乐治国"奠定了基础。

事实上现在有很多欧洲国家，以及日本、韩国，这种角色扮演的活动是学习的重点，很多家长都必须为孩子准备好表演的道具，有时候家长也必须到学校去参加各种表演。

如果谁的家长没有去，校方就会认为家长不支持教育，孩子也会因此而感到自卑，在同学面前抬不起头。

也许有的家长会觉得这种角色扮演的做法比较可笑，在成年人的眼中，很多事情都没意思、太可笑，但在孩子的眼里，恰恰是那些游戏最能带给他们快乐。我们可以给孩子提供多种角色扮演的机会，比如配合历史课本，和孩子一起扮演大禹治水的故事；还可配合政治课老师所讲的内容，和孩子一起开展一场模拟法庭，让孩子当一次"小法官"，将会使孩子对所学的知识记忆深刻。角色扮演的学习方法可以使孩子增加学习的兴趣，还能活跃家庭的氛围。如果有机会带上孩子一起参加展览会、户外郊游等活动，所到之处都能给孩子留下深刻记忆，父母可以根据路上的所见所闻为孩子介绍相关的小知识，孩子一定会为自己的"大开眼界"而兴奋。

心上的火灭了，孩子的磨蹭就没有了

作为孩子的父母，要让孩子懂得，生命是由时间积累而成的，谁将该做的事无端地向后拖延，谁就会无端地浪费生命；谁重视时间，时间就对谁慷慨；谁会利用时间，时间就会服服帖帖地为谁服务。

佳佳快 10 岁了，她做事喜欢拖拉，每天作业都要拖到很晚才能做完，上学常常都是赶在关门前进去，迟到的次数绝对是班上第一。

妈妈每次让她做什么她的回答几乎都是"等一下"，然后就是忘掉了。早上刷牙可以刷 15 分钟，晚上洗澡可以洗两个小时。

最近佳佳决心改掉这个毛病，上厕所的时候竟然跟妈妈说："妈妈，过 10 分钟提醒我！"，这句话让妈妈哭笑不得！

像佳佳这样的孩子很多，做事拖拉、慢吞吞似乎不是什么大毛病，但融入集体，进入社会工作后，拖拉的恶习就会暴露出原本的弊端。下面，仔细回想一下你的孩子是否有如下情况，若有则要尽早帮助孩子改正坏习惯。

1. 做作业时不专心，东看看西玩玩，一个小时可以做完的作业要用二个甚至更长的时间。

2. 从早上起床、穿衣、洗漱到出门上学的这段时间内，动作慢吞吞，不紧不忙地，经常导致迟到。

3. 吃饭很慢。

4. 洗澡很慢。

......

孩子做事拖拉一般表现在：因怕困难而把艰巨的任务、麻烦的事情拖到最后办理，或寻找借口一拖再拖；一般不善于整理环境，卧室、写字桌上乱七八糟；缺乏进取精神，不愿改变环境，不愿接受新任务；老是不肯做作业，一直拖到每天的最后一刻，甚至点灯熬油开夜车；遇到棘手的事或考试，就装生病、找借口，企图回避；无论遇到什么事情都怨天尤人，从不从自身寻找原因；说起来一套一套的，想法很多，但从来不去付诸实施……

如果孩子在中学时期还没有克服掉这种毛病，就有可能形成懒惰的性格，在碌碌无为中度过平庸的一生。父母教育孩子，一定要注意帮他们改掉这一陋习。

孩子吃饭做事慢吞吞的，最容易令父母心急。早晨时间有限，看着他从起床、吃饭到准备上学，样样拖拖拉拉，三催四请还是慢吞吞的，让你忍不住拉开嗓门责备他。结果大人光火了，孩子依旧站在那儿发愣，坐在那儿发呆。这样会比较快吗？

当心你的气急败坏造成错误的身教，孩子长大后会变得跟你一样脾气不好。另一方面，孩子的挫折感和当时的惊吓，也会带来更多的抑郁和适应上的困难。

对于孩子的拖拉，建议父母给孩子规定一个时间，让他限时完成。同时，父母还可以为孩子准备一个记事本，将要做的事情按重要顺序分类，养成孩子做事有条不紊的习惯。为了祛除孩子对父母的依赖心理，让他自己承担做事拖拉的后果。比如要出门，提醒他要准备妥当。

育才方案：给孩子规定写作业的时间

对孩子来说，家庭作业无疑像一场战争。有的孩子写作业总是磨磨蹭蹭，原本半小时就可以完成的作业要拖到两个小时完成。作业做得不好，孩子要挨批，家长看着也生气。学校开始实施家长签名制之后，每天给孩子的作业签字，也成了妈妈们的一项作业。怎样愉快地完成这个作业呢？这是很多家长都好奇又觉得无望的一个问题。

想要让孩子爱上写作业很难，但是想要让孩子自觉地做作业，不推三阻四，不敷衍塞责，还是有办法的。那就是让他自己选择做作业的时间，划清玩的时间和学的时间，保证让孩子专心地学又能痛快地玩，这一点很重要。

有一个妈妈曾介绍经验：她的孩子以前老是爱看电视，不知不觉就忘了写作业。等到想起来的时候已经很晚了，又害怕明天挨骂又想睡，结果哭了一场。

"哭也还是要写呀，不然明天老师就要批评你了。我们陪着你写，好不好。"妈妈主动提出来陪女儿写作业，好让她尽快投入到解决问题的行动当中，而不是把时间浪费在哭上。

"既然已经这么晚了，你写作业的时候要快也要好。如果草草写完，明天照样挨批，还不如现在就去睡呢。要写就把它写好了，这才值得。"女儿终于耐着性子把作业写完，安心睡了。

第二天，女儿回家，朝妈妈坏坏地一笑："幸好昨天做完了，老师今天对那些没写作业的同学可凶了，罚他们回家把昨天的作业写十遍。"妈妈听了笑着说："昨天的滋味不好受吧。往后我们规定一个写作业的时间：平时分成两个：看电视前和看电视后，周六和周日，就在早上、中午和晚上之间选择。当然啦，这个是由你来做决定的，你挑吧。"

吃过昨天的亏了，女儿当然心甘情愿地选择看电视之前写作业，周六日，她有时候会和朋友出去玩，所以都选在早上的早餐后做作业。就这样，这个女孩儿每天都很自觉地在看电视以前把作业做完，周六日吃了早餐也不要父母催，乖乖回屋写作业了。

这个妈妈最贴心的地方就是让女儿自己选择做作业的时间。一个人只会对自己的选择心甘情愿，如果可以选择不做作业，孩子们多半会选择不做，但是他们没有这个权利。在做作业上，他们完全不能还价。所以，在何时做作业上，妈妈们不妨"放权"，让孩子们自由去选一个作业时间。

可能有的妈妈会担心：让孩子自己选时间，他们肯定会选越晚越好，能拖就拖。其实这是不信任孩子的表现，在你放下权力的时候，孩子能感受到你对他的信任，这其实是在强化"作业必须做"的意识，他们自己去选择时间，自然就会按照那个时间来做。

无条件一起去旅行

扩大孩子的认识领域和生活空间，让他们亲近自然，是陶冶孩子爱美胸怀的一条重要途径。从某种意义上讲，儿童本身就是天然的童话大师。他们富于幻想，对新奇事物充满好奇与探究欲望，他们的游戏也时时显示着童话的色彩。

但是，爱子心切的家长却给孩子布置了那么多的时间安排，诸多烦忧便接踵而来。作业如山，让孩子们失去了对知识本身追求的乐趣；双休日，也难逃厄运，经常可以看到他们或提小提琴，或背画夹，在父母的带领下，穿行于大街小巷，给予孩子们户外活动的时间少得可怜。

孩子们身上所表现出来的感悟、体验能力下降、情感漠然，已成为当今儿童的"综合症"。所以让孩子到大自然中去，学会充满幻想，心底留存美好，心灵得到润泽，精神得到提升，这是孩子们所需要的生活，更是父母和老师极力要为孩子们营造的生活。

到大自然中成长，也是近代著名教育家们的共识。撰写《俗物与天才》的教育家塞德兹就提倡把孩子放到大自然中；斯特纳夫人也说"大自然"是最好的老师，并专门提出"大自然教育法"；洛克也把大自然当成自己全面教育的试验田，在里面积极开发孩子的各种潜能。

父母要引导孩子领略大自然的美，使他从兴奋、愉快这些单纯的情感发展到高级情感——美感，并产生热爱大自然、热爱家乡、热爱国家的高尚情感，以及要用自己的创造性工作表现这种大自然之美的欲望。

在此期间，为了帮助孩子领会和欣赏自然美，父母在引导孩子欣赏自然景色时，要边看边指点，边走边讲。如有必要，还可以停下来观赏，让孩子仔细体验，使大自然中一切美好的东西都映入他的眼睑，留在他的心灵深处。在孩子观赏自然风光时，可以用简练的语言向孩子仔细描述景色，也可以用儿歌来启发孩子的情感，使艺术语言和眼前的风光景致融合在一起，进一步启发孩子的灵感与想象，加深对大自然之美的体验，把他的思想感情带到优美的境界中去。

育才方案：让孩子感受自然、欣赏自然

著名的日本教育专家木村介绍了她自己带孩子接触大自然过程中获得的巨大收益，让我们来听听她的肺腑之声：

世界上再没有比大自然更好的教师了，她能教给你无穷尽的知识。可是非常遗憾，社会上的大多数孩子却不能接触她。实际上，以大自然为主题，可以向孩子讲述的有趣故事是无穷尽的。

我尽可能带着女儿到郊外去，利用实物向她讲述各种有趣的故事，涉及动物学、植物学、矿物学、物理学、化学、地质学、天文学等所有的科学领域。

我们经常到郊外去，摘下一朵花、拔下一棵草进行剖析，砸碎一块岩石进行观察，窥视小鸟的窝，观察小虫的生活状况等，进行各种研究。她喜欢用显微镜观察各种东西，同时，写出了有关各种事物的极其有趣的散文。

女儿非常喜欢植物，采集的标本堆积如山。开始她非常害怕青虫，自从告诉她青虫会变成美丽的蝴蝶之后，她就不害怕了。我还向她讲述蚂蚁和蜜蜂的生活规律，她对它们的集体生活很感兴趣。她还研究黄蜂和熊蜂的生活，写出了许多散文。

让孩子接触大自然，不仅可使他们身体健壮，而且他们的精神也会旺盛起来。不少年轻的家长认为对孩子进行智力开发，就要让孩子多写、多算、多练，殊不知这样一来，也就使孩子逐步疏远了大自然，从而失去了一位可以启迪孩子心灵的好老师。大自然是一个丰富多彩的物质世界，认识自然是孩子常识教育的一个重要方面，大自然是孩子智慧的源泉，这所蓝天下的学校是孩子学习成长的最好课堂。它的千姿百态、无穷的变化，吸引着富有好奇心的孩子。只要家长能有意识地引导孩子学会观察，就会打开他们向自然求索知识的心扉。

用手轻轻地抚摸稻穗，用鼻子去闻闻稻谷发出的清香，与稻子比比高低，让孩子去发现身边事物的魅力。在培养孩子的观察和分析能力时要引导他们从整体到局部，有顺序地进行观察。比如，观察桃树时，先让孩子对桃树的特征有一个较为完整的认识，然后再分别观察它的每一部分的特征，树干、树叶、树枝是怎样的，花朵有几个瓣，闻一闻桃花的香味等。孩子有了运用多种感官的机会，视野开阔了，思维也会活

跃起来。

　　有一位教育家曾经说过："大自然世界是最有趣的老师，它的教益无穷无尽，然而，世界上有很多孩子却没有机会与这位教师亲近、接触，实在遗憾。"与大自然失去联系的孩子实质是精神生活上的部分损失。孩子们真的需要到大自然中去见识并健康成长。年轻的爸爸妈妈们，带孩子到大自然中去寻找知识，巩固知识，开发智力，陶冶性情吧！

考好不奖励，考差不批评
——家长的注意力不能只盯着分数

　　学校中有一句流传甚久的话："分，分，学生的命根。"在学校里，老师看重的是分数；回到家里，父母关心得最多的也是分数；亲朋好友来了，问的还是分数。"最近考试了没有？得了多少分？""这次考试在班上第几名啊？"成绩好的孩子，倒觉得没什么；成绩差一点的，简直就无处藏身。

　　有一位具有高级职称的英语教师，对自己的孩子要求甚严，因为孩子的优异成绩最能证明自己教学水平的高超，所以她很希望自己的孩子在高考中取得好成绩。她利用暑假的时间给孩子花钱报名上封闭式管理的英语辅导班，让孩子整个暑假都没有得到休息。有一次她帮孩子挑选了一本很好的英语语法练习题，告诉孩子：三天之内，把这本书从头到尾做一遍。在这位老师的高压教学法下，孩子得不到一丝喘息，每天都在一刻不停地学习。终于高考来临了，那个孩子却因为压力太大而发挥失常。他把自己锁在了屋里，不愿意出来吃饭，也不愿意出来见人。这位老师心里难过极了，哭着告诉孩子：出来吧，只要你好好的。妈妈要儿子，妈妈不要名牌大学生。

　　实际上，现在中国家庭父母对子女的教育，大都仍处于分数教育。孩子考了高分，父母荣耀。似乎高分就意味着真正的优秀和远大的前程。

　　分数不是衡量孩子能力的唯一标准。考试是检验孩子学习情况的一种手段，它是一项比较单一的检测。这基本上是对孩子学到的书本知识的抽查，分数永远只是个形式和手段。它不能证明孩子真正学到了多少知识，也不能证明一个孩子的品格与才能如何。它不是衡量孩子聪明与否的唯一标准。

　　分数也并不能完全真实地反映一个孩子的能力。有很多孩子平时学习特别好，各方面能力也不错，但是一考试就考砸了。还有一些孩子，平时小测验没问题，但是到了升学考试这样的关键时刻，就发挥失常。这就是一个心理素质问题，考试怯场，就无法发挥自己的正常水平。

对于中小学生而言，两个方面的教育很重要：一个是培养孩子学习的兴趣，一个是教孩子掌握良好的学习方法。做到这两点，孩子的学习成绩自然会好起来。

基于此，家长应该对分数先有个正确认识，明白了分数所代表的意义，我们就不会把分数作为衡量孩子的标准。当孩子的成绩出现滑坡的时候，家长要给予及时的安慰和鼓励，目的在于保护孩子的学习兴趣，这一点才是最重要的，如果家长用刻薄的话把孩子打入冷宫，他们也不再会对求知充满热情。同理，如果孩子的成绩在班上总是遥遥领先，我们家长要注意防止滋生骄傲情绪，这时可以给孩子讲一讲更优秀的例子，让他明白他只不过是在一个小圈子里比较优秀而已。孩子能用一颗平常心来积极地向学，这是作为家长要达到的目的。

现在社会上，有成就的人并不都是有良好的学历背景。不是说文化知识不重要，而是说，我们不能忽略了孩子的全面发展。除了分数，家长更要关注孩子的品德修养、性情习惯以及他解决问题的能力。

不少父母过多关心孩子学习，只要考出好成绩，什么要求都答应，什么愿望都满足。品德低下却不被关注，这样的教育理念、方式令人忧虑。

作为家长，引导与帮助孩子提高学习成绩，是应尽的义务。家长重视孩子的考试分数是可以理解的，因为分数毕竟是学习状况的一种重要反映。但是，分数只是一个现象，家长应该动脑筋分析分数背后的诸多原因。

育才方案：应该更加关注孩子的学习能力

人生是一条漫长的学习之路。据专家分析：在农业时代，一个人只要7至14岁接受教育，就足以应付往后40年生活之需；在工业时代，求学时间延伸为5至22岁；而在目前的知识经济时代，由于科技急速发展，每个人必须随时接受最新的教育。要在这个社会中成功，不只靠一张名牌大学的文凭，而取决于不断持续的终身学习能力。

有报道说，在英国大约有65％的毕业生毕业后从事的职业与他们在学校所学的专业无关，这种现象在我国也许更为突出。这是为什么？原因就在于当今世界信息和知识飞速增长，使灌输知识为主的教育已无法面面俱到。针对世界发展变化的重大趋势，著名的未来学家托夫勒在二十世纪九十年代早期预言："未来的文盲不再是不识字的人，而是没有学会学习的人。"1999年，美国教育部组织了16位著名的心理学、认知学专家，对近三十年来学习科学领域大量涌现的研究成果，进行了两年的研究分析，他们得出的结论是："二十世纪九十年代以来，学习理论和教育研究发生了人类有史以来最本质与革命的变化……一场彻底改变人类学习理念与方式的革命已经兴起。"并指出：新世纪的教育的目的要从传统的灌输知识为主的模式，转变为"帮助学生发展必要的认知（智力）工具和学习策略，使他们能够获得创造性地思考有关历史、科学技术、社会现象、数学和艺术时所需的知识，使他们成为自我维持的终身学习者。"

有位社会学家曾经调查了几十位诺贝尔奖获得者，发现这些获奖者大多认为，学生学习时期，最重要的是掌握学习方法，这是学生获得学习能力的重要环节。伟大的科学家爱因斯坦回顾自身的教育经历，在一篇《论教育》为题的讲话中曾深刻指出："发展独立思考和独立判断的一般能力，应当始终放在首位，而不应当把获得专业知识放在首位。如果一个人掌握了他的学科基础理论，并且学会了独立地思考和工作，他定会找到他自己的道路。"

事实证明，学习能力是决定孩子能否成为优秀人才的决定因素。学习型组织的倡导者、《第五项修炼》的作者彼德·圣吉说过："因为未来唯一持久的优势，是有能力比你的竞争对手学习得更快。"为了让我们的孩子在未来社会立于一席之地，家长有责任培养孩子一生受用的学习能力，并着力培养孩子学习的浓厚兴趣。教育应该从教孩子接受知识，转向教导孩子全方位地学习，以满足终生学习和成长的需要。在注重孩子学业成绩的同时，家长更应关注全面培养孩子的学习能力，让孩子享受学习的快乐，拥有成功的学习经验。

送给孩子一个便签本，不懂的问题及时记

孩子在学习的过程中，经常会遇到类似的事情，有时会遇到不懂的问题，想着要请教别人的，结果一不小心忘记了，这样就会失去一次学习的机会。

当发现孩子在学习的过程中，遇到了疑惑没有办法解决，就应该告诉他要想着随时请教别人。如果遇到问题不能及时处理，以后积累的问题就会越来越多。

贾逵是东汉时期的经学家、天文学家，自小聪明伶俐，喜爱读书。但是他的家境不好，买不起纸和笔。所以贾逵读书时，一遇到好的文章或者是好的句子，就将这些内容刻在家里的门扇、屏风和自己制作的竹简、木片上，然后有机会找人请教。就这样一边读，一边记录。随着不断地学习，他的学识越来越丰富，同他接触过的人都说他是当今的奇才，无人能同他相比。

家长可以送给孩子一个小便签本，鼓励孩子把学习上的疑问随时记录下来，以免以后又忘了。因为如果时间长了，当有机会向老师或同学请教时，可能这时连问题都提不出来了。还有在学习过程中会遇到不好记住的知识点，也可以利用小小的便签本

来帮助强化记忆。

有这样一位领导，他的年龄已经快 60 多岁了，但却把一些法规条文背得滚瓜烂熟。有一次别人问他："这些都很难背，年轻人都不容易记住，为什么你能记得这样深刻？你是怎么背的呢？"这位领导从口袋中拿出来一个小本子，他说："在工作领域方面，凡是我要了解的这些法规，我随时随地都在读。每一条读五十遍，口要念出来五十遍，五十遍之后，再慢慢用记忆的方式来想一想，回忆一下，再记不住的话，就随时随地一有空闲就要看。"

这位领导的工作方法值得我们效仿，千万不要忽视一个小小的本子，它的用处很大。在教育孩子的过程中，家长可以引导孩子小本子不离手，以便他随时学习，随时记录下来自己的想法和疑问。

不仅如此，当孩子随时能够记录下来自己的疑问和学习任务的时候，说明他已经懂得要为自己的学习负责了。

有一位父亲发现孩子总是回家给同学打电话询问作业，就开始追问女儿。女儿说："我在课上的时候没有记下来，要打电话问同学，才知道今天应该做哪些。"父亲立即禁止，他说："不允许！你今天该做什么作业你都记不下来，说明你连起码的责任心都没有，你回到家才想到要向同学打听今天要做哪些作业，这是什么学习态度呢？你要记住，学习是自己的事情，绝对不能依靠别人。"所以这位父亲宁可自己的孩子转天到学校被处罚，也不允许她再打电话问同学。这个孩子经过了父亲的一番教诲，以后，每天应该做什么作业，她都在课堂上记得清清楚楚，再也不会打电话问同学了。

当孩子养成了良好的学习习惯，也就具备了良好的学习素质，懂得了正确的学习方法，学习的效率就会提高很多。

育才方案：向孩子请教问题

当孩子在家学习的时候，如果家长总是以指导者的身份出现，告诉他哪个对哪个错，孩子的心里总是忐忑不安。如果家长能以求学者的姿态虚心向孩子求教，孩子的自信心反而会高起来了。

有一个叫做小雨的孩子，平时的学习成绩还不错，但是到考试的时候总是成绩不理想，妈妈分析觉得还是孩子的知识没有掌握牢固。

有一天，小雨正在背地理里面的地中海气候什么的，妈妈从外面进来，端了一杯水，笑着说："喝点水吧。你背的这个地中海气候是什么意思啊？"

"这是一个气候术语，就是根据地理气候的特点，把全球分成了不同的气候类型。不过地中海的比较特别，集中在地中海沿岸，所以就叫地中海气候吧。"孩子喝水的时候回答道。

"哦？地中海和别的地方有什么不同啊，妈妈从来没有想过那么远的地方会是什么样子呢。"妈妈好像真的想去看一看。

"地中海在这里，"儿子指着地球仪，"它的气候特点是……"就这样，孩子把地中海的气候介绍了一遍，又和别的气候作了比较，还顺便讲了中国的气候特点。妈妈听得津津有味。

"哎呀，你们现在的教材真有意思，可惜我们当年没有这么有趣的书读。"

"妈妈，你要是喜欢，我往后经常给你讲讲？"小雨竟然主动提出了给妈妈上课，妈妈当即就说好，并且定下每个双休日选一个下午的时间给妈妈上课，从地理到历史，除了数学之外都行。孩子自由备课，可以拟定试题，抽查考试，判分数，写评语……

当然，这个妈妈在背后也下了不少工夫，为了提醒儿子不要犯同一个错误，妈妈故意在孩子出过错的地方做错，让孩子"纠正"，这样一个学期下来，小老师的学习成绩提高了很多。

这种与孩子互动的方式其实是在减轻孩子的心理负担。孩子一直处于一个被安排、被教育的地位，很容易产生厌倦情绪，如果不及时疏导，就会积累成厌学、偷懒的坏毛病。妈妈以一个求教者的身份来接近孩子，孩子的情绪就会适当排解。

和孩子一起计算荒废的时间有多少

有一位家长抱怨自己的孩子：7岁的女儿做起事来就像是电影中的慢镜头，每个过程都会分成好多的细节，做事总是喜欢磨磨蹭蹭。晚上刷牙洗脸会把卫生间里的东西玩个遍。看她做事那样的磨蹭，真是让人着急。

相比于大人，一般小孩子比较不容易有时间的观念。家长一天的工作非常劳累，会深刻地感受到时间的宝贵，希望抓紧忙完自己的事情，有更多的时间来陪伴家人和休息。但是在孩子的头脑中往往没有这样的概念，他们认为按照自己的习惯做事是很自然的事情，也不会刻意去抓紧时间，提高速度，于是在家长眼中成了磨蹭的孩子。

鲁迅自述他的成功，有一个重要的秘诀，就是珍惜时间。鲁迅十二岁在绍兴城读私塾的时候，父亲正患着重病，两个弟弟年纪尚幼，鲁迅不仅要经常去当铺，跑药店，还要帮助母亲做家务；为了不影响学业，他必须精确地安排好时间。

鲁迅几乎每天都在挤时间。他说："时间，就像海绵里的水，只要愿挤，总是有的。"鲁迅读书的兴趣面很广泛，又喜欢写作，因为他要学习的实在是太多了，所以时间对他来说，实在非常重要。

作为家长，应该引导孩子珍惜时间，把时间放在最有用的事情上，而不是荒废掉。这时家长的及时引导就非常的重要了。

有一次，一个小男孩在外面玩了一天直到晚上才回家，这时才发现自己还没有写作业。父亲观察到教育的机会来了，就把小孩子叫过来对他讲：你今天的时间都浪费掉了。我来帮你算一下有多少时间容得你这样浪费。

父亲拿过来一根木条，告诉孩子：好比这是你的一生，假定有八十年，一共你所有的时间加在一起就这么多。但是你每天有三分之一的时间需要睡眠，所以这一段的时间都不能用。说着，这位父亲拿锯子锯掉了木条的三分之一。

接着，父亲告诉他：孩子，在你小的时候，什么事情还都不懂，所以这段时间你什么都做不了；还有，当你将来老的时候，你会年老体衰，想做事情也有心无力了，所以，这段时间也不能要。说罢，父亲又拿锯子锯掉了一块木条。

小男孩惊讶地看着父亲的举动，发现自己的时间原来这么少。他对父亲说：我懂了。

父亲没有理会他：不，你不懂。今天我不和你讲清楚，你不会明白。你从小到大，不知道要生多少病，这又会耽误你很多时间。说着，父亲又锯下了一块木条。

原本一根很长的木条只剩下很短的一块，父亲语重心长地告诉孩子：你看，你真正有多少时间是在做真正有用的事情，请你好好反思。

孩子真的明白了，从此以后就不再浪费时间。

这位家长和孩子算了一笔"细账"，相信如果父母都这样把道理讲清楚，孩子都会多少感到时间的紧迫，会了解珍惜时间的必要性。

育才方案：让孩子利用好每一分钟

有很多人之所以优秀，在于他们会很好地利用每一分钟，在于他们是一个珍惜时间的人。富兰克林曾经说过："你珍惜生命吗？那么就请珍惜时间吧，因为生命是由时间累积起来的。"

有很多伟人、名人视时间为生命，对时间无比珍惜，他们的成功是由于他们在有限的时间里做出了超出常人的努力。时间对每个人都是平等的，谁有紧迫感，谁珍惜时间，谁勤奋，谁就可以得到时间老人的奖赏。父母在教育孩子的过程中，需要树立孩子珍惜时间的意识。教会他们生活要统筹时间，在有限的时间里取得更高的学习、生活效率！

所以，从现在开始，父母要告诉孩子抓住身边的分分秒秒，养成珍惜时间的好习惯。如何在生活中让孩子养成珍惜时间的习惯呢？这就需要家长告诉他们要学会合理规划时间。合理规划时间还应当注意以下两点：

第一，要善于有效分配时间。

千万不要平均分配时间。应该把你的有限的时间集中到处理最重要的事情上，不可以每一样工作都去做，要机智而勇敢地拒绝不必要的事和次要的事。一件事情发生了，开始就要问："这件事情值不值得去做？"千万不能碰到什么事都做，更不可以因为"反正我没闲着，没有偷懒"，就心安理得。

第二，要学会处理两类时间。

对于每一个人来说，存在着两类时间：一类是属于自己控制的时间，称作"自由时间"；另一类是属于对他人他事的反应的时间，不由自己支配，称作"应对时间"。

两类时间都客观存在，都是必要的。没有"自由时间"，便完全处于被动、应付状态，不能自己支配时间，不是一名有效的领导者。但是，要完全控制自己的时间在客观上也是不可能的。没有"应对时间"，只有"自由时间"，实际上也就侵犯了别人的时间。因为个人的完全自由必然会造成他人的不自由。

在教育孩子珍惜时间的时候，不仅仅是要让他们学会利用好每一分钟，还要让他们改掉拖拉的毛病，养成立即行动的习惯。那些懒惰的人最喜欢给自己找借口，他们最重要的特征之一就是拖沓，把今天的事情拖到明天，明天的事情又拖到后天，可能还要一直拖下去。这种错过太阳又错过星星的习惯，会消磨人的意志，使人怀疑自己的行为、毅力和目标，最终将会跟优秀无缘。

第六章
潜力＋才艺：用耐心成就天才

判断孩子是否"天赋异禀"

俗话说，孩子都是自己的好，但真的让家长说出自己的孩子到底有哪些过人之处，许多家长却说不出个所以然来。

被称为"钢琴诗人"的肖邦，父母都是音乐爱好者。肖邦自幼就受双亲的影响，对音乐特别感兴趣。开始，父母并不想让肖邦去学音乐，但小肖邦听不到音乐就哭，刚4岁就要姐姐教他钢琴，父母意识到这孩子有音乐的天赋。因此，在肖邦4岁时，父母就让他正式从师学习钢琴。小肖邦学得很快，很投入，成了一名音乐神童。19岁肖邦就创作了《钢琴协奏曲》而一鸣惊人。

如何发现孩子的天赋是每个家长都关心的问题。科学家认为，事实上，每个孩子都有自己的特长、天赋，关键在于是否表露出来。家长们平时可以从以下几个方面细心观察孩子：

1. 孩子是否善于背诵较长的诗句篇章？当你第二次给孩子讲述同一个故事时，如果不小心说错某一个地方，孩子是否能立刻察觉？当你带孩子走街串巷时，孩子是否能指出曾经到过的地方？

如果一些类似问题你都答"是"，说明你的孩子记忆力相当不错，在语言方面应该有一定天赋。

2. 孩子是否一听到音乐就会跟着翩翩起舞或小声哼唱？孩子的日常举止动作是否优美协调？孩子是否能很快学会骑自行车、滑板车之类？

答"是"的家长可以相信，孩子有一定的音乐天分，平衡能力也相当不错，舞蹈、武术也许是发挥他的长处的地方。

3. 当孩子在玩玩具时，你是否发现他会自动按颜色大小分类？当孩子开始涂鸦时，你是否观察到孩子对色彩有鲜明的喜好，喜欢用鲜艳的色彩涂色？

这些都说明他很可能在绘画方面会有所发展。

其实只要注意观察，家长们都能发现孩子在某一方面的优势，世界上从来就没有一无是处的孩子，上帝在关上一扇门的同时，也会为我们打开另一扇窗户。有一句老话叫做："世界不是缺少美，而是缺少发现。"我们同样可以说，孩子不是缺少天赋，缺少的只是发现的眼睛。

居里夫人对两个女儿的教育更是刻意发掘天赋的成功范例。在孩子刚学说话时，居里夫人就开始对她俩进行了探索性的发掘。女儿刚上小学，居里夫人便让她俩每天放学后在家里进行 1 小时智力活动，以便进一步发掘其天赋。当她们进入赛维尼埃中学后，居里夫人让女儿每天再补一节"特殊教育课"——在索尔本的实验室里，分别请老师教给她们化学、数学、文学和历史、雕塑和绘画、4 门外语和自然科学，而每星期四下午在巴黎市理化学校里，由居里夫人教女儿物理学。

经过 2 年"特殊教育课"的观察鉴别后，她发现：大女儿伊雷娜性格文静、朴实、专注和自然，着迷于物理和化学，明确自己的使命是要当科学家并研究镭，这些正是科学家所具备的素质。小女儿艾芙性格活跃、充满幻想、情绪多变，居里夫人先培养她学医，再引导她研究镭，又激励她从事自然科学，可她对科学不感兴趣，艾芙的天赋是文艺。

多年后，居里夫人的大女儿伊雷娜·居里因"新放射性元素的合成"荣获诺贝尔化学奖，而小女儿艾芙·居里也成为一位优秀的音乐教育家和人物传记作家。

倘若每一个做父母的都能像肖邦的父母和居里夫人那样，迅速及时捕捉住孩子的天赋，顺势引导，就能为孩子成才打开通道。

育才方案：挖掘和引导孩子的天赋

比发现孩子天赋更重要的，是挖掘和引导。常见一些家长牵强附会，自以为是，任意夸大孩子的特点，并沾沾自喜。其实《伤仲永》的故事大家都耳熟能详了，发现孩子的天赋并不难，难的是将天赋变成实实在在的能力。这里面有几个要点值得重视。

1. 要抓住培养孩子的最佳年龄。科学家研究发现，孩子在各方面的发展都有一个最佳期，抓住了最佳期，就等于把握了良好的开端。

一般来说，3 岁是训练外语口语的最佳期，4~5 岁时训练书面语言最佳，5 岁则是掌握数字概念的最佳期，而 3~5 岁对于具有音乐才能的孩子来说，是音乐入门的好时机。重视最佳期，及时给予正确引导，往往能起到事半功倍的效果。

2. 家长应端正心态，挖掘孩子天赋最忌拔苗助长。一定要从孩子实际出发，根据孩子的年龄和心理特点提出切实可行的计划，并加以实施，循序渐进，持之以恒。

3. 培养孩子应该是全方位的，这其中，非智力因素即现在常说的情商，也是促进天赋朝能力转化不可忽视的环节。有些家长一味重视开发孩子的智力，却忽视了非智力因素的培养。其实，非智力因素包括性格、情感、意志、品德等，对孩子的智力开发同样起着重要的作用。一个健全的孩子首先应该拥有健康的人格，其次才能谈到"天才"二字。显然，如果一个钢琴天才却有着畸形的心理，同样是不可取的。

卡尔威特说潜能：让 80 分的孩子发挥 100 分的水平

卡尔威特是 19 世纪德国的一个著名天才，他在九岁时就能自由运用德语、法语、意大利语、拉丁语、英语和希腊语这六国语言。他的父亲老威特是一位非常有创造性的乡村教师，他总结自己的教育经验，就是要注意开发孩子的潜能，并且让孩子越早越好地接受教育。

小威特刚出生的那几天，全家人都陷入一种苦恼和不安的氛围之中。因为这是个不折不扣的弱智儿童。

不过老威特却说："虽然我现在无法改变他是弱智儿的事实，但我能将他现有的潜能发挥到极点。尽管威特现在没有别的孩子聪明，但总有一天他会超过其他的孩子。因为即使是天生聪明的孩子，在出生时有很好的起点，但如果得不到正确的培养也不可能充分发挥其潜能，那么他终究也不会成才。我们的小威特虽然现在的起点很低，但如果得到了合理的教育，他的潜力一定会充分发挥出来，最终会超过其他的孩子，超过所有人，他一定会成为德国最优秀的人才。"

正如老威特所言，他用自己独特的教育理念把这个痴呆的儿童培养成为举世瞩目的神童。

根据心理、生物、生理学等学科的研究，人天生就具有一种特殊的能力。只是这种能力表面上是看不出来的，它是一种隐藏在我们体内的能力，我们把这种神秘的能力称为潜能。

充分发挥儿童的潜能是卡尔威特教育法的目的，这也是老威特的教育理想。他认为世上天才不多的原因就是没有对儿童进行适当的教育以至于孩子的潜在能力得不到充分的发挥。如果能尽早地挖掘诱导孩子发挥出这种潜能，也许就能培养出伟大的天才了。

需要引起家长特别注意的是，儿童虽然具备潜在能力，但这种潜在能力不是一成不变的，而是遵循一定的规则在变化。比如说生来具备100度潜在能力的儿童，如果从一生下来就给他进行理想的教育，那么就可能成为一个具备100度能力的成人。如果从5岁开始教育，即便是教育得非常出色，那也只能成为具备80度能力的成人。而如果从10岁开始教育的话，教育得再好，也只能达到具备60度能力的成人。这就是说，教育开始得越晚，儿童的能力实现就越少。这就是为后人熟知的著名的儿童潜能递减法则。

育才方案：潜能训练从五官开始

婴儿时期的一切能力，如果不利用与开发，就永远也不会得到发展。因此，家长应该注意在孩子幼小的时候训练他的五官、刺激大脑发育。因为听觉、视觉、味觉、嗅觉、触觉，是人类感知外部世界的生理基础。充分刺激孩子的感觉器官，能够促使大脑的各部分积极活动。如果孩子大脑的各个功能区都能发挥出最大效能，就会成为一个聪明伶俐的人。

在五官中，首先要发展耳朵的听力，因为婴儿的听力比视力发展得要早。父母训练孩子听力的方法，可以朗读一些著名的诗歌给他听，并且随着语调的变化，孩子的反应也在变化。

有效地训练眼睛，也是开发孩子智力的重要一步。可以给孩子买来一些色彩鲜艳的玩具来刺激他的视觉。父母还可以给孩子买来蜡笔，训练他画图，用这种方法来增长他的智慧。

满月之后的孩子可以训练他来爬行，父母一定尽早地让孩子学会爬行，因为俯身的姿势是最适合婴儿活动的姿势。婴儿在爬行时颈部肌肉发育快，头抬得高，可以自由地看周围的东西，受到各种刺激的机会也增多了，这就会大大促使大脑发育，使孩子变得聪明。

在孩子说第一句话的时候，无论他的发音是否符合标准，作为父母在高兴之余还要意识到这时应该教孩子说话了，建议父母这时在做什么事情的时候要和孩子"念叨念叨"，告诉孩子自己正在做什么，训练他的听说能力。这样"从身边的实物开始"是教孩子说话的最好方法。

养一盆小植物，训练孩子的观察力

我们的社会为什么会不断地进步，就在于人会思考，而思考就来自于细心的观察。

当我们看到一艘汽船、一间蒸汽磨房、一辆蒸汽火车，请记住，如果没有细心的观察，它们是绝对不会出现的。告诉孩子只要细心观察身边发生的事情，一定会有许多惊讶的发现。

伟大的物理学家艾萨克·牛顿坐在苹果园的椅子上，突然看见一只苹果从树上掉了下来，他开始思索，想知道苹果为什么会掉下来。终于他发现了地球、太阳、月亮和星星是如何保持相对位置的规律。

一个名叫詹姆斯·瓦特的小男孩静静地坐在火炉边，观察着上下跳动的茶壶盖，他想知道为什么水汽可以使沉重的壶盖移动，他从那时起就一直思考着这个问题。长大之后，他发明了蒸汽式发动机。

伽利略在意大利的大教堂内，对往复摆动的吊灯产生了浓厚的兴趣，他从中得到启发，终于发明了摆钟。

观察力是人们认识客观事物或现象的基本能力，观察力是智力的基础。观察力强，就能使孩子有能力获得丰富的素材，获得真实的感受和正确认识。如果有素材，孩子说话就有根据，空话、假话、废话就少，判断问题的正确性相应地提高。反之，观察力弱，尽管瞪大眼睛去看，所见到的东西却不一定多，有时还出现错误。所以人们常说"善观察者，可见常人所未见；不善观察者，入宝山空手而回"。所以培养孩子的观察力是非常重要的，是智慧的起点。

敏感的家长应该从孩子以下的行为中判断，他们具有极强的观察能力。

1. 观察有很强的主动性

这类儿童观察主动、自觉，对于需要观察的内容，他们会注意力高度集中地去完成观察任务，不需要家长或教师的指点和催促，而且在观察时不易受其他事情的干扰，能够专心致志。

2. 观察有明确的目的性

这类儿童一般观察前都经过一番思考，对观察的内容有一定的自我感觉。如能带着问题观察，而不是盲目地凭兴趣观察，常会有超出常人的发现和顿悟。

3. 观察敏锐，分清观察的主次，看透事物的本质

这类儿童能在观察中分清问题的主次，有的放矢地对问题进行观察。更重要的是他们还能很快地发现事物之间的联系，透过事物的现象看到本质，真正做到既观察事物的详细外在特征又发现事物的内在规律。

育才方案：帮助孩子提高观察的能力

既然已经知道了观察能力的重要性，可以从以下几个方面着手来培养孩子。

1. 要有明确的观察目的。在确定了观察对象之后，要鼓励孩子留心观察到底，不要轻易地转移目标。例如带孩子去动物园看孔雀开屏，一经确定目的之后，就要教孩子认真观察孔雀的动静，在孔雀还未开屏时，要耐心守候，不要因为猴子山好玩，没有看清楚孔雀开屏，就一下子转到猴子山去。

2. 要教会孩子对事物有顺序、有步骤地观察。例如观察植物，可从花、叶子、茎、颜色、姿态几方面去观察；看图画中的人物，按顺序看姿势、动作、人与人之间的关系、背景和其他细节。有顺序、有步骤地看，就能看到事物的特征和各部分之间的关系。

3. 要教会孩子从多种角度观察事物。例如观察鸭子，将整只鸭从头到尾看了以后，还要看它的脚趾，告诉孩子鸭脚趾有蹼，所以能游水；看一座山，可以高看、低看、远看、近看、横看、侧看，从不同角度对事物进行观察。

4. 要让孩子多看、多想、多听、多讲、多摸一摸、多闻一闻，以加深对事物的印象。例如观察小兔子。除了看它的外形，可以让孩子用手去摸一摸兔子的皮毛和长耳朵，用草去喂小兔子，孩子用多种感觉器官参加观察活动，就可以得到事物多方面的感性认识，加深印象。

5. 教会孩子把类似的物体对照、比较，进行观察。例如，看苹果时，可以对比梨子，看看它们的外形、表皮以及果肉、果核有什么不同和相同的地方。通过比较，使孩子对事物的分辨就更清楚、明确。

6. 为了让孩子对某些事物做较长期的、有系统的观察，获得完整的知识，可以让孩子做些实验，通过实验进行观察。例如：把黄豆放在花盆里，观察它是怎样发芽、长叶，需要什么条件，观察它的变化和生长过程。这样，有利于激发孩子观察的兴趣，求知欲也更加旺盛。

一同描绘云朵的形状，激发孩子的想象力

孩子的想象力是智力的重要组成部分，聪明的孩子，都具有丰富的想象力。孩子如果缺乏想象力，就不能很好地掌握知识，也缺乏创造力。爱因斯坦说："想象力比知识更重要，因为知识是有限的，而想象力概括着世界上的一切，推动着进步，并是知识进化的源泉。严格地说，想象力是科学研究中的实在因素。"注重孩子想象力的培养

和提高，让孩子成为一个有创造性的人，这才是家长最需要重视的事情。

达尔文是19世纪的科学巨星之一，是进化学说的伟大创造者，他小时候，是一个富于想象、爱说大话的孩子。有一次达尔文在山下拾到一块化石，回家后跟姐姐说，这是一块价值连城的宝石。又有一次，他捡到一枚硬币，又一本正经地告诉姐姐，这是罗马造的。姐姐不信，拿来一看，不过是一枚变了形的18世纪的硬币。还有一次，达尔文煞有介事地对同学说，他发明了一种"神秘的液体"，这种液体注射进植物体中，可以改变花果的颜色。姐姐理解小达尔文，说："这算什么撒谎，这小弟倒挺有想象力，说不定哪一天，他会把这种才能用在事业上去呢！"

细心的父母可以发现如果孩子在以下的这些方面表现出超出常人的天赋，说明他具有较强的想象能力：

1. 能够自己编故事，而且故事有较强的逻辑性，结构完整，已能正确地形容和比喻。例如，有的儿童在作文中写到："肥壮的玉米秆上挂着红缨缨的棒，像千百杆红缨枪立在青纱帐里。""山上的小鸟为我们唱着歌，在欢迎我们到来。"

2. 能画想象丰富的画和制作富有创造力的作品。

3. 有较强的想象力。能够有目地、完整地想象出事物的形象。在进行想象时，他们已完全不用依靠具体材料，可以仅凭语言的描述想象。一个想象力很强的儿童，可以按照成人的语言（或图画）描述出他从未见过的东西。

4. 能进行具有现实性的创造想象。想象力超常的儿童可以有目地创造出许多别出心裁的东西，将幻想变得有现实性。他们已不是简单地再现，而是创造性地想象出新的形象了。例如，有个9岁的儿童想象出了一个宇宙飞船，靠光能作为前进的动力。别人问他："为什么用光作动力呢？"他说："光到处都有，宇宙中每个恒星都发出光，宇宙飞船到哪里都能吸收能量。"

一位从国外访问回来的幼教专家曾讲过这样一件事：一次，她去一所幼儿园参观，看到一个幼儿用蓝色画了一件大大的圆东西，她问："你画的是什么？"那幼儿答："大苹果。"这时，他的老师过来看了一眼，说："嗯，画得好。"摸了摸那幼儿的头就走开了。我们的专家见状很纳闷。事后，她便问那位老师："他用蓝颜色画苹果，你怎么不纠正他呢？"那位老师诧异地看了她一眼，说："我为什么要纠正他呢？也许他以后真的会培育出蓝色的苹果。至于现在的苹果是什么色彩，他会在吃苹果时弄明白的。"

那位外国老师不干涉幼儿的大胆想象的做法是值得我们学习的，只有让孩子的想象在自由的世界里驰骋，他将来才有可能成为创造型的人才。

育才方案：培养孩子的想象力

现在的孩子很普遍地出现了"懒脑"的状况，不爱动脑子，想象力也不如之前的丰富。对此，作为家长要引导孩子丰富他的想象力。

1. 爱护和重视孩子的想象力。孩子最喜欢想象，一会儿想象自己是解放军，一会儿想象当了火车司机，一会儿又当孙悟空；看见了天上的云彩，想象有个小孩在骑大马。孩子们天真的想象，常常被大人看成幼稚可笑，甚至视作胡思乱想加以制止。其实，孩子的想象是他的智慧火花，不对孩子的想象力加以珍惜和爱护，就会将孩子的智慧扼杀。

2. 培养和提高孩子的想象力应当注意方法。首先，使孩子尽量多获得想象的标本材料，以便孩子在脑海里进行加工改造。因为孩子的想象是脑子中所建立的形象（如看过鸭子的幼儿，脑子里就有鸭子的形象）的重新加工和改造的过程。缺乏原材料，孩子的想象就越狭窄、肤浅。因此，家长要培养和提高孩子的想象力，就应该多给孩子看看，听听，开阔孩子的视野，丰富孩子想象的素材。

3. 为孩子提供想象的条件。比如让孩子玩飞机，教会他一种玩法以后，让孩子想想，还有什么样的玩法，飞机飞起来时是怎样的？飞机下降时又是怎样的？创造条件让孩子去想象。

4. 教给孩子表达想象形象的技能。想象的形象表达可以有多种形式，可以是口头的，也可以是书面的。因此，当孩子在头脑中想象出一种新形象时，应帮助孩子通过有效的形式把完整的形象表达出来。如孩子想象出一种会飞的汽车，可让他口述或画画，表现这种汽车的模样。

劳逸结合，增强孩子的记忆能力

记忆力的好坏对智力有着重要的影响，古今中外的许多"神童"大多都是在记忆力方面表现出超出常人的天赋。德国的诗人歌德在幼年时期就记住了很多童谣，4岁时就能读书，8岁就已经能掌握4国的语言。英国的著名学家道尔顿，在5岁的时候就能够背出50多篇的拉丁文诗歌。

一般来说，从4岁到13岁，是开发孩子记忆力的黄金时期，如果父母发现自己的孩子在以下方面表现突出，那么恭喜你，赶快挖掘孩子潜在的丰富记忆力吧。

1. 记忆的速度快

以识记形象或实物为例，一般的 5～6 岁的儿童在一定时间里能识记住 25 个实物中的 10～11 个，而记忆力超常的儿童能在相同时间里识记 20 个以上，或者在比其他儿童少一半的时间里识记相当数量的材料。

2. 记忆保持的时间长

对于同样的材料识记后一小时，一般的儿童大约就会忘记 30%，而记忆力超常的儿童几乎能全部记住。又如，对于一定的记忆材料，识记一个星期后，一般的儿童会忘记 40%～50%，而记忆力超常的儿童只忘记 20% 左右。

3. 记忆的正确性高

在记忆一定的材料时，一般的孩子虽然记忆的数量与记忆力超常的孩子差不多，但可能会把一些别的材料加进去了，也可能记忆得不全面；记忆力超常的孩子不但能记住易正确记忆的材料，就是那些不易被感觉的细微处也能正确记住。

4. 记忆面广

一般的孩子往往只对他感兴趣的材料或经过专门训练的知识方面记忆力好，而别的方面记忆力差。记忆力超常的孩子对各种材料的记忆能力是有差别的，但综合记忆能力是远远超过同龄人的。

5. 记忆的备用性强

这是衡量孩子超常记忆力的一个重要方面。记忆的备用性就是指适时提取记忆材料的能力。一般的孩子虽然能记忆不少知识，但是常不会用，或不知怎样用，到用时想不起来，而记忆力超常的孩子却能在需要时适时地取出。

6. 记忆材料的取舍性强

儿童的好奇心广泛，如果想记忆什么就记忆什么，就会相互干扰，影响记忆力。智力超常的孩子，懂得哪些该记忆，哪些不用记忆，对他们来说现实性可能不大，但对将来的意义可就大了。

育才方案：帮助孩子提高记忆力

遗忘是记忆的天敌，能尽量地避免和克服遗忘，也就是在提高记忆力。家长如果能够帮助孩子在学习活动中进行有意识的锻炼，帮助孩子掌握记忆的规律和方法，就能改善和提高记忆力。对于提高记忆力，有几个小育才方案：

1. 注意集中。记忆的时候要聚精会神，如果是精神涣散，一心二用，就会大大降低记忆效率。

2. 兴趣浓厚。如果孩子对要学习的知识没有任何兴趣，即使花再多的时间，也很难有好的记忆效果。

3. 理解记忆。理解知识会记得更加牢固，如果单凭死记硬背，效果肯定是不理想。对于重要的学习内容，一定是理解加背诵相结合。

4. 及时复习。有研究表明，记忆之后的知识是有遗忘曲线的，一般是在背诵之后的 9 小时之内，而且遗忘的速度是先快后慢，所以及时温习是强化记忆的重要手段。

5. 视听结合。在记忆过程中可同时利用其他感官的视听功能，来强化记忆，提高记忆效率。有实验表明，综合利用视觉、听觉来记忆，比单一的默记效果要好很多。

6. 综合记忆。可以根据情况，灵活运用分类记忆、图标记忆以及做笔记、卡片等方法，加强记忆效果。

7. 掌握最佳记忆时间。上午 9～11 时，下午 3～4 时，晚上 7～10 时，是最佳记忆时间。利用上述时间，记忆的效果会更好。

8. 注意科学用脑。如果连续用脑时间过长，就应该适当放松休息，能大大提高大脑的工作效率。另外，保持乐观的情绪，也是提高记忆的关键。

"纵容"孩子的"破坏"能力，唤醒创造力

好奇心可以推动孩子去学习、去探究，好奇心是创造性的重要特征。孩子出于好奇，也常常会做错事。这时家长不可简单责备，而是应当细心了解孩子的想法，耐心加以引导。

常常使家长恼火的是，有时刚给孩子买来的玩具，转眼就被拆得七零八碎，不少家长见此情景，很可能会火冒三丈，把孩子训一顿，甚至打一顿。殊不知这样做会把孩子的探索与创造精神给扼杀了。

天真、活泼、好动、淘气，这些都是孩子的天性。他们常常把凳子翻过来当车头，把空盒子摆一溜当火车厢，把家里弄得乱七八糟。

　　爸爸为林林买回一辆会发声音会走还会拐弯的小火车，林林爱不释手。可是一会儿工夫，车身与轮子就分开了，车头与车厢也不再连在一起。

　　此时，如果爸爸妈妈能冷静地蹲下来，和颜悦色地问问孩子，你在干什么？为什么把火车给拆了？你就会发现原来他是想看看车子里面有什么东西，为什么火车这么灵巧可爱。孩子们破坏玩具的行为，常常体现了可贵的好奇心，不可多加指责。这时你如果用孩子能够理解的语言，给他灌输一点机械与电子的科普知识，孩子一定乐于接受，并记得很牢固。你还可以告诉他："你现在还小，把这么好的火车拆开就装不上了，等你以后学了更多的知识，可以设计出比这还要好的真火车。"从而激发孩子学习、求知、探索的欲望。

　　尼尔斯·玻尔是量子论的重要创立者之一，同爱因斯坦齐名的上世纪杰出科学家，曾荣获 1922 年的诺贝尔物理学奖。他的理论刚提出时，曾遭到当时的权威的否定与责难。但玻尔始终保持那份自信、顽强与热情，坚持做一系列实验，终于在实验中证实了他的理论是完全正确的。

　　尼尔斯那敢思、敢说、敢干的精神和自信、顽强的态度与他童年所受的家庭训练以及他从小酷爱手工活动不无关系。

　　尼尔斯刚入小学一年级时上第一堂手工课，他给还没上学的弟弟搭个木偶戏台。下了课他还没做完，老师不让他带回家去继续做。尼尔斯很难受，闷闷不乐地回到家中，仁爱而又细心的父亲发现后非常体谅他的心情，便买来一大堆材料和工具，亲自动手搭了个讲究的工作台，还指导尼尔斯怎样干。后来，父亲又给尼尔斯买了一台车床，心灵手巧的尼尔斯很快就学会了一手娴熟的金工技术。

　　还有一次，一辆自行车的飞轮出了毛病。尼尔斯不顾母亲的反对，坚持拆开自己修理，不料拆开后却不知如何重新组装起来。母亲要去请一名修理工来，却被父亲阻止了，父亲平静地说："不要管那孩子，他自己会知道怎样干的。"果然，经过对这个部件的透彻研究之后，尼尔斯终于把车子重新组装起来。

　　培养孩子的动手能力不仅能使孩子获得一双巧手，更能促进其大脑的发育成熟，因而许多教育家和心理学家常把动手能力直接视为创造能力之一。所以家长要注意训练孩子的动手能力，使你的孩子真正成为心灵手巧的人。

　　正确对待孩子因好奇而导致的破坏行为。孩子的好奇一方面表现为好问，另一方面表现为好动。由于年幼无知，孩子的好动倾向常常导致破坏性行为的发生，对此，家长要正确处理。

　　譬如，孩子拆坏玩具后，家长切不可以打骂，也不必发誓不再给他玩玩具，而应简单地向孩子讲清玩具的构造、原理和正确的玩法，然后和孩子一起把玩具修好。这样做不仅能鼓励和发展孩子的求知欲、探索精神，还能培养他爱惜玩具、爱劳动的品质。

育才方案：培养孩子的创造力

在幼儿时代是发展孩子创造力的黄金时代，每个孩子都具有潜在的或正在萌发的创造力。创造能力具有优势的孩子不仅智商会更高，而且会表现得更加自信、更喜欢探索，情感也更加丰富。这些好的品质将伴随孩子的一生。因此在家庭教育中家长应该留意培养孩子的创造力。

1. 注意营造自由、民主的家庭氛围

要营造良好的家庭环境，家长首先要注意克服自己的权威思想，平等地来看待孩子，这样更有利于孩子发表自己独特的见解。千万不要以成人的思维方式来束缚孩子，鼓励他大胆去想在成人看来不可能实现的事情。

2. 保护孩子的好奇心，激发求知欲

处于儿童时期的孩子会对不了解的事物产生兴奋和好奇，会提出各种古怪的问题。这时家长应耐心对待孩子的提问，并引导孩子去观察、思考，将他的好奇心上升成求知欲，促使他们产生创造的兴趣。

3. 在游戏中培养孩子的创造力

家长要给孩子充分的游戏时间，并要为孩子提供合适的玩具，也可以和孩子一起制作玩具。在游戏的过程中，家长要注意利用游戏的情景来启发孩子，回忆已有的知识，主动开展丰富的想象。

听风听雨听世界，培养孩子的思维能力

敏锐的思维不会从天上掉下来，而是需要经过父母对孩子的训练和培养。很多父母以为孩子敏锐的思维是与生俱来的，其实不然。

有专家经过观察发现：多数聪明的孩子总是能够迅速地回答问题而没有思考的习惯，而反应较慢的孩子却常常处在深深的思索中。

要想培养孩子敏锐的思维，需要全家共同的努力，具体注意事项如下：

1. 创造良好的家庭思考环境

锻炼孩子敏锐的思维，要从娃娃时期开始引导。有位母亲通过朗读简单的诗词来引导她的孩子思考问题。然后提问孩子，"如果一个句子是以'如果'来开头，那一定是真的吗?"通过提问这样简单的问题来使孩子快速回答，还会引发孩子的联想。

父母可以抓紧一切时间引发孩子的思考，当与孩子一起去博物馆的时候，当与孩子阅读的时候，当与孩子一同看电视的时候，都可以即兴提出一些问题促使孩子快速思考，培养孩子敏锐的思维。

经常给孩子讲一些小笑话或者奇妙的双关语，能够使孩子感到快乐，并且会在笑声中使孩子从不同的侧面来理解词义。

2. 打破传统的教育观念

小孩子思想活泼，很少接受传统观念的束缚，鼓励孩子大胆质疑，无疑会促进孩子思维的发展。家长应创造合适的机会，让孩子说出一些他们的主意，然后对那些值得一听的小意见给予适当的夸奖。或者当一家人共进晚餐的时候，可以议论一天中发生的种种事情，同时也是指导孩子的好机会。

能提高孩子思维能力的问题是趣味性强、令人迷惑、激发想象力、没有固定答案的问题，比如，父母可以问孩子："如果马路上的汽车都被漆成了黄颜色，你觉得这样好不好?"这种问题，怎样回答都是对的，这样做的好处在于可以降低汽车的汽油成本，而坏处就是在停车场上无法找到位子。但最关键的是，这样的问题可以促进孩子的思维发展，激发他们思考的兴趣。

育才方案：为孩子的逆向思维喝彩

通常来讲，孩子的思维是一种单向的思维，家长可以从孩子的日常行为中发现。比如，当孩子不愿意让别人发现他的时候，会用小手捂住他的眼睛，就以为别人看不见他了。单向思维就表现的从自己的角度来认识事物。单向思维是低级的思维形式，克服这种思维定式的方法，就是训练孩子的逆向思维。

训练孩子的逆向思维，从四岁的时候就可以开始了。训练逆向思维的作用在于帮助孩子从小学会从多个角度来思考问题，有利于孩子今后的学习和工作，提高孩子的创新意识和应变能力，尤其对孩子学习数学有特殊意义。

妈妈给方方讲《龟兔赛跑》的故事，方方听到之后对妈妈说："乌龟真笨，本来就

跑得很慢，还要和兔子赛跑。"妈妈听过方方的评论，皱了眉头说道："你根本就没有听明白我讲的意思啊，是因为兔子太骄傲了，所以才让乌龟赢了比赛先到了终点。你要好好听妈妈讲故事。"方方听妈妈这样一讲，觉得妈妈真是太死板了，以后就不再喜欢听妈妈讲故事了。

这位妈妈错在没有意识到培养孩子的逆向思维，如果这样告诉孩子："好孩子，你说的有道理，兔子因为一时大意才被乌龟落下，如果它没有睡过头的话，乌龟肯定是追不上它的。所以，乌龟不能指着让别人睡过头来赢人家，对吗?"如果妈妈这样对孩子讲的话，既肯定了孩子的想法，又给予了正确的引导，这样互动的结果才更加容易调动孩子的积极性。

培养孩子的逆向思维其实很简单，家长要善于抓住日常生活中的每个机会。比如，可以训练孩子进行句型的转换："明明从橱柜里拿走了一个苹果"就可以转化为"一个橱柜里的苹果被明明拿走了"。家长也可以用反义词和儿歌来训练孩子的逆向思维，这些方法可以让孩子懂得完全可以从不同的角度入手来思考问题和解决问题。

很多时候，家长把孩子表现出来的逆向思维用"幼稚"、"荒唐"等词语压制了，而自己却浑然不知。要培养孩子的逆向思维，家长首先要转变观念，认同孩子可贵的"怪想法"。

下面介绍几个锻炼孩子逆向思维的小游戏：

游戏1：猜数字

准备：数字1~9的扑克牌各两张

玩法：先让孩子把牌洗好，然后家长可以任意抽去一张牌，并将余下的牌摊开，让孩子猜一猜抽去的是哪一张牌。

目的：通过这种方法让孩子把隐藏的数字猜出，发展孩子的思维的逆向性以及思维的流畅性、敏捷性。

游戏2：报时间

准备：找一个可以拨动时针和分针的时钟，还有一面镜子。时钟可自制。

玩法：孩子面对镜子，然后家长来拨动时钟的指针，让孩子根据镜子里的影像，说出家长拨的时刻。

目的：通过这种游戏来发展孩子的逆向思维和判断力，同时也可以让孩子知道，镜子中的影像与实景是相反的。

一起编故事，促进孩子的表达力

明明家来客人了，妈妈准备了一些糖果放在桌上招待客人。这时明明跑了出来，站在那里唯唯诺诺的样子，扭来扭去的。妈妈看他这样很是着急："你到底想要做什么？说话呀！"孩子一听到指责，更是说不出来了。结果明明站在那里不一会就走开了。

其实两个大人心里都清楚，明明出来是要东西吃的，但是孩子就是无法把自己的意愿很清楚地表述出来。

孩子的表达能力千差万别，有的孩子很会说，而有的孩子就不会说。有的家长认为，孩子话少是天生的表现，其实错了，后天的锻炼可以把一个不会说话的孩子训练成长于言谈的人。孩子的幼儿时期是语言发展的关键时期，听说能力以及良好的语言表达能力都要从这一时期就抓起。在这一时期，家长有以下应该注意的地方：

1. 首先要保证自己的语言是规范的。

爸爸妈妈的语言示范，将直接影响孩子的语言发展。建议家长在日常生活中说话努力做到发音准确，用词准确。在孩子面前讲话一定避免脏话，以免让孩子在无形中受到不好的影响。

2. 注意多和孩子交流。

在和孩子讲话的时候，要让孩子提高注意力，专心听家长说话，不能做别的事情。倾听是孩子接受信息的重要途径，认真地听家长说话就是在储蓄表达的资源。孩子讲话时很可能会出现前言不搭后语的现象，那也没有关系，毕竟说话是一个锻炼的过程。

3. 经常念书给孩子听。

家长最好能每天抽出一点时间，给孩子读一段文字，可以是儿童童话，可以是其他的儿童读物。因为如果是孩子自己读书，一般情况下就是随便翻翻，绝对不会看内容。给孩子读书也不要担心孩子会听不懂，因为他一定会记住一些东西，长期坚持，孩子会记住很多词汇，有时甚至会脱口而出，利于他今后的表达。

4. 丰富孩子的生活。

可以创造机会让孩子多接触社会，比如抽时间带孩子上公园，逛商场等，和孩子一起观察，并引导孩子讲述他的所见所闻，所感所想，这样孩子会很乐于用语言来表达自己。

育才方案：鼓励孩子编故事

孩子喜欢听故事，家长可以常给孩子讲。但孩子只记住故事的情节是不够的，还要能够有条理地复述出来，才能达到训练的目的。在复述时，最好不要求孩子用原话，而要求孩子用自己的语言复述故事的内容。同时，家长可结合故事提问，使孩子有更多的说话机会。如果孩子语言能力发展较好，可让孩子听完一个故事后，模仿情节编故事。

一天，爸爸给苏珊讲完了一个故事，苏珊急不可待地说："爸爸，我有一个故事要跟你讲。"爸爸看苏珊这么着急，知道她对这个故事很得意，说："宝贝，你说，爸爸认真听着呢！"苏珊很正式地清了清嗓子，说："我，现在不是苏珊了，而是一个很能干、聪明机智的侦探！"爸爸知道苏珊最近对侦探小说非常有兴趣，孩子都有崇拜英雄的情结，因此爸爸很认真地听苏珊兴致勃勃地说下去。编到一半，苏珊搔了搔头，说："爸爸，我还没编好，明天再给你讲，好吗？"爸爸笑着跟苏珊说："没关系，我的苏珊侦探已经很能干了！抓真凶哪有一下子就能抓住的，明天再继续努力！"

你看，孩子在编故事的时候经常把自己作为故事的主人公，从自己的角度看世界，从中寄寓着对自己未来的梦想和对自己理想中形象的描绘。这是一个孩子积极寻找自我的过程，因此家长不仅不能打击孩子编故事的信心，相反的，要鼓励孩子积极地编故事。但有些家长可不像苏珊的爸爸那样对孩子有耐心，而是觉得孩子很幼稚，说一句话都说不顺，还编什么故事，因此孩子还没有开口就预先制止了他，这样无异于扼杀孩子的想象力。

给孩子一个自由编故事的空间，孩子的心灵才能插上想象的翅膀。这时候孩子往往需要沉思，因此，当家长看到孩子在默默沉思的时候，不应该去打断和干涉孩子，而是应该给孩子一个做"白日梦"的空间。在孩子讲述自己的"梦"的时候要认真地倾听，及时回馈，并提出一些"刁难"的问题，让他不断尝试突破自己以前的思路，越想越灵活。

学艺，世界真正的风险投资

我们都知道，在充满艺术氛围的环境中长大的孩子可以更好地开发潜能。一个人可以不擅长艺术，但却不可以对艺术一窍不通。艺术可以拓宽孩子的视野，增加孩子的见识，培养孩子良好的情趣。也正因为如此，对孩子进行艺术教育是现在家长的一个共识。

提到艺术教育，很多家长最直接的反应就是认为，它代表的就是关于古典音乐、美术、舞蹈等具体学科的教育，因此很多家长进行艺术教育的方式就是把孩子送到艺术学校，学一门技艺才算是真正了解了艺术，其实，这样并不能真正达到提升孩子的艺术修养的目的。

艺术并不等同于才艺，学会了才艺并不意味着真正了解了艺术。中国古代有很多才华横溢的人，但他们中并不是每个人都懂得艺术带给人的真正的美感。

中国古代的艺术家中会存在这样的规律，一生的际遇，大起大落很常见。同是明代"吴门四家"的唐伯虎和文征明，两个人一生的际遇就有很大的差别。唐伯虎虽然很有天赋，但是却恃才傲物，风流又轻狂，因此人到中年就败下阵来。而文征明则不同，他很敦厚稳重，做事中规中矩，并且为人正直，不会患得患失，所以他的艺术到中年之后还能有进展，并且将独特的"文式画法"传了四代还依然引领当时的画坛。

人有才华，理应受到赞叹，但是有的人会因此而飘飘然，从此就断送了自己的艺术生命，而有的人则是踏踏实实，在艺术上才能不断地开拓创新。

所以，家长在引导孩子懂得艺术的过程中，先要告诉他们真正的艺术没有得失，没有成败，没有功利，唯有陶冶情操而已，艺术不是附庸风雅，不是显示自己的格调。孩子果真是这样的想法，才算走上了艺术的大路。如果家长不明白学艺的重点是什么，也不了解孩子的兴趣点究竟在哪里，盲从地让孩子来学艺无疑是失败的教育，学艺将会成为让孩子天赋扭曲甚至变形的一种手段，甚至压制了他的潜能，影响他们的一生。

艺术的魅力在于能够激发心灵、调动情绪、丰富孩子的心灵世界，发现生活当中的美丽，让孩子建立起对美的信仰和追求。有艺术修养的人，更容易得到别人的尊敬，这也是艺术带给人生的一种财富。

育才方案：不要盲目地为孩子选择培训班

很长一段时间才艺教育在我国风生水起，说到底是源于大众对教育的认知程度的提高。在教育受到空前重视的今天，家长们煞费苦心地在学校教育、家庭教育的层面之外再给孩子附加才艺教育。让孩子学一门才艺是对他们紧张的学习生活的一种调剂，学习艺术也可以陶冶孩子的情操，增强他们的综合素养，或许，将来孩子在就业时，一项特长会决定成败；也有一部分家长认为自己的孩子已经表现出了艺术方面的天赋，自己就应该竭尽全力地培养，也许孩子很可能像那些"神童"一样，将来成名成家。

但是，也有相当多的家长对才艺教育的认识比较模糊，有一些甚至并没有明确的目的，只是看到周围学才艺的孩子很多，于是也就随便帮助孩子选择了培训班课程，让自己的孩子加入到了"学艺"大军中。

教育专家对目前存在的一些父母对孩子进行"强迫式"教育的方法十分担忧。孩子学才艺如果掺进了家长的功利目的就适得其反了。学才艺最基本的出发点，应该是孩子对该门艺术有兴趣、有天赋。如果家长忽视孩子的兴趣，强加给他们一些学习任务，就会使他们产生抗拒心理。有些孩子本来对音乐不感兴趣，被家长"逼迫"每天练琴，结果琴技总是没有提高，于是恨铁不成钢的家长开始斥责甚至是责骂刺激孩子，久而久之，孩子开始产生逆反心理，有的则变得自卑并产生自闭倾向。

一位父亲在儿子两岁时，就让儿子学艺，每天都规定儿子必须做什么，不准做什么。如果儿子不听话，就狠狠地揍他。在这种环境里，儿子的确取得了不小的进步，不到 10 岁，就弹得一手好琴，擅长书法绘画。

一次，儿子在绘画比赛中获得一等奖。他非常高兴，洋洋得意地说："我太幸福了，10 年磨一剑，工夫终于没有白费。"但是，当他看到儿子获奖的那一幅画时，惊呆了：在画上，有一只乖巧的小羊正在弹琴，在旁边站着一只龇牙咧嘴的大灰狼，在狼旁边标了这样一行字："你得一直弹我爱听的曲子！不然，我就吃掉你！"他恍然大悟——乖巧的小羊，还有龇牙咧嘴的大灰狼——这是儿子在控诉我啊！

儿童对于外界的一些事物，尤其是某些艺术类的事物感到好奇，是儿童的天性，在这基础上加以正确的引导，发展为孩子的兴趣、爱好是对的。但若不顾孩子的心理想法，不由分说地强制孩子学艺，剥夺他们爱玩爱自由的天性，往往会导致相反的后果。想想自己是否也有文中那位父亲的做法？

第七章
行为＋习惯：优雅的孩子自然尊贵

轻轻关上门——杜绝粗鲁，从我做起

　　幼儿园的老师为了让孩子们深刻体会礼貌待人的必要，就特意编了一个小剧本，让孩子们自己扮演主人和客人的角色。

　　在这个小情景剧的结尾有这样一幕：客人说"我要走了。"主人说"欢迎再来"之后就马上关门，并发出"砰"一声很大的声响。

　　演出结束后，老师启发性地问那一位扮演客人的小朋友："刚才主人送你离开，你是什么感觉？"这个小朋友回答："他很粗鲁地把门关上，好像恨不得我马上快走，再也不要来。"

　　接着老师又问那位扮演主人的小朋友："你是这个意思吗？"这个小朋友回答："完全没有这个意思。"

　　最后，老师借这个机会告诉小朋友："大家看，如果在生活的小节中不注意，就可能伤害别人的感情，而我们自己却毫无知觉。"

　　孩子如果是行为很粗鲁，说明他对于别人的感受就不是很深刻。一个行为很粗鲁的孩子只会考虑到自己一时爽快，会很难得到周围人的喜爱。如果家长对于这一方面很忽视，不加以及时的教诲，看似的小问题会影响他一生的行为和心态。

　　有一次，方方的爸爸带着他去爬山。方方在山上显得很兴奋，大声地嚷嚷起来，周围的人都用异样的眼神看他。这时，方方的爸爸就意识到了孩子这样的行为必须纠正，就对他说："你看，我们来到山上，我们是这里的客人，对吗？"

　　方方说："是啊。"

　　爸爸接着说："那山的主人是谁呢？是这里的小动物们，它们原本在很舒服地生活，如果你一声大叫吓到了它们，这就不好了。哪有说客人做客扰乱主人的道理呢？

你说对吧?"爸爸把道理讲清楚了,方方也不好意思再大叫。

父母应该培养孩子柔和的性格,不仅对人要礼貌谦和,而且即便是对物品也要心存恭敬。比如有的小朋友在穿衣服的时候动作偏大,这样撕扯衣服就会缩短衣服的使用寿命。父母就应该在及时给予孩子引导,告诉他动作要小一点。如此在点点滴滴因势利导,孩子自然就粗鲁不起来了。

有几个小朋友在院子里玩耍,他们用铁丝拴在树上,当做秋千荡来荡去。这时院里的一位老阿婆看到了,就很生气地对这群孩子说:"怎么可以破坏树木? 快停下来!"但是,没有一个孩子把阿婆的话放在心上,依然自顾自地玩耍。

这时,一个叔叔正好进来,看到孩子们这样,就把他们叫过来问他们:"你们知道树都有哪些作用吗?"

小孩子们都在摇头,他们并不清楚。

"我们可以几天不吃饭,几天不喝水,还可以活着。但是,只要我们有几分钟不吸氧气,就会死掉。你们知道氧气是从哪里来的吗?"

小朋友们在听他继续讲,很好奇。

"我们呼吸出的二氧化碳是通过这些树木才能变成氧气供我们呼吸。这些树木是我们的恩人。我们怎么可以忘恩负义,来折磨这些树呢?"

这位叔叔讲完之后,小朋友明白破坏树木是不对的,以后就再也不动那棵树了。

这位叔叔通过这样的说理,启发了孩子们的爱心,使他们不再对那些树木"下毒手"。家长在日常生活中,也可以通过点滴小事来对孩子说明,帮助他们改掉不好的行为。

育才方案:不可以用粗鲁的方式教育孩子懂礼貌

媛媛是个很细心的小女孩,每次有客人来到她家里,她都会从屋里跑出来向客人问好。有一天,一个阿姨来找媛媛的妈妈,而家里只有媛媛在家。只见媛媛把阿姨让进屋里之后,就对阿姨说:"您稍等,我马上通知妈妈过来。"说着就拨通了妈妈的电话。然后,媛媛开始坐水为阿姨泡了一杯茶,然后又跑到厨房切了一盘水果放到茶几上请阿姨吃。不一会,妈妈就到家了,这位阿姨很高兴地夸奖媛媛。其实媛媛的这些行为,都是从妈妈那里学来的呢。

家长希望自己的小孩是个很斯文,懂礼貌,人见人爱的小孩,这种愿望固然很好。但是,很多家长还是对自己的孩子很无奈。究竟问题出在哪里呢?

如果家长因为孩子不懂礼貌，总是又打又骂，可是这样教出来的孩子依然没有长进。就像有的家长对老师抱怨："我家孩子喜欢打人，为这件事情我不知打了他多少回了。"旁人一听，就能知道问题出在哪里。家长不能抱怨孩子没有进步，而是应该反思一下父母教育孩子的方式是否得当，如果我们作为父母要用简单粗暴的方法教育孩子，又怎么能奢望孩子能用彬彬有礼的态度来对待他人呢？

有个孩子看到大人就不会打招呼，这时如果作为父母却当着熟人的面责备孩子，不仅会伤害孩子的自尊，使用很暴躁的方式来说教也不会让孩子心悦诚服。最好的方式是回到家心平气和地和孩子谈一谈："刚才我们看到的哪位叔叔是爸爸的好朋友，下次我们再见到他，和那位叔叔打声招呼好吗？懂礼貌的孩子走到哪里都会受到欢迎的。"父母这样讲过之后，相信这个孩子下次的表现一定会好。

总之，父母在教训孩子要懂礼貌的时候首先注意自己不能用粗鲁的方式。在教育孩子之前，首先要反观自照，看看自己有没有做到。

骂人是在侮辱自己——让脏话连篇的孩子住嘴

在公交车上，常常会遇到一些脏话连篇的人，让周围的人侧目。如果说脏话的人是孩子，就更让人听着难受——看上去机灵可爱的孩子，怎么就出口成脏呢？说脏话的孩子被看成是没有教养的表现，大家也不愿意让自己的孩子和说脏话的人在一起，说脏话的孩子会被主流社会否定，也许孩子并不明白自己的脏话到底是什么意思，但他已经被贴上了"坏孩子"的标签。孩子生活在社会的大环境中，难免会受到不良语言的影响。有时候孩子和小伙伴发生了争执，也会使孩子被迫骂人，以牙还牙，这样最容易让孩子习惯于不良的言行。

琪琪和莉莉是班上的两个小女生，平时就喜欢斗嘴。莉莉骂人骂得特别凶，常常会把琪琪气哭了。

有一次，在学校大扫除的时候，琪琪负责提水，一不小心摔跤了。莉莉看到之后，不但没有过来帮忙，反而站在一边嘲笑："你笨蛋啊！连走路都走不好，是不是小时候，爹妈没有教过你走路啊？"琪琪听到之后，很难过地哭了起来。

琪琪放学回到家之后，还是一直闷闷不乐的，她忍不住把学校的事告诉妈妈，并且问妈妈："如果有人骂你，你该怎么办呢？"妈妈这才明白了琪琪一晚上闷闷不乐的原因。

妈妈问琪琪："如果你要送礼物给别人，别人却不接受，那你该怎么办呢？"

琪琪很认真地回答："那就自己带回去啊。"

妈妈说："同样的道理，如果有人骂你的时候，你也可以不接受他人的责骂，那就请他自己带回去吧。"

琪琪听懂了妈妈的意思："我不接受别人骂我，说明别人没有骂到我，而是在骂他自己。"

妈妈又补充了一句："当别人骂你的时候，千万不能回骂别人。否则，你也和他一样了，记住，骂人就是骂自己啊。"

琪琪的心结解开了，便和往常一样按时休息了，第二天照样精神饱满地上课。

要想从根本上杜绝孩子骂人的行为发生，首先要教育孩子懂得尊重他人。平时，家长要有意识地向孩子介绍每个亲朋好友的职业、性格、优点，鼓励孩子学习他人的优点。家长自己也要做到谦虚，不拿自己的长处比他人的短处，让孩子明白"金无足赤，人无完人"的道理。杜绝孩子说脏话，更重要的是要在日常生活中有意识地培养孩子尊重他人的意识。例如，上学时主动向老师同学问好；遇到熟人热情打招呼；请人帮助要先用礼貌称呼，再说明事由，事后要道谢，家中来客人要热情迎送等。

育才方案：帮助孩子合理宣泄

很多家长都认为，孩子的生活没有什么负担，衣食无忧，被照顾得无微不至，本来不会有什么压力，孩子又怎么会想到宣泄自己的情感呢？

实际上，现在的孩子在得到铺天盖地的爱的同时，却越来越失去了随心所欲的自由。在得到玩具的同时，却失去了和父母游戏的机会而感受不到温暖，在幼儿园不能和其他的小朋友好好相处，在学校和同学在名次上的你追我赶，这些都会使孩子产生压力感。有的孩子会在生活中表现得脾气暴躁、爱骂人甚至爱打人，很多都是源自这种在生活中的压力。

孩子原本是天真无邪的，这也使他们的喜怒哀乐更加真实。所以孩子常常用各种情绪来表达自己的情感，父母应该更多地体谅和理解孩子的情绪变化，为他们创造良好的条件帮助他们发泄不良情绪：

1. 可以创设悄悄话角，让孩子用语言发泄情感。当孩子感到愤怒的时候，可以让他们来到这个角落，独自大喊大叫，并舞动自己的手臂。还可以让孩子通过运动的方式来宣泄感情。

在国外的有些学校就会设立一个类似"发泄情绪室"的机构。当学生感到愤怒的时候，就来到这间屋子里，抽打陀螺、用沙包击靶子，或是戴上手套任意打击沙袋，也可任意在垫子上翻滚，这样使学生将自己的情感发泄在一个合适的代替对象上，从而得到心理上的满足。

2. 当孩子与其他的同伴发生了攻击性的事件时，父母也不要用简单粗暴的方式来处理，这会使孩子更容易萌生愤怒感，不仅不能合理解决问题，而且还会造成破罐破摔的不良后果。正确的处理方法应该是帮助孩子妥善处理和同伴的关系。

3. 警惕孩子的抑郁倾向。有些孩子曾试图通过饮酒、上网聊天、吸毒等方式来排解抑郁的症状，但结果往往会使抑郁加重。家长要教给孩子一些预防抑郁的小窍门，比如让孩子大哭一场，或者鼓励孩子做自己喜欢做的事来转移注意力等。

通过合理的宣泄，可以使孩子在特殊时期调整好自己的情绪，又保证不会伤害到别人。在家长给予积极引导，将孩子的不良情绪宣泄出来之后，孩子的失落感将一去不返，取而代之的是更加积极地面对生活。

"谢谢你"、"没关系"，多点客气多点爱

一天，幼儿园的老师上课的时候给孩子们讲做人要懂礼貌。到中午吃饭休息的时候，几个小朋友听到门外有人在敲门，他们互相争着要去开门，最后僵持不下，所有的小朋友都不吃饭了，大家一起去迎接这一位门外的客人。当门被打开的时候，六个小朋友站成一排，恭恭敬敬地向外面的阿姨问好。当时这位阿姨愣在门外半天没有缓过神来，她说她受宠若惊不敢进门。

这样一幅温馨的情景，相信每一个家长都会发出由衷的赞叹。很多的妈妈在提到自己的小孩时都很无奈："我家的小孩，不要指望他跟别人问好打招呼，见到你的时候能对你笑一下就不错了。"因此，在家庭中时常会出现这样的景象：当家里有客人来时，孩子坐在客厅里看电视，然后连看都不看客人一眼，就朝屋里面大吼："妈，出来啦! 有人找!"这时妈妈走出来："啊! 是你啊，哎呀这孩子不懂事，来来我们这边坐吧。"实际上，父母的面子一点都不好看，到头来还要自己打圆场。

虽然知道这样不好，但有些家长会忽视孩子的细小礼节，觉得这些都是大人才用得到的客套，小孩子懂不懂无所谓的，实际上错了。很多孩子就是小的时候在这方面的教养过于缺失，为他将来的人生设置了很多的障碍。

如今社会上大家都在抱怨人才过剩，其实对于用人单位来说，他们的一致观点就是：根本没有人才。有一位企业家说：想找个合适的助理，后来发现并非易事。学历

并不代表办事能力，实在说明不了什么。这位企业家最开始招的助理虽然学历很高，但是办事能力却很差，有一次参加重要的场合居然自己先坐到车子里面，这位老板给她关门。老板觉得自己也很不好意思，这样的助理实在没有办法把她带出去。以后就把她辞退了。

看，很多孩子的失败并不是因为能力出的问题，而是最基本的礼节没有做好。所以家长实在要好好训练孩子的礼节，让自己的小孩人见人爱。

有一个小朋友由于在学校里学过礼仪的知识，有一次和家人一起到饭店吃饭，他就懂得把直对着门的座位让给爷爷奶奶。当他发现桌子上有一条一条的条纹是指着爷爷奶奶的座位，又告诉爸爸把桌子挪过来。从他的小礼节中大家都可以感受到小孩子对别人的体贴，对别人的尊重。这样的小孩当然应该是全家最受疼爱的。

中国古代的教育十分重视一个孩子的教养，以至于现在的人看了之后会觉得很繁琐。比如，在送客人的时候，一定要目送到看不见为止；如果走在路上看到了长辈，也一定要停止前进，向长辈们行鞠躬礼；对长辈说话的时候，一定要用目光注视着长辈，如果心不在焉的话，就是对长辈的不恭敬……因为孩子从小都养成了很好的习惯，出去与人交往，会很自然地表现出来。当长辈们与这样的孩子交往的时候就会觉得很舒服。在孩子日后的发展过程中，懂礼貌的孩子更容易得到长辈的爱护和提拔。

家长千万不要小看这些小礼节，将来孩子走在人生的路上，将会遇到各种各样的人际关系，如果不能很好地处理，会直接影响到孩子的前途。

育才方案：让孩子学会说"对不起"

有的妈妈认为孩子做错事时道不道歉并不重要，只要孩子下次注意就可以了，但是当错误产生时，妈妈一旦无原则地让步，对孩子姑息放任，其实就是变相地提示孩子，自己的错误可以不用承担。

孩子在游乐场玩得正开心，突然哭着向你跑过来，你忙问原因，孩子委屈地说：
"刚才有个小朋友踢到我的腿了。"
"他不是故意的吧。"
"可是他没有和我说对不起。"

"对不起"这三个字虽然看起来平平常常，实际上却包含着很深的意义。
可以想象，当我们在路边散步的时候，突然被人撞倒了，正当你要发怒的时候，如果对方说了一句"对不起",简简单单一句话就浇灭了我们的怒火。多说几句对不起,多主动承认自己的错误,很多的事情都可以大事化小,小事化了。

有一对亲生姐妹曾因为一点争执而翻脸,居然有两年没有往来。后来是姐姐主动给妹妹打电话,告诉她:"之前的那件事情,是我做得不好,请你原谅,好吗?"妹妹当时在电话的那一头哭得稀里哗啦。姐妹两人终于和好如初。是什么样的力量促成的呢?只是有一个人主动说了"对不起"。

犯错误是人的惯常行为,错误的本身其实并没有什么可怕之处。最令人担忧的是,当错误出现的时候,却无法正确地面对错误,无法从中学到生活的经验。为了教育好孩子,作为家长应该做好以下几点:

1. 当孩子犯了错误时,千万不要偏袒他们,而是应该让他们为自己的行为担起责任。逃避责任,只会让孩子留下人生的硬伤,甚至一错再错。比如孩子吃饭的时候打翻了自己的碗,要向妈妈说对不起;不小心踩到了小朋友的脚,也要马上道歉,说我不是故意的。

2. 父母要给孩子做最好的表率。当父母错怪孩子的时候,也要勇于向他们道歉。比如你发现自己晾在阳台的衣服不翼而飞了,你以为是孩子淘气藏了起来,便不听孩子的解释把他教训了一顿,后来你发现衣服其实是被风吹到了楼底下,就应该马上向孩子道歉,而不能只是想着维护自己的面子。孩子能够感同身受,下次自己遇到这样的事情,才会勇于承担。

3. 教孩子做一个和善的人。当自己受到触犯的时候,要勇于原谅别人的错误,学会换位思考,比如在餐厅吃饭,一个小朋友不小心把饮料泼在了孩子身上,这个时候可以教孩子想一想,如果你是他的话,一定已经非常内疚了,我们就不要再责怪他了。让孩子做一个大气、宽容的人,才能得到幸福和快乐。

改变形象从我做起——培养孩子的公德意识

有的家长片面地认为,孩子只要有好的成绩就可以了,实际上,"德"才是立身之本。在未来的社会里,孩子不仅仅需要与众不同的智力水平,更需要的是良好的个性品质和社会公德。在孩子心中播下道德的种子,越早越好。利用孩子可塑性强的特点,培养孩子的公德意识,是每个家长应为社会尽的责任。

中国素有"礼仪之邦"的美誉,而近些年来,国人的社会公德意识实在让人不敢恭维,不仅如此,还在世界范围内造成了不好的影响。在法国的巴黎圣母院,用中文写着"请保持安静"，在美国珍珠港，用中文写着"垃圾桶在此"，在泰国皇宫，用中文写着"便后请冲厕"。这些给中国人的"特殊待遇"，足以引起我们深深的反思。

在德国，有一些城市的公交售票系统是自助的，没有检票员，甚至是连随机性的抽查都很少。有一位中国留学生发现了这个管理上的漏洞，他很庆幸自己坐车不用买票，在几年的留学生活中，他总共只有三次因逃票被抓。

毕业之后，他试图在当地寻找工作。他向很多公司投递了自己的简历，可是一次次都被拒绝了。他很愤怒，并且认定这些公司有种族歧视的倾向，有一次，忍无可忍的他冲进了人力资源部经理的办公室，要求经理明确地告诉他不予录用的理由。

"先生，我们并不是歧视您。相反，我们实际上很重视您，在工作能力上，您就是我们所需要的人。"人力资源经理这样对他说道。

"那为什么要拒绝我？"

"因为我们查了您的社会公德，发现您有三次乘公交逃票被处罚的记录。"

"这我并不否认，这点小事也不足以说明你们拒绝录用我的理由。"

"我们并不认为这是小事。先生，可能您在怀疑我的智商，我相信您一定有过数百次逃票的经历。"

"就算是如此，也不至于这样较真吧。"

"不，先生，此事证明了两点：首先您不遵守规则，还善于发现规则中的漏洞并恶意使用。还有就是，您不值得信任，因为这个职位将赋予您很多的职权，但我们没有复杂的监督系统，所以我们没有办法雇用您。而且我相信，在整个欧盟，你也不会找到雇用你的公司，因为没有人敢这样冒险。"

如果这位学生从小具有公德意识，懂得做人的分寸，相信不会有这样的结局出现。社会公德是人才的必须素质，教育不能忽视。家长也应该有意识在日常生活中，利用身边的实例进行公德教育，从点滴做起，比如看到孩子随地吐痰、看到孩子乱扔果皮纸屑的时候，都应该及时地加以制止，培养孩子良好的社会责任感。

其实，要孩子在公众场合指出别人有违社会公德的行为，是很困难的，尤其是在我们这样一个凡事都讲究留点情面的国家，更难让孩子看到不好的行为就当面指出来了。所以，家长要培养孩子的公德意识，最重要的还是自己做一个表率。无论是乘公交排队，还是不乱扔垃圾，这些公德细节都是从点滴培养起来的。

育才方案：从生活中培养孩子的公德意识

前苏联的教育家马卡连科告诫家长："不要以为只有你们同孩子谈话或教导孩子、命令孩子的时候，才是在教育孩子。在你的生活的每一瞬间，甚至当你们不在家的时候，都在教育着孩子。你们怎样穿衣服，怎样同别人谈话，怎样讨论其他的人；你们怎样表示欢欣和不快，怎样笑，怎样读报……所有这些对孩子都有很大的意义。"

父母与孩子相处过程中的每一件小事，都会在孩子心中产生重要的影响，有的就会直接影响到以后孩子公德意识的形成。

1. 父母要注意培养孩子的自制能力

有的父母会过分地宠爱孩子，事事都会满足孩子，这样做的结果有百害而无一利。因为随着孩子年龄的增长，他对任何事物的占有欲也会越来越强烈，所以一味地满足孩子的做法并不妥。

父母对孩子的奖励，应该有一个"特别意义的原则"，比如在孩子做了一件值得称赞的事情的时候，应该及时、充分地给予奖励。在这种"特殊意义"的鼓励方式下成长起来的孩子，懂得克服自己的不良欲望，具有良好的自制能力。

2. 注意培养孩子的自立精神

孩子在将来能够自立于社会，才能成为受欢迎的人。这种自立的意识在孩子小的时候就应该注意培养。比如有的时候在公交车上，小孩子会因为没有人给他让座位而哭闹。在这种情况下，作为父母就应该鼓励孩子站着，培养孩子的自立精神。在其他的公共场所，如果是在公园乘滑梯或是荡秋千，父母也要鼓励孩子按顺序排队，父母要让孩子自己心里清楚，即使他再小也要自立，也要遵守社会公德。

3. 培养孩子的竞争意识

竞争是一个人在现代社会中生存不可回避的事情，是人生的常态。父母也应该让孩子明白，胜败乃兵家常事，而不能让自己的孩子有"输不起"的心态。在家里和孩子做游戏的时候，有的父母常常有意让孩子先赢，觉得和孩子玩，就是为了让他高兴，因此孩子一定是赢家。可是父母应该明白，当孩子与同龄人共同玩耍的时候，决不会得到这样的谦让。在今后漫长的人生道路上只有公平竞争，只有靠自己的不懈努力才能享受到成功的幸福。这样教育出的孩子才有更良好的心理承受能力，也具有更加宽容的气度。

4. 培养孩子具有责任心

有些孩子习惯在家里乱扔东西，却叫大人来收拾；在家里做事做了一半就扔下跑开了，让家长来收尾。家长如果是听之任之，长期下来，孩子就会丧失责任心。坏习惯一旦养成再纠正就会很费事，并且这样的孩子很难融入集体，不利于培养孩子的社会公德意识。因此要注意从生活小事入手对孩子从严要求，比如：自己用过的东西要自己收拾好，答应别人的事情要有交代，别人在休息的时候不能打扰，做事不可马虎、草率。事实证明，做事认真负责的孩子在群体中会更有威信，更容易受到小伙伴的尊敬。

仪表潇洒，仪态万方

"站如松，坐如钟，走如风"，良好的姿态不仅代表着一个人的气质，更代表着一个人的作风。有的人片面地认为只要打扮得很时髦就算是有气质了。实际上不是的，仪表并不代表仪态。"君子诚于中，形于外"，优雅的仪态是一个人内在素养的体现。

春秋时期，晋国有一位大夫名叫赵宣子，由于他为人刚正不阿，触犯了当时晋国国君的利益，所以晋国的诸侯王就在私下指使刺客去暗杀他。

一天深夜，刺客来到了赵宣子的家，准备杀死他。赵宣子正坐在书桌旁，由于要处理的事务太多，他累了，就拖着头先眠睡了一会。刺客看到赵宣子睡觉的样子竟然是这样的庄重，内心非常感慨，因为从他的仪态中，刺客就看出来这是一位贤臣，所以不忍心杀害他。

此时这位刺客很为难："杀害忠臣是对国家的不忠，这种事我不能做，但我已经答应国君要杀死他，不能言而无信，怎么办呢？"所以这名刺客最后只好拔剑自刎了。

这位刺客通过一个人的仪态就可以准确地判断出这个人的才干还有品质。仪态是内在素质的真实流露，在社会的交往中，仪态还是一张无形的名片，也许你没有随身携带档案袋、介绍信，但人们可以通过你的一举一动来判断你的身份、学识、能力、社会地位。仪态不仅包括人的外表，还包括动作、姿势和举止。仪态不仅要自然，还要表现得具体实在，而不是虚张声势，装腔作势。一个举止优雅、风度绰约的人走到哪里都会很受欢迎，而相比之下，那些穿着时髦、浓妆艳抹、矫揉造作的人就显得逊色多了。

仪态是一种无声的语言，在与人交往的过程中，无论是面部表情，还是身体的姿势、手势和动作都在传递着信息。对方在接受信息时，不仅是在"听其言"，而且还"观其行"。仪态的表达往往比有声语言更加富有魅力，可以收到"此时无声胜有声"的效果。

优雅的仪态是一种更深刻、更完善的美。仪态的美是长期的培养和磨炼的结果，并不是通过外在的修饰打扮就可以弥补的，也不是通过单纯的动作、表情模仿就可以体现的。

育才方案：帮助孩子培养绅士般的礼仪

礼仪是一个绅士的必须装备。礼仪的培养指的是要让孩子学习礼貌、礼节和风度，懂得人情世故，会接人待物，要文质彬彬，高雅友善。礼仪不良的两种表现，一种是羞怯忸怩；另一种是傲慢自大。要避免这两种情形，就要谨守下面这条原则：不要轻视自己，也不要轻视别人。

我们不应该把自己想得太好，因而把自己的价值估计过高；不应该因为自己具备了一些长处而别人没有就自以为具有优势，做到不轻视自己。不轻视自己的意思不是和谦逊相反，而是与无耻相反。我们只可以安守本分，谦逊地接受别人给予我们的评价，不必急于表现。但是有些时候我们理当拿出行动，别人也期待我们走上前去，那时我们就要自信，无论在谁面前都应当从容地表现，不要惊慌失措，对别人要按照身份和地位的具体情况给予尊敬和保持适当的距离。有些人，尤其是儿童，常常在生人或长辈面前表现出一种羞怯态度，他们的神情完全失态，在慌乱中把持不住自己，什么事情也做不来，就算做了也做得不优雅，不自然。医治这种不良礼仪的毛病，就要使他们养成优雅自信的习惯，多交朋友。

对孩子礼仪产生不良影响的几种习惯：

——天生粗暴的性情令一个人对别人没有一种尊重的优雅态度，不尊重别人的气质倾向和社会地位。

——轻视别人，或者缺乏应有的敬意，会从言辞、神情或者姿态上表现出来，不管对什么人表示轻蔑，总会使对方极不舒服。

——非难别人，老是看别人的短处，揶揄和当面反驳对方，这是和礼仪完全相悖的。

——刁难别人也是和礼仪背道而驰的一种过失，因为他不仅时常伴随着冲动和令人生气的言语举止，而且更因为当我们对别人感到恼怒时，施加给对方的一种无言的责备。

——随意打断别人的谈话也是没有教养的表现。孩子普遍存在着一种毛病，喜欢在别人正在说话的时候去插嘴，去反驳别人，打断别人说话。这种方式只会让听者感到厌烦，对你留下不好的印象。

培养孩子的幽默感，成为"小开心果"

幽默感在人际交往中起着举足轻重的作用。一个幽默风趣的人，往往比不具备幽默感的人更容易得到大家的喜欢。现代的家庭中开始越来越重视培养孩子的幽默感。具有幽默感的孩子大多开朗活泼聪明，更讨老师的喜欢，人际关系也会更融洽。一个具有幽默感的孩子在将来能够更好地应对生活和学习中的压力，可以过得更开心。

根据美国专家的专题研究显示，人的幽默感只有三成的先天因素，其余七成则是靠后天的培养。一般的婴儿在出生 6 周之后就已经萌发了"幽默意识"。

当家长故意抱着孩子做"下坠"动作的时候，一些孩子在体会下落感的同时，就已经无师自通地感受到大人跟自己是闹着玩的。不但不害怕，小脸上可能会荡漾出笑容。这样的孩子就表现出了天生的幽默感。

1 岁左右的孩子对大人的面部表情已经十分敏感。家长可以经常向孩子做鬼脸，既可以逗他们开心，同时还会启发孩子的幽默感。这时的孩子如果在学习走路的时候摔倒了，父母可以冲孩子做个鬼脸来安抚他，孩子马上就会破涕为笑。

对于 2 岁的孩子，可以通过观察自己来发现幽默。比如，当家长把袜子戴在孩子的头上时，孩子的脸上就会露出比较难受的表情。家长可以和孩子一起哈哈大笑，让孩子体会到幽默。

3 岁的孩子，已经能够从生活的细节中发现幽默。当爸爸故意拎妈妈的手提袋时，孩子就会觉得很滑稽而大笑不止。如果孩子做出一些比较夸张的动作——比如会带上骑摩托车用的大壳帽，这时家长千万不要指责他，因为这正是培养孩子幽默感的时候。

4 岁的孩子喜欢玩"过家家"，或者扮演卡通人物。他们会很投入地扮演自己喜欢的角色，并且在扮演的过程中会故意用些搞怪的动作来增加表演效果，家长可以帮孩子客串一些角色，来协助他们的演出。

当孩子长到 5～6 岁的时候，就很可能对语言中的幽默十分敏感。家长可以教孩子念一些绕口令，来增加孩子的幽默感。

7 岁的孩子到了上学的年纪。这时的孩子会喜欢讲笑话，也热衷于听笑话。也许这时孩子所讲的笑话会对大人有"不恭敬"的言词，甚至会让大人有一些难堪，作为家长应该给予包容。因为孩子需要通过笑话和恶作剧来实现自己的幽默感。不过对于这样的孩子，需要父母做进一步的引导，让孩子知道什么是粗俗，什么是幽默，帮助他们增加辨别是非的能力，这才是明智之举。

育才方案：3 招培养孩子的幽默感

俄国文学家契诃夫说过："不懂得开玩笑的人，是没有希望的人"。幽默可以淡化人的消极情绪，同时带给自己和他人更多的喜悦。家长要培养孩子的幽默感，把握三个重点。

1. 营造轻松的家庭氛围

作为家长应该先努力提高自己的幽默细胞。孩子是父母生命的延续，在潜移默化中，父母的许多优点都在孩子的身上得到再现。在家庭中，家长要给孩子创造一个轻松幽默的环境，才能教会孩子慢慢懂得欣赏幽默。

当孩子哭闹的时候，父母可以用这样的方式来安抚孩子："宝宝，你看你哭得像个小花猫，鼻涕流得像瀑布一样，你照镜子看一看多难看哦。"这种很形象很诙谐的语言，比单纯地安慰孩子效果要好得多，并且可以让孩子学会幽默的语言技巧。

2. 通过亲子游戏让生活充满欢笑

在日常生活中，家长可以多和孩子玩一些有趣的亲子游戏，让孩子在游戏中充满开心的笑声。有一些游戏比如躲猫猫、袋鼠跳等不仅可以在游戏中增加亲子感情，而且夸张有趣的肢体动作肯定让父母和孩子一起忍俊不禁，让孩子在轻松快乐的环境中产生幽默感。

给孩子讲一讲轻松有趣的故事也不错。幽默有趣的小故事不仅可以能使孩子在轻松愉快的氛围中喜欢上阅读，还能潜移默化地培养孩子的幽默感。而且家长可以和孩子有一些互动，可以让孩子为故事改编一个令人捧腹的结局。

3. 教会孩子热爱生活

生活中总是缺少发现幽默的眼睛。家长引导孩子去观察、感悟生活，用自己的视角来诠释生活，是提高幽默感的一个重要方面。

有一个小女孩和父母路过一家五星级的宾馆，就问妈妈："五星级的宾馆里有什么呢？为什么这样贵？"

妈妈回答她说："宾馆里面很干净，很清洁。"

小女孩说："我们家里也是很干净，很清洁啊。"

妈妈想了想说："宾馆里有软软的床。"

小女孩说："我们家里的床也很舒服啊。"

妈妈实在是不知道怎样回答孩子，最后这个小女孩得出了她的结论："原来五星级的宾馆和家是一样的。"

孩子的这句话听起来既好笑又很可爱，更重要的是，她会对目前自己的生活很满足，会很幸福。

培养孩子的幽默感，更重要的是要宽容大度，克服斤斤计较的狭隘。当孩子遇到困难的时候，父母要给予积极的鼓励和支持，帮助孩子积极进取，让孩子永远保持乐观，积极地面对人和事。

西装领带和浓妆淡抹——父母示范社交法则

在 2008 年北京奥运开幕式上，鸟巢内气温非常高。各国领导人就座之后，细心的观众会发现，有些国家领导已经很不客气地把领带松了，有的甚至已经脱下了西装外套，但是我国的领导人依然西装领带全副武装，就算是气温高到 40 度，大家还是一样忍了下来。

领导人如此在意自己的形象，也是因为当时场合不同。整洁的穿着体现了一个人此时的态度是庄重的、肃穆的，作为东道主，捂一捂也没有关系。

中国向来注重服饰的教化作用。在华夏文化中，服饰除了"避寒暑、御风雨、蔽形体、遮羞耻、增美饰"等实用功能外，还有着"知礼仪、别尊卑、正名分"的特殊意义。在古代，祭祀有祭服，朝会有朝服，婚嫁有吉服，从戎有军服，服丧有凶服，日常则有便服。服饰的礼仪涵盖了生活的方方面面。

对于个人来说，如果连言行和外表都不加修饰，不修边幅会显得过于无礼或随便；而对言行和外表的修饰若超过了本质，又有失真实。如果过于追求外表的华丽，忽视内在的修养，不仅浪费大量的金钱和精力，而且这种美实在是"金玉其外，败絮其中"。

现在很多的孩子完全不在意穿着，很多刚进入社会的学生，由于在面试的时候着装不合要求，直接就被刷了下来。还有很多女孩，在穿着上完全不自重，穿着各种奇装异服招摇过市。

爱美之心，人皆有之。服饰之美，在于内在气质与外在形式的和谐统一。孔子说过："质胜文则野，文胜质则史，文质彬彬，然后君子。"文是衣服上各种各样交错织成的美丽花纹，质则是内在的修养。衣着，更多地体现出了文化的内涵。所以，穿着整齐大方，干净利落，讲究卫生，不仅利于身心健康，又能树立良好的个人形象。如果衣着过于邋遢，是对自己和他人的不够尊敬。

有位朋友讲述过一件他亲身经历的故事：有一次他被通知晚上要参加一个晚宴。当时是夏季，他只穿了一件短袖衬衫。他心里想：反正西服是套在外面的，看不到里面是什么，就没有换长袖衫。没有想到的是，举行晚宴的场所很热，大家都把外套脱掉了，他也很不好意思地把外套脱掉了，露着胳膊，让他感觉很难堪。从此以后，他在出席这种场合的时候再也不敢自欺欺人了。

一般来说，孩子的穿着会很受家庭的影响。一个家庭有一个家庭的吃饭爱好，同样一个家庭也有一个家庭的审美取向。如果爸爸留给孩子的印象是西装笔挺，在参加家长会时能够着装得体、整洁大方，他内心会很愉悦，也很赞赏这种主流的审美，就自然远离"非主流"了。

所以，家长千万不要觉得小孩子的着装无所谓。穿衣戴帽也是修身的重要途径。《朱子童蒙须知》中提到："大抵为人，先要身体端整。""不端严，为人所轻贱矣。"出门之前，一定要让孩子自己从头到脚检查一下：衣服扣子是否扣好？鞋带系好了吗？注重这些小节，不仅让孩子有良好的形象出门，还会养成做事严谨的习惯。

育才方案：允许孩子适度打扮

爱美是孩子的天性，无论男孩女孩，总是向往最好看的衣服和名牌的鞋子。开明的父母就会觉得这没有什么，而保守的父母会对孩子这些小迹象杞人忧天，觉得重视外表的孩子会在学习上分心。而有的父母不鼓励给孩子在外表的修饰上花太多的心思，只是觉得这样会浪费金钱。

珍珍的父亲失业后，全家靠吃羊市上卖剩的羊杂碎过活。

一天，她在一个商场的柜台内看到一只带红色塑料花的小发卡，便发疯地迷上了它，她赶紧跑回家去央求妈妈给一元钱。

"妈妈，给我一块钱吧！我看到一个漂亮的发卡，想买！"珍珍带着祈求的目光向妈妈说道。

母亲叹了口气，心里嘀咕着："一元钱能买半斤羊杂碎呢！"却没什么反应。

珍珍垂头丧气地走开了！

"给她钱吧，要知道这么便宜的价格能为孩子买到快乐，我即使不吃羊杂碎也是愿意的，这样的机会她以后不会再碰上了。"父亲偷偷地对母亲说道。

"亲爱的珍珍，过来，给你钱，喜欢发卡就去买吧，一定要打扮得漂漂亮亮的！"接着，父母对走远的珍珍大声说道。

珍珍的爸爸知道孩子是爱美的，一元钱会给孩子买到快乐，即便家里的条件再困难，为什么不舍得花钱让孩子高兴呢？曾经有一位妈妈，虽然非常反对女儿化妆，可是并没有采取强硬的方式来加以制止，而是到商店看看孩子用的化妆品是否对皮肤有害，只要孩子开心健康，父母可以给孩子们一个打扮自己的空间。

还有一位妈妈自述她帮助女儿打扮的经过：

家里的经济条件一直不好，看着自己可爱聪慧的女儿不能拥有漂亮的衣服、更多的玩具，我也曾经暗自垂泪。

和其他同龄女孩子比吃穿的昂贵，我们是比不起的。于是我就暗自发誓，一定要把女儿培养成一个真正的小淑女，让她具有其他女孩都不具备的品质与气质。

穿着上，虽然不能给女儿买高档时装，但我编织的手艺却是一流的。因此，女儿的服装虽不昂贵，却件件博得了众人的羡慕。女儿也很为自己的"时尚而不庸俗"感到自豪。

为了增强女儿的知识修养，我带领女儿一同去图书馆办理了一张借书卡，每个月我都会陪女儿一同去图书馆一次或两次。在我的严格教育下，女儿不仅在学校是老师同学眼中的榜样，更成为了左邻右舍眼中标准的小淑女。

允许孩子打扮，却并不是鼓励孩子和别人比穿。爱美之心是对的，但是不可以因为虚荣和别人去攀比。作为父母也要帮助孩子掌握好"适度"的原则。

客厅多了一束花——培养孩子的生活情趣

比利时实行免费的义务幼儿教育，许多将孩子送到当地幼儿园的中国家长发现：教室的气氛十分温馨，屋子中间是围成一圈的小桌椅，两侧是娱乐场所，各种玩具应有尽有。幼儿园的教学计划是让孩子们触摸和感知艺术，培养生活情趣。有一名家长问准备在什么时候教孩子学习算数，老师会说：那是小学教育的内容，不是幼儿园教学的重点。对一个孩子来讲，最重要的是要培养动手能力和对生活的热爱，而不是单纯的学习技能，因为这样能让孩子"性格更加开朗"。在父亲节，一位家长异常惊喜地收到女儿亲手烧制的陶瓷杯，上面画有爸爸的头像。

相比之下，中国孩子的童年大概就没有这样快乐了。从四五岁的时候就要上各种各样的提高班，升学的压力夺走了他们一生中本该是最快乐的时光，在这些孩子的回忆中，童年应该是灰色的。这样的孩子尝不到生活的乐趣，也感受不到生活的多彩，更是毫无情趣可言。

培养孩子的生活情趣，能使孩子的生活世界更加丰富多彩。

首先，作为家长可以营造良好的家庭氛围让孩子感受生活中的美无处不在。整洁舒适的居家环境，色彩调和的家居饰品等，都会让孩子建立良好的审美观。还可以让孩子玩一些色彩鲜艳的玩具，通过视觉刺激大脑，通过色彩来感受审美。

在日常的生活当中，可以和孩子一起做做"动手游戏"，比如和孩子一起折纸，和孩子一起用筷子夹豆子，比谁夹得快，还可以和孩子一起拆装玩具，这些活动促进孩子的大脑发育，并且能使孩子在快乐的气氛中学习。

另外，多和孩子在一起做户外活动，孩子很容易对大自然着迷。在草地上摸爬滚打，在一起玩平衡木，都能够增强身体的协调性。还可以和孩子一起观察一片叶子、一只昆虫，让孩子在快乐中发挥他的创造力。对大自然感兴趣的孩子一定会成为有情趣的人。

育才方案：帮助孩子布置房间

让孩子拥有自己的空间，对他的心理健全和人格的发展都有积极的意义。当孩子拥有自己的房间后，会对家更有一种归属感，建立自我意识，了解自己的重要性。在帮助孩子布置房间的时候需要注意什么，怎样让孩子的房间常看常新，创意多多，充满生活的情趣，这些都是家长需要思考的问题。

在帮助孩子布置房间的时候，首先要考虑到孩子的个性、喜好，除了实用性、安全性、启发性外，其他要素如色彩、款式等还应依据孩子的喜好，尽量符合孩子的需要。

关键词 1：多彩

六岁以前是孩子创造力发展的关键时期，如果这时孩子生活的空间过于呆板、一成不变，会扼杀孩子的创造力与想象力。父母可以把屋里布置得五彩缤纷。一个多姿多彩的空间既可以加深孩子对外部世界的认识，又给予孩子自由、嬉戏的宽敞空间，使他们在玩乐中锻炼自己的想象能力和创意。

关键词 2：安全

小孩子的天性好动，有棱有角的家具、饰品就会成为一种潜在的"危险"，父母在挑选家装用具的时候，可以参考以下几个标准：

无锐角，家具以及房间中的饰品防止尖锐的边角，以防磕碰；

结构简单坚固耐用，如五金部件不易拆卸或采用隐蔽式的螺丝等；

无毒性，避免儿童误食或发生过敏现象；

小零件的坚固程度，如抽屉的滑轨等。

关键词 3：光线

灯在房间中的作用不可小觑。除顶灯外，床头灯是必不可少的，这样孩子夜里起来可随手打开，灯光不能太强，以免孩子不安。整体房间色调要有所统一，无论装饰材料还是配饰挂件最好是亮色。现在的市场上适于儿童间的各种玩具造型的灯也多了起来，小男孩、小女孩把喜爱的造型灯摆在床头，让房间增添活力。

此外还有一些需要注意的细节，在窗户设护栏，尽量采用圆弧收边；室内尽量不使用大面积的玻璃和镜子；选用带有插座罩的插座；以柔软、自然素材为主。尺寸比例缩小的家具，伸手可及的搁物架和茶几能给他们控制一切的感觉，满足他们模仿成人世界的欲望。孩子的小小世界，体现了家人对他的尊重和爱，在布置房间上多花一些时间，带给孩子的乐趣是无穷的。

在餐桌上进行节俭教育

现在的孩子，大多生活在衣食无忧的环境里，由于不知道生活的艰辛，他们花钱大手大脚，吃东西挑肥拣瘦，再漂亮的衣服穿不了几天，再也不肯穿了。"成由勤俭败由奢"是中国的古训，培养孩子的节俭精神尤为重要，而餐桌前则不失为教育孩子的上佳场所。

清代的康熙皇帝是节俭的表率，虽然贵为皇帝，依然保持节俭的作风。康熙皇帝在平时吃饭的时候，一日三餐只是吃几样简单的小菜，从来不会大吃大喝。并且，他还教育自己的孩子："中国历来的传统，只有在这三种情况下才会吃肉。第一是祭祀的时候可以吃撤下来的祭品，第二是在奉养父母的时候可以吃肉，第三是远方的朋友来了，款待朋友可以吃肉。"

现在孩子花钱大手大脚的情况相当严重，其中的大部分钱是可以节约的。孩子手中的钱来源于父母，从根本上来看，孩子的浪费是父母约束不力造成的。

董必武这位饱经风霜的革命老人，当过上了和平日子之后，仍不忘那食不饱腹的艰苦日子，经常教育子女：生活好了，不能忘记过去。

一次，董必武大病初愈，家里人为他准备了一桌可口的饭菜。全家人团团围着桌子，正要举筷时，却见董老神态严肃地扫视了一下在座的儿女们。然后，他拿起筷子缓缓地拨动碗中的米饭，口中吟诵起唐代诗人李绅那首著名的《悯农》诗："锄禾日当午，汗滴禾下土……"尤其吟到"粒粒皆辛苦"一句时，那浓重的湖北口音抑扬顿挫，更是感人肺腑。

董老吟完全诗，冲着孩子们说："'粒粒皆辛苦'，你们懂不懂？从耕到种、除草、施肥、灌溉，如果风调雨顺，没有虫害，春种才能秋收！"董老看见孩子们会意地点着头，又以平和的口气对小女儿楚清说："这首诗只有四句，很好背，我教你好不好？"他生怕女儿没有引起重视，又加重语气说："吃了饭就到办公室来，我教你！"从这以后，董老在饭桌上当着孩子们的面，多次提起这首诗，几乎成了他的"传统节目"。

有一天，董老的孩子吃完最后一口饭，丢下饭碗刚要离开饭桌时，突然被董老叫住了："你看，你看。"等孩子回过头来，董老面带笑容，语调不无严肃地说："碗里、桌子上有多少饭粒？粒粒皆辛苦，粒粒不能丢啊！"直到孩子把剩下来的饭粒都一粒粒地拾起来吃了，董老才满意地点了点头。

很多孩子每天都有很多零花钱，口香糖、瓜子、话梅等小吃，总是随身携带。不合口的，虽是刚买的，也会毫不吝惜地扔掉，浪费本、纸的现象更是比比皆是。帮孩子纠正铺张浪费的不良行为，刻不容缓。随着生活水平的提高，许多家庭生活条件优越，孩子生长在这种环境中，没经受过苦难，不知道父辈的艰难，不懂得珍惜劳动成果。

不少孩子花钱如流水，生活奢侈，经常谈论谁家阔气，有汽车，有大房子。某个同学刚穿上一件新衣服，没几天不少同学也换上了这种新装。而且穿要进口，戴要名牌，"耐克"、"阿迪达斯"已成为许多中小学生的行头。儿童电子宠物，开始只有少数孩子玩，现在许多孩子都有。孩子们认为，不管花多少钱，别人有的我也要买，我不能比别人低。

如果要培养孩子的节俭意识，作为父母应参考以下育才方案：

第一，认识到培养孩子勤俭节约的意识是塑造良好品德的开端。美学大师朱光潜曾经说过"有钱难买幼时贫"，这并不是让孩子去过"苦行僧"的生活，而是为孩子创造俭朴的家庭环境，让孩子继承中华民族的俭朴美德。

第二，从小事做起，养成节约的习惯。首先，要在生活细节上养成节约的习惯，比如爱惜粮食、人走灯灭、一水多用、爱护衣物等；其次，在使用学习用品上要讲节约，不要因为写错一两个字就撕掉一大张纸，不要老是碰断铅笔芯等。

第三，让孩子学会量入为出。父母要经常给孩子讲勤俭持家的道理，使孩子懂得一粒米、一滴水、一度电都是辛勤劳动得来的，父母供他的衣食住行的所需费用都是费力气挣来的。让他们知道家庭的经济能力，这样他们就会自觉抹掉不必要的消费。

育才方案：和孩子商定零花钱的数目

孩子手中的零钱多了，大手大脚花钱的现象也随之增多。有的家长每天拿钱给孩子打电子游戏机，少则几元，多则几十元。小孩手中的零钱数额越来越大，甚至在孩子中间产生了攀比心理，谁的零钱数额大，谁就是"大王"，于是没有太多零花钱的孩子就硬缠着家长要。如果这么小的孩子就对金钱有强烈的占有欲，那么势必会引导他们兴趣转移，而常常想着要钱，摸大人口袋，这对孩子的成长极为不利，甚至可能导致孩子走上犯罪道路。

李昂刚下班，儿子就贴了上来，"老爸，给我买个折叠的手机吧？"

李昂有点吃惊："你的手机不是去年新买的吗？"

儿子撇嘴道："老土了吧您，现在的直板手机谁还敢拿出来啊？今年最流行翻盖能拍照的。"

这样的情景相信很多家长都或多或少地经历过。家长们无奈叹息之余，可能都会感慨，孩子越大越能花钱了，而且他们花钱不心疼的劲头完全可以用一掷千金来形容。

事实上，在孩子的成长过程中，金钱的运用是一项很重要的社会学习，它深深影响孩子一生的人际关系与人格、心理的发展，无论采取过度限制还是过度放任的做法，都不太妥当。给孩子零用钱，并非只是为了满足他们的需要，而是能够教会孩子具有经济头脑，也能够训练孩子养成良好的理财习惯，而且这类教育宜早不宜迟。受到良好金钱观教育的孩子长大成人后才能对金钱抱有正常的心态，才能处理好人与金钱的关系。

美国的洛克菲勒家族拥有的财产难以数计。但是老洛克菲勒每个月才给儿子几美元零花钱。有人问他："你这么多钱，为什么还要如此吝啬？"

洛克菲勒回答说："这不是吝啬，而是责任。我之所以这样做，是要让他从小就知道，钱来之不易。只有养成节俭的习惯，长大后才能有所作为。"

现在，我国的许多家庭物质条件好了，家长都一门心思地想让孩子尽量过得舒服些，孩子要什么就给什么，口袋里零花钱不断，如今随便从一个孩子的身上掏出 50、100 元钱，不是什么稀奇事。但是孩子手里的钱多了，也令人担忧。据报道，我国大城市中有 95％的孩子有吃零食的习惯，32％的孩子用零花钱进"三室二厅"，还有的孩子（特别是城市孩子）之间攀比穿戴，不惜重金购买高档服装，互送贵重礼物现象日趋严重。个别孩子用零花钱吸烟、酗酒、赌博，邀集"兄弟哥们"为自己撑腰。

所以作为家长有必要和孩子商定零花钱的数目。

首先零用钱要给的适当。一是数额要适当，要根据家庭经济状况和孩子的合理需要统筹考虑。一般以够支付孩子合理的开支为限，不宜多给，也不宜少给。多给，容易养成孩子大手大脚的习惯，使孩子不知钱来之不易，不珍惜父母用血汗换来的金钱；少给，又不能满足孩子正常合理的需要，弄得不好，还可能引发孩子私自拿钱或偷窃行为。

　　二是时间要适宜。零用钱可以选在一个有纪念意义的日子开始给，如小孩上学的第一天等，告诉孩子这笔钱的用处，并使他懂得自己在家庭中的地位和责任，之后可以定期发给。根据孩子的年龄，对不同阶段的儿童零用钱发给的数目与时间可以不同。

　　最后，要让孩子从小体验到因没钱或钱不足而买不到自己迫不及待想要的东西而感到惋惜和无可奈何的情绪。这种情绪，使人难以忘却。这不仅使孩子进一步认识到金钱的价值和重要性，而且还能对想象力起着催化剂的作用，为追求更有价值的和美好的东西进行设计、策划，增长智慧。

第八章
自强＋合作：会生存者才会有发展

甘蔗汁浇灌的作物不会更甜
——要想实现目标唯有脚踏实地

有两个种甘蔗的农夫，他们都想成为村子里最棒的农夫。于是，两个人决定要举行一场种甘蔗比赛，来决定到底谁是最能干的。

农夫甲在心里盘算了一下："如果用正常的方法竞争，最后的结果一定是不分上下。我一定要想个更好的耕作方法，来赢得这场比赛。"

农夫乙像平常一样，努力地在田地里工作，三个月之后，他种植的甘蔗已经非常茂盛了。

而农夫甲想了一个投机的方法，他用甘蔗汁来灌溉，本以为这样种出来的甘蔗会长得更快更高更甜，结果没有过久，他种的一片甘蔗全都枯萎了。

最终这场比赛的结果，还是农夫乙凭借着本分、勤劳、努力的工作获得了胜利，并且得到了村民的一致好评。而农夫甲用投机取巧的方式，不仅输了比赛，还让自己的甘蔗全部枯萎，损失重大。

家长也一定要教育自己的孩子有这样的概念：想要得到的东西，一定要通过脚踏实地的努力来获得，如果通过投机的行为，将是对自己的不负责。任何在学业、事业上有成就的人，也无一例外都是通过辛勤的努力换来的。

很多家长认为给孩子增加一些助力，他在人生道路上就会走得更顺。打个比方，在孩子上小学的时候我们会给孩子报提高班，希望用这样的方式帮助孩子提高成绩。事实上，通过观察可以得知：报提高班的孩子在最后考试复习的时候会拿出老师给的复习大纲，背现成的东西。那些不报提高班的孩子要自己来总结归纳重点。家长觉得报提高班会给孩子带来优势，其实孩子赢在了起点却未必能赢到最后。很多的孩子通过上提高班，形成了对老师的依赖性，不懂得倚靠自己的能力独立完成。这实际上就是一种拔苗助长。在以后孩子的成长过程中，还会遇到很多的困难，无论是升学、就业，作为父母又怎么能帮孩子一一应付？

俞敏洪的父亲是一个普通的木工。有一次，俞敏洪看到自己的父亲在院子里左右测量、开沟挖槽、和泥砌墙，大半天之后，一件四四方方的小房子居然建成了。父亲的行为让俞敏洪很感动，也让他明白：无论做什么事情，都是从小小的一砖一瓦开始做起。想要做成一件事就需要付出比别人多很多的努力。

还有一位企业家讲：他小的时候母亲经常让他去挑水把邻居家的水缸填满。从家到去打水的地方有很长的路要走，很多时候当他挑完水回到家的时候，天都已经黑了。在他长大参加工作之后，每当遇到了困难，他就会很自然地想到小的时候去挑水的一幕，想到自己当时是一步一步坚持走到家的。他同样用这样的态度对待工作，一点一点地把工作中的难题都排解掉了。

在《格言联璧》中有这样的一句话："旋乾转坤的经纶，自临深履薄处得力。"正所谓不积跬步无以至千里，不积小流无以成江海。真正懂得帮助孩子生涯规划的父母，就应该告诉孩子脚踏实地是通向成功的必经过程，即便在这条路上不会有别人的喝彩和羡慕的眼光。

育才方案：不可对孩子有求必应

不会克制是好多孩子的通病。看到喜欢的玩具就抓住不放，想要吃麦当劳就非去不可。长此以往，孩子就会养成习惯，不懂谦让，没有耐心，干什么事情都要让家长帮忙。而且学习起来大多坐不住，容易沉迷于刺激性的电脑游戏而不能自拔，脾气也大都暴躁，稍一批评就张口顶撞，甚至离家出走。

面对父母的有求必应、百依百顺，孩子头脑中会逐渐形成这样一种思维定式：我要什么马上就能有什么。孩子会变得越来越任性，可一旦离开家庭走入社会，那种任性、暴躁、急功近利的性格肯定会令他们在人际交往中遇到挫折和打击。那时候事事不顺心的他们，往往不会从自身找原因，反而觉得别人有意跟他们过不去，难免会与周围的人处于一种对峙状态，这对孩子的职业发展和健康的人际互动都是极为不利的。

有研究表明，作为父母要想让孩子体会到想得到满足是件不容易的事情，就应该沉得住气，培养孩子的"延迟满足"。

妈妈正在埋头工作，小维尼走过来央求："妈妈，陪我去公园玩。"

妈妈头也没抬地对小维尼说："妈妈的工作正做到一半，等妈妈把文章整理完就陪你去。"

过了一会儿，维尼又来催促妈妈："妈妈，还要等多久？我现在就要出去。"

"维尼，妈妈急着赶工作，你先玩一会儿玩具，还得等妈妈一会儿。"

听到这些，维尼闷闷不乐地回到自己的房间里看故事书去了。

妈妈做完工作之后去叫维尼："我完成工作了，走吧，妈妈带你出去玩。"

"不，等一等，这个故事我正看了一半。"维尼捧着一本书，模仿着妈妈的口气说道。

妈妈没有生气，她并不因为孩子的故意模仿而恼怒，她认为这是教育孩子懂得"延迟满足"的最好机会，也是对孩子的尊重。因此，妈妈很有耐心地坐在客厅的沙发上等儿子。最后，等到小维尼读完那个故事，母子俩才一起出门。

培养孩子的"延迟满足"能力关键就在于帮助孩子形成控制、调节自己的情绪和行为的能力。"延迟满足"不是单纯地让孩子学会等待，也不是一味地压制他们的欲望，更不是让孩子"只经历风雨而不见彩虹"，说到底，它是一种克服当前的困难情境而力求获得长远利益的能力。

在孩子学习钢琴、小提琴等问题上，父母都可以用这种延迟满足的方式，故意让他比同龄的孩子学得稍微晚一点，让他先接触最经典的作品。等到他终于能够开始学习自己的兴趣爱好的时候，就会格外珍惜。这也是有的父母惩罚孩子"不许写作业"的一个原因，孩子们通过等待和忍耐而得到的东西，才会认真去面对。当年，宋耀如先生培养宋氏三姐妹的这种忍耐力，让她们从很小就开始遵守基督教的教义，祷告、斋戒等等，也是从延迟满足的教育角度出发的。

切忌"一帮到底"，琐碎的事情让孩子独立完成

有个独生女，从小被爸爸妈妈娇宠着。上小学的时候，每天早上都是爸爸开着车子去送她上学，中午把饭热好送给她，等她吃完之后再把饭盒带回家，晚上再开着车子来接她。从这个女孩上小学一直到她大学毕业都是这样过来的。毕业之后，爸爸利用自己的关系帮助她找了一个护士的职位，然后又张罗帮助女孩建立了她自己的家庭。当女孩走上红地毯的一刻，父母都很欣慰，辛苦多年养大的女儿终于有了自己的归宿。

但是结婚不久，这个女孩就暴露出很多的缺点，不会做家务而且不会安排生活。刚开始的时候都是先生默默地帮她做好，但后来先生也是忍无可忍。女孩的内心很自闭，脾气又不好，与公公婆婆的矛盾也越来越大。最后，她的先生决定到法院提出离婚，结果胜诉。这件事对女孩的父母来说，犹如晴天霹雳。

上述这件事中的父母，错就错在对孩子太好了。因为孩子从小不会为生活的事情操心，也就失去了很多锻炼的机会。最后弊端都出现了，受害最多的还是孩子。

许多家长都认为，不让孩子受到一点点伤害，是为人父母的责任。大多数家庭都生怕孩子磕着、碰着，家长总是在生活中习惯代替孩子做一些事情，以为这样才是保护孩子。恰恰相反的是，家长这样保护孩子，只会阻断孩子和社会的接触，还会让孩子养成衣来伸手、饭来张口的懒惰心理，不懂得付出，也缺少对他人的感恩之心。

曾国藩是中国历史上一位很有影响的人物，他做官很成功，治家也很成功，因此备受推崇。当时他的权位已经达到了四个省的总督，在整个清朝几百年的历史中，从来没有一个汉人有如此大的权威。但曾国藩先生要求他所有的子孙，基本的生活也好，衣服也好，一些家务活也好，都不能留给底下的人做，都要自己亲自来做。曾国藩用这样的方法避免子孙好逸恶劳，也可以说是用心良苦了。

现在的快节奏生活，使家长失去了倾听孩子心声的耐心，在不知不觉中为孩子做了一切，让他在没有风吹雨打的环境下生长。事实上家长所做的事情只会弱化孩子的能力，并不是真正在帮助他。

育才方案：不要看到孩子一受苦就心疼他

日本著名企业家松下幸之助曾经说过这样一段话："狮子故意把自己的小狮子推到深谷，让它从危险中挣扎求生，这个气魄太大了。虽然这种作风太严格，然而，在这种严格的考验之下，小狮子在以后的生命过程中才不会泄气。在一次又一次地跌落山涧之后，它拼命地、认真地、一步步地爬起来。它自己从深谷爬起来的时候，才会体会到'不依靠别人，凭自己的力量前进'的可贵。狮子的雄壮，便是这样养成的。"

赫胥黎说："人在早年遭受几次挫折实际上有极大的好处。"吃得苦中苦，方为人上人。其实，孩子一生中不遇挫折是不可能的。在成长时期太顺利了未必是好事，对孩子过分保护，往往会妨碍孩子身心的正常发展，使他们变得胆怯、依赖心重、神经质，不敢做任何尝试，而且不易与人接近。为了让孩子在以后的生活中少吃苦头，在孩子成长的过程中，父母要做的是要精心设计一个有益的教育环境，使孩子在成长过程中适当地吃些苦头，培养他承受挫折的勇气和能力。有了这样的准备，孩子才可能在以后少吃苦。

有位男孩考上了一家部队院校，严格的军事化管理让男孩苦不堪言，他在给家长的信中屡屡透露出不能承受的意思。他的父母千里迢迢去探望，看到男孩的确很苦，站要有站相，坐要有坐态，就是平日穿衣叠被吃喝等杂务也得用统一整齐来规范，更别说每日早晨风雨无阻的五公里越野长跑。他们只待了三天就被队领导要求返乡，他们看着男孩黑瘦的模样，内心充满矛盾——男孩平素一进家门就喊饿的，可现在，肚子咕咕叫，还要饭前一支歌！怎么办，母亲几乎动了把男孩领回家的念头，可父亲却一直坚持："别人家的男孩能行，咱家男孩也行！"后来两位家长终于释然：他们的男孩现在成熟稳健，果断独立，是一个真正的男子汉了。

身为教育孩子长大成人的父母，必须让孩子知道，在成长的道路上，不可能是一帆风顺的，成功往往是与艰难困苦、坎坷挫折相伴而来的。如今的孩子生活过于安逸，普遍缺乏经受磨炼的机会，因此，他们很难学会忍受挫折和失败带来的负面情感，这对他们的成长是极其不利的。父母要让孩子们知道，他们面临的是一个处处充满竞争的社会，"优胜劣汰"将是普遍现象，未经锻炼的翅膀难以搏击人生的风雨，难以在未来的竞争中取胜。父母要认识到，要想让孩子在竞争中立于不败之地，必须对孩子进行挫折教育，让他们自小接受艰难困苦的磨炼，教会他们敢于面对挫折，不怕失败，以培养他们坚韧不拔的意志和毅力。在逆境中千锤百炼成长起来的孩子才能更具生存竞争力，这也是父母应为孩子尽到的义务和责任。

让孩子自己做决定

谢军是享誉世界的国际象棋特级大师，曾获得过多项世界冠军。很多人羡慕她的辉煌成就，但很少有人知道她之所以能够取得这样的成就，完全是因为父母给了她自主的机会。

1982 年，12 岁的谢军小学即将毕业，但她却面临了两难境地：是升重点中学还是学棋，在这个分岔口谢军举棋不定。小学 6 年中，谢军曾有 7 个学期被评为三好生，这样品学兼优的孩子谁见谁要，学校当然要保送她上重点中学。但是，国际象棋的黑白格同样牵引着谢军和她的一家人。在这个节骨眼，母亲的一席话给了谢军莫大的勇气，让年纪小小的她学会了自主，学会了对自己负责。

母亲叫来了谢军，用商量的语气说："谢军，抬起头来，看着母亲的眼睛。你很喜欢下棋，是不是？"这是母亲对女儿选择道路的提问，从某种意义上讲，也是对女儿将来命运的提问。家庭是民主的，对孩子采取了审慎的商量的办法，充分尊重女儿的意见和选择。谢军目光坚毅、严肃地看着母亲的眼睛，坚定地说出七个字："我还是喜欢学棋。"听到女儿的话后，母亲同意了她的选择，同时又严肃地说："很好，不过你要记住，下棋这条路是你自己选择的，既然你作出了这个重要的选择，今后你就应该负起一个棋手应有的责任。"

一个12岁的女孩很难懂得和理解这段话，也理解了父母的良苦用心。正是母亲的这段话，使谢军受益一辈子。假如当初没有这段话，或者是父母包办决定女儿的前途，就不会有今天的谢军，也不会有中国这位国际象棋"皇后"。

孩子虽然还小，但总有一天他要走向社会。如果现在不培养他自我判断、自主决定的能力，什么事情都由家长完满解决，一旦孩子离开父母，没有人为他做这一切，而他自己又没有这种能力怎么办？他那时该去依靠谁呢？

家长要有意识地把孩子看成是一个自立的人，使其能自行决定自己的行动，并且实行自己的决定。家长要努力培养孩子的自主能力，给孩子自主的机会，充分调动孩子自身的积极性。

所以，作为家长要注意从生活细节处着眼，培养孩子自己做决定的意识。但是，让孩子做决定之前，有几个关键的问题需要注意：

第一，不要给孩子太多的选择，如"你想穿什么颜色的毛衣？"孩子可能会提出家中没有的东西，若父母不能顺从时，反而会使孩子对父母失去信任。而应该问，"你想穿这件绿毛衣，还是那件红毛衣？"

第二，不能让孩子选择有害、不安全的事，因为孩子不知什么有危险。例如，冬天一定要穿棉衣，这没有选择余地，必须执行，但可给些其他的选择："这棉衣是让爸爸给你穿？还是妈妈帮你穿？"而不能说："要不要穿棉衣？"

第三，孩子做决定时，不要给很大压力。如果孩子的决定不太合理、恰当，大人可给些提醒。如果孩子做决定后，遇到挫折，产生了失败感，父母也要给予帮助。孩子做决定的机会不可太多，以免给他太大压力。

育才方案：教孩子在争辩中长大

争辩是两个意见相歧的人试图说服对方的一种行为，这种行为的前提是两个人地位平等，精神上相互尊重。由于我们已经习惯将孩子视为父母的所有物，父母与孩子之间就不存在争论了，而是命令和要求。在生活中我们要让孩子争取主动权，主动表达自己的意愿。

父母常常希望孩子在将来的生活中不吃亏，但是孩子连表达自己意见的能力都没有，又怎么在社会生活中表达意愿、实现愿望呢？

德国一位心理学家在研究多年后得出确切的结论：争辩是孩子走向成熟之路的重要一步。能够同父母进行真正争辩的孩子，在以后会比较自信，更富有创意和领袖气质。

在"争论教育"上，我们可以看到很多成功的实例，几乎所有巧舌如簧的人，在年幼时一定会和他人争论，说服别人，其中自然也包括与自己朝夕相处的父母。

撒切尔夫人的政治家气质，正是在和父亲的辩论中日渐积累的，同样，丰子恺鼓励孩子在与大人交谈的过程中发表自己的见解，锻炼他们的思辨能力。

孩子争辩的时候，表明他在组织语言表达观点，并要分析对方的观点，找到破绽加以辩驳。这至少有两点好处：一是促进大脑发育，一是增加家庭互动氛围，更利于孩子各方面的成长。

孩子争辩并不是不尊重父母的表现，既然真理只会越辩越明，父母又何须担心自己的威严会在争辩中消失呢？但是提倡争辩，并不是说让孩子胡搅蛮缠、随心所欲、口不择言。争辩是在讲明自己的道理，一旦孩子违背了这个原则，父母就应该制止。另外，争辩也不是凡事都要争论，那只会让生活陷入混乱，让孩子争论，是在让他发表有价值的观点，生活中应有的基本原则，是不提倡争辩的。

家务劳动人人有份

曾国藩曾经说过：看一个家族是否能够兴旺地延续下去，只要是看后代的表现就知道了。看后代的表现可以从三个方面来考察：其一就是看孩子是否早起，不贪睡的孩子懂得珍惜时间；其二就是看孩子是否读圣贤书，读圣贤书的孩子通达事理，在将来的人生道路上会走得更顺；其三就是看孩子有没有做家务劳动，经常做家务劳动的孩子不会是娇生惯养，将来会懂得承担责任。

中国有句古话叫"习劳知感恩"，一个孩子只有经常做家务，才能更深刻地体会到父母的养育之恩。翻阅各种古代的教子格言，无一例外都会提到要孩子参加劳动。"黎明即起，洒扫庭除，要内外整洁；既昏便息，关锁门户，并亲自检点。"中国古代的这些小朋友大约在 4 岁左右就开始参与简单的家务劳动，这使他们从小就具备了很强的做事能力，在中国的历史上，二十几岁就当县长的例子，非常之多。

很多的家长会担心如果让孩子做家务劳动会影响他们的学习，事实上，做家务劳动不仅不会影响学习，相反还会促进学习成绩的提高，因为在劳动的过程中孩子可以体会到父母的辛劳，进而就激发孩子的孝心，当孩子要立志用好的成绩来回报父母的时候，他们学习的动力就会一发不可收拾。

一个公司的部门经理，小的时候经常帮助妈妈一起收麦子，当他劳动累了在田间休息的时候，就会看着一片麦地暗暗在下决心：将来一定要让父母不再这样辛苦地生活。后来这成了他积极工作的动力，就是小时候的辛劳在他心中留下的印象太深刻了。

孩子在劳动的过程中，不仅会更加体谅父母，而且劳动是让孩子接受锻炼的最好方式，经过劳动的孩子不仅身体会更加强壮，而且在做事的时候会显得更加干练。当走到社会中，懂得做人做事的孩子会更加受到长辈的爱护和提拔。

有一个小学老师曾经说到："有一次大家集体做饭，要800人的量，我在那里负责洗碗。这时有一位长者走了过来，看看我说：看你洗碗的样子就知道你从小太好命了。当时我听到这话很吃惊，自己的底细被别人一眼看了出来。因为我在家从来都没有做过家务，只要跑去做家务，奶奶就会过来，奶奶一过来，妈妈就会过来，而妈妈一过来，我的姐姐就会过来，我没有机会做家务。因为从小没有过这样的锻炼，所以和其他人比起来就显得更笨一些。其他一些比我年龄大的人都在一直干，没有休息，而我要休息好几次。我坐在那里感觉很不好意思，年纪最轻而体力却最差。像我的父辈都还是从小在家里经常参加劳动，现在年岁很大了而体力依然很好，我们一起去开车游玩，父亲经常会在路上问我：你累了没有？"

当今社会，需要的不仅仅是有文化、有知识的人，更需要既有知识又有能力的综合人才。只会说、不会做的人已越来越找不到市场。利用家务劳动锻炼孩子的动手能力，以及自己独立的生存能力，不失为一种好方法。

父母可以把一些简单、轻易的家务，教会孩子做，让他们分担一些家务，可以训练他们的工作能力。让孩子尽早参加家里力所能及的劳动，可使孩子的生活充实、有趣。同时，在劳动中也能培养起孩子许多宝贵的品质，如责任感、独立性、自信心，以及珍惜时间和爱惜劳动果实等。

育才方案：让孩子当一天家

让孩子当一次家不仅可以锻炼孩子解决问题的能力，而且还能让孩子获得一定的技能和技巧。不久前的一项抽样调查显示，某个城市的高中生近六成起床不叠被子；五成从不倒垃圾，也不扫地；七成不洗碗，不洗衣服；九成从不洗菜做饭。还有部分高中生什么家务也不做，个别人连整理书包都还要家长代劳，更别说给他一次当家的机会。

这些家长的一片"苦心"，使孩子们不仅不会做家务，养成了衣来伸手、饭来张口的习惯，以为别人为自己做什么都是应该的，却不知道自己也有关心与帮助别人的一份责任。

孩子小时，正是品性形成与发展的重要时期，极具可塑性。孩子虽小，却具有独立的人格，也是家庭中的一员，父母应该适时教育，加以指导，让孩子在家里承担一定的责任。

家长为了孩子将来能更好地适应社会，让孩子了解父母的辛苦与不易，在孩子上小学高年级或初中时，周期性地让孩子当一天（或两三天）家，是一个行之有效的办法。

家长可以找一个周末，让孩子为第二天的生活与活动安排做一个预算与计划，然后从第二天早上起床开始，就由孩子上岗指挥与组织一天的家务与游玩。父母则在孩子指挥下加以配合，需要多少钱，买什么菜，到哪里玩，坐什么车，走哪条路线，均由孩子来筹划。

父母要放手、信任，不要干预，即使孩子安排得不是最合适，也不要当即否定，而是等第二天再与她一起总结，先让她自己提出改进意见，然后再补充。相信孩子对这样的活动定会兴致很高，也会十分用心和负责任，快乐与收获定会出乎你的意料。

培养正确择友观

三国时期有一个大学问家管宁，在儿时经常与华歆结伴过着耕读的生活。有一次管宁与华歆一起锄地，管宁刨出了金子，但却视而不见、不为其所干扰，继续专心锄地，而华歆则把黄金偷偷放进了口袋中。后来又有一次，两个人一起读书的时候，听到外面一阵喧闹声，原来是有人乘坐华丽的车从这里路过。华歆不禁赞叹到："真是太排场了！"而这时的管宁则起身用刀子把原本两人共同用的席子割开了，正色道："你不是我的朋友。"管宁严格地要求自己，一个君子是不应该受到这种浮华之风的影响而动心的，于是做出了割席绝交的举动。

古人说到立志、立身时无不谈到择友。朋友间的相互影响是无形而巨大的。孔子说："友直，友谅，友多闻。"这也是为他的学生确立的择友的标准。"亲附善友，如雾露中行，虽不湿衣，时时有润"，与好朋友交往，不仅对自己心智有益，也会使生活充满乐趣。在与朋友的交往中会快速地学到一些做人做事的方法和经验，快速地成长。

博恩·崔西说："不管在你的现实生活或是想象中，你习惯相处的那些人，会对你想成为理想人物的目标有着极大的影响力。

你的目标应该是能够'与鹰共翱翔'。你的目标应该是要和你所知道最好的人为伍。你要和胜利者在一起，同时要远离那些自暴自弃、没出息的人。由于诸多无法掌控的因素，你身旁约有80%的人都是不甚积极、没雄心壮志、没有目标、不太成功之辈。他们在生活中并没有很大的成就。他们每天都在浪费时间，牢骚不断，并且一逮到机会就抱怨个没完。假如你和这种人在一起，就会变得像他们一样。你一定要谨慎地选择那些你愿意花时间交往的朋友，因为他们对你的思想、人格，以及发生在你身上的任何事情都会有影响。

你的目标就是要成为别人乐意为伍的人。当你变成一个更积极且更有魅力的人物时，你将发现自己会吸引其他积极有吸引力的人与你为友。"

"蓬生麻中，不扶自直。白沙在涅，与之具黑。"荀子用这样的自然现象比喻了在生活当中朋友对我们的影响。孩子在家中，主要是受父母的影响，当他们走进了幼儿园、学校，融入了集体之后，就会和其他的小伙伴们朝夕相处，不自觉地会受到这些朋友们的影响，所以父母应该注意引导孩子，告诉他们和什么样的孩子相交往，对什么样的孩子要敬而远之。

孩子小的时候，由于识别的能力比较弱，父母在这一时期帮孩子划定"交友圈"是有一定道理的。但在孩子成长之后，自我意识越来越强烈，如果这时父母要将自己的意志强加给孩子，就已经晚了。

育才方案：善待孩子的朋友

父母尊重孩子的小伙伴就是尊重孩子自己，他会在我们的尊重中得到欣慰和心理的满足，同时也会得到同伴的认可和接纳。否则他幼小的心灵中会留下阴影和创伤，在朋友中会遭到嘲笑和冷落。

一位家长中午回家，打开家门，发现上小学五年级的儿子正和两个同学"大吃大喝"，碗筷摆了一桌。儿子见妈妈回来了，忙站起来，叫了声："妈!"她没应声，两个同学站了起来，叫了声："阿姨，您回来啦!"这位家长一声没吭，径直走进屋里，"砰"地关上门，半天没出来，吓得孩子和两个小伙伴慌忙溜走了。到了晚上，孩子回到家，没有吃晚饭。尽管父母轮番相劝，孩子还是滴水未进，而且一连几天食欲大减，情绪低落，打不起精神，没有笑容。母亲这才后悔不迭。

孩子的小伙伴到家里来，是常有的事。从做父母的观点来说，到家中来玩的同学中，必然有较受欢迎的和不受欢迎的。若是能和自己的孩子安安静静做功课的同学，就是受欢迎的小客人；如果在进入别人家的时候，只知任意嬉戏的同学，则被列入不受欢迎的名单中!

这种感觉不过是人之常情，但不能太露骨地表现出来。当有不受欢迎的同学到家中来玩时，想尽办法逼着孩子们到外面去玩，或是很冷淡地对待孩子们，甚而责骂"你们安静点"等，这样不只会伤害到孩子的同学，也会伤害自己的孩子。

每个人都有被别人尊重的需求，不要以为孩子年龄小就不需要被尊重，教育学家早已告诉我们，伤害孩子的自尊心，是教育孩子的大忌。因为不尊重孩子不仅会使父母与孩子的关系疏远，还会使孩子尊严扫地，很难再以正常的心态去面对人与事，去面对自己的人生。

我必须工作——竞争是人生的常态

从人类文明产生的时候开始，竞争就如影随形。我们要和别的物种竞争食物，和大自然竞争主动权，和生命竞争时间，更可悲的是，还要和同类竞争工作岗位、上升空间等等。融入社会，就是参与竞争的开始，不管你怎样想，都要面对自己被淘汰还是录用的现实。培养孩子的竞争意识，让他知道竞争是生命中的常态，是生存教育的一剂强心针。

在孩子衣食无忧的年纪，如何培养孩子的竞争意识？如何保证他的心灵不会因为竞争的压力而产生诸如嫉妒、抱怨一类的负面情绪？这些都需要父母来示范给孩子看。

我们的工作中常常会有竞争，这时候父母可以直接和孩子说说自己的状态和准备情况。例如一个做销售的爸爸可以和孩子进行如下对话：

"我就要参与一个非常棒的项目了，但是这一次我们有四五个对手，他们也想把这单生意谈拢，这一次只有一个赢家，我得想点办法。"这些话是在告诉孩子，你目前正处于竞争的状态中。

"我们准备了两周了，包括对自己的产品的分析，对对手的产品优劣的比较……该做的都做了。"这是在告诉孩子，你已经尽了全力去准备。

假设结果是你们赢了，你可以说"幸好我们准备得充分，你看，只要自己准备得周密就能办好。"如果结果是你们输了，你可以说："这一次我们的对手准备得实在太好了，他们的介绍和产品都无懈可击，难怪我们会失败。我们下一次也要和他们一样。"

其实这个结果并不重要，重要的就是告诉孩子如何去面对结果。用你自己的行动来告诉他什么是"胜不骄，败不馁"，也通过自己的态度来告诉他只要自己尽全力了，就不要在意结果如何。能够肯定对方，自己才能学到新的东西。

作为家长，可能很多时候出于爱子之心，而忽视了鼓励孩子去竞争，培养孩子的竞争意识。很多孩子都会用"我不行"之类的话来避免参与竞争，这时候你是采取任何行动去鼓励他竞争，还是听其任之？

竞争固然会让人处于紧张的状态中，但正是这种紧张激发了我们的潜能。孩子害怕竞争是很自然的事情,父母不要通过施压来强迫他去参加自己不想参加的比赛、竞赛等活动,而是要尽量让他觉得参与到其中会很有趣。

育才方案:和孩子谈《亮剑》——亮出自己

孩子爱看电视未必是一件坏事情,有时候,父母可以和孩子一起看看电视剧,学学其中的人生智慧,比如《亮剑》就是值得爸爸和孩子一起学习的一部电视剧。

李云龙、丁伟都是属于那种天不怕地不怕的人,打仗时咬住敌人就不松嘴,吞不下去也要撕下块肉来,一旦和敌人接上火,就谁也别想调动他了,哪怕是野司林总的命令也没用,不占点便宜决不走。辽沈战役的最后一仗,丁伟率一个师在辽西平原上咬住廖耀湘兵团,他不等后继部队到,便以一个师的兵力率先向廖耀湘兵团发起攻击,硬是如入无人之境,把对方一个兵团冲个七零八落。

丁伟和李云龙这种咬住敌人不放,不达目的誓不罢休的狼族精神使他们成为野战军中的王牌。如果拿出这种咬定青山不放松的精神来对待人生,那么,孩子也就鲜有达不到的目的。

能否具有不达目的誓不罢休的狼族精神,能否坚持不懈地叩击成功的大门,比其他任何东西都重要。只有抱着不达目的誓不罢休的信念去努力争取、努力奋斗,才能像李云龙那样打赢人生的每一场战役。

有智慧的父母懂得"授之以鱼不如授之以渔"的道理,让孩子主动亮出自己,这与让他拥有君子的品行一样重要。孩子都喜欢崇拜明星,如果他能把《亮剑》中的李云龙当成自己的偶像,多多和孩子一起说说这个人物的故事,把李云龙的故事印在生活中,这样的崇拜会帮助他克服困难,成为一个坚强的人。

为对手加油——接纳对手是一种气度

日本著名的剑圣——宫本武藏,在他获得了"剑道第一"的殊荣之后,许多剑客都来向他挑战,而他们来并不是为了讨论如何练剑,而是为了争究竟谁是真正的"天下第一"。小次郎的剑法在当时也很出名,很多人认为他的功夫和宫本武藏不相上下。结果,两个人在海边比赛,最后还是宫本武藏赢了。

后来,宫本武藏在自传中写到了那一次比赛,他认为自己能够赢,是因为在比赛的过程中完全没有把心思放在输和赢上,这正是"无心胜于有心"的道理。

宫本武藏晚年将大部分时间都用在了研习禅道，有一次他看到了两只斗鸡，突然间悟出了一个道理："人与人之间的争斗，就好比这两只斗鸡一样。在更高的地方，还有一对眼睛在看着我们。"他悟出了胜和负并代表不了什么，那只是一个空幻的称呼而已。

除了人们熟知的"鹬蚌相争"之外，在自然界中也时时会出现这样的情景：两只鱼为了争夺活动的空间，互相撞来撞去，最后两只鱼都死掉了。很多人也是一样，把人生中最宝贵的光阴都用在了争权夺利上，不仅会让其他的人受到伤害，同时也使自己的内心更加的狭隘，永远束缚在自己的小圈子里，永远都体会不到"人外有人"。一心和别人比，是永远都比不完的。

很多的小孩子也会有这样的倾向：比一比谁家最有钱，看一看谁穿的牌子最好。如果别人比自己强心里就会比较不爽。孩子小小的心中已经填满了这些是是非非，将来又将以什么样的气度来对待别人呢？

李阳大学刚毕业的时候，某电视公司请他去主持一个特别节目，那节目的导播看他文章不错，就又要他兼任编剧。但在节目做完领酬劳时，导播不仅不给他编剧费，还扣他一半的主持费。他对李阳说："这是收据，你签收一千六，但我只能给你八百，因为这个节目透支了。"

李阳没吭声，照签了，心想"君子报仇，十年不晚"。后来那导播又找他，他也"照样"做了几次。最后一次做完，他没扣李阳钱，反而对他很客气，因为李阳被该公司的新闻部看上，一下子成为了电视记者兼新闻主持。

后来他们经常在公司不期而遇，那个导播每次笑得都有点尴尬。李阳曾经也想去告他一状，可是一想：没有他能有我的今天吗？如果我当初不忍下一口气，又怎能继续获得主持的机会呢！机会是他给的，他也算是我的恩人，现在他已经知错，我又何必去报复呢？

这样宽容的气度将使人心平气和，家长也要让自己的孩子做个有肚量的人，"海纳百川，有容乃大"。海之所以大是因为把自己放在了最低的位置。豁达的孩子将是乐观的，这样的精神将会使他越挫越勇，人生的道路越走越宽。如果孩子总是因为一些小事情纠结其中，将最终绊住自己前进的脚步。

育才方案：给荣誉下一个完美的定义

荣誉感是一种促使人努力向上的道德情感，是一种积极的心理品质，它能使人产生履行道德义务的巨大精神力量。

英国唯物主义哲学家洛克在《教育漫话》中说过："荣誉虽然不是德行的真正原则和标准，但它是一种指导鼓励儿童的正当方法。"

可是，荣誉还有让人负重的一面，有多少年轻人在荣誉的压力下自毁青春；有多少成年人，在背负荣誉的光环时承受着更重的责任。这个时候荣誉已经不再是一种可以让人羡慕的声望，而是一种压在心里的沉重的包袱。

小小是一个初二的女孩，在学校里可以算是一个好学生。

优异的成绩经常会被老师们津津乐道。因此，她平时的一举一动，老师都分外关注，稍不留神就会遭到"没有带好头"之类的训斥。

哪怕在课堂上自由地讨论问题，小小稍微表达一点叛逆的观点，都会得到老师的"特殊照顾"，生怕小小的优秀模范作用发挥不了正面影响。因此，小小都不敢随便发言了……

类似的故事在生活中经常发生。荣誉其实只是以"善意"之虚，行"伤害"之实。这不仅是孩子的悲哀，也是社会的悲哀。如何正确地培养孩子的荣誉感、激励孩子进步且不让压力压垮孩子，是家长最应该考虑的问题。

当孩子被评为三好学生或得了奖励之后，有些家长是漠然视之、无动于衷，甚至把孩子的奖状视作蔽屣，这将使孩子的心灵遭受极大的伤害。而另一种家长是太过于重视孩子的荣誉，通过各种途径大肆宣扬。并对孩子动不动以荣誉相压，等于把荣誉神化了。假如有了这样的意识，一旦得不到荣誉，或者失去，孩子就会无法承受，产生心理障碍。事实上，荣誉是不可能永远光顾同一个人的。

对于孩子通过不懈努力得到的种种或大或小的荣誉，父母应该给予珍视，同时鼓励孩子继续努力，取得新成绩。但是，父母要告诉孩子的是，不可对名誉太过执著，也不要太过于在乎别人的眼光。只有这样，孩子才能够不断获取前进的力量，健康快乐地成长。

给孩子上一堂自救课，为危机事件做准备

在这个日益复杂的社会里，父母非常有必要从小培养孩子的自我保护意识和自我防范意识，做到未雨绸缪。孩子们单纯天真，好奇心很强，但是，由于他们的生活经验和社会阅历少之又少，所以，对孩子进行安全教育是成长过程中至关重要的一课。

在西方国家，父母都十分重视对孩子的安全教育。对于有车子的家庭，从怎么坐车到怎么开车，父母都会认真地遵守交通安全的基本规则。当孩子违犯规则时，父母

会耐心地纠正，详细地告诉孩子安全知识，并告诉孩子发生车祸时怎样逃生、怎样急救、怎样报警。

而相对来讲，国内的父母的安全意识就比较薄弱。大多数的父母会怀着侥幸心理，认为意外不会发生在自己身上。有的孩子坐在车子上无聊，会把头探出窗外，而父母居然会熟视无睹。

生命中潜在的不安全因素来自各个方面，比如煤气、电、雷雨等等。父母应该在平时的日常生活中，提醒孩子需要注意的问题，在不断地灌输中，使安全防范的常识深深在孩子心中扎根，防微杜渐是最佳策略。

1. 让孩子了解和掌握生活中的最基本的安全知识，父母可以把一些必要的安全知识交给他，比如家用电器的使用方法和安全注意事项，药品的标志及使用方法，出门应该遵守的交通规则，不要随便与陌生人讲话，注意保护自己的身体，不要让锐器触及身体等等。

2. 教给孩子发生意外情况的应急措施。比如让孩子知道煤气泄漏的时候要先切断电源、开窗通风，遇到意外状况要及时打电话如 110、119、120 等。懂得一些基本的医学知识，如急救止血法等。

3. 培养孩子的自控能力。有的孩子虽然懂得要注意安全，但由于天性淘气，自控力差，有时玩起来会忘了安全，甚至造成受伤。因此，对于一些自控力较差的孩子，父母要在平时有意识增强孩子这方面的能力。

安全关系到孩子一生的快乐，父母应该多用心教孩子一些安全知识，培养孩子的安全观念。这样，会使很多本不该发生的事情得以避免。

育才方案：父母要善待自我，孩子才会珍惜生命

统计数据表明，自杀已经成我国 15 至 34 岁人群的首位死因，每年至少有 25 万人自杀身亡，200 万人自杀未遂。这些数据的背后，都是一个个鲜活的生命啊，他们有家庭，有亲人，也就是说，每一天都有人要面对亲人自杀的巨大悲痛。

谁来告诉孩子要善待生命？当然还是父母。那作为父母对自己的生命意识怎样呢？是否能善待自己呢？很多的家长每天都有很多的事情要做，不知不觉地进入了一个"机器人"的角色，永远在不停地忙碌着，这样的爸爸妈妈，真应该先来善待一下自己。

父母总是会把最好的东西留给孩子，给孩子补充各种营养，但不要忘了，我们自己也需要很好地调理，越是觉得自己的责任重要，越有必要照顾好自己的身体健康。很多家长认为保养就是吃营养品，其实并非如此。早上起床的时候喝一杯蜂蜜水，晚上睡觉之前一杯牛奶，偶尔喝一点红酒，一点也不奢侈，反而能让孩子看到自己在用心生活，留下温馨的印象。

有了家庭，并不意味着就要放弃社交，放弃朋友。如果有条件，把朋友请到自己的家里，和大家开开心心地聊天，说一些过去有趣的事情，这在孩子的心中有很重要的意义。孩子会看到友情的美好，意识到每个人都能有几个好朋友。孩子也会积极主动地去认识新的人，并且申请带回家来。有了很多朋友，我们就不用担心孩子太孤独、太悲观了。友情能让人的生活变得丰富很多。

父母善待自己，这并不是自私自利。如果连自己的生命都不能善待，孩子又怎会感受到人生的美好呢？

财富启蒙：一切财富来自劳动创造

很多父母热衷于为孩子创造最好的物质条件，而不是教给他们自力更生的能力。古代有智慧的父母从来都不会给孩子留下财富，担心他们会坐吃山空，会丧失谋生的能力，这样的做法，是为孩子的一世着想。聪明的父母会把谋生的本领传授给孩子，"一技在身，胜过家财万贯。"

刘邦打下天下之后，为一百多个功臣分封土地，并且分给他们很多田宅。在分封土地的时候，丞相萧何要了一块很贫瘠的土地。因为土地贫瘠，如果不辛勤耕作就没有饭吃，并且后代的子孙也会懂得勤劳节俭。汉朝建国一百年之后，有一位史学家做了个考察，想了解一下最初被分封的这一百多个功臣，如今他们的后代都怎样了，结果这个史学家非常吃惊，因为这些功臣的后代，基本上已经都没落了，而丞相萧何的后代还生存得很好。人们不得不佩服萧何的深谋远虑，留财产给子孙的做法是最愚蠢的，重要的是留下做人的智慧给子孙，留下做人的榜样给后代，这才是他们取之不竭的财富。

父母给孩子最好的礼物，不应该是限量版的耐克或芭比娃娃，比有形的财富更重要的是在保护中让他前进、尝试的环境。用金钱来奖励，其实是扼杀了孩子尝试的机会，让一切想要的东西都变得简单、唾手可得。他们就失去了支配自己的生活、教育自己、锻炼自己的能力和意识。

民国时期，曾国藩的外孙聂云台先生，写了一本书叫《保富法》，因为当时聂先生长期居住在上海，就留心观察了一下上海的有钱人。在他的书中，有介绍了一个周姓的商人，他是开钱庄的，很有钱，并且在各地有很多的分店。有一次由于某地发生了灾祸，当地这个分店的主管拿出了 500 两用于赈灾，这位周先生知道了之后把主管骂得狗血喷头，其吝啬的程度可见一斑。周先生对旁人讲：我之所以有这么多的钱，方法只有一个，就是聚财，不散财。

周姓商人到他临终的时候，他的财产已经达到了3000万大圆。他有十个子孙，每人分了300万。后来聂云台先生就观察周家的这十个后代，在短短的数年中，所有的子孙都把钱败光了，把钱都挥霍掉了，甚至有人走在街上乞讨。

马克·吐温如今是美国历史上最有名的作家之一，有谁能想到，他年幼的时候曾为得到一块面包而祈祷，最后却给后人留下了丰富的精神食粮！无论是对艺术家、科学家、演员还是对建筑工人、农民，勤劳是所有人创造财富的不二法门。

育才方案：避免孩子的攀比

"爸爸，我想要一双新版的阿迪的运动鞋。"

"你现在需要新鞋吗？"

"不，我只是想要一双那样的鞋。我真的很喜欢它，你能给我买一双吗？"

"是不是你的同学已经有人有这样一双鞋了，或者你们都在谈论这款新鞋，看谁先拥有它？"爸爸一针见血地说出了孩子的想法，果然，就是因为班上已经有两个人穿着这款鞋上体育课了。

"这双鞋要花接近一千块，也就是你的学费的三倍，你觉得真的有这么需要吗？"儿子知道自己并不是缺鞋穿，但是心里比较不高兴。

攀比心理产生的根源是很复杂的，孩子到学校之后，要独自面对同学们，要接受各种各样的信息，有时难免会盲目攀比。没有一个孩子愿意承认自己比别人差，他们希望得到成人的肯定，他们对自己的认识也往往来自于成人的评价，而这种肯定式的评价对孩子自信心的培养亦是尤为重要的。父母总是强调孩子比别人差会使孩子经常自我否定，当孩子遇到困难就会恐慌、退缩。而且，当父母总是拿孩子和同龄人比较的时候，孩子也会关注同龄人的爱好、打扮、流行的话题，这样很容易就养成了从众、攀比的心态。

"别人……你为什么就不能……"这是许多家长训孩子的口头禅。"我们做父母的舍不得吃舍不得穿，一心只想孩子好好读书，可他就是不争气。我姐姐的孩子比他还小1岁，学习从来就没让父母操过心！我横看竖看，我们的孩子不比别人差啊，别人行，他为什么不行？"

你越是这样说，越是在伤害孩子。父母要学会欣赏孩子，不要总是拿自家的孩子与别人比较，孩子之间是无法比较的。只有让孩子的目光从看别人转向看自己，才能知道自己需要什么、目标是什么，而不受外界的左右。比较总是会让自己产生自卑，内心的满足感和智慧才是理财最终的目标。

稳定供给、适当放权、宏观调控
——孩子的零花钱政策

孩子的"第一桶金"都是从零花钱开始的，他们最初支配财富注定是这些"不劳而获"的压岁钱、零花钱，花起来"心狠手辣"也是在所难免的事，吃零食要花钱，出入网吧 KTV 要花钱，穿名牌、互送礼物更要花钱了。孩子手上的钱一多，保不齐会沾染吸烟、酗酒、赌博、拉帮结派的事情，所以零花钱的管理，是家长的当务之急。

有的家长对孩子的零花钱采取严格控制，但过度限制让孩子少了很多独立理财的机会，这和过度放任一样不妥。关于零用钱的给法，要把握如下的三个关键因素：

一是要定期给。固定多长时间给孩子一次零花钱，这样有助于培养孩子的理财能力。不能没有节制地随要随给，这样极容易养成孩子乱花钱的坏毛病。

二是要定量给。孩子的零花钱给多少，量的控制以基本够花的数量为宜，利于孩子从小养成节俭的好习惯。

三是特殊情况特殊对待。如果遇到孩子有集体活动，比如参观游园等，可以适量额外给孩子一些钱，鼓励他参加集体活动。

在给孩子零花钱的时候家长要掌握一个原则：家人之间的相互帮助和自己力所能及的事情是不能算钱的。因为父母除了要给孩子理财教育，还要给孩子一个责任教育，不能把孩子培养成一个唯利是图的人。

在孩子的成长过程中，金钱的运用是一项很重要的社会学习，它深深影响孩子一生的人际关系与人格、心理的发展，无论采取过度限制还是过度放任的做法，都是不妥当的。总结父母对孩子零花钱的控制，只有两句口诀：尊重所有权，干涉使用权。让孩子充分自由地管理自己的钱财，但是真正花起来的时候，还是要给一些参考意见，至少不能买不宜孩子身心健康的东西。

育才方案：教孩子有计划地用钱

在现代生活中，理财能力是孩子将来在生活和事业上必须具备的最重要的能力之一。这种能力的培养应从少儿阶段就开始进行，抓得愈早，效果愈佳，否则将会非常被动。

因此，父母培养孩子以积极主动的姿态确认金钱的重要性，让孩子从小懂得金钱的价值、使用技巧、正当投资、节俭等正确的积累方式及金钱与人格的关系等，成为有着精明的经济头脑和管理能力的人。正如一位经济学家说："孩子不能在金钱无菌室里培养。"

其实管好孩子零用钱，是培养孩子理财能力很重要的一方面。首先零用钱要给得适当。一是数额要适当，要根据家庭经济状况和孩子的合理需要统筹考虑。二是时间要适宜。根据孩子的年龄，对不同阶段的儿童零用钱发给的数目与时间可以不同。

零花钱的数额必须适合孩子的不同身心发展阶段和生活范围，并考虑到家庭收入、当地经济生活水平和物价等各种因素，总的原则是比孩子所需数额稍低一些为佳，定期发给较合适，1个月1～4次。其原因是，如果孩子要多少给多少，想买啥就买啥，一切都能随心所欲，孩子就不会懂得金钱的价值和财富的宝贵。反过来，自己的愿望得不到满足时，孩子就会感觉到钱不能乱花，东西也不能乱扔，开始领悟到钱应该省着点儿花，动脑筋少花钱多办事，或者为了买到自己喜欢的东西而积攒零花钱。

所有财富都在分享中升值

懂得分享的人，让自己的知识为别人增值，别人也会以同样的方式来回报你，这样的财富增长才是一个良性的循环。新一任的联合国秘书长潘基文说自己的"武器"也是分享。

"我竞选这个职务，不是为了个人名誉，更不是争夺个人利益，当选联合国秘书长就意味着责任和奉献。我希望在我的任期内，通过各方面的努力，让全世界的人民，不分种族、性别、国籍，都能过上幸福、和平、快乐的生活。"这是潘基文在就职演讲中说过的一句话。

短短的话语中，充满亲切和爱，人们看到一个懂得分享的领导者，分享努力带来的幸福和快乐。

小时候，有人送来两箱苹果给潘基文的爸爸，其中一箱苹果过分成熟，不马上吃掉很快就会腐烂，另一箱比较新鲜，还可以保持长一点的时间。

父亲把三个儿子找来，商量苹果的吃法。大哥说，趁还没有完全坏，先吃那成熟的一箱。父亲说，不过等吃完这箱，那箱也就坏了。二哥说，先吃那箱好苹果，这样就能尽可能多地吃。可父亲说，这样一来，熟的那箱肯定全部浪费。潘基文却说，我们把两箱苹果混合起来，分一半给邻居，所有的苹果都不会浪费。父亲听后，若有所思地笑了笑，大概他也看出儿子的与众不同，因为他有别人难有的高贵品质。

　　分享是一种力量，在选择给予别人的同时，自己本身也已经收获到心灵上的慰藉和温暖，更何况善行的背后，往往是源源不断的资源自发地朝分享者聚拢。

　　让孩子学会分享，说来容易，做来难。如果孩子还小，父母可以以身作则来示范分享，多和邻居往来，多和孩子讲讲自己的故事，在生活中把分享演绎得自然而然。

　　有一个孩子过生日，自己挑了一个很大的蛋糕。由于平时爸妈不让他放开吃甜食，这回他想一个人独享这块蛋糕了。

　　结果晚上给孩子庆生之前，竟来了一群不速之客——爸爸的同事们。大家三三两两地赶来了，孩子背地里对爸爸说："唉，早知道就订一个更大的蛋糕了，这下子我的那份要被人拿走了。"爸爸看出来孩子是在为自己的损失伤心，于是安慰他说："叔叔阿姨们过来给你过生日，这是多好的事情啊，一块小小的蛋糕算什么。"

　　等到吹熄蜡烛许完愿，叔叔阿姨们纷纷亮出了自己的礼物，有小闹钟，有彩笔，其中还有一盒精致的小蛋糕！孩子当即就说要打开来大家尝一尝，看来，获得的快乐已经大大超过了小损失的伤心了。

　　晚上临睡前，爸爸问孩子高兴不高兴，孩子说很高兴。爸爸问："你还为叔叔阿姨吃了你的蛋糕而难过吗？"孩子摇摇头。"当你把自己的蛋糕和别人分享了之后，别人也会把他们的好东西和你分享。就算叔叔阿姨们没有带礼物来，至少你多了几个朋友，朋友肯定要比蛋糕的保质期长久，是吗？"孩子点点头。

　　当孩子乐于与他人分享的时候，他的快乐就变成了双倍的快乐，他的忧伤也只剩下一半。如果孩子能够做到真正地乐于分享，他们也就体会到了生活中真正的乐趣。作为家长，在鼓励孩子"乐于与人分享"的同时，一方面要培养孩子大度、自然抒发感情的意识和能力；另一方面要培养孩子体贴他人、自信、豪爽的性格。

育才方案：教育孩子拿出自己的好东西与人分享

　　"这是我的，不许你们玩！"再乖巧的孩子，也可能说出这样的话来。

　　其实，一枝花朵不可能点缀一个春天，家长应该学着培养孩子乐于分享的意识，让"我们一起玩"取代之前的独享和蛮横！

　　李娟要在学校表演西部牛仔舞，希望能借小晴的皮靴上台表演。

　　可是，小晴心里却不怎么舍得，因为那双靴子是美国的姑妈给她寄回来的生日礼物，平时小晴也不舍得穿。

　　现在李娟开口向自己借靴子，而且是要到舞台上蹦蹦跳跳的，要是弄坏了，怎么办？小晴有点犹豫了，她没有立刻答复李娟，推说自己先回去问问妈妈的意见。

回到家里，小晴就把这件事情和妈妈商量起来："妈妈，你觉得我应该借给她吗？要是弄坏了，怎么办？"

妈妈没有正面回答女儿的问题，她笑着说："李娟把最喜欢的芭比娃娃借给你玩了好一阵子呢。你还记得吗？"

小晴听罢妈妈的话，脸红了起来，说道："对呀，李娟对我可是从来不吝啬的，我太小气了。"

看到孩子脸红了，妈妈接着说："懂得分享，人生往往更加快乐，所以，越珍贵的东西，越要懂得与人分享。"

听完妈妈的话，小晴立刻给李娟打电话了："靴子我明天就给你拿去，你可要好好比赛，争取得第一名……"

作为父母，你教导孩子学会与人分享了吗？孩子与伙伴玩耍时，你是否教孩子与他人一起分享玩具？孩子遇到高兴的事情，你是否鼓励他去说给伙伴听？

父母在鼓励孩子"乐于与人分享"的同时，一方面要培养孩子大度、自然抒发感情的意识和能力；另一方面要培养孩子体贴他人、自信、豪爽的性格。还应该增加孩子与他人交往的机会，使孩子认识到人是离不开他人的，人与人之间是需要互相扶持、互相慰藉的。

在日常生活中，家长关心别人、帮助别人，自然会给孩子潜移默化的影响。父母要做与人分享的模范，经常主动地关心和帮助别人。做了好吃的点心分给邻居尝尝，毫不吝惜地借给别人需用的物品等，都会为培养孩子的分享意识起表率作用。这些行为都无声地鼓励着孩子与人分享，这样的孩子也会有人愿意与他们分享。

第九章
健康＋理性：把握青春期教育的动脉

警惕表面上的心理问题——好身体没有坏情绪

有时父母会发现自己的孩子有时出现情绪不稳定、容易激动和哭泣等现象，很可能是由于患上"隐性缺铁症"而引起的，这是缺铁症状的一种表现，之所以称之为"隐性"是由于孩子并没有明显的贫血症状。

小玲原本是个乖巧柔顺的孩子，可是进来脾气突然暴躁了很多，即便是无所谓的小事情也会让她大发雷霆。母亲发现小玲有点不对劲，就带着她去看心理医生，可医生说没有什么问题，建议检查一下铁元素。结果真的是由于铁元素含量过低作祟。经过大夫的调理，小玲的脾气才正常。

虽然铁元素在人体中的含量微乎其微，但如果一旦缺少铁，就会导致血红细胞的含氧量降低，进而影响大脑的营养供给。并且从生理上来讲，女性比男性更需要铁元素。有一些进入青春期的少女，出现情绪不稳定、疲乏、注意力不集中、记忆力减退和学习成绩下降等症状，就与体内缺乏铁元素有很大关系。

因此，"以铁安心"才能恢复往日的平静。身体内有足够的铁，才能满足旺盛的机体代谢的需要。如果孩子对蛋类、大豆、动物肝脏等含铁量较高的食物摄入量过少，就会导致铁元素吸收来源的减少，最终导致体内缺铁。

如果孩子出现了在情绪上的异常现象，父母应该尽快带他到医院检查一下是否缺乏铁元素，如果低于正常值，就应该给予及时的治疗，服用葡萄糖酸亚铁、硫酸亚铁、人造补血药等，同时可服用维生素 C 等稀盐酸合剂，以促进铁的吸收。

在饮食上，应该注意多吃含铁元素的食物，诸如鸡蛋、紫菜、海带、海蜇、红枣、黑木耳等，同时多吃富含维生素 C 的蔬菜，如芹菜、韭菜、萝卜叶等。尤其针对有些女孩的节食现象，要注意加以纠正，讲究科学饮食，以免伤害正在发育中的身体。

育才方案：找到反映孩子健康的"信号"

如果孩子出现了营养不良的情况，身体表面的特征就会出现相应的反应，父母要采取必要的措施，为孩子补充营养。

观察头发：如果孩子的头发容易缠卷在一起，出现脱发的现象，说明孩子的体内缺乏维生素 C 和铁质。如果头发的色泽变浅、变淡，这就是维生素 B12 偏低的信号。

补养方法：多吃乳类食品、肝脏、鱼类和豆类，并补充 B 族维生素。

观察唇部：如果孩子出现嘴唇开裂、脱落、唇线模糊的症状，说明他缺乏维生素 B 和维生素 C。

补养方法：多吃青菜、柑橘、西红柿、马铃薯。

观察舌头：如果发现孩子的舌头过于平滑、味蕾变得突起、发红、舌尖两侧发黄，说明他缺乏叶酸及钙质。

补养方法：多吃动物肝脏、菠菜，可以适量服用含叶酸成分的 B 族维生素。

观察鼻子：如果发现孩子的鼻子两侧发红，油腻光亮，并且经常脱皮，说明体内缺锌。

补养方法：大部分食品中都含有锌，只要不偏食，缺锌现象就可以得到纠正。也可服用含有锌的多种维生素。

观察指甲：如果孩子的指甲上有白点，表明他缺锌；如果指甲容易断裂，说明他缺铁。

补养办法：多吃菠菜、肝脏和猪、牛、羊肉，或者服用含有锌的多种维生素。

和孩子一起抵制"垃圾食品"

现在生活条件好了，很少听说会有谁家的孩子严重的营养不良，相反有越来越多的孩子是由于营养不均衡或者营养过剩而导致各种疾病。

在中国农村有很多长寿的老人，在乡下偏僻的地方，活到 90 岁、100 岁还能正常自理的人很多。后来有研究人员分析他们长寿的原因，结果竟然是：他们没有东西吃！他们的生活非常简单，简单的饮食反而很健康。俗话说"病从口入"，现在社会上流行太多的垃圾食品，不知不觉中在危害我们的孩子。

世界卫生组织曾经公布有十大垃圾食品，这些食品就在我们的生活中，很多孩子都到了离不开这些食物的地步：

1. 油炸类食品。这一类食物是心脑血管的病根，容易致使血管阻塞，很多的中风病人还有动脉硬化病人都有喜欢吃油炸事物的嗜好。同时，这种食物也很不容易消化。

2. 腌制类食物。那种腌得很咸的食物会导致鼻咽癌或溃疡，通过了解腌制食品的制作过程就会知道，在腌制的过程中会产生很多不好的细菌。

3. 肉制品。新鲜的肉如果不放到冰箱里，只要几个小时的时间就会变臭。而有的肉制品却可以放很久，毫无疑问肯定是加入了防腐剂。此外，肉制品中还会含有大量的亚硝酸盐，这是三大致癌物之一。

4. 饼干类食品。为了顺应消费者的胃口，很多的饼干都做成各种夹心口味。实际上这种饼干含有大量的糖精、热量，极容易转化成脂肪，使人发胖。有很多的欧美人由于吃甜食都会变得很胖，坐飞机的时候一个人要占好几个位子。

5. 汽水类饮料。汽水中的物质对胃膜的损害很大，增加胃内膜的摩擦力，长期喝汽水的小孩胃功能都不会很好，会得胃炎甚至胃溃疡，严重影响食物消化和营养吸收。

6. 方便面食品。泡面的味道实在是很香很诱人，但是没有什么营养，含热量很高，防腐剂也很多。尽量少吃最好不吃。

7. 罐头类食品。罐头食品中的食材都不是新鲜的，而且含有大量防腐剂。

8. 蜜饯类食品。很多话梅还有果脯，在制作的过程中放入很多添加剂，所以这种食品含有大量的毒素。很多节目都曝光过话梅的制作情况，都是直接用脚踩，情景实在恐怖。

9. 冷冻类食品。人的身体好比是一部常温37度的机器。如果突然用冷的食物刺激，会耗损体内的很多能量，使人的体质在一点点下降，其危害不言而喻。

10. 烧烤类食品。研究数据表明：一只烤鸡腿的毒素相当于六十只香烟。在食物烟熏的过程中会有很多的致癌物附着之上，对身体的损害极大。

此外，还有很多小孩喜欢吃"麦当劳"这样的快餐食品。这种不能算是垃圾食品，但是属于营养不均衡食品。食物中所含的营养素很不均衡，多吃对身体无益。

不合理的饮食习惯，是导致学生营养状况不佳的主要原因。中小学生存在着的不合理的饮食习惯，给健康带来了负面影响，更严重影响了学习成绩。

育才方案：让孩子远离不法食品商贩

有一位妈妈自己曾经做过小买卖，加盟了一家小型炸鸡连锁店，在开店的过程中她了解了很多食品加工的内幕。虽然制出来的食物香味四溢，但她却忍不住忧心忡忡，最后良心的谴责使她洗手不再干了，她自述了自己的开店经历，足以引起家长对小摊小贩的警觉。

刚一开始，按照总店教的办法制作，炸出来的鸡、鸭味道总不如他们的香；从总店进腌制好的鸡、鸭又没有什么赚头，后来才慢慢明白，问题出在腌制过程中，用的调料不一样。连锁推展方就是为了卖配方材料。

除了用传统的花椒、大料、陈皮、肉桂等近20种可以让人见得到的植物配料外，真正的内容是在约100只鸡中加入的骨髓膏、嫩肉粉、膨松剂、增色剂、增香剂、增甜剂，还有含罂粟壳粉的某种褐色物品，以及增加酥脆的添加剂等十几种搞不清是什么东西的化学物质。尤其是那种骨髓膏，经过8个小时左右的浸泡，鸡鸭的骨头里都浸透了香味，最后还要放入5斤的味精。最让人不可思议的是那种闻起来很香的味道，是一种挥发性能良好的油状制剂，每天倒一些在炸鸡鸭用的油里即可，当油热起来的时候，在200米甚至更远的地方，人都能闻得到。

小的食品摊贩由于没有合法的营业执照，缺乏监管会使食品的质量存在重大的安全隐患。时不时会有一些黑幕报出来，让我们胆战心惊。一会儿是麻辣香锅里的口水油，一会儿是放了罂粟的贵州酸菜鱼，一会儿是放了敌敌畏的四川泡菜。说不定什么地方就会暗藏杀机，把孩子的健康交给那些不法商贩，实在是一种冒险行为。

很多家长在这一方面的重视还不够，比如有些妈妈不喜欢特意早起做早餐，就把钱放在桌子上让孩子自己去买。这就为孩子的健康造成隐患，由于没有自制力，很可能就被小摊的色香味所引诱，去买那些不干净的食物吃，长期下去对身体必然有害。所以我们作为父母要为孩子把好健康关，尽量让他在家吃既干净又有营养的食物，不要给孩子创造接触小摊贩的机会。如果看到了关于食品卫生的曝光新闻，父母也要及时反馈给孩子，让他心中有数。

毁掉第一封情书，不要在孩子心中留下任何负担

如今青少年早恋已成为家长和老师无法回避的问题。中学校园里出双入对早已不再是什么新闻，"单飞"的孤雁反倒成了"另类"。现在学校和家长对此问题都处于一个十分尴尬的境地。

处于青春期的孩子容易情感冲动，十分脆弱，情绪又不稳定，考虑问题简单，很少顾及后果，这种心理状况使早恋好像天边的浮云一样变幻莫测，早恋者的情绪也会随之波动起伏，反复无常，而父母却因此操碎了心。

一般说来，孩子早恋主要有以下两方面的原因：

一是由于缺少家庭的关怀。父母只知道为孩子忙着赚钱，尤其是经常出差的父母，没有时间和孩子谈心，还有一些家长只关心孩子学习，却不关注孩子的身心发展情况。

而且青春期的孩子情绪本来就不稳定，心里话无处倾吐，只有寻找同龄人沟通。男生之间志同道合，把握不好就会陷入哥们义气的泥坑；男生与女生之间的交流，找到共鸣后，就会有一种互相依赖崇拜的感觉，时间一长就会转化成早恋。

二是因为处于青春期的孩子自我意识增强，同时有了自己的思维和见解。有时老师家长不能认真地聆听，甚至以为孩子说的只是年少轻狂的胡言乱语。采取冷漠对待或是指责，这是代沟造成的局面。孩子没有沟通的对象，又很想得到别人的理解和承认，就开始在同学中寻找共鸣。这也是早恋出现的一个原因。

早恋，就如同希腊神话当中那个潘多拉的盒子，一旦打开之后，里面暗藏的各种灾祸就会纷纷而至。尤其是对于那些正处于青春期的少男少女，情窦初开的他们对于感情总是有一种朦胧的认识，觉得很纯很美，再加上好奇心的推波助澜，这些孩子就可能会不由自主了。所以，为了避免让孩子的身心受到伤害，防患于未然是一件很重要的事情。

莉莉意外地在课桌上发现了一封信，在信封上却并没有署名。从有力的字迹上看，显然不是女生写的，肯定是男生的字。莉莉的脑子一下子乱了，不知道该怎么办好，是把这封信扔进废纸篓呢？还是回家交给妈妈？莉莉想了半天，还是默默地把信放进了书包里。

回到家，莉莉把信交给了妈妈："我收到了一个男生的信。你看怎么办比较好？"妈妈告诉她："你是个学生，现在最要紧的事情是读书。你想这么早就和人谈恋爱吗？"

莉莉很不好意思："不想。"

"既然你也觉得不好，说明你能分辨是非。妈妈的意见是我们把信扔掉，连看都不要看，这样你就不会知道是谁写的了，以后再见到他也不会觉得尴尬，你觉得好不好？"

莉莉觉得妈妈说的有道理，于是就把信扔掉了，连看都没有看。

莉莉这样做不仅免去了早恋的困扰，而且没有留下任何异性在心中的印象，这使她在班上没有任何心理负担，依然很自如地和同学相处。理智地毁掉这一封情书让她绕过了早恋的陷阱。

如果父母发现孩子与某一异性同学交往过密，就应该巧妙地加以引导，让孩子懂得，异性交往不要太集中于某一个人或一个小范围，否则会失去与多数同学、朋友接触的机会。

有一位妈妈的做法就很值得借鉴。

偶然的一次，这位妈妈发现女儿早恋，对此，她不仅没有斥责女儿，反而比过去更加关心女儿，知道女儿喜欢语文，便鼓励她去参加年级朗诵组，还启发女儿写日记，写作水平得到了迅速的提高。

于是，女儿的习作频频出现在班级的墙报上。女儿开始由一对一的交往转向了集体，常为班级做好事，而且在一次班干部选拔中被同学们推荐当了生活委员。

期末考试时，女儿的成绩比以往有了很大的进步，进入了年级前五名，还被评为了三好学生。

现在，学习、集体活动几乎成了女儿的主要活动，当初对异性的爱慕心理也渐渐平息、淡化。

细心的家长不难发现，孩子的早恋往往与生活单调、没有目标有关，因此，充实孩子的生活，帮助孩子寻找生活的意义，可以有效地转移孩子对"早恋"的注意力。

另外，父母应该多和孩子沟通、交流，多举行一些家庭集体活动，增进父母与孩子之间的感情，以便能及时了解孩子的心理和情绪变化，及时教育。适当的时候，告诉孩子什么是爱情。

育才方案：巧妙地利用"异性效应"

处于青春期的孩子由于性意识开始逐渐觉醒。在心理上强烈地意识到了男女有别，并且会发现男女之间的交往和同性交往之间，无论是交往方式上，还是交往内容上，都会有许多不同。因此会不可避免地对异性有一种朦胧的好奇心。

直到有一天，家长发现自己的孩子开始注意仪表和谈吐，有时会表现出对某个异性很有好感，在异性的面前会表现出慌乱、羞怯和不知所措。家长千万不要担心，这些都是正常的心理变化。其实，研究表明和异性相交往的孩子心智会更加成熟，因为在交往的过程中有如下的互补性：

1. 个性互补

单一的同性交往，远不如多和异性交往更能丰富人的个性。

心理学研究表明，社会中的个人，交往范围越广泛，和周围生活的联系越多样，他的社会关系就越深入，精神世界就越丰富，个性发展就越全面。尽管同性间的个性也存在着差异，但如果只和同性人交往，人的个性发展往往很狭隘，因为这种差异远不如异性间的个性差异明显和有意义。

2. 心理互勉

心理学家发现，大多数人，尤其是青少年，都有心理上的"异性效应"，往往表现为有异性参加的活动，参加者一般会感到更愉快，干得也更起劲、更出色。这是因为，当有异性参加活动时，异性间心理接近的需要得到了满足，从而使人获得程度不同的愉悦感，从而激发出潜在的积极性和巨大的创造性。

3. 情感互慰

人际间的情感是极为丰富的，除了爱情之外，还有亲情、友情、同情、敬爱、恩情等。男女之间可以有不带爱情色彩的情感交流，它可以使人感受到温暖，达到心理上的平衡。在"异性效应"的作用下，这种情感的交流更为密切，能达到有效的情感互慰。

4. 智力互偿

研究表明，虽然人类智力的高低总体上没有性别差异，但男女之间的智力特质有所区别。男性比较擅长离奇、大胆的抽象逻辑思维，更喜欢用综合的方式对待现实；女性则擅长于具体形象思维，比较感性，更适合处理以实践应用和形象思维为支撑的事情。通过异性交往，双方均可从对方那里取长补短，以促进自己的智力水平和学习、工作效率的提高。

所以，并不是说和异性交往就完全不好，男孩和女孩在一起交往的过程中会不断完善自己的个性，对心理的健康成长是有益的。但是孩子正处于成长的关键阶段，身心发育都并不完全，情感并不理智，所以作为父母应该引导自己的孩子与异性相交往时要把握好分寸。

首先，告诉孩子与异性相交往要互相尊重和理解，在交往过程中不可太随便，一举一动都要大方得体。

其次，要嘱咐孩子与异性交往时要注意公共场所的选择，尽量避免那些过于偏僻和昏暗的地方。如果是在房间内单独谈话，更不能紧闭门窗。

追星无罪，成长始于崇拜

耀眼的灯光、闪烁的霓虹、靓丽的装扮……星光灿烂的舞台上，明星们的美丽与光彩让孩子陶醉其间无法自拔，于是为了买一张偶像的演唱会门票，孩子省了三个月的早点钱，还搭上了去年的压岁钱；为了准时听到偶像的歌声，孩子会逃课去听演唱会，当老师的电话打到家里的时候，作为母亲的你心急如焚："我到底该怎么办才好呢？"

其实羡慕和崇拜名人并没有错，这是孩子普遍的心理，要知道成长本身就始于崇拜。但是由于缺乏自制力和辨别能力，孩子对名人的崇拜往往会陷入一种盲目，只看到名人表面上的光环，到底什么人是值得崇拜的，心中并没有一个标准。其实父母们不必担心，只要引导得当，"追星"并不是一件坏事情。

对于这个问题，其实家长们能够做的很多，比如选对崇拜的对象，即孩子所崇拜的对象身上一定要有一些可供孩子学习和参考的积极方面，摒弃追星时的盲目狂热，而是把明星当做一种榜样。

除此以外，更重要的一点就是让孩子明白每一位明星美丽的背后都有我们看不见的努力。

现如今巩俐早已成为国际知名影星，频频现身于各种颁奖典礼，被世界誉为"有着东方女人的完美气质"。可起初，巩俐的星途并非一帆风顺，人们甚至难以想象的是，曾经，她怎样被艺术拒之门外。

1983年初夏，巩俐第一次参加高考，志愿报考山东师范学院艺术系和曲阜师范学院艺术系，结果因为专业课不过关失败。第二年，她重新报考山东艺术学院艺术系，结果还是以失败而告终。当时，恰好解放军艺术学院表演系到山东招生，但巩俐连初试都没有通过。直到1985年，巩俐才最终考上中央戏剧学院。

虽然已进入中央戏剧学院，但读书时，巩俐也常常有被"退货"的经历。一位导演系的同学在剧组帮忙，曾邀请巩俐去成都演戏，到成都后，导演系的那位同学才告诉巩俐她不适合这部戏，再一个拍戏挺难，说不定不拍也有可能。就这样，在宾馆住上一阵子后，巩俐就买了机票从成都飞回北京。

一个人成功的背后总有泪水，在这些光彩照人的明星背后，其实隐藏着的都是无数的努力与奋斗。很多的明星用自己的亲身经历告诉我们，只有不放弃加上努力，才能得到成功。当孩子明白这些故事，全面地认识到美丽背后就是奋斗，自然会对明星们产生一个正确的认识，而不仅仅是盲目地崇拜。然后家长可以顺势利用孩子对名人的崇拜进行教育。崇拜的对象为孩子们提供了直接的思想言行规范化的模式，让被崇拜人物的高尚品德、创业意志和献身精神影响和感染孩子，启示孩子该如何去对待生活、对待事业、对待未来，以及对待成功与挫折。

育才方案：为孩子的梦想护航

俗话说，心有多大，舞台就有多大，梦想决定着人生的成就，而在每个孩子的内心深处，都有一个属于自己的梦想。父母在教育孩子的时候，所要做的就是要鼓励孩子向着目标前进，而不是轻易打碎孩子的梦想。

　　孩子小时候往往会有一些稀奇古怪的梦想，比如长出一对天使般的翅膀、长出一只犀牛那样的犄角，或者是自己有三条腿，能够跑起来更快……这个时候，家长千万不能因为孩子的想法光怪陆离就嘲笑打击他们："宝贝，你的梦想永远也不可能实现""宝贝，你能想点儿实际的梦想吗？"

　　对于孩子们来说，他们的任何一个梦想都是宝贵的，当孩子放飞自己梦想的时候，父母所给予的，应该是一颗呵护的心和一双保护孩子梦想成真的手。当孩子灰心失望的时候，可以提醒他"你还有这样的梦想"，这比任何鼓励都更有力量。

　　要知道飞机发明以前，人们一样相信人不可能飞上天空，孩子伟大的梦想总是由一个个小小的梦想组成，而父母无情的打击，只会让他们的想象退步，变得不敢憧憬起来。

　　大富翁与儿子共进晚餐。他高兴地问儿子："你长大以后希望自己当什么呢？"

　　6岁的儿子看着餐桌上香喷喷的甜点，眨巴着眼睛对父亲说："我想当一个世界上最棒的糕点师！"大富翁被逗乐了，却没有把儿子的话放在心里。

　　时光过得飞快，当年的儿子变成了一个英俊少年。高中毕业的时候，儿子满怀信心地报考了几所优秀的烹饪学校。可是从所有的学校传来的都是坏消息，他的成绩考得不理想，简直就是糟糕极了。他不肯相信自己真的如专业老师所说的那样"没有一点烹饪的资质"。

　　儿子只好报考了父亲推荐给他的名牌大学，并顺利地通过了。

　　几年以后，儿子以优异的成绩从大学毕业，然后进了父亲的公司工作。他不仅很快熟悉了业务，而且干得比父亲更加出色。看着儿子一天一天地成熟起来，父亲欣慰地笑了。他退休在家，开始安度他的晚年。

　　一个周末的晚上，父亲想到厨房里弄一点热咖啡，可是他却发现厨房里亮着灯，还传出轻微的响声。他有些紧张地走过去，却意外地见到了儿子正在厨房里摆弄着什么。

　　儿子动作熟练地将奶油、巧克力、香草精、新鲜鸡蛋分类化开、混合，又将雪白的面料和苏打粉一起均匀搅拌，然后倒入模具放进电烤箱。他的神情专注，仿佛在创作一件艺术品。

　　过了一会儿，蛋糕烤好了，棕色的糕体散发着巧克力香味，看上去松软可爱。儿子捧着蛋糕，恭恭敬敬地来到父亲的面前鞠了一躬，脸上满是期待的神情。

　　那种期待的神情是父亲很久不曾见过的。小时候，每当儿子想要得到自己的东西时，总是抬起头用这种眼神看着父亲。可后来……

　　父亲带着儿子到书房，他从保险柜里拿出当年儿子考烹饪学院的成绩单，上面全部是"优"——可当年就是父亲用金钱买了一份假成绩单，瞒住了这件事情的真相。

很多家长都喜欢把自己的想法强加给孩子，总是说希望孩子将来能够成为一个什么样的人，可是从来没有考虑到孩子的兴趣。作为父母，我们也无权剥夺孩子的理想与自由，他有按照自己想法发展的权利，父母只要在一旁给予支持，就足够了。

孩子能有自己的梦想是难能可贵的，家长在家庭教育中一定不要扼杀孩子的梦，要呵护孩子的梦想，为他们的梦想护航。

孩子打人多半因为你打他
——暴力要从家庭中清除

著名的钢琴演奏家郎朗出了一本自己的传记《千里之行：我的故事》。至今他回忆起自己的童年都不免一阵心酸："爸爸以为我贪玩没有准时学钢琴，歇斯底里地吼叫，'我为了你放弃我的工作，放弃我的生活！……你还不练琴，你真是没理由再活下去了，只有死才能解决问题……'"爸爸竟真的拿起一个药瓶让郎朗全部吞下去！回想起过往种种，郎朗仍有后怕。"每年的年三十，我也必须练完八小时琴再吃年夜饭，菜都凉了……小时候，父亲对我太激进了，其实那是对小孩的一种摧残。"郎朗当着父亲的面如是说。

"独裁爸爸"并不是一个新鲜词汇，绝大多数家长还是在想着怎样把控好自己的家庭，怎样维护自己的尊严和权威，似乎在孩子面前不能发号施令便是一种耻辱。在这种独裁作风下，亲子之间的关系怎么能做到和谐呢？

有的父母不仅不会教育孩子，还用责骂和暴力去伤害孩子，给孩子的成长留下痛处，让孩子对父母、对家庭产生逆反的心理。

著名的翻译家傅雷曾经对儿子傅聪很凶，以至于让妻子饱受心灵的煎熬。后来傅雷给儿子写信的时候，一直无法原谅自己曾经的暴躁：

昨夜一上床，又把你的童年温了一遍。可怜的孩子，怎么你的童年会跟我的那么相似呢？我也知道你从小受的挫折对于你今日的成就并非没有帮助；但我做爸爸的总是犯了很多很重大的错误。自问一生对朋友对社会没有做什么对不起的事，就是在家里，对你和你妈妈做了不少有愧良心的事。——这些都是近一年中常常想到的，不过这几天特别在脑海中盘旋下去，像噩梦一般。可怜过了四十五岁，父性才真正觉醒！

在爱的环境中成长，孩子懂得了尊重和感恩；在恨的环境中成长，孩子记住了伤痛和仇恨。就算是以爱孩子的名义，父母也需要尊重孩子，平等地看待孩子。暴力和粗鲁的教育只会削减教育的效果，只会让孩子觉得父母的心离自己越来越远。

育才方案：给孩子适度的自由空间

一家人出去聚会的时候，你询问过孩子想要去哪里、想吃什么吗？当宴请宾客的时候，你把孩子当成家族中的一分子来让他行使主人的权利吗？当孩子不喜欢上辅导班的时候，你听取过他的理由吗？有太多太多的小细节，都说明我们对孩子尊重得不够。当一个人察觉到自己不被尊重的时候，他就很难有责任感、羞耻心、感恩之心、自信自重等良好的情绪。

著名的教育家蒙台梭利认为，自由是儿童可以不受任何人约束，不接受任何自上而下的命令或强制与压抑，可以随心所欲地做自己喜爱的活动。在压抑的环境中成长的孩子无法展现他们的原来本性，就像被大头针钉住了翅膀的蝴蝶标本，已失去生命的灵动。

这里所谓的给孩子自由，不同于放纵或无限制的自由。而是一种对生命的尊重和敬畏。

孩子在真正的自由空间中可以发挥出自己的潜力，可能是我们家长无法想到的。而这个自由环境的前提，就是爸爸和妈妈要尊重孩子。

西方人在家庭之间经常相互称呼名字，可能孙子会直接叫爷爷的名字"乔治"，但这并不表示西方人不尊重孩子，他们其实比我们更注重对孩子的尊重。比如说，他们对孩子提问的时候，也先问一句："我可以问你一个问题吗？"而我们的父母，总是直接地表达自己的疑问，很少考虑过孩子愿不愿意回答。

人的成长过程实际上是一个心灵的成长过程。父母需要做的，就是去感觉孩子的成长规律，遵照这个规律来为他及时地提供成长的条件，让他自然地成长起来。因而父母要做孩子心灵上的仆人，而不是主人。

尊重孩子对异性的好感，那是他的审美体现

异性相吸是自然界中的普遍现象，处于青春期的孩子，随着性意识的渐渐觉醒，朦胧中对异性产生了渴望和爱慕，这也是一件很自然的事情。这里需要提醒父母的是，不要把孩子的正常交往，如相聚聊天、结伴游玩、一块儿看书、做作业等误认为是早恋，从而加以指责。有些父母错误地认为，男女同学在一起就必定是"早恋"，因而忧

心忡忡，疑神疑鬼，不让孩子随便出去，平时也不让孩子与异性同学结伴回家，这样的做法势必会对孩子的心灵造成伤害。

父母应该相信自己的孩子，在一般情况下，男女同学的接触是很正常的。如果发现孩子与某一异性交往过密，父母应该巧妙地加以引导，让孩子懂得，异性交往不要太集中于某一个人或一个小范围，否则会失去与多数同学、朋友接触的机会。

那么，面对青春期的孩子，我们是否应该粗暴地制止他和异性接触呢？当然不是，我们要做的不是阻止孩子和异性接触，而是要引导孩子正确地与异性交往。这样既满足了孩子与异性交往的心理需要，又增加了了解异性的机会，减少了彼此之间的神秘感。

父母首先应支持孩子与异性进行交往。课堂上的讨论发言、课间的谈天说地、课外的游戏活动等，都创造交往机会。在浓浓的集体气氛中，即使是性格内向、不善交际的孩子，也可以与异性大胆交谈，免除了独自面对异性的羞涩和困窘。在集体中与异性交往，大家各取所长，或幽默健谈，或聪明善良，或乐观大度，或稳重干练……使孩子在吸收众人优点的同时，开阔了眼界和心胸。

此外，父母应该多和孩子沟通、交流，组织一些家庭集体活动，使家庭的氛围更加融洽，以便能及时了解孩子的心理和情绪变化，及时教育；同时也能增强家庭对孩子的吸引力和父母在孩子心目中的威信，避免孩子过多地从外界寻求关怀与理解。

育才方案：预防女孩的"恋父情结"

作为父母，听到女儿说想要嫁给爸爸，一定会付之一笑，认为只不过是小孩子不懂事，说说而已，也无须在意。其实不是这样的，这里面隐藏着某些不良的因素。诚然，在家庭教育中，父亲对女儿的巨大影响不可否认。父亲是女儿形成性别意识、定位性别角色的第一个老师。如果没有父亲的参与，孩子会过于依恋母亲，因此也极易变得幼稚与依赖。

恋父情结是由弗洛伊德首先提出来的，弗洛伊德认为，"恋父情结"是一种性心理障碍，也称作性心理倒错。男孩爱恋母亲，嫉妒父亲；女孩亲近父亲，嫉妒母亲。弗洛伊德认为，这是一种本能的异性爱的倾向，一般由母亲偏爱儿子和父亲偏爱女儿促成。

恋父情结对女孩的生活有着消极的影响，如果女孩在成长的过程中，始终无法与父亲实现心理分离，以后与同龄男性的正常交往乃至婚恋时会受到严重影响。这样的女孩总在有意无意寻找父亲式的恋人，但即使找到了，相处也会成为问题。

对于女孩的恋父情结，父母要在思想上引起重视，给予引导与克服。

家长首先要对女孩进行性的教育。实际上，就是性的补课教育，包括这样两个方面：一是性的社会角色教育，让女孩明白"男女有别"，结合女孩身心发育不同阶段的特点及时进行性生理、性心理、性道德等知识教育，教育女孩从依恋父亲中解脱出来，满足孩子渴望获得性知识的需求，是家长不可推卸的责任。

二是帮助女孩走向同龄同性伙伴，结交同性朋友，为将来青春期结交异性朋友做好铺垫。

其次是要行为配合。女孩的"恋父情结"，主要源于其婴幼儿期父爱的过溢与母爱的不足，因此，矫枉时必须过正：一方面，作为父亲，应坚定而巧妙地暂时疏远女儿；另一方面，作为母亲，则应急起直追，行为上亲近女儿，满足女儿的诉求。

让孩子知道什么是爱

进入青春期的男孩女孩，都会对爱有一种朦胧的感觉，但又不是很了解爱的含义到底是什么。由于现在的社会风气，那些靡靡之音时刻在危害孩子的意识，在他们的心目中可能会觉得"人不轻狂枉少年"，觉得爱就只是男女之情，这种认识很片面，对爱的理解也很歪曲。

有一个爸爸以一种独特的解释告诉孩子怎样来全面地理解爱，他写了一个繁体的"爱"字，然后告诉孩子："你看，这个字原本是这个样子，中间是个心字，上下的部分合起来是个受字。我们的祖先在起初造这个字的时候就把含义表现出来了，爱的意思就是用心来感受他人的需要。比方说，今天你在公交车上，看到一个老爷爷，你能够用自己的心感受到老人家需要一个座位，然后你把你的位置让给他，说明你是个有爱心的孩子。"这样的解释使孩子有了一颗最广博的爱心，同时也明白了爱的分寸，如果不是别人的需要，可能我们的帮助会起到适得其反的效果。

父母还可以从以下几个方面来为孩子讲解爱的含义，以及告诉他们应该以怎样的态度来对待周围的人，让他们了解到爱是很美好的事。

1. 爱的感觉是温暖的

所谓爱的感觉，就是在与亲人交往的过程中感觉很温暖，怎样才能感觉到温暖呢？这就要求对方处处为你着想。父母应该教育孩子永远用一种爱心去对待别人，让别人能够感受到温暖。

2. 爱的语言是正直的

真正负责任地去爱一个人，并不需要花言巧语去夸奖别人，而是用真正的付出来帮助别人，不正直的语言就好像是蘸上甜蜜的利刃。但是一般的孩子，尤其是小女孩，更容易被好话所蒙蔽，作为家长要帮助孩子分辨清楚。

有个女孩，她第一次见到男朋友的时候听他讲："你的牙齿不好，所以你的胃也不好。"女孩觉得这个男孩说话很实在，第一次见面就把话说得这样实在，而不是花言巧语说一些好听的。她觉得这个人很正直，后来就嫁给他了。结果婚后的生活很幸福。

3. 爱的心地是无私的

一个真正有爱心的人，不会只对一个人有爱心，而是对所有的人都有爱心，对所有的人都很关怀，这才是正常的出自于人本来的爱心。而一个人首先要懂得孝敬父母，友爱兄弟，把做人最根本的先做好，对他人的关怀、那种情谊才是真的。

有一个人的妹妹在外地工作，恰巧这一段时间身体不舒服，这个人知道后把自己的全部积蓄拿出来给妹妹治病，因为这笔积蓄不仅是他的，还有他妻子的，是两个人的共有财产。而他的妻子很配合他，并且主动把钱汇过去了，成就先生的一片仁爱之心。这位妻子看到了先生的优点，并且又是遵循着道义，他们夫妻相处也很和乐。

育才方案：让孩子拥有爱的能力

一个人只有懂得先伸出自己的手，才能握住别人的手；而有过被爱的深切感动者，更能有爱别人的能力。这样的道理用在亲情、爱情、友情都一样。如果为人父母者想要培养出一个富有爱心的孩子，让他长大能懂得自爱、爱人，就要从小让他学会爱，拥有爱的能力！

一位母亲为了让女儿体验没有水的感觉，暑假的时候，她特意带着上幼儿园的女儿从东北千里迢迢来到甘肃的定西。

在火车上，母亲告诉女儿她们马上就要到一个没有水的地方了。女孩便打算向骆驼学习，赶紧灌下一瓶牛奶。

到了定西的老乡家，母女俩从一口看似干涸的井中打起一桶水，那还是去年积下的雨水。村民告诉她们，日用水紧张，这水得循环着使用：先用来洗脸，然后再用来洗衣服，最后又用这盆脏水去喂猪。

女儿担忧地问："猪怎么能喝这样的水呢？"

妈妈反问："那你觉得应该给它们喝什么？"

"我给它们喝柠檬汁，给它们喂牛奶。"女儿一脸稚气歪着头回答。

后来妈妈问她刚才从井里打上来的水能不能喝，女孩立刻回答："不能喝，不干净。"

"如果你很渴了呢？如果你两天没喝水了呢？也不喝吗？"

"不喝。"

……

土地已干得裂出了一道道缝，农民们面临的将是颗粒无收的命运。

这天，母女俩要回家了。女孩已和这儿的孩子结下了友谊，此刻的离去竟有些难舍。虽然那些孩子灰头土脸，衣着破旧，因为他们从未尝过水的畅快淋漓，但可贵的是他们纯真的童心。

母女俩挥手告别了黄土地，把那里的贫穷落后留在身后，却会把一种体会留在心里。年轻的母亲要让女儿体验的，应该不只是水的珍贵。

什么是爱心？爱心并不是打电话到新闻媒体去宣扬"我要献爱心啦"，也不是在镁光灯的闪烁之下向某慈善机构捐款，而是通过自己的努力去帮助别人，同时自己也怀着一颗感激之心去生活。努力做一个具有爱心、乐于助人的优秀的人。这才是孩子健康成长的基石。

家庭环境是孩子一降生到这个世界时，就会接触的第一环境。因此，想要培养充满爱的能力的孩子，就要从小开始，而非等到学龄再期盼学校老师来教导。

培养爱的能力，父母应该给孩子提供"爱心"教育机会。比如带孩子搭公车时，看到有老人上车，父母自己以身作则起来让座，就是让孩子感受到"博爱"意义的好机会。同时引导孩子关心身边的人。如果听到有其他小朋友有困难，父母可以主动告诉孩子去问问同学是否需要帮助，父母并给予协助，让他从小就能体会帮助人的快乐，也能让他更富有悲悯之心。

父母还可以教育孩子尊重生命。为了让孩子将关爱的情绪也能关注到人以外的事物，父母可以在家中养宠物，像猫、狗、鸟、鱼，种几盆花草。让孩子负责去饲养或换水、清理时，顺便告诉他万物生命的意义，让孩子自由去跟宠物互动，或者观察植物生长，他就能慢慢体会生命本来的尊严。

即便是管教女孩也要给她充满爱心的感受。特别要提醒父母的是，管教孩子必须有理有据，而且不能是情绪化地打骂，必须让孩子知道错在哪里，违反了一定要处罚，这是为了他将来的人格养成。这样，才不致让孩子有偏差的认知或行为产生。

少给男孩定规矩

有些家长总是喜欢禁止孩子做这做那，比如不让读不健康的书，不让早恋，不允许玩游戏、网络聊天等等。但是一味地严厉禁止，却不讲明利害，就容易产生"禁果效应"，增加孩子的好奇心，使他们在好奇心的驱使下甘冒风险去尝试那些也许并不甜的"禁果"，这反而使教育走向了反面。

在父母管教过严的家庭环境下长大的孩子，往往性格懦弱、没有主见、遇事慌张。家长过度限制孩子的自由，处处指责，也会影响他们自身各方面能力的提高，限制孩子的发展。

殊不知这样教育出来的孩子可能一生循规蹈矩，本本分分，他们失去了自己的创造和想象能力，也没有自己的意见和看法，只知道被动地去生活，就像被关在笼子里的鸟儿——孩子感叹：好没自由！父母这只鸟笼也慨叹：活着真累啊！

数年前，美国大学的学生们被各种规章制度束缚着，一言一行都受到关注，有些学校甚至派出"校园间谍"跟踪他们。他们就像无力控制自己的行为、不会调理自己的生活一样，得不到学校的信任。长期的压制使他们不再珍视自由，而是把自由当成放纵自己的大好机会。

后来，哈佛大学决定对学生充分放权，给他们自由发展的空间，校长艾略特认为，在严格监督管理下的学生无法形成良好的性格，也不会有一个健壮的身体。他苦心劝慰那些不安的父母，废除强制性的管理措施只是为了充分发挥学生的全方位素质，他和同事们也是尽力这么做的。他指出，为了让学生健康成长，必须把他们人性当中最优秀的因素激发出来，相信他们能自己管理自己，相信他们有很好的自控能力和强烈的荣誉感。在走出校门时，不但拥有一张货真价实的文凭，还拥有良好的综合素质。

哈佛大学倡导的自由式教育得到了美国教育部的肯定，并在全国大力推广。今天，在美国这所最有名望的大学校园里，废除了许多陈旧的规章制度，让学生充分感受到了自由。

有位教育家说，当孩子显露出某方面的天赋时，我们的教育不但不加以引导和启发，反而用纪律的条条框框去归整它，使它符合我们大人的习惯，这是多么悲哀的事情啊。其实我们在用条条框框去束缚孩子行为的同时，也束缚住了孩子的思维，让他们的习惯固定化，使孩子变成一个只会听话而不懂思考的机器，这是万万不能的。

育才方案：鼓励孩子勇于尝试

大多数孩子依赖性的形成，都是由家长的"越位"造成的，家长做了很多本该由孩子自己做的事情，致使孩子习惯于依赖别人而不习惯于自己独立做事，久而久之，便丧失了做事的能力。

在现代社会，由于生活方式的改变，很多家长都认为社会上的不安全因素很多，因此不愿意带幼儿到户外去活动，孩子长时间地被关在小小的套房里，缺少了锻炼的机会。有的家长甚至连孩子参加那些具有挑战性的游戏都不能接受，认为在这种活动中擦伤膝盖或扭伤脚踝根本没有必要。

孩子经常喜欢爬树，在父母看来这是一种危险，而对孩子来说却是有价值的冒险。首先，孩子可以看到树的整体，判断自己是否能爬上去。如果认为能爬，就会想到下一步的方法，确定从何处往上爬，那个树枝能否支撑自己的体重，需要确认的项目很多。这样，当孩子根据自己的印象判断能够爬到树顶时，便决定进行实际爬树，当然有时也会从树上掉下来受伤。但这是因为自己的判断不得法而产生的失败，这将成为下一次成功爬树的反面经验。

多湖辉在千叶大学附属小学担任校长时，给二年级的男孩火柴、报纸和干树枝，进行实验授课，让男孩们在校园内点火热饭盒和日本酒。不出所料，有的男孩几乎点不着火，有的男孩怕火，也有的男孩带着白手套划火柴；还有的男孩把火柴都用完，火柴盒都空了，还是划不着；有的把火柴划着了，却由于把报纸平铺在地上，仍是点不着火；甚至有的男孩直接将划着的火去点粗的干木头。

千叶大学附属小学的学生们每年都要修学旅行，而且学校会组织大家去市郊郊游。多湖辉一改集体出发的思路，各自行动，让大家在约定时间在当地旅馆集合。这样，学生便可自己制订计划，有时他们乘错了车，出现过失败，作为让学生自立的一种训练，也是一种很好的体验。

让孩子经受各种体验，让他们增强适应能力和对自己将来生活的信心，这是父母应尽的责任，因为孩子不可能一辈子都能在安然的环境和父母的呵护中生活，如果孩子要求"想与小朋友一起去动物园"，大人可以提醒一些值得注意的地方。例如"到了那里之后，一定要给家里打电话"等等，采取这种"远距离操作"的方法，孩子通常会遵守约定。

有许多事情孩子自己完全可以做得很好，因此，爸爸妈妈应该放手，让孩子自己去尝试新鲜事物，让他们自己去做，让孩子们认识到"我能行"，这才是最重要的。

和女孩约法三章，门禁少不了

中国古代有很多为女孩量身定做的"闺训"，原因在于女孩的教育有其特殊性，对女孩的要求往往要比男孩子更多一些。这种针对女孩子的家教书最早可以追溯到东汉时期班昭写的"女诫"。一个女孩最重要的是要教育她谦逊柔顺，有宽宏的雅量才可以在长大之后承担家庭的责任。这一点，在今天同样具有参考价值，谁会喜欢一个不懂规矩、不明事理的女孩呢？一个骄横任性的女孩又能有多少城府呢？

为了把我们的女孩打造成一个真正的小淑女，作为父母，要考虑和女孩定下一些小规矩，让孩子了解礼仪的基本常识。我国古代的礼仪规范中，有许多是值得借鉴的，比如"站如松，坐如钟"，与人说话要目不斜视，尤其注意的是说话要轻声细语，不能咋咋呼呼。无论是居家还是出席各种场合，衣着要注意整洁大方，不要敞开胸脯。生活中有很多小细节是需要父母提醒的，从而让孩子养成良好的行为习惯。

相对于男孩来讲，女孩走入社会之后更容易受到坏人的引诱。所以父母要让自己的宝贝女儿树立安全意识，并且学会基本的安全防范：

1. 独自在家的时候，不能给陌生人开门，如果遇到有人扒窗，应立即呼救或马上打电话报警。

2. 独自出行应该尽量选择人多热闹的地方，少走僻静的小路，最好与同学结伴而行。身上尽量不要携带贵重物品，更不要随意显露。

3. 不可以贪图小便宜，对熟人的殷勤要小心，不能接受陌生人给的东西。在平时就应该注意言行、举止要稳重大方，衣着不能过于暴露，以免受到心怀叵测者的想入非非。

4. 不可以去酒吧或歌舞厅这样的场所，培养孩子健康的兴趣爱好。

5. 不允许孩子过晚回家，如果实在有特殊情况不能回家，要问清楚孩子在什么地方，和什么人在一起。

对女孩的安全教育应该越早越好，做到未雨绸缪，才能保证孩子学习生活的平安快乐。

很多家长面对自己面前的小公主都是喜忧参半，百般呵护孩子的同时，心里都是一肚子苦水。

"我的女儿一点都不怕我，我只要说她一句，她总是'一言九顶'。"

"男孩淘气不好教，可是女孩越大越难管。说她吧她不爱听，如果不说吧我们家长又不放心。"

生活在这个时代的女孩无疑是幸福的，她们喜欢独立，有自己的见解，但是女孩的年龄还小，思想也很容易陷入偏激，如果不加以管教，女孩很容易养成娇纵、偏执、以自我为中心的不良个性。所以父母要有意识让女孩懂得尊重父母、懂得信赖父母，与父母建立一种积极配合的关系，才能够让女孩乖巧听话。

育才方案：谨慎地批评女孩

教育孩子的时候一定要有耐心，当孩子犯错误的时候，作为家长要循循善诱，让孩子认识到自己的错误，而不要一味地呵斥、一味地批评。尤其是女孩，本来就是好面子、脸皮薄，如果家长总是时不时地"批斗"，那将给孩子的心灵造成巨大的伤害。在教育女孩的过程中，并不是不能批评，但这个度一定要把握好。

但面对犯了错误的孩子，父母们却普遍会遇到一个教育的难题：批评得重了，怕挫伤孩子的自尊心，轻了又怕起不到教育的效果；批评不到位，又怕孩子产生逆反心理。

批评是一种艺术，如果方式不当很容易产生反效果。在孩子犯错误的时候要保持冷静，要心平气和。作为家长要慎用自己批评孩子的权利。

如果孩子经常听到："都这么大了还不懂事！"
"就知道玩，这么大了还让我操心！"
"好的没学会，就学会上网了，你是不是想把我气死？"

可想而知，这些话会带给孩子什么样的心灵感受。所以批评不能是一味地呵斥和责备。

在批评孩子的时候，家长应注意以下几点：

第一，批评与表扬相结合。平时要本着多表扬少批评的原则，该表扬的时候表扬，该批评的时候批评，孩子会觉得父母是公正的，如果只批评不表扬，孩子会因你只看到她的缺点看不到她的优点而不满，从而不愿意接受批评。

第二，批评孩子要适时适度。孩子的时间观念比较差，昨天发生的事，仿佛已经过去好久了，加上孩子天性好玩，刚犯的错误转眼就忘了。因此，家长批评孩子要趁热打铁，不能拖拉，否则就起不到应有的教育作用。

第三，在批评孩子的同时，父母最应做到的就是让你的孩子感受到你对他的爱。这时，增加和孩子的身体接触，就是最好的辅助批评方法。在批评时，可以搂着他的肩膀说话，或拉着他的手讲道理给他听。

这样，即便父母说出一些指责的话，孩子也会坦然接受。因为他知道，父母是出于爱才批评自己的，自己并不会因为这次错误而失去父母的爱。

青春期，理解万岁、欣赏万岁

最近，骏驰迷上了武侠小说，被书中那些侠肝义胆的武侠人物迷得神魂颠倒。为此，父母苦口婆心地跟他谈了好几次话，没想到父母说一句，他顶一句。因为迷恋武侠小说，骏驰甚至开始在课堂上偷看小说，已经被老师发现了好几次。为了不让他继续沉迷下去，父母费尽心力，无论刮风下雨，每天都在教室外面监视他。

"我儿子小的时候可乖了，又聪明又听话，从不跟我们顶嘴吵架，他画的画还获过奖呢！没想到他现在却成为这个样子，整天看武侠小说，为了不被我们发现，他每天晚上都关灯用手电筒看……"妈妈向邻居哭诉。

很显然，曾经"听话"的骏驰已经开始了叛逆。可以说，叛逆是与自我成长同步出现的自然表现，对于孩子的发展来说是不可欠缺的重要一环。

在孩子成长的过程中，存在两个比较明显的叛逆期，即两三岁时的第一叛逆期和青春期时的第二叛逆期。青春期的孩子，他们的自我意识进一步发展，并逐渐形成自己的价值观，这种价值观有时与父母的价值观不同，遭到父母的反对，得不到父母的理解。于是就在同龄孩子中寻找共鸣，父母也就变得不那么亲近了。此时，父母如果介入孩子的生活，他们势必要反抗，要独立。反抗形式多种多样，有的不与父母交谈，有的与父母处处对立，有的离家出走，甚至走上犯罪道路。

其实青春期的叛逆是孩子正在顺利成长的标志。也因此，欧美等国非常重视孩子说"NO"，鼓励孩子要有自己的想法。可是令人遗憾的是，大多中国父母并没有意识到这些，他们总是认为孩子最好的状态是"听话"。当孩子进行反抗时，他们甚至会急得火冒三丈。

和青春期的孩子对话最主要的不是发火，而是给他足够的自由。父母不妨装作无知，不要总是告诉孩子怎么做，而要放手让他自己做；尽量去欣赏孩子的变化，试图从他身上发现越来越多的优点；给孩子更多的"独立空间"，适当的时候，父母要学会闭嘴，尊重孩子的生活方式；当然，有时父母也需要温柔地坚持，青春期的孩子认识偏颇，难免会做错一些事，比如孩子早恋或者整夜泡网吧，这时候你就要温柔地坚持，说这样做对你是不好的。记住，是对他不好。

育才方案：耐心地倾听孩子的往事

一般父母平日在生活上非常关心孩子，可在真正平等地对待孩子、关注孩子心理健康方面做得却很不够。一份调查显示：70％～80％的儿童心理卫生问题和家庭有关，特别是与父母对孩子的教育和交流沟通方式不当有关。另外，父母不懂得倾听孩子，也会从侧面限制他语言能力和社交能力的发展。

孩子学习和生活上有什么问题，在向父母诉说时，稍不如意，就被打断。家长不让孩子把话说完，孩子只能将话咽回去。有时，家长只是机械地听孩子诉说，体会不到孩子在倾诉时的情绪，这种情况下，孩子的想法得不到父母的重视，他们只能把自己的秘密埋藏在心里，做父母的就很难知道孩子的所思所想，这样对孩子的教育就会无所适从。孩子的说话权得不到父母的尊重，久而久之，孩子就会与父母产生对抗情绪，以至双方相互不信任，沟通困难。

积极倾听其实并不是指默默地在一边，单纯地听对方说话。积极倾听的核心是以平等的姿态、鼓励对方说出真心话。倾听者要暂时忘记自己或把自己评判标准放一边，不管你对对方的言语或行为持赞成、欣赏还是批判、反对的态度，都要无条件地接纳对方，积极倾听关注更多的不是话语，而是对方的心理。积极的倾听不仅要感同身受地去体会对方的心情，而且要引导对方抒发情绪，宣泄那些不满、愤懑、悲伤、快乐、喜悦……

孩子说话时，无论你有多忙，一定要眼睛看着孩子，不要随意插嘴，尽量表达你听得很有兴趣。让孩子发表他们的观点，完整地听他所讲的话。对于青春期的孩子更是如此。

附　录

一　有些话要多说，有些话不可以说

多说激励孩子积极向上的话：

(1) 孩子，你总有一天会成为了不起的人！

(2) 坚持下去，你肯定能行！

(3) 有个儿子可真好。（注：如果是女孩，就应该说"有个女儿真好"）

(4) 你是个聪明孩子，成绩一定会赶上去的。

(5) 孩子，在我眼里你是最棒的。

(6) 告诉自己："我能做到"。

(7) 我很欣赏你在××方面的才能。

(8) 只要找回信心，一切就 OK 了，努力吧。

(9) 孩子，我们也去试一试。

(10) 和昨天相比，今天的进步大多了，继续保持。

多说培养孩子自强自立的话：

(1) 珍惜时间，就是珍惜生命。

(2) 按照自己的想法，努力去做吧。

(3) 做完作业再玩，不是玩得更开心吗？

(4) 只要努力，下次就一定能考好。

(5) 你想做的事情，由你自己决定。

(6) 自己去做吧，不要依赖别人。

(7) 这正是你锻炼自己的好时机啊。

(8) 要成为真正的男子汉，就要闯出难关。

(9) 跌倒了，要自己爬起来。

(10) 这件事交给你来处理，好吗？

多说提高孩子优秀品行的话：

（1）学会做人比拿高分更重要。

（2）要学会说一声：谢谢。

（3）你知道关心父母，真是个懂事的孩子。

（4）你将来是最善良的孩子。

（5）你是个善解人意的孩子。

（6）劳动能让你更快乐。

（7）无论什么事情，多做几次就会了。

（8）每个人都有值得学习的地方。

（9）同学之间要互爱互助。

（10）有耐心才能把事情做好。

不应该对孩子说这样的话：

（1）看你那副笨德行。

（2）你这样的孩子将来肯定没出息。

（3）这孩子脑瓜太笨，而且不知道努力。

（4）我怎么有你这么一个不争气的孩子呀。

（5）你别参加比赛了，参加了也肯定得不了奖。

（6）你就没有一件事情能做得好。

（7）你还小，懂什么？你照我说的去做就行了。

（8）你看，人家多能干，你只会玩。

（9）不好好学习，你将来能有出息吗？

（10）就你这成绩以后扫大街去吧。

（11）以后我再也不会相信你！

（12）那是为了鼓励你，随便说说的。

（13）谁要是打你，你就也打他。

（14）反正没人看见，没事。

（15）哭什么哭？竟然一点都不觉得害臊！

（16）我说的你敢不听！

（17）这些东西你不能碰，别给我弄坏了。

（18）你怎么那么笨，什么事都干不好。

（19）学习好就行，其他的事都不用你管了。

（20）在学校劳动时，别光傻干，学会躲着点。

（21）不要搭理那个学习不好的同学。

（22）你是一个好孩子，少和男同学在一起。

（23）不要把朋友带家里来。

（24）不要把你的东西借给别人。

（25）你这个没良心的，躲我远点。

（26）你这个混账东西，再骂人我就打死你。

（27）败家子！你给我滚。

（28）你又说谎了，对不对？

（29）都说你多少次了，怎么还那么没有礼貌。

（30）我看你是个扶不起的阿斗。

二　犹太人的教育智慧

犹太民族的教育传统代代相传，几千年都没有中断过，并且正是因为教育的力量赋予了这个民族强大的凝聚力，在国家灭亡了2000年之后又重新复国。在历史上，犹太民族在经济、科学、艺术等方面为世界贡献出了一大批杰出的人才，著名的比如马克思、达尔文、弗洛伊德、爱因斯坦等。在近几十年，在诺贝尔奖的获得者当中，犹太人所占的比例远远高于其他民族。犹太人的这些超人之处与他们的教育传统密不可分。

教孩子爱惜时间

犹太人的时间观念很强，对于数字非常敏感和精确。如果一个孩子问父母现在是几点了，大人们总是精确地告诉他现在是几点几分几秒，从来都不说10点多钟这样的话。在犹太人的观念中，他们总是把太阳开始落山作为一天的开始，犹太人认为：将黑暗作为开始的人，最后迎来的就是光明。

教孩子重视书籍

历史上犹太人有这样的传统，当他们认为书已经破旧得不能再看了的时候，就会很郑重地将这本书埋起来，并且教育孩子说："书是有生命的。"犹太民族热爱读书。根据联合国的一次调查表明，在以色列国家，全国450万人中，有100万人办有图书证，14岁以上的犹太人平均每月读一本书。其他的民族与之比起来就显得相形见绌了。

教孩子铭记历史

犹太人是一个多灾多难的民族，在他们的教育中，总是不忘让下一代记住历史上犹太民族的挫折、迫害甚至是没落。他们将这种教育定义为"痛苦的教育"，历史教育最大的作用在于对人格的全方位启发。每一年犹太人在过"逾越节"的时候会给孩子吃没有发酵的面包和很苦的叶子，讲祖先在埃及受屈辱的故事。

教孩子追求智慧

犹太人在教育的过程中，不会诱导孩子去接受一件事物，而是一切都求知于理，这正是犹太人在教育上的高人之处。几乎每个家庭的孩子都会回答这样的一个问题：假如有一天你的房子被烧毁了，你将带什么东西逃跑呢？父母往往会启发孩子："有一种没有形状、没有颜色、没有气味的宝贝，你知道是什么吗？"如果孩子回答不出来，父母就会告诉他："记住，你要带走的，不是金钱，不是钻石，而是智慧。智慧是任何人都抢不走的，无论你走到哪里，智慧会永远跟着你。"

教孩子认识烦恼

犹太人说："有十个烦恼会比仅有一个烦恼要好得多，只有一个烦恼的时候，痛苦一定是深刻的。没有一个自杀者是因为有十个烦恼，全是为一个烦恼而死的。"所以犹太人虽然饱经磨难，但依然能够乐观地面对生活。